조선후기 물품 교환과 한일관계

조선후기 물품 교환과 한일관계

鄭成一

경인문화사

책을 내면서

《조선후기(朝鮮後期) 물품 교환(物品交換)과 한일관계(韓日關係)》의 출간은 필자를 학문(學問)의 길로 이끌어주신 춘계(春溪) 박광순(朴光淳, 1933~2021) 선생님과의 인연(因緣)에서 비롯되었다고 해도 과언이 아니다. 필자는 1980년 전남대학교 상과대학에 입학할 때만 해도 미국 가서 컴퓨터와 경제통계를 전공하고 싶다는 막연한 꿈을 꾸었다. 그래서 한국유네스코학생회(KUSA)에 들어가서 영어 회화 공부에 힘을 기울이고 있었다. 그러던 중 한국을 오가면서 일본에서 유네스코의 국제이해 교육에 주도적 역할을 하시던 후지타 마코토(藤田允)라는 일본인을 만나게 되었다. 1982년 일본 오사카(大阪) 니시노미야(西宮)의 오사카가쿠인대학(大阪学院大学) 학생들을 인솔하여 전남대를 찾은 것도 그분이었다. 그때 필자는 일본 대학생들을 맞이할 준비와 프로그램 기획을 책임지고 있었다. 그것이 계기가 되어 필자는 일본과 일본인에 대하여 관심을 기울이기 시작했다. '일본 대학생들은 한국을 찾아오는데, 내가 일본에 직접 가볼 수 있는 길은 없을까?' 하는 생각을 하고 있던 차에, 1985년 유네스코한국위원회가 광복 40주년과 한일국교정상화 20주년을 기념하여 한국 대학생의 일본 탐방 프로그램을 추진한다는 사실을 알게 되었다. 그래서 기꺼이 그 프로그램에 참여하였다(부산→시모노세키→하기→히로시마→오사카→교토→도쿄→서울).

그런데 1985년 일본 첫 방문 때는 필자가 일본어 공부가 모자라서 일본 현지에 가서도 영어로 길을 물어야 하는 정도였다. 대학원에 진학하여 춘계 선생님의 지도를 받기 시작한 뒤부터 일본어도 익히고 일본에서 간행된 연구서도 읽기 시작하였다. 처음에는 필자가 메이지유신(明治維新)과 근대 일본의 경제를 전공할 생각이었는데, 춘계 선생님께서 "근대 시기는 연구하려는 사람이 많으니, 남들이 잘 하지 않는 그 이전 시기, 즉 에도(江戸) 시대를 공부하라."고 하시면서, 책 한 권을 소개해 주셨다(田代和生, 《近世日朝通交貿易史の研究》, 일본 創文社, 1981). 그 책을 읽으면서 다른 연구 성과도 찾아보게 되었다(中村栄孝, 《日鮮關係史の研究(下)》, 일본 吉川弘文館, 1970). 그 무렵 필자가 한국경제사학회 학술대회에서 김병하(金柄夏) 선생님을 만나 조언을 구하기도 하였는데, 김병하 선생님 본인도 조선왕조실록 등 한문(漢文) 사료만 가지고 조선전기(朝鮮前期)를 연구해왔다고 하시면서, 조선후기를 공부하려면 반드시 일본 근세 문서를 읽고 논문을 쓸 수 있게 공부를 해두어야 한다고 강조하셨다. 그 당시 필자가 소로분(候文)의 존재를 정확하게 이해한 것은 아니었지만, 어렴풋이나마 일본 근세 문서를 읽을 수 있는 실력을 키울 필요가 있다고 생각하였다.

춘계 선생님의 도움으로 성사되었던 필자의 일본 유학도 위와 같은 배경에서 비롯되었다. 다행스럽게도 사가대학(佐賀大学) 나가노 스스무(長野暹) 선생님이 필자에 대한 지도를 맡아주시기로 하셨다. 1989년 4월의 일이었다. 그 무렵 나가노 선생님은 경제학부장(経済学部長)을 역임하고 계셨기에 시간을 내기가 무척 어려웠을 터인데도, 매주 금요일 오후에 1~2시간씩 시간을 할애하여 필자에게 직접 소로분(候文)을 가르쳐 주셨다. 나머지 요일은 필자가 혼자서 복습하며 자전(字典) 위에 습자지를 올려놓고 한 글자씩 베껴 적었다. 그렇게 해서 '구즈시지(崩し字)'를 하나하나 익혀나갔다. 처음에는 나베시마(鍋島) 문서를 가지고 석 달 정도 반복 연습을 하였다. 1989년 7월에는 여름방학을 맞아 사가대학으로 출장을 오신 춘계 선생님과 함께, 나가노 선생님과 필자가 셋이서 대마도 이즈하라(厳原)의 역사민속자료관(歴史民俗資料館)으로 조사를 갔다. 그때 처음으로 소케몬죠(宗家文書)라 불리는 원문을 접하게 되었다. 그해 겨울방학 때는 나가노 선생님이 필자를 직접 데리고 도쿄(東京)까지 출장을 갔다. 일본 국립국회도서관(國立國會圖書館), 도쿄대학(東京大学) 사료편찬소(史料編纂所), 그리고 게이오대학(慶

應大学) 도서관까지 동행해 주신 덕분에, 도쿄에 있는 소케몬죠(宗家文書) 소장 기관의 자료를 조사할 수 있었다. 1990년 5월에는 대마도에서 개최되었던 다시로 가즈이(田代和生) 교수의 특강에 필자가 혼자서 참석하였는데, 다시로 교수를 처음 만난 것도 바로 그때였다.

1991년 5월에는 필자가 경기도 과천시에 소재한 교육부 국사편찬위원회(國史編纂委員會)를 찾아갔다. 그곳에 이른바 대마도종가문서(對馬島宗家文書)가 소장되어 있었기 때문이었다. 필자는 그곳의 문서를 보고 논문을 쓸 수 있을까 해서 찾아갔는데, 당시 통사실장(通史室長)은 "문서를 정리하는 중이라서 열람은 허가되지 않는다."고 답변했다. 그러면서 필자더러 박사 학위를 취득하게 되면 다시 국사편찬위원회로 찾아올 것을 제안하였다. 그것이 계기가 되어서 1991년 10월 필자가 국사편찬위원회 사료연구위원(史料研究委員)으로 위촉될 수 있었다. 그 뒤 약 5년 동안 국사편찬위원회에서 근무하면서 서계(書契)와 고문서(古文書)의 목록을 작성하는 프로젝트에 필자도 일원으로 참여하게 되었다. 그때 이훈(李薰) 선생님과 고(故) 임종해(林鍾海) 선생님의 도움을 많이 받았다.

이상과 같은 배경 속에서 필자는 1989년부터 대마도종가문서를 분석하여 논문을 써오고 있다. 대마도종가문서를 활용해야만 조선후기 한일관계사를 밝힐 수 있는 것은 아니지만, 조선 기록과 일본 기록을 대조하면서 함께 분석하고자 한다면, 반드시 대마도종가문서를 확인하는 절차가 필요하다고 생각한다.

한국에서는 유일하게 대마도종가문서를 다수 소장하고 있는 국사편찬위원회에서는 1980~90년대부터 이 자료의 활용을 확대하고자 힘쓰고 있다. 일본 근세문서를 강독(講讀)하는 연수 과정을 운영하여 인력양성을 해오고 있는 것이 그 한 예이다. 그 밖에도 조선 정부가 일본(對馬島主)으로 보낸 외교문서인 서계(書契)를 비롯하여, 《분류기사대강》 등 자료집 간행이 조선시대 한일관계사 연구자들에게 크게 도움을 주고 있다. 그것을 홈페이지를 통해서 검색할 수 있게 하고, 아울러 해당 자료의 원문 이미지를 확인할 수 있게 함으로써, 국사편찬위원회가 역사 연구자들에게 많은 편의를 제공하고 있다.

그런데 대마도종가문서의 원문 탈초(脫草)에 그치지 않고, 그것을 우리말로 번역하는 데까지 나아가게 된다면, 앞으로 인공지능(AI) 기술의 발달에 힘입어서 역사 연구자에게 제공되는 서비스도 더욱 진화할 것으로 보인다. 이런 점을 고려하여 이 책에서는 조선후기 한일관계를 둘러싼 '제도(制度)'를 서술하는 데 집중하기보다는 대마도종가문서에 보이는 한일관계의 여러 현안이 처리되었던 과정을 '사례(事例)' 중심으로 소개하는 데 치중하였다.

필자는 2000년에 《조선후기(朝鮮後期) 대일무역(對日貿易)》을 펴낸 적이 있는데, 이번에 25년 만에 《조선후기 물품 교환과 한일관계》를 세상에 내놓기로 하였다. 즉 광복 40주년과 한일 국교정상화 20주년에 해당하는 1985년에 처음으로 일본을 방문했던 필자가 다시 40년 만인 광복 80주년과 한일 국교정상화 60주년을 맞이하는 올해에 '경인 한일관계 연구총서 99'로 이 책을 간행하게 되었다. 경인 한일관계 연구총서를 20년 동안이나 기획해 오신 손승철(孫承喆) 선생님의 권유와 격려가 있었기에, 이 책을 출간할 수 있었다고 생각한다. 출판을 맡아주신 한정희 사장님을 비롯한 경인문화사 측에도 깊이 감사를 드린다.

2025년 10월
정 성일

차 례

서장

제1절 물품 교환의 형태와 이념

Ⅰ. 물품 교환의 형태: 상품과 외교선물

물품 교환의 형태는 크게 두 가지로 나뉜다. 첫 번째는 물품을 거래할 때 물품의 값을 반드시 치러야 하는 상품(商品) 교환이다. 예를 들어 시장(市場)에서 거래가 성립하여 값을 치르고 나서(선불 또는 후불) 물품의 인도(引渡)가 이루어지면, 물품의 소유권이 이전(移轉)되는 동시에 거래 당사자 사이의 관계도 모두 종료된다.

두 번째는 경제적 대가(代價)를 지불하지 않고도 물품이 한쪽에서 다른 한쪽으로 옮겨가는 선물(膳物) 교환 또는 증여(贈與)나 증답(贈答)이다. 이를 통해서 당사자의 관계는 지속되거나 강화된다. 그런데 증여(증답)는 겉보기에는 의무가 아니지만, 실제는 답례(答禮)나 회례(回禮)가 의무나 다름없이 뒤따르게 된다. 그런 점에서 증여(증답)는 오늘날 우리가 일반적 의미로 사용하는 선물 개념과 차이가 있다. 이 책에서 사용하는 '외교선물'이라는 학술 용어는 2007년 국사편찬위원회가 처음 사용하기 시작하였는데, 이것은 증여(증답)까지도 포함하는 넓은 의미의 개념이다. 이와 관련된 역사 용어로는 예물(禮物), 예단(禮單), 단자(單子), 별폭(別幅), 회례(回禮), 부물(賻物) 등이 있다.[1)]

조·일 간 물품 교환의 첫 번째 형태인 상품(商品) 교환은 시장(市場)을 통

1) 정성일, 〈역사 속 외교 선물과 명품의 세계를 내면서〉, 《역사 속 외교 선물과 명품의 세계》(한국문화사 12, 국사편찬위원회 편), 두산동아, 2007, 7쪽.

해서 이루어졌다. 상품 교환의 주체는 동래상인(東萊商人) 또는 동래상고(東萊商賈)로 불렸던 민간 상인이었다. 이들을 통제하고 관리한 것은 훈도(訓導)와 별차(別差) 등 조선의 왜학역관(倭學譯官)이었다. 그런데 당시 역관들은 단순한 통역(通譯) 업무만 맡았던 것이 아니었다. 그들은 정부가 직접 개입하여 매매하는 공무역(公貿易)의 책임자이자 관리자로서 통상(通商) 업무도 함께 담당하였다. 일본 측에서는 일대관(一代官)을 비롯하여 대마도가 왜관으로 파견한 대관(代官)이 무역 실무 업무를 맡았다. 이들을 통제하는 것은 관수(館守)였다. 즉 관수가 대마도 본국의 지시를 받아 대관 등을 지휘하면서 조선 측과 무역을 이끌어나갔다.

조·일 간 무역에서는 다양한 물품이 교환되었다. 공무역에서는 조선의 목면(公木), 쌀(公作米), 인삼(禮單蔘) 등이 주력 상품이었다. 일본이 가져온 구리, 주석, 단목, 명반, 후추(胡椒), 주홍(朱紅), 흑각(黑角) 등에 대하여 조선이 결제해 준 것은 시기에 따라 차이가 있었다. 사무역에서는 17세기 중엽까지만 하더라도 조선산 인삼과 중국에서 들여온 생사(生絲) 등이 조선의 주요 수출품이었다. 이 무렵 일본의 주요 수출품은 은(銀)과 구리 등이었다. 18~19세기에는 조선의 우피(牛皮)와 일본의 구리가 사무역을 주도해나갔다.

무역은 본질적으로 경제적 이익(利益)의 추구를 목적으로 삼고 있었다. 그래서 무역 거래량도 중요했지만, 무역품의 가격(價格)을 결정하는 것이 무엇보다도 핵심이었다. 공무역에서는 1609년 기유약조(己酉約條) 체결 이후 공목(公木)을 기준으로 하여 품목별 가격이 결정되었다. 1613년에는 동래부사 이창정(李昌庭)이 매년 일본에서 건너오는 선박별로 공무역의 액수를 정하였다. 이때부터 공무역에서는 물품 가격이 거의 고정적이었다고 인식하는 역사상(歷史像)이 만들어지게 되었다. 그런데 후술하듯이 양측이 협상하여 기존에 약속한 기준을 일부 변경한 사례도 드물게나마 있었음은 물론이다. 이와 달리 사무역에서는 시장 상황이 변하게 되면 협상을 거쳐서 가격을 조정할 수가 있었다.

조선후기에 오면 사무역에서 개시(開市)의 일자를 매월 3일과 8일이 들어가는 날로 고정해 놓았다(월 6회). 그런데 양측이 합의하여 다른 날로 변경한 적도 있었다(代市). 그런가 하면 지정된 개시일 외에 별도로 날짜를 잡아서 개최하기도 하였다(別市). 이와 달리 공무역 일자는 처음부터 고정된 것은 없었다. 즉 공무역에서는 양측이 서로 협의하여 간품(看品) 일자를 정하였다.

사무역(개시)과 공무역(간품) 장소로는 개시대청(開市大廳)이 주로 활용되었다. 두모포왜관(豆毛浦倭館) 시기에는 개시대청이 독립된 건물로 존재하였는지가 확실하지 않다.2) 그런데 1678년 초량왜관(草梁倭館)으로 이전한 뒤에는 개시대청이라는 명칭이 붙은 별도의 건물이 마련되어 있었기 때문에, 그곳이 무역 장소로 활용되었다.

조·일 간 물품 교환의 두 번째 형태인 외교선물(外交膳物) 교환은 외교경로에 의존하여 이루어졌다. 그런데 외교는 본질적으로 경제적 이익(利益)의 추구를 표면적으로 내세우는 것이 아니라, 선린우호나 평화교류의 증진을 목표로 삼는 것이 일반적이다. 그래서 외교를 통한 물품 교환은 거래 물품의 수량에 관해서만 명시적인 기록이 있을 뿐이었다. 물품 가격을 표면적으로 드러내지 않는 것이 상대국에 대한 배려이자 예의라고 인식되었다. 그렇다고 해서 조선이나 일본이 상대국과 주고받는 외교선물의 경제적 가치에 대하여 전혀 관심을 두지 않았다고 말할 수는 없다. 조선이든 일본이든 외교선물의 가치에 대하여 실제로는 자체적으로 평가를 하고 있었다. 그것을 바탕으로 쌍방의 외교선물이 가치의 균형을 이루게 하려고 서로 노

2) 1653년 2월 "대청에서 왜관 개시를 거행하였다"(癸巳二月 倭館開市 行於大廳)는 기록이 보인다. 이 밖에도 '대청에서 개최하는 개시'라는 뜻으로 쓰인 '대청개시(大廳開市)'라는 표현이 있기는 하다. 그렇지만 이때의 '대청'이 두모포왜관에 있었던 여러 대청 가운데 하나였다고 본다면, 개시가 열린 대청이 그 중 어떤 곳이었는지가 확실하지 않다. 《東萊府接倭狀啓謄錄可考事目錄抄册》 癸巳(1653) 2월(서울대학교 규장각 한국학연구원 奎貴9764).

력하였다. 이른바 상호주의와 비례의 원칙이 사실상 적용되고 있었다고 보아야 한다.

외교를 통한 물품 교환에 대하여 추적하고자 할 때는 다음 두 가지를 반드시 고려할 필요가 있다. ㉠ 해당 외교 사절이 서계와 별폭 등 외교문서(外交文書)를[3] 지참했는지, ㉡ 해당 외교 사절에 대하여 어떠한 외교의례(外交儀禮)가[4] 거행되었는지가 그것이다.

첫째, 외교문서(外交文書)와 관련하여 본다면, 서계와 별폭은 다례(茶禮) 때 전달하는 것이 일반적이었다. 서계에 첨부된 것이 예물 목록인 별폭(別幅)이다. 그런데 별폭이 없이 서계만 전달한 사례도 드물게나마 있었다. 즉 서계와 함께 별폭을 전달한 때가 있는가 하면(有書契), 서계 없이 별폭만 전달한 때도 있었다(無書契).

둘째, 외교의례(外交儀禮)와 관련하여 말하자면, 특히 ㉠ 다례(茶禮)와 ㉡ 연향(宴享) 등을 반드시 검토해야 한다.[5] 다례 때는 외교문서(서계와 별폭)를 전달하게 되어 있었다. 연향은 조선 정부가 일본 사신에게 베풀었던 연회(宴會) 또는 연석(宴席)을 말하는데 사행 때마다 2~3회씩 거행되었다(兩度宴, 三度宴).

외교의례에서는 장소(場所)도 중요한 요소의 하나였다. 그런데 다례(茶禮)나 연향(宴享)의 장소가 서로 구분되어 있었다. 조선후기에는 일본 사신의

---

3) 외교문서(外交文書)에 대해서는 이훈, 《외교문서로 본 조선과 일본의 의사소통》(경인한일관계 연구총서 46), 경인문화사, 2011 참조.

4) 외교의례(外交儀禮)에 대해서는 심민정, 《조선후기 일본사신 왕래와 접대》(경인한일관계 연구총서 79), 경인문화사, 2022 참조.

5) 《增正交隣志》(卷三)에는 10가지 외교의례(外交儀禮)가 규정되어 있다. ① 다례의(茶禮儀—일본이 書契를 전달)와 예단다례(禮單茶禮—조선이 回答書契와 回禮別幅을 전달), ② 숙공 조반식(熟供早飯式), ③ 진상물건 간품식(進上物件看品式), ④ 왜사 숙배식(倭使肅拜式), ⑤ 연향의(宴享儀), ⑥ 부물봉의(賻物捧儀), ⑦ 진향의(進香儀), ⑧ 진하의(進賀儀), ⑨ 도서 전급식(圖書傳給式), ⑩ 주봉배식(晝奉杯式). 김건서 저, 하우봉·홍성덕 역, 《국역 증정교린지》, 민족문화추진회, 1998, 115-125쪽.

상경(上京)이 금지되어 있었다. 그래서 두모포왜관 시기에는 일본 사절이 부산진성(釜山鎭城) 안의 객사(客舍)까지 가서 숙배 의식에 참여하였다. 이곳을 부산관(釜山館) 또는 부산대청(釜山大廳)으로 표기하기도 하였다. 1678년 초량왜관으로 이전한 뒤에는 현재 부산광역시 영주동 봉래초등학교 자리에 설치되어 있었던 초량객사(草梁客舍)로 일본 사신들이 가서 숙배를 거행하였다(일본 기록은 外大廳으로 표기). 숙배를 마친 일본 사신에게는 장소를 옮겨서 연향이 제공되었다. 두모포왜관 시기에는 관소(館所) 즉 왜관(倭館) 내부에 있던 건물에서 연향이 개최되기도 하였다. 초량왜관 시기에는 현재 부산광역시 대청동 광일초등학교 자리에 있었던 연향대청(宴享大廳)이 연향 장소로 사용되었다(일본 기록은 內大廳으로 표기).

다례나 연향 등 외교의례의 개최 일자(日字)는 양측이 협의하여 정하였다. 다례나 연향에 동래부사와 부산첨사, 접위관 등이 모두 참석하는 것이 원칙이었다. 그런데 실제로는 질병 등을 이유로 동래부사 등이 참여하지 못할 때도 있었다. 이것을 조선 기록에서는 단독으로 거행했다는 뜻으로 '독행(獨行)'으로 적었다. 이와 달리 일본 기록에는 하급직만으로 거행했다는 의미로 이것을 '하행(下行)'으로 기록하였다.

요컨대 외교를 통한 물품 교환은 ㉠ 외교문서 교환 때 별폭(別幅)의 형식을 빌려서 외교선물을 교환하기도 하였으며, ㉡ 외교 사절에게 베풀어주는 연향(宴享) 때 외교선물을 교환하기도 하였다(下船宴, 別宴, 上船宴). ㉢ 이 밖에도 절기(節氣)마다 일본 사절과 동래부사, 부산첨사 등이 외교선물을 주고받기도 하였다. 이를 조선 기록에서는 사예단(私禮單) 또는 예단(禮單)으로, 일본 기록에서는 음물(音物)로 각기 다르게 표현하였다. 이처럼 조선과 일본 사이에서 다양한 임무를 띠고 상대국을 방문했던 외교 사절에 의해서 여러 형태로 외교선물이 교환되었던 사실에 대해서도 학문적 관심을 한층 높여야 함은 더 말할 나위가 없다.

Ⅱ. 물품 교환의 이념: 성신교린(誠信交隣), 유무상통(有無相通)

이 책은 조선과 일본 사이의 물품 교환(物品交換)을 주제로 하여 조선후기(朝鮮後期) 양국 관계를 살펴보고자 작성된 것이다. 조선후기는 대체로 1592년(선조 25, 文祿 元) 임진왜란(壬辰倭亂) 이후부터 1876년(고종 13, 明治 9) 조선 개항(開港) 이전까지를 말한다. 이 시기는 일본의 에도시대(江戶時代, 1603~1868년)와 거의 일치한다. 먼저 지적해 둘 것은 조·일 간 물품 교환이 성신교린(誠信交隣)과 유무상통(有無相通)의 이념을 바탕에 두고 있었다는 점이다.

성신(誠信)의 성(誠)은 성실(誠實) 또는 정성(精誠)을, 신(信)은 신뢰(信賴)를 의미한다. 즉 성신은 '진실된 믿음'을, 교린(交隣)은 '이웃끼리의 사귐'을 뜻한다. 그러므로 성신교린이란 '진실된 믿음을 가지고 이웃 나라와 교류하는 것'을 말하는데, 조선과 일본 모두 이것을 외교 이념(外交理念)으로 삼았다.[6)]

유무상통(有無相通)의 유(有)는 '있는 것'을, 무(無)는 '없는 것'을 각각 가리킨다. 조선이 풍족(豊足)하게 가지고 있으나, 일본이 가지지 못했거나 부족(不足)한 것이 있다. 그 반대로 일본이 풍족하게 가지고 있으나, 조선이 가지지 못했거나 부족한 것이 있다. 그러므로 풍족한 것(有)과 부족한 것

---

6) 성신교린(誠信交隣)이란 용어는 조선 기록에서도 보인다. '성신(誠信)으로 이웃 나라와 사귀는 도리'라는 뜻으로 '성신교린지도(誠信交隣之道)'라는 단어가 이미 17세기 초반 사료 속에서부터 쓰였다(《인조실록》 인조 25년(1647) 9월 5일(임인); 《비변사등록》 숙종 37년(1711) 6월 3일; 《승정원일기》 숙종 37년(1711) 5월 27일). 그보다 뒤인 18세기 초반에 작성된 《교린제성(交隣提醒)》(1728년)에서 아메노모리 호슈(雨森芳洲)가 "서로 속이지 않고 다투지 않으며 진실된 마음으로 교제하는 것이 곧 성신이다"고 역설한 바 있다(한일관계사학회 편, 〈(54) 진정한 믿음을 가지고 교류한다는 뜻은?〉, 《역주 교린제성》, 국학자료원, 2001, 70-71쪽; 雨森芳洲 저, 田代和生 校注, 〈54「誠信」とは実意なり/記錄の充實と活用④〉, 《交隣提醒》(東洋文庫 852), 일본 平凡社, 2014, 185-186쪽.

(無)을 통하게 하여 서로가 이익과 번영을 꾀하자는 것이 유무상통의 본뜻이다. 조선과 일본은 이것을 하나의 경제 이념(經濟理念)으로서 중시하였다.

유무상통이 실리(實利)이자 실용(實用)과 가까운 개념이라고 한다면, 성신교린은 그것을 감싸고 있는 명분(名分)에 해당한다. 유무상통이 교환(交換)을 중시하는 경제(무역) 논리라고 한다면, 성신교린은 선린(善隣)과 우호(友好)를 강조하는 정치(외교) 논리라고 말할 수 있다.

조선은 필요할 때마다 성신교린과 유무상통의 논리를 폈다. 예를 들면 기근이 심하여 식량난을 겪고 있었던 조선이 일본 측에 쌀 5만 석의 조달을 요청한 적이 있었다. 1815년 6월 작성된 예조참의 이헌기(李憲琦)의 서계에서 그때의 사정을 살필 수 있다. "조선이 재앙(災殃)과 환난(患難禍難)을 연달아 겪던 차에 지난해 대흉년으로 백성들이 기아에 허덕이고 있는데, 일본이 쌀 5만 석을 매도(賣渡)해 준다면 구제할 수 있겠다."고 하면서, 그것이 곧 '인호(隣好)'라고 역설하였다.[7] 여기에서 인호는 '이웃과 친구처럼 좋게 지내는' 선린우호(善隣友好)를 말한다. 즉 유무상통을 통해서 성신교린을 실현하자고 하는 것이 당시 조선 정부가 일본 측에 쌀(5만 석) 조달을 요청하면서 내세웠던 논리였다.

일본도 필요할 때마다 유무상통과 성신교린의 이념을 강조했다. 예를 들면 1689년 4월에 작성된 대마도주(對馬島主) 소 요시자네(宗義眞)의 외교문서에서 이를 확인할 수 있다. 당시 조선에 전달된 서계(書契)는 두 통이었다. 하나는 대마도주가 예조참의에게 보내는 것이었다. 다른 하나는 대마도주가 동래부사와 부산첨사 앞으로 한 통에 작성하여 보낸 서계였다. 그것을 요시카 효에몬(吉賀兵右衛門)이 조선으로 가지고 왔다. 그 가운데 대마도주가 동래부사와 부산첨사에게 보내는 서계의 본문에서, 인삼의 유통이 부진하여 대마도가 어려움을 겪고 있으니, '성신의 도리(誠信之道)'를 굳건히

7) 국사편찬위원회 서계 DS 7024.

할 수 있게, 전례대로 '있는 것과 없는 것을 서로 통하게 하는' 호통유무(互通有無)를 요청한 바 있다.[8] 여기에서 말하는 호통유무는 유무상통과 같은 뜻으로 쓰였다. 일본 측이 인삼 무역을 요청한 서계에 대해서는 조선 기록과[9] 일본 기록에서 각각 확인할 수 있는데,[10] 1689년에는 조선 정부가 일본 측 요청을 끝내 들어주지 않았다.[11]

이처럼 조선과 일본은 물품 교환 때마다 '성신교린'과 '유무상통'의 이념을 바탕에 두고 있었다. 그래서 양국의 관계자들이 무역이나 외교 현장에서 실무적으로 겪게 되는 여러 어려움을 잘 극복해 나갈 수 있었다. 아래에서는 물품 교환을 둘러싼 양국 관계를 이해하는 데 필요한 기본 사항을 무

---

8) 《兩國往復書謄》 12(일본 국립국회도서관 소장)

9) 《倭人求請謄錄》 기사(1689) 6월 25일; 《국역 왜인구청등록(IV)》(부산사료총서 14), 부산광역시사편찬위원회, 2007, 215-217쪽.

10) 《(관수) 매일기》 1689년 6월 10일 기사(人參御用之御書簡壹通兼東萊釜山江副書別幅共ニ吉賀兵右衛門殿持參請取之)를 통해서, "인삼 관련 서계 1통과 동래와 부산에 보낼 부서 1통이 吉賀兵右衛門에 의해서 (관수에게) 전달되었음"이 확인된다. 그리고 동 8월 22일 기사(吉賀兵右衛門へ小宮儀兵衛御返簡請取候付則持參仕候由ニ而入來)에서, "(조선의) 회답 서계가 일본 측에 전달되었음"을 확인할 수 있다(《(館守) 每日記》 元祿 2년(1689) 6월 10일, 8월 22일).

11) 조선 정부에서는 기사년(숙종 15, 1689) 8월 작성된 예조참의 강세구(姜世龜)의 회답 서계를 통해서, "선린(善隣)의 의리를 생각하여 인삼이 있을 때는 허용하였지만, 지금은 인삼이 끊겨 허용할 수 없다(… 人參雖産於我國 本來稀貴 曾前許採之時 則猶有餘 儲可以推移 每當求貿 無不准許者 盖出於善隣之義也 比年以來 其種絶少 …)."는 취지로 대마도주의 요청을 거부하였다. 이 서계의 원본은 현재 국사편찬위원회에 소장되어 있다(국사편찬위원회 서계 DS 1980). 이 서계의 필사본이 일본 기록에 수록되어 있는데(… 人參本産於我國 絶塞實甚稀貴 先前許採之 則猶有餘 儲可以推移 每當求貿 無不准許者 盖出於善隣之義也 比年以來其種絶少 …, 일부 내용에서 서로 차이가 있으므로 주의가 필요하다(밑줄—인용자). 즉 "이 서계를 요시카 효에몬이 가지고 돌아갔는데, 그 뒤 이 서계의 문장에 쓸 수 없는 것이 있어서 공문서에 맞는 용어로 거듭 고쳐온 것이 이와 같음"(此書吉賀兵右衛門持歸 而後此書文有不稱 公意之語 重改來者 如此)이라고 적은 부기(附記)를 보면, 이 서계를 조선 측이 나중에 고쳐준 것이 아닐까 추정된다(《兩國往復書謄》 12(일본 국립국회도서관 소장).

역과 외교로 각각 나누어서 그 특징을 서술하려고 한다.

제2절 무역을 통한 물품 교환의 시대별 특징

Ⅰ. 공목(公木)과 공작미(公作米)의 교환 비율 변경과 금납화(金納化)

조선 정부는 공무역에서 목면(木綿)으로만 결제해 오던 것을 대마도의 요구를 수용하여 그 일부를 쌀로 바꾸어 주기 시작하였다. 이때의 목면을 공목(公木)이라 불렀다. 즉 1651년에 공목 300동(同, 1동=50필)이 쌀[公作米] 12,000석(石)으로 바꾸어 지급되었다. 그리고 1660년에는 100동을 더 추가하여 공목 400동 대신에 쌀(공작미) 16,000석을 지급하는 것으로 바뀌었다. 이때까지는 교환 비율이 공목 1필 = 공작미 12두(斗)로 변함이 없었다. 그런데 1811년 신미 통신사(辛未通信使)를 둘러싼 교섭 과정에서 조선 정부는 공작미의 교환 비율을 조선에 유리하게 공목 1필당 공작미 12두에서 10두로 2두씩을 더 낮추었다. 그래서 1812년부터는 공목 400동을 쌀(공작미) 13,333석 5두로 교환해 주기 시작하였다.[12] 아래에서는 공목이나 공작미의 환품(개품)이 언제 어떤 배경에서 시작되었는지를 소개하려고 한다.

일본 사신이 가지고 온 물품에 대하여 조선 정부가 처음에는 직접 개입하지 않고 민간 부문의 상고(商賈)를 지정하여 제한적으로 매매할 수 있게 하였다. 그런데 일본에서 가져오는 화물이 갈수록 많아지게 되어 다 팔 수 없게 되자, 일본인들이 불만을 제기하고 나섰다. 그래서 정부가 직접 개입

12) 정성일, 《朝鮮後期 對日貿易》, 신서원 2000, 306-308쪽.

하여 일본인들의 물품을 매입할 수 있게 허락하였다(公貿 또는 公貿易). 이때 조선 정부가 일본인들이 가져온 물품의 값을 목면을 기준으로 계산하여 결제해 준 것이 공목(公木)의 시작이었다.[13]

공무역에서 공목으로 계산해 주는 것은 이미 임진왜란 전부터 있었다. 예를 들면 1470년 9월 일본에서 온 사신이 서계(書契)와 함께 토산물을 바치면서, 목면(木綿) 3천 필 등을 요청한 적이 있었다.[14] 이때의 목면(공목)이 무역 결제용 물품화폐로 사용된 셈이다.

조선후기에 와서는 1608년부터 공무역 물품을 공목으로 결제하는 것이 재개되었다. 1609년 5월에는 기유약조 체결과 함께 공무역 물품의 가격이 결정되었다.[15] 그리고 1612년 12월 동래부사(李昌庭)가 일본에서 조선으로 매년 건너오는 선박마다(歲遣船) 무역의 액수를 정할 것을 요청하여 1613년부터 시행하였다.[16] 한 세견선의 정관이 다른 세견선의 정관을 겸하는 겸대제(兼帶制)가 1635년에 도입되자, 대마도에서 나오는 연례송사(年例送使)의 도항 시기와 선박 규모, 사절(使節)의 체류 기한 등에 이르기까지 구체적인 사항이 정해졌다. 그 덕분에 공무역의 규모도 체계적으로 관리되기 시작했다. 그 무렵 해마다 공무역에서 조선이 지급할 공목의 합계가 1,121동 44필 32척 3촌으로 정해졌다. 조선 정부는 경상도 여러 고을의(下納邑) 전세(田稅)를 목면(공목)으로 받아서(作木) 이를 충당해 나갔다.[17]

1651년에는 일본 사신이 공목(公木)의 절반을 쌀로 교환할 것을 요청하였다. 이에 조선 정부는 그 가운데 공목 300동, 즉 15,000필(1동=50필)을 5년 기한으로 작미(作米)를 허락하였다. 이것이 공목작미(公木作米) 즉 공작미(公作米)의 시작이었다. 이때 교환 비율을 공목 1필에 쌀 12두(斗)로 정하

13) 《萬機要覽》(재용편 5 公貿, 公木); 《국역 만기요람》 I, 민족문화추진회, 1971, 575쪽.
14) 《성종실록》 성종 1년(1470) 9월 19일.
15) 《邊例集要》 卷之八 公貿易; 《邊例集要》 上(한국사료총서 16), 국사편찬위원회, 1984, 437쪽.
16) 《增正交隣志》 卷一 公貿易; 《국역 증정교린지》, 43-44쪽.
17) 《萬機要覽》(재용편 5 公貿, 公木); 《국역 만기요람》 I, 575쪽.

였기 때문에, 연간 공작미는 12,000석(石)이었다.[18] 동래부사 정태제(鄭泰齊) 때인 1660년에는 100동을 더 추가하여 5년 기한으로 공목 400동을 공작미 16,000석으로 바꾸어 주기로 하였다.[19]

그 뒤의 공작미 운용과 관련하여 《변례집요》에 주목되는 기사가 있다. 예를 들면 1697년 7월 조선 정부가 쌀(공작미)로 지급하던 것을 막고 원래대로 목면(공목)으로 주겠다는 뜻을 전하자, 왜관 측이 거세게 반대하고 나섰다. 이 일로 동년 8월에는 왜관의 일본인들이 왜관 밖으로 뛰쳐나가 시위를 하는 이른바 난출(闌出) 사건이 발생하기도 하였다.[20] 1710년 4월에도 조선에서 공작미를 지급해 주지 않았다는 이유를 들어서 일본인들이 다시 난출을 감행한 일이 있었다.[21]

1790년 6월 시점에서 조선 정부가 일본인에게 지급한 내역을 적은 자료를 보면 다음과 같다. ㉠ 당년조(1790) 일본인에게 지급한 공목(公木)이 721동 44필 32척 3촌, ㉡ 공작미(公作米)는 16,000석, ㉢ 왜관에 체류하는 일본인에게 지급한 쌀(倭料米)이 2,672석 11두 9승 1합 3작, ㉣ 콩(料太)이 822석 8두 6승, ㉤ 생선 등 각종 지급물을 쌀로 지급한 어가미(魚價米)가 937석 7두 8합, ㉥ 영획급미(營劃給米)가 5,927석 11두 1승 3합 6작, ㉦ 이상 합계가 25,536석 1승 2합 9작이었다. 이것을 경상도 감영에서 도내의 43개 읍에 나누어 배정하였으며, 해당 읍의 수령들이 육지에서 조달해 와서 중간에 빼돌리거나 모자란 것이 없이 정해진 수량대로 모두 동래부로 바쳤다고 한다.[22]

---

18) 《萬機要覽》(재용편 5 公貿, 公木); 《국역 만기요람》 Ⅰ, 577쪽; 《邊例集要》(권 8 공무역) 신묘(1651년) 3월, 4월; 《邊例集要》 上(한국사료총서 제 16), 국사편찬위원회, 1984, 450-451쪽.

19) 《萬機要覽》(재용편 5 公貿, 公木); 《국역 만기요람》 Ⅰ, 577쪽; 《邊例集要》(권 8 공무역) 경자(1660년) 정월; 《邊例集要》 上, 455쪽.

20) 《변례집요》(권 8 공무역) 정축(1697년) 7월; 《변례집요》 上, 463-464쪽.

21) 《변례집요》(권 8 공무역) 경인(1710년) 4월; 《변례집요》 上, 469-470쪽.

이때까지만 하더라도 공목과 공작미의 교환 비율이 변경되기 전이었다(공목 1필 = 공작미 12두). 1790년 공작미의 지급량이 16,000석이었던 것도 바로 그 때문이었다. 그런데 《변례집요》의 마지막 기사인 1823년 7월 기사까지도 "동래부사 이규현(李奎鉉) 때 당년조(1823)에 (동래부로) 하납할 쌀과 콩 등을 모두 바쳤다(下納米木太 畢捧事)"고만 되어 있을 뿐,[23] 1812년 이후 연간 공작미 지급량이 그 전과 비교해서 어떻게 달라졌는지 등에 대해서는 전혀 언급이 없다.

《만기요람》에도 공목이나 공작미의 전납(錢納) 또는 은납(銀納), 즉 금납화(金納化)에 대해서는 전혀 기록이 없다. 《만기요람》이 1808년 무렵 편찬되었기 때문에, 1810~12년의 변화에 대하여 언급이 없는 것은 어느 정도 수긍이 간다. 그런데 《변례집요》에도 이에 관한 기술이 전혀 없는 점은 쉽게 이해하기 어렵다. 공목이나 공작미의 전납(錢納) 또는 은납(銀納)에 관한 내용이 오히려 일본 기록에 더 자세히 남아 있다. 그래서 제1부 제3장(왜관의 일기로 본 조·일 간 무역)에서 일본 기록을 활용하여 이 문제를 추적하고자 한다.

Ⅱ. 예단삼(禮單蔘)의 환품(換品)과 금납화(金納化)

1811년 신미 통신사(辛未通信使) 이후 무역에서 또 한 가지 변화의 조짐이 일고 있었다. 예단삼(禮單蔘)의 품질을 바꾸려는 환품(換品) 문제가 그것이다(일본 기록은 改品으로 적음).[24] 통신사 일행의 부산 출발은 1811년 윤3월 12일(일본력 3.12.)이었다.[25] 그런데 그 전에 실무교섭이 있었다(이를

---

22) 《변례집요》(권 8 공무역) 경술(1790년) 6월; 《변례집요》 上, 498-499쪽.
23) 《변례집요》(권 8 공무역) 계미(1823년) 7월; 《변례집요》 上, 500쪽.
24) 정성일, 《朝鮮後期 對日貿易》, 270-299쪽.

講定으로 불렀음). 즉 신미 통신(辛未通信)의 사전 교섭(강정) 과정에서 조선 정부가 예단삼의 품질을 바꾸려고 시도하였다.

예단삼을 줄여서 단삼(單蔘)으로 불렀다. 《만기요람》(재용편 5 단삼)을 보면, 매년 일본에서 조선으로 정기적으로 오는 사신(年例送使)과 부정기적으로 오는 사신에게(差倭, 別差倭) 조선 정부가 예단(禮單)으로 입급(入給)하는 인삼을 가리켜 단삼(單蔘)으로 정의하고 있다. 이때의 단삼은 호조(戶曹)에서 책임을 맡고 있었는데, 호조는 왜역(倭譯) 중에서 일을 잘 알고 살림이 넉넉한(饒實) 사람 4인을 선발하여 그들이 단삼의 조달 업무를 전담하게 하였다(句管).[26)]

조선 정부가 해마다 조달해야 하는 예단삼의 규모가 얼마나 되었을까? 이것은 일본에서 건너오는 사신의 종류와 파견 횟수에 따라서 달라지게 마련이었다. 예를 들면 정기적으로 오는 연례송사(年例送使)에게 지급할 예단삼은 매년 30근이 조금 넘는 수준에서 크게 변화가 없었다.[27)] 그런데 부정기적으로 오는 차왜(差倭)가 변수였다. 예를 들면 대마도주가 상(喪)을 당하게 되면 예단삼이 100근 정도가 필요했다.[28)] 1785년에는 예단삼을 지급한 전례를 조사한 적이 있었는데, 105근에 이르렀다고 한다. 그래서 체삼(體蔘) 71근과 미삼(尾蔘) 49근을 마련하게 하여 단삼 105근을 조처하여 준비할 수 있었다는 기록이 있다.[29)] 이것을 보면 예단삼은 평년이라면 1년에 30~100근 정도가 필요했다. 만일 통신사(通信使)가 일본에 가게 되는 상황

---

25) 신미 통신사 일행이 대마도 후츄(府中)에 도착한 것은 1811년 윤3월 29일이었으며, 동년 6월 27일 그곳을 떠나서 다시 부산에 도착한 것은 다음 달인 7월 3일이었다.

26) 《국역 만기요람》 I, 민족문화추진회, 1971, 548쪽,

27) 年例倭 禮單 三十餘斤(《승정원일기》 영조 14년(1738) 7월 18일 무진).

28) 其中 島主喪 禮單蔘 百斤(《승정원일기》 영조 7년(1731) 10월 20일 경술).

29) (趙琰)曰 對馬島差倭 以告訃告慶 今當鱗次出來 取考各年前例 則所給禮單蔘 當爲一百五斤零 而就其中 分排磨鍊 則體蔘爲七十一斤零 尾蔘爲四十九斤零 有此數 然後可以措備 單蔘百五斤矣(《승정원일기》 정조 9년(1785) 8월 22일 기해)

이라면, 이보다 더 많은 예단삼을 마련해야만 했다(통신사의 예단삼을 信蔘으로 불렀음).

그런데 조선 정부는 1811년 신미 통신(辛未通信)을 앞두고 일본에 예단삼으로 지급하는 인삼을 자연산이 아닌 재배삼(栽培蔘) 즉 가삼(家蔘)으로 변경하기로 방침을 정하였다(禮單蔘의 換品). 이것이 조선 역관을 통해서 일본 측에 전달되었다. 1810년 7월의 일이었다. 그 무렵 양측이 잠정 합의에 이르렀다. 이때까지만 하더라도 통신사가 일본을 방문하도록 사전협상을 성공시켜야 하였기에, 대마도 측에서도 조선 정부의 방침을 거절할 수가 없었다. 그래서 '통신사가 일본으로 건너간 뒤 협의를 거쳐 결정하기로' 하는 선에서 양국 간 실무 차원의 교섭이 타결을 보았던 셈이다.

조선 정부는 이것으로써 이미 연례송사의 예단삼이 가삼(家蔘)으로 품질(품종)이 바뀌었다고 판단하고 있었다. 예를 들면 1811년 3월 27일 좌의정 김재찬(金載瓚)이 "팔송사(八送使) 예단삼(禮單蔘)이 지금은 이미 가삼(家蔘)으로 환품(換品)되었다."고 말한 대목에서 이것을 확인할 수 있다.[30)]

그런데 일본 측의 입장은 이와 달랐다. 즉 신미 통신의 종료 후 2년째가 되는 1813년 2월 대마도 측에서 이의를 제기하였다. 처음에는 사행 이전에 일본 측이 제출했던 확인서가 효력이 없다고 주장하였다. 협상 기간에 발생한 미수삼(未收蔘)의 처리 문제도 다시 논란이 되었다(조선 기록은 未給蔘으로 표기함). 일본 측은 시종일관 강계(江界) 지역에서 나는 인삼을 고집했다. 그래서 예단삼을 가삼으로 지급하려 했던 조선 정부의 시도는 난관에 봉착하고 말았다. 결국 일본 측은 조선의 역관을 매수하여 예단삼의 일부를 강계삼(江界蔘)으로 받기로 하고(1815년 이후 연간 15근), 나머지는 쌀이나 동전(銅錢)으로 대납(代納)하기로 약속하였다(인삼 1근 → 동전 70貫文 대납).[31)]

---

30) 《承政院日記》 순조 11년(1811) 3월 27일 을해.

31) 《迎聘參判使記錄》(국사편찬위원회 대마도종가문서 DK 3315); 정성일, 《朝鮮後期 對日

그런데 이 약속마저도 잘 지켜지지 않았다. 강계삼 조달 자체가 어려웠기 때문이었다. 1803년부터 1821년까지(총 19년간) 미수(미지급) 인삼의 총액이 480여 근에 이르렀다. 이것을 보면 1815년 이후 1821년까지도 예단삼 지급이 순조롭지 못했음을 알 수 있다.[32)]

1822년(순조 22, 文政 5) 5월 8일 일대관(阿比留喜左衛門)이 대마도에 보고한 문서가 남아 있다. 이에 따르면 '경천 현지사' 등이 왜관 측과 협의해왔던 것을 훈도와 별차 등이 연명(連名)으로 작성하여 대관에게 제출한 확인서를 대마도 본국으로 보냈음을 알 수 있다. 조선 역관들이 작성한 확인서는 작성 시점이 임오년(1822) 5월이며, 두 개 항으로 이루어져 있었다. 〈확인서(1822년 5월)〉의 내용을 간추리면 다음과 같다.[33)]

貿易》, 272-273쪽.

32) 《分類紀事大綱》 十三 〈禮單參改品錢變通一件(1823년)〉; 《分類紀事大綱》 X(대마도종가문서자료집 11), 국사편찬위원회, 2023, 206-207쪽.

33) 〈확인서(1822년 5월)〉

① 연조(연례송사—인용자)와 불시(차왜—인용자) 송사(送使)의 별폭으로 (조선이) 지급하는 인삼이 귀국(일본—인용자)에서 전혀 없는 물건인지라, 매우 절박한 뜻으로 순환하여 유통되도록 들여보내는(入送) 것이 전례로 규정한 바로 그것인데, ㉠ 우리나라(조선—인용자) 인삼 사정(參勢)이 점차 쇠미해져서 강계(江界)에서 나는 인삼으로는 정해진 수만큼 들여보내는 것이 불가능하여, ㉡ 이번에 5년 기한으로 금년 임오조(1822년—인용자) 제1선 송사 이후로는 강계에서 나는 인삼으로 해마다 5근씩 그해 가을에 채취한 인삼으로 들여보내고, ㉢ 그 나머지 근수는 동전 6백 냥으로 바꾸어서(變通) 시기와 절차를 어기지 않고 들여보내기로 약정(約定)을 함. 그런데 이것은 실제로 나라와 나라 사이의 교류(交際)와 관계되는 매우 절박한 뜻이 있으니, ㉣ 나중에 인삼 사정(參勢)이 다시 왕성해지는 날에는 정해진 수만큼 강계에서 나는 인삼으로 현품을 들여보내겠다는 것을 깊이 승낙하는 바임.

② 위 항의 약정은 이미 이루어졌지만, 그 연한 내에 만일 귀국(일본—인용자)에서 유고(有故) 시에는 현물 인삼(現參) 5근 외에 더 많은 근수(優數)를 간청하면 마땅히 그것에 맞추어 주선(周旋)할 것이며, 역시 이를 승낙하는 바임. 이것은 본디 인삼이 많고 적은 상황과 관계되는 것이기는 하지만, 진심을 다하여 주선하도록 힘을 기울일 것임. 위의 내용을 이번에 약속함. 끝.

임오(1822년—인용자) 5월 일

첫 번째 항은 크게 4가지 내용을 담고 있다. ㉠ 조선의 인삼 사정, 즉 삼세(蔘勢)가 악화되어 강계(江界)에서 나는 인삼으로는 예단삼 액수를 모두 지급하는 것이 불가능하다는 점을 전제하고 있다. 그래서 ㉡ 5년 기한으로 1822년조 세견 제1선 송사부터 연간 예단삼 중 5근씩을 매년 강계산 인삼으로 지급하고, ㉢ 나머지 예단삼은 1근에 동전 6백 냥으로 대신 지급하기고 약정하되, ㉣ 혹시라도 나중에 조선의 인삼 사정이 좋아지게 되면 강계에서 나는 인삼으로 예단삼을 현물 지급할 것을 승낙한다는 내용이다.

두 번째 항은 첫 번째 항에 대한 예외 규정을 말하는 것이다. 일본에서 특별한 사정이 발생하여, 매년 5근으로 제한한 것을 초과하여 더 많은 근수의 강계 인삼을 요청하더라도, 지급될 수 있도록 '주선(周旋)'을 하겠다는 다짐을 조선 역관들이 한 것이다. 그런데 인삼 무역에 관한 사항은 조선 조정(朝廷)에서 결정하는 것이었다. 그래서 조선 역관들은 중간에서 '주선'을 하겠다고 표현할 수밖에 없었다.[34)]

그렇다면 위의 확인서가 교환된 1822년 5월 이후 예단삼 지급은 어떻게 되었을까? 위의 확인서 제출로 예단삼 문제가 완전히 해결된 것일까? 아래에 소개하는 비변사의 보고에 당시 상황이 잘 드러나 있다.

1823년 10월 9일 비변사는 동래부사(李德鉉)가 논보(論報)한 것을 인용하면서, 환품삼(換品蔘) 즉 산삼(山蔘)에서 가삼(家蔘)으로 바꾸어 지급하는 단

별차 자술(子述) 현주부(玄主簿) 인(印)
훈도 덕관(德寬) 이첨지(李僉知) 인(印)
유청(維淸) 박첨지(朴僉知)
경천(敬天) 현지사(玄知事) 인(印)

대관(代官) 첨공(僉公)

《分類紀事大綱》 十三 〈禮單參改品錢變通一件(1823년)〉; 《分類紀事大綱》 X(대마도종가문서자료집 11), 국사편찬위원회, 2023, 204-205쪽.

34) 《分類紀事大綱》 十三 〈禮單參改品錢變通一件(1823년)〉; 《分類紀事大綱》 X(대마도종가문서자료집 11), 국사편찬위원회, 2023, 203-205쪽.

삼을 7년째 주고받지 않았음을 밝혀냈다. 예단삼의 환품은 경오년(1810)에 시작되었는데, 몇 해 동안은 시행하다가 일본 측이 이를 받지 않겠다고 물리치는 것은 틀림없이 '임역(任譯)들이 중간에서 수작을 부려 조정(朝廷)을 기만했기 때문'이라는 것이 비변사의 판단이었다. 예단삼 업무를 전담하여 처리해왔던 현의순(玄義洵, 1765~1845)에게 죄를 묻기로 한 것도 바로 그런 까닭이었다. 일본 측이 예단삼의 품질을 확인하는 점고(點考)를 하고 나서, 품질이 나쁘다고 판정된 것을 다시 돌려보내는 퇴송(退送)을 가리키는 이른바 점퇴(點退) 행위는 조선을 욕되게 한 짓이며, 이번에 수표를 받은 것도 조선을 욕되게 한 짓이라고 판결이 났다. 그에 대한 책임을 묻고 처벌하는 조처가 이루어졌다. 즉 동래부사에게 명하여 백성들을 모아놓고 현의순을 엄하게 처벌하여 조리돌림을 한 뒤에, 형조로 잡아 올려 서울과 지방에서 포탈한 공물을 거두어들이는 등 법대로 처단하도록 하라는 처분이 내려졌다.[35]

이듬해인 1824년 8월 시점의 상황은 《변례집요》에 수록되어 있다. 비변사에서는 박명준(朴明浚)[36]이라는 역관을 동래로 파견하였다(別遣譯官). 아마도 현의순을 배제하고 박명준에게 그 임무가 부여되었던 것 같다. 박명준이 왜관으로 가서 대관(代官)들과 강정(講定)한 결과를 크게 두 가지로 정리하여 비변사에 보고하였다. 하나는 예단삼의 환품(개품) 문제였고, 다른 하나는 예단삼의 미급(미수) 문제였다.

먼저 조선이 아직 지급하지 못한 미급삼(未給蔘), 즉 일본 측에서 보면

35) 《비변사등록》 순조 23년(1823) 10월 9일; 《승정원일기》 순조 23년(1823) 10월 9일.
36) 박명준(朴明浚)의 자(字)는 유청(由靑)이며, 출생 연도는 1777년이다. 그는 1804년 식년시(式年試) 역과(왜학)에 입격하였다(이성무·최진옥·김희복 편, 《조선시대 잡과 합격자 총람—雜科榜目의 電算化—》(고전자료총서 90-5), 한국정신문화연구원, 1990, 432쪽). 일본 기록에 그의 자가 유청(維淸)으로 적혀 있는데, '유청(維淸) 박동지(朴同知)'가 박명준을 지칭하는 것으로 보인다. 1824년 시점에서 박명준의 나이가 47세였다.

미수삼(未收蔘)의 처리 방안과 관련하여 3가지 합의가 이루어졌다. ㉠ 한 해 전인 계미조(1823) 단삼 35근 14냥을 모두 은(銀)으로 대신 지급할 것, ㉡ 두 해 전인 임오조(1822) 미급 단삼(未給單蔘) 52근 14냥은 5년 분할로 (1823~27년) 지급하되, 계미조부터 먼저 지급할 것, ㉢ 당해년인 갑신조 (1824)는 이듬해(1825) 4월 안으로 지급할 것 등이 그것이다. 이 세 가지를 문서로써 증명하고자, 일본 측 담당자 3인이 연명(連名)으로 수표(手標) 2장을 작성하였다. 한 장은 임오조(1822) 단삼, 다른 한 장은 계미조(1823) 단삼에 관한 것이었다(작성자는 公代官 山城彌兵衛, 小田平次郞, 橋邊伊左衛門). 박명준이 이를 바탕으로 비변사에 보고하였다.

이때 예단삼의 환품(개품), 즉 지급 수단의 변경에 관해서도 양측이 합의하였다. 이것도 훗날 증빙의 근거로 삼고자 문서 형태로 작성하였는데, 이 문서에 일본 측에서 5인이 연명을 하였다. 그 문서를 별견역관(別遣譯官) 박명준(朴明浚)이 받아와서 비변사에 보고하였다. 예조가 그것을 등록(謄錄)해 둔 것이 《변례집요》에 수록되어 있다. 〈확인서(1824년 8월)〉의 내용을 간추리면 다음과 같다.[37]

첫째, 현물 인삼(강계삼)을 매년 5근씩 입송하기로 했다. 이것은 1815년

---

37) 〈확인서(1824년 8월)〉

① 매년 강계(江界) 단삼 5근씩 입송할 것을 약정한 일.

② 단삼(單蔘) 1근의 대전(代錢)은 620냥씩으로 약정한 일.

③ 대전(大錢) 620냥 대신에 상은(上銀) 155냥씩으로 약정한 일.

갑신(1824) 8월 일

별별이대관(別別代官)	야사카 츄에몬(八坂忠右衛門)
별이대관(別二代官)	이와이 고로쿠(祝 小六)
공대관(公代官)	야마지로 야에베(山城彌兵衛)
	오다 헤이지로(小田平次郞)
	하시베 이자에몬(橋邊伊左衛門)

《邊例集要》 권10 支給 附 贈給, 갑신(1824) 8월; 《邊例集要》 下(한국사료총서 제16), 국사편찬위원회, 1984, 98-99쪽.

에 '강계삼 15근'으로 정했던 것에서 10근을 더 줄인 것이다.

둘째, 단삼 1근을 돈(錢) 620냥씩으로 계산하여 동전으로 대신 지급(代給)하기로 했는데, 이것은 현의순(玄義洵)이 교섭을 주관했던 〈확인서(1822년 5월)〉의 600냥보다 20냥을 더 일본 측에 주기로 한 셈이다.

셋째, 단삼 1근에 해당하는 돈(錢) 620냥을 상은(上銀) 155냥씩으로 계산하여 은(銀)으로 대신 지급(代給)하기로 했다.

넷째, 예단삼을 삼은전(蔘銀錢) 3가지, 즉 ㉠ 현물 인삼(연간 강계삼 5근씩), ㉡ 상은(上銀), ㉢ 동전(錢)으로 각각 지급할 수 있게 변경한 것이 1824년 8월 시점의 상황이었다.

그런데 예단삼의 환품(개품)과 미급(미수) 문제와 관련하여, 1830년대에 들어와서 다시 개정이 이루어졌다. 1832년 1월 강정관(敬天 玄知事, 玄義洵)과[38] 훈도(維清 朴同知, 朴明浚), 별차(穉衍 金主簿, 金耆敬)가 작성한 10개 항의 확인서에 그 내용이 담겨 있다.[39] 이 〈확인서(1832년 1월)〉는 관수뿐만

38) 현의순(玄義洵)이 변경의 일에 경험이 많다는 점을 들어서(邊情多有經歷), 1831년 3월 죄에서 풀려났다(《승정원일기》 순조 31년(1831) 3월 14일). 1832년 1월 작성된 문서에서 강정관(講定官) 경천(敬天) 현지사(玄知事)가 맨 먼저 등장하는 것을 보면, 그 무렵에는 현의순이 이미 예단삼 환품(개품)과 미급(미수) 관련 교섭 업무에 복귀한 것으로 추정된다.

39) 〈확인서(1834년 1월)〉

① 예단삼(禮單蔘)과 구청삼(求請蔘) 문제와 관련하여, 임오년(1822)에 이미 크나큰 은혜를 입어서 약정을 해 두었는데, 그 기한이 이미 지나서 여러 해가 되었습니다. 그런데 우리나라(조선—인용자)가 최근 상은(上銀)이 점차 쇠약해져 약정한 대로 입송을 할 수가 없고, 형편상 부득이하여 이번에 또 상은(上銀)을 계속해서 보내기가 어려워서, 이전에 약정한 것을 다시 고치자고 간청하였는데, 귀주(대마도—인용자)가 두터운 정을 베풀어서 다시금 허락해 주시니, 그 은덕이 산과 바다처럼 앞뒤로 이어져 크게 감격했습니다. 이에 조정(朝廷)의 명령을 받들어 아래와 같이 약정을 개정합니다. 조금이라도 착오가 발생하는 폐단이 없게 하고, 이 약정을 굳게 지키며 시행할 것입니다.

② 연조(연례송사—인용자)와 불시(차왜—인용자)의 여러 송사(送使)에게 입송할 물품을 전례대로 입송하는 일이 조금도 지체되지 않도록 할 것.

아니라, 일대관(一代官)과 감정관(勘定官), 대관소(代官所) 등에도 동일 내용으로 작성한 것을 전달하였다. 여기에서 주목되는 점이 몇 가지 있다.

첫째, 예단삼의 환품(換品) 문제를 놓고 12년 전인 임오년(1822)에 이미 현의순(玄義洵) 등과 맺었던 약정을 이때 다시 거론하였다(〈확인서(1822년 5월)〉 참조).

둘째, 그러면서도 비변사가 1824년에 현의순을 배제하고 박명준(朴明浚)

---

③ 연조 9송사 예단과 구청삼 예단을 다례(茶禮) 때 입송할 것.
④ 연조 각 송사의 예단과 구청삼은 강계(江界)에서 나는 것으로 정밀하게 잘 골라서 입송할 것.
⑤ 연조 각 송사의 예단과 구청삼은 매년 32근 8냥 중에서 11근은 현물 인삼(現參)으로, 11근은 상은(上銀)으로, 10근 8냥은 돈으로(代錢) 입송할 것.
⑥ 입송할 인삼의 품질이 약용(藥用)으로 쓰기에 적합하지 않으면 되돌려 보내서(點退) 다른 품질의 인삼으로 입송을 해야 함은 더 말할 나위가 없음. 만일 신속하게 다른 품질의 인삼으로 입송을 할 수 없다면, 은(銀) 또는 전(錢)으로 신속하게 입송을 하여 사자가 (왜관에 오래도록) 체류하는 폐단이 발생하지 않도록 할 것.
⑦ 부정기적으로 (조선에 오는) 여러 송사의 예단삼은 이것 또한 강계(江界)의 양호한 물건으로 입송을 하여야 하지만, 인삼의 산출이 쇠미하여 부득이 전(錢)으로 대신 지급하기로 약정함.
⑧ 부정기적으로 (조선에 오는) 여러 송사의 예단삼은 사자의 체류 기한 내에 틀림없이 은(銀) 또는 전(錢)으로 입송을 완료해야 함은 더 말할 나위가 없음. 만일 그 기한을 넘기거나 지체하면 송사가 체류하면서 모두 보낸 다음에야 (일본의 송사가) 대마도로 돌아갈 것(歸州).
⑨ 단삼을 동전으로 바꾸는 비율(價錢)은 단삼 1근에 동전 620냥씩으로 할 것.
⑩ 상은(上銀)을 동전으로 바꾸는 비율(價錢)은 상은 1냥에 동전 4냥씩으로 할 것.

위의 조항과 같이 약정하여 고치는 바, 조금도 잘못이 없도록 할 것.

임진(1834년—인용자) 정월 일

강정관 경천(敬天) 현지사(玄知事)

훈도 유청(維淸) 박동지(朴同知)

별차 치연(穉衍) 김주부(金主簿)

관사(館司) 존공(尊公)

《分類紀事大綱》 五 〈黑角禮單參御改約之一件(1827~32년)〉; 《分類紀事大綱》 XI(대마도종가문서자료집 12), 국사편찬위원회, 2023, 197-200쪽.

을 별도로 파견하여 약정을 맺은 것에 대해서는(〈확인서(1824년 8월)〉) 전혀 언급이 없는 점이 눈에 띈다.

셋째, 1832년 1월의 약정이 조정(朝廷)의 명령을 받들어서 이루어진 것임을 분명히 한 점이 주목된다.

넷째, 정기적인 연례송사의 예단삼은 강계(江界)에서 나는 것으로 입송을 하기로 약정하였다. 이것을 보면 대마도가 강계삼에 대한 미련을 이때까지도 버리지 못하였음을 알 수 있다. 그러면서도 부정기적인 차왜의 예단삼은 강계삼 입송이 원칙이기는 해도 조선의 인삼 사정이 좋지 않으므로 어쩔 수 없이 돈으로(銀 또는 錢) 대신 지급하기로 약정한 점이 서로 대조를 이룬다.

다섯째, 연례송사 예단삼을 연간 32근 8냥으로 규정한 다음, 그것을 3분의 1씩 나누어서 3가지로 지급하기로 하였다. 즉 예단삼 11근은 현물 인삼(現參)으로, 그리고 예단삼 11근은 상은(上銀)으로, 나머지 10근 8냥은 동전으로(代錢) 각각 입송하기로 약정하였다. 이것은 1824년 8월의 확인서에서 "매년 강계(江界) 단삼 5근씩 입송을 하기로 약정한 것"을 더욱 명확하게 규정한 것으로 판단된다.

여섯째, 단삼을 동전으로 바꿀 때는 단삼 1근에 동전 620냥씩으로 정했다.

일곱째, 상은(上銀)을 동전으로 바꿀 때는 상은 1냥에 동전 4냥씩으로 교환 비율을 정하였다. 이것은 1824년 8월의 확인서에서 약정한 것과 비율이 동일하다(單蔘 1근 = 代錢 620냥, 大錢 620냥 = 上銀 155냥).

그렇다면 1832년 1월 양측이 합의하여 맺은 예단삼 약정이 그 뒤 어떻게 되었을까? 동년 6월 22일 훈도, 별차, 차비관이 연명으로 작성하여 대관에게 제출한 확인서를 보면, "임진(1832—인용자) 1순(壹巡) 표차사(漂差使) 예단삼 1근을 전(錢) 620냥으로 대신 변통(變通)하여 입송(入送) 하였다"고 적혀 있다. 그것과 함께 같은 날 대관이 작성하여 위 3인에게 제출한 영수증(請取書)도 남아 있다. "임진년(1832) 별폭 예단삼 1근의 대은(代銀)이 (왜관으로) 들어왔기에 받았다"고 하면서, 금액을 "대전(大錢) 62관문(貫文)"이라고 적었다.[40] 여기에서 대전(大錢)은 조선의 상평통보(常平通寶)를 가리키는 일본식 표현법이다. 그리고 62관문(貫文)은 조선의 620냥(兩)에 해당하는 일본 화폐 단위이다(620兩=62貫文=62,000文).

1832년 6월 22일 《(관수) 매일기》를 보면, "대전(大錢) 62관문(貫文)"이라고 적어 놓고 다음과 같이 설명이 붙어 있는 것을 확인할 수 있다. 즉 "임진년 초순 표차사 예단삼을 전(錢)으로 대신 지급한 것이 들어왔음. 이것을 대관방(代官方)에서 (관수에게) 문서로 작성하여 보고함. 단 앞으로 불시 송사(不時送使)의 예단삼은 위와 같이 작성하여 보고할 것이며, 자세하게 대마도 본국에 보고할 것"이라고 명기되어 있다.[41] 이것이 예단삼의 첫 번째 환품(개품) 사례라고 말할 수 있다.

Ⅲ. 흑각(黑角)의 환품(換品)과 금납화(金納化)

물소뿔을 흑각(黑角) 또는 수우각(水牛角)으로 표기하였다. 동남아시아 지역에서 나는 흑각(수우각)이 언제 처음으로 조선과 일본 사이의 공무역 물품 속에 포함되기 시작했는지 그 연도는 확실하지 않다. 그런데 임진왜란 전부터 그것이 조선으로 수입되고 있었음은 분명하다. 1406년 실록의 기사가 말해 주듯이,[42] 일본에서 온 사신이 소목(蘇木), 후추[胡椒], 옥대(玉帶),

40) 《分類紀事大綱》 五 〈黑角禮單參御改約之一件〉 임진년(1832) 8월 2일; 《分類紀事大綱》 XI, 218-230쪽.

41) 大錢六拾貳貫文

壬辰年初巡漂差使禮單參代錢入來之分　御代官方書上有之

但し以來不時送使之分　右之通書上有之　節々御國許江御案內可申上事.

《(館守) 每日記》 天保 3년(1832) 6월 22일.

42) 《태종실록》 태종 6년(1406) 12월 21일.

창검(槍劍)과 함께, 수우각 등 물건을 조선 조정에 바쳤다고 한다. 이로써 15세기 이후 흑각(수우각)이 일본을 통해서 조선으로 유입되고 있었음이 문헌으로 확인된다.

16세기에 오면 일본에서 들여오는 물품의 규모가 더욱 커졌다. 1525년 8월의 상황을 기록한 실록 기사에서 이를 확인할 수 있다. 예를 들면 일본 사신이 가져온 후추[胡椒]가 9천 9백 80근, 주홍(朱紅)이 1천 8백 80근, 침향(沈香) 2천 1백 88근, 용뇌(龍腦) 28근 등의 물건은 그 수량이 너무 많으므로, 이 가운데 3분의 1만 공무역(公貿易)에서 사주는 것이 좋겠다고 예조에서는 판단하였다. 그러면서도 흑각(수우각) 1천 개와 대랑피(大狼皮) 10장은 조선에서 긴요하게 쓰이는 물품이니, 전량(全量)을 무역하기로 예조가 방침을 정했다고 한다.43)

17세기에는 흑각을 비롯한 공무역 물품이 더욱 체계적으로 교환되었다. 즉 1609년 기유약조(己酉約條) 체결 후 공무역(公貿易) 물품의 교환 가격이 정해졌다(이것을 折價로 표기함). 예를 들면 목면(공목)을 기준으로 값을 계산하여(價木), ① 구리(100근)의 가격을 (공목) 60필, ② 납철(鑞鐵) 즉 주석(1근)의 가격을 2필, ③ 후추(1근) 가격을 1필, ④ 단목(3근) 가격을 1필, ⑤ 두석(1근)의 가격을 1필 등으로 각각 정하였을 때, 흑각 1통의 가격이 공목 3필로 결정되었다.44)

《증정교린지》에 따르면 처음에는 공무역에서 교환하게 되어 있던 흑각의 수량이 297통이었다고 한다. 그런데 일본에서 가져오는 흑각의 크기가

43) 당시 일본 사신이 조선으로 가져온 상품을 모두 합쳐 헤아려 보았더니, 과거의 매매 가격으로 무역하자면 목면(木棉)이 1천 7백 50동에 이르렀으며(1同=50필), 새로 값을 낮추어서 무역하더라도 목면이 1천 1백 85동이 될 것이라고 예조는 전망하였다. 《중종실록》 중종 20년(1525) 8월 19일.

44) 己酉(1609) 五月 銅鐵一百斤價木六十疋 鑞鐵一斤價木二疋 黑角一桶價木三疋 胡椒一斤價木一疋 丹木三斤價木一疋 豆錫一斤價木一疋(《邊例集要》 卷之八 公貿易; 《邊例集要》 上, 국사편찬위원회, 1984, 437쪽).

점차 작아진 까닭에 기존의 흑각 수량에 103통을 더하여 모두 400통으로 변경하였다. 그렇게 해서 흑각 1통의 가격이 목면(공목)으로 3필이었으니, 흑각 400통의 값이 목면(공목) 17동 41필로 정해지게 되었다(흑각 297통×공목 3필=공목 891필, 즉 17동 41필).[45] 그런데 《동문휘고》에서는 1640년 대마도주(對馬島主)의 세견(歲遣) 제1선 서계(書契)를 소개하는 가운데, "흑각이 처음에는 290통이었는데, 나중에 크기가 작다는 이유로 110통을 추가하여 모두 400통이 된 것"으로 적고 있어서,[46] 《증정교린지》와 조금 차이를 보인다.

조선에서는 흑각(수우각)을 어디에 사용하였을까? 비변사가 남긴 기록을 보면, 흑각이 군기(軍器) 제조 등에 쓰이는 이른바 군수(軍需) 물자의 하나였음을 알 수 있다. 당시 일본도 조선의 이러한 상황을 잘 파악하고 있었다. 그렇다면 공무역의 흑각 유통 상황은 어떠하였을까? 18세기 중반의 상황을 보여주는 사례를 소개하면 아래와 같다.

《비변사등록》을 보면 기축년조(1769) 흑각 3백 통(桶)을 약정된 기한보다 2년이나 더 지난 1771년에 상납(上納)을 받아서, 그것을 전례대로 훈련도감 등 여러 곳에 나누어 보냈음이 확인된다. 그리고 이전에는 흑각이 작은 것일지라도 한 통에서 나오는 것으로 활(弓) 3장을 만들었는데, 지금은 겨우 한 장 반밖에 만들지 못할 정도로, 당시 흑각의 품질이 전보다 크게 나빠졌다. 그래서 조선 정부에서는 동래부사에게 지시를 내려서, 각 연조의 미수(未收) 흑각과 생동(生銅) 등을 매년 6월 안으로 모두 상납하게 했다. 아울러 흑각의 품질이 개선되지 않으면 실무 책임을 맡은 훈도와 별차 등을 엄하게 다스리기로 비변사에서 방침을 정하였다.[47]

---

45) 김건서 저, 하우봉·홍성덕 역, 《국역 증정교린지》, 민족문화추진회, 1998, 45쪽.
46) 公貿 … 黑角二百九十桶 ○黑角後因體小加一百一十桶 合爲四百桶(《同文彙考》二 附編 卷之十二 進獻 三, 【庚辰(1640)】 島主歲遣第一船書).
47) 《비변사등록》 영조 47년(1771) 5월 11일.

이처럼 18세기 중엽부터 이미 흑각의 품질과 수량이 공무역에서 마찰을 일으키는 요인이 되고 있었다. 예조가 펴낸 《전객사일기》 등에 흑각(수우각)에 관한 기사가 자주 등장하는 것도 그 무렵부터였다.[48] 이것은 조선의 흑각 수요를 일본과의 공무역을 통해서 충족해 오던 시스템이 원만하게 작동하지 않았음을 보여주는 결과로 풀이할 수도 있다.

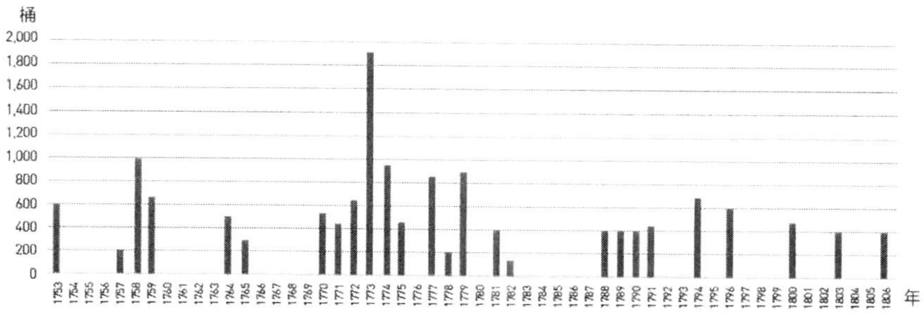

왜관으로 반입된 일본 흑각의 수량(1753~1806년)
(자료 : 《典客司日記》(서울대학교 규장각한국학연구원))

흑각의 수량을 연도별로 나타낸 그래프를 보면 일본이 흑각을 대마도에서 왜관으로 가지고 오는 상황을 알 수 있다. 다만 이것은 대마도에서 건너

48) 《典客司別謄錄》(서울대학교 규장각한국학연구원 奎12961, 전 8책, 1699-1753년)에서는 계유(1753년) 11월 21일 기사에 "재판 귤여동이 탄 배가 재차 건너왔는데(裁判橘如楝駕舡再渡), 이때 흑각 300통 등을 가지고 나왔다.(… 以黑角三百桶 出來)"고 기술하여, 당시 일본이 흑각을 왜관으로 반입하는 상황을 보여주고 있다(《국역 전객사별등록(IV)》(부산사료총서 19), 부산광역시사편찬위원회, 2012, 286쪽). 대마도에서 왜관으로 반입되는 흑각의 움직임은 《典客司日記》(서울대학교 규장각한국학연구원 奎13052, 전 99책, 1640~1886년)에 1753년부터 상세히 기록되어 있다. 여기에서는 조선 측이 파악한 1753~1806년(54년간)의 흑각 왜관 반입 상황을 주로 살펴보았다(국사편찬위원회의 《各司謄錄》 93부터 《각사등록》 101까지를 참조). 현재 서울대학교 규장각한국학연구원 홈페이지를 통해 《전객사별등록》과 《전객사일기》의 원문을 열람할 수 있으며, 국사편찬위원회 한국사데이터베이스를 통해서도 위의 《각사등록》 탈초본을 열람할 수 있게 되어 있다.

온 일본 선박에 실려 있었던 흑각의 수량을 조선 정부가 파악한 것만 표시한 것이다(단위는 桶). 조선 기록에서는 일본 선박이 부산으로 입항하는 것을 대마도에서 '나온다'는 뜻으로 출래(出來)라고 적었다. 이와 반대로 일본 선박이 부산에서 출항하는 것을 대마도로 '들어간다'는 의미로 입귀(入歸)라고 기록하였다.

그런데 일본 선박이 부산으로 나오려고 할 때(出來, 즉 入港) 바람 등의 영향을 받아서 항로를 이탈하기도 하였다. 그럴 때마다 조선 정부에서는 일본 선박의 표착(漂着) 장소까지 왜학역관(倭學譯官)을 보내서 조사하게 했다. 당시는 그것을 문정(問情)이라 불렀다. 문정 결과를 동래부사가 비변사 등에 보고하여야 했다. 예조의 전객사(典客司)에서는 그것을 훗날 참고자료로 활용하고자 등록(謄錄)을 하였다. 그렇게 해서 작성된 《전객사등록》이 현재까지 전해지고 있는데, 그 가운데 흑각(黑角)에 관한 것만 뽑아서 정리한 것이 이 그래프이다. 기간은 1753년부터 1806년까지(54년간)로 한정하였다. 이를 통해서 다음과 같은 사실을 확인할 수 있다.

첫째, 분석 기간 중 흑각의 수량이 확인된 것이 26건이었다. 이 가운데 가장 많은 수량은 1773년의 1,900통이었다(3월 600통, 6월 1,300통). 흑각의 연조(年條)가 확실하게 밝혀진 것도 있었다. 예를 들면 1779년에 운반된 900통 가운데 1년 전 무술조(1778)가 500통이었으며(2월 400통, 3월 100통), 당해년조(1779)가 400통이었다. 그리고 흑각의 수량이 400~500통이 12건으로 전체 26건 중 절반에 이를 정도였다. 이것은 공무역에서 거래하게 되어 있는 흑각의 규정량(規定量)이 400통이었던 것과 관련이 깊어 보인다.

둘째, 분석 기간 중 일본 선박에 실린 흑각의 수량이 확인되지 않은 것이 28건으로 전체 54건 중 절반이 조금 넘었다. 조선은 문정 때마다 흑각이 어느 연조(年條)에 해당하는 것이며, 그 수량(桶數)이 얼마나 되는지를 확인하려 하였다. 그런데도 일본 측이 확인해 주지 않아서 그것을 파악하지 못할 때도 있었다. 1771년 사례처럼 나중에 확인되는 경우도 가끔 있었다.[49] 그리고 1764년 10월 사례와 같이 조선의 왜학역관이 문정을 소홀히 한 탓에 그것을 파악하지 못할 때도 있었다.[50] 일본 선박에 흑각 등이 선

---

49) 예를 들면 1771년 1월 9일 옥포 왜학(韓潤禧)과 소통사(白斗弘) 등이 지세포(知世浦)로 표류해온 일본 대선(大船) 4척과 조선 표류민의 선박(我國漂民船) 1척에 대하여 문정을 했다. 첫 번째 선박은 전년도인 경인조(1770) 일특송사 제1호선이었는데, 이 배는 후추(胡椒), 백반(白礬), 단목(丹木)과 흑각(黑角) 등을 싣고 있었다. 그래서 각 물품의 근냥(斤兩)과 통수(桶數)를 여러 차례 따져 물었더니, 일본인들이 "금도청이 단단히 묶어서 봉한 것을 싣고만 왔을 뿐이라서, 그것의 무게와 수량을 알지 못한다(自禁徒廳結卜堅封出給故載來而已 斤兩桶數未知)"고 대답하였다. 이때까지만 하더라도 흑각 등의 수량을 조선 측에서 파악하지 못하고 있었다.

그런데 동년 1월 13일 일본 배(大船) 4척과 조선 배(我國漂民船) 1척이 왜관에 도착하였다(《(館守) 每日記》 明和 8년(1771) 1월 13일에 일본 선박 4척(御米漕 順市丸, 布袋丸, 伊世丸, 平安丸)과 표민선(漂民駕船)의 입항 기록 있음). 그러자 훈도(李命和)와 별차(劉道弘)가 곧장 가서 문정(問情)을 실시하였다. 이때 진상 물건(進上物件)의 수량이 밝혀졌다. 즉 후추(1,500근), 단목(1,500근), 백반(900근)과 함께, 대관 앞으로 보낸 기축조(1769) 공무역 진상 흑각 400통이(公貿易進上黑角四百桶) 일본 선박에 실려 있었음이 비로소 확인되었다(《各司謄錄》 94, 《典客司日記》 3, 《典客司日記》 第19, 신묘(1771) 1월 25일).

50) 예를 들면 1764년 10월 15일 대선(大船) 1척과 비선(飛船) 2척이 왜관에 도착한 일이 있었다. 그런데 닷새 전 동월 10일 대선 1척이 지세포(知世浦)에, 비선 2척이 구조라(舊助羅)에 각각 불시착하였다. 지세포의 대선 1척에 대한 문정은 옥포 왜학(洪愼儀)과 소통사(白斗弘) 등이 맡았고, 구조라의 비선 2척에 대한 문정은 옥포왜학과 소통사 등이 맡았다(성명은 不祥). 그런데 일본 선박이 왜관으로 들어온 뒤, 훈도와 별차가 다시 문정을 하였다. 그때 옥포 왜학의 문정이 부실했음이 드러났다. 즉 일본 선박에 군기(軍器)가 실려 있었는데도 자세히 묻지 않았고, 비선(飛船) 2척에는 흑각이 실려 있었는데도 그것의 통수(桶數)를 파악하지 못했다(頃日 玉浦倭學 問情中 軍器載來曲折 不爲詳問 未免踈忽是遣 二隻飛船所載 黑角桶數 亦不應別 亦甚泛忽是乎等以 緣由馳通是白齊). 훈도와 별차의 수본(手本)에 따르면, 대선 1척은 당년조(1764) 일특송사(一特送使) 제2호선으로 각종 무기 등을 싣고서(環刀 二百柄, 弓子 二十張, 長箭 五十筒, 鳥銃 七柄, 箭筒 五十箇, 揮張 八部, 大燈 五十坐等物載持), 그 전에 조선으로 표류해와 있었던 일본 사쓰마주 배를 송환하려고 조선으로 나왔다고 했다(薩摩州漂倭船領去次出來). 비선 1척은 진상할 흑각 150통(進上黑角 一百五十桶) 등을, 다른 비선 1척도 진상할 흑각 150통(進上黑角一百五十桶) 등을 각각 싣고 나왔음이 밝혀졌다. 이처럼 초동(初動) 단계의 문정이 부실했을 때는 왜학역관이나 소통사 등이 문책을 당

적된 사실 자체는 확인하였지만, 흑각의 수량과 연조를 확인하지 못한 것이 4건이었다(1783년 1월, 1785년 2월, 1787년 8월, 1794년 1월).

셋째, 약정된 흑각이 기한 내에 수납(收納)되지 않은 미수(未收)가 확인된 사례도 있었다. 예를 들면 일본이 2년 전인 경인조(1770) 공무역 흑각과 생동을 조선 측에 납부하지 않았다. 게다가 당년조(1772) 공무역 구리(銅)와 흑각(黑角), 주석(鑞)의 대은(代銀)도 납부가 되지 않았다. 이것을 이유로 내세워서 조선 측은 공목과 공작미의 지급을 미루는 것으로 대응해 왔다.[51] 갑자조(1804) 공무역 흑각(400통)과 주석(代銀 1,561냥 3전 3분 5리) 등이 미납되었기 때문에, 조선이 아직 지급하지 않은(未給) 공작미(3천석)와 공목(300동 45필 17척)은 일본 측이 흑각과 주석 대은을 납부할 때까지 기다렸다가 나중에 모두 계산하여 지급하기로 했다.[52] 일본이 정묘조(1807)와[53] 무진조(1808)[54] 공무역 흑각 등을 미납한 것에 대해서도 조선 정부는

했다(《各司謄錄》 94, 《典客司日記》 3, 《典客司日記》 第 15, 갑신(1764) 10월 29일).

51) 庚寅條 公貿易 黑角 生銅與 當年條 公貿易 銅角鑞價銀 亦不來納 稽緩莫甚乙仍于 訓別等處連加董督是白在果 公木公作米 自是公貿代所給者 而彼之所獻 過限不納是白乎等以 同米木 依近例 歲前不爲畢給是白遣 姑觀彼人之擧行 前頭流伊入給計料爲白乎旀 緣由幷以馳啓事(《各司謄錄》 95, 《典客司日記》 4, 《典客司日記》 第 20, 壬辰(1772) 1월 5일).

52) 今年(1804—인용자) 八送使倭所獻進上物種及公貿生銅二萬七千九百斤 丹木三百六十五斤 已爲出來 而鑞價銀一千五百六十一兩三錢三分五里 黑角 四百桶 姑未來納是乎等以 公作米一萬六千石內 一萬三千石及公木七百二十同四十五匹十七尺內 四百二十同 先爲入給 而 未給公作米三千石 公木三百同四十五匹十七尺段 待黑角鑞價銀來納 追後畢給計料爲白乎旀 緣由馳啓事(《各司謄錄》 101, 《典客司日記》 10, 《典客司日記》 第 20, 甲子(1804) 1월 8일).

53) 今年條(1807—인용자) 八送使倭所獻上物種及公貿生銅二萬七十九百斤已爲出來 而丹木三百六十五斤 鑞價銀一千五百六十一兩三錢五分五里 黑角四百桶 姑未畢給是白乎等以 公作米一萬六千石內 一萬三千石 及公木七百二十同四十五疋十七尺內 四百二十同 先爲計給 而未給公作米三千石 公木三百同四十五疋十七尺段 待丹木鑞價銀黑角來納 追後畢給計料爲白乎旀 緣由馳啓事(《各司謄錄》 101, 《典客司日記》 10, 《典客司日記》 第 54, 丁卯(1807) 1월 6일).

54) 今年條(1808—인용자) 八送使倭所獻進上物種及公貿生銅二萬七千九百斤已爲出來 而丹木三百六十五斤 鑞價銀一千五百六十一兩三錢五分五里 黑角四百桶 姑未畢納是白乎等以 公作米一萬六千石內 一萬一千石 及公木七百二十同四十五疋十七尺內 三百六十七同 先爲計給 而未給公作

일본의 미납(조선의 미수)이 해결될 때까지 조선의 공작미와 공목의 지급을 미루는 전략으로 대응하였다. 이처럼 19세기 초반까지도 대일(對日) 공무역에서 가장 큰 현안 중 하나가 미수(未收) 문제의 해결이었다.

1820년대까지도 일본이 흑각을 규정량만큼 제때 조선으로 가져오지 않아서 미수가 쌓이고 있었음을 일본 기록을 통해서도 확인할 수 있다. 예를 들면 1827년 4월 훈도(直哉 秦知事)와 별차(永天 高主簿)가 대관에게 제출한 문서에서 그것을 확인할 수 있다.55)

훈도가 작성한 〈확인서(1827년 4월)〉에서 몇 가지 주목할 점을 찾을 수

米五千石 公木三百五十三同四十五疋十七尺段 待丹木鑞價銀黑角來納 追後畢給計料爲白乎旀緣由馳啓事(《各司謄錄》 101, 《典客司日記》 10, 《典客司日記》 第 55, 戊辰(1808) 1월 8일).

55) <확인서(1827년 4월)>

1. 흑각이 비록 교린(交隣)을 위하여 (일본이 조선에) 진상(進上)하는 물품이지만, (그것이 일본에서 나는 것이 아니기에) 이전부터 다른 나라에서 조달하여 나가사키(원문은 長崎島로 적었음—인용자주)로 가져온 것을 서로 매매하여 왔는데, (대마도에서 조선으로 가지고) 나오는 흑각이 미수가 되는 까닭에 (흑각의) 대가로 (조선이) 지급하는 공목이 그에 따라서 미수가 되고 있지만, 성신의 도리(誠信之道)로 보면 비록 (흑각이) 나오는 것이 빨라지거나 늦어지는 일은 있더라도 그것이 불가능해지는 일은 없을 것 같습니다.

[A] 조선의 훈도와 별차가 일본의 대관에게 제출한 문서(兩譯より差出候書附)

一 黑角事 雖是交隣進上物 旣自他邦轉 以至長崎島和賣以來 則出來間 黑角以未收爲之 代給公木 亦隨以未收爲之 則其在誠信之道 本事出場 雖有早晩 似無不可事.

丁亥(1827—인용자) 四月 日

訓導 直哉 秦知事 印

別差 永天 高主簿 印

代官僉公前

[B] 위의 문서를 일본어로 번역한 것(右和解)

一 黑角之事 交隣進上之品御座候處 貴國之產物ニ無之 他國より長崎江商賣ニ來り候由 出テ來ル之黑角を未收被成 代給之公木右同斷致未收候ハヽ 誠信之道ニ於而 出テ來ル之遲速御座候而も宜敷筋と相心得申候.

《分類紀事大綱》 五 〈黑角未收之一件〉; 《分類紀事大綱》 XI(대마도종가문서자료집 12), 국사편찬위원회, 2023, 151-154쪽.

있다. 그것을 아래에 제시하였다.

첫째, 흑각이 '교린(交隣) 진상물(進上物)'로 표현되어 있다. 공무역에서 흑각을 교환하는 것을 두고 이를 '교린'의 실천으로 간주하는 인식은 조선이나 일본이 다르지 않았다. 그런데 양국이 서로 다른 점도 있었다. 즉 일본은 1635년 겸대제(兼帶制) 실시 후부터 진상(進上) 대신에 봉진(封進)이라는 용어를 사용하고 있었다. 이와 달리 조선은 겸대제 시행 200년 후 1827년 시점에서도 관례대로 '진상(進上)'이라는 용어를 그대로 쓰고 있는 점은 비교가 된다.

둘째, 흑각이 일본에서 나는 물품이 아니어서 일본이 흑각을 나가사키 무역[長崎貿易]을 통해 조달해서 조선으로 가져왔다는 점, 일본이 나가사키에서 흑각을 조달하지 못하면 그것을 조선으로 가져오는 일도 어려워진다는 점을 조선 역관도 인지하고 있었다.

셋째, 조선으로 가져오는 흑각이 미수가 되고 있어서, 흑각의 대가로 조선이 지급하는 공목 등도 미수가 되고 있었던 당시 상황을 여기에서 다시 확인할 수 있다. 이것은 흑각의 미수(일본 측의 미지급)를 공목(또는 공작미) 미지급(일본 측의 미수)과 연계하였던 앞의 《전객사등록》 기록과 일치하는 내용이다.

넷째, 비록 나가사키 무역 등 시장 상황에 따라서 흑각의 지급이 빨라지거나 늦어지는 일은 있을 수 있지만, 성신의 도리로 본다면 그것이 완전히 막히는 일은 없을 것이라고 조선 역관이 긍정적으로 전망한 점은 흥미롭다.

그런데 훈도가 위의 문서를 작성하기 전에 이미 전임 이대관(古二代官)이 훈도에게 부탁을 한 적이 있었다. 즉 한 해 전인 1826년 9월 3일 훈도(直哉秦知事)가 왜관에 들어갔을 때의 일이었다.[56] 그때 전임 이대관이 흑각 조

56) 1826년 9월 3일 양역(훈도, 별차)이 왜관으로 들어갔으며, 훈도가 공무(公務)로 상경(上京) 예정임을 관수에게 알렸다(《(館守) 每日記》 文政 9년(1826) 9월 3일).

달이 어려운 사정을 설명했다. 중국[唐], 네덜란드[紅毛] 양쪽 모두에서 흑각 조달이 되지 않아 막부[公邊] 쪽에도 요청하여 흑각 조달을 엄명(嚴命)하였는데도 흑각을 제대로 조달할 수 없었다고 한다. 그러므로 만일 훈도가 상경(上京)하면 어떻게든 '흑각을 구리로 바꾸어 지급할 수 있게(銅變通)' 주선해 주기를 바란다고 요청한 적이 있었다.[57] 이처럼 흑각의 환품(개품)을 일본 측이 먼저 제안하였다.

1830년대에 들어오면 흑각의 환품(개품) 교섭이 더욱 구체적으로 모습을 드러냈다. 1831년 7월 왜관의 관수(원문은 館司로 표기됨)가 작성하여 조선의 강정관(講定官)과 훈도(訓導)에게 제출한 〈확인서(1831년 7월)〉에 그 내용이 잘 드러나 있다.[58]

---

57) 黑角之儀 近年唐紅毛共絶而貿來無之 御約定之品ニ付 於國許 役々致心配居 旣ニ公邊江願出貿來方之嚴命も有之候得共 不果敢々々 殆當惑之儀ともニ御座候 … 就右一昨々年比より銅變通之儀追々先役より及懇談候處 則貴樣御請持被成 書付迄も被差出 此節折柄上京之儀ニ候得者 何分銅變通之儀御周旋被下度希申候(《分類紀事大綱》 五 〈黑角禮單參御改約之一件〉; 《分類紀事大綱》 XI(대마도종가문서자료집 12), 국사편찬위원회, 2023, 138쪽).

58) <확인서(1831년 7월)>

1. 흑각은 공무역에서 중요한 물품이지만, 외국에서 나는 것이라서 최근 (그것을) 조달해 오지 못하였는데, 이에 무척 당혹스러운 상황에 놓이게 되었습니다. 이러한 사정을 깊이 헤아리셔서 환품을 할 수 있도록 마음을 써 주신다면 천만다행으로 생각합니다.

신묘(1831—인용자) 7월 일 관수(館司)

강정관

훈도 두 분께(兩前)

覺

一. 黑角之儀 公貿易重モ成品ニ候得共 外國之所產と申 近年貿來不致候故 當惑之事ニ候 右之事情深量被致 換品ニ相成候樣心配有之候ハヽ 千萬幸甚之事候.

辛卯(1831—인용자) 七月 日 館司

講定官

訓導 兩前

《分類紀事大綱》 五 〈黑角禮單參御改約之一件(1827~32년)〉 신묘(1831) 7월 26일; 《分類紀事大綱》 XI, 173-176쪽.

여기에서 확인할 수 있듯이 관수도 흑각이 공무역에서 중요한 물품이라는 점은 인정하였다. 그런데 이 흑각을 일본이 외국에서 조달해 와야 하는데, 흑각의 유통 사정이 여의치 못하여 그것을 조선으로 가져오지 못하는 난처한 상황에 놓여 있다고 호소하였다. 이러한 점에 대한 이해를 조선 측에 구하면서, 아울러 '흑각을 다른 물품으로 대신 지급할 수 있도록' 조선 역관들이 힘써달라고 요청하는 내용이 관수가 써 준 확인서의 핵심이다.

1831년 11월에는 경천 현지사가 이미 상경을 하여 흑각의 환품(개품)에 힘을 쏟고 있음을 훈도(維淸 朴同知)가 관수에게 문서 형태로 알렸다.[59] 동년 12월에는 흑각 400통을 숙동(熟銅) 3천 근으로 바꾸어 지급하기로 하는 환품(換品) 약정 확인서를 강정관(경천 현지사, 玄義洵), 훈도(유청 박동지, 朴明浚), 별차(치연 김주부, 金蓍敬)가 연명으로 작성하여 관수에게 제출하였다(〈확인서(1831년 12월)〉).[60]

그런데 이것과 별도로 일본 측에서 조선 역관들에게 특별히 주는 것이

---

59) 《分類紀事大綱》 五 〈黑角禮單參御改約之一件(1827~32년)〉 신묘(1831) 11월 24일; 《分類紀事大綱》 XI, 182-188쪽.

60) 〈확인서(1831년 12월)〉

1. 흑각 400통을 구리로 대신하여 숙동(熟銅) 3천 근으로 환품(換品)하기로 약정함.

위 흑각을 조달해 오는 중국(唐蠻) 상선이 해마다 점점 줄어들기에 여러 가지로 힘을 기울여 보았지만 어쩔 수가 없었음. 이에 귀주(대마도—인용자)에서 요청을 하여 (조선) 조정의 명을 받아 지금까지 해오던 선례를 변경하여 (다른 물품으로) 바꾸어 지급하기로(換品) 위와 같이 약정하며, 조금도 어긋남이 없이 오래도록 이를 준수해야 하는 바, 이에 이 문서를 제출하여 영구적인 약속의 증거로 삼고자 함.

신묘(1831—인용자) 12월 일

강정관 경천(敬天) 현지사(玄知事)
훈도 유청(維淸) 박동지(朴同知)
별차 치연(穉衍) 김주부(金主簿)

관수(館司) 존공(尊公)

《分類紀事大綱》 五 〈黑角禮單參御改約之一件〉 신묘(1831) 12월; 《分類紀事大綱》 XI, 192-194쪽.

더 있었다. 조선 역관들은 그것을 '귀주가 특별히 내려준 은사(貴州別段之御恩賜)'라고 표현했고, 관수는 그것을 '본주의 특은(本州之特恩)'이라고 표기하였다(貴州와 本州는 대마도를 가리킴). 여기에서 말하는 '은사(恩賜)' 또는 '특은(特恩)'의 구체적인 내용은 두 가지이다. ㉠ 분각(分角) 30통은 구리로 대신하여 본각(本角) 400통에서 할당(割當)을 하되(排數), (흑각) 1통 대신에 구리 7근(斤) 8냥(兩)으로 계산하여 지급하기로 한 것과, ㉡ 색각(色角) 5통은 구리로 대신하여 본각(本角) 400통에서 할당(割當)을 하되(排數), 배(倍)를 추가하여 (흑각) 1통 대신에 구리 15근(斤)으로 계산하여 지급하기로 한 것이 그것이다.

위의 〈확인서(1831년 12월)〉는 관수뿐만 아니라, 일대관(一代官)과 감정관(勘定官), 대관소(代官所) 등에도 동일 내용으로 작성한 문서를 전달하였다. 그리고 조선 역관들이 작성한 위의 문서가 관수에 의해서 대마도 본국에도 보고가 되었음은 더 말할 나위가 없다. 그에 대한 회신으로 이듬해 1832년 4월 22일 작성된 문서가 대마도에서 관수에게 전달되었다. 그 내용은 위의 〈확인서(1831년 12월)〉와 대체로 일치한다.[61] 이로써 양측이 흑각의 환품(개품)에 합의를 보았다고 볼 수 있다.

1832년에 와서 일본이 공무역에서 가져오던 흑각 400통을 구리로 대신하여 숙동(熟銅) 3천 근으로 납부하기로 하는 약정이 체결되었다(일본 기록에서는 이때의 구리를 延銅으로 표기함). 이 약정에 근거하여 처음으로 교환이 이루어진 것은 1832년 10월 18일, 조선력으로는 동년 윤9월 18일이었다. 이날 왜관 안에 있는 개시대청(開市大廳, 일본 기록은 市太廳으로 표기)에서 구리와 흑각의 간품(看品)이 동시에 이루어졌다. 그 전날(조선 윤9.17. 일본 10.17.) 훈도(경천 현지사, 玄義洵)와 별차(치연 김주부, 金著敬)가 관수

61) 《分類紀事大綱》 五 〈黑角禮單參御改約之一件〉 임진(1832) 4월 22일; 《分類紀事大綱》 XI, 208-211쪽.

에게 흑각(黑角) 간품과 생동(生銅) 간품이 동시에 설행(設行)된다고 미리 알렸다.[62] 간품 당일 선례대로 조선 측에서 요리(膳部)를 왜관으로 보냈다. 이날 밤늦게 두 개의 간품이 무사히 종료되었음을 대관들이 관수 쪽으로 가서 보고하였다. 그 뒤 관수는 구리의 출문(出門)을 기록한 장부(銅出門帳)에 압인(押印)을 마쳤다. 이로써 구리가 왜관 문밖으로 빠져나와서 조선의 국내 시장에 유통될 수 있었다. 그리고 관수는 이날 간품이 무사히 종료된 사실을 대마도 본국에도 보고하였다고 한다.[63]

지금까지 1810~30년대에 걸쳐서, ㉠ 조선의 공목이나 공작미, ㉡ 조선의 예단삼, ㉢ 일본의 흑각에 대하여, 일부 현물과 함께 그것을 은이나 동전 또는 구리 등으로 대신 지급하는 환품(換品), 즉 금납화(金納化)에 대하여 기본적인 사항을 서술하였다. 그것이 언제, 어떠한 배경에서 어떻게 전개되었는지를 다루었다. 그리고 예단삼과 흑각의 경우 1832년 무렵에 새롭게 약정을 맺게 되는 과정을 개괄하였다. 그렇다면 그 이전 시기인 18세기에는 공무역이든 사무역이든 그것이 실제로 어떤 상황에 놓여 있었던 것일까? 그리고 1840년대 이후에는 무역이 어떻게 전개되었던 것일까? 즉 무역을 통한 물품의 교환이 시대의 흐름에 따라 어떻게 변화되었던 것일까? 이 문제를 왜관의 무역 담당자인 대관(代官)이나 왜관의 관리 책임자인 관수(館守)의 업무일지, 즉 매일기(每日記)를 바탕으로 하여 실증적으로 검토해야 하는 것이 대일무역(對日貿易) 연구의 중요한 과제 중 하나이다. 따라서 제1부 제3장(왜관의 일기로 본 조·일 간 무역)에서 1720년대, 1840년대, 1860년대 등 각각의 시기에 대하여 실증적으로 고찰하고자 한다.

---

62) 《分類紀事大綱》 五 〈黑角禮單參御改約之一件〉 임진(1832) 10월 19일; 《分類紀事大綱》 XI, 235-237쪽.

63) 《(館守) 每日記》 天保 3년(1832) 10월 18일.

제3절 외교를 통한 물품 교환의 유형별 특징

Ⅰ. 외교선물의 위계성과 상호주의

조선도 일본도 외교선물을 주는 쪽과 받는 쪽의 정치적 위상(位相)이나 위계(位階)에 따라 다소(多少)의 차등(差等)이 있었다. 이것을 외교선물의 위계성(位階性)이라고 말할 수 있다.

예를 들어 1651~52년 관백고부차왜(關白告訃差倭)의 사례를 살펴보기로 하자. 고부(告訃)는 막부 쇼군이나 대마도주의 사망 소식 즉 부음(訃音)을 알린다는 의미이다. 1651년 11월 조선으로 건너온 고부차왜는 쇼군의 사망과 관련되어 있었으니 관백고부차왜(關白告訃差倭)에 해당한다.64) 그들이 도착하자 훈도(尹悌顯)와 별차(卞爾標)가 즉시 문정(問情)을 실시하였다. 그 뒤 아래 내용이 밝혀졌다.65)

첫째, 1651년 8월 22일 고부차왜가 에도[江戶]에서 출발하여 10월 2일 대마도에 도착하였다. 그곳에서 필요한 것을 챙긴(治裝) 고부차왜가 10월 8일 승선(乘船)하여 조선으로 향하였다.

둘째, 고부차왜의 정관(藤成湛)과 봉진압물(封進押物) 1인이 거느린 15명 외에 격군(格軍) 40명 등이 함께 타고 왔다.

셋째, 고부차왜 일행은 막부 쇼군[大君]의 사망 후 약군(若君)이 전례대로 승습(承襲)한 사실을 알리고자 조선으로 나왔다.

넷째, 고부차왜가 외교문서 7통을 소지하고 왔다. 즉 ㉠ 예조참판 2통(서계 1, 별폭 1), ㉡ 예조참의 2통(서계 1, 별폭 1), 그리고 ㉢ 동래부사와 ㉣

64) 《東萊府接倭狀啓謄錄可考事目錄抄册》 신묘(1651) 11월(서울대학교 규장각한국학연구원 奎貴9764).

65) 《告訃差謄錄》 신묘(1651) 12월 5일(서울대학교 규장각한국학연구원 奎12896).

부산첨사 앞으로 함께 작성한 서계 1통과 별폭 2통(동래 1, 부산 1)이 그것이다.

관백고부차왜에 대한 외교의례는 이듬해부터 거행되기 시작했다. 1652년 1월 6일 접위관(李垕)과 동래부사(尹文擧)가 함께 관소(館所)로 나아갔다. 고부차왜 정관(藤成湛)을 비롯하여 봉진압물(封進押物, 1인)과 시봉(侍奉, 1인), 반종(伴從, 7명) 등이 차례로 자리에 앉는 등 준비를 마쳤다. 이렇게 해서 전례대로 고부차왜에 대한 다례(茶禮)가 개최되었다. 그 자리에서 고부차왜가 가지고 왔던 서계가 조선 측에 전달되었다.[66)]

열흘 뒤인 1월 16일에는 차왜(藤成湛)가 진상 잡물(進上雜物)을 바치는 의례가 있었다. 일본 사절이 부산대청(釜山大廳)에서 숙배례(肅拜禮)를 거행하였다. 그 뒤 접위관(李垕)과 동래부사(尹文擧)도 함께 관소(館所)로 들어갔다. 그곳에서 관백고부차왜 정관(藤成湛) 등에게 첫 번째 연향(初次宴)을 베풀었다. 이때 외교선물이 교환되었다.[67)]

2월 2일에는 접위관(李垕)이 관소(館所)로 가서 고부차왜 정관 등에게 두 번째 연향(再次宴)을 베풀었다. 이때도 전례대로 외교선물이 교환되었다.[68)]

3월 1일에는 접위관(李垕)과 동래부사(尹文擧)가 함께 관소(館所)로 나아가서 정관(藤成湛) 등에게 상선연(上船宴)을 베풀어주었다. 조선 측의 회답서계(回答書契)와 회례별폭(回禮別幅) 물품에 대해서는 상선연 개최 전에 이미 지급이 완료되었다.[69)] 상선연 종료 후 엿새 뒤인 3월 7일 고부차왜 일행이 부산에서 출발하여 대마도로 들어갔다고 한다.[70)]

1652년이라는 시점(時點)을 생각하면, 위에서 말하는 관소(館所)는 두모포왜관(豆毛浦倭館)을, 그리고 숙배(肅拜)를 거행한 부산대청(釜山大廳)은 부

66) 《告訃差謄錄》 임진(1652) 1월 16일.
67) 《告訃差謄錄》 임진(1652) 1월 22일.
68) 《告訃差謄錄》 임진(1652) 2월 8일.
69) 《告訃差謄錄》 임진(1652) 3월 1일.
70) 《告訃差謄錄》 임진(1652) 3월 7일.

산진성(釜山鎭城) 안의 객사(客舍)를 가리키는 것으로 보인다. 외교선물 교환과 관련하여 주의를 기울여야 할 외교의례를 몇 가지로 정리하면 다음과 같다.

㉠ 1월 6일 다례(茶禮)는 왜관(館所)에서 열렸는데, 이때 일본 측의 외교문서(서계, 별폭)가 전달되었다. ㉡ 1월 16일 부산대청(釜山大廳)에서 일본 측이 진상(進上) 물품을 전달하였다(일본은 進上 대신에 封進 용어를 사용). 그곳에서 일본 사절이 숙배(肅拜)를 올렸다. 그 뒤 왜관(館所)으로 자리를 옮겨서 첫 번째 연향(初次宴)이 제공되었다(下船宴). ㉢ 2월 2일 두 번째 연향이 왜관(館所)에서 열렸는데, 아마도 이것은 별연(別宴)을 말하는 것으로 보인다. ㉣ 3월 1일 상선연(上船宴)은 왜관(館所)에서 거행되었다. 이때의 관백고부차왜에게 세 차례 연향, 즉 삼도연(三度宴)이 제공된 셈이다(下船宴, 別宴, 上船宴).

1651~52년 관백고부차왜와 관련하여 조선과 일본이 주고받았던 별폭(別幅)의 내용을 정리한 것이 〈표 1-1〉과 〈표 1-2〉이다.[71] 먼저 주목할 점은 조선 정부가 일본 사절의 별폭 물품에 대하여 수량과 함께 가격(價格)을 적어 놓은 점이다. 가격은 은화(銀貨)를 기준으로 삼았는데, 가액(價額)을 은가(銀價)라고 표기하였다. 이는 예조(참판, 참의)와 동래(부사), 부산(첨사)에게 전달된 외교선물을 비교해 볼 수 있다는 점에서 중요한 의미를 지닌다.

71) 《告訃差謄錄》 임진(1652) 1월 15일.

〈표 1-1〉 關白告訃差倭의 別幅과 조선의 回禮別幅(1651~52년)

구분	예조참판 (A)						예조참의 (B)					
	No	종류	단위	수량	價銀		No	종류	단위	수량	價銀	
					兩	戔					兩	戔
別幅	1	貼金小屛風	雙	1	12		1	盥銅盤附銅片口	箇	1	5	
	2	撒畫金地提甁	箇	1	5		2	煖酒錫鐺	箇	2	4	
	3	撒畫鏡臺	箇		1	5	3	撒畫鏡臺	箇	1	5	
		합계			18	5		합계			14	
回禮別幅	1	虎皮	張	1								
	2	豹皮	張	1			1	豹皮	(張)	1		
	3	人蔘	斤	2			2	人參	(斤)	2		
	4	白綿紬	匹	6			3	白綿紬	匹	5		
	5	白苧布	匹	6			4	白苧布	匹	5		
	6	黑麻布	匹	5			5	黑麻布	匹	5		
	7	白木綿	匹	20			6	白木綿	匹	20		
	8	黃毛筆	柄	30			7	黃毛筆	柄	30		
	9	四張付油芚*	部	3			8	四張付油芚*	部	2		
	10	花席(立)*	立	5			9	花席(立)*	立	5		
	11	眞墨*	笏	10			10	眞墨*	笏	30		

주 : * 四張付油芚, 花席, 眞墨은 경상도가 題給하고, 나머지는 예조(該曹)가 下送.
자료 : 《告訃差(倭)謄錄》(서울대학교 규장각 奎12896), 임진(1652) 1월 15일.

〈표 1-1〉은 관백고부차왜를 통해서 예조에 전달된 외교선물의 가치를 평가한 내역을 보여준다. 예조참판(禮曹參判)에게 보낸 외교선물의 가은(價銀)이 18냥 5전이었다. 이것은 예조참의(禮曹參議)에게 보낸 외교선물의 가은(14냥)보다 4냥 5전이 더 많은 금액이다. 그리고 소병풍(小屛風) 등은 예조참판에게만 보내는 외교선물이었다. 조선 정부가 일본 사신에게 회례(回禮)로 보내는 외교선물의 가치도 예조참판과 예조참의 사이에 격차가 존재하였다. 예를 들면 호피(虎皮)는 예조참판이 주는 외교선물에만 유일하게 들어 있었다.

〈표 1-2〉는 관백고부차왜를 통해서 동래와 부산에 각각 전달된 외교선물

의 평가 내역을 나타낸 것이다. 동래부사에게 보낸 외교선물의 가은(價銀)이 12냥 5전이었다. 부산첨사에게 보낸 것은 동래부사보다 1냥이 더 적은 11냥 5전이었다. 이 차이는 세 번째 물품에서 발생하였다(동래부사는 掛硯 2냥, 부산첨사는 煖酒鐵鐺 1냥). 그런데 조선 정부가 일본 사신에게 회례(回禮)로 보내는 외교선물의 가치는 동래부사와 부산첨사 사이에 차이가 없이 동일하였다.

〈표 1-2〉 關白告訃差倭의 別幅과 조선의 回禮別幅(1651~52년)

구분	동래부사 (C)						부산첨사 (D)					
	No	종류	단위	수량	價銀		No	종류	단위	수량	價銀	
					兩	戔					兩	戔
別幅	1	紋紙	片	500	7	5	1	紋紙	片	500	7	5
	2	撒畫重匣	紐	1	3		2	撒畫重匣	紐	1	3	
	3	掛硯	箇	1	2		3	煖酒鐵鐺	箇	2	1	
		합계			12	5		합계			11	5
回禮別幅	1	豹皮	(張)				1	豹皮	(張)			
	2	人參	(斤)				2	人參	(斤)			
	3	白綿紬	匹	5			3	白綿紬	匹	5		
	4	白苧布	匹	5			4	白苧布	匹	5		
	5	黑麻布	匹				5	黑麻布	匹			
	6	白木綿	匹	10			6	白木綿	匹	10		
	7	黃毛筆	柄	20			7	黃毛筆	柄	20		
	8	四張付油芚*	部	1			8	四張付油芚*	部	1		
	9	花席(立)*	立	3			9	花席*	立	3		
	10	眞墨*	笏	20			10	眞墨*	笏	20		

주 : * 四張付油芚, 花席, 眞墨은 경상도가 題給하고, 나머지는 예조(該曹)가 下送.
자료 : 《告訃差(倭)謄錄》(서울대학교 규장각 奎12896), 임진(1652) 1월 15일.

〈표 1-1〉과 〈표 1-2〉에서 보듯이, 조선 정부가 일본의 관백고부차왜에게 준 외교선물에 대해서는 가격(價格)을 표기하지 않았다. 즉 조선이 일본에서 받은 외교선물에 대해서는 수량과 함께 가격이 품목별로 기재되어 있었

는데, 이와 반대의 경우는 품목별 수량만 기재되어 있을 뿐 가격에 대해서는 전혀 언급이 없다. 아마도 이것은 당시 조선 정부의 관심이 일본에서 받았던 외교선물의 값어치를 파악하는 데 편중된 결과라고 풀이할 수 있다.

아래에서는 위와 다른 사례의 하나로 1675년 숙종(肅宗) 즉위를 축하하러 온 일본 사절에 대하여 살펴보고자 한다. 그해 5월 10일 일본 배 7척이 대마도에서 나왔다. 그러자 훈도(朴再興)와 별차(安愼徽)가 문정(問情)을 실시하였다. 그 뒤 다음과 같은 사실이 밝혀졌다.

첫째, 진하차왜(陳賀差倭) 일행이 배 2척에 나누어 타고 왔다. 1호선에는 정관(平成政)과 봉진압물(1인), 시봉(1인), 반종(17명), 격군(40명)이, 그리고 2호선에는 도선주(源幸利)와 반종(4명), 격군(40명)이 각각 승선하였다.[72)]

둘째, 5월 25일 다례(茶禮)가 왜관(館所)에서 열렸다. 이때 진하차왜가 가지고 왔던 외교문서 5통이 전달되었다. 서계는 2통이었고(예조참의 1, 동래 및 부산 1), 별폭은 3통이었다(예조참의 1, 동래 1, 부산 1). 이것을 동래부가 받아서 내용을 확인한 뒤 포장하여 예조로 올려보냈다.[73)]

셋째, 6월 2일 접위관(崔商翼)과 동래부사(魚震翼)가 부산관(釜山館)으로 나아갔다. 경자년(1660)의 예에 따라 진하차왜가 대청마루 위에(廳上) 진상(進上) 물품을 올려놓고 정관 등 일행들이 전후(前後) 사배례(四拜禮)를 하는 숙배(肅拜)가 거행되었다. 그 뒤 진하차왜 일행이 관소(館所)로 이동하였다. 접위관과 동래부사도 관소(館所)로 가서 그곳에서 하선연(下船宴)을 개최하였다. 이때 공예단과 사예단이 차례로 진하차왜에게 지급되었다.[74)]

넷째, 6월 3일 별연(別宴)과 관련된 것을 먼저 진하차왜에게 지급하였다(朝前先以排牀入給). 그런 뒤 당일 오후 접위관(崔商翼)과 동래부사(魚震翼)가 왜관(館所)으로 나아가서 상선연(上船宴, 上舡宴)을 베풀었다. 이때 공예단과

72) 《陳賀差倭謄錄》 을묘(1675) 5월 17일(서울대학교 규장각한국학연구원 奎12910).
73) 《陳賀差倭謄錄》 을묘(1675) 6월 5일.
74) 《陳賀差倭謄錄》 을묘(1675) 6월 10일.

사예단이 기준에 맞추어 지급되었다(照數入給).[75] 별연과 상선연이 같은 날 열리기는 했지만, 이때의 진하차왜에 대하여 결과적으로 삼도연(三度宴)이 제공된 셈이다.

다섯째, 6월 15일 아침 일찍 예조가 내려보낸 예단(禮單)과 회답서계(回答書契)가 진하차왜에게 전달되었다. 그러자 차왜 등이 그날 오시에 배에 올라탔으며, 그들이 초량항(草梁項)에서 바람을 기다리며 대기하였다고 한다.[76]

여섯째, 승선 후 나흘이 경과한 6월 19일 배 3척에 분승한 진하차왜 일행이 배를 띄워 대마도로 돌아갔다(發舡入歸). 1호선에는 정관(平成政), 봉진압물(1인), 시봉(1인), 반종(17명), 격군(40명)이, 2호선에는 도선주(源幸利)와 반종(4명), 격군(40명)이, 그리고 비선 1척에는 두왜(1인)와 격군(9명)이 각각 승선하였다.[77]

그런데 《진하차왜등록》(1675년 윤5월 17일)에 흥미로운 기사가 실려 있다. (일본에서 온) "진하차왜가 진상한 별폭의 물건이 본디 조선에서 부르는 물건 이름이 없어서 알지 못하였다". 그래서 "김근행을 시켜서 일본 사신이 보내온 물건과 조선 정부가 답례로 준 물건의 가격을 비교하여 보고하게 했다." 이렇게 해서 얻어진 정보가 〈표 2〉에 제시한 '진하차사(陳賀差使)가 가져온 별폭 물건과 예조가 답례로 준 별폭 물건의 가격 비교'라는 제목이 붙은 보고 내용이다.[78]

75) 《陳賀差倭謄錄》 을묘(1675) 6월 11일.
76) 《陳賀差倭謄錄》 을묘(1675) 6월 22일.
77) 《陳賀差倭謄錄》 을묘(1675) 6월 27일.
78) 陳賀差使齎來別幅物件及禮曹回禮別幅物件比準折價數
陳賀差倭 進上別幅之物 本無我國之物名不知 … 使金謹行 彼人所送之物 與回禮之物比較折價牒報(《陳賀差倭謄錄》 을묘(1675) 윤5월 17일).

〈표 2〉 일본 축하사절의 별폭과 조선의 회례별폭 비교(1675년)

일본 陳賀差倭의 別幅					조선 禮曹의 回禮別幅				
No	품명	수량	단위	가격(銀, 兩)	No	품명	수량	단위	가격(銀, 兩)
1	小屛風	1	雙	10餘	1	虎皮	5	張	35~36
2	猩猩皮	2	間	7~80	2	豹皮	5	張	25~26
3	獺猢皮	5	張	150~160	3	人參	10	斤	150~160
4	蒔繪書棚	1		7~8	4	綿紬	40	匹	32~33
5	平骨扇	50	柄	5	5	苧布	40	匹	40餘
6	蜜漬	30	斤	9	6	黑麻布	30	匹	40餘
7	鰹節	200	節	10	7	白木綿	150	匹	104~105
8	胡椒	200	斤	50~60	8	黃毛筆	100	柄	7~8
9	丹木	300	斤	37~38	9	花席	30	立	5~6
10					10	六張付油芚	8	番	4냥 7~8전
11					11	四張付油芚	10	番	4
12					12	眞墨	100	笏	2
계				380餘	계				470餘

주 : 숫자는 史料에 기록된 것을 그대로 인용한 것임.
자료 : 《陳賀差倭謄錄》 을묘(1675) 윤5월 17일(서울대학교 규장각한국학연구원 奎12910)

〈표 2〉의 내용을 그림으로 표시하여 조선과 일본의 외교선물 가격을 비교해 보았다. 이것은 김근행(金謹行)이 왜관에서 거래되는 물품의 가격을 근거로 하여 양국의 별폭 가치를 평가한 것이다. 1675년 윤5월 김근행(金謹行)의 조사 결과를 보고받은 조선 정부에서는, "조선의 회례(回禮) 물건이 대은(代銀) 기준으로 90냥 정도 더 많으니(조선 470냥, 일본 380냥), 조선의 회례 물건에서 백면주와 백저포를 각각 10필씩, 그리고 백목면을 50필 줄인다면, 그 값이 서로 맞을 것"이라는 결론에 도달하였다.[79] 외교선물의 가치가 균형을 이루도록 노력하는 것은 일본도 크게 다르지 않았을 것으로

79) 首譯金謹行別單內 賀差齎來之物與我國回禮之物比較折價 則賀倭齎來之物三百八十餘兩 本曹回禮四百七十餘兩 而以彼人齎來物件比之 我國回禮之物有加九十餘兩之多 其中白綿紬十匹白苧布十匹白木綿五十匹減去 則其價相當云.
《陳賀差倭謄錄》(서울대학교 규장각한국학연구원 奎12910) 을묘(1675) 윤5월 17일.

짐작된다. 이처럼 당시 조선과 일본 사이의 외교에서는 상호주의와 비례의 원칙이 암묵적으로 관철되고 있었다고 말할 수 있다. 제2부 제8장(일본 조문사절과 축하사절의 조선 방문과 물품 교환)에서는 외교 사절에 의한 물품 교환에 대하여 추적하고자 한다.

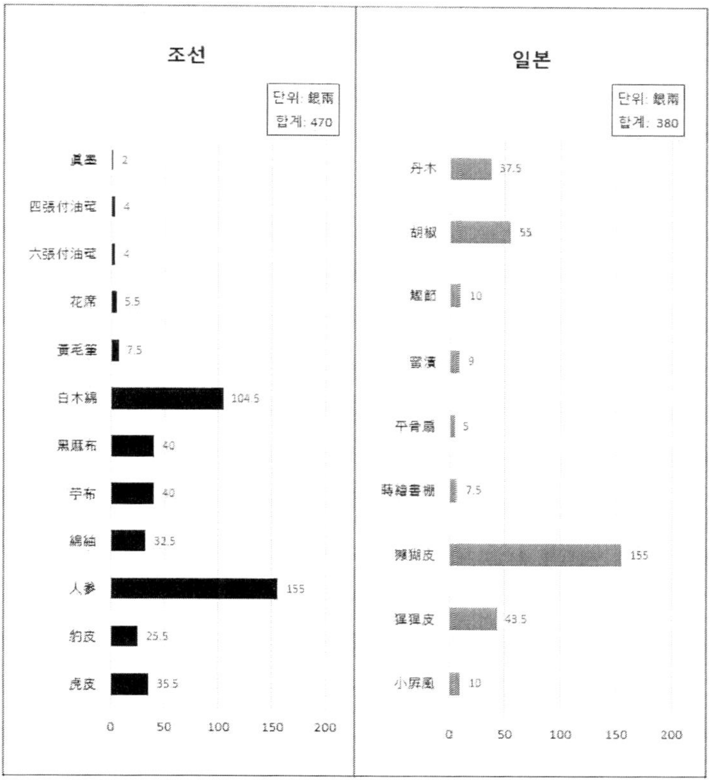

일본의 별폭과 조선의 회례별폭 가은(價銀)의 비교(1675년)

Ⅱ. 차왜(差倭)를 통한 외교선물 교환의 다양성

두모포왜관(豆毛浦倭館) 시기에 표류민을 송환해온 일본 사절과 관련하여 어떤 외교선물이 교환되었는지를 1663년 전라도 해남(海南) 김여휘(金麗輝) 일행의 사례를 통해서 살펴보고자 한다.[80] 김여휘 일행의 부산 송환 과정을 조선 기록에 근거하여 소개하면 다음과 같다.

1663년 7월 6일 일본 배 8척 중 7척이 먼저 부산으로 나왔다(出來, 入港). 훈도(李尙漢)가 문정(問情)을 실시하였다. 제1척은 계묘조(1663) 평의진(平義眞) 서계를 가지고 왔다. 제2척은 김여휘 등을 송환하는 차왜(橘成利)가 타고 왔는데, 예조와 동래 및 부산으로 보내는 서계와 별폭을 가지고 왔다. 제3척은 경자조(1660) 세견 제12선의 서계를 지참하였다. 이 배에 김여휘와 이정시 등 남녀 28명이 타고 왔다. 제4척부터 제7척까지는 공작미(公作米)를 조선에서 대마도로 운송하려고 도항증(路引)을 소지하고 왔다(일본 기록은 吹嘘로 적음). 제8척은 경자조 세견 제13선이었는데, 기장(機張) 근방으로 표류하여 맨 나중에 도착하였다. 정관(橘成利)이 소지한 서계는 다례일(茶禮日)에 바치는 것이 관례였다. 관례에 따라 문정 때는 서계를 필사한 것(謄書)과 도항증 5통을 조선의 하급 역관이 받아와서 동래부사에게 바쳤다고 한다.[81]

7월 18일 다례(茶禮)가 열렸다. 이때 접위관(接慰官)을 맡았던 밀양부사가 김여휘 등을 송환해 온 일본의 사절을 응접했다(지역에서 온 접위관이라 鄕接慰官으로 기록). 표류민을 데리고 온 사절을 가리켜 조선은 표인영래차왜(漂人領來差倭)라 불렀는데, 이를 줄여서 표차왜(漂差倭)라고 했다(일본은

---

80) 정성일, 《전라도와 일본—조선시대 해난사고 분석》 제3장 제10절(해남 선비의 유구아마미오시마 표류와 송환 경로), 경인문화사, 2013, 310-338쪽.

81) 《漂人領來謄錄》 二 계묘(1663) 7월 13일(서울대학교 규장각한국학연구원 奎12956); 《漂人領來謄錄》 一(서울대학교 규장각한국학연구원 영인본, 1993), 397-399쪽.

漂差使로 기록). 표차왜(표차사)가 가져온 대마도주의 외교문서 5통(서계 2, 별폭 3)이 다례 때 조선 측에 전달되었다.[82] 예조 앞으로 보낸 서계와 별폭이 각 1통씩이었고, 그리고 동래부사와 부산첨사 앞으로 보낸 서계가 1통과 별폭이 2통이었다. 동래부가 이것을 확인한 뒤 예조로 올려보냈다.[83]

〈표 3〉은 외교문서(서계, 별폭)를 통해서 교환한 외교선물을 보여준다. 여기에서도 예조와 동래·부산 사이의 위상이나 위계를 반영하여 외교선물에서도 차이를 보였다. 예조에 전달한 3종의 외교선물(蒔繪有脚小圓盆, 銅水風呂, 錫鉢三入子)이 동래부사나 부산첨사의 외교선물에는 들어 있지 않았다. 회례별폭(回禮別幅)에서도 예조가 보낸 외교선물에만 들어 있는 품목이 6종이나 있었다(人參, 虎皮, 豹皮, 黑麻布, 花席, 四張付油芚).

〈표 3〉 김여휘 등 송환과 관련된 외교선물(別幅)의 비교(1663년)

구분	품목		단위	예조	동래	부산
일본→조선	1	蒔繪有脚小圓盆	束	1		
	2	銅水風呂	箇	2		
	3	錫鉢三入子	束	1		
	4	丹木	斤		50	50
	5	銅盥 附湯器	箇		1	
	6	紋紙	片			200
	연월			1663.6.	1663.6.	1663.6.
조선→일본	1	人參	觔	3		
	2	虎皮	張	1		
	3	豹皮	張	1		
	4	白綿紬	匹	7	4	4
	5	白苧布	匹	7	4	4

82) 김여휘 일행의 송환과 관련하여 일본에서 조선으로 보내온 서계의 사본이 《同文彙考》와 《兩國往復書謄》에 실려 있다(《同文彙考》 三(附編 卷之二十九, 漂風 一, 我國人, 【癸卯】島主出送漂民書); 《兩國往復書謄》 4(일본 국립국회도서관 WA 1-6-37). 이에 대한 조선 측 회답서계는 국사편찬위원회에 원본이 소장되어 있다(국사편찬위원회 DS 1077, 1078, 1079).

83) 《漂人領來謄錄》 二 계묘(1663) 7월 24일; 《漂人領來謄錄》 一(영인본), 400쪽.

구분	품목		단위	예조	동래	부산
	6	黑麻布	匹	5		
	7	白木綿	匹	10	5	5
	8	花席	部	5		
	9	四張付油芚	部	2		
	10	黃毛筆	柄	30	10	10
	11	眞墨	笏	30	10	10
	연월			1663.8.	1663.9.	1663.9.

자료 : 1. 일본의 필사본 書契는《兩國往復書謄》9(일본 국립국회도서관 소장).
2. 조선의 원본 書契는 국사편찬위원회 서계 DS 1077, 1078, 1079.

〈표 4〉는 1663년 7월 연향 때 제공된 외교선물을 나타낸 것이다. 조선 측은 전례에 따라 표류민 송환 사절(差倭 橘成利) 등에게 두 차례 연석을 베풀어주었다. 이때의 하선연(下船宴)과 상선연(上船宴)을 양도연(兩度宴)이라고도 불렀다. 정관(正官)에게는 8종의 예물(외교선물)이 제공되었는데, 정관보다 하위에 있었던 일본 측 관계자에게는 차등을 두어서 종류와 수량이 훨씬 더 적었다.

〈표 4〉 김여휘 등을 송환한 차왜에 대한 兩度宴 禮單(下船宴, 上船宴 각각 동일)

연번	구분	인원(명)	종류(종)	人參	虎皮	豹皮	白綿紬	白苧布	黑麻布	白木綿	花席*	四張付油芚*	黃毛筆	眞墨*	비고
				觔	張	張	匹	匹	匹	匹	張	部	柄	笏	
1	差倭(正官)	1	8				3	3	2	5	2	2	20	20	
2	押物(封進)	1	3				2	1		4					
3	伴從(侍奉)	3	3				2	2		3					각인에게 지급
4	通事倭	2	3				2	2		3					
5	沙工	2	3				2	2		3					

주 : * 花席, 四張付油芚, 眞墨은 경상도가 조달, 나머지는 예조가 동래부로 하달.
자료 :《漂人領來謄錄》二 계묘(1663) 7월 14일(서울대학교 규장각한국학연구원 奎12956)

그런데 〈표 3〉과 〈표 4〉에서는 외교선물의 가격에 대한 정보를 알 수가 없다. 그래서 아래에 조선 정부가 일본의 외교선물에 대하여 가격을 평가한 자료를 소개하고자 한다. 이것은 1657년 10월 9일 대마도로 표류했다가 1658년 3월 13일 부산으로 돌아올 때까지 153일간 일본 대마도에서 머물렀던 경상도 사람들에 관한 것이다. 즉 부산(釜山) 어부(金㐂福 등 13명), 수영(水營) 어부(金九世 등 14명), 장기(長鬐) 어부(金莫福 등 7명) 등이 대마도로 표류했는데, 그들이 그곳에서 구조되어 구호를 받다가 표류민 송환 사절(差倭 平成達, 古川半之允)에 의해 부산으로 무사히 돌아왔다.[84)]

《표인영래등록》의 기록을 바탕으로 외교선물 교환과 관련된 외교의례를 소개하면 다음과 같다. 먼저 4월 3일 왜관(館所)에서 다례(茶禮)가 거행되었다. 양산군수(李英馧)가 접위관이 되어 표차왜(平成達) 등을 응대하였다. 이때 서계 5통이 조선 측에 전달되었다.[85)] 4월 30일에는 일본 사절의 진상숙배(進上肅拜)가 있었다. 그것을 마친 뒤에는 일본 사절에게 하선연(下船宴)이 베풀어졌다. 이때도 양산군수(李英馧)가 접위관으로서 참석하였다. 하선연이 끝난 뒤에는 예조에서 내려보낸 예단 물품을 기준에 따라 일본 사절에게 나누어 주었다.[86)] 5월 29일에는 상선연(上船宴)이 개최되었다. 이때도 예조에서 동래부로 내려보낸 예단 물품을 기준에 맞추어서 일본 사절에게 나누어 주었다.[87)] 6월 19일 오시(午時) 배를 출발시켜서 표차왜(平成達) 일행이 대마도로 들어갔다(發船入歸).[88)] 이로써 3월 13일 부산으로 들어와서 6월 19일 부산을 떠날 때까지 일본 사절이 왜관에 96일간 체류한 뒤 돌아갔다.

먼저 〈표 5〉는 표차왜(平成達)가 가져온 일본의 별폭과 그에 대한 조선의 회례별폭을 비교한 것이다. 일본에서 가져온 별폭에 대해서는 수량과 함께 가격이 기재되어 있어서 흥미롭다. 예조참의에게 전달된 일본의 별폭은 금

84) 《漂人領來謄錄》 ㅡ 무술(1658) 3월 20일.
85) 《漂人領來謄錄》 ㅡ 무술(1658) 4월 11일.
86) 《漂人領來謄錄》 ㅡ 무술(1658) 5월 6일.
87) 《漂人領來謄錄》 ㅡ 무술(1658) 6월 5일.
88) 《漂人領來謄錄》 ㅡ 무술(1658) 6월 25일.

병풍(金屛風) 등 3종의 가은(價銀)이 16냥으로 동래부사나 부산첨사보다 금액이 6냥 정도 더 높았다. 동래부사는 10냥 5전이었으며(紋紙, 鏡臺), 부산첨사는 10냥으로(紋紙, 重箱) 금액이 가장 낮았다.

관백고부차왜(1652년)와 표차왜(1658년)를 비교해 보면, 관백고부차왜 예조참판의 별폭 액수가(18냥 5전) 가장 컸다(〈표 1-1〉 〈표 1-2〉 참조). 그런데 예조참의 별폭의 경우에는 표차왜(16냥)가 관백고부차왜(14냥)보다 오히려 더 높았다. 관백고부차왜의 경우 동래부사 12냥 5전, 부산첨사 11냥 5전이었는데, 표차왜의 경우는 동래부사 10냥 5전, 부산첨사 10냥이었다. 이것만 놓고 본다면 동래부사나 부산첨사의 경우는 관백고부차왜의 별폭 액수가 표차왜의 그것보다 더 높았다. 이러한 차이가 차왜의 위상(또는 위계)에서 비롯된 것은 아닐까? 아니면 6년이라고 하는 시간의 차이, 즉 시장 상황의 변화에서 온 것은 아닐까?[89] 그런데 이 자료만 가지고는 이를 정확하게 판단하기 어렵다. 앞으로 새로운 자료를 더 발굴하여 이러한 문제에 대해서도 비교 분석을 할 필요가 있다고 생각한다.

89) 예를 들면 문지(紋紙) 500편(片)의 가격(價銀)이 1652년에는 7냥 5전이었는데(《漂人領來謄錄》 무술(1658) 3월 20일), 그것이 1658년에는 8냥으로 5전이 더 비싸졌다(《告訃差倭謄錄》 임진(1652) 1월 15일). 그런가 하면 단목(丹木) 300근의 가격(價銀)이 1653년에는 39냥이었는데(《漂人領來謄錄》 계사3월 11일), 1675년에는 그것이 오히려 37~38냥으로 더 떨어진 경우도 있었다(《陳賀差倭謄錄》 을묘(1675) 윤5월 17일).

〈표 5〉 부산 표류민 송환과 관련된 외교선물(別幅)의 비교(1658년)

구분	별폭			예조			동래			부산		
	연번	품목	단위	수량	價銀		수량	價銀		수량	價銀	
					兩	錢		兩	錢		兩	錢
일본→조선	1	金屛風	雙	1	12							
	2	鑞鉢	紐	1	2							
	3	蒔繪衣桁	箇	1	2							
	4	紋紙	片				500	8		500	8	
	5	蒔繪鏡臺	箇				1	2	5			
	6	蒔繪重箱								2	2	
	계				16			10	5		10	
조선→일본	1	人參	觔	5								
	2	虎皮	張	1								
	3	豹皮	張	1								
	4	白綿紬	匹	10			4			4		
	5	白苧布	匹	10			4			4		
	6	黑麻布	匹	5			10			10		
	7	白木綿	匹	50								
	8	四張付油芚*	部	2								
	9	花席*	部	5								
	10	黃毛筆	柄	40			10			10		
	11	眞墨*	笏	30								

주 : * 花席, 四張付油芚, 眞墨은 경상도가 조달, 나머지는 예조가 동래부로 하달.
자료 : 《漂人領來謄錄》 — 무술(1658) 3월 20일(서울대학교 규장각한국학연구원 奎12956)

〈표 6〉 부산 표류민 송환과 관련된 兩度宴 禮單(下船宴, 上船宴 각각 동일)

연번	구분	인원(명)	종류(종)	人參	虎皮	豹皮	白綿紬	白苧布	黑麻布	白木綿	花席*	四張付油芚*	黃毛筆	眞墨*	비고
				觔	張	張	匹	匹	匹	匹	張	部	柄	笏	
1	差倭(正官)	1	8				3	3	2	5			20		
2	押物	1	3				2	1		4					
3	伴從	3	3				1	1		3					각인

주 : * 花席, 四張付油芚, 眞墨은 경상도가 조달, 나머지는 예조가 동래부로 하달.
자료 : 《漂人領來謄錄》 — 무술(1658) 3월 21일(서울대학교 규장각한국학연구원 奎12956)

〈표 6〉은 부산 표류민 송환과 관련하여 일본 사절에게 베푼 양도연(兩度宴), 즉 하선연과 상선연 때 조선 측이 일본 사절에게 각각 지급한 외교선물(禮單)을 보여준다. 그런데 이것이 김여휘 일행에 대한 양도연 때와 약간 차이를 보인다.

첫째, 지급 대상자를 비교해 보면, 〈표 6〉의 부산 표류민 사례보다 〈표 4〉 김여휘의 사례가 더 많다. 즉 통사왜(通事倭, 2명)와 사공(沙工, 2명)은 김여휘의 사례에만 들어 있었다.

둘째, 동일한 대상자에게 지급된 수량도 김여휘의 경우가 더 많다. 즉 반종(伴從) 3인에게 백면주(白綿紬)와 백저포(白苧布)가 1필씩 더 많이 지급되었다(〈표 4〉 참조). 정관의 경우에는 더 차이가 컸다. 김여휘의 경우에는 동래부에서 마련하여 화석(2장), 사장부유둔(2부), 진묵(20홀)이 지급되었는데, 부산 표류민의 경우에는 그것이 아예 빠져 있었다.

이것이 단순한 기록 누락 때문은 아닐 것으로 생각한다. 동일한 표차왜라 하더라도 송환 대상의 사회적 지위나 신분이 높고 낮음에 따라서, 하선연이나 상선연 때 지급하는 외교선물(禮單)에서 의도적으로 차등을 둔 결과라고 본다. 이렇게 판단하는 근거를 아래에서 찾을 수 있다.

1663년 7월 6일 훈도(李尙漢)가 김여휘 등을 송환해 온 표차왜(橘成利) 일행을 대상으로 문정(問情)을 실시하였는데, 그 결과를 보고한 자료 속에서 표차왜가 말한 다음 두 가지가 〈표 4〉 김여휘의 사례에서 확인되는 외교선물(兩度宴 禮單)의 차이를 설명하는 데 참고가 된다. ㉠ 이번에 송환하는 표류민 가운데 일반 서민이 아닌 양반(兩班)을 운운하는 사람이 있어서, 대마도주가 각별히 호송(護送)을 하여 별도의 선박에 태워서 조선으로 건너왔다고 한 점, ㉡ 그 배를 끌었던 격왜(格倭) 20명과 사공(沙工) 2명, 통사왜(通事倭) 2명을 각별히 우대(優待)해 줄 것을 동래부사(東萊令監)에게 보고하도록 요청한 점이 그것이다.[90]

〈'해남 품관(海南品官)'[91] 김여휘 등을 데리고 온 표차왜(橘成利)가 대마도에서 나왔다〉고 적은 제목에서 짐작할 수 있듯이, 실제 관직에 있었던 사람은 아니지만 이미 관직을 가졌거나, 언젠가는 관직을 차지할 수 있는 사람을 의미하는 품관(品官)[92]으로 평가되는 지위에 당시 김여휘가 놓여 있었다. 신분제도가 엄연히 존재했던 당시로서는 관인(官人)이거나 품관(品官)을 지닌 사람들이 일반 주민들보다는 표류민 송환 과정에서 우대(優待)받는 것을 당연하게 여겼다고 판단된다. 이처럼 차왜(差倭)를 통한 외교선물의 교환에서는 위계성과 함께 다양성이 가장 큰 특징인데, 이에 대한 체계적인 분석이 필요하다.

【이 책의 구성】

물품 교환을 통해서 조선후기 한일관계를 조명하고자 하는 이 책은 제1부와 제2부로 이루어져 있다. 물품 교환의 두 가지 형태 중 상품(商品) 교환은 제1부(조·일 간 무역을 통한 교역)에서, 그리고 외교선물(外交膳物) 교환은 제2부(조·일 간 외교를 통한 교역)에서 각각 다루었다.

상품 교환과 관련해서는 무역의 절차와 의례(제1장), 무역 상인과 역관(제2장)에 대하여 먼저 서술하고, 이어서 제3장(왜관의 일기로 본 조·일 간 무역)에서는 1720년대(公貿易과 私貿易의 운영 실태), 1840년대(공무역의 결제수단 변화), 1860년대(공목과 공작미의 미수)로 시기를 나누어 고찰하였

90) 差倭言曰 今番 漂風人 非常漢之比 乃是 兩班云云 島主各別護送別船載來 載來船格倭二十名沙工二名通事倭二名各別優待之意告達于東萊令監前云云(《漂人領來謄錄》 二 계묘(1663) 7월 13일)

91) 품관은 본래 유품관(流品官)의 준말이다. 유품관이란 유품(流品)에 속하는 관인(官人)이라는 뜻이다. 유품이란 문무 산계(文武散階)를 받은 양반, 기술관, 경아전(上級胥吏=錄事)을 포함하는 관리들을 의미한다(한국민족문화대백과사전, 〈品官〉 참조).

92) 海南品官金麗輝等領來差倭橘成利出來(《漂人領來謄錄》 二 계묘(1663) 7월 13일)

다. 분석 자료로는 대관(代官)과 관수(館守)의 업무일지에 해당하는 매일기(每日記) 등 대마도종가문서(對馬島宗家文書)를 조선 기록과 대조하면서 활용하였다. 제4장(조선 역관을 통한 대마도의 진상(봉진) 물품 조달)과 제5장(조선의 기근과 대마도를 통한 일본쌀 수입 시도)에서는 학계에 잘 알려지지 않은 주제를 다루었다. 즉 경오조(1750년) 일특송사(一特送使)가 조선에 전달해야 할 진상(봉진) 물품 중에서 3가지 품목(후추, 단목, 일본 주홍)의 조달이 막혀 있던 상황에서 '경보(敬甫) 황첨정(黃僉正)'이라는 조선 역관이 활약한 1751년의 사례를 조명하였다. 그리고 1810년대 초반 기근에 어려움을 겪던 조선이 오히려 일본에서 쌀을 수입하려고 시도한 사례를 소개하였다. 이것은 모두 전례가 없었던 일이었는데, 조선시대 한일관계사(韓日關係史) 분야에서 이러한 주제에 대해서도 분석이 이루어져야 함은 더 말할 나위가 없다.

외교선물 교환과 관련해서는 통신사(通信使)의 일본 방문과 고구마의 조선 전래(제6장), 통신사의 일본 방문과 물품 교환(제7장)을 서술함으로써, 외교(外交)와 경제(經濟)의 관련성을 밝히고자 하였다. 특히 통신사가 국서(國書) 교환이라고 하는 사명(使命)을 띠고 외교 무대의 전면(前面)에서 외교선물을 교환하는 동안, 외교 무대 뒤에서 은밀하게 펼쳐졌던 불법적인 거래에 대해서도 분석을 시도하였다. 제8장(일본 조문사절과 축하사절의 조선 방문과 물품 교환)에서는 철종(哲宗)의 승하(昇遐)를 조문하는 일본사절과 고종(高宗)의 즉위(卽位)를 축하하는 일본사절에 대한 분석을 통하여, 일본 사절의 조선 방문 때 주고받았던 외교선물의 사례에 관하여 살펴보고자 한다. 그리고 제9장(표류민 송환과 물품 교환)에서는 표류민 송환 과정에서 조선이 일본 표류민에게, 그리고 일본이 조선 표류민에게 각각 지급했던 구호 물품의 문제를 다루었다. 마지막으로 제10장(주문을 통한 물품 교환)에서는 외교 경로를 통하기는 하되, 때로는 물품의 값을 주고받기도 하는 거래에 주목하였다. 다양한 물품의 주문 내역을 담은 대마도종가문서를 활용하여, 조선이 왕실 제례용으로 일본에 구넨보(久年母), 용안(龍眼), 밀감(蜜柑) 등 과일을 주문한 사실을 처음으로 밝혀내고자 한다.

조위(弔慰), 진하(陳賀), 표인영래(漂人領來) 등 다양한 임무를 띠고서, 때로는 구청(求貿)과 구무(求貿), 주문(注文, 註文) 등의 형식을 빌려서 긴급하게 물품을 조달하고자, 조선과 일본을 오갔던 외교 사절이 교환한 외교선물(外交膳物)과 상품(商品)은 조선후기 한일관계사의 역동성(力動性)과 다양성(多樣性)을 들여다볼 수 있게 하는 두 개의 중요한 창(窓)에 해당하는 연구 주제이다. 따라서 이에 대한 분석을 소홀히 할 수 없음은 물론이다.

마지막으로 학술지에 수록한 필자의 이전 논문을 고쳐서 이 책에 넣었음을 밝혀 두고자 한다. 《한일관계사연구》(45, 52, 54, 58, 60, 83, 86), 《조선통신사연구》(23, 34), 《항도부산》(36, 49), 《역사와 경계》(101), 《민족문화연구》(69), 《동아시아고대학》(65), 《도서문화》(64) 등이 그것이다. 그 밖에 동북아역사재단, 한일문화교류기금, 서울역사박물관, 부산광역시사편찬위원회 등이 주최한 학술회의에서 필자가 발표했던 기존 논문을 수정·보완하여 이 책에 묶었다. 그와 함께 필자가 이번에 새로 작성한 원고도 이 책에 수록하였음을 미리 밝혀 둔다.

제1부

조·일 간 무역을 통한 교역

제1장 무역의 절차와 의례

제1절 무역을 둘러싼 시간과 공간

Ⅰ. 조선과 일본의 역법(曆法)

대한제국기인 1896년 1월 1일부터 양력(陽曆)이 사용되기 전까지는 조선과 일본이 사용했던 역법(曆法)이 서로 달랐다. 즉 1895년 11월 16일까지 조선은 음력인 시헌력(時憲曆)을 사용하였는데, 당시 일본은 양력을 쓰고 있었다(다만 외교문서에서는 1888년부터 이미 청의 연호를 없애고 조선 개국 기원과 양력을 사용하기로 일본과 합의). 그런데 일본이 양력을 쓰기 전에도 일본은 명과 청의 역법과 다른 역(曆)을 쓰고 있어서 조선과 일본은 역법에서 차이가 발생하였다. 이러한 역법 차이가 부산 왜관에 어떤 결과(영향)를 가져왔을까?

1813년 윤11월 29일 《관수일기((館守) 每日記)》를 보면, "당년에 조선국은 윤달이 없어서 내일이 (조선의) 설날이라 조시(朝市)가 들어오지 않는다."고 적혀 있다.[1] 일본의 (1813년) 12월 1일이 조선의 (1814년) 1월 1일이었던

---

1) "조선국은 금년에 윤달이 없어서 어제 초하루가 바깥[조선]에서는 설날이었는데, 이쪽[왜관]에서는 정월의 의식이 없지만 통신의 뜻을 생각하면 예절을 차려야 하기에 그쪽[조선]의 새해 첫날을 축하하기 위하여 졸자[관수]가 사신[약당사]을 임소[훈도 별차 집무소]로 보내서 축하 인사를 전달하였다(朝鮮國之儀當年閏月無之 昨朔日外向元日二有之 於此方正月之式無之候得共 御通信之間禮節有之事故 彼方之年始爲祝詞 拙者より若黨使を以任所迄年始祝詞口上申含差遣)."《(館守) 每日記》文化 10년(1813) 12월 2일. 이것을 보면, 왜관의 '일본인'에게는 아직 12월이었지만 조선의 설날에 맞추어 관수가

셈인데, 이때는 조선과 일본의 연도가 서로 달랐다. 어떤 때는 연(年) 또는 월(月)은 같고, 일(日)만 다르기도 했다. 이런 경우는 외교나 무역 현장에서 서로 주의를 기울이지 않으면 안 되었다.

예를 들어 매월 6회(3, 8, 13, 18, 23, 28일) 3일과 8일이 들어가는 날에 개최하기로 조선과 일본이 합의한 개시(開市)의 경우를 보면, 윤달의 존재 여부 또는 달의 대소(大小)에 따라서 두 나라가 쓰는 날짜가 달라서 그것이 개시일(開市日)을 정할 때 문제가 되기도 하였다. 의례(儀禮)도 마찬가지였다. 그래서 '어느 날에' 개시나 의례를 거행할 것인지 양측이 미리 조정하여 합의하지 않으면 안 되었다.

1815년 5월 3일에(조선력) 별시가 열렸는데, 그날이 일본에서는 5월 2일이었다.[2] 1818년에도 조선의 3월 18일(일본 3.17.)에 개시 개최를 합의하였는데,[3] 실제로 그날 개시가 열리지는 못했다.[4] 이처럼 조선과 일본의 역법 차이로 서로 날짜가 다를 경우에는 조선의 시헌력(時憲曆)에 따라서 왜관의 개시 날짜를 잡는 것이 관례처럼 되어 있었다.

조선의 역관(훈도, 별차)에게 새해 축하 인사를 하였음을 알 수 있다.

2) 今日別市入來 … 但し大小之違にて今日は外向三日ニ付入來候と相聞候付內向別市と相立今日は相濟候付以來は內向市日を相考入來候樣通詞を以相達置く. 《(館守) 每日記》 文化 12년(1815) 5월 2일.

3) 別差より書記へ申出候は當月は內向小の月外向大の月にて內向の十七日外向の十八日ニ相當り候 開市之儀外の十八日內の十七日ニ相當り日ニ入來候時如何可有之哉之旨申聞候段書記より申出候ニ付內向十七日ニ相當候日は間違御日柄故不宜候間失張內之十八日に相當り候日にニ開市可入來旨書記を以相達候事. 《(館守) 每日記》 文化 15년(1818) 3월 15일.

4) "(조선의) 상역(商譯)이 사정이 생겨서 예시가 들어오지 않았다(商譯差支 例市不入來)" 《(一代官) 每日記》 文化 15년(1818) 3월 17일.

Ⅱ. 왜관의 경계와 물품 교환 장소

17세기 이후 일본인의 생활 공간은 처음에는 두모포왜관[고관, 구관]이었다. 그 뒤 초량에 설치된 왜관을 초량왜관으로 불렀는데, 이곳이 곧 신관(新館)이다. '고관'이란 명칭은 부산광역시 동구 수정2동의 '고관 마을'이라는 지명에 아직도 남아 있다.[5] 신관[초량왜관]의 현재 모습은 부산광역시 중구 남포동, 신창동, 중앙동, 광복동 등 용두산공원 일대에서 그 흔적을 찾을 수 있다.[6]

1. 왜관의 위치와 경계 구역

1678년 왜관이 지금의 부산광역시 중구 지역에 속하는 초량왜관으로 옮겨지면서, 왜관 면적이 "만 평(두모포왜관)에서[7] 10만 평(초량왜관)으로 열배" 확장되었다.[8] "초량왜관(약 10만 평)이 일본 나가사키에 설치된 도진야시기[唐人屋敷, 약 만 평]의 10배, 데지마[出島, 약 4천 평]의 25배" 규모라는 것이 현재 학계의 정설로 되어 있다.[9]

---

5) "2012년 현재 마을이 있던 장소의 중심에 '수정 시장'이 있으며, 부산광역시 동구청사와 부산일보사, 은행, 보험사 등이 있는 중심지로 바뀌었다. 지금도 마을이 있던 지역은 고관 입구로 불리고 있어 그 위치를 짐작하게 한다." 부산역사문화대전, '고관(古館) 마을' 류종현의 해제를 참조.

6) 부산역사문화대전, '초량 왜관(草梁倭館)' 양홍숙의 해제를 참조.

7) 양홍숙, 〈17세기 두모포왜관의 경관과 변화〉, 《지역과 역사》 15, 부경역사연구소, 2004, 183쪽; 小田省吾, 〈李氏朝鮮時代に於ける倭館の變遷〉, 《京城法文學會第二部論集》, 1929, 126쪽 재인용.

8) 부산광역시 중구청, 《우리의 삶터 중구, 부산을 담다》 부산 중구지 증보판 상, 80쪽, 2018, 87쪽; 다시로 가즈이 지음, 정성일 옮김, 《왜관—조선은 왜 일본사람들을 가두었을까?—》, 논형, 2005, 77쪽; 田代和生, 《倭館—鎖国時代の日本人町—》, 文藝春秋, 2000, 64쪽; 田代和生, 《新·倭館—鎖国時代の日本人町—》, ゆまに書房, 2011, 64쪽.

9) 다시로 가즈이 지음, 정성일 옮김, 《왜관》, 논형, 2005, 77쪽; 田代和生, 《倭館》, 文春

그런데 고관[두모포왜관]이 담장으로 삼면을 둘러싼 것처럼,[10] 신관[초량왜관]도 담장(처음은 흙담, 나중에는 돌담)으로 내부와 외부의 경계가 나뉘었다. 국립중앙박물관 소장 《왜관도(倭館圖)》는 그 구별을 잘 묘사해 놓았다. 담장 안쪽이 왜관[館內], 그 바깥쪽 왜관 주변(연향대청, 복병막 등)과 설문(設門)이 있는 곳은 글자 그대로 왜관 밖[館外]이다. 초량왜관을 약 10만 평이라고 말할 때는 담장 안쪽의 왜관 내부 면적을 말한다.

1678년(숙종 4, 延寶 6) 당시 동래부사 이복(李馥, 1676.7.~1679.2.)은 초량왜관 완공 후 새롭게 체제를 정비하였다. 대마도 측과 약조를 맺고 일본인의 통행 범위를 정한 것이 그 무렵이었다.[11] "앞쪽은 항구를 지나 절영도[현재 부산광역시 영도구]에 갈 수 없고, 서쪽은 연향청(宴享廳)을 지나지 못하며, 동쪽은 객사(客舍)를 넘지 못하였다(제1조). … 개시(開市) 때는 대청(大廳)에 앉고 각방(各房)에 들어가지 못하며(제4조), … 어채(魚菜)를 (왜관의) 문밖에서 매매(賣貝)하는 일(제5조) 등"이 정해졌다.[12] 먼저 외교와 관련하여 일본 사신의 조선 국왕에 대한 숙배(肅拜) 의례가 열리는 객사라든가, 일본 사신에게 연향(宴享)을 베푸는 연향청은 왜관의 담장 밖에 있었지만,[13] 행사가 있을 때는 일본인들이 연향청으로 이어지는 북문(北門)으로[14] 빠져나와 그곳까지는 접근이 허용되었다. 그리고 왜관 안에서 개최되

新書, 2000, 64쪽; 田代和生, 《新倭館》, 2011, 64쪽.

10) 양흥숙, 〈17세기 두모포왜관의 경관과 변화〉, 2004, 185쪽.

11) 《우리의 삶터 중구, 부산을 담다》 상, 83-84쪽; 김동철, 〈동래부는 초량왜관을 어떻게 통제하였는가〉, 《새띠벌의 메아리》 겨울호 vol.16, 초량왜관연구회, 2020, 8-9쪽.

12) 《숙종실록》 숙종 4년(1678) 9월 5일, 숙종 8년(1682) 3월 5일.

13) 고관[두모포왜관] 시절에는 연향청을 가운데 두고 동관과 서관이 위치하였는데, 서관에 대한 불만이 커지자 1611년에 연향청을 왜관 밖으로 옮기고 그 자리에 서관을 지었다고 한다(양흥숙, 〈17세기 두모포왜관의 경관과 변화〉, 2004, 187-188쪽). 신관[초량왜관] 건설 때는 지형 관계 때문에 처음부터 그것을 왜관의 담장 밖에 설치했다고 한다(다시로 가즈이 지음, 정성일 옮김, 《왜관》, 2005, 40-41쪽, 74쪽).

14) 변박의 왜관도(倭館圖, 국립중앙박물관 소장)를 보면 왜관의 북쪽 담장에 연향대청(宴享大廳)으로 통하는 외북문(外北門)과 내북문(內北門)이 그려져 있다. 이것을 연석

는 개시(開市)와, 왜관 수문 밖에서 열리는 조시(朝市) 등 무역에 참가할 때 왜관의 일본인이 조선인과 접촉할 수 있는 활동(공간) 범위를 양측이 합의하여 규정을 만들어 놓았다.

1679년에 일본인 통행 범위가 또 정해졌다. "동쪽은 송현(松峴)에 이르며 왜관과 거리는 30보쯤, 서쪽은 서산(西山)에 이르며 왜관과 거리는 80보쯤, 서남 사이는 초량 민가 앞에 이르며 왜관과 거리는 100보쯤, 남쪽은 해안에 이르며 왜관과 거리는 100보쯤"으로 정했다. 동쪽과 남쪽은 바다로 연결되어 경계를 표시할 필요가 없었지만, 남서쪽, 서쪽, 북쪽에는 경계를 넘지 못하게 하는 금지 표지[禁標] 나무가 세워져 있었다.[15)]

현재 부산박물관이 보존하고 있는 약조제찰비(約條制札碑, 부산시 지정기념물 제17호)가 당시 상황을 잘 전해준다. 1678년 동래부사 이복이 마련한 7개 항의 절목(節目) 중 4개 항을 돌에 새기고자 동래부사 남익훈(南益熏, 1681.2.~1683.3.)이 조정에 장계(狀啓)를 올렸는데, 비변사(備邊司)가 1개 항을 추가하도록 하여 5개 조항이 확정되었다. 그 뒤 1683년 역관 박유년(朴有年) 등이 왜관 측과 협의하여 이 조항을 돌에 새겨 왜관 안에 세우게 되었다고 알려져 있다. 이렇게 해서 1683년에 맺은 계해약조(癸亥約條)의 내용을 적은 이 비에는 5개 조항이 새겨지게 되었다.[16)]

㉠ 대소사를 막론하고 금지 표시를 한 경계 밖으로 뛰쳐나가 침범한 자는 사형에 처한다.

㉡ 노부세(路浮稅, 일본인에게 진 빚)는 현장에서 잡은 후에 준 자와 받

문(宴席門)으로도 불렀다. 이것은 사각형의 되[升, 枡, 桝] 모양으로 만든 '일본의 성곽(城郭) 입구 방어용 시설'인데, 일본어로는 마스카타몽[桝形門]이라고 한다. 다시로 가즈이 지음, 정성일 옮김, 《왜관》, 2005, 73-74쪽, 324쪽; 《國史大辭典》 13, 63쪽.

15) 《우리의 삶터 중구, 부산을 담다》 상, 84-85쪽; 김동철, 〈동래부는 초량왜관을 어떻게 통제하였는가〉, 2020, 9쪽.

16) 《우리의 삶터 중구, 부산을 담다》 상, 85-86쪽.

은 자 모두 사형에 처한다.[17]

㉢ 개시무역을 할 때 (일본인의) 방에 숨어 들어가 몰래 매매한 자는 피차 모두 사형에 처한다.

㉣ 5일 잡물을 왜관으로 들여보낼 때 조선 측 담당 아전, 창고지기, 소통사(하급 역관) 등을 일본인들이 끌어내어 구타하지 못하도록 한다.

㉤ 피차 범죄인은 모두 왜관 밖에서 형을 집행한다. 왜관의 모든 일본인은 용무가 있으면 관수에게 보고한 후에 통행증을 직접 소지하여야 (조선 측 역관인) 훈도와 별차가 있는 곳에 왕래할 수 있다.

2. 왜관의 경계를 넘은 사람들

일본인이 왜관 밖으로 나오는 것도, 조선인이 왜관 안으로 들어가는 것도 모두 제한을 받았다. 다만 '허락'을 받는다면(또는 묵인한다면), 비록 원칙은 안 되는 일이었지만 실제로는 왜관에 출입할 수도 있었다. 오다 이쿠고로[小田幾五郎]의 《초량화집(草梁話集)》에는 본디 외교나 무역 등 공적인 임무를 띤 사람이 아니라, 단순히 '구경'을 하려고 왜관에 들어간 조선인에 대해서 언급해 놓은 부분이 있다. 이를 소개하면 아래와 같다.

> 왜관을 구경하는 사람들은 동래부사(東萊府使)가 허락하는 공문(公文)을 지참해야 한다. 이것이 없으면 설문(設門), 수문(守門)을 통과할 수가 없다. 그리고 아무리 지체가 높은 사람이더라도 무기(武器)를 가지고 왜관에 들

---

17) 오다 이쿠고로[小田幾五郎]의 초량화집(草梁話集)에는 이 조항에 해당하는 내용으로 "노부세 거래를 끝낸 후에 다시 노부세 거래를 한 것이 드러나게 되면 맡긴 사람, 맡은 사람 똑같이 죄를 묻는다(登セ銀差引相濟候以後重て登セ銀致候段於露顯ハ賴之者被賴之者同然罪科ニ可行事)"고 적고 있다(밑줄 부분에 주목). 즉 약조제찰비에 새겨진 내용은 "노부세(路浮稅) 즉 노보세깅[登セ銀]을 맡기거나 맡기만 하면, 양쪽 당사자 모두 똑같이 죄를 묻는다"는 뜻인 데 반해서, 왜관 쪽 기록에서는 그것을 '노보세깅[登セ銀]을 마친 뒤에 다시 그런 행위를 하지만 않는다면, 그때는 죄를 묻지 않을 수 있다.'는 뜻으로도 해석될 수 있는 표현이 아닌가 생각된다.

어가는 것은 동래부사가 못하게 통제를 한다고 한다.

이처럼 왜관을 구경하는 조선인에 대한 기록이 《관수일기》에서도 간혹 발견된다. 예를 들면 1743년 11월 18일에는 "동래부사의 자제 두 명이 내비장과 훈도와 함께 왜관 구경을 갔는데, (관수가) 오인통사(五人通詞)를 불러서 인사를 시킨 뒤, 요리(소면, 스이모노, 사라모리, 술, 과자 등)를 대접" 했다고 적혀 있다.[18] 이튿날인 19일에는 훈도와 별차가 소통사를 보내서 관수에게 어제 동래부사 자제와 함께 대접을 잘 받았다고 감사 인사를 전달하였다.[19] 이때 왜관을 구경한 조선인이 '동래부사의 자제[子息] 2명'이라고 분명히 밝히고 있다.

1757년 5월 2일(조선 5.3.)과 9월 21일에도 조선인의 왜관 구경을 관수가 허락하였는데,[20] 이때는 그 사람이 누구였는지 알 수 없다. 먼저 동년 5월 2일 《관수일기》에 따르면, "별차(別差)와 김판사(金判事)가 왜관에 들어왔다."는 내용과 함께, "관(館) 내부를 구경하려는 조선인(朝鮮人)이 그들과 동행하였음"이 관수(館守)에게 보고되었다. "좌(座)를 보여 달라는 (조선 측의) 요청"을 관수가 받아들인 것으로 보인다.[21] 동년 9월 21일에도 "좌(座)를 보여 달라는 (조선 측의) 요청"을 관수가 수용하여 조선인이 별차와 함께 왜관 안으로 들어가 구경을 하고 돌아온 적이 있었다.[22] 여기에서 말하는

18) 東萊子息貳人內裨將訓導相附罷出候付　五人通詞松本善左衛門召寄挨拶爲致素麪吸物皿盛御酒ホ出之重菓子振舞皆罷出ル. 《(館守) 每日記》 寬保 3년(1743) 11월 18일.

19) 《(館守) 每日記》 寬保 3년(1743) 11월 19일.

20) 윤유숙, 〈연중행사와 의식으로 본 근세 왜관〉, 《일본연구》 15, 고려대학교 일본연구소, 2011, 20쪽.

21) 別差幷金判事致入館候段相屆ル　館見物朝鮮人致同道候處　座見セ吳候樣申聞候ニ付不差支旨致返答　押付皆々來リ無程罷歸候也. 《(館守) 每日記》 寶曆 7년(1757) 5월 2일.

22) 兩譯方より小通事を以館見物之朝鮮人入來候付　御差支無御座候ハヽ座見物爲致吳候樣申出し候ニ付 不差支旨申達ス　追付別差同道罷出頓而罷歸ル. 《(館守) 每日記》 寶曆 7년(1757) 9월 21일.

좌(座)를 왜관 안에 있던 여러 상점[좌판]으로 볼 수도 있겠으나, 아마도 개시 때 양측이 마주하는 대좌(對坐) 장면을 가리키는 것으로 생각된다(뒤에서 보겠지만 1864년 1월 28일에도 동래부사의 친척 한 사람이 開市 장면을 구경). 앞의 1743년 사례로 미루어 보건대, 1757년에도 ① 동래부사의 허가 → ② 훈도와 별차의 안내 → ③ 왜관 관수의 승낙이라고 하는 절차를 거쳐서 왜관 구경이 성사되었을 것으로 짐작된다.

그런데 이와 정반대로 일본인의 왜관 바깥 구경도 기록으로 확인된다. 《초량화집(草梁話集)》에는 초량산 위의 봉대(烽臺)를 설명하는 가운데 다음과 같은 언급이 보인다.

〈사료 1-1〉

단, 왜관에서 선박의 왕래를 감시하는 일을 맡은 후나미[船見]가 이 봉대에 올라가는 것은 수문(守門) 쪽에서 고목(告目)을 작성하여 (보고하므로), 조선 쪽에서 잘 알고 있는 일인데도, 후나미가 왕래하는 것에 대해 죄를 묻지 않았다. (후나미가) 지나가는 길은 구초량촌의 앞쪽에서 올라가고, 내려갈 때는 히도츠야 마을 위쪽을 통해 (왜관으로) 돌아간다.

절영도에 가는 것도 원칙적으로 금지되어 있었지만, 실제로는 절영도를 다녀온 일본인이 있었다. 이에 대하여 《초량화집(草梁話集)》에 다음과 같이 적혀 있다.

〈사료 1-2〉

절영도에 일본인이 가는 것에 대해서는 조선이 정한 수속 절차가 없다. 배가 건너갈 때는 수문(守門)에서 소통사가 와서 (건너가는) 사람 수와 선박 숫자 등을 물어보고 수문에서 동래와 부산에 고목(告目)을 올린다. … 일찍이 1795년에 일본인이 돌을 채취하기 위해 (절영도에) 건너갔을 때 실수로 불을 내고 도망쳐 온 일이 있었다. … 왜관에서도 불 끄는 인부를 (절영도에) 보낸 적이 있었다. 첨사도 질책을 받지 않았고, 일본인도 죄를 묻지 않고 끝냈다. 이 불은 2박 3일 동안 지속되었다가 끝이 났다.

왜관의 후나미[船見] 또는 도오미[遠見]가 초량산 위의 봉대까지 올라가서 왜관 앞 바다의 선박 왕래를 감시할 때는 조선 측 봉대 책임자(또는 실무자)의 양해를 얻어서 그렇게 한 것으로 보인다. 그리고 절영도에 몰래 가서 돌을 채취하려던 일본인이 불을 내는 사건이 발생하였지만, 왜관 측과 부산진 첨사가 힘을 모아 우선 화재를 진압하는 선에서 일을 마무리를 지은 것으로 짐작된다. 앞의 동래부사 자제 등 조선인의 왜관 구경과 마찬가지로, 원칙적으로는 경계를 넘지 못하도록 서로 엄격히 규정을 마련해 놓았지만, 실제로는 양측의 허락(또는 묵인)이 있으면, 왜관의 경계와 일본인의 이동 제한은 꽤 유연하게 적용되었던 것이 아니었을까? 다만 양측이 허락하지 않았거나 합의하지 않은 일에 대해서는 엄격한 처벌이 뒤따랐음은 더 말할 나위가 없다.

3. 왜관 내부의 건물과 물품 교환 장소

고관[두모포왜관]과 신관[초량왜관]의 공간 배치가 유사한 점이 적지 않다. 예를 들면 동관(東館)과 서관(西館)의 구분이라든가 담장이나 묘지의 설치 같은 것은 기본적으로 같다고 볼 수 있다. 다만 시간이 흐르면서 변화도 있었다.[23]

《왜관도(倭館圖)》(변박, 세로 131.8cm, 가로 58.4cm, 국립중앙박물관)의 세로 위쪽으로 절반가량은 설문(設門), 객사(客舍), 연향청(宴享廳)이 그려져 있다. 그런데 이곳은 모두 왜관의 담장 밖에 해당한다. 그림의 아래쪽 절반을 차지하는 직사각형의 담장(1709년 이후는 돌담)으로 둘러싸인 공간의

23) 고관[두모포왜관]의 공간 배치에 대해서는 양흥숙, 〈17세기 두모포왜관의 경관과 변화〉, 《지역과 역사》 15, 부경역사연구소(2004)가 자세하다.

내부가 초량왜관이다. 고관[두모포왜관]은 동쪽에 수문(守門)이 한 곳밖에 없었는데, 신관[초량왜관]은 세 곳에 문이 있다. 첫 번째 문은 동쪽의 바닷가로 통하는 수문(守門)이다. 이곳은 일상적으로 사용하는 문인데, 예를 들면 개시(開市) 때 조선의 상인이나 역관이 이 문으로 드나들었다. 그리고 수문 밖에서는 매일 아침 생선과 채소 등을 사고파는 조시(朝市)가 열렸다. 이와 달리 의례(儀禮)가 거행될 때만 열리는 북쪽의 문이 두 번째 문이었다[북문]. 연향대청(宴享大廳)으로 이어진다 하여 이 문을 가리켜 연향문(宴享門)=연석문(宴席門)이라고 불렀다. 세 번째 문은 죽은 사람을 대마도로 보낼 때, 또는 왜관 주변에 매장할 때[野送] 사용하는 남쪽 바닷가에 있는 문인데, 이곳이 곧 부정문(不淨門), 무상문(無常門), 수문(水門)이다.[24]

담장으로 둘러싸인 왜관의 중앙에 소나무 숲을 이루고 있는 것이 용두산(龍頭山)이다.[25] 이곳을 사이에 두고 그림의 오른편이 동관(東館)인데,[26] 돌계단 위의 '관수가(館守家)'를 비롯하여, 개시대청(開市大廳)과 여러 채의 대관가(代官家), 그리고 재판가(裁判家)와 동향사(東向寺) 등이 보인다. 금도가

24) 다시로 가즈이 지음, 정성일 옮김, 《왜관》, 2005, 73-74쪽.

25) 용두산[中山]의 소나무 숲 관리와 관련하여, 1792년(정조 16, 寬政 4) 생솔[生松]에 관한 기록을 소개하면 다음과 같다. 그해 윤2월 9일 기록【"中山 안에 枯松 작은 것이 10그루 정도 있는 데, 그 중에서 근래 濱方 濱焚用으로 베어 주어서 割木으로 쓸 만한 것은 없어서 이번에 生松 벌목을 지시했다."】과 윤2월 10일 기록【別方 徒士目付 橘久右衛門이 들어와서 "中山 안의 마른 소나무를 조사했더니 柴枯가 모두 8-9그루나 있으니 割木으로 쓸 만한 것을 벌목할 것"을 보고하자, (관수가) "작은 나무의 枯木도 10그루 정도 있으니 그 중 濱方의 濱焚用으로 벌목하고, 割木으로 만들기 어렵다 하니 生松을 벌목하라고 지시했다."】이 있다. 이것을 보면 '장작'을 만들 때 마른 소나무[枯松]로 충분하지 못하면 생솔[生松]을 벌목하는 경우도 있었음을 알 수 있다(《(館守) 每日記》 1792년(寬政 4) 윤2월 9일, 윤2월 10일). 정성일, 〈왜관의 연료 조달을 둘러싼 조선과 일본의 마찰(1609~1876)〉, 《한일관계사연구》 66, 한일관계사학회, 2019, 202쪽.

26) 용두산 동쪽의 동관(東館) 건물에 대해서는 《우리의 삶터 중구, 부산을 담다》 상, 89-91쪽 참조.

(禁徒家)와 창고[倉舍]가 바닷가 쪽에 줄지어 있고, 그 인근에 선창(船艙)과 가까운 곳에 왜관 반입 물품을 검사하는 수검청(搜檢廳)이 그려져 있다. 대관가 아래쪽으로는 다양한 상품을 취급하는 상점들이 들어섰다(舊酒房家, 新酒房家, 燒酒家, 餠家, 麵家, 多多米家, 染家 등). 관수가의 왼쪽으로 보이는 신당(神堂)은 아마도 일본 신사(神社)를 모사한 것 같다. 그 위로 그림 왼편이 서관(西館)인데,[27] '삼대청(三大廳) 육행랑(六行廊)'이라고 글자가 적혀 있다. 그림 오른쪽 하단에 소나무가 그려진 산이 보이는데 그곳이 용미산(龍尾山)이다. 용두산 남쪽에 해당하는 이곳에는 신사(神社)와 가마터[釜山窯] 등이 있었다.[28]

왜관의 담장 밖에는 복병(伏兵)이라 적힌 초소(哨所)가 있었다. 처음에는 세 곳에 왜관의 출입 동향을 감시하는 복병막(伏兵幕)이 설치되었다(북면의 동쪽과 서쪽, 서면의 남쪽). 1739~40년 무렵에는 매매춘[交奸] 등을 예방하고자 여섯 곳으로 늘려 감시와 통제를 더욱 강화하였다(동 1과 2, 서 1과 2, 남 1과 2).[29] 1760년대에는 남쪽 복병막 중 한 곳을 성신당(誠信堂) 북쪽으로 옮겼다(北伏兵幕).[30] 현재 부산광역시 중구 대청동, 중구청과 부산기상관측소가 있는 곳의 산 이름이 복병산(伏兵山)인 것도 이런 배경과 관련이 깊다.[31]

현재 대마도에 소장되어 있는《왜관도(倭館圖)》에는 왜관 내부를 흐르는

27) 용두산 서쪽의 서관(西館) 건물에 대해서는《우리의 삶터 중구, 부산을 담다》상, 91-93쪽 참조.

28) 용두산 남쪽 건물에 대해서는《우리의 삶터 중구, 부산을 담다》상, 93-97쪽 참조.

29) 다시로 가즈이 지음, 정성일 옮김,《왜관》, 2005, 75쪽.

30) 변박이 1783년에 그린 것으로 알려진 왜관도(倭館圖, 국립중앙박물관 소장)를 보면, 성신당(誠信堂)과 빈일헌(賓日軒) 위에(북쪽), 초량객사(草梁客舍)의 왼쪽과 거의 나란한 곳에 북복병(北伏兵)이라고 적은 곳이 보인다. 그리고 왜관도(倭館圖)의 맨 아래 왼쪽에 남일복병(南一伏兵)이 그려져 있다.

31)《우리의 삶터 중구, 부산을 담다》상, 84-85쪽; 김동철, 〈동래부는 초량왜관을 어떻게 통제하였는가〉, 2020, 9쪽.

하천(河川)이 표시되어 있다. 이곳을 왜관 사람들은 나카가와[中川] 또는 사쿠라가와[櫻川]로 불렀다.[32] 다만 왜관 사람들이 식수(食水)를 얻는 우물이 어디에 있었는지는 명확하지 않다. 《초량화집(草梁話集)》에 "가뭄이 들어 왜관 안의 물이 끊기면 법천(法川)의 강줄기에 우물을 파서 조선에서 (물을) 지고 가지고 온다."고 한 것을 보면, 왜관의 식수 공급 대책이 마련되어 있었던 것으로 보인다. 그리고 일본에서 건너온 사신이 많아지면 서관 안에 있는 시탄옥(柴炭屋)에 물을 흐르게 하여 화장실로 사용하게 한 적도 있었다고 한다. 이처럼 왜관 안에 물길을 만들어서 식수를 확보하고, 하수구를 만들어 오수(汚水)를 처리하는 일에도 힘을 쏟았다. 다만 이에 대해서 자세한 것을 알기는 어렵다.

제2절 간품(看品)과 개시(開市) 의례(儀禮)

Ⅰ. 무역의 절차

1864년 1월 28일 그해 처음으로 열린 초시(初市)가 있었다. 《관수일기》에는 "오늘 초시가 들어왔다"고 짤막하게 적었을 뿐 더 이상의 언급은 없다.[33] 이에 반해서 《일대관일기》에는 이때의 일에 대해 다음과 같이 자세하게 적어 놓았다.[34]

이날은 초시(初市)라서 양역(兩譯) 외에 강정관(講定官)과 차비관(差備官) 이하 도중(都中)이 왜관으로 들어가는 것이 마땅한데, 강정관과 훈도는 부

32) 《우리의 삶터 중구, 부산을 담다》 상, 88쪽.
33) 《(館守) 每日記》 元治 1년(1864) 1월 28일.
34) 《(一代官) 每日記》 元治 1년(1864) 1월 28일.

산에 들렀다가 가는 바람에 왜관에 조금 늦게 들어갔다고 한다. 별차 이하 도중 7인이 왜관으로 간 시각은 오시[11~13시] 무렵이었고, 강정관 성시(聖始)와 훈도 중남(仲南)이 왜관에 닿은 것은 신시[오후 3~5시]라고 했다. 유시[오후 5~7시]가 지나서 일대관 이하가 그 해부터 변경된 복제(服制)에 따라 간소하게 아사[麻]를 위아래 착용하고 참석했다고 하니, 아마도 이때부터 초시와 관련된 의례가 시작된 것으로 보인다.

몇 가지 주목할 것이 있는데, 첫째 1864년은 조선에서[外向] 아직 국상(國喪) 중이라 화려함을 피하고자 조화(造花)와 장식물[嶋臺] 등을 생략한 점이다. 둘째 내비장(內裨將)과 동래부사의 친척 한 사람이 개시 때 벌어지는 의례 등을 구경하기 위해서 왜관에 들어갔는데, "임관(任官)이 얘기해서 안쪽 개시대청[太廳]에 가 있었다"고 한다. 세 번째는 본선(本膳) 요리를 가득 내놓았으며[盛], 2선[二膳]은 임관의 요청에 따라 그 가운데 좋아하는 것을 가지고 가도록 하였다는 점이다. 이것은 이국적(異國的)인 일본의 향응 요리에 관심을 보이는 조선 사람들도 더러 있었음을 보여주는 것이다. 그래서인지 《일대관일기》에는 첫 개시 즉 초시(初市) 때 조선 사람들을 접대했던 점심과 저녁 요리의 메뉴[獻立]를 상세하게 기록으로 남겨 놓았다.

한편 양국 간 무역을 위해 왜관에서 만나는 조선의 도중(都中)과 일본의 대관(代官) 사이에도 선물[音物] 교환이 때때로 있었다. 예를 들면 1864년 5월 25일 도중(都中) 형재(亨哉)가 보낸 것과 6월 25일 자오(子伍) 정서방(鄭書房), 중직(仲直) 김서방(金書房)이 일대관(一代官)에게 선물을 전달하였다.[35] 이것을 보면 도중이 대관에게 준 선물은 3가지였으며, 그것도 모두 모양과 종류가 서로 다른 부채[色扇(子), 油尾扇, 油尾扇]였음을 알 수 있다.

동년 12월 21일 별시(別市) 때 왜관에 들어간 도중(都中) 자오(子五[伍]) 정서방(鄭書房)이 일대관(一代官)에게 5가지 선물을 주었는데 그때 부채는

35) 《(一代官) 每日記》 元治 1년(1864) 5월 25일(맑음), 6월 25일(맑음).

없었다. 그 목록을 살펴보면 감[蹲柿] 1접[貼]과 팥[赤豆], 호두[胡桃], 밤[生栗] 각각 1자루[帒]씩, 그리고 대구어(大口魚) 5마리[尾] 등이었다.[36] 12월 26일 형재(亨哉) 박서방(朴書房)과 성범(聖範) 홍천총(洪千摠), 우서(禹瑞) 김파총(金把摠), 치수(致秀) 윤천총(尹千摠)이 그해 마지막으로 일대관에게 보낸 선물도 역시 5가지였다. 즉 곶감[乾市] 1접[貼], 대구어(大口魚) 2마리[尾]와 팥[赤豆], 호두(胡桃), 밤[生栗] 각각 1자루[帒]씩이 그것이다.[37] 겨울철인데다가 연말이 다가오고 있는 시기라서 그와 같은 물건을 선물로 보낸 것이 아닐까 생각해 본다.

Ⅱ. 무역 관련 의례와 요리

1. 간품(看品) 때 제공된 요리

간품은 공무역에서 교환되는 물품의 품질을 감별하거나 수량을 점검하는 것을 말한다. 1864년 8월 30일에도 흑각(黑角)과 구리[生銅]에 대한 간품이 있었음이 《관수일기》에서 확인된다. 이날 간품이 종료된 뒤에 이를 축하하기 위해 일대관(一代官)이 이대관(二代官)과 정대관(町代官)을 데리고 가서 관수(館守)에게 보고하였다고 한다.[38]

그런데 간품 때는 조선 측이 왜관의 일본인들에게 요리[膳部]를 접대하는 것이 관례로 되어 있었다. 조선 측의 요리 접대를 받은 왜관의 일본인들은 그것을 가리켜 증래(贈來)라고 표기하였다. 《일대관일기》에 소개된 11가지 조선의 상차림 메뉴를 소개하면 다음과 같다. 이날 사용된 그릇은 접시

36) 《(一代官) 毎日記》 元治 1년(1864) 12월 21일(맑음).
37) 《(一代官) 毎日記》 元治 1년(1864) 12월 26일(맑음).
38) 《(館守) 毎日記》 元治 1년(1864) 8월 30일.

[皿], 보시기[碗], 종지[猪口] 등이었다. ㉠ 오징어부터 ㉦ 대추까지는 접시에, ㉧ 닭조림부터 ㉩ 생선 살까지는 보시기에, 그리고 ㉪ 꿀은 종지에 각각 담아서 내놓았다.39)

㉠ 오징어[切鯣]

㉡ 쇠고기[牛肉]

㉢ 달걀 3개[玉子三]

㉣ 밤 5개[栗五]

㉤ 크게 자른 떡[大切餅], 작고 둥글게 만들어 색을 입힌 떡[同小丸色付]

㉥ 감 4개[柿四ツ]

㉦ 대추[棗]

㉧ 닭과 무를 넣고 조린 것[鶏, 大根]

㉨ 닭다리를 넣고 끓인 탕[鶏股丸湯手]

㉩ 생선 살 3점[魚身三点]

㉪ 꿀[蜜]

이처럼 간품 때마다 조선 측이 왜관의 대관들에게 요리[膳部]를 대접하였다. 이에 대하여 왜관의 일본인들도 조선 측 참가자들에게 음식을 대접하였다. 1864년 8월 30일 일본 측에서 개시대청[太廳]에 '1즙(汁) 5채(菜)' 요리를 내놓았다. 일대관이 데리고 간 오인통사와 근번통사를 시켜서 조선의 훈도(訓導)와 가별차(假別差) 등 관계자들에게 요리[膳部]를 접대했다. 그러자 조선의 임관(任官), 즉 훈도와 가별차가 일본 측에 감사하다는 인사를 전했다. 왜관의 일본인들도 조선 측에 답례 인사를 전달하였음은 물론이다.40)

1722년 간품 때도 조선 역관[양역]이 대관 한 사람 한 사람에게 각각 요

39) 《(一代官) 毎日記》 元治 1년(1864) 8월 30일(맑음).
40) 《(一代官) 毎日記》 元治 1년(1864) 8월 30일(맑음).

리를 내놓았다고 한다.[41] 이에 대하여 왜관의 일본인들이 조선 측 참가자들에게 음식을 대접하였음은 물론이다. 1722년 6월 21일 간품 때 왜관의 일대관이 소면(素麪)과 맑은 장국[吸物]과 술을 조선 측에 내놓았다. 그리고 왜관의 이대관은 찬합에 담은 도시락[提重]을 제공하였다. 혹각 간품이 있었던 네 차례 모두 동일했다. 구리 간품 때도 마찬가지였다고 생각한다. 예를 들어 1722년 6월 21일 구리 간품 때 전례대로 일대관은 소면과 맑은 장국과 술을 내놓았고, 이대관은 찬합에 담은 도시락을 내놓았다.[42]

2. 개시(開市) 때 제공된 요리

왜관의 일본인들은 개시 때 조선 측 관계자에게 제공했던 요리 기록에 관하여 1705년부터 체계적으로 정리하기 시작하였다. 그것이 19세기 중엽까지 이어졌다. 예를 들어 조선 역관과 무역 상인[都中]에게는 밥 이외에 국 1가지와 반찬 3가지, 즉 1즙 3채가 제공되었다. 해마다 맨 처음 열리는 초시(初市) 때는 2즙 5채로 보통 때보다 그 수준이 높아졌다. 그리고 조선 측 수행원[從者]에게 제공되는 것은 1즙 1채가 기본이었다. 개시요리는 계절마다 쓰이는 재료가 달랐지만, 무처럼 철에 관계 없이 연중 고르게 사용되는 재료도 있었다. 고정 메뉴인 밥과 국 이외에, 반찬으로는 조림이 가장 많이 제공되었다. 그 다음으로는 무침이 많이 등장하였는데, 생선회도 가끔씩 나왔다. 왜관의 일본인들이 조선 측 관계자에게 김치를 반찬으로 내놓는 일도 드물게나마 있었다. 그런데 통신사 일행에게 제공된 향응요리에 비하면, 왜관 개시 때 제공된 요리의 종류와 내용이 상대적으로 간소했다. 왜관에 거주하는 일본인들의 일상적인 식생활에서 소비되는 그들의 식문화가 개시요리(開市料理)에 그대로 반영되었다고 말할 수 있다.

41) 정성일, 〈왜관의 일기로 본·일 간 무역(1721~23년)〉, 197-198쪽.
42) 위 논문, 198쪽.

1705년 《조선어대관기록(朝鮮御代官記錄)》에 맨 처음 등장하는 요리 기록은 1월 5일에 보인다. 이날은 개시일(開市日)은 아니었다. 그렇지만 새해를 맞이하여 정초(正初) 인사를 나누기 위해 이날 조선의 두 역관[兩譯] 즉 훈도(訓導)와 별차(別差)가 왜관으로 들어갔다고 한다. 위의 기록을 바탕으로 왜관 측의 조선 역관 접대 모습을 그려 보면 다음과 같다.

먼저 조선 역관들을 맞이했던 왜관의 조선어 통역은 야마지로 야자에몬[山城弥左衛門]과 나가토메 후지에몬[長留藤右衛門]이었다. 이 두 사람은 누노[布][43]로 된 옷을 위아래로 입고 조선 역관 곁에 있었다. 일대관(一代官)은 노시메[熨斗目][44]를 걸쳤으며 누노[布]를 위아래로 착용하였다. 정대관(町代官) 이데 마고에몬[井手孫右衛門]은 누노를 위아래로 입고 나왔다. 서로 신년 축하 인사를 하고 얘기를 나누었다. 이때 일대관이 조선 역관들에게 음식을 내놓았다고 한다. 처음에는 일본식 떡국이라고 말할 수 있는 조니[雜煮]와 소면(素麵), 맑은장국[吸物], 접시에 담은 밥과 생선을 뜻하는 사라모리[皿盛], 그리고 술과 안주가 나왔다. 나중에는 각자에게 과자와 차를 내놓았다고 적혀 있다.[45]

이것을 통해서 요즘의 신년 하례와 비슷한 새해 인사를 나눌 때, 왜관 측이 조선인에게 제공한 일본 요리의 대강을 미루어 짐작할 수 있다. 이와 별도로 개시(開市)가 열릴 때마다 일대관(一代官)은 조선 측 참가자에게 요

43) 누노[布]란 처음에는 비단에 대칭되는 개념, 즉 삼[麻]이나 칡[葛] 같은 식 물섬유로 짠 것을 가리키다가, 나중에는 무명[木綿]도 여기에 포함되었다. 누노가 직물의 총칭으로 쓰이기도 한다. 여기에서는 비단옷이 아닌 무명 옷을 가리키는 것으로 보인다.

44) 노시메[熨斗目]란 일본 에도시대[江戶時代] 武家의 예복에 받쳐 입은 통소매 옷을 가리킨다.

45) 一兩譯官爲年禮入來通詞山城弥左衛門長留藤右衛門布上下着相附 一代官熨斗目布上下にて 町代官井手孫右衛門布上下着罷出 新年之祝詞互に申談ル.
雜煮素麵吸物皿盛酒取肴出之　後銘々菓子茶出之.
《朝鮮御代官記錄》寶永 2년(1705) 1월 5일, 국사편찬위원회 대마도종가문서 DK 5109.

리를 준비하여 제공하였다. 그것에 대해서는 아래에서 소개하고자 한다.

1) 1705년 개시요리의 특징

가. 첫 번째 개시의 경우

1705년 1월 13일 그해 첫 번째 개시가 있었다. 이것을 초시(初市)라고도 불렀다. 대마도 번청(藩廳)의 지시를 받은 왜관의 일대관이 처음으로 작성한 개시요리(開市料理) 기록이 이날 작성되었다. 먼저 그 내용을 소개하면 〈사료 1-3〉과 같다.

〈사료 1-3〉

초시(初市)가 들어왔음. 그래서 선례에 따라 원방역(元方役) 중에서 한 명을 불러서 (조선의) 상인들과 면담하도록 하고, 장이 열리는 곳[市場]에 일대관(一代官)이 가겠다고 전달하였으며, 시간이 조금 지나서 나갔음.

(일대관이) 노시메[熨斗目]와 기누[布]를 위아래로 입고 갔음. (일대관이) 자리 위에 서 있자 (조선의) 두 역관[兩譯官]과 개시 감독관[市奉行], 상인들이 모두 한 자리에서 예를 갖추었음. 윗자리[上座]에 앉아서 새해 축하 인사를 나누었으며, 그런 다음 무역[商賣]에 관한 일을 이어가도록 하라고 원방역의 담당자들에게 말하게 하였음. 최근 들어서는 (무역) 상황이 나빠져서 (조선) 무역 결제품[御代物]이 전과 같이 나오지 않는다고 함. 부디 상담을 잘하라고 말하도록 전하였음.[46)]

46) 初市入來候に付 任先例御元方役壹人召寄 商人中に爲面談 市場へ一代官可罷出旨申達置 時分見合罷出ル 熨斗目布上下着にて出 座上に立居候時 兩譯官并市奉行商人中不殘一同に一禮有之 則上座着新年之祝詞申談 其上御商賣之儀彌以相續仕候樣に御元方役中に可被申談候近年は勢惡敷罷成候て御代物等も如以前不被取出候樣に相聞候 隨分宜相談可被召旨申談ル.《朝鮮御代官記錄》寶永 2년(1705) 1월 13일, 국사편찬위원회 대마도종가문서 DK 5109.

위의 내용을 보면 개시 장소, 그곳에 참석한 사람, 그들의 옷차림, 그들 사이에 오간 얘기와 지시사항 등을 알 수 있다. ㉠ 먼저 개시 장소인데, 시대청(市大廳)이라 적혀 있는 곳은 개시대청(開市大廳)을 가리킨다. ㉡ 개시 참석자는 조선의 경우 두 역관, 개시 감독관, 상인 등이었다. 일본 측에서는 일대관(一代官)과 원방역(元方役) 등이 개시에 참석하였다. 이 가운데 일대관은 개시 때 노시메[熨斗目]와 기누[布]를 위아래로 착용하였다. 마지막으로 일대관이 원방역 등에게 '최근 무역 상황이 좋지 않음'을 상기시키면서, "(무역 협상에) 최선을 다해 달라"는 당부의 말까지 전달하였다고 한다.

그렇다면 개시 때 어떤 음식이 제공되었을까? 그것을 보여주는 것이 〈사료 1-4〉이다. 즉 일대관이 개시요리(開市料理)로 내놓은 것을 열거하면 다음과 같다.

㉠ 일본식 떡국[雜煮 조니]

㉡ 맑은장국[吸物 스이모노]

㉢ 접시에 담은 생선과 채소[皿盛 사라모리]

㉣ 술

㉤ 각종 과자 [銘銘菓子]

㉥ 차(茶)

〈사료 1-4〉

개시(開市)가 이루어지는 곳[市場]에 음식[馳走]을 내놓았음. 떡국[雜煮 조니], 맑은장국[吸物 스이모노], 접시에 담은 생선과 채소[皿盛 사라모리], 술, 각종 과자[銘銘菓子], 차(茶)를 내놓음. 장식대[嶋臺 시마다이][47] 1상[膳], 가득 담은 안주[肴盛合之臺] 3상[膳]도 냈음. 다만 조선 밥상[朝鮮膳]에 소나무와 대나무로 장식을 해서 내놓음.[48]

47) 시마다이[嶋臺, 島台]란 들쭉날쭉한 대판(臺板) 위에, 소나무, 대나무, 매화 나무, 거북 따위의 모형을 벌여 놓은 결혼식 때 따위의 장식품으로서 봉래산(蓬萊山)을 본떠 만든 것을 가리킨다.

또 〈사료 1-4〉를 통해서 요리를 담은 그릇에 관해 알 수 있다. 즉 각종 장식을 한 요릿상이 1개, 생선과 채소 등으로 만든 요리를 담은 접시로 채워진 요릿상이 3개였다. 그런데 이것은 조선식 밥상에 왜관의 대마도 사람들이 소나무와 대나무를 꺾어다가 장식을 한 것이라고 한다. 여기에는 신년하례(新年賀禮) 의미가 담겨 있었던 것으로 보인다. 의식이 거행된 장소는 개시대청(開市大廳)이었을 것으로 생각된다.

〈사료 1-5〉

각자에게 한 사람도 남김없이 일대관(一代官)이 술잔을 돌리며 접대를 하였음. 원방역(元方役)들은 하카마[袴]와 하오리[羽織][49]를 입었고, 통역을 맡은 두 사람이 뒤에 붙어 있었음. 술잔을 다 돌리고 나서, 나중에 일대관이 집으로 돌아가서 추가로 요리를 내놓았음. 함께 자리를 했던 원방역 아비루 한자에몬[阿比留半左衛門], 오다 시치자에몬[小田七左衛門], 오다바세이에몬[大束清右衛門]과 통사가 인사를 하였음. 차림표[獻立]는 아래에 적음.[50]

개시대청에서 의례가 끝난 뒤 일대관이 술잔을 돌리며 조선의 역관과 상인을 접대하는 모습을 〈사료 1-5〉를 통해 살필 수 있다. 그 자리에 함께 있었던 사무역 책임자인 원방역[모토가타야쿠]은 하카마[袴]와 하오리[羽織]를 착용하였고, 조선어를 구사하는 대마도 통사 두 명이 그 뒤에 붙어 있었

48) 市場へ出之候馳走品々左に記ス 雜煮吸物皿盛酒銘銘菓子茶出之 嶋臺壹膳肴盛合之臺三膳但朝鮮膳に松竹梅之作物にて出之.《朝鮮御代官記錄》寶永 2년(1705) 1월 13일, 국사편찬위원회 대마도종가문서 DK 5109.

49) 하오리[羽織]란 일본인들이 위에 입는 짧은 겉옷을 말함.

50) 各中不殘一代官より盃遣之取持 元方役中袴羽織にて通詞役両人山城弥左衛門長田藤右衛門裏付上下着 右盃遣取 相濟候て 後一代官は歸宅追付料理出之 相伴元方役阿比留半左衛門小田七左衛門大束清右衛門通詞両人挨拶有之 獻立左に記ス.《朝鮮御代官記錄》寶永 2년(1705) 1월 13일, 국사편찬위원회 대마도종가문서 DK 5109.

다고 한다. 모든 의식과 접대가 종료된 뒤 일본 측은 일대관의 집에 모여서 마무리를 한 모양인데, 이때도 요리가 더 나왔던 것으로 보인다. 이 자리에는 원방역 중에서 세 사람—阿比留半左衛門, 小田七左衛門, 大東清右衛門—이 일대관을 따라갔다고 한다.[51]

정해진 의식이 모두 끝나고 나서 일대관이 추가로 마련한 요리가 조선 역관 등에게 제공되었는데, 일대관은 그때의 차림표를 기록으로 남겨놓았다. 다만 이때의 요리는 일대관이 제공한 것에 국한되는 것임에 주의하지 않으면 안 된다. 이 밖에도 개시 때 왜관의 다른 부서에서 개시요리(開市料理)를 제공했는지에 대해서는 앞으로 더 추적해 볼 문제이다.

그렇다면 일대관이 개시 때 요리를 제공했던 조선인은 몇 명이나 되었을까? 이것을 밝혀줄 자료가 없어서 정확하게 알 수는 없다. 다만 〈사료 1-6〉을 통해서 대체적인 윤곽은 파악할 수 있다.

〈사료 1-6〉

상인, 훈도와 별차[兩判事], 사카노시타[坂下] 즉 임소(任所)에 같이 내려간 역관[判事]에게 위의 요리를 내놓았음. 이 밖에 두 역관을 수행하는 통사 3인, 소동 3인, 수행원[杖持] 4인에게, (그리고) 함께 내려간 역관 1인에게 통사 1인, 소동 1인, 이 사람들에게 1즙 1채의 요리를 대접함. 개시가 열릴 때마다 이와 같음.[52]

---

51) 1868년에는 초시가 1월 18일에 열렸지만, 1869년에는 그것이 1월 28일에, 1870년에는 2월 4일에 있었다(《(館守) 每日記》 明治 원년(1868) 1월 18일; 《(館守) 每日記》 明治 2년(1869) 1월 28일 ; 《(館守) 每日記》 明治 3년 (1870) 2월 4일, 이상 일본 국립국회도서관 소장). 이처럼 초시가 열린 달이 해마다 달랐음에 주의할 필요가 있다.

52) 商人兩判事 坂下へ下り合之判事へ
右之料理出之 此外兩判事附之通事三人小童三人杖持四人 下り合之判事壹人に通事壹人小童壹人 此者共へ一汁一菜之料理振廻之 市每に如斯. 《朝鮮御代官記錄》 寶永 2년(1705) 1월 13일, 국사편찬위원회 대마도종가문서 DK 5109.

위에서 알 수 있듯이 1705년 1월 13일 왜관의 일대관(一代官)이 개시 요리를 접대한 조선인은 20명 정도였다고 생각된다. 그들을 열거하면 아래와 같다.

㉠ 상인 : 도중(都中)으로도 불리는 이들은 동래부(東萊府)의 허가를 얻어서 왜관에서 열리는 개시(開市) 즉 사무역(私貿易)에 참가하는 사람들임. 실제 왜관에 출입한 인원수는 그때그때 차이가 있음.

㉡ 역관 : 일본어 통역 임무를 맡은 조선의 왜학역관(倭學譯官)임. 훈도(訓導)와 별차(別差)를 줄여서 양역(兩譯)으로 부르기도 함.

㉢ 그 밖의 역관 : 훈도와 별차 외에 그들과 함께 임소(任所)—왜관 측은 이곳을 사카노시타[坂之下]로 부름—로 간 역관[判事].

㉣ 양역을 수행하는 통사 3인

㉤ 양역을 수행하는 소동 3인

㉥ 양역을 수행하는 수행원[杖持] 4인

㉦ 임소에 함께 내려간 역관 1인에게 딸린 통사 1인

㉧ 임소에 함께 내려간 역관 1인에게 딸린 소동 1인

이들은 크게 두 집단으로 나뉜다. 그 가운데 하나는 역관(훈도, 별차)과 상인 그룹이다(㉠~㉢). 다른 하나는 훈도나 별차를 수행하는 하급 역관이나 그 밖의 수행원 등이다(㉣~㉧). 이들을 더하면 인원수는 20명이 조금 넘었던 것으로 추정된다(도중 5~6인, 양역 2인, 기타 역관 1인, 양역 수행 통사 3인과 소동 3인과 수행원 4인, 기타 역관 수행 통사 1인과 소동 1인). 상인과 역관 그룹에 대해서는 2즙 5채(初市) 또는 1즙 3채의 요리가 제공되지만, 하급 역관과 수행원 등에게는 1즙 1채의 요리(도시락)를 내놓는 것이 관례였다고 한다.

나. 두 번째와 마지막 개시의 경우

첫 번째 개시일(開市日)인 1월 13일과 두 번째인 1월 23일 개시요리(開市

料理) 기록을 비교해 보면 커다란 차이가 없는 것처럼 보인다. 초시의 경우 보통 때(1즙 3채)보다 국물이 한 가지 더 반찬이 두 가지가 더 나와서 2즙 5채가 제공된 것이 다를 뿐이다. 〈표 1-1〉에서 보는 것처럼 1월 13일과 23일의 개시요리 재료를 대조해 보면 몇 가지가 눈에 띄는 정도이다. 먼저 역관[訓導, 別差]과 상인[都中]에게 1월 13일에는 도미회가 나왔는데, 동월 23일에는 그 대신 청어구이가 나왔다. 수문 시봉행[守門市奉行]에게 내놓은 것도 1월 13일에는 우엉 절임이, 동월 23일에는 무에 식초와 흰깨를 끼얹은 것이 나온 점이 주목된다.

〈표 1-1〉 왜관의 一代官이 제공한 開市料理 비교(1705년)

월일	역관, 상인						守門 市奉行	
	대접 [平]	국 [汁]	접시 [皿]	보시기 [坪]	밥 [飯]	술, 안주 [酒取肴]	찬합	
							1	2
1.13	조림[煮物] •일본 간장 •우엉 •어묵 •전복 •미나리	•겨자 •다시마 •생도미 •무청	회[鱠] •귤 •당근 •도미 •무	조림[煮物] •참마 •오리 •박고지[53]	팥밥	•색을 입힌 전복 •마른 오징어 •귤	술조림 [酒にしめ] •표고버섯 •어묵 •검은 토란	절임[浸物 •검은깨 •우엉
1.23	조림 •톳 •무 •도미 •파 •우엉	•두부구이 •돼지고기 •무청	접시 •칡양념장[54] •청어 •일본 간장	조림 •굴조림	팥밥	술	술조림 •우엉 •전복 •두부	식초[酢付] •흰깨 무

자료 : 《朝鮮御代官記錄》 寶永 2년(1705) 1월 13일, 1월 23일, 국사편찬위원회 대마도종가문서 DK 5109.

53) 박고지[干瓢]란 여물지 않은 박의 속을 파내어 길게 오려서 말린 반찬임. '오가리'라고도 부름.

54) 원문에는 칡[くず]이라고 적혀 있다. 이것은 일본어 구즈[葛]를 가리키는데, '구즈앙'이나 '앙가케'라고도 불린다. 칡가루[葛粉]에서 얻은 전분을 넣어 만든 양념장을 얹은 요리를 말하는 이것은 조미를 가미한 국물[다시]에 칡 전분을 물에 풀어 넣고

연중 2회, 즉 두 번째와 마지막 개시는 별이대관(別二代官)이 접대하기로 되어 있었다. 다만 그럴 때에도 수문 시봉행한테는 여전히 일대관(一代官)이 대접하였다. 초시를 비롯한 그 나머지 개시의 경우에는 일대관이 역관과 상인 그리고 수문 시봉행 모두에게 요리를 제공하게 되어 있었다.

2) 1864년 개시요리의 특징

1864년 한 해 동안 일대관(一代官)이 왜관으로 들어간 조선인에게 제공한 개시요리(開市料理)에 관하여 소개하면 다음과 같다.

가. 첫 번째 개시요리

1864년에는 첫 번째 개시 즉 초시가 1월 28일에 있었다. 이날 개시 모습을 〈사료 1-7〉을 통해 살필 수 있다.[55)]

〈사료 1-7〉

㉠ 초시(初市)라서 양역(兩譯) 외에 강정관(講定官), 차비관(差備官) 이하 도중(都中)이 (함께) 들어와야[入來] 마땅하지만, 훈도(訓導)와 강정관(講定官) 두 사람은 부산에 들렀다가 늦어졌으며, 별차(別差) 이하 도중 7인이 오전 11시~오후 1시[午之刻] 왜관으로 들어왔음[入館]. 정

끓여져 걸쭉하게 만든다. 이것을 두부에 얹으면 '앙가케 도후[餡掛け豆腐]'라 부르고, 가락국수에 끼얹으면 '앙가케 우동[餡掛けうどん]'이라 불렀다. 필자가 오쓰보 후지요 교수[大坪藤代]에게 직접 들었던 설명에 따르면, 일본에서 장(醬)의 원형이라 말할 수 있는 생선을 발효시켜 만든 액젓[調味液]은 시대에 따라 변화를 보였다. 에도[江戶] 초기에는 생선에 술을 붓고 졸여서 만든 이리자케[煎り酒]를 주로 장[醬油]과 국물[出汁]에 섞는 경우가 많았다. 그러다가 에도 중기에 이르면 여기에 식초[酢]와 참깨식초[胡麻酢] 등이 이용되었으며, 후기에는 식초장[酢醬油]과 참깨장[胡麻醬油] 등이 추가되어 다양해졌다고 한다.

55) 《(一代官) 每日記》 文久 4년(1864) 1월 28일, 일본 對馬博物館(옛 對馬歷史民俗資料館) 宗家文庫 日記類 Dc 13.

대관(町代官) 조근(助勤) 야마타 도미사쿠[山田冨作]가 와서 개좌(開座)를 했다고 알려왔음. 개시대청[市太廳]에서 선례대로 향응요리[膳部]를 내놓았음. 근번통사(勤番通詞) 조근(助勤) 나카노 모토타로[中野許太郞]와 오인통사(五人通詞) 고쿠부 료스케[國分良介]를 데리고 가서 말을 했음. 통사를 동반하는 것은 격에 맞지 않는 일이지만 최근에는 데리고 가게 하였기에, 이번에도 동반하고 가서 (意思를) 전달하였음.[56)]

㉡ 오후 3~5시[申之刻]에 강정관 성시(聖始)와 훈도 중남(仲南)이 왜관에 들어갔다고 (관수에게) 알림.[57)]

㉢ 수문 시봉행한테는 도시락 안에 술과 차를 넣어 보냈음.[58)]

㉣ 강정관과 훈도가 해질녘[暮方] 개시대청[市太廳]에서 대기하고 있고[控居] 도중(都中)도 모여 있다고 하기에, 한 자리에서 향응을 마치고, 예외(例外)이기는 하지만 준비한 요리[膳部]를 내놓도록 했더니, (역관과 도중들이) "매우 감사하다"고 (왜관 측에) 인사를 하였음.[59)]

㉤ 유시[19:00~21:00] 지나서 졸자가[일대관] 노시메를 입고서, 그리고 그 이하 별이대관과 술년[1862] 이대관, 해년[1863] 이대관, 삼대관, 약종방 취조역, 세물대관, 세물조근, 서기는 모두 삼베로 만든 옷을 위아래로 착용하고, 개시대청으로 가서 양역과[훈도 별차] 서로 예를 갖추었음. 도중한테도 그와 똑같이 하였음. 졸자[일대관]는 서쪽 문지방 아래에서 통역을 시켜 서로 인사하였음. 올해 그 나라가[조선] 국상이라서 장식용 받침대[시마다이]는 생략하였음. 삼보에 술잔을 올려놓고 또 압삼보를 내놓았음. 맑은장국과[스이모노] 함께 잔이 한

56) 今日初市に付兩譯其外講定官差備館(官의 借字—인용자주)以下都中入來之筈ニ候處 訓導講定官兩人釜山へ立寄延引 別差以下都中七人午之刻比入館 町代官助勤山田冨作罷出開座之段相届 於市太廳先格之通膳部出之 勤番通詞助勤中野許太郎五人通詞國分良介相伴申渡 尤通詞相伴は無格ニ候得共 近年相伴爲致候事故 此節も相伴相達.《(一代官) 毎日記》文久 4년(1864) 1월 28일, 일본 對馬博物館(옛 對馬歷史民俗資料館) 宗家文庫 日記類 Dc 13(이하 같음).

57) 申之刻比講定官聖始訓導仲南入官(館의 借字—인용자주)之段相届.

58) 守門市奉行へは重ノ内酒茶贈之.

59) 講定官訓導暮方市太廳へ相控居都中にも相揃と相聞一座饗應相濟 例外なから用意之膳部爲差出候處 厚く挨拶有之.

바퀴 돌아갈 때, 졸자가 술잔을 들고 임관과 도중이 있는 곳까지 왕복하고 이대관 자리에서 세 번 잔을 주고받았으며 똑같이 배례가 있었음. 닭이 울 무렵 추가적인 잔 돌리기가 지체 없이 끝나자 자리에서 물러났음. 모두 통사를 통해서 인사를 하고 왜관을 나갔음. 수문까지 등불을 들고 보내 주었음. 더욱이 아랫사람한테는 문간 옆에 있는 방(寄附)에서 대접을 하였음. 다만 내비장과 동래(부사) 친척 한 사람이 임관[훈도 별차]에게 부탁하여 왜관 안쪽 대청에 와 있었음.[60]

ⓗ 올해 조선이 국상 중이라서 조화와 장식용 받침대[시마다이]를 생략하고, 본 요리를[혼젠] 가득 담아 내놓았음. 그 가운데 두 번째 나온 요리는[니노젠] 임관의 요청을 받아들여서, (자기가 직접) 보고 나서 마음에 드는 것을 가지고 가라고 답변하였음.[61]

ⓢ 차림표는 아래와 같음.[62]

초시 때 왜관 측이 제공한 개시요리의 차림표를 정리한 것이 〈표 1-2〉이다. 이 표에서 알 수 있듯이 1864년의 경우에도 역관이나 상인 집단과 그들의 수행원들에게 제공된 개시요리가 종류와 내용 면에서 차이가 있었다. 예를 들어서 초시 때 점심 메뉴로 역관과 상인들에게는 13가지가 제공되었다. 그런데 그들의 수행원에게는 밥과 국을 포함하여 5가지만 제공되었다. 물론 한 해의 첫 번째 개시여서 그런지 수행원에게 내놓은 5가지 식단 가

60) 酉之刻過拙者麻上下着 當年より依御法熨斗目着用無之 別二代官鶴岡忠右衛門戌年二代官高賀宇右衛門亥年同内ノ寛之助三代官白水幾右衛門藥種方取調役堀直助細物代官眞田仙藏同助勤山田富作書役龍井惣之助 何れも麻上下着市太廳へ罷出兩譯へ一揖都中へも同樣 拙者西手戶袋之下タ居着順々並居 通詞取次を以双方挨拶申入 當年彼國國喪に付嶋臺省之 三寶に土器据 且タ押三寶出之 吸物付盃銚子一篇廻り候節 拙者土器取上任官都中迄往復いたし 二代官筆口より三ツ盃にて同樣盃禮有之 鶏鳴比細盃無滯相濟退座 一統より通詞を以挨拶在之 出館に付守門迄高張にて爲送之 尤從者へは於寄附取賄候事但内裨將東萊親類之人壱人任官より申聞候付内々太廳へ罷出.

61) 當年外向國喪中に付造り花嶋臺相省 本膳盛にして差出 内貳膳任官依所望目好次第に取歸候樣及返答.

62) 獻立左之通.

운데 생선회가 들어 있었던 점이 눈에 띈다. 이날 저녁 식사 때도 술을 포함하여 몇 가지 음식이 추가로 제공되었다. 그런데 역관과 상인에게는 9가지, 그들의 수행원에게는 각각 4가지가 제공되었다고 기록되어 있다.

〈표 1-2〉 1864년 初市 때의 開市料理 비교(1월 28일)

구분	역관[訓導, 別差] 상인[都中]		수행원[從者]	
	그릇	식재료	그릇	식재료
점심	㉠ 보시기	•흰살 생선 •미역	㉠ 대접	•무 •다시마 •톳 등
	㉡ 국	•미역 연한 것 •생선 어묵 •표고버섯	㉡ 국	•무 •명태 •다시마
	㉢ 생선회	•생선 살 •무 •목이버섯 •미나리 등	㉢ 생선회	•미나리 •생선 살 •무
	㉣ 작은 접시	•5가지[五色]	㉣ 보시기	•목이버섯 등
	㉤ 밥	•흰밥 수북하게	㉤ 밥	•흰밥 중간 정도
	㉥ 보시기 중간 크기	•떡 •우엉 •달걀		
	㉦ 국 두 번째	•김 •바지락		
	㉧ 종지	•사탕 •귤		
	㉨ 사발	•(판독 불명)		
	㉩ 긴 접시	•기왓장 구이[瓦燒] •곤약		
	㉪ 큰 대접	•은어 •조개 조림 •우엉 떡 •표고버섯 •박고지 •꽃 (모양) 떡 등		

구분	역관[訓導, 別差] 상인[都中]		수행원[從者]	
	그릇	식재료	그릇	식재료
	㉫ 받침대	•김 등		
	㉬ 차, 과자			
저녁	㉠ 삼보(三寶) 토기		㉠ 즈림 큰 것 1그릇	
	㉡ 위와 같음 셋[同三] 두 번째 요리[二膳]	•다시마 장식 •생선 어묵 •목이버섯 •우엉	㉡ 날 생선 1 그릇	
	㉢ 술 세 잔[三盃]		㉢ 생 해삼[生鼠] 1그릇	
	㉣ 술 추가[附三盃]		㉣ 생술[生酒] 3되	
	㉤ 초헌(初獻)	•도미 •찬합 •김말이		
	㉥ 작은 접시			
	㉦ 맑은장국[吸物]			
	㉧ 위와 같음			
	㉨ 위와 같음			

자료 : 《(一代官) 每日記》 文久 4년(1864) 1월 28일(일본 對馬博物館 宗家文庫 日記類 Dc 13).

1864년 개시요리 기록의 가장 큰 특징은 초시에 관한 기록이 매우 상세하다는 점이다. 1월 28일 점심의 경우 〈표 1-2〉와 같이 역관과 상인들에게 제공한 것을 열거하고 있고, 종자(從者) 즉 역관의 수행원 등에게 제공한 요리를 따로 기록하고 있는 점이 두드러진다. 그날 저녁에도 개시대청에서 역관, 상인과 그들의 종자[수행원]에게 각각 요리가 제공되었다. 이것을 보면 이날 개시가 밤까지 이어졌음을 알 수 있다. 그런데 아래에 소개하는 바와 같이 1864년의 경우 초시 이외의 개시일(開市日)에 왜관 측이 내놓은 요리에 대해서는 기록이 매우 소략하다.

나. 두 번째 이후 개시요리

1864년 《(일대관)매일기》의 개시요리 기록을 정리한 것이 〈표 1-3〉이다. 그해 두 번째 개시는 2월 28일에 있었다. 이날은 전례대로 별이대관(別二代官) 쪽에서 조선의 임관(任官)과 도중(都中)을 접대하였다. 그렇지만 조선 측 종자(從者) 즉 수행원에 대해서는 일대관(一代官)이 전례대로 접대하였다고 한다. 그런데 이날 《(관수) 매일기》에도 "오늘 개시가 들어왔는데, 모든 일을 전례대로 했다(今日市入來諸事先格之通)"는 기록이 보인다.[63] 다만 두 자료 모두 개시요리의 내용에 대해서는 자세하게 적지 않았다.

〈표 1-3〉 1864년 開市料理 기록

연번	월일	개시요리 기록	비고
1	1.28	초시(初市). 단 기록의 내용은 <표 1-2>와 같음.	첫 번째 개시
2	2.28	•오늘 두 번째 개시가 있는 날이라서 임관(任官)과 도중(都中)이 왜관으로 들어왔음. •전례대로 별이대관(別二代官) 쪽에서 접대가 있었음. •종자(從者)에게는 이쪽(一代官—인용자주)의 문간방(寄附)에서 전례대로 접대하였음.	두 번째 개시 (별이대관이 접대 맡음)
3	3.13	•오늘 개시가 있어서 별차와 도중 7인이 왜관에 들어옴. •개좌(開座)를 야마타(山田富作)가 마친 뒤 전례대로 음식을 대접하였음. •수문(守門) 시봉행(市奉行)에게는 도시락[重] 안에 술과 차를 넣어서 보냄.	
4	5.25	•오늘 별시가 들어와서 전례와 같이 하라고 관수가 편지를 보내옴. •도중 6명과 종자[수행원]에 이르기까지 수문 시봉행 쪽에는 도시락 안에 술과 차를 전례대로 보냄.	
5	6.25	•별시가 들어왔음. •도중 가운데 병이 난 사람 있어서 4명이 왜관에 들어와서 개좌(開座)를 하였다고 간자키[神崎德右衛門]가 와서 (일대관에게) 말함. •수문 시봉행한테는 전례와 같이 도시락 안에 술과 차를 보냄.	
6	7.12	•대시(代市)가 있어서 도중 4명이 왜관으로 들어왔음. •사대관(四代官) 스미나가[住永正兵衛]와 정대관(町代官) 야사카[八坂治作]가 개좌를 하였음.	

63) 《(館守) 每日記》 文久 4년(1864) 2월 28일, 일본 국립국회도서관((館守) 每日記[366-1], WA 1-6-8).

연번	월일	개시요리 기록	비고
		•전례대로 접대를 하였는데, 수문 시봉행한테는 도시락 속에 술과 차를 넣어 보냄.	
7	9.28	•오늘 개시[市]에 도중(都中) 8인이 들어와 개좌(開座)를 마쳤음을 정대관(町代官) 야사카[八坂治作]가 알려왔음. •접대는 전례대로 하였음.	
8	10.22	(개시요리에 관한 언급은 없지만, 전례대로 개시요리가 제공되었을 것으로 추정됨)	조선력은 10월 23일임
9	11. 8	•개시 때 도중 8명이 개좌하였음을 대관 나카노 모토타로[中野許多郞]가 (일대관에게) 알림. •별차가 계절(時唯) 인사를 해왔기에, 이에 상응하는 답례를 하였음. •개시(요리)는 전례와 같이 접대하였으며, 수문 시봉행 쪽에도 도시락 등을 보냈음.	
10	11.25	•별시에 도중 8명이 들어왔음. •전례와 같이 접대함.	
11	12.21	•도중 8인이 들어옴. •대관이 개좌(開座)를 마쳤다고 알려옴. •위와 관련하여 전례대로 접대함. 수문 시봉행 쪽으로 도시락과 술과 차[煎茶]를 보냈음.	
12	12.26	•마지막 개시 즉 시마이이치[仕廻市]가 들어왔는데, 예물[音信]을 맡기기에 받았음. •오늘은 선례대로 별이대관(別二代官) 쪽에서 접대 하였으며[取賄], 종자(從者)들만 이쪽[일대관] 기부(寄附)에서 접대를 하였음. •수문 시봉행(守門市奉行)한테도 전례대로 도시락[重]과 술과 차 등을 보냈음.	마지막 개시 (별이대관이 접대 맡음)

자료 : 《(一代官) 每日記》 文久 4년(1864). 일본 對馬博物館 宗家文庫 日記類 Dc 13~16.

세 번째 개시는 3월 13일에 열렸다. 이날도 도중 7명과 역관, 그 밖의 수행원 등 조선인에게 왜관 측이 개시요리를 접대하였지만, 요리의 내용에 대해서는 구체적인 언급이 없다. 네 번째 개시가 열린 5월 25일에는 도중 6명이 별시에 참여하여 전례대로 개시요리를 맛보았다고 생각되며, 이날 《(관수) 매일기》에도 별시 개최 사실이 언급되어 있다.[64)]

64) 今日別市入來候間 御行規人之儀先格之通可被得其意旨濱方へ 被得其意例之通可被取計旨御代官

다섯 번째 개시는 6월 25일 별시로 열렸는데, 이날은 도중 가운데 병이 난 사람이 있어서 도중은 4명만 왜관에 들어 왔다고 한다. 역관 등을 포함한 조선 측 관계자들에게 전례처럼 개시요리가 제공되었지만, 역시 이날 기록에도 요리의 내용에 대한 자세한 기술은 보이지 않는다. 여섯 번째인 7월 12일 개시에는 도중 4명이 참여하였으며, 이날 대시(代市)가 들어왔다는 보고는 《(관수) 매일기》에도 남아 있다.[65]

일곱 번째인 9월 28일 개시에는 도중 8명이 참여하였다. 이날 처음으로 화백(華伯) 이지고(李知敎)가 왜관 개시에 들어가게 되었음을 확인하는 문서가 왜관 측에 전달되었다.[66]

여덟 번째 개시에 관한 기록에는 개시요리 접대 자체에 대한 언급이 없다. 이날은 일본력(日本曆)으로는 10월 22일이지만, 조선의 10월 23일에 해당하므로 개시가 개최되었다. 규정된 개시일에 열리는 예시(例市)와 함께, 도서참판사(圖書參判使) 치주시(馳走市)도 이날 들어 왔다고 적혀 있다. 도중

方へ 可被得其意旨別方へ以手紙相達. 《(館守) 每日記》 文久 4년(1864) 5월 25일.

65) 代り市入來無滯相濟候段藥種方役中より相屆. 《(館守) 每日記》 文久 4년(1864) 7월 12일.

66) 1864년 8월 9일 기록을 보면, 왜관에 들여보낼 무역품 조달과 관련하여 의주상인(義州商人)과 왜관 출입 도중(都中), 즉 동래상인(東萊商人) 사이의 관련성을 보여주는 대목이 있어서 주목된다. 즉 조선의 왜관 개시에 참여하던 조선의 상인 가운데 한 사람인 도중(都中) 성범(聖範)과 접촉한 왜관의 대관[細物代官中]이 다음과 같이 말했다. "어제 건해삼[煎海鼠]을 왜관으로 들여오는[仕入] 문제와 관련하여 도중 성범을 만났더니, '의주(義州)에서 상인이 내려와서 작년[亥年, 1863]부터 (건해삼을) 조달하는 사람들이 늘어나서[仕入之者とも差加り] 여러 가지로 어렵게 되었지만, 왜관 무역의 활성화를[貿易之公物道] 생각하여, 세 곳에서 받아들여 (건해삼) 5,000근 정도를 조달했는데[取入], 북경으로 가는 물류[北京筋]도 값이 비싸졌으니, 지금보다 30문만 값을 (왜관 측이) 올려주었으면 좋겠다고 한다.'는 말을 전달했다. (그래서 대관이 성범에게) '전에는 (건해삼) 1근에 100문까지는 사주었지만, 지금 (여기에) 30문을 더 올리는 문제에 대해서는 이곳에서 답을 내리기는 어렵지만, 정성을 기울이는 것을 봐서 논의를 할 수도 있을 것이니, 수집한 것을 빨리 들여보내도록[入送] 하라.'고 답변했다."고 하면서, "別二代官이 (위와 같이) 협상한 내용을[示談] (일대관에게) 알려 주었다."고 한다. 《(一代官) 每日記》 文久 4년(1864) 8월 9일.

(都中) 6명이 자리를 잡고 서로 인사를 나누는 개좌(開座)를 마치자, 그날부터 왜관에 새로 출입하게 된 도중인 성희(聖希) 이파총(李把揔)의 명단이 일본 측에 전달되었다.[67] 다만 이날은 개시요리에 관한 언급이 없기는 하지만, 전례대로 이날도 일대관이 도중을 포함한 조선 측 관계자에게 개시 요리를 접대하였을 것으로 보아도 무방하다고 판단된다.

아홉 번째(11월 8일), 열 번째(11월 25일), 열한 번째(12월 21일) 개시 모두 왜관에 들어간 도중이 8명이었다. 그리고 각각 개시요리가 전례대로 조선 측에 제공되었다. 다만 요리의 구체적 내용은 기록이 상세하지 않아 알 수 없다.

마지막 개시가 12월 26일에 있었다. 이것을 왜관의 일본인들은 시마이이치[仕廻市]라고 불렀다. 이날 예물[音信] 교환이 있었다. 선례대로 별이대관(別二代官)이 조선 측 관계자를 접대하였다. 다만 조선 측 수행원[從者]에게는 예전처럼 일대관이 접대를 하였다고 기록되어 있다.

요컨대 1864년 개시요리(開市料理)에 대한 기록을 보면, 왜관의 담당자들이 초시(初市)를 제외한 나머지 개시에 대해서는 대부분 "전례대로 접대하였다"고만 적었을 뿐, 요리의 내용에 대해서는 구체적으로 적지 않았다. 앞에서 소개하였듯이 1705년에는 개시요리에 대한 기록이 좀 더 상세하여 어떤 재료가 쓰였으며, 어떤 그릇에 담아 어떤 음식이 제공되었는지를 알 수 있었다. 그런데 1864년에는 개시요리의 차림표 등에 대한 상세한 기록은 생략되어 있다. 어떤 때는 개시 또는 별시가 있었다고만 되어 있을 뿐, 그날 개시요리 접대가 있었다는 직접적인 언급이 없는 경우조차 발견된다.

---

67) 覺

聖希 李把揔 都中 新參 出入之事

甲子十月 亨哉 朴書房 印

內僚中

物貨所 僉公

《(一代官) 每日記》 文久 4년(1864) 10월 22일.

물론 그렇다고 하여 왜관 측이 개시에 참여한 조선의 역관과 상인 등에게 그날 전혀 개시요리를 내놓지 않았다고 보기는 어렵다. 이는 기록의 미비(未備)를 의미할 뿐이다.

3. 왜관 개시요리의 특징

1) 개시요리의 구성과 체계

첫째, 개시요리는 1즙 3채, 즉 밥 외에 국 1가지와 반찬 3가지가 기본이었다. 그런데 해마다 첫 번째로 열리는 초시(初市) 때는 좀 더 가짓수를 늘려서 국 2가지와 반찬 5가지(2즙 5채)가 제공되었다. 또 개시요리는 일대관(一代官) 쪽에서 준비하는 것이 보통이었다. 다만 연중 두 번째와 맨 마지막 개시 때는 사무역(私貿易) 책임자인 별일대관(別一代官)이 개시요리 접대를 맡았다. 그 경우에도 수문 시봉행(守門市奉行) 등에게는 종래 대로 일대관이 도시락을 제공해 주는 것이 관례였다.

그런데 1729년에 예외적인 일이 있었다. 동년 윤9월 22일—조선력은 9월 22일—에 있었던 별시(別市) 때는 두 번째나 마지막 개시가 아니었는데도, "별일대관이 요리를 대접한다고 하여, 일대관(一代官) 쪽에서는 내놓지 않았다."고 한다.[68] 이러한 일이 자주 있었던 것은 아니었으며, 사무역[開市]이 열릴 때 제공할 개시요리 준비가 공무역(公貿易)을 포함한 왜관의 무역 최고 책임자 중 한 사람이었던 일대관(一代官)의 중요한 임무 중 하나였음이 《(일대관) 매일기》를 통해서 확인되었다.

둘째, 통신사행은 한번 사행이 이루어질 때 일본 체류 기간이 길었을 뿐이지 사행이 연중행사처럼 자주 있었던 것이 아니었다. 그렇기 때문에 통

68) 《(一代官) 每日記》 享保 14년(1729) 윤9월 22일. 국사편찬위원회 대마도종가문서 DK 5132.

신사 향응요리를 자주 맛볼 기회는 매우 드물었다. 이와 달리 개시요리는 규정대로라면 한 달에 여섯 차례씩 반복적으로 제공되는 것이 원칙이었다. 그래서 통신사 향응요리와 달리 개시요리가 왜관 거주 일본인의 일상적인 음식문화를 반영한다는 점에서 근본적인 차이가 있다. 즉 통신사 향응요리는 1811년 이후 통신사행 중단으로 더 이상 지속되지 못하였다. 이와 달리 개시요리는 1872년 9월 이후 대마도의 세견선(歲遣船) 파견이 폐지될 때까지 오랜 기간 명맥을 유지했다는 점에서 통신사 향응요리와 다른 역사적 의미를 지닌다.

셋째, 개시 때 제공된 일본 요리는 1즙 3채(초시는 2즙 5채)였기 때문에, 그것을 통신사 일행에게 접대한 향응요리와 비교한다면 비교가 안 될 정도로 약소하다. 뿐만 아니라 개시요리는 기록 자체도 자세하지 않다. (일대관) 매일기에도 재료의 명칭만 적혀 있을 뿐, 재료의 분량과 조리법 등에 대해서는 아무런 언급이 없다. 그렇지만 왜관의 일상 식생활에 견주어서 생각해 보면 개시요리의 수준이 결코 낮은 것은 아니었다고 판단된다. 왜냐하면 보통 왜관에 사는 일본사람들은 비록 연회(宴會) 요리 곧 '후루마이노 젠부'[振舞の膳部]라고 하더라도, 일본인끼리 연회를 할 때는 '1즙 3채'를 넘지 못하도록 규정이 되어 있었기 때문이다.[69] 더구나 왜관 측은 초시 때는 신년하례의 뜻을 담아서인지, 조선인들에게 정통 일본요리, 곧 '혼젠요리'[本膳料理]를 제공한 것으로 보인다.

2) 개시요리의 신분적·계절적 차이

왜관 측이 조선인에게 제공한 개시요리는 그 대상이 누구냐에 따라 차이가 있었다. 그 시점이 언제였느냐에 따라서도 차이가 있었음은 물론이다.

---

69) 다시로 가즈이 지음, 정성일 옮김, 《왜관》, 논형, 2005, 209쪽.

첫째, 왜관 측이 역관과 도중(都中)에게 내놓은 개시요리는 밥 외에 국 1가지와 반찬 3가지였다(1즙 3채). 다만 초시(初市) 때는 가짓수가 늘었다(2즙 5채). 그리고 그들의 수행원에게는 국 1가지에 반찬 1가지가 기본이었다(1즙 1채). 가짓수뿐만 아니라 그 내용면에서도 신분적 차이가 드러났음은 물론이다.

예를 들어 1705년의 경우를 보면 도미 회는 조선 역관과 상인[都中]에게는 나왔지만, 그들의 수행원[従者]에게는 그것이 제공되지 않았다. 그 반면 무말랭이는 수행원에게 준 요리에만 식재료로 쓰였을 뿐, 역관과 상인에게 제공한 개시요리에는 그것이 쓰이지 않았다.

둘째, 개시요리에는 다양한 식재료가 사용되었다. 1705년의 경우 약 40가지가 넘는 산채, 야채, 해조류와 50여 종을 웃도는 어류, 육류, 알류 등이 개시요리 차림표에 들어 있었다. 그런데 계절마다 쓰이는 재료가 달라지는 경우도 있었다. 예를 들어 굴은 7, 8, 9월에는 식단에 오르지 않았다. 〈표 1-1〉의 청어(1705.1.23)나 〈표 1-2〉의 명태(1864.1.28)는 한류성(寒流性) 어종이라서 그런지,[70] 겨울철 개시요리의 식재료로 쓰였다. 물론 무처럼 계절에 상관없이 연중 고르게 사용되는 재료도 있었다.

셋째, 1705년의 경우를 살펴보면 요리 방법으로는 고정 메뉴인 밥과 국

70) 한류성 어류인 청어(青魚), 대구(大口), 명태(明太)가 조선시대를 대표하는 한국의 물고기였다(김문기, 〈청어, 대구, 명태 : 소빙기(Little Ice Age)와 한류성어류의 박물학〉, 2013년 제4회 전국해양문화학자대회 자료집 1, 목포대학교 도서문화연구원, (사)여수지역사회연구소, 국립해양문화재연구소, (사)장보고기념사업회, 2013, 373쪽 ; 김문기, 〈온난화와 청어—천·해·인의 관점에서〉, 역사와 경계 90, 부산경남사학회, 2014, 191-192쪽 ; 김문기, 〈소빙기의 盛饌 : 근세 동아시아의 청어어업〉, 역사와 경계 96, 부산경남사학회, 2015, 466-468쪽, 474쪽). 명태와 청어가 1705년과 1864년 1월 개시요리 식재료에 포함되어 있었음이 주목된다. 이것이 왜관의 일본인들도 조선인들처럼 이 무렵 명태를 즐겨 먹었음을 의미하는 것인지, 아니면 왜관의 일본인들이 조선인의 입맛을 특별히 배려하여 이러한 식재료를 썼던 것인지 궁금하지만, 《(一代官) 毎日記》에는 이에 관한 언급이 없다.

이외에, 반찬으로는 조림이 가장 많았다. 그 다음이 무침이었으며 생선회도 가끔씩 제공되었다. 왜관 측이 김치[기미스이]를 내놓는 일도 드물게나마 있었다. 조선 역관과 상인[都中]에게는 조림 외에도 무침이나 회가 제공되기도 하였다. 그런데 그들의 종자[수행원]에게는 조림이 도시락 형태로 제공되어서인지, 왜관 측이 무침이나 회는 내놓지 않고 대부분 조림과 식초를 끼얹은 것이 거의 대부분이었다.

3) 개시요리에 대한 조선인의 반응

1705년과 1864년의 사례만 가지고 왜관 개시요리의 특징을 일반화 하기는 어렵다. 그렇기는 하지만 왜관 측이 제공한 일본 요리에 대하여 조선인들은 어떠한 반응을 보였을까?

왜관에 드나들던 조선인들이 일본 국수 즉 소면(素麵)을 높이 평가한 것으로 판단된다. "개시요리 목록에도 들지 않았던 일본 소면을 오히려 조선인이 꽤 좋아하였다"고 하는 점이다. 《(일대관) 대일기》(1729년)에서 조선 측 관계자에게 소면이 일곱 차례에 걸쳐 제공된 사례가 확인된다.[71] 왜관

---

71) 1729년 개시 때 소면이 제공된 사례는 다음과 같다.

㉠ 6월 24일, 훈도와 별차가[訓別]에게 소면(素麵)과 맑은장국[吸物], 술을 내놓았으며, 이윽고 훈도와 별차가 되돌아갔음.

㉡ 7월 5일, 양역(兩譯, 훈도와 별차)에게 소면(素麵)과 맑은장국[吸物], 사라모리[皿盛], 술[淸酒], 과자 등을 내놓음.

㉢ 7월 13일, 개시(開示)가 들어와서 전례대로 요리를 준비해 두었는데, (조선의) 상역(商譯)들이 날씨가 더워서 차가운 소면(素麵)을 (원하였기에) 내놓았으며, 맑은장국[吸物]과 조린 안주[煮肴]와 술을 내놓았음.

㉣ 8월 7일, 훈도(訓導)와 판사(判事)에게 소면(素麵)과 맑은장국[吸物], 사라모리[皿盛]와 술을 내놓았음.

㉤ 윤9월 11일—조선은 9월 11일, 別市가 들어 왔는데, 상역들이[商譯中] 소면(素麵)을 희망하였기에[商譯中より素麵相望候付], 따뜻한 국물에 만 사라모리[皿盛], 조린 안주[煮肴]와 술을 내놓았음.

측이 개시 때 정식 일본 요리를 조선의 상인들에게 대접하려 했는데도, 더울 때는 차갑게 한 소면을, 그리고 추울 때는 따뜻한 국물에 만 소면을 조선인들이 먼저 요구를 해서 내 놓았던 적도 있었다고 한다. 그리고 왜관의 대관들이 조선의 훈도와 별차에게 소면과 가쓰오부시[다랑어를 쪼개서 잘 말린 것을 견절(鰹節)로 적었음]를 선물하고 있는 것에서 알 수 있듯이, 이들 품목이 조선인에게 인기가 있었음이 분명하다.[72] 특히 가쓰오부시는 일본에서 조선 국왕의 즉위를 축하하기 위해 건너오는 사절[陳賀差倭, 陳賀使]이 조선 정부[禮曹參議] 앞으로 가지고 온 예물 속에 들어갈 정도로 귀한 대접을 받은 물품이었다.[73]

지금까지 분석한 것을 요약하여 정리하면 다음과 같다. 첫째, 대마도 번청(藩廳)은 1705년부터 왜관에서 벌어지는 각종 교섭과 관련하여 기록 작성을 철저히 하도록 의무화 하였다. 그런 가운데 왜관 개시요리(開市料理)에 관한 기록도 1705년부터 작성되기 시작하였다. 그것이 그 뒤 1872년 9

ⓑ 윤9월 28일—조선은 9월 28일, 훈도(訓導)가 오늘 대구(大丘)로 올라갔으며, 특별히 훈도가 재임을[再役] 하게 되었기에 축의(祝儀)로서 대관들이(代官中) 가쓰오부시[鰹節] 3묶음(連)과 소면(素麵) 20근을 보냈음.

ⓢ 10월 24일, 점심때가 지나서 별시(別市)가 들어왔는데, 갑가지 요리를 준비하기 어려워서 따뜻한 국물에 만 소면[湯素麵]과 맑은장국[吸物], 사라모리[皿盛], 조린 안주[煮肴], 술을 내놓았음.

《朝鮮御代官記錄》享保 14년(1729) 국사편찬위원회 대마도종가문서 DK 5131.

72) 무역 책임자인 代官은 아니지만 외교 목적으로 일본에서 건너온 사신이 훈도와 별차에게 일본 소면과 간장, 가쓰오부시 등을 선물한 예도 있었다. 예를 들면 1705년 7월 5일 재판(裁判) 佐治宇右衛門이 "여름철 선물로 훈도와 별차의 부인에게 각각 소면(10근씩)과 일본 간장(3되 들이 1통씩), 그리고 가쓰오부시(1연씩)를 주었다."(爲暑氣見廻訓別妻方へ遣候品左記之

素麪十斤宛 醬油參升手樽壹ツヽ 鰹節壹連ツヽ)는 기록이 있다. 《裁判記錄》1 寶永 2년(1705), 일본 국립국회도서관 소장, 《裁判記錄》[1], WA1-6-14.

73) 김성준 외, 《자연주의 산후조리》, 시공사, 2015, 195쪽.

월 이후 세견선(歲遣船) 파견이 중지되기 전까지 이어졌다.

둘째, 개시요리는 그것을 제공받는 대상에 따라서 그 종류와 내용이 달랐다. 조선 역관과 상인[都中]에게는 밥 외에 국 한 가지와 반찬 세 가지가 제공되는 이른바 1즙 3채가 원칙이었다(단 初市는 2즙 5채). 그런데 그들을 수행한 종자(從者)에게는 1즙 1채가 기본이었다. 두 번째와 마지막 개시 때는 별일대관(別一代官)이 접대를 하는 것이 관례였는데, 그 때도 조선 역관들을 수행한 사람들에게는 일대관(一代官)이 접대를 맡았다. 초시를 비롯하여 그 나머지 개시 때 일대관이 요리를 제공하였음은 물론이다.

셋째, 개시요리는 철따라 요리에 쓰이는 재료가 달랐다. 7~9월에 조개를 식탁에 올리지 않은 것이 그 한 예이다. 청어와 명태는 한류성 어종이어서 그런지 겨울철 개시요리의 식재료로 쓰였다. 그런데 무처럼 계절에 관계없이 연중 고르게 사용되는 재료도 있었다. 전복도 개시요리에 자주 사용된 재료 가운데 하나였다.

넷째, 개시요리의 조리법을 보면 고정 메뉴인 밥과 국 이외에, 반찬으로는 조림으로 제공되는 것이 가장 많았다. 그 다음은 무침이었으며 가끔씩 생선회가 나왔다. 왜관 측이 김치[기미스이]를 내놓는 일도 드물게 있었다. 생선살을 가공하여 만든 어묵은 만드는 방법에 따라 가마 보코[蒲鉾][74]와 쓰미이레[摘入][75] 이렇게 두 가지가 있었다. 이 가운데 가마보코는 조림과 국 등에 다양하게 쓰였으며, 쓰미이레는 주로 국에 넣어서 요리를 만들었다.

다섯째, 왜관의 개시요리는 통신사 일행에게 제공된 향응요리와 비교가 안 될 정도로 요리의 종류와 내용이 간단하였다. 그 까닭은 요리가 갖는 의

---

74) 가마보코[蒲鉾]란 날 생선의 살에 소금을 넣고 갈아서 설탕 등 조미료로 맛을 낸 뒤 모양을 다듬어 찌거나 굽거나 튀겨 만든 것을 가리킨다.

75) 쓰미이레[摘入]란 생선을 다져 밀가루 반죽과 함께 동그랗게 뭉쳐서 삶아낸 것을 말한다.

미가 외교와 무역 현장에서 서로 달랐기 때문일 것이다. 즉 통신사 향응요리가 상대국 사신 일행에게 보여주기 위한 이벤트 성격이 강하였다고 한다면, 개시요리는 왜관 거주 일본인의 일상적인 식생활 문화를 거의 그대로 반영하는 것이었다는 점에서 근본적인 차이가 있었다고 말할 수 있다.

이 글에서 해결하지 못한 과제도 없지 않다. 개시요리의 식재료 공급 문제에 대해서는 다루지 못했다. 왜관을 통해서 조선에서 조달받은 경우와 바다 건너 대마도에서 가져온 경우가 있었을 것으로 추정할 뿐이다. 왜관의 향응요리와 개시요리의 비교도 필요하다. 서로 시기를 달리한 개시요리의 사례 분석도 축적해 나가야 한다. 그 결과를 조선시대 한일교류사 속에서 자리매김을 하는 것도 향후 연구 과제 중 하나라고 생각한다.

제2장 무역 상인과 역관

제1절 동래상인의 무역 활동

Ⅰ. 왜관 출입 도중(都中)의 교역품 조달

1. 조선 도중(都中)의 왜관 개시(開市) 참여

왜관에서 작성된《(일대관) 매일기》를 보면 무역 실적까지 기록되어 있는 도중(都中)이 있는가 하면, 왜관 출입 사실만 기재된 경우도 있다. 그렇다면 왜관의 개시(開市)에는 어떤 사람들이 몇 명이나 참여하였을까? 1833년 사례를 살펴보면 〈사료 2-1〉과 같다.

〈사료 2-1〉

개시(開市)가 들어옴. 초시(初市)라서 양역(兩譯)과 도중(都中) 16명에게 대청(大廳)에서 선례대로 2즙 7채 요리를 내놓았음.

수문 시봉행(守門市奉行)에게 도시락과 술과 차를 마련하여 보냈음. 밤에 대청에서 임관과 도중에게 역인들이 함께 나가서 잔을 기울였음. 시마다이[嶋臺, 꽃 장식대], 스이모노[吸物, 맑은 장국], 안주 등을 전례대로 내놓음. 차림표는 선례와 같으므로 이를 생략함.[76]

---

76) 開市入來 初市に付兩訳都中拾六人へ於太廳先格之通二汁七菜之料理出之 守門市奉行へ重酒茶取繕送之 夜於太廳任官都中へ役中一統罷出盃事いたす 嶋臺吸物鉢肴等先規之通出之 獻立先格之手數故略之.《(一代官) 每日記》天保 4년(1833) 1월 13일(국사편찬위원회 對馬島宗家文書 DK 1344)

1833년 1월 13일 왜관에서 새해 첫 번째로 개시가 있었다. 이날은 초시(初市)라서 접대 의례(儀禮)도 다른 때보다는 특별했다. 그날 《일대관》 매일기에는 "양역(훈도, 별차)과 도중(都中)을 합쳐서 16명에게 개시대청[開市大廳 ; 太廳]에서 선례대로 2즙 7채의 일본 요리를 대접했다"고 적혀 있다(1705년과 1864년 초시 때는 2즙 5채). 인원수가 "양역과 도중을 합해서 16명"이라고 구체적으로 제시되어 있는 점이 눈에 띈다. "밤이 되자 (개시)대청에서 임관(훈도, 별차—인용자주)과 도중에게 (왜관의) 역인들이 함께 가서 잔을 기울였다"고 적은 것을 보면, 밤늦게까지 왜관에서 무역과 관련한 접대가 있었던 것으로 짐작된다. 그런데 위의 16명 중에서 도중을 제외한 나머지 인원이 얼마나 되는지, 그들이 누구였는지에 대해서는 이 자료만 가지고는 알기 어렵다.

왜관의 개시에 참여한 조선 도중(都中)의 숫자가 매번 동일한 것은 아니었다. 1864년의 경우에도 그 인원이 적을 때는 고작 2명(2/28, 仲直, 子伍)에 그쳤다. 6명(5/25, 10/22), 7명(1/28, 3/13), 8명(9/28, 11/25, 12/21)일 때도 있었다. 가장 많을 때는 9명이었다. 이와 관련하여 1863년 10월 2일 기록에 주목되는 부분이 있다. "개시[市]가 들어왔는데 도중 9명 중에서 오늘은 7명이 들어왔다"고 했다.77) 이를 바탕으로 당시 도중의 정원 9명 중 2명이 불참하고 7명이 그날 개시에 참여했다고 볼 수 있다. 또 1865년에는 초시(初市)가 1월 23일에 열렸는데, 이날 왜관에 들어간 도중은 9명이었다.78) 그보다 30년 전인 1832년 7월 8일 개시에도 9명의 도중이 참여하였다고 한다.79) 이로써 19세기 왜관 출입 도중의 정원을 9명으로 볼 수 있지 않을까

77) 市入來 都中九人之內今日七人入來. 《(一代官) 每日記》 文久 3년(1863) 10월 2일(일본 長崎縣立對馬博物館 宗家文庫 日記類 Dc 12)

78) 《(一代官) 每日記》 元治 2년(1865) 1월 23일(일본 長崎縣立對馬博物館 宗家文庫 日記類 Dc 17)

79) 《(一代官) 每日記》 天保 3년(1832) 7월 8일(국사편찬위원회 對馬島宗家文書 DK 1341)

생각한다.

2. 조선 도중(都中)의 교역품 조달

조선 도중(都中)의 교역품 조달 실적을 정리한 무역장부(貿易帳簿)[80]에 대한 분석은 다시로 가즈이[田代和生]가 가장 먼저 시도하였다.[81] 이를 통해 대마도 측이 조선과 무역을 하여 획득한 이윤이 밝혀졌다. 그런데 필자는 이와 다른 자료인 (일대관) 매일기에 근거하여 도중의 개인별 무역 실적을 연도별로 제시한 적이 있었다. 이 자료는 왜관의 무역 담당자가 날마다 작성한 이른바 1차 사료이기 때문에 무역의 실상을 밝히기에 유용하다.

1) 월별 수출입 규모(1833년, 1846년)

〈표 2-1〉 월별 수출입 규모(1833년)

월	私貿易(開市)					公貿易(公貿)	
	조선 → 일본				조선 ← 일본	조선 → 일본	
	牛皮(枚)	牛角爪(蓋)	黃芩(俵)	煎海鼠(掛)	丁銅(斤)	公作米(俵)	公木(束)
1	2,480		120		10,000		
2	500						
3	2,100					1,500	
4	1,530				5,000	2,300	130
5						1,000	150
6						1,000	100
7	4,140					500	50
8	1,000			100		300	50

80) 《當時公貿易幷朝鮮御商賣御利潤銀凡考之積帳》(1844~45년), 일본 국립국회도서관 宗家記錄 24, WA 1-6-40.

81) 田代和生, 〈幕末期日朝私貿易と倭館貿易商人—輸入四品目の取引を中心に—〉, 《德川社會からの展望—發展·構造·國際關係—》(速水融 編, 同文館出版), 1989, 299-323쪽.

월	私貿易(開市)					公貿易(公貿)	
	조선 → 일본				조선 ← 일본	조선 → 일본	
	牛皮(枚)	牛角爪(蓋)	黃芩(俵)	煎海鼠(掛)	丁銅(斤)	公作米(俵)	公木(束)
9						500	50
10						100	50
11						1,700	50
12		38	101				
계	11,750	38	221	100	15,000	8,900	630

자료 :《(一代官) 每日記》(국사편찬위원회 대마도종가문서 DK 1344, 1347)

1833년 한 해 동안 일본 대마도 상인들이 왜관을 통해 조선에서 조달해 갔던 교역품과 그 수량은 〈표 2-1〉과 같다. 먼저 이 표의 왼쪽에는 사무역 즉 개시를 통해서 거래된 교역품을, 오른쪽에는 조선 정부가 공무역에서 왜관에 지급한 물품을 적어 놓았다.

일본이 공무역에서 조선에 가져온 교역품은 물소뿔[水牛角, 黑角]을 비롯한 동남아시아 특산품과 구리[荒銅, 延銅] 등 일본 국내산 무역품으로 구성되어 있었다. 그런데 물소뿔의 공급이 원활하지 못하여 그것을 구리로 대납(代納)하는 일이 일찍부터 일어나고 있었다. 일본의 공무역 수출품(조선의 수입품)에 대하여 조선 정부는 정해진 값에 따라 그 대가를 결제해 주었다. 그 결제수단 가운데 대표적인 것이 면포[公木]와 쌀[公作米] 등이었다.[82] 그래서인지 《(일대관) 매일기》에는 쌀과 면포가 왜관으로 들어갈 때마다 그 수량이 적혀 있다. 1833년 왜관에 지급된 쌀이 8,900섬[俵], 면포가 630동(31,500필)이었다. 이것은 1841년의 쌀 7,690섬과 면포 627동보다도 더 많은 수량이었다.[83]

82) 정성일, 〈19세기 대일공무역 결제수단의 변경과 금납화—1841년의 사례를 중심으로—〉, 《한일관계사연구》 45, 한일관계사학회, 2013.
83) 위의 논문, 255쪽, 264쪽.

공무역에서는 본디 인삼[禮單蔘, 單蔘]도 지급되었다. 그런데 현물 조달이 어려워지자 그것도 다른 결제수단으로 대납되고 있어서인지, 이때의 기록에는 공무역 인삼 지급량이 남아 있지 않다. 이 밖에도 《(일대관) 매일기》에는 조선 정부가 공무역에서 지급한 답례품(回賜品)이 다양하게 열거되어 있다. 여기에서는 도중(都中)을 중심으로 살펴보기 위해서 사무역(私貿易) 교역품에 한정하여 소개하고자 한다.

사무역[開市]에서는 조선의 소가죽[牛皮]과 소뿔·발톱[牛角爪], 한약재인 황금(黃芩), 말린 해삼[煎海鼠] 등 4가지 품목과 일본의 구리가 교환되고 있었다. 왜관 측은 이 물품을 조달하기 위하여, 미리 구리[銅]를 조선 상인에게 지급하였다[仕入]. 즉 〈표 2-1〉에서 보는 것처럼, 1833년 한 해 동안 우피 11,750매와 우각조 38개(蓋), 황금 221가마니, 전해서 100꾸러미(掛)가 왜관으로 반입되었다. 이에 대한 대가 형태로 일본의 구리 15,000근이 왜관에서 반출되어 조선 국내시장으로 흘러 들어왔다고 말할 수 있다.

〈표 2-2〉는 1846년 주요 무역품의 월별 거래 내역을 보여주는 것이다. 먼저 공무역의 경우 쌀[公作米]이 10,135섬, 면포[公木]가 614동(속)이었다. 1833년(公作米 8,900섬, 公木 630동)과 비교할 때, 쌀은 1846년에 1,235섬이 더 늘었고 공목은 16동(800필)이 더 줄었다. 그런가 하면 1833년에는 조선의 동전(常平通寶)인 대전(大錢)으로 결제해 준 것이 없었는데, 1846년에는 대전 지급량이 1,318관(13,180냥)이었다. 그리고 공무역을 통해서 조선에 들어온 일본 구리가 1833년에는 없었는데, 1846년에는 30,900근이나 되었다(荒銅 27,900근, 延銅 3,000근).

사무역[開市]은 1833년과 마찬가지로 1846년에도 조선의 우피 등 4가지 품목과 일본의 구리가 교환되는 형식으로 이루어졌다. 다만 1846년에는 조선의 우피 등을 사들이기 위해 왜관 측이 조선의 도중(都中)에게 조선 동전[大錢] 107관(1,070냥)을 지급했는데, 이 동전은 공무역에서 왜관 측이 현물 대신에 받아간 것이었음은 더 말할 나위가 없다.

〈표 2-2〉 월별 수출입 규모(1846년)

월	私貿易(開市)							公貿易(公貿)				
	조선 → 일본				조선 ← 일본			조선 → 일본			조선 ← 일본	
	牛皮(枚)	牛角爪(俵)	黃芩(俵)	煎海鼠(掛)	丁銅(斤)	荒銅(斤)	大錢(貫)	公作米(俵)	公木(束)	大錢(貫)	荒銅(斤)	延銅(斤)
1										90		
2	3,170				14,900		48		17			
3	900				3,500		59			50		
4	1,410	17		126.5	9,200	3,100		300	150	140		
5	2,870	28			23,500			1,400	130		26,900	3,000
윤5	2,300	37			26,100			1,500	90			
6	1,510			111.5	16,900			750	117	60		
7	770				3,300			250		230		
8	640				15,100			500	50		1,000	
9	1,262	83	36		6,800			800	40			
10	53				5,500			302		3		
11	3,191	7			3,000			1,800				
12	2,664	14		5	4,450	3,333		2,533	20	745		
계	20,740	186	36	243	132,250	6,433	107	10,135	614	1,318	27,900	3,000

자료 :《(一代官) 每日記》(국사편찬위원회 대마도종가문서 DK 1401, 1402, 1403)

〈표 2-2〉에서 알 수 있듯이 1846년 한 해 동안 왜관에 반입된 조선의 수출품이 우피 20,740매, 우각조 186가마니(俵), 황금 36가마니, 전해서 243꾸러미였다. 이 물품을 사들이기 위해 일본이 그해에 왜관 밖으로 반출한 구리는 모두 138,683근이었다(丁銅 132,250근, 荒銅 6,433근). 이것은 "막부가 대마번(對馬藩)에 대하여 허가한 이른바 수출동(輸出銅) 10만근을 초과"한 것이었음에 주목할 필요가 있다.84)

84) 다시로 가즈이[田代和生]에 따르면 "막부가 (對馬藩에) 허가한 輸出銅은 대체로 10만 근이었는데, 그것조차도 채우지 못한 경우가 많았다"고 한다(田代和生,《近世日朝通交貿易史の研究》, 일본 創文社, 1981, 360쪽 ; 田代和生,《日朝交易と對馬藩》, 일본 創文社, 2007, 229-230쪽). 그런데 이 자료에서 보듯이 1846년의 경우처럼 13만 8천 근이 넘는 일본 구리가 왜관에서 반출되어 조선 국내시장으로 유통되었을 때도 있었

2) 도중별(都中別) 수출입 규모(1833년, 1846년)

1833년에 거래된 무역품을 동래상인 즉 조선 도중(都中)을 중심으로 다시 작성한 것이 〈표 2-3〉이다. 이것을 보면 다섯 명의 도중에 의해서 왜관을 통과한 교역품의 종류와 수량을 알 수 있다. 그런데 우피의 경우 왜관 입송량이 도중별로 구분되어 기재가 되어 있는 것은 1,000매뿐이다. 다시 말해서 우피 교역량이 적혀 있기는 하지만 그것이 도중별로 구분되어 있지 않은 경우가 더 많았다. 1833년 한 해 동안 (일대관) 매일기에 기록이 남아 있는 우피 수출량을 모두 더하면 11,750매가 되는데, 이것이 그해 조선의 우피 수출량인 셈이다. 우각조(38蓋)와 전해서(100蓋)의 경우는 왜관에 입송된 사실은 기록되어 있지만, 그것이 도중별로 구분되어 있지는 않았다. 일본의 수출품인 구리의 경우도 1833년 한 해 동안 15,000근이 왜관 밖으로 빠져 나왔지만, 그것을 도중별로 구분하여 수량을 적어 놓은 것은 10,000근에 지나지 않았다.

〈표 2-3〉 도중별(都中別) 수출입 규모(1833년)

연번	都中(字)	조선 → 일본								조선 ← 일본	
		牛皮		牛角爪		黃芩		煎海鼠		丁銅	
		枚	%	蓋	%	俵	%	蓋	%	斤	%
1	乃維 子建					120	54.3			2,500	16.7
2	遠之 聖愚	200	1.7							2,500	16.7
3	五元	800	6.8							5,000	33.3
소계		1,000	8.5			120	54.3			10,000	66.7
합계		11,750	100	38	100	221	100	100	100	15,000	100

주 : 합계는 필자가 계산한 연간 수출액임.
자료 : 《(一代官) 每日記》(국사편찬위원회 대마도종가문서 DK 1344, 1347)

음이 확인된다.

〈표 2-4〉 도중별(都中別) 수출입 규모(1846년)

연번	都中(字)	조선 → 일본										조선 ← 일본					
		牛皮		牛角爪		牛角爪		黃芩		煎海鼠		丁銅		荒銅		大錢	
		枚	%	斤	%	俵	%	俵	%	掛	%	斤	%	斤	%	貫	%
1	子範	4,887	23.6			25	13.4	36		238	97.9	23,600	42.0	3,233	50.3		
2	乃維 子範											1,200	2.1				
3	子範 宜汝					83	44.6										
4	汝心	1,750	8.4	3	100	45	24.2					4,500	8.0	800	12.4	48	44.9
5	永緝	4,372	21.1			22	11.8					1,200	2.1	1,100	17.1	59	55.1
6	五元	2,800	13.5									7,700	13.7	500	7.7		
7	宜汝	2,081	10.0			11	5.9			5	2.1	7,800	13.9	800	12.4		
8	仲謙	2,070	10.0									5,000	8.9				
9	汝行	2,780	13.4									5,150	9.2				
소계		20,740	100	3	100	186	99.9	36	100	243	100	56,150	99.9	6,433	99.9	107	100
합계		20,740		3		186		36		243		132,250		34,333		107	

주 : 합계는 필자가 계산한 연간 수출액임. 단 대전(大錢)의 匁 이하는 생략함.
자료 : 《(一代官) 每日記》(국사편찬위원회 대마도종가문서 DK 1401, 1402, 1403)

〈표 2-4〉는 1846년 한 해 동안 왜관을 출입한 조선의 도중(都中) 9명에 대하여 각각의 수출입품 규모를 정리한 것이다. 가장 먼저 눈에 띄는 사람은 자범(子範)이다. 그는 단독으로도 왜관 개시에 참여했지만, 구리의 경우 내유(乃維)와 함께 그리고 우각조의 경우에는 의여(宜汝)와 함께 거래량이 적혀 있다. 이것은 자범이 단독으로 활약한 것 외에도 그가 어떤 형태로든지 내유나 의여와 무역 활동을 함께 했음을 보여주는 증거라고 생각한다.

자범(子範)이 올린 무역 실적은 단연 돋보인다. 1846년 우피 거래량 20,740매 중에서 그가 전체의 23.6%에 해당하는 4,887매를 차지하였다. 전해서의 경우는 전체의 97.9%를 자범이 조달한 셈이다. 일본 구리의 수입량도 자범이 가장 많았다. 9명의 도중에게 왜관 측이 나누어 주었다고 기록된 구리가 56,150근이었는데 그 중 42%인 23,600근이 자범에게 할당된 것이었다. 왜관 측도 자범의 무역 활동에 주목하지 않을 수 없었을 것으로 짐작된다. 다만 자범이 어떤 이유에서 다른 도중보다 탁월한 실적을 기록하였는지는 이를 밝힐 수 있는 자료가 없어서 알기 어렵다. 뒤에서 다시 언급하겠지만, 자범의 이러한 무역 활동이 그의 아버지 윤중(允中) 때부터 확보한 인적 물적 연계망을 활용하였기 때문으로 생각해 볼 수는 있으나, 그것도 어디까지나 추정에 지나지 않을 뿐이다.

3) 조선 도중(都中)의 교역품 왜관 반입 경로(1833년, 1846년)

공무역에서 훈도(訓導)가 가장 중요한 역할을 하였다고 말한다면, 사무역[開市]에서는 도중(都中)의 역할이 그 무엇보다도 컸다. 그렇다면 조선의 도중들은 무역품을 '어떻게' 조달하였을까? 이에 관한 자세한 기록은 찾아보기 어렵다. 왜관 기록에서는 개시 때 들어온 교역품의 종류와 수량에 대해서만 적었을 뿐, 그것이 언제 어디에서 누구에 의해 어떻게 조달되어 그곳으로 들어간 것인지 그 과정에 대해서는 기재하지 않았다. 그것은 아마도 왜관의 일본인들도 조선의 국내 유통망까지 파악하기가 쉽지 않았기 때문일 것이다. 그래서인지 왜관 기록을 분석한 기존 연구에서도 도중의 무역품 조달 경로에 대해서는 구체적으로 밝히지 못했다.

가. 조선 도중(都中)의 수출품 조달 경로(1836~41년)

소가죽[牛皮]과 소뿔·발톱[牛角爪], 한약재인 황금(黃芩)과 말린 해삼[煎海鼠], 이렇게 4가지 품목이 이 무렵 대일 사무역[開市]을 이끌어 갔던 조선의 대표 상품이었다. 이 상품을 조선 국내시장에서 조달하는 역할은 도중(都中)이 맡았다. 그런데 《(일대관) 매일기》의 기록은 내유(乃維, 崔周翰)나 오원(五元, 朴昌壽)처럼 개인이 대표로 되어 있는 도중이 대부분을 차지하고 있지만, 총도중(惣都中)이라 하여 이들과 별도로 기술되어 있는 경우가 가끔 있다. 아래에 한 가지 사례를 소개하면 다음과 같다.

〈사료 2-2〉

도중 오원, 내유, 자범, 내운의 네 개 창구와 총도중 1개 창구를 더하여 모두 5개 창구에서 한 해를 보내면서 짧은 서신과 함께 선물을 했음. 그 밖의 나머지 도중은 세모 선물이 없음.[85)]

1836년 12월 28일 기록에 보이는 짤막한 표현 속에서 몇 가지 사실을 확인할 수 있다. 먼저 네 명의 도중이(오원, 내유, 자범, 내운) 등장한다. 그런데 그것과 별도로 총도중의 존재가 확인된다. 총도중에 대해서는 아직까지 분명하게 알려진 바가 거의 없는 실정이다. 이 네 명의 도중 가운데 오원은 박창수(朴昌壽), 내유는 최주한(崔周翰)으로 이미 밝혀졌다.[86)] 필자는 내운(乃運)을 송광락(宋光洛)으로 보았다.[87)] 자범은 아직 실명(實名)을 찾지 못하고 있다. 또 인용문의 맨 마지막에 언급되어 있는 것처럼 이들과 별도로 세모 선물을 일대관에게 보내지 않은 나머지 도중들의 존재를 간과해서는 안 된다고 생각한다.

〈표 2-5〉는 《(일대관) 매일기》에서 조선 도중(都中)의 수출품 조달 활동을 보여주는 기록을 정리한 것이다. 먼저 확실하게 지역을 알 수 있는 것이 몇 건 있는데, 전라도 전주(全州)와 영광(靈光) 법성포(法聖浦), 경상도 대구(大丘), 영해(寧海) 축산포(丑山浦), 부산[釜山], 그리고 서울[都表]이 그것이다. 거래 품목으로는 우피 등 4가지 품목과 조선의 동전인 대전(大錢)이 등장한다.[88)] 여기에 소개된 지역과 상품이 조선 도중의 활동을 증명해 주는

85) 都中五元乃維子範乃運四口と惣都中壹口都合五口歲暮遣單翰を以來ル 其餘之都中歲暮遣無之. 《(一代官) 每日記》 天保 7년(1836) 12월 28일(국사편찬위원회 대마도종가문서 DK 1354)

86) 김동철, 앞의 논문(2014), 235-239쪽.

87) 정성일, 앞의 책(2000), 162쪽.

88) 都中五元より大錢五百貫文借渡吳…候樣 兼而細物代官へ相賴居候付 今日評儀之上不相叶段惠介細物代官中より手紙を以申遣ス. 《(一代官) 每日記》 天保 7년(1836) 7월 14일(국사편찬위원회 대마도종가문서 DK 1354)

실마리가 될 수 있다고 생각한다.

먼저 전주는 우피의 공급처 이미지가 크게 떠오른다.[89] 전주가 전라도 관찰사(觀察使) 감영(監營)의 소재지라는 점, 전라도가 논농사를 주로 하는 농업 중심 지역이라는 점을 감안한다면, 전주가 우피 공급처로서 충분히 기능하였을 것으로 짐작할 수 있다. 대구는 약령시(藥令市)로 대표되는 곳이다. 그래서 도중이 대구에 올라갔다는 기록이 있는데,[90] 이것은 그들이 약령시에서 일본에 수출할 황금(黄芩) 등의 약재를 매입하기 위해 그곳에 가 있었음을 뜻하는 것으로 풀이할 수 있다. 부산은 조선의 수출품이 모여드는 곳이었다. 우피와 우각조뿐만 아니라, 한약재인 황금(黄芩)[91]과 말린 해삼인 전해서(煎海鼠)[92]도 동해안이나 서해안 지역에서 채취하거나 매집한 것을 부산으로 수송하고 있었다. 김해는 부산과 가까운 곳이어서 교역품을 실은 배가 거쳐 갔던 곳으로 판단된다.[93] 전라도 영광 법성포와[94] 경

89) 細物代官中より全州之牛皮船 昨夕致廻釜候段 都中共より飛脚相達候付 市之儀廿…八日入來候樣申談候段申出ル.《(一代官) 毎日記》天保 10년(1839) 2월 25일(국사편찬위원회 대마도종가문서 DK 1369)

90) … 舊冬より相待罷在候牛皮積入之船漸致廻釜 直ニ開市可取計候處 都中共何も大邱市ニ罷登たる由ニ相聞 下來之上ニ無之候て入來候都合ニ不相成 … .《(一代官) 毎日記》天保 12년(1841) 윤1월 3일(국사편찬위원회 대마도종가문서 DK 1382). 그런데 1850년 2월에도 "대구에서 도중들이 동래부로 돌아오고 있다[歸府]"는 기록이 보인다(《(一代官) 毎日記》嘉永 3년(1850) 2월 19일, 국사편찬위원회 대마도종가문서 DK 1420).

91) 細物代官中村庄兵衛乃維黃芩致廻釜候ニ付來ル十二日別市取計吳候樣申越候段申出ル.《(一代官) 毎日記》天保 9년(1838) 9월 10일(국사편찬위원회 대마도종가문서 DK 1354)

92) 都中五元仕口入(仕入口의 誤記-인용자주)煎海鼠百三掛廻釜之段細物代官中より申出ル.《(一代官) 毎日記》天保 7년(1836) 7월 24일(국사편찬위원회 대마도종가문서 DK 1354)

93) 都中乃維仕入口角爪五拾掛 金海迄相達候段 中村庄兵衛より申出ル.《(一代官) 毎日記》天保 9년(1838) 7월 22일(국사편찬위원회 대마도종가문서 DK 1354)

94) 都中五元乃維子範より飛札相達候處 全州之牛皮五元分千三百枚乃維分二百五十枚積入之船 當月七日靈光之內法聖浦と申所にて及破船致沈水之段 飛脚到來之趣申出ル 尤直ニ破船場へ飛脚差立候由申聞ル 右之外270枚程乃維仕入之分 別船ニ積入居 不日廻釜可致段も申出ル.《(一代官) 毎日記》天保 9년(1838) 11월 26일(국사편찬위원회 대마도종가문서 DK 1354)

상도 영해 축산포는95) 그와 같은 무역품을 실은 선박이 운항 중 난파한 곳으로 기록되어 있다. 우피 등 대일 수출품이 선박으로 부산까지 운송되었기 때문에, 그 배가 한반도의 서남해와 동남해 연안에 해당하는 이곳을 통과해야만 했을 것으로 보인다. 왜관을 출입하던 조선 도중이 서울을 오갔다고 하는 것은(뒤의 〈사료 2-3〉의 ⑥ 五元의 사례 참조) 무역 자금이나 대일 정책과 관련하여 그가 그곳에서 누군가로부터 정치경제적 도움을 받고자 한 것이 아닐까 추측해 볼 수 있다.

〈표 2-5〉 조선 도중(都中)의 수출품 조달 경로(1836~41년)

연번	연	월일	都中(字)	지역	품목	내용
1	1836	7.12	乃維五元		牛皮 角爪	• 우피각조 실은 배가 난파
2		7.14	五元		大錢	• 대전 500貫文 빌려줄 것을 細物代官에게 요청했으나, 왜관 측이 거절
3		7.24	五元		煎海鼠	• 오원의 仕入 전해서 103掛 부산 도착
4		7.25	乃維五元		牛皮 角爪	• 도중 우피 320매, 오원 우피 170매, 내유 각조 20개 부산 도착
5	1838	3.18	乃維子範		牛皮	• 내유와 자범 우피가 어제 부산 도착 내일 代市 들어온다고 外向이 알려옴
6		3.27		寧海 丑山浦	黃芩	• 지난 7일 밤 영해 축산포에서 황금 실은 배가 난파
7		3.28	五元		牛皮	• 오원의 우피 실은 배가 부산 도착 오는 3일 開市 협의
8		5.12	五元		人蔘	• 오원이 상상인삼(上々人參) 102匁 왜관 지입(持入)
9		7.22	乃維		角爪	• 내유의 仕入 각조 50掛 김해까지 전달
10		9.10	乃維		黃芩	• 내유의 황금 부산 도착 오는 12일 別市 협의
11		11.26	五元乃維	全州 靈光 法聖浦	牛皮	• 전주 우피(오원 1,300매, 내유 250매) 선박 당월 7일 영광 법성포 난파 • 별도의 내유 사입분(仕入分) 270매 실은 배는 곧 부산 도착 예정
12		2.25		全州	牛皮	• 전주의 우피 선박이 어제 부산 도착

95) 今朝都中より飛脚到來之處 去ル七日[3.7—인용자주]夜寧海之内丑山浦にて黃芩積入之船及破船 何とも當惑申分ケ無之段申越候趣 佐々木情兵衛申聞ル. 《(一代官) 每日記》天保 9년(1838) 3월 27일(국사편찬위원회 대마도종가문서 DK 1365)

연번	연	월일	都中(字)	지역	품목	내용
	1839					• 28일 개시 개최할 것인지 협의
13		9.13	乃維子範		黃芩 爪	• 내유와 자범 황금(黃芩)과 각조(角爪)가 만 3, 4천 근 정도 부산 도착
14	1840	4. 5			牛皮	• 우피 1,200매 부산 도착 • 개시가 들어와야 하나 內外 사정으로 10일이나 11일 가능하다고 협의
15	1841	윤1.2			黃芩	• (왜관에서) 황금의 송출이 충분하지 못해 大坂 사정 불안
16		윤1.3		大丘	牛皮	• 지난 겨울부터 기다리고 있던 우피 선박이 드디어 부산 도착 • 도중이 대구에 올라가 있어서 개시 열지 못하고 있는 상태임

자료 :《(一代官) 每日記》(국사편찬위원회 대마도종가문서 DK 1354, 1365)

나. 정자범(鄭子範)의 사례(1846년, 1850년)

앞에서 본 것처럼 1846년 사무역[開市]에서 가장 돋보이는 실적을 거둔 정자범(鄭子範)의 활동은 어떠했을까? 그해 《(일대관) 매일기》에 적힌 내용을 간추리면 다음과 같다. 먼저 1846년 6월 23일 이날 개시(開市)가 있었는데, 자범(子範)과 처음 대면하기 때문에 그와 인사[口祝]를 나누어야 한다고 일대관(一代官)이 조선의 왜학역관(倭學譯官)인 별차(別差)에게도 전하였다고 한다.[96] 그 전에 자범에 대해서는 왜관 측 담당자가 일대관에게 미리 보고를 하였던 것으로 보인다. 그 내용 중에는 "자범이 최근 무역에 정성을 쏟고 있다는 점[出精]"과 함께, 그의 집안 내력에 대해서도 언급을 하고 있다. 즉 "자범이 원래는 도중(都中) 정윤중(鄭允中)의 아들"이라고 하는 점이다.[97] 정윤중에 대해서는 1817년 2월, 5월, 7월, 9월, 11월, 12월 기록에

96) 子範儀此方へ初て罷出候付口祝遣之 尤別差へも遣候事.《(一代官) 每日記》弘化 3년(1846) 6월 23일(국사편찬위원회 대마도종가문서 DK 1401)

97) 都中子範儀 近年御取引筋出精之際も相見 四品持入方ハ素り就中いりこ當春入送之分も仕入高より過數に相成 當春五千斤之高仕入候處 凡八千斤餘も持入旁令出精 右ニ付猶又此先共ニ連續相進御用便ニ相成候樣 且宜汝へ半數冬いりこ仕入致居候處 此分果敢々々敷無之時は子範一手にも申付候樣可致 元來子範儀は都中允中子供と相聞 親も出精之跡故 壯年には有之此先出精いたし度存知も有之と相聞候得共 兎角內外之間にて事之行違等も有之候哉 夫か為

서 확인된다.[98] 이 기록에 근거하여 필자는 '자범과 윤중이 부자 관계'였고 '그들이 정씨(鄭氏)'라고 주장한 바 있다.[99]

〈사료 2-3〉

① 1846년 11월 7일

도중 자범이 개인 일로 왜관에 들어 왔음. (그가) 약종방 취조역 두 사람에게 가서 이렇게 말함. "지난 번 전주에 가서 그곳에서 서울로 올라갔다가 이번에 (부산으로) 내려왔는데, 우피를 모두 더해 2,160매, 각조는 25가마니

ニ不快を生シ候機會等相操候品も有之候付 折柄例市にて入館之事故 別差へ子範同件拙館へ罷出候様相達右之趣館守えも申出 通詞吉松恒七五人通詞浦瀨岩次郎罷出候付 拙者別監別二代官且藥種方取調役兩人四代官住永正兵衛細物代官佐々木清兵衛相詰 右之件々且先達て都中へ銅渡方ニ付 相達候品も有之 此先猶又一同申談出精令心配候様相達候處 子範答向之內ニ當冬いりこ之儀も取出方心配可仕候得共 諸雜用且斤目之減等有之候て取出方無覺束趣ニ申聞候付此處甚行違と相見候付 於席別監よりも取調役兩人へ行道相糺候上 子範當席能々氣服いたし候様 內外之事品々章り無之 廉直之取計候儀故 必も無異心致出精候様 尤冬いりこ之儀は當年宜汝へ初發より申付居候処 子範儀も矢張半數は相加り候事之様ニ相心得居應對之語り相屆兼居候と相見候付 右之行道申聞且諸雜用掛減等にて費用入越難儀之品も有之候はゝ いつれ共別二代官へ申出候様 猶又申立次第ニ迷惑ニ不相成様取計方も可有之事ニ付 其旨をも能々相心得候様相達候處 段々御厚キ御達向難有奉存候 私儀御取引御用便追々出精仕候様 相心得罷在候事故 乍此上御役々様御心添御引立被下候様にと申出(밑줄은 인용자주). 《(一代官) 每日記》 弘化 3년(1846) 6월 23일(국사편찬위원회 대마도종가문서 DK 1401)

98) 1817년 2월 13일 開市에서 允中이 말린 해삼[煎海鼠]을 조달[仕入]하기 위해서 구리 2천 근을 받아갔다. 5월 9일 代市에서도 允中에게 배당된 구리 2천 근이 왜관 밖으로 나갔다[出門]. 7월 18일 개시 때는 允中이 牛皮 296매를 入送하였으며, 煎海鼠는 17,499근을 '완납'[皆濟] 하였고, 荒銅 2천 근을 藥種方에서 받아갔다(《(一代官) 每日記》 文化 14년(1817), 일본 長崎縣立對馬博物館 宗家文庫 日記類 Dc 8). 그리고 동년 9월 3일 開市에는 允中과 義則이 참여했으며, 11월 7일에는 允中, 義則, 尙押 등 5명이 入館했다. 또 12월 29일에는 兩譯과 都中이 一代官에게 歲暮 선물[音物]을 보냈다. 이와 별도로 도중 개인이 보낸 것도 있었는데, 義則 尹別將, 奇彥 李先達, 而管 皮喪人과 允中 鄭五衛將이 그런 경우이다. 이 가운데 都中 允中 鄭五衛將이 보낸 것으로는 다섯 가지 물품(鴨子 2首, 大口魚 2尾, 乾柿 1貼, 胡桃 1帒, 生栗 1帒)이 적혀 있다(《(一代官) 每日記》 文化 14년(1817), 일본 長崎縣立對馬博物館 宗家文庫 日記類 Dc 9).

99) 정성일, 앞의 책(2000), 171-172쪽.

를 배에 실었는데 모든 것이 순조롭게 되고 있음."[100]

② 1846년 11월 7일

스미나가 고베에 쪽으로 자범이 갔음. (전에 훈도를 맡았던) 미재(美哉)가[101] 당년[1846년-인용자주] 안으로 (왜관에 지급해야 할) 대전 100관과 당년조 지급할 단삼 대금 중 내년 정월 안으로 입송하게 되어 있는 것을 자범이 대신 조달하게 해 주도록 부탁했음. 더욱이 (스미나가 고베에가 자범에게) 다음 달 안으로 들여오지 않으면 (왜관 일이) 돌아가기 어려우니 그렇게 알라는 취지로 말했다고 함. 이것은 금년 여름 미재가 상경할 때 고베에가 당년 안으로 먼저 입송해 줄 것을 거듭거듭 말해 두었기에, 이와 같이 조치한 것으로 보임.[102]

③ 1846년 11월 19일

도중 자범이 지난번 전주에 가서 그곳에서 서울로 올라갔다가 부산으로 내려왔는데, 아래와 같이 목록을 첨부하여 일대관에게 선물을 보냈음(옥색 비단 상하의 1비, 서양 비단 1단, 삼승 2필, 경광주 화본 1쌍, 만수향 3속).[103]

---

100) 都中子範自分用にて致入館 藥種方取調役兩人方へ罷越 先般全州へ立越夫より都表へ罷登此節罷下 牛皮之儀も都合貳千百六拾枚角爪貳拾五俵船積取計諸事順便之趣申聞. 《(一代官) 每日記》弘化 3년(1846) 11월 7일(국사편찬위원회 대마도종가문서 DK 1403)

101) 譯科榜目에 따르면 川寧 玄氏인 玄學魯가 1802년(壬戌) 출생하였으며 1825년 式年試에 倭學譯官으로 入格하였음을 알 수 있다. 美哉는 현학로의 字이며, 그의 初名은 璟이라고 한다. 이성무·최진옥·김희복, 《朝鮮時代雜科合格者總攬—雜科榜目의 電算化—》, 한국학중앙연구원(옛 한국정신문화연구원) 고전자료총서 90-5, 1990, 66쪽.

102) 住永五兵衛方へ子範罷出 都表忽官美哉より當年內大錢百貫匁丈當年前單參…代來正月入送之內ニ入送いたし可申分子範へ爲替之手配相委ね遣居 尤來月內に入不申候ては取廻相成兼候付 其心得に罷在候樣申聞候趣申出 是は當夏美哉上京砌五兵衛より當年內先送之儀深々相談置候品に依右之通心配いたし候事と相見候. 《(一代官) 每日記》弘化 3년(1846) 11월 7일(국사편찬위원회 대마도종가문서 DK 1403)

103) 都中子範より先達て而全州へ立越し夫より都表へ罷登下釜いたし候付爲土產]拙者へ左之通目錄添にて來ル

一 玉色紬上下衣壹備

一 西洋紬壹端

④ 1846년 12월 7일

… 자범의 우피가 어제 부산으로 돌아왔다고 알려옴. 오는 8일과 9일은 사정이 있어서 10일과 11일 이틀 중에서 조정해 보라고 별이대관에게 말했으며, 전임 관수 쪽에도 말씀드리라고 회신함.104)

⑤ 1846년 12월 23일

자범이 받아온 황금을 배에 실어 부산으로 돌아왔는데, 주문량보다 더 많이 가지고 내려왔음. 이에 대금으로 줄 구리를 건네주지 않으면 안 되는데, (일본에서 오는) 구리가 지체되어 (왜관에) 가지고 있는 구리가 없음. "뱃삯과 세금만이라도 주어야 하는데 그렇게 하지 않으면 왜관에 들어오지 않겠다"고 자범이 말했다고 약종방이 전하였음. 대관 쪽에서 가지고 있는 동전[大錢] 중에서 130관문만 (자범에게) 전달하고, 나중에 구리가 도착하면 공제하기로 얘기한 뒤, 이것을 전임 관수에게도 말씀드리라고 말했음.105)

⑥ 1846년 12월 25일

마지막 개시에 관한 것과 지난 개시 때 자범이 우피 660매 입송한 것도 협의함. 또 오원이 서울에서 내려와 우피 300매를 입송할 것이라고 함. 내

一 三升貳疋

一 輕光紬畵本壹雙

一 萬壽香參束

計

《(一代官) 每日記》 弘化 3년(1846) 11월 19일(국사편찬위원회 대마도종가문서 DK 1403)

104) (前略) 子範牛皮昨日廻釜之由申來候付 來ル8日9日差支候付10日11日兩日內市相整と申段 別二代官へ申付候間 古館守方へも被申出置候樣致返答. 《(一代官) 每日記》 弘化 3년(1846) 12월 7일(국사편찬위원회 대마도종가문서 DK 1403)

105) 子範請持黃芩積船致廻釜居候處仕込注文前より過分之持下り候付 此上代銅相渡遣不申候而難叶候處 銅遲達御有合も無之候付 船賃地稅丈にても不相渡候而は入館不致行段 子範よりも申越候段 藥種方より被申出候付 御代官方御有合錢之內より百參拾貫文丈相渡 追而銅到來之上致差引候樣ニ相談 其段古館守へも被申出候樣申談. 《(一代官) 每日記》 弘化 3년(1846) 12월 23일(국사편찬위원회 대마도종가문서 DK 1403)

일 27일 대시(代市)로 개시를 조정하고자 한다고 약종방에서 말하기에, 그 것을 전임 관수에게도 말씀 드리도록 하라고 전함.106)

⑦ 1850년 2월 1일

자범이 지난 겨울 전주에 가 있다가 어제[1.30] 동래부로 돌아왔음을 (왜관에) 알려왔다고 마에카와가 말해 주었음.107)

⑧ 1850년 2월 9일

도중 자범이 전주로 갔다가 지난 달 그믐날[1.30—인용자주] 동래부로 돌아왔다고 함. 당시 (왜관에) 구리 재고량이 없었는데도, 자범의 경우는 (왜관에) 반입한 것도 있고[仕入] 소가죽과 뿔·발톱의 매집 문제를 처리할 것도 있어서 여러 가지를 협의하기 위해 (그를) 왜관에 들어오게 했음. (자범이) 오늘 왜관에 들어왔기에 세물옥에서 물었더니, 전주에서 처리하기로 약속한 우피가 대략 6천 매 정도인데, (여기에는) 자기 가죽만 들어 있는 것이 아니라고 함. 그 가운데 천 매를 배에 실었는데 20일 무렵까지는 부산으로 돌아올 것이며, 그 밖에 부산에 있는 것이 4～5백 매가 될 것이라고 함. 그런데 이번에 대구의 저자[市]에 도중 3인이 올라가 있으니, 동래부로 돌아오게 하더라도 (그들이) 다소간의 짐을 가지고 있어서, 13일까지는 (부산으로) 내려오기 어렵다고 (자범이) 말하였음. 대구에서 도중이 동래부로 내려오는 대로 (왜관에) 알려주도록 하라고 (일대관이 자범에게) 전달한 뒤에야 (그를) 왜관에서 나가게 했음.108)

---

106) 仕廻市之儀 先市子範牛皮六百六拾枚之分入送方之儀も掛合ス 且五元にも都表より下來 是又牛皮参百枚入送可致趣に在之 明日廿…七日代市にて開市取整度趣 藥種方より被申出候付 其趣古館守へも被申出候様申達ル.《(一代官) 毎日記》弘化 3년(1846) 12월 25일(국사편찬위원회 대마도종가문서 DK 1403)

107) 子範儀 舊冬全州へ立越居候処､昨日帰府相届候段 前川太右衛門申聞.《(一代官) 毎日記》嘉永 3년(1850) 2월 1일(국사편찬위원회 대마도종가문서 DK 1420)

108) 都中子範儀 全州へ罷越先月晦日歸府せしめ候段申越候付 當時銅有合無之候得共 子範へハ仕入も有之儀故 牛皮角爪取廻し方も可有之 諸事爲談合入館せしめ候様 此程より掛合遣度 今日入館細物屋において及尋向候処 全州より取廻し可申約束之牛皮凡六千枚程 尤自分之皮計にても無之候由 其内千枚ハ船積いたし居廿…日比迄ニハ廻府可致 其外釜山へ四五百枚

위에 인용한 사료 중에서 ①~⑥은 1846년, ⑦과 ⑧은 1850년 자범(子範)의 왜관 개시(開市) 활동을 적은 것이다. 먼저 그가 우피 등을 조달하기 위해 전주(全州)와 부산(釜山)을 오간 것이 확인된다(〈사료 2-3〉의 ①, ③, ⑦, ⑧). 또 그가 전주에서 서울로, 서울에서 부산으로 이동한 적도 있었음이 드러났다(〈사료 2-3〉의 ①, ③). 자범이 서울에 갔다 온 기념으로 일대관에게 선물을 하기도 했는데, 선물 목록 중에 서양 비단과 향[만수향]이 들어 있는 것이 흥미롭다(〈사료 2-3〉의 ③). 더욱 주목할 것은 그가 1846년에 전주에 갔을 때, 그곳에서 부산으로 바로 오지 않고 서울로 간 까닭에 관한 것이다. 전임 훈도(訓導) 미재(美哉)가 왜관 측에 갚지 못한 것을 자범이 대신 갚게 해 달라고 부탁하기 위해서 자범이 왜관에 들어가 사대관(四代官) 스미나가[住永正兵衛]를 만난 사실에 주목할 필요가 있다(〈사료 2-3〉의 ②). 기존 연구에서는 도중이 사무역에만 참여하였을 뿐, 공무역과 아무런 관련성이 없는 것으로 이해해왔다. 그런데 조선의 도중 가운데 한 사람이었던 자범이 전임 훈도의 공무역 부채(미지급)를 대신 상환할 수 있는 위치에 있었음이 이 글을 통해서 새롭게 밝혀졌다. 아마도 이 무렵 자범이 활발하게 무역 활동을 하였고, 많은 실적을 쌓아서 왜관의 일본인이 그를 신뢰하였을 뿐만 아니라(〈사료 2-3〉의 ⑤, ⑥), 그가 전임 훈도와 전부터 두터운 인맥을 형성하고 있었기 때문에, 위와 같은 일이 가능하였을 것으로 판단된다.

も可有之 然處今程大丘市へ都中三人罷登居候間歸府せしめ候ハヽ 荷物も多少共ニ可有之 十三日迄ニは下り揃申間敷申聞候段申聞候付 大丘より都中下府次第相居候樣申達 令出館候.
《(一代官) 毎日記》 嘉永 3년(1850) 2월 9일(국사편찬위원회 대마도종가문서 DK 1420)

Ⅱ. 왜관 입출항 대마도 선박의 교역품 수송

1. 공무역을 통한 교역품 규모(1846년)

1846년 한 해 동안 바다를 건너 조선과 일본을 오갔던 대마도 선박에 실린 주요 교역품을 소개한 것이 〈표 2-6〉과 〈표 2-7〉이다. 여기에서 도중(都中)과 직접 관련이 되어 있는 사무역품 외에 공무역 물품도 함께 소개하고자 하는 것은 두 가지 이유 때문이다.

하나는 도중이 자범의 예에서 보는 것처럼 훈도가 마땅히 책임져야 할 공무역 미결제 문제를 푸는 데도 간접적으로 간여하고 있었음을 증명하기 위한 것이다. 다른 하나는 공목, 인삼, 은의 교역에 대한 기존 연구를 일부 수정해야 한다고 필자가 판단하고 있기 때문인데, 이러한 교역품의 유통에 도중이 직접 간접으로 연관되어 있었음은 물론이다.

먼저 대마도에서 조선으로 건너오는 선박은 사송선(使送船)과 무역선(貿易船)을 겸한 것이었다. 같은 배가 두 번 이상 왕복한 경우도 있다. 또 무역품의 경우 대마도주(對馬島主)의 무역권(貿易權)으로 이루어지는 것과 그 밖의 주문을 받은 거래에 쓰이는 것이 함께 운송되었다. 물론 그것을 왜관의 무역 담당자는 엄격하게 구분해 놓고 있었다.

예를 들어서 〈표 2-6〉의 정동(丁銅) 수송을 보면 《(일대관) 매일기》에서도 어동(御銅)과 별주향동(別主向銅)이 구분되어 있었음을 알 수 있다. 전자가 대마도주의 무역용인 데 반해서, 후자는 별도의 주문을 받은 민간 거래용으로 쓸 구리였다. 1846년의 경우 한 해 동안 구리의 왜관 반입량이 6만 2천근에 지나지 않았다(丁銅 4만근, 荒銅 2만근, 延銅 2천근). 이것은 막부(幕府)의 수출동(輸出銅) 허가량 10만 근에 못 미치는 수준이다.

그런데 같은 해에 왜관의 수문(守門)을 통과하여 조선의 도중(都中)과 훈도(訓導)에게 전달된 구리가 총 16만 9,683근이었다(〈표 2-2〉의 사무역 丁銅

132,250근, 荒銅 6,433근과 공무역 荒銅 27,900근, 延銅 3,000근의 합계). 이 수치만 놓고 본다면 1846년의 경우 왜관에 반입된 구리 반입량 6만 2천근이 반출량 16만 9,683근보다 10만 7,583근이나 적은 셈이다. 이 부족분은 전년도까지 왜관에 비축되어 있었던 구리로 충당하였을 것으로 보인다. 앞에서 살펴본 것처럼 구리 재고가 없었다는 기록과(〈사료 2-3〉의 ⑧) 구리 대신에 조선 동전[大錢]을 지급했다는 기록도(〈사료 2-3〉의 ⑤) 바로 이런 사정과 관련이 깊다. 〈표 2-2〉의 대전(大錢) 107관(1,070냥)도 왜관 측이 구리 재고량 부족을 해결하기 위하여 꺼내 든 비상수단이었을 것으로 판단된다.

〈표 2-6〉 왜관 입항 선박과 일본 수출품의 조선 수송 규모(1846년)

연번	월일	선박	승선	丁銅(斤)	荒銅(斤)	延銅(斤)	그 밖의 선적물
1	윤5.26	春日丸	歲遣 제1선 (松岡直右衛門)	9,000 (3,000)			당년조[1846] 제1선 別幅之分(胡椒 1500근, 日本朱 2근 등),
2	7.13	寶德丸	以酊庵送使 (脇田政右衛門)	8,100 (2,100)			봉진물 상자(紙類 등), 왜관 공사용[普請用] 木材등 (당년조 이 정암송사)
3	7.13	德好丸	1特送使 (정관 土田種右衛門)	6,100 (2,100)		2,000	봉진물 상자, 왜관 공사용[普請用] 木材 등
4	7.13	壽德丸	1特送使 (2선주 松浦佐近)	(2,000)			
5	7.13	神風丸	萬松院送使 (八木秀助)	7,800 (1,800)			金小屛風 1雙, 봉진물 상자(普請用 諸具 등)
6	9.8	正寶丸	館守 (樋口彈正)	6,000			
7	9.8	春日丸	橫目 (河村孫七)		5,000		왜관 공사용[普請用] 못[釘類], 陳皮 2530근(山田卯吉 賣上之分) 등
8	9.8	永久丸	鐵砲 (久左衛門)	(1,000)	5,000		陳皮 2,530근(山田卯吉 賣上之分)
9	10.23	德好丸	副特送使 (정관 土田甚左衛門)		5,000		明礬 263근 5합, 丹木 1784근, 왜관 소비 물품, 왜관 공사용[普請用] 물품 등
10	10.23	壽德丸	下目付 (李左衛門)				왜관 공사용[普請用] 못[釘]
11	10.25	神風丸	副特送使 (부관 渡邊小右衛門)		5,000		丹木 1763근, 蒔繪衆桁 1脚(1845년 年限裁判 별폭 未收之分), 세숫대야[銅三つ入子手洗] 1組(1845년

연번	월일	선박	승선	丁銅 (斤)	荒銅 (斤)	延銅 (斤)	그 밖의 선적물
							만송원송사 미수지분), 왜관 소비 물품, 왜관 공사용[普請用] 물품 등
계				40,000 (12,000)	20,000	2,000	

주 : 정동(丁銅)은 대마도주(對馬島主)의 무역에 쓸 것[御銅]과 그 밖에 별도로 주문을 받은 거래에 쓸 것[別主向銅]으로 나뉘는데, 괄호 안의 숫자는 별주향동(別主向銅)으로 기록된 것임.
자료 : 《(一代官) 每日記》(국사편찬위원회 대마도종가문서 DK 1386, 1401, 1402, 1403)

〈표 2-7〉은 1846년 한 해 동안 왜관에서 대마도로 수송한 교역품의 종류와 수량을 정리한 것이다. 쌀[白米]이 10,244섬, 면포[木綿]가 659동 15필(32,965필)이었다. 이것은 같은 해 조선의 훈도(訓導)가 왜관으로 입송(入送)해 준 쌀[公作米] 10,135섬보다 109섬이 더 많으며, 공목도 왜관 입송분 614동(속)보다도 45동 15필(2,265필)이 더 많다(〈표 2-2〉 참조). 이것도 왜관 창고에 전년도까지 비축되어 있던 것에서 추가하여 대마도로 수송된 것으로 풀이할 수 있다.

또한 당시 사무역의 대표 상품이라고 할 수 있는 우피의 경우 대마도 수송량이 19,647매였다. 그런데 조선의 도중(都中)이 왜관에 입송한 우피는 20,740매였다(〈표 2-4〉 참조). 따라서 우피의 경우에는 1,093매가 왜관 창고의 비축량에 추가되었다고 해석할 수 있다.

이처럼 조선의 훈도와 도중이 왜관에 입송한 교역품의 수량과 그 교역품이 실제로 대마도까지 수송된 수량 사이에는 차이가 발생하게 마련이다. 이러한 점을 고려하면서 아래에서는 품목별 대마도 수송에 초점을 맞추어서 살펴보고자 한다.

〈표 2-7〉 왜관 출항 선박과 조선 수출품의 대마도 수송 규모(1846년)

연번	월일	선박	승선	白米(俵)	木綿(束)	尾人參(斤)	上銀(貫)	特鑄銀(匁)	牛皮(枚)	牛角爪(斤)	黃芩(斤)	煎海鼠(斤)	犬皮(枚)	기타
1	2.13	德好丸		399	9	240			1,530					大豆 25俵 등, 虎皮 2枚, 豹皮 3枚 등
2	2.13	永久丸		724	8	60			1,640					大豆 25俵 등
3	3.15	壽德丸	交代 一代官 등	406	0.9		11.368	493	900					御用品入(熊膽 21匁 5分 등)
4	5. 2	正寶丸	交代 橫目頭 등	388	54	175			780	845	5,900	5,585		
5	5. 2	春日丸	交代 東向寺 天澤庵 등	270	40				630	715	4,900	4,636		
6	5.22	神風丸	勤番通詞 등	440	46				790					
7	5.22	德好丸		500	70				930					
8	5.28	鰐浦飛船					3.0857							
9	윤5. 1	寶德丸	稽古通詞 등	518	20				590	1,300				
10	윤5. 1	壽德丸		400	18				550	1,235				
11	윤5.23	永久丸		511	70	150	4.9765		2,200	1,625				
12	6. 6	佐須奈飛船					4.988							
13	6.11	正寶丸		552	28		4.4894			1,300	3,160			
14	6.11	春日丸		450	22					1,040	2,520			
15	6.20	神風丸		479	62		1.178		100					
16	7.27	德好丸		266	28.5				818			4,907		
17	7.27	神風丸		239	22				692			4,114		
18	8.11	寶德丸		457	13				391					
19	8.11	壽德丸	交代 橫目 등	426	12				360					
20	9.28	正寶丸	歲遣 제1선송사 정관 등	389	41				550	5,135				
21	9.28	春日丸	歲遣 제2선송사 등	312	34				450	4,095				
22	10. 8	永久丸		517	40	275			902					
23	11. 3	佐須奈飛船	表目付 등				9.638							
24	11. 3	鰐浦飛船	交代 橫目 등											
25	11. 9	神風丸	以酊庵送使 등	240		300			640		2,320			
26	11. 9	壽德丸	萬松院送使 등	254		100			698		2,500			
27	11.28	德好丸	1特送使 정관 등	370					953					

연번	월일	선박	승선	白米(俵)	木綿(束)	尾人參(斤)	上銀(貫)	特鑄銀(匁)	牛皮(枚)	牛角爪(斤)	黃芩(斤)	煎海鼠(斤)	犬皮(枚)	기타
28	11.28	福神丸	1特送使 2선주 등	368					953					
29	12. 2	鰐浦飛船					5.309							
30	12. 5	佐須奈飛船	關所 橫目 등				5.390							
31	12.16	春日丸		369	20.15	360			1,600	2,275			1,000	
계				10,244	659	1,660	50.4226	493	19,647	19,565	21,300	19,242	1,000	

자료 : 《(一代官) 每日記》(국사편찬위원회 대마도종가문서 DK 1386, 1401, 1402, 1403)

2. 공무역을 통한 교역품 조달과 대마도 수송(1846년)

1) 쌀(公作米)과 면포(公木)

1846년의 경우 쌀[백미] 즉 공작미(公作米) 10,244섬이 대마도로 운반되었다. 면포 즉 목면[公木]은 659동 가량이 대마도로 수송되었다. 그런데 조선 목면과 관련하여 여기에서 한 가지 지적하지 않을 수 없다. "조선후기에는 왜관의 대마도 사람들이 조선 목면을 대마도로 보내지 않고 조선에 역수출했다"고 생각하기 쉬운데, 이것은 엄밀히 말한다면 정확한 이해는 아니기 때문이다. '조선 공목의 국내 역수입(일본의 역수출)'이라고 하는 역사상(歷史像)은 무역장부(貿易帳簿, 1684~1710년)를 맨 처음 분석한 다시로 가즈이[田代和生]에 의해 만들어졌다.[109] 필자도 그 무역장부 내용을 소

109) 이 자료 가운데 대마도가 조선에 전달한 것을 적은 부분[御國より差渡高]에서 일본 은화와 구리 등에 이어서 '公木'이 들어 있었다. 그 수량도 1688년부터는 연간 700동이 넘은 해도 있었다. 이러한 추세가 1710년까지 이어졌다(《御商賣御利潤等覺書一貞享元甲子年より正德元辛卯年迄御商賣御利潤幷御銀鐵物渡幷御代物朝鮮より出高積立之覺書一》, 일본 國立國會圖書館 宗家記錄 27, WA 1-6-40). 이것을 근거로 하여 다시로 교수는 '이 기간 중에' 왜관 측이 공무역에서 받은 공목을 사무역에서 逆輸出 했다

개한 적이 있다.[110] 그런데 그것을 특정 시기로(1684~1710년) 한정하지 않고 18~19세기 전 시기로 확장하여 무비판적으로 적용하는 것은 명백한 잘못이므로 주의가 필요하다.

〈표 2-8〉 왜관 출항 선박과 조선 면포(公木)의 대마도 수송 규모(1846년)

연번	월일	선박	수량			품질				기타
						上木		湯入		
			束	疋	개	束	疋	束	疋	
1	2.13	德好丸	9		18					1845년분
2		永久丸	8	38	16	7	25	1		1개포 포장(10필 上木, 1필 湯入, 1필尋短, 1필 鼠切)
3	3.15	壽德丸		45			45			1844년분
4	5. 2	正寶丸	54		108	51		3		
5		春日丸	40		80	40				
6	5.22	神風丸	46			46				1846년분
7		德好丸	70		140					1846년분
8	윤5. 1	寶德丸	20		40	20				
9		壽德丸	18		36	18				
10	윤5.23	永久丸	70		104	64		3	25	2속 25필 上木尋長之分
11	6.11	正寶丸	28		56	28				
12		春日丸	22			12		10		
13	6.20	神風丸	62			51	25	10	25	25필 上木尋長之分
14	7.27	德好丸	28	25	56	27	25			1속 尋長之分
15		神風丸	22			13	25	8	25	
16	8.11	寶德丸	13		26	10		3		
17		壽德丸	12		24	12				
18	9.28	正寶丸	41			41				1846년분

고 해석하여 왔다(田代和生, 《近世日朝通交貿易史の硏究》, 일본 創文社, 1981, 276-278쪽). 그런데 '이 기간'을 벗어난 시기에는 그것이 어떻게 되었는가 하는 문제는 각종 매일기(每日記)의 기록을 통해서 실증적으로 분석해야만 합당한 결론을 얻을 수 있다고 생각한다.

110) 정성일, 앞의 책(2000), 398쪽.

연번	월일	선박	수량			품질				기타
						上木		湯入		
			束	疋	개	束	疋	束	疋	
19		春日丸	34			13		21		1846년분
20	10. 8	永久丸	40			39	25		21	1846년분, 4필 上木 鼠切
21	12.16	春日丸	20	7		18	7	2		1846년분, 上木 중 7필 尋長
계			659	15	704+α	513+α	27+α	62+α	46+α	

주 : 尋短=길이가 규격보다 짧은 것, 尋長=길이가 규격보다 긴 것, 鼠切=쥐가 갉아 먹은 것을 뜻하는 것으로 판단됨.

자료 : 《(一代官) 每日記》(국사편찬위원회 대마도종가문서 DK 1386, 1401, 1402, 1403)

〈표 2-8〉의 1846년 사례에서 알 수 있듯이, 왜관의 대마도 사람들은 조선의 목면을 대마도로 보내기 전에 왜관에서 품질을 검사하여 선별(選別)을 하고, 그것을 일정한 무게와 부피로 포장한 다음에 그것을 배에 실어 대마도로 운송하였다. 포장된 목면의 개수(個數)는 704개가 훨씬 넘었을 것으로 보인다. 704개는 명확하게 개수가 적혀 있는 것이며, 기록 미비로 수량만 기재하고 개수를 적지 않은 사례가 더 있었을 것이기 때문이다. 이로써 "조선 정부가 지급한 공목이 대마도로 수송되지 않고 왜관에서 조선으로 역수출이 되고 있었던 것은 조선후기 전 시기에 해당하는 것이 아니라, 17세기 말에서 18세기 초에 이르는 특정 시기에 국한되는 것이다"는 식으로 기존의 역사 인식을 일부 수정해야 한다고 생각한다.

2) 인삼(尾人蔘)과 은(上銀, 特鑄銀)

조선 인삼은 17세기 중엽 약 50년 동안 대일무역에서 전성기를 맞았다. 그 뒤 자연삼(自然蔘)이 고갈되어 인삼 무역은 쇠퇴를 면치 못하였다. 이 점을 지나치게 강조하여 18세기 중엽 이후 인삼 무역이 쇠퇴하기 시작하여 그 뒤 완전히 조선 인삼의 일본 수출 길이 막힌 것으로 보는 역사 인식이 현재까지도 이어지고 있다고 생각한다.

그런데 1846년에도 여전히 조선에서 일본으로 인삼이 수출되고 있었음이 이 글을 통해서 증명되었다. 물론 품질이 뛰어난 상상인삼(上々人參)은 매우 드물었고, 미인삼(尾人參)이 대부분을 차지하였다. 〈표 2-9〉에 제시한 것처럼 그 해 1년 동안 미인삼 1,660근이 대마도로 운반되었음이 확인되었다.

〈표 2-9〉 왜관 출항 선박과 조선 인삼과 은(上銀, 特鑄銀)의 대마도 수송 규모(1846년)

월일	선박	尾人參		上銀			特鑄銀
		斤	내용	貫	匁	내용	匁
2.13	德好丸	240	20斤入 12개, 御用品入, 別主向之內				
2.13	永久丸	60	20斤入 3개, 御用品入				
3.15	壽德丸			11	368		493
5.2	正寶丸	175	25斤入 7개				
5.28	鰐浦飛船			3	85.7		
윤5.23	永久丸	150	6개로 포장, 奧主向御用之分	4	976.5		
6.6	佐須奈飛船			4	988		
6.11	正寶丸			4	489.4		
6.20	神風丸			1	178		
10. 8	永久丸	275	• 100근 御內用主向之分, • 175근 別主向之分				
11. 3	佐須奈飛船			9	638	御物	
11. 3	鰐浦飛船						
11. 9	神風丸	300	別主向之分				
11. 9	壽德丸	100	別主向之分				
11.28	德好丸						
11.28	福神丸						
12. 2	鰐浦飛船			5	309	• 1관 870문 5분 (中村庄兵衛 買入), • 3관 375문 5분 (前川太右衛門 매입), • 63문(佐々木清兵衛 매입)	
12. 5	佐須奈飛船			5	390	御物	
12.16	春日丸	360	別主向之分, 御用品入				
계		1,660		50	422.6		493

자료 : 《(一代官) 每日記》(국사편찬위원회 대마도종가문서 DK 1386, 1401, 1402, 1403)

조선 인삼은 막부(幕府) 관료 등 일본의 상류층 사회에서 주로 이용하였다. 그런데 인삼은 대마도 사람들의 질병 퇴치와도 밀접한 관련을 지니고 있었던 것으로 보인다. 아래에서 그와 관련된 사례를 소개하고자 한다. 1840년 대마도에 악성 전염병인 포창(疱瘡) 즉 천연두(天然痘)가 발생하였다. 그러자 그해 5월 2일 대마도에서는 왜관에 조선의 최상품 인삼을 급히 요청하였다.[111)]

이듬해인 1841년에는 더 다급한 연락이 왜관에 전해졌다. 대마도에 포창(疱瘡)이 유행하여 인삼이 바닥이 났다고 하면서, (왜관에서) 사들인 인삼 6근과 미인삼 20근을 비선(飛船)을 통해 (대마도로) 보내라는 것이었다. 더욱이 6근 중에서 오사카[大坂]로 올려보낼 것은 제작(製作)을 해서 보내고, 대마도에서 사용할 것은 제작하는 데 시간이 걸리므로 제작하지 말고 빨리 보내라는 내용이었다.[112)]

대마도가 추진한 최상품 인삼의 조달에 조선의 도중(都中)도 협력한 것으로 보인다. 1838년 5월 12일 도중(都中) 오원(五元)이 상상인삼 102문(匁)을 가지고 왜관에 들어갔다는 기록이 그것을 증명해 준다. 그때 오원이 가져간 인삼의 품질에 대해서는 왜관 측이 꽤 높이 평가하였다고 한다.[113)]

한편 17세기를 통하여 일본의 주력 수출 품목이었던 은[上銀, 特鑄銀]의 경우 19세기에 들어오면 역전 현상이 일어나서 오히려 조선에서 일본으로 그것이 이동하고 있었다. 이 점에 대해서도 기존 연구에서는 상세한 분석

111) 御國許疱瘡流行ニ付 上々人參 … 壹斤半製之侭送渡候樣申來居候付 役役立會之上壹斤荷拵有之. 《(一代官) 每日記》天保 11년(1840) 5월 2일(국사편찬위원회 대마도종가문서 DK 1379)

112) 六斤之內大坂御登せも可被成候間爲致製作遣候樣 御國御入用之分は製作ニ暇取候ては不相濟候間無製作にても急急送渡候樣と申來ル. 《(一代官) 每日記》天保 12년(1841) 윤1월 1일(국사편찬위원회 대마도종가문서 DK 1382)

113) 都中五元より上々人參…百貳匁持入 品位假成ニ相見相預置候段 佐々木淸兵衛申出ル. 《(一代官) 每日記》天保 9년(1838) 5월 12일(국사편찬위원회 대마도종가문서 DK 1365)

이 거의 없었다.[114]

조선에서 일본으로 은이 이동하는 흐름이 1846년에도 이어지고 있었다고 판단된다. 일본 은화인 정은(丁銀), 특주은(特鑄銀)과 구별하기 위하여 (일대관) 매일기에서는 상은(上銀)으로 표기하고 있었는데, 그것이 바로 조선에서 불린 은, 즉 취은(吹銀)이다. 이 취은의 재료는 조선 국내 광산에서 채굴한 것이나 연행사(燕行使)를 통해 중국에서 수입한 은으로 충당되었다고 생각된다.

〈표 2-9〉에 따르면 1846년 한 해 동안 대마도로 운반된 상은(上銀)은 50관 422문(匁) 6분이었다. 이 은의 포장은 20근 또는 25근 단위로 이루어졌다. 그 가운데 12월 2일 와니우라비선[鰐浦飛船] 편에 운반된 상은 5관 390문은 대마도주(對馬島主)의 공무역과 별도로 대마도주가 허가한 세 명의 상인[中村庄兵衞, 前川太右衞門, 佐々木淸兵衞]이 추가 매입한 것으로 밝혀졌다. 이보다 13년 전인 1833년에도 상은 매입에 동원된 세 명의 상인[[中村庄兵衞, 花田喜介, 前川九十郞]이 있었는데, 나카무라는 그때도 세 명 속에 포함되어 있었다.[115] 마지막으로 1846년 특주은(特鑄銀)의 수송량은 493문에 그쳤다.

3. 사무역을 통한 교역품 조달과 대마도 수송

19세기를 전후한 시기부터 일본에서 구리가 들어오고 조선에서는 우피 등 네 가지 품목이 나가는 형태로 당시 사무역이 운영되고 있었음은 다시로 가즈이[田代和生]에 의해 소개된 바 있고,[116] 이 글에서도 앞에서 언급

114) "19세기 이후 중국에서 조선으로 은(銀)이 역류(逆流)하게 되자, 조선은 그 은을 일본으로 수출하여 생동(生銅)을 수입하였다."고 한다(山本進, 《大清帝國と朝鮮経済—開發·貨幣·信用》, 일본 九州大學出版會, 2014, 208쪽).

115) 上銀調商人中村庄兵衛花田喜介前川九十郎 於大坂銅調下し御免被仰付難有奉存候段 相届ル. 《(一代官) 毎日記》 天保 4년(1833) 10월 10일(국사편찬위원회 대마도종가문서 DK 1347)

하였다.

그런데 왜관의 사무역 담당자는 1838~9년 이들 품목의 조달 상황을 꽤 비판적으로 평가하고 있다. 1839년 2월 29일 약종방(藥種方)의 분석에 따르면, "작년도에 우피를 조달하기[仕入] 위해 투입한 구리가 재작년보다 더 늘었는데도, 왜관에 들여보낸 우피의 수량은 오히려 더 못한 것 같다"고 지적했다.117) 그리고 1841년 윤1월 2일 기록에는 "약종방이 조달하는 무역품이 모두 부진하고, 특히 황금(黃芩)이 나오지 않아 오사카(大坂) 사정이 불안하다"고 되어 있다.118) 이것을 통해서 왜관 측이 교역품의 유통량을 늘리기 위해 안간힘을 쏟고 있었다고 유추할 수 있다. 아래에서는 1846년의 사례를 《일대관》 매일기를 중심으로 소개하고자 한다.

1) 소가죽(牛皮)

이 시기 왜관 개시(開市)에서 가장 활발하게 거래되었고, 또 왜관에서 대마도로 꽤 자주 운송된 교역품이 소가죽 즉 우피(牛皮)였다. 1846년 한 해 동안 우피가 19,647매 대마도로 운반되었다. 그 가운데 왜관 측이 우피의 대가로 구리[丁銅]를 미리 조선 도중(都中)에게 지급하여 조달한 본전(本前)이 11,789매였다. 이와 별도로 현금[大錢] 등을 주고 추가로 사들인 매증(買增)이 7,868매였다(매일기의 기록 합계 오류로 전체 수량에서 10매 정도 차이가 남).

---

116) 田代和生, 《日朝交易と對馬藩》, 일본 創文社, 2007, 209-216쪽.

117) 藥種方御物類不進ニ有之 當時之時勢猶又不安 既ニ去年中牛皮御仕入銅は一昨年ニ相增候ても入送之皮數却て劣り候形ニ相見候付 何分此跡三月中迄ニ入送相增候樣周旋不致候て不相濟 … . 《(一代官) 每日記》 天保 10년(1839) 2월 29일(국사편찬위원회 대마도종가문서 DK 1369)

118) 藥種方御物之品々何れも不進ニ有之 別而黃芩之出方乏敷有之 大坂之御都合甚以不安 … . 《(一代官) 每日記》 天保 12년(1841) 윤1월 2일(국사편찬위원회 대마도종가문서 DK 1382)

〈표 2-10〉 왜관 출항 선박과 조선 소가죽(牛皮)의 대마도 수송 규모(1846년)

연번	월일	선박명	수량 (枚)	내역			비고
				本前 (枚)	買增 (枚)	斤	
1	2. 13	德好丸	1,530	918	612	14,698	
		永久丸	1,640	984	656	15,989	
2	3. 15	壽德丸	900	540	350	8,574	매일기 기록 합계는 890매
3	5. 2	正寶丸	780	468	312	6,982	
		春日丸	630	378	252	5,577	
4	5. 22	神風丸	790	474	316	8,156	
		德好丸	930	558	372	9,487	
5	윤5. 1	寶德丸	590	354	236	5,034	
		壽德丸	550	330	220	4,742	
6	윤5. 23	永久丸	2,200	1,320	880	21,718	
7	6. 20	神風丸	100	60	40	1,107	
8	7. 27	德好丸	818	491	327	6,590	
		神風丸	692	415	277	5,374	
9	8. 11	寶德丸	391	235	156	2,869	
		壽德丸	360	216	144	2,700	
10	9. 28	正寶丸	550	330	220	3,875	
		春日丸	450	270	180	3,455	
11	10. 8	永久丸	902	541	361	7,352	
12	11. 9	神風丸	640	384	256	4,481	
		壽德丸	698	419	299	5,862	매일기 기록 합계는 718매
13	11. 28	德好丸	953	572	381	8,987	
		福神丸	953	572	381	9,469	
14	12. 16	春日丸	1,600	960	640	16,063	
계			19,647	11,789	7,868	179,141	매일기 기록 합계는 19,657매

자료 : 《(一代官) 每日記》(국사편찬위원회 대마도종가문서 DK 1386, 1401, 1402, 1403)

왜관에서 대마도로 수송된 우피는 오사카[大坂] 시장으로 팔려나갔다. 그 대신에 오사카에서 구리를 조달하여 조선으로 싣고 오는 형태로 대마도는 조선과 무역을 하고 있었다. 일본산 구리는 조선의 법화(法貨)인 상평통보(常平通寶)를 주조(鑄造)하는 데는 물론이고, 그 밖의 각종 구리 제품 생산에 매우 유용하게 쓰이고 있었다. 그래서 조선에서는 일본산 구리에 대한 수요가 꽤 높았다. 조선 상인과 일본 대마도 상인들은 이 점을 이용하여 서로 무역이윤을 획득하려고 노력하였다.

2) 우각조(牛角爪)

소의 뿔과 발톱을 뜻하는 우각조(牛角爪)는 우각(牛角)과 우조(牛爪)로 구분되어 (일대관) 매일기에 기재되어 있다. 또 왜관 측은 각각의 품질을 상중하 등으로 구분하여 선별하는 작업을 대마도 수송 전에 미리 마쳤다. 포장은 우각조의 경우 65근 단위로 하는 것이 보통이었다. 1846년 한 해 동안 왜관에서 대마도로 운반한 우각은 8,060근이었다. 그리고 우조는 11,505근에 달했다. 대마도를 통해 일본으로 보내진 조선의 우각조는 일본에서 농사용 퇴비를 만드는 데 쓰인 것으로 알려져 있다.

〈표 2-11〉 왜관 출항 선박과 조선 우각조(牛角爪)의 대마도 수송 규모(1846년)

연번	월일	선박명	합계	牛角								牛爪	
				上		中		中下		下		中下	
			(斤)	(斤)	내역	(斤)	내역	(斤)	내역	(斤)	내역	(斤)	내역
1	5.2	正寶丸	845			130	65斤入 2叺			65	1叺	650	65斤入 10叺
		春日丸	715									715	65斤入 11叺
2	윤5. 1	寶德丸	1,300			65	1叺			65	1叺	1,170	65斤入 18叺
		壽德丸	1,235					1,235	19叺				
3	윤5.23	永久丸	1,625	130	2叺	195	3叺			195	3叺	1,105	17叺
4	6.11	正寶丸	1,300	260	65斤入 4叺	650	65斤入 10叺					390	同 3叺[119]
		春日丸	1,040			455	同 7叺			260	同 4叺	325	同 5叺
5	9.28	正寶丸	5,135	390		1,300				195		3,250	

연번	월일	선박명	합계	牛角								牛爪	
				上		中		中下		下		中下	
			(斤)	(斤)	내역	(斤)	내역	(斤)	내역	(斤)	내역	(斤)	내역
		春日丸	4,095	195		1,235				195		2,470	
6	12.16	春日丸	2,275	65		520				260		1,430	
계			19,565	1,040		4,550		1,235		1,235		11,505	

주 : 합계는 우각(牛角)과 우조(牛爪)의 수량을 필자가 더한 것임.
자료 : 《(一代官) 每日記》(국사편찬위원회 대마도종가문서 DK 1386, 1401, 1402, 1403)

3) 황금(黃芩)

왜관 개시(開市)를 통해서 조선의 약재(藥材)가 일본으로 수출되고 있었다. 황금(黃芩, 일본어로 오공) 이외에도 부자(附子) 등 여러 가지 한약재가 대마도를 통해 일본으로 흘러들어갔다. 그런데 이 가운데 조선의 도중(都中)을 통해서 왜관의 대마도 사람들이 사들인 약재로는 황금이 대표적이다.

〈표 2-12〉 왜관 출항 선박과 조선산 약재인 황금(黃芩)의 대마도 수송 규모(1846년)

월일	선박명	계	黃芩		屑黃芩	
		(斤)	(斤)	내역	(斤)	내역
5. 2	正寶丸	5,900	5,600	80斤入 70箇	300	100斤入 3箇
	春日丸	4,900	4,400	80斤入 55箇	500	100斤入 5箇
6.11	正寶丸	3,160	2,960	80斤入 37箇	200	100斤入 2箇
	春日丸	2,520	2,320	80斤入 29箇	200	100斤入 2箇
11.9	神風丸	2,320	2,320	(기록 없음)		
	壽德丸	2,500	2,400	(기록 없음)	100	(기록 없음)
계		21,300	20,000		1,300	

자료 : 《(一代官) 每日記》(국사편찬위원회 대마도종가문서 DK 1386, 1401, 1402, 1403)

119) 사료에는 '3叺'으로 적혀 있지만, '叺'의 誤記로 보임.

1846년 한 해 동안 왜관에서 대마도로 수송된 황금(黃芩)은 21,300근이었다. 황금은 80근 단위로 포장을 하였다. 그리고 황금의 부스러기를 뜻하는 것으로 보이는 설황금(屑黃芩)은 100근 단위로 포장하였다고 생각된다. 즉 80근 단위로 포장한 황금의 개수는 약 251개로 추정된다. 그리고 100근 단위로 포장한 설황금은 13개 정도로 짐작된다.

4) 말린 해삼(煎海鼠)

해삼 말린 것을 가리켜 《(일대관) 매일기》에는 전해서(煎海鼠, 일본어로 이리코)로 적었다. 1846년 한 해 동안 말린 해삼 19,242근이 왜관에서 대마도로 운반되었다. 이것은 481가마니에 해당하는 수량이다. 대마도로 보내기 전에 왜관에서 먼저 그것을 선별하여 크기에 따라 나누고(大, 中, 並, 小 등), 그것을 다시 각각 40근 단위로 포장한 뒤 대마도로 운송한 것으로 보인다.

5) 개가죽(犬皮)

지금까지 살펴본 이른바 '사무역 4품' 정도는 아니지만, 한 가지를 더 추가한다면 개가죽[犬皮]을 들 수 있다. 1846년의 경우 12월 16일 개가죽[犬皮] 10,000매의 선적이 결정된 것으로 보인다. 그것이 왜관에서 바다를 건너 대마도로 운송되었다고 생각한다. 그런데 이것은 나카무라 쇼베에[中村庄兵衛]라는 일본 상인이 입송한 것으로 되어 있다. 그것을 조선 국내에서 조달하여 왜관까지 가져간 것은 조선 상인이었음은 더 말할 나위가 없다. 왜냐하면 왜관의 대마도 사람은 그 어느 누구도 조선 국내에서 유통되는 물품을 구하기 위하여 왜관의 수문(守門) 밖으로 자유롭게 나오는 것이 허용되지 않았기 때문이다.

〈표 2-13〉 왜관 출항 선박과 조선산 말린 해삼(煎海鼠)의 대마도 수송 규모(1846년)

연번	선박명	합계	大		中		並[120]		小	
		(斤)	(斤)	내역	(斤)	내역	(斤)	내역	(斤)	내역
5. 2	正寶丸	5,585	2,576	(40斤入 64叺) (16斤入 1叺)	680	(40斤入 17叺)	2,209	(40斤入 54叺) (49斤入 1叺)	120	(40斤入 3叺)
	春日丸	4,636	2,000	(40斤入 50叺)	532	(40斤入 12叺) (52斤入 1叺)	2,000	(40斤入 50叺)	104	(40斤入 2叺) 24斤入 1叺)
7. 27	德好丸	4,907	853	(21叺)	400	(10叺)	3,654	(91叺)		
	神風丸	4,114	800	(20叺)	320	(8叺)	2,720	(68叺)	274	(7叺)
계		19,242	6,229	156가마니	1,932	48가마니	10,583	264가마니	498	13가마니

주 : 합계는 大, 中, 並, 小의 수량을 모두 더한 것임.
자료 : 《(一代官) 每日記》(국사편찬위원회 대마도종가문서 DK 1386, 1401, 1402, 1403)

개가죽 즉 견피(犬皮)를 무역할 권리를 부여받은 상인을 왜관 측은 제한하고 있었다. 나카무라[中村庄兵衛]와 마에카와[前川太右衛門] 등 조선에서 상은(上銀)을 매집(買集)하는 상인에게만 대마도가 (犬皮의 買入을) 허가한 것이다.[121]

소가죽[牛皮]에 이어서 조선의 개가죽[犬皮]까지도 조선에서 사다가 일본 오사카[大坂] 시장에 팔아 무역이윤을 창출하려고 애쓰고 있었던 상황이 당시 대마도의 사무역 활동을 상징적으로 잘 보여준다. 이보다 좀 더 시간이 흐르면 소와 말의 뼈[牛馬骨]까지도 무역 거래품에 들어가게 된다.

지금까지 조선의 대일무역 상인의 활동에 주목하면서 19세기 초반의 대

120) 5월 2일 正寶丸과 春日丸 선적물 기록에서는 말린 해삼[いりこ]의 경우 大, 中, 小 외에 아무런 구분이 되어 있지 않은 것이 있는데, 이것이 그 이후 기록에 나오는 '並'이 아닐까 판단됨.

121) 왜관 측은 개가죽(犬皮) 무역 참가자를 中村庄兵衛와 前川太右衛門, 그리고 상은(上銀)을 사들이는(買集)하는 상인(商人)으로 국한하였다. 그러면서 개가죽(견피) 무역에 소요되는 비용을 제시하였다(犬皮 10매당 九錢 2匁 2分 運上, 同 2分 關所 運上, 大錢 5文 朝鮮濱方 運上, 九錢 4分 조선에서 대마도(御國)까지 船賃銀, 同 5리 當濱馱賃, 同 4分 대마도에서 大坂까지 船賃). 《(一代官) 每日記》 弘化 3년(1846) 8월 10일, 9월 1일(국사편찬위원회 대마도종가문서 DK 1402)

일무역 실태를 살펴보았다. 1833년과 1846년의 사례를 중심으로 공무역과 사무역의 품목과 그 수량을 왜관에서 작성한 (일대관) 매일기를 바탕으로 집계하였다. 그리고 왜관을 출입한 조선 도중(都中)의 무역 활동을 추적하였다. 그와 함께 왜관과 대마도 사이를 오갔던 선박에 실린 교역품의 종류와 수량에 대해서도 통계를 작성하였다. 이를 통해서 얻은 잠정적인 결론은 다음과 같다.

첫째, 개시(開市)에 참여한 도중은 해마다 10명을 넘지 않았다. 9명이 정원이었다는 기록도 있고, 도중 외에 총도중(惣都中)의 존재를 보여주는 자료도 발굴하였다. 그렇지만 이에 대해서는 앞으로 더 구체적인 분석이 뒤따라야 한다고 생각한다.

둘째, 왜관을 드나들었던 조선 도중의 실체와 관련하여 정자범(鄭子範)이라는 인물의 출신 배경과 그의 활약상이 전보다 더 분명해졌다. 그가 1836년부터 1856년까지 20년 동안 왜관의 《(일대관) 매일기》에 등장하고 있었던 점도 실증되었다. 자범(子範)이 정윤중(鄭允中)의 아들임이 다시 확인되었다. 자범이 전주와 서울, 부산을 오가면서 우피 등 무역품 조달에 힘을 쏟은 점도 구체적으로 밝혀졌다. 그가 전임 왜학역관(훈도)이 해결하지 못하고 상경(上京)하는 바람에 남겨져 있었던 공무역 미지급(미수) 문제를 푸는 데도 기여를 하고 있었음이 입증되었다. 그렇지만 여전히 정자범과 정윤중의 실명(實名)까지는 확인하지 못했다. 그러므로 앞으로 그의 주변에 대한 인적 연계망을 추적하는 일이 필요하다고 생각한다.

셋째, 정자범 외에 내유(乃維, 崔周翰)와 오원(五元, 朴昌壽) 같은 조선 도중(都中)들도 조선 국내시장과 왜관 개시의 연계망 속에서 전주, 대구, 서울과 부산 등을 무대로 무역 활동을 전개하고 있었음이 확인되었다. 그 과정에서 전라도 영광 법성포라든가 경상도 영해 축산포에서 무역품을 실은 선박이 난파된 사실도 새롭게 드러났다. 그렇지만 조선의 대일무역 상인의 활동을 좀 더 체계적으로 규명하기 위해서는 더 많은 사례분석이 앞으로 축적되어야 함은 물론이다.

동래상인의 무역 활동을 증명할 만한 자료가 부족한 현실을 감안하여, 이 글에서는 자료 소개에 치중한 나머지, 정자범의 무역 활동에 대한 평가에 대해서는 짤막한 언급으로 그치고 말았다. 정자범의 무역 활동이 전체 무역 규모에서 차지하는 상대적 비중 등을 다른 도중과 비교하면서 상세하게 분석하는 것도 필요하다고 생각한다.

제2절 왜학역관의 무역 활동

I. 《관수일기》로 본 왜학역관의 신원

1. 왜학역관의 품계와 관직

《관수일기》 등에 보이는 조선 역관의 품계와 관직은 정3품 이상의 당상관(堂上官)과 종3품 이하의 당하관(堂下官)으로 나뉜다. 그런데 일본 기록을 살피다 보면, 조선 역관의 명단을 적으면서 '당상 무정액(堂上無定額)'이라 적은 고문서가 보인다. 이때의 무정액이란 당상관인 이들이 직접 관장하는 업무가 없다는 뜻으로 짐작된다. '미재(美哉) 현지사(玄知事) 학로(學魯)'에서 '성시(聖始) 김첨지(金僉知) 계운(繼運)'에 이르기까지 9명의 정3품 이상 조선 역관을 열거한 고문서를 통해서,[122] 아래에서 자세하게 다루게 될 현

122) 당상 무정액(堂上無定額) 9인의 명단은 다음과 같다. ① 미재(美哉) 현지사(玄知事) 학로(學魯), ② 성옥(聖玉) 이동지(李同知) 의서(宜敍), ③ 덕관(德寬) 이첨지(李僉知) 숙(橚), ④ 치연(穉衍) 김첨지(金僉知) 시경(蓍敬), ⑤ 율경(律經) 변첨지(卞僉知) 종응(鍾應), ⑥ 자술(子述) 현첨지(玄僉知) 응조(膺祖), ⑦ 도유(道猷) 최첨지(崔僉知) 술증

학로와 김계운 등 조선 역관의 실명을 확인할 수가 있었다.

이와 관련하여 일본 대마도의 조선어 통사가 《상서기문(象胥紀聞)》에서 조선 역관의 품계와 관직에 대하여 적은 것이 참조가 된다. "지사·동지·첨지가 당상관(堂上官)이며, 그 아래 당하관(堂下官)으로는 부정(副正), 첨정(僉正), 판관(判官), 주부(主簿), 직장(直長), 봉사(奉事), 참봉(參奉)이 있었다"고 적었다.[123] 여기에서 당상관에 해당하는 지사(정2품), 동지사(종2품), 첨지사(정3품)는 중추부 직제에, 그리고 당하관인 부정(종3품), 첨정(종4품), 판관(종5품), 주부(종6품), 직장(종7품), 봉사(종8품), 참봉(종9품)은 사역원의 직제 속에 들어 있는 것을 가리킨다.

그런데 조선 역관이 너무 높은 관직으로 진출하지 못하도록 제한하는 시기가 있었다. 즉 1710년대부터는 육조(六曹)와 도총부(都摠府)의 관직은 불허하고, 동지(同知中樞府事, 종2품)와 첨지(僉知中樞府事, 정3품)까지만 역관이 승진할 수 있게 했다고 한다. 다만 홍희남(洪喜男)의 경우는 50세가 되기도 전에 숭정대부(崇政大夫) 지중추부사(知中樞府事, 정2품)에 올라 지탄을 받은 적이 있다고 한다. 다만 홍희남의 경우는 조선 정부가 그의 공로를 높이 평가하여 그가 고위직까지 오를 수 있었다고 볼 수 있다.[124] 즉 조선 역관이 오를 수 있는 가장 높은 직위(職位)가 정2품 지사이며, 그 다음이 종2품 동지, 세 번째가 정3품 첨지였다.

《관수일기》 등 왜관 기록을 통해 1854년부터 1863년까지 10년 동안 왜관과 접촉하면서 활동한 조선 역관은 약 70명이 넘는다. 다른 기록을 통해 더 보완해 나간다면 이 숫자는 더 늘어날 수가 있다. 이들은 크게 두 집단

(述曾), ⑧ 치회(穉晦) 이첨지(李僉知) 의현(宜炫), ⑨ 성시(聖始) 김첨지(金僉知) 계운(繼運). 국사편찬위원회 소장 대마도종가문서 고문서 DM 3414(《대마도종가문서고문서목록집》 I (국사편찬위원회, 1995), 1. 外交 2) 譯官·其他, 135쪽.).

123) 田代和生, 《通譯酬酢》, 일본 ゆまに書房, 2017, 252쪽.

124) 이상규, 〈역관가계 형성의 사례 검토〉, 《한국계보연구》 2, 2011, 57쪽, 68쪽.

으로 나뉜다. 하나는 임관(任官)이라 불린 훈도(訓導)와 별차(別差)이다. 다른 하나는 차비역관(差備譯官 ; 약칭 차비관)이라든가 출사관(出仕官) 등으로 불리는 사람들인데, 이들은 조선 정부가 한양에서 동래부로 임시 파견한 역관들이다. 대마도에서 조선으로 건너오는 정기적인 연례송사(年例送使 ; 原送使)나 부정기적인 차왜(差倭 ; 別送使)를 접대하는 일을 돕는 것이 그들의 임무였다.

2. 왜관을 출입한 훈도(訓導)의 신원(1854~63년 ; 5명)

훈도와 별차는 임기가 정해져 있었다. 《경국대전》에 따르면 훈도의 임기는 900일(30개월)이었다. 1623년(인조 1) 신설된 별차의 임기는 1년이었다. 훈도와 별차가 한양을 출발하여 임지(任地)인 동래부에 닿으면 이 사실을 왜관 측에 알렸다. 그런데 왜관 기록에서는 그것을 도임(到任)으로 표기하였다. 즉 훈도와 별차를 가리켜 임관(任官)이라 불렀으며, 그들이 근무하는 곳을 임소(任所), 그곳에 도착하는 것을 도임(到任)이라 하였다.

분석 기간(1854~63년)에 다섯 명의 훈도가 도임(到任)과 이임(離任)을 되풀이하면서 양국 간 실무 교섭을 이끌어나갔다. 김시경(1852.8~ 1855.2) → 현학로(1855.2~1857.4) → 김계운(1857.4~1859.10) → [김계운의 임기 중에 임시 훈도 한기순(1858.3.15~동년 3.26)] → 현학로(1859.10~ 1862.2) → 이한기(1862.2~1864.6)로 이어지는 순서대로 소개하면 다음과 같다(연월일은 일본 자료에 적힌 日本曆에 따름).

① 치연(稺衍) 첨지(정3품) 김시경(金蓍敬) : 1852.08.28~1855.02.02(재임 890일)

② 미재(美哉) 지사(정2품) 현학로(玄學魯) : 1855.02.10~1857.04.09(재임 768일)

③ 성시(聖始) 첨지(정3품) 김계운(金繼運) : 1857.04.09.~1859.10.06(재임

911일)

④ (가훈도) 군혜(君惠) 주부(종6품) 한기순(韓琦淳) : 1858.03.15.~1858.03.26(재임 12일)

⑤ 미재(美哉) 지사(정2품) 현학로(玄學魯) : 1859.10.11.~1862.02.10(재임 857일)

⑥ 중남(仲南) 동지(종2품) 이한기(李漢紀) : 1862.02.29.~1864.06.04(재임 832일)

위에서 보듯이 ④의 임시 훈도를 의미하는 가훈도(假訓導)까지 포함하면, 분석 기간 10년 동안 신구 훈도의 교대가 여섯 차례 있었다. 이 기간에 미재 현지사(현학로)가 두 번이나 훈도를 맡았으니[再任], 실제 훈도를 역임한 인원수는 5명이 되는 셈이다. 그런데 현학로는 그 전에도 훈도에 재임(在任)한 적이 있었다. 1835년 4월 21일 현재까지 그가 훈도를 맡고 있었으며, 그 뒤 1844년 2월 27일부터 1846년 5월 30일 현재까지도 그가 훈도 자리에 있었음이 기록으로 확인된다. 이처럼 네 차례나(?~1835년, 1844~46년, 1855~57년, 1859~62년) 훈도를 역임한 현학로 같은 인물도 있었다는 사실이 퍽 흥미롭다.

조선 역관의 실명(實名)은 조선 역관의 합격자 명부인 《잡과방목(雜科榜目)》을 통해서 확인할 수 있다. 위에 소개한 것처럼 실명이 확인된 훈도 5명의 신원은 다음과 같다.

① 치연 김첨지는 김시경(金蓍敬), 1787년생, 1819년 식년시 입격

② 미재 현지사는 현학로(玄學魯), 1802년생, 1825년 식년시 입격

③ 성시 김첨지(나중에 同知로 陞品)는 김계운(金繼運), 1808년생, 1831년 식년시 입격[125)]

125) "《조선시대잡과합격자총람》(한국정신문화연구원, 1990)이 미국 하바드대학교에 소장된 《象院科榜》의 내용을 입력한 것인데, 여기에서는 金繼運의 字가 聖壽로 되어 있다. 그런데 서울대학교 규장각한국학연구원의 《譯科榜目》(奎 12654)에는 그것이

④ 군혜(君惠) 한주부는 한기순(韓琦淳), 1839년생, 1858년 입격
⑤ 중남 이동지는 이한기(李漢紀), 1825년생, 1848년 증광시 입격

〈표 2-14〉 동래부에 파견된 훈도(1854~63년)

연번	구분	字	姓+職	姓名	출생 연도	譯科 入格	동래부 到任	최종 연월일	在任 日數	주요 내용
1	훈도	穉衍	金僉知 (同知)	金著敬	1787	1819 式	1852. 08.28	1855. 02.02	890	•1854.12.19 金僉知가 同知로 昇品하였음을 왜관에 알림
2	훈도	美哉	玄知事	玄學魯	1802	1825 式	1855. 02.10	1857. 04.09	768	•1855.2.10 신임 훈도 美哉 玄知事 到任(2.10)을 왜관에 알림
							1859. 10.11	1862. 02.10	857	•1859.10.11 신임 훈도 美哉 玄知事 到任(10.11)을 왜관에 알림
3	훈도	聖始	金僉知	金繼運	1808	1831 式	1857. 04.09	1859. 10.06	911 (가훈도 한주부의 재임 12일 제외)	•1857.4.9 신임 훈도 聖始 金同知가 동래부로 내려왔음(4.9)을 왜관에 알림
4	가훈도	君惠	韓主簿	韓琦淳	1839	1858 式	1858. 03.15	1858. 03.26	12	•1858.3.15 훈도 聖始 金同知가 巡營 갔다올 때 까지 차비관 군혜 한주부가 兼官[假訓導]. •동년 3.26 신임 부산첨사 張昌煥 到任(3.24)을 왜관에 알림
5	훈도	仲南	李同知	李漢紀	1825	1848 增	1862. 02.29	1864. 06.04	832	•1862.2.29. 신임 훈도 仲南 李同知 到任(2.29)을 왜관에 알림 •1864.6.5. 신임 훈도 學一 李主簿 到任(6.4)을 왜관에 알림 •1864.6.7. 신임 훈도 學一이 관수와 첫 대면을 하고, 전임 훈도[古訓導] 仲南에게 관수가 餞別을 베품

주 : 월일은 《(館守) 每日記》에 실린 기사의 일자로서 日本曆에 따른 것이며, 조선 역관 문서의 작성일자와 일치하지 않은 경우도 있음. 그리고 조선력이 이와 다를 때는 괄호 안에 표기함.
자료 : 《(館守) 每日記》 각 연도(일본 국립국회도서관 소장)
《朝鮮時代雜科合格者總攬—잡과방목의 전산화—(고전자료총서 90-5)》(이성무·최진옥·김희복 편, 1990, 한국정신문화연구원).
《雜科榜目》(서울대학교 규장각한국학연구원 소장, 奎 12654)

聖始로 적혀 있어서 두 기록 사이에 차이가 있다"는 사실을 한일관계사학회 월례발표회(2018.3.10, 전북대학교)에서 필자의 발표에 대하여 토론을 맡아준 이상규 사료연구위원의 도움으로 알게 되었다. 聖始 金僉知를 金繼運으로 추정할 수 있게 된 것은 그 덕분이다.

조선 정부가 동래부에 파견한 훈도가 임지(任地)에 도착했는지 여부는 왜관 측이 중요하게 여기고 있던 정보였다. 그래서 조선 측은 왜관에 있는 조선어통사를 통해서 이 사실을 구두로 전달하였으며, 적어도 18세기 초반 이후가 되면 조선 역관들이 그것을 문서로 작성하여 관수 등에게 알리는 것이 관행처럼 되어 있었던 것 같다.

치연 김첨지[김시경]의 사례를 소개하면 다음과 같다. 《관수일기》 1852년 8월 28일 기사를 보면, "신임 훈도 치연 김첨지가 오늘(8.28) 도임(到任)하였다"는 내용의 문서가 필사되어 있다. 이 문서의 작성 일자는 '임자[1852] 8월 28일'이다. 이 문서의 작성자는 임시 훈도(假訓導) 명중(命仲) 김주부(金主簿)와 별차 극천(極天) 현첨정(玄僉正)이며, 수신자는 관수[館司]이다. 치연 김첨지는 1855년 2월 2일까지 890일 동안 재임(在任) 하였다. 그 사이에 그는 첨지(정3품)에서 동지(종2품)로 품계가 올라갔는데, 이 사실을 별차 문백(文伯) 최주부(崔主簿)가 왜관에 알렸음을 《관수일기》 1854년 12월 19일 기사를 통해서 확인할 수 있다.

앞에서 서술한 것처럼 훈도의 재임 기간은 900일로 정해져 있었다. "서울과 지방의 여러 가지 어학(語學)의 훈도(訓導)는 근무 일수(勤務日數) 900이 차면 갈린다."고 정해 놓은 것이 바로 그것이다.126) 이에 대하여 《증정교린지》에는 "부산 훈도 1원 : 교회(敎誨)를 차송하였고, 30개월 만에 교체하며, 변정(邊情)을 전담하여 관리하였다"고 적혀 있다.127)

위의 《관수일기》에 실린 조선 역관의 문서를 바탕으로 하여 계산한 1854~63년 훈도의 재임 기간을 보면, 5명 가운데 김계운이 유일하게 911일로 900일[30개월]을 넘겼다. 나머지는 모두 900일을 채우지 못하였다. 이 기간에 임시 훈도를 제외한 나머지 훈도 중에서는 현학로의 첫번째 재임이 768일로 재임 기간이 가장 짧았다. 다음으로 이한기는 832일, 현학로(再任)

126) 《經國大典》 吏典 京官職 司譯院.
127) 김건서 저, 하우봉·홍성덕 역, 《국역 증정교린지》, 민족문화추진회, 1998, 111쪽.

는 857일, 김시경은 890일이었다. 이처럼 훈도의 재임 기간이 조금씩 차이를 보였다.

3. 왜관을 출입한 별차(別差)의 신원(1854~63년 ; 12명)

〈표 2-15〉에 제시한 것처럼 1854년부터 1863년까지 《관수일기》를 통해서 확인된 별차 12명(임시 별차 포함)은 모두 사역원(司譯院) 종6품 주부(主簿) 품계를 지니고 있었던 역관들이었다. 이것은 훈도의 경우와 대조를 보인다. 〈표 2-14〉에서 보았듯이 임시 훈도 1인의 품계가 주부(종6품)인 것을 제외한다면, 훈도는 모두 지사(정2품), 동지(종2품), 첨지(정3품) 등 당상관 직위에 오른 인물로 보임되었다.

〈표 2-15〉 동래부에 파견된 별차(1854~63년)

No	구분	字	姓+職	姓名	출생연도	譯科入格	동래부到任	최종연월일	在任日數	비고
1	가별차	景止	金主簿				(1853.04.20 현재)			•1853.01.11. 별차 子重 金僉正 •1853.04.20. 가별차 경지 김주부 •1853.05.03. 별차 聖浩 朴主簿
							1853.12.24	(1854.03.11. 현재)	77	•1853.12.24. 차비관 경지 김주부가 假別差로 差定됨
2	별차	文伯	崔主簿	崔性孝	1826	1848 增	1854.04.04	1855.03.28 (조선 03.29)	380	
3	별차	錫元	玄主簿				1855.03.29 (조선 03.30)	1856.07.19	436 (假別差 재임 27일 제외)	
4	가별차	元弼	李主簿				1855.09.07	1855.10.03	27	•석원 현주부가 병이 나서 1855.9.7 元弼 李主簿를 假別差로 差出
5	별차	俊卿	安主簿	安東畯	1826	1849 式	1856.07.19	1856.10.13 (조선 10.14)	84	
6	별차	明老	秦主簿	秦喜哲	1823	1852 式	1856.10.13 (조선 10.14)	(1857.09.14. 현재)	356	

No	구분	字	姓+職	姓名	출생연도	譯科入格	동래부到任	최종연월일	在任日數	비고
7	별차	景本	李主簿	李宗懋	1827	1852 式	(1858.02.04)	1859.08.08	484 (假別差 재임 52일 제외)	
8	가별차	明仲	金主簿				1858.03.15	1858.05.08	52	•별차 景本 李主簿가 賻物 가지고 上京했다가 돌아올 때가지 明仲 金主簿가 兼官(假別差)
9	별차	學一	李主簿	李本修	1823	1849 式	1859.08.16.	(1861.01.23. 현재)	540	•1864.06.25. 현재 訓導 학일 이주부
10	별차	敬肅	李主簿	李競謨	1829	1850 增	1861.05.07			•敬肅과 敬甫는 동일인 •1861.06.21. 敬肅을 敬甫로 字號를 바꿈
(10)	별차	敬甫	李主簿	李競謨	1829	1850 增	1861.05.07	1862.05.21 (조선 05.22)	376	
11	별차	君惠	韓主簿	韓琦淳	1839	1858 式	(1862.06.16)	(1863.04.02 현재)	312	
12	별차	大年	崔主簿	崔學民	1802	1837 式	1863.04.09	(1864.05.16)	391	•1864.05.17. 가별차 敬(景)汝 韓主簿

주 : 월일은 《(館守) 每日記》에 실린 기사의 일자로서 日本曆에 따른 것이며, 조선 역관 문서의 작성일자와 일치하지 않은 경우도 있음. 그리고 조선력이 이와 다를 때는 괄호 안에 표기함.

자료 : 《(館守) 每日記》 각 연도(일본 국립국회도서관 소장)

《朝鮮時代雜科合格者總攬—잡과방목의 전산화—(고전자료총서 90-5)》(이성무·최진옥·김희복 편, 1990, 한국정신문화연구원).

《雜科榜目》(서울대학교 규장각한국학연구원 소장, 奎 12654)

1620년대 初까지만 하더라도 훈도 1인이 소통사의 보조를 받으면서 대일(對日) 업무를 처리해 왔다. 그러다가 임진왜란 이후 조·일 간 통교가 더욱 활발해지면서 업무량이 늘어나 별차 1인을 추가로 배정하게 되었다. 앞에서도 언급하였듯이 1623년(인조 1) 이후 신설된 별차의 임기는 1년이다. 《증정교린지》에 따르면 "별차 1원 : 교회(敎誨)나 역과(譯科)에 급제한 총민(聰敏)을 임명하였으며, 1년을 주기로 교체한다."고 되어 있다.[128]

별차의 실제 재임(在任) 기간은 편차가 컸다. 먼저 임시 별차[假別差]는

128) 김건서 저, 하우봉·홍성덕 역, 《국역 증정교린지》, 민족문화추진회, 1998, 111쪽.

이 기간에 세 차례 정도 있었다. 임시 별차는 재임 기간이 짧았는데, 가장 짧은 것은 27일로 한 달이 채 못 되었으며(〈표 2-15〉의 연번 4), 그 다음으로는 52일(〈표 2-15〉의 연번 8), 77일이었다(〈표 2-15〉의 연번 1). 임시 별차를 논외로 한다면, 별차는 대체로 정해진 임기를 채운 것으로 보인다. 다만 눈에 띄게 재임 기간이 길었던 경우가 두 차례 있었다.

첫 번째는 학일(學一) 이주부(李主簿)의 사례이다. 그가 별차를 맡았던 1859년 8월 16일부터 1861년 1월 23일 현재까지 재임 일수를 계산해 보면 540일이었다. 이것은 분석 기간 중 최장(最長) 사례로 꼽힌다. 《잡과방목》에 실린 이본수(李本修)가 학일 이주부의 실명(實名)으로 추정되는데, 그는 1823년 출생으로 1849년 식년시에서 역과에 입격하였다. 《관수일기》 1864년 6월 25일 기사를 보면, 학일 이주부[이본수]가 당시 훈도를 맡고 있었음을 알 수 있다(〈표 2-15〉의 연번 9).

별차 12명 가운데 두 번째로 장기간 재임했던 왜학역관은 석원(錫元) 현주부(玄主簿)였다. 그는 1855년 3월 29일(조선 3월 30일)부터 1856년 7월 19일까지 별차를 역임하였다. 그런데 이 기간에 석원 현주부가 병이 나서 1855년 9월 7일부터 동년 10월 3일까지 27일 동안 원필(元弼) 이주부(李主簿)가 임시 별차[假別差]로서 빈자리를 채웠다. 그래서 이 기간을 빼더라도 석원 현주부의 재임 기간은 436일이 된다(〈표 2-15〉의 연번 3과 4).

앞에 서술한 학일 이주부의 사례와 마찬가지로, 석원 현주부의 별차 재임 기간은 1년을 넘기기는 하였지만, 그것이 2년에 육박한 것은 아니었다. 더구나 그들이 재임(再任) 했던 것은 아니었다. 다시 말해서 분석 기간(1854~63년)에 한정해 볼 때, 임시 별차를 포함하여 12명의 조선 역관이 1년 임기에 조금 미달하거나 그것을 약간 초과하면서, 별차의 임무를 수행하였다. 이 가운데 《잡과방목》 등과 대조하여 실명을 확인한 별차는 8명이다.

① 문백(文伯) 최주부는 최성효(崔性孝), 1826년생, 1848 증광시 입격

② 준경(俊卿) 안주부는 안동준(安東晙), 1826년생, 1849 식년시 입격
③ 명로(明老) 진주부는 진희철(秦喜哲), 1823년생, 1852 식년시 입격
④ 경본(景本) 이주부는 이종무(李宗懋), 1827년생, 1852 식년시 입격
⑤ 학일(學一) 이주부는 이본수(李本修), 1823년생, 1849 식년시 입격
⑥ 경숙(敬肅) 또는 경보(敬甫)[129] 이주부는 이경모(李競謨), 1829년생, 1850 증광시 입격
⑦ 군혜(君惠) 한주부는 한기순(韓琦淳) 1839년생, 1858 식년시 입격
⑧ 대년(大年) 최주부는 최학민(崔學民) 1802년생, 1837 식년시 입격

훈도와 별차는 직급과 경력뿐만 아니라, 나이에서도 큰 차이가 났다. 훈도가 나이로 보나 경력 또는 직급으로 보나 고령의 베테랑이었다고 한다면, 그와 짝을 이룬 별차는 혈기 왕성한 신참의 이미지를 짙게 풍긴다.

예를 들면 1852년 8월 28일부터 1855년 2월 2일까지(890일) 치연(穉衍) 김시경(金蓍敬)이 훈도로 재임하는 동안에 별차로 근무한 사람이 문백(文伯) 최성효(崔性孝)라는 인물이었다. 1854년 4월 4일부터 1855년 3월 28일까지(380일) 최성효의 별차 재임 기간은 훈도 김시경의 마지막 근무 기간과 거의 일치한다. 그런데 김시경은 1787년생으로 1819년 식년시에 입격하였으며, 최성효는 1826년생으로 1848년 증광시에 입격하였다. 1855년 시점을 기준으로 할 때, 훈도 김시경은 68세인데 별차 최성효는 29세였으니, 두 사람 사이에 40살 가까이 차이가 났다. 1855년 2월 김시경의 뒤를 이어 훈도로 부임한 미재(美哉) 현학로(玄學魯)의 나이가 53세였는데, 별차 최성효의 나이가 29세였다. 두 사람 사이에 24살 차이가 났다. 그리고 신원이 확인된 별차 8인의 재임 기간을 다시 정리하면 다음과 같다.

---

129) 이주부(이경모)가 그의 자호(字號)를 경숙(敬肅)에서 경보(敬甫)로 바꾸었음이 왜관측에 전달되었다(《(館守) 每日記》 文久 원년(1861) 6월 21일).

① 문백 최주부 최성효 ; 1854년 4월 4일부터 1855년 3월 28일(조선 3.29)까지 380일
② 준경 안주부 안동준 ; 1856년 7월 19일부터 1856년 10월 13일(조선 10.14)까지 84일
③ 명로 진주부 진희철 ; 1856년 10월 13일(조선 10.14)부터 1857년 9월 14일까지 356일
④ 경본 이주부 이종무 ; 1858년 2월 4일부터 1859년 8월 8일까지 484일
⑤ 학일 이주부 이본수 ; 1859년 8월 16일부터 1861년 1월 23일까지 540일
⑥ 경숙(경보) 이주부 이경모 ; 1861년 5월 7일부터 1862년 5월 21일(조선 5.22)까지 376일
⑦ 군혜 한주부 한기순 ; 1862년 6월 16일부터 1863년 4월 2일까지 312일
⑧ 대년 최주부 최학민 ; 1863년 4월 9일부터 1864년 5월 16일까지 391일

4. 왜관을 출입한 차비관(差備官)의 신원(1854~63년 ; 51명)

《증정교린지》에 따르면 조선 정부는 일본에서 연례송사(年例送使)나 차왜(差倭)가 건너올 때마다 접위관(接慰官)과 함께 차비관(差備官)과 출사관(出仕官)을 정해서 일본인들을 접대하도록 했다.[130] 이때의 차비관과 출사

130) 조선 정부가 접위관(接慰官)을 정하여 보내면서 중앙에서 그와 별도로 차비관(差備官)을 선발하여 동래로 내려보낸 까닭에 대해서는《(館守) 每日記》의 기록만으로는 분명하게 알기 어렵다. 몇 가지 추측을 해 본다면 접위관을 위한 통역(通譯) 지원이 차비관에게 주어진 첫 번째 임무였을 것이다. 그런데 동래부(東萊府)에 파견된 임관[훈도와 별차]과 소통사가 통역 업무를 지원할 수도 있었기 때문에, 통역 이외의 기능을 차비관이 맡았을 것으로 보인다. 예를 들면 예조(禮曹)에서 동래부로 가져가는 서계(書契)나 별폭(別幅), 그 밖의 각종 예물을 지참하고 가는 일과 접위관에게 일본 사정에 관한 정보를 제공하는 일 등을 통해서, 차비관이 접위관의 활

관은 역관이 맡은 것으로 보인다. 그런데 왜관 기록에서는 접위관(接慰官)의 통역을 맡거나 그를 보좌하는 차비관과 출사관을 서로 구분하지 않고, 일본 송사나 사신의 명칭에 차비관을 붙여서 '조위사 차비관'과 같은 식으로 표기하였다.

《관수일기》를 통해서 신원이 확인되는 차비관은 〈표 2-16〉과 같다. 여기에 소개한 조선 역관 51명은 1854년부터 1863년까지 10년 동안 왜관을 출입한 차비관의 자(字)를 기준으로 정렬한 것이다. 게다가 훈도나 별차에 대해서는 《관수일기》에 거의 빠짐없이 기록이 되어 있는 데 반해서, 차비관에 관한 것은 기록이 미비한 사례가 적지 않다. 추후 다른 자료를 활용하여 더 보완할 필요가 있음은 물론이다.

앞에서 언급한 것처럼 《관수일기》를 보면 왜관의 일본인들이 차비관(差備官)과 출사관(出仕官)을 구분하지 않고, 이들을 모두 '차비관'이라는 용어로 통일하고 있음을 알 수 있다. 그리고 조선 측의 접대 규정을 받아들이면서도 일본 입장에서 이해하기 쉽게 일부 표현을 수정하여 사용하고 있었던 것으로 보인다.

예를 들면 《증정교린지》에 보이는 '일특송사 출사'가 〈표 2-16〉에서는 '일특송 차비관'으로, 그리고 '표인영래차왜 출사'가 〈표 2-16〉에서는 '표차사(漂差使) 차비관'으로 표현되고 있다. 왜관 거주 일본인들이 조선 정부의 규정 속에 들어 있는 왜인(倭人) 또는 왜(倭)라는 낱말을 일부러 쓰지 않으려는 의식이 겉으로도 표출되어 있을 뿐만 아니라, 용어를 좀 더 짧게 줄여서 사용하는 약어(略語) 사용법이 함께 표현되어 있음을 이 사례를 통해서 알 수 있다.

표에 제시된 차비관 51명 가운데 46명이 사역원 주부(종6품) 품계를 지니고 있었던 역관들이었다. 이들보다 품계가 높은 차비관은 5명뿐이었다.

동을 도왔던 것이 아니었을까 짐작해 본다.

정2품인 극천 현지사를 비롯하여, 정3품인 무경 최첨지, 성시 김첨지, 원백 정첨지, 중남 이첨지가 거기에 해당한다.

〈표 2-16〉 동래부에 파견된 차비관(1854~63년)

No	구분	字	姓+職	姓名	출생연도	譯科入格	下來年度	임무	비고
1	차비관	景汝	尹主簿				1851	•02.06. 1특송사 차비관	
							1861	•08.11. 재순 표차사 예단 차비관	
2	차비관	景止	金主簿				1854	•04.11. 부특송사 차비관 •09.26. 嗣位使 차비관	
							1855	•09.07. 차비관	
							1857	•06.25. 부특송 차비관	
3	차비관	景七	崔主簿				1862	•06.16. 이정암송사 차비관	
4	차비관	君善	李主簿				1855	•07.19. 殞命 표차사	
5	차비관	君實	李主簿	李熙聞	1795	1843 式	1857	•05.03. 특송사 차비관	
6	차비관	君章	李主簿	李哲懋	1813	1840 式	1859	•04.25. 立儲 대차사 당하 차비관	
7	차비관	君惠	韓主簿	韓琦淳	1839	1858 式	1856	•06.18. 제1선송사 차비관	
							1857	•05.20. 운명사 차비관	
							1858	•03.05. 조위사 차비관	
								•03.10. 조위사 차비관	
							1860	•04.07. 嗣位 대차사 당하 차비관 •05.10. 嗣位 대차사 당하 차비관	
8	차비관	極天	玄知事	玄鐘	1814	1844 增	1859	•08.24. 大訃 대차사 당상 차비관	
9	차비관	基德	李主簿				1855	•02.07. 연한재판 서계 차비관	
10	차비관	乃賢	鄭主簿				1862	•윤2.06. 재순 표차사 차비관	
11	차비관	大年	崔主簿	崔學民	1802	1837 式	1856	•01.15. 만송원송사 차비관	
12	차비관	大有	秦主簿				1854	•12.18.이정암송사 서계 차비관	
							1859	•11.10. 대부 대차사 서계 차비관	
							1860	•02.17. 제1선송사 차비관	
13	차비관	明汝	高主簿	高在健	1808	1835 增	1855	•09.22. 이정암송사 차비관	
14	차비관	明俊	金主簿				1862	•08.05. 죄인 金學甫 데려감(수신인 禁徒 僉公) •08.05. 초량 朴光元 체포(수신인 禁徒 僉公)	
15	차비관	明仲	金主簿				1854	•08.02. 殞命使 서계 차비관	
							1857	•08.07. 제1선 송사 차비관	
							1858	•03.15. 假別差[별차 景本 李主簿가 賻物 관련 上京했다 돌아올 때가지]	
							1861	•06.25. 관수 차비관	
							1863	•04.24. 관수 차비관	
16	차비관	懋卿	崔僉知				1854	•윤7.23. 嗣位 대차사 당상 차비관	

No	구분	字	姓+職	姓名	출생연도	譯科入格	下來年度	임무	비고
								•08.02. 嗣位 대차사 당상 차비관 •09.24. 嗣位 대차사 당상 차비관	
17	차비관	士言	玄主簿				1856	•08.06. 초순 표차사 차비관	
18	차비관	碩浦	鄭主簿				1863	•02.23. 4순 표차사 차비관	
19	차비관	聖登	李主簿				1856	•09.29. 3순 표차사 차비관	
								•10.05. 차비관 元弼 李主簿가 병이 나서 聖登 李主簿가 내려와 교체함	
20	차비관	星老	金主簿				1855	•04.07. 갑인년조(1854) 1특송사 차비관	
21	차비관	聖三	金主簿				1854	•09.20. 대차사(嗣位使) 차비관	
								•09.26. 嗣位使 차비관 景止 김주부가 병이 나서 聖三 김주부로 교체함 •12.26. 차비관 聖三 金主簿가 병이 나서 上京(이정암송사 회답 서계 차비관을 大有 秦主簿로 결정)	
							1858	•12.09. 초순 표차사 차비관	
							1859	•07.05. 立儲 대차사 (禮單) 차비관	
							1860	•04.19. 초순 재순 3순 표차사 차비관 •12.04. 이정암송사 차비관	
22	차비관	聖修	金主簿				1857	•06.25. 재순 표차사 차비관	
23	차비관	聖始	金僉知				1854	•06.08. 大訃 大差使 당상 차비관	훈도 前
							1862	•04.04. 修聘 대차사 접대 講正官	훈도 後
24	차비관	性汝	玄主簿				1862	•07.14. 만송원송사 차비관	
25	차비관	聖維	韓主簿				1854	•04.24. 계축(1853) 5순 표차사 차비관	
26	차비관	聖浩	朴主簿	朴養性	1816	1844 增	1858	•06.25. 부특송사 차비관	1853. 10.02. 별차
							1859	•08.24. 大訃 대차사 당하 차비관	
27	차비관	永叔	李主簿				1861	•02.22. 1특송사 차비관	
28	차비관	英五	韓主簿				1863	•01.24. 제1,2,3선송사 차비관	
29	차비관	永天	韓主簿				1863	•01.27. 殞命使 차비관	
30	차비관	永煥	朴主簿				1858	•02.02. 만송원송사 차비관	
31	차비관	元明	玄主簿				1854	•07.22. 대부 대차사 (예단) 차비관	
32	차비관	元伯	鄭僉知				1859	•04.25. 立儲 대차사 당상 차비관	
33	차비관	元信	趙主簿				1855	•01.28. 만송원송사 (서계) 차비관	
34	차비관	元章	朴主簿				1861	•12.18. 1특송사 차비관	
35	차비관	元仲	韓主簿				1857	•04.18. 만송원송사 차비관	
36	차비관	允汝	李主簿				1860	•02.03. 호송 재판 차비관	
37	차비관	義之	尹主簿				1861	•10.07. 5순 표차사 차비관	
							1862	•11.22. 부특송사 차비관	
							1863	•06.20. 1특송사 차비관 •07.26. 서관 동대청 서행랑 감동	

No	구분	字	姓+職	姓名	출생연도	譯科入格	下來年度	임무	비고
38	차비관	子田	朴主簿				1855	•07.28. 부특송사 서계 차비관	
							1861	•08.11. 3순 표차사 예단 차비관	
39	차비관	子珍	玄主簿				1861	•12.18. 만송원송사 차비관	
40	차비관	仲南	李僉知	李漢紀	1825	1848 增	1860	•04.07. 嗣位 대차사 당상 차비관 •05.10. 嗣位 대차사 당상 차비관	
41	차비관	仲舒	鄭主簿				1862	•윤2.06 초순 표차사 차비관 •06.16. 제1선송사 차비관	
42	차비관	重舒	鄭主簿				1862	•04.19 대차사 서계 차비관	
43	차비관	仲聖	安主簿				1856	•10.11. 이정암송사 차비관	
							1858	•03.05. 조위사 차비관	
44	차비관	仲直	金主簿				1854	•윤7.10. 제1선송사 차비관	
45	차비관	冲成	安主簿				1855	•10.06. 을묘조(1855) 초순 표차사 차비관	
46	차비관	致伯	張主簿				1854	•04.24. 계축(1853) 6순 표차사 차비관	
47	차비관	致承	玄主簿				1855	•09.02. 제1,2,3선송사 차비관 •12.29. 1특송사 차비관	
48	차비관	穉養	吳主簿	吳致默	1800	1846 式	1854	•07.26. 갑인년(1854) 대부 대차사 당하 차비관	
49	차비관	致養	吳主簿				1854	•06.08. 大訃 大差使 당하 차비관	
								•07.10. 대차사 당하 차비관(부특송사 서계 차비관을 兼官하여 내려옴)	
							1856	•03.15. 재판 차비관 •03.18. 을묘(1855) 도해 호송재판 차비관	
50	차비관	學永	玄主簿				1854	•05.27. 초순 표차사 차비관	
51	차비관	和瑞	鄭主簿				1863	•02.23. 이정암 제4선송사 차비관	

주 : 월일은 《(館守) 每日記》에 실린 기사의 일자로서 日本曆에 따른 것이며, 조선 역관 문서의 작성일자와 일치하지 않은 경우도 있음. 그리고 조선력이 이와 다를 때는 괄호 안에 표기함.

자료 : 《(館守) 每日記》 각 연도(일본 국립국회도서관 소장)

《朝鮮時代雜科合格者總攬—잡과방목의 전산화—(고전자료총서 90-5)》(이성무·최진옥·김희복 편, 1990, 한국정신문화연구원)

《雜科榜目》(서울대학교 규장각한국학연구원 소장, 奎 12654)

자료 제약 때문에 위 51명의 신원을 모두 확인하기란 쉽지 않다. 이 글에서는 《잡과방목(雜科榜目)》에 올라와 있는 왜학역관의 자(字)를 실마리로 하여 이들의 신원을 추적해 보았다. 그렇게 해서 자(字)가 일치하고 성(姓)이 동시에 일치하면 잠정적으로 동일인으로 추정하였다. 그 결과 차비관 51명 가운데 실명(實名)이 확인된 역관은 9명이었다.

① 군실(君實) 이주부는 이희문(李熙聞), 1795년생, 1843 식년시 입격
② 군장(君章) 이주부는 이철무(李哲懋), 1813년생, 1840 식년시 입격
③ 군혜(君惠) 한주부는 한기순(韓琦淳), 1839년생, 1858 식년시 입격
④ 극천(極天) 현지사는 현종(玄鐘), 1814년생, 1844 증광시 입격
⑤ 대년(大年) 최주부는 최학민(崔學民), 1802년생, 1837년 식년시 입격
⑥ 명여(明汝) 고주부는 고재건(高在健), 1808년생, 1835 증광시 입격
⑦ 성호(聖浩) 박주부는 박양성(朴養性), 1816년생, 1844 증광시 입격
⑧ 중남(仲南) 이첨지는 이한기(李漢紀), 1825년생, 1848 증광시 입격
⑨ 치양(稺養) 오주부는 오치묵(吳致默), 1800년생, 1846 식년시 입격

그런데 《잡과방목(雜科榜目)》에 올라와 있는 역관의 자(字)가 서로 중복되는 경우도 더러 있다. 예를 들면 군선(君善)이라는 자(字)를 쓴 변의규(卞義圭)가 있지만, 《관수일기》에 나오는 군선(君善)이라는 자(字)를 가진 차비관은 이주부(李主簿)였기에 서로 성이 다르다(〈표 2-16〉의 연번 4). 대유(大有) 진주부(秦主簿 ; 〈표 2-16〉의 연번 12)와 영숙(永叔) 이주부(李主簿 ; 〈표 2-16〉의 연번 27)도 마찬가지 이유로 그들의 실명(實名)을 확정하지 못하였다.

그리고 자(字)의 음은 같지만, 한자가 다른 경우도 있어서 주목된다. 중서(仲舒) 정주부와 중서(重舒) 정주부(〈표 2-16〉의 연번 41, 42), 그리고 치양(稺養) 오주부와 치양(致養) 오주부(〈표 2-16〉의 연번 48, 49)가 그러한 사례이다. 이 경우는 동일인으로 볼 수도 있다. 다만 더 많은 증거를 확보하여 추적해 나갈 필요가 있음은 물론이다.

Ⅱ. 《관수일기》로 본 왜학역관의 무역 활동

1. 김시경·현학로·이한기·최성효·이본수·한기순·최학민 등의 공작미 관련 활동

《관수일기》(1854~63년)에 실린 조선 역관의 문서 중에서 쌀[공작미]이라든가 면포[공목] 등과 관련된 것을 중심으로 소개하고자 한다. 〈표 2-17〉에서 보는 것처럼 이 문서를 작성한 조선 역관은 8명이었는데, 이 가운데 임시 별차[가별차] 경지(景止) 김주부(종6품)를 제외한 7명의 신원이 확인되었다.

〈표 2-17〉 쌀(公作米) 지급 관련 각서를 작성한 조선 역관(1854~63년)

No	각서 작성자		품목	내용	관수일기
1	훈도 穉衍 김첨지 (金蓍敬)	임시 별차 景止 김주부	공작미	1852년조 3천 섬을 동전으로 대납	1854.01.05
2	훈도 穉衍 김첨지 (金蓍敬)	별차 文伯 최주부 (崔性孝)	겸대미	1853년조 1천 섬을 동전으로 대납	1854.12.30
3	훈도 美哉 현지사 (玄學魯)	별차 學一 이주부 (李本修)	공작미	1860년조 3천 3백 섬을 동전으로 대납	1860.12.27
4	훈도 仲南 이동지 (李漢紀)	별차 君惠 한첨지 (韓琦淳)	공작미 공목	1861년조 3천 5백 섬과 1862년조 180동을 동전으로 대납	1862.12.12
5	훈도 仲南 이동지 (李漢紀)	별차 大年 최주부 (崔學民)	공작미	1862년조 2천 섬을 동전으로 대납	1863.05.06

이들을 출생 연도가 빠른 순서로 나열하면 다음과 같다. ① 훈도 치연 김첨지(동지)는 김시경(1787년생, 1819년 식년시)이며, ② 훈도 미재 현지사는 현학로(1802년생, 1825년 식년시), ③ 별차 대년 최주부는 최학민(1802년생, 1837년 식년시), ④ 별차 학일 이주부는 이본수(1823년생, 1849년 식년시), ⑤ 훈도 중남 이첨지는 이한기(1825년생, 1848 증광시), ⑥ 별차 문백 최주부는 최성효(1826년생, 1848년 증광시), ⑦ 그리고 별차 군혜

한주부는 한기순(1839년생, 1858년 식년시)으로 볼 수 있다. 아래에서는 조선 역관이 작성한 문서의 내용을 중심으로 살펴보고자 한다.

1) 1852년조 공작미(公作米) 3,000섬의 변통 교섭(《관수일기》 1854.1.5.)

1854년 1월 5일 《관수일기》에 보이는 공작미 관련 기사의 내용을 간추리면 다음과 같다. 조선 역관들이 연내에 왜관으로 보내게 되어 있는 쌀을 바치도록 경상도 각 고을을 상대로 온 힘을 다해서 주선하였건만, 그 무렵 전에 없던 큰 가뭄이 들어서 각 고을이 기한 내에 납부하지 못하고 있었다고 한다. 그런데 지금 다시 질책하여 바치게 한들 올해 안에는 정해진 수량만큼 들여보낼 길이 없다는 것이다. 이처럼 딱한 사정 때문에 부득이 현물로 지급할 쌀의 수량을 줄이고 그 대신에 동전으로 납부할 수 있도록 하자고, 조선 역관들이 왜관 측을 상대로 교섭을 벌였다. 그 뒤 최종적으로 마련된 안은 이렇다.

2년 전인 1852년(임자년)에 왜관으로 이미 들여보냈어야 할 공작미의 미지급분 중에서 "3천 섬을 돈[錢]으로 바꾸어 지급[변통]"할 수 있도록 주선해 달라는 것이 조선 역관이 문서를 통해 왜관 측에 전달한 요청의 핵심이었다. 그래서 《관수일기》 작성자는 "임자조(1852년) 중에서 남아 있는 쌀 3천 섬을 팔아달라고[賣米 ; 돈으로 대신 변통하게 해 달라고] 조선 역관[임관]이 한문으로 쓴 문서를 통해서 요청한 것을 아래에 소개한다."고 하면서, 그것을 《관수일기》 1854년 1월 5일 기사에 필사해 두었다. 이 문서의 작성 시기는 '갑인(1854) 1월'이며, 작성자는 '훈도 치연 김첨지(김시경)와 별차 경지 김주부', 수신인은 '관사(館司)'로 되어 있다(밑줄—인용자주).[131]

---

131) 覺

一 歲末收納米嚴飭各邑非不盡力周旋而我國今年適値無前之大旱各邑所捧尙爲遲滯故今雖更爲責納以其凶荒之民力歲前準數入送萬無其路而民弊亦不可不念實有欠於事體非不知不安不得已懇請

이틀 전인 1854년 1월 3일 훈도(김시경)가 왜관으로 들어갔음이 조선의 하급 역관인 소통사(小通事)를 통해서 관수에게 전달되었다. 임시 별차(경지 김주부)가 공작미의 동전 대납[錢入送] 문제와 관련하여 왜관 측과 교섭을 벌여왔지만, 확답을 얻지 못했다고 한다. 그러자 왜관 측은 이번에는 교섭 상대를 당시 67세(1787년생)이던 훈도 김시경으로 바꾸었다. "훈도가 왜관으로 들어갔으니 임시 별차[가별차]는 왜관에서 나가게 하고, 그 대신에 훈도를 왜관에 머물게 하였으면 좋겠다"는 전임 이대관(古二代官]의 의견을 관수가 받아들였다. 이 기록을 통해서 우리는 훈도 김시경을 왜관에 붙잡아 두고 공작미 지급과 관련하여 담판을 지으려 했던 왜관 측의 움직임을 확인할 수 있다.

《관수일기》 동년 1월 4일 기록을 보면, 전임 이대관의 제안을 관수가 받아들여 훈도 김시경을 왜관에 체류하게 한 것을 알 수 있다. 이때 강정관(講正官) 미재 현학로도 왜관으로 들어가서, "동래부사가 지시한 바도 있으니, 오는 2월까지는 은이나 동전으로 틀림없이 입송하겠다."고 거들었던 모양이다. 그러자 왜관 측은 그 내용을 양역[훈도·별차]과 미재(현학로)가 문서로 작성하여 제출하도록 하였다고 한다.[132] 이렇게 해서 위에 소개한 문서가 《관수일기》 1월 5일 기사에 실리게 된 것이다(각주 132) 참조).

壬子條內參仟石以代錢變通甚幸矣唯望恕諒事勢善爲周旋千萬切仰

甲寅正月 日 訓導 穉衍 金僉知

假別差 景止 金主簿

館司 尊公

《(館守) 每日記》 嘉永 7년(1854) 1월 5일.

132) 《(館守) 每日記》 嘉永 7년(1854) 1월 4일. "訓導儀滞館被仰付置被下候處 講正官美哉入館罷出銀錢入送方府使よりも被申聞候次第も有之 來二月一盃には無相違入送に至可申候間 宜御聞通被下置 且書付兩譯美哉よりも差出候樣申聞候間 訓導滞館御差免被下度段 古二代官橋久米右衛門より申出に付承届 滞館差免可被得其意旨濱方別方へ以手紙相達"

2) 1853년조 겸대미(兼帶米) 1,000섬의 변통 교섭 (《관수일기》 1854.12.30.)

1854년 12월 그믐날[30일] 《분류사고》에는 "계축조[1853] 겸대미(兼帶米) 2천 섬의 동전 대납을 양역 즉 훈도와 별차가 문서[書付]를 통해서 요청했다[願出]"고 적혀 있다. 그런데 같은 날 《관수일기》에는 그 수량이 2천 섬이 아니라 1,000섬으로 되어 있어서 차이가 난다. 즉 "여러 고을의 사정으로 겸대미 1,000섬을 (왜관으로) 들여보내지 못했으니, 그것을 동전으로 대신 지급할 수 있도록 변통을 요청하였다."는 것이 주요 내용이었다. 이 문서의 작성 시기는 '갑인(1854) 12월'이며, 작성자는 '훈도 치연 김첨지(김시경)와 별차 문백 최주부', 수신인은 '관수(館守)'로 되어 있다(밑줄—인용자주).[133]

위의 두 문서를 통해서 알 수 있듯이, 경상도 각 고을에서 쌀을 수납하여 왜관으로 들여보내야 했는데, 여러 사정이 생겨서 쌀의 지급이 예정보다 늦어져서 문제가 되고 있었던 것으로 보인다. 경상도 여러 고을에서 거둔 쌀을 부산까지 옮겨오는 과정에서 중간에 가로채는 포흠(逋欠)이 발생하여 그것을 보충하느라 연말까지는 정해진 수량을 모두 입송하기가 어렵다는 것이 조선 역관의 설명이었다. 실제로 그런 일이 일어난 것인지, 아니면 김시경과 최성효 등 조선 역관이 의도적으로 쌀의 현물 지급량을 줄이고 그 대신에 동전으로 지급하려고 왜관 측에 핑계를 댄 것인지는 이 자료만

---

133) 覺

一 癸丑條兼帶米一千石當爲準數入送而各邑捧上之時多有欠縮之弊趂卽充補歲前磨勘實無其路故不得已兼帶米一千石以代錢變通可以歲末畢計故如是懇請後勿爲例望須恕諒事勢善爲周旋千萬切仰

甲寅十二月 日 訓導 穉衍 金僉知

別差 文伯 崔主簿

館守 尊公

《(館守) 毎日記》 嘉永 7년(1854) 12월 30일.

가지고는 알 수가 없다. 즉 일본에서 건너온 연례송사(年例送使) 등 일본 사신들에게 조선 정부가 지급할 여러 잡물을 쌀로 대신 지급하게 되어 있었던 겸대미(兼帶米)를 제때 왜관으로 들여보내지 못해서, 그것을 동전으로 대납하지 않을 수 없었던 것이 1854년 말의 상황이었음을 이 문서를 통해서 알 수가 있다.

3) 1860년조 공작미 3,300섬의 변통 교섭(《관수일기》 1860.12.27.)

《관수일기》 1860년 12월 27일 기사에는 훈도 미재 현학로(당시 58세, 1802년생)와 별차 학일 이본수(당시 37세, 1823년생)가 작성하여 관수에게 제출한 문서가 필사되어 있다. 연말까지 왜관으로 들여보내게 되어 있는 공작미 중에서 3천 3백 섬을 부득이 동전으로 대납하도록 변통해 줄 것을 왜관 측에 요청하는 것이 조선 역관이 작성한 문서의 요지였다. 이 문서의 작성 시기는 '경신(1860) 12월'이며, 작성자는 '훈도 미재 현지사(현학로)와 별차 학일 이주부(이본수)', 수신인은 '관사(館司)'로 되어 있다(밑줄—인용자주).[134]

《관수일기》 1860년 12월 20일 기사에는 훈도 현학로가 왜관에 들어갔음을 조선의 하급 역관인 소통사(小通事)를 시켜서 관수에게 알렸다고 적혀 있을 뿐, 훈도 현학로의 이날 활동에 대해서는 전혀 언급이 없다. 왜관에서

134) 覺

一 各邑所納米嚴飭督捧非不申複而今農形適値歉荒水敗風損俱被其害以致民力之不敷故歲末收納多有愆限言念事體不勝愧悚而至於本邑准納其勢末由故年終入送米中參仟參佰石不得已代錢變通懇請之事也幸望深諒事勢另念曲施千萬幸甚

庚申十二月 日 訓導 美哉 玄知事

別差 學一 李主簿

館司 尊公

《(館守) 每日記》 萬延 원년(1860) 12월 27일.

개시(開市)가 있었던 동월 24일에는 별차 이본수가 왜관으로 들어간 사실이 역시 관수에게 보고되었을 뿐 별차 이본수의 활동을 알 수 있게 하는 기록은 남아 있지 않다. 동월 25일에도 훈도(현학로)와 별차(이본수)가 함께 왜관에 들어갔음을 확인할 수 있을 뿐이다. 그렇지만 이 무렵 두 역관이 왜관을 드나든 것은 아마도 공작미의 지급과 관련한 교섭 때문이었을 것으로 짐작된다. 그 결과가 위에 소개한 '경신(1860) 12월'의 '훈도(미재 현지사)와 별차 (학일 이주부)' 문서로 나타났다고 볼 수 있다.

4) 1861년조 공작미 3,500섬과 1862년조 공목 180동 변통 교섭 (《관수일기》 1862.12.12.)

《관수일기》 1862년 12월 12일 기사에는 훈도 중남 이한기(당시 37세, 1825년생)와 별차 군혜 한기순(당시 23세, 1839년생)이 작성하여 관수에게 제출한 문서가 필사되어 있다. 이 문서의 작성 시기는 '임술(1862) 12월'이며, 작성자는 '훈도 중남 이동지(이한기)와 별차 군혜 한첨지(한기순)', 수신인은 '관사(館司)'로 되어 있다(밑줄—인용자주).[135]

'임술(1862) 12월'의 '훈도(이동지)와 별차(한첨지)' 문서 내용은 다음 두 가지로 간추릴 수 있다. 하나는 전년도인 1861년조 미지급 공작미 중에서

135) 覺

一 連間

貴州事情而凡事靡不盡力周旋然公米木之各邑所捧尙爲遲滯故嚴飭捧上之際多有欠縮之弊令雖更加督飭歲前準數入送勢所末由如是告悶實有欠於事體亦涉不安不得已仰懇辛酉條公米之內參千伍佰石每石代錢陸兩陸戔壬辰條公木之內壹佰捌拾同每疋代錢參兩伍戔變通畢捧則事甚幸矣惟恕諒事勢善爲周旋千萬幸甚

壬戌十二月 日 訓導 仲南 李同知

別差 君惠 韓僉知

館司 尊公

《(館守) 每日記》 文久 2년(1862) 12월 12일.

3천 5백 섬을 동전으로 대납하는 일이다. 다른 하나는 당해 연도인 1862년조 공목 중에서 180동 즉 9천 필을 역시 동전으로 대납하는 일이다. 그런데 앞의 사례와 달리 '임술(1862) 12월' 문서에서는 공작미와 공목을 동전으로 바꾸어 지급할 때의 교환 비율까지 적혀 있어서 주목된다. 쌀(공작미)은 1섬당 동전 6냥 6전으로, 면포(공목)는 1필당 동전 3냥 5전으로 바꿀 수 있게 해 달라는 것이 그 주요 내용이었다.136)

위의 문서가 실린 1862년 12월 12일 전후의 《관수일기》를 살펴보면 흥미로운 점을 발견할 수 있다. 먼저 동년 12월 8일에는 훈도(이한기)와 별차(한기순)가 왜관으로 들어갔다. 이날 일대관(一代官 이치다이칸) 구라다 쇼시치로(倉田壯七郞)와 이대관(二代官 니다이칸) 고가 우시치로(古賀宇七郞)가 관수에게 가서 보고한 것을 보면, 조선 역관과 왜관의 대관 사이에 공작미와 공목을[米木] 둘러싼 교섭이 이루어졌음을 알 수 있다. 그리고 동년 12월 9일에도 별차(한기순)가 왜관으로 들어갔음이 확인된다. 이러한 사전 교섭의 결말이 '임술(1862) 12월' 문서의 교환으로 이어졌다고 판단된다.

더 흥미로운 것은 1862년 12월 17일 《관수일기》에 위의 공작미 관련 약속과 결코 무관하지 않은 기록이 남아 있다는 점이다. 이날 정대관(町代官 마치다이칸) 간자키 도쿠시치로(神崎德七郞)가 이른바 구리 출납과 관련된 문서를(銅出門帳) 관수에게 제출한 뒤 관수의 확인을 받았다고 한다. 즉 관수가 구리 출납 문서를 받아본 뒤에 날인 후 그 문서를 되돌려줌으로써(押印相渡), 구리가 왜관 밖으로 나갈 수 있게 되었다(出門). 거기에서 한 걸음 더 나아가 그 사실을 왜관의 관련 부서인 별방(別方 베쓰카타)에게 관수가 편지를 보내 전달하였다고 되어 있다. 다음 세 가지 교역품이 이날 왜관 밖으로 빠져나갔다고 적혀 있는 점도 '임술(1862) 12월' 문서가 공작미 타결

136) 정성일, 〈1860년대 대일무역과 公木·公作米〉, 《한일관계사연구》 54, 한일관계사학회, 2016, 134쪽.

과 깊은 관련이 있음을 잘 보여주는 증거이다.[137)]

① 정동(丁銅) 13,700근

② 주석[錫] 1,752근

③ 아연을 도금한 얇은 철판[鉒鉼] 953근

1862년 12월 17일 왜관에서 별시(別市)가 무사히 끝났다고 《관수일기》에 적혀 있는 것을 보면, 이보다 5일 전인 12월 12일 공작미와 공목 문제가 타결되자, 그 후속 조치로 일본에서 들여온 구리와 주석과 아연 도금 철판 등 세 가지 품목이 닷새 뒤인 12월 17일 조선 측 역관과 상인을 거쳐서 왜관에서 조선의 국내 시장으로 반입되었다고 생각된다.

5) 1862년조 공작미 2,000섬의 변통(《관수일기》 1863.5.6.)

1863년 4월 28일 《관수일기》를 보면, 공작미 지급과 관련하여 왜관 측이 훈도(이한기)와 교섭을 벌였음이 관수에게 보고된 사실을 확인할 수 있다. 5월 3일에도 훈도와 별차(최학민)가 왜관으로 들어가서 니다이칸[二代官] 집무실에서 교섭을 하였다고 한다. 이어서 동월 6일에는 다음과 같은 내용이 기술되어 있다. 즉 왜관으로 들여보낼 1862년조(임술조) 공작미에 사정이 생겨 (조선 역관과) 대관이 교섭을 벌였는데, 아래와 같이 동전으로 변통하기로 하였다는 내용의 문서가 조선 쪽에서 왜관의 관수에게 전달되었다. 이 문서의 작성 시기는 '계해(1863) 5월'이며, 작성자는 '훈도 중남 이동지(이한기)와 별차 대년 최주부(최학민)', 수신인은 '관사(館司)'로 되어 있다(밑줄—인용자주).[138)]

---

137) 《(館守) 每日記》 文久 2년(1862) 12월 17일. "町代官神崎德七郎銅出門帳差出候付見屆之上押印相渡出門之儀可被得其意旨別方へ以手紙相達"

138) 覺

一 以公作米入給事 使道敎意內歲前未收之公米卽當畢勘而新莅之初祥査米政則各邑愆納校吏之負逋不爲不多儘是次次收刷者也以其次次收刷疆欲速速入給則勢所末由而末由之弊亦欠誠信豈可

위의 '계해(1863) 5월' 문서의 내용을 살펴보면, 훈도 이한기(당시 38세, 1825년생)와 별차 최학민[139](崔學民, 당시 61세, 1802년생)도 인정하고 있듯이, 과거에 공작미를 동전으로 대납한 수량이 적지 않았으며, 그로 말미암아 왜관 측이 어려움을 겪었으리라는 점을 조선 역관들도 잘 알고 있었다고 보아야 한다. 왜관을 통해 조선에서 대마도로 쌀을 안정적으로 운송해 가는 것이 대마도 사람들에게는 생명선(life line) 확보나 다름없었던 당시 사정을 고려한다면, 해마다 13,333섬 되는 공작미 중에서 약 20%에 해당하는 2~3천 섬의 쌀을 현물 대신 동전으로 받아가는 것이 일본 측으로서는 결코 가볍게 넘길 일은 아니었다. 그래서 이러한 점을 잘 알고 있었을 조선 역관들이 공작미의 변통(동전 대납)을 앞으로 전례로 삼지 않겠다는 뜻을 문서의 교환을 통해서 왜관 측에 분명하게 밝혔다고 생각한다.

泯默哉去年變通數既不少非不知 館中事勢之苟艱然若周旋則萬無煩便未收米中限二千石以代錢更爲變通則代錢之急速惟在盡力措處而嗣後則更無如前之弊矣須以是意公幹 司掌務存役便之道爲教故玆以仰懇恕諒事勢去年條米中二千石以代錢變通之地千萬仰望

癸亥五月 日 訓導 仲南 李同知

別差 大年 崔主簿

館司 尊公

《(館守) 每日記》 文久 3년(1863) 4월 28일.

139) 서울대학교 규장각한국학연구원 소장 《譯科榜目》(奎 12654) 제2책 33b에서 최학민(崔學民)에 관한 기록을 확인할 수 있다. 이에 따르면 최학민은 "임술년(1802)에 태어나서 道光 丁酉年(1837) 식년시에서 왜학(倭學)에 입격"한 것으로 되어 있다. 그리고 최학민의 최종 관직이 "왜학(倭學) 교회(教誨) 주부(主簿)"였다고 되어 있다. 《관수일기》(1863년 5월 6일)에 보이는 최학민이 위의 《역과방목》에 기재된 역관과 동일인이라고 한다면, 그가 역관으로서 고위직까지 승진하지는 못한 것 같다. 만일 이것이 사실이라고 한다면, 1863년 시점에서 종2품 동지(同知) 자리에 있었던 당시 38세의 훈도 이한기를 23살이나 연상인 61세의 별차 최학민(종6품 주부)이 보좌한 셈이 된다.

2. 현학로·최성훈·김시경·오치묵 등의 기타 활동

1) 면포의 변통과 구리의 왜관 출문(《관수일기》 1856년 12월 29일)

1856년 12월 29일 《관수일기》를 보면, "금년도 공목을 오늘까지 해서 왜관으로 모두 들여보냈음을 이대관(二代官)이 (관수에게) 보고하였다"는 기록이 보인다. 이와 함께 이날 "정동(丁銅) 7천 2백 근이 왜관 밖으로 나왔다"고 적은 것도 눈에 띈다. 그리고 이 기록을 통해서 왜관 측이 조선의 공목 지급과 일본의 구리 반출[銅出門]을 연계시키고 있었음을 미루어 짐작할 수 있다.

2) 별폭 인삼의 변통(《관수일기》 1855년 3월 27일)

일본에서 건너온 사신에게 조선 정부가 지급하던 별폭(別幅) 인삼, 즉 예단삼(禮單蔘)을 은이나 동전 등으로 대신 지급하는 이른바 예단삼(약칭 단삼)의 변통 문제가 이 기간에도 여전히 조선 역관이 처리해야 할 현안의 하나였다. 예를 들면 1855년 3월 18일 예단삼을 당년부터 앞으로 3년 동안 이제까지 했던 것처럼 변통하게 해 줄 것을 조선의 훈도와 별차가 왜관의 조선어 통사들[通詞中]을 통해서 왜관 측에 요청했다.

열흘 뒤인 동년 3월 27일 《관수일기》에도 이에 대한 기록이 보인다. 훈도 미재 현지사(현학로 ; 당시 53세, 1802년)와 별차 문백 최주부(최성효 ; 당시 29세, 1826년생)가 작성한 문서의 요지는 다음과 같다. "(단삼의 변통 기한을 연장하는) 단삼의 퇴년과 관련해서는 일찍이 전에도 이미 여러 차례 (대마도 측이) 특별히 허락해서 시행한 적이 있었다."고 하면서, 여러 가지로 조선 측 사정이 어려우니, "금년부터 원송사(연례송사—인용자)와 별송사(차왜—인용자)를 가리지 않고 이듬해 정월과 5월 두 차례에 걸쳐 각각 절반씩 나누어 지급하는 것을 다시 3년 기한으로 정하여 거듭 기한 연장을 할 것"을 조선 역관이 왜관 측에 요청한 것이다.140)

이러한 관행은 서장 제2절에서 보았듯이 이미 1830년대부터 시작되었다. 예단삼을 삼은전(蔘銀錢) 즉 ① 현물 인삼, ② 조선에서 불린 은(이를 일본 은과 구별하기 위해 上銀으로 표기), ③ 조선 정부가 발행한 동전(이를 일본 동전과 구분하기 위해 大錢으로 표기)의 세 가지로 나누어서 지급하기로, 양국이 임진년(1832년)에 처음 합의하였다. 그래서 일본 기록에서는 이를 임진약조(壬辰約條)라 적기도 하였다.

《관수일기》 1855년 7월 7일 기사를 보면, 조선 역관의 예단삼 변통 요청을 받아들이겠다고 왜관 측이 별차에게 전달했다고 한다. "양역(훈도·별차)이 요청한 예단삼 변통과 관련하여 (대마도 본국에서) 답변이 왔는데, (승인하기) 어려운 일이기는 하지만, 이번까지는 이제까지 해 왔던 것처럼 허용을 한다는 내용이어서, 임관(훈도·별차)을 빨리 왜관으로 들어오게 하라고 (관수가 왜관의 담당자에게) 지시를 내렸다."고 적은 기록이 주목된다.141)

이것을 보면 동년 3월 27일 왜관 측에 전달된 조선 역관의 문서 내용이 왜관을 거쳐서 대마도 본국에 보고되었으며, 그에 대한 대마도 본국의 회신이 약 석 달이 지난 뒤인 동년 7월 7일 무렵 관수에게 닿았고, 그것이 지체없이 조선의 훈도와 별차를 통해 동래부사에게 전달되었다고 볼 수 있다. 이러한 과정을 거쳐서 예단삼의 변통은 그 뒤로도 이어질 수 있었다고 생각한다).

한 가지 사례를 더 소개하면 다음과 같다. 1854년 7월 11일 《관수일기》에 실린 훈도 치연 김시경(당시 67세, 1787년생), 별차 문백 최성효(당시 28세, 1826년생), 차비관 치양 오치묵(당시 54세, 1800년생, 1846년 식년시)의 문서는 전년도인 계축조(1853) 부특송사의 별폭과 구청 인삼을 변통하는

140) 《관수일기》 安政 2년(1855) 3월 27일.
141) 《관수일기》 安政 2년(1855) 7월 7일.

것과 관련된 것이다. 이에 따르면 부특송사 예단삼 6근 14냥을 현물 인삼(現蔘)으로 2근 5냥 2전 3분 정도를, 은(上銀)으로 366냥 6전 7분 3리 정도를, 그리고 동전[大錢]으로 1,377냥 1전 1분 정도를 갑인년(1854) 정월과 5월 두 차례로 나누어서 각각 지급하겠다고 조선 역관이 왜관 측에 문서로 약속하였음을 알 수 있다.

이처럼 조선 정부는 인삼의 현물 지급이 어렵게 되자, 그 일부를 은이나 동전으로 대납하여 미수(또는 미지급)가 누적되는 것을 막고자 하였다. 왜관의 일본인들도 별폭 인삼이 양국 간 성신(誠信) 외교를 상징하는 예물(禮物)의 성격을 지니고 있다는 점을 조선 측에 일부러 상기시키면서, 되도록이면 인삼을 현물로 받아가고자 협상을 계속하였다. 그렇지만 현실적으로 조선에서 자연삼을 구하기가 어렵게 되었을 뿐만 아니라, 이런저런 이유로 다량의 미수가 쌓이는 것보다는 일본에서 가치가 인정되는 은과 같은 현금으로 대신 받아가는 차선의 선택을 하는 방안도 일본 측으로서는 충분히 고려할 만한 일이었다고 판단된다.

지금까지 분석을 통해서 동래부에 파견된 이른바 왜관역관 중에서 일부 신원을 확인할 수가 있었다. 특정 시점에서 훈도와 별차를 담당했던 사람들이 누구였는지(實名, 출생과 과거 입격 연도 등), 그리고 그들이 어떠한 활동을 하였는지를(재임 기간, 역할 등) 《관수일기》에 실린 조선 역관의 문서와 그와 관련된 일본 측의 기록을 통해서 실증적으로 규명하였다.

예를 들면 《잡과방목》과 《관수일기》 등을 통해서 1854~63년 사이에 왜관을 출입하였던 훈도의 실명을 확인한 사람은 임시 훈도[假訓導]까지 포함하여 5명이다.

① 치연(穉衍) 첨지(정3품) 김시경(金蓍敬)은 1787년생으로 1819년 식년시에 입격하였으며, 1852년 8월 28일부터 1855년 2월 2일까지 890일 동안 재임하였다.

② 미재(美哉) 지사(정2품) 현학로(玄學魯)는 1802년생으로 1825년 식년시에 입격하였으며, 1855년 2월 10일부터 1857년 4월 9일까지 768일 동안 재임하였다.

③ 성시(聖始) 동지(종2품) 김계운(金繼運)은 1808년생으로 1831년 식년시에 입격하였으며, 1857년 4월 9일부터 1859년 10월 6일까지 911일 동안 재임하였다.

④ 미재(美哉) 지사(정2품) 현학로(玄學魯)는 1802년생으로 1825년 식년시에 입격하였으며, 1859년 10월 11일부터 1862년 2월 10일까지 857일 동안 재임하였다.

⑤ 중남(仲南) 동지(종2품) 이한기(李漢紀)는 1825년생으로 1848년 증광시에 입격하였으며, 1862년 2월 29일부터 1864년 6월 4일까지 832일 동안 재임하였다.

⑥ 군혜(君惠) 주부(종6품) 한기순(韓琦淳)은 1839년생으로 1858년 식년시에 입격하였으며, 1858년 3월 15일부터 동년 3월 26일까지 12일 동안 김계운을 대신하여 임시 훈도[假訓導]로서 재임하였다.

그리고 마찬가지 방법으로 같은 기간의 별차 중에서 실명을 확인한 사람은 아래와 같이 8명이다.

① 문백(文伯) 주부(종6품) 최성효(崔性孝)는 1826년생으로 1848년 증광시에 입격하였다. 그는 1854년 4월 4일부터 1855년 3월 28일(조선 3.29)까지 380일 동안 재임하였다.

② 준경(俊卿) 주부(종6품) 안동준(安東晙)은 1826년생으로 1849년 식년시에 입격하였다. 그는 1856년 7월 19일부터 1856년 10월 13일(조선 10.14)까지 84일 동안 재임하였다.

③ 명로(明老) 주부(종6품) 진희철(秦喜哲)은 1823년생으로 1852년 식년

시에 입격하였다. 그는 1856년 10월 13일(조선 10.14)부터 1857년 9월 14일까지 356일 동안 재임하였다.

④ 경본(景本) 주부(종6품) 이종무(李宗懋)는 1827년생으로 1852년 식년시에 입격하였다. 그는 1858년 2월 4일부터 1859년 8월 8일까지 484일 동안 재임하였다.

⑤ 학일(學一) 주부(종6품) 이본수(李本修)는 1823년생으로 1849년 식년시에 입격하였다. 그는 1859년 8월 16일부터 1861년 1월 23일까지(540일간) 재임하였다.

⑥ 경숙(敬肅) 또는 경보(敬甫) 주부(종6품) 이경모(李競謨)는 1829년생으로 1850년 증광시에 입격하였다. 그는 1861년 5월 7일부터 1862년 5월 21일(조선 5.22)까지(376일간) 재임하였다.

⑦ 군혜(君惠) 주부(종6품) 한기순(韓琦淳)은 1839년생으로 1858년 식년시에 입격하였다. 그는 1862년 6월 16일부터 1863년 4월 2일까지(312일간) 재임하였다.

⑧ 대년(大年) 주부(종6품) 최학민(崔學民)은 1802년생으로 1837년 식년시에 입격하였다. 그는 1863년 4월 9일부터 1864년 5월 16일까지(391일간) 재임하였다.

조선 역관의 무역 활동과 관련하여 왜관 측이 가장 중요하게 생각하고 있던 것이 바로 공작미 지급 문제였다. 그래서인지 《관수일기》에는 다른 것보다 공작미 관련 기록이 더 구체적이다.

예를 들면 조선과 일본 양쪽 사정 때문에 19세기 이래로 공작미 일부가 동전으로 대납되는 것은 피할 수 없는 선택이 되고 말았다. 경상도 여러 고을에서 거두어들인 쌀을 부산까지 운반해 오는 과정에서 매년 정해진 수량의 공작미를 모두 확보하지 못하는 일이 되풀이되고 있었기 때문이다. 가뭄 등 자연 재해로 말미암은 쌀 생산량 감소도 문제였지만, 운송 과정에서 하급 관리들이 가로채는 포흠(逋欠)의 발생도 공작미의 미지급(미수) 누적의 원인 중 하나로 작용하고 있었음은 더 말할 나위가 없다. 왜관의 일본인 입장에서도 미수가 장기간 누적되는 것보다는 현물 대신에 동전으로라도 받는 편이 더 나았으리라는 판단을 할 수밖에 없었다. 이러한 사정 때문에 19세기 중엽까지도 공작미나 공목의 일부를 동전으로 대납하는 이른바 변통(變通)이 양측의 합의 아래 반복되고 있었던 것이 당시 현실이었다. 김시경·현학로·이한기·최성효·이본수·한기순·최학민 등 조선 역관이 작성한 문서가 왜관의 관수에게 제출된 것도 이러한 사정 속에서 나온 것이었다.

공작미나 공목 다음으로 《관수일기》에 자주 등장하는 것이 별폭 인삼의 동전 대납과 관련된 것이었다. 예단삼(또는 단삼)으로 불리는 조선 인삼이 19세기 초를 지나면서 현물 대신에 은이나 동전으로 대납되는 일이 있었다. 일본 측 표현대로 한다면 1832년 임진약조(壬辰約條)가 그에 관한 사항을 규정하고 있었다. 이것은 공무역에서 조선이 지급할 면포[공목]를 쌀[공작미]로 바꾸어 주는 이른바 공작미와 비슷하면서도 다른 점이 엿보인다.

공작미의 경우는 3년 또는 5년 기한을 두고 일본 측이 요청하고 조선이 특별히 이를 허락하여 면포[공목]의 일부를 쌀[공작미]로 바꾸어 준 것이었다. 그런데 그 쌀의 일부를 다시 동전으로 대납하고 있었던 것이 19세기 이후 조·일 간 공무역의 특징 중 하나가 되어 있었다. 이와 달리 예단삼(단삼)의 경우는 3년으로 기간을 한정해 놓고 조선 측이 요청하고 일본이 특별히 허락하여 별폭 인삼의 일부를 은이나 동전으로 대신 지급할 수 있게 하였다. 이것을 보면 이른바 임진약조(예단삼의 전납)와 공작미 제도가 서로 비교되는 점이 많다. 이것이 1854년부터 1863년까지 10년 동안 《관수일기》를 분석한 이 글에서도 다시 확인되었다.

제3장 왜관의 일기로 본 무역 실태

제1절 1720년대 무역

Ⅰ. 공무역(1721~23년)

1609년 5월 기유약조(己酉約條) 체결 뒤부터 1872년 9월 세견선(歲遣船)이 폐지되기 전까지는 조선과 일본 사이의 무역이 외교와 분리되지 않은 채로 이루어졌다. 즉 조선 국왕(朝鮮國王)과 대마도주(對馬島主) 사이의 전통적인 기미(羈縻) 관계에 바탕을 두고 해마다 조선의 왜관으로 건너오는 이른바 연례송사(年例送使)를 근간으로 하여 무역이 전개되었다. 조선 정부 입장에서 보면 대마도에서 싣고 온 무역품을 조선 정부가 직접 구입해 주는 것이 있었다. 이것을 가리켜 공무역(公貿易)이라 부른다.

1. 공작미(公作米)

《(일대관) 매일기》에 보이는 공작미 기록은 크게 둘로 나뉜다. 하나는 공작미가 왜관으로 들어간 수량을 적은 것이다. 조선 쪽에서 보면 공작미를 왜관으로 '들여보낸' 것이므로 입송(入送)이라는 표현을 썼지만, 일본 쪽에서 보면 그 쌀이 왜관으로 '들어오는' 것이므로 입래(入來)라고 적었다. 다른 하나는 공작미 입송(또는 입래)이 늦어져서 왜관의 무역 책임자가 조선 역관에게 독촉하는 내용이다.

1) 공작미의 왜관 입송[입래]

왜관으로 공작미를 들여보내는 것이 조선 역관[훈도·별차]의 주된 임무 중 하나였다. 공작미란 대마도에서 건너온 일본 사신이 해마다 가져오는 공무역 물품에 대하여 조선 정부가 값을 쳐서 지급한 목면(木綿 ; 公木) 중에서 그 일부를 쌀로 바꾸어 준 것을 말한다. 대마도 기록에서는 이것을 '대마번주(對馬藩主)가 사들인 쌀'이라는 뜻으로 어매미(御買米) 또는 어미(御米)라 적었다.

1년 공목 지급량이 대략 1,100동(同, 1동=50필) 정도 되었는데, 1651년에 그 중 공목 300동(15,000필)을 쌀 12,000섬(조선 1石=15斗; 조선의 石을 대마도는 俵로 기록)으로 바꾸어 지급한 것이 공작미의 시작이었다. 이때 교환 비율은 〈공목 1필=쌀 12두〉이었다([(15,000필×12두)÷15두]=12,000섬). 1660년에는 공작미 규모를 늘려서 공목 400동(20,000필)을 쌀 16,000섬으로 교환해 주었다. 그 뒤 1811년 신미 통신사(辛未通信使 ; 對馬島 易地通信) 이후 목면과 쌀의 교환 비율을 〈공목 1필=쌀 12두〉에서 〈공목 1필=쌀 10두〉로 바꾸어 공목 400동 대신에 쌀 13,333섬 5말을 매년 왜관으로 들여보내게 되어 있었다([(20,000필×10두)÷15두]=13,333섬 5두).[142)]

시기에 따라서는 공목 대신에 인삼으로 지급한 적도 있었다(1758~1806년). 조선에서 채굴한 은[上銀]이나 조선의 국내 유통화폐인 동전[大錢]으로 바꾸어 지급한 적도 있었다.[143)]

이 글의 분석 시기인 1720년대의 공작미 지급 실태를 파악하기 위하여 먼저 조선 측 기록인 《변례집요(邊例集要)》 제8권(公貿易 求請幷錄 附下納諸

142) 정성일, 《조선후기 대일무역》, 신서원, 2000, 306-308쪽.

143) 公貿易 決濟手段의 변천에 대해서는 정성일, 〈19세기 대일공무역 결제수단의 변경과 금납화 - 1841년의 사례를 중심으로 -〉, 《한일관계사연구》 45, 한일관계사학회, 2013, 252쪽 참조.

節)을 펼쳐 보면, 1720년과 1724년 기록이 있을 뿐이다. 그 사이에 해당하는 1721~23년 기록이 없다. 따라서 이 사료만 가지고는 이 글에서 살펴보고자 하는 1721~23년의 공무역 실태를 파악할 수가 없다.

일본 측 자료인 《(일대관) 매일기》의 경우 1721년 무역 관련 기록은 9월 10일부터 시작한다. 새로 일대관에 부임하는 오우라 사콘에몬[大浦左近右衞門]이 탄 배가 그날 와니우라[鰐浦]를 출발하였다. 물론 이 배의 목적지는 바다 건너 초량 왜관(草梁倭館)이었다. 그런데 이 배가 왜관으로 바로 오지 못하고 신시(申時)에 옥포(玉浦)로 불시착하였다. 이 배가 왜관에 도착한 것은 사흘 뒤인 9월 13일이었다. 다시 사흘 뒤인 9월 16일에 가서야 신구 일대관의 임무 교대가 이루어졌다. 전임 일대관 우에다 다자에몬[上田大左衞門]이 임무 교대를 하고 이를 관수(館守)에게 보고하였다고 신임 일대관의 매일기에 적혀 있다.[144] 같은 날 《(관수) 매일기》를 보면, 이날 비가 내렸는데, 전임 우에다가 신임 오우라와 임무 교대한 사실을 보고하러 와서 관수가 대면하였다고 되어 있다.[145] 우에다의 한자 표기가 다를 뿐(上田 ; 植田), 《(관수) 매일기》와 《(일대관) 매일기》의 기록 내용이 일치한다.

1721년 9월 17일 오우라가 일대관으로 부임한 이튿날 공작미가 왜관으로 운송되었다. 앞에서 지적한 것처럼 왜관 입장에서 보면, 공작미가 왜관 안으로 '들어온' 것이어서 입래(入來)라 적혀 있다. 조선 역관 쪽에서 보면 공작미를 왜관으로 '들여보낸' 것이 되어 입송(入送)으로 기록하기도 하였다.

해가 바뀌기 전에 연내에 완납이 이루어지는 것이 원칙이었지만, 공작미 조달이 원활하지 못해서 실제로는 해를 넘겨서 공작미가 지급되는 경우가 많았다. 《(일대관) 매일기》에 따르면, "1722년 4월 11일 공작미 165섬이 들어왔는데, 오늘 들어온 공작미까지 해서 전년도[1721년]인 신축년조가 완납되었다"고 적혀 있다.[146] 이어서 "1722년 4월 28일 200섬이 들어 왔는

144) 《(一代官) 每日記》 享保 6년(1721) 9월 10일, 13일, 16일.
145) 《(館守) 每日記》 享保 6년(1721) 9월 16일.

데, 이것은 당년도[1722년] 임인년조 공작미의 시작이다"고 되어 있다.[147] 1722년 임인년조가 완납된 것은 1723년 4월 27일이었으며,[148] 1723년 계묘년조 입송이 시작된 것은 동년 4월 28일이었다.[149]

〈표 3-1〉 1722년조 공작미 지급 실적

연	월(일본)	일(일본)	수량(俵)	연	월(일본)	일(일본)	수량(俵)
1722	4	28	200	1722	9	1	200
	5	9	200			3	200
		10	200			5	200
		26	200			14	200
		28	200			15	244
		29	400			20	200
	6	4	600			22	200
		5	600			25	200
		7	294			27	200
		10	390			30	200
		12	400		10	12	200
		13	400			13	200
		14	290			24	200
		21	400			28	200
		22	400		11	2	200
		23	400			7	200
		24	300			8	200
	7	8	200			10	200
		16	100			14	200
		17	100			16	200
		20	200			24	200
		22	50		12	8	200

146) 御米百六拾五俵入來り請取之 今日入來候御米迄にて去丑之年皆濟. 《(一代官) 毎日記》 享保 7년(1722) 4월 11일.

147) 御米貳百俵入來請取之 當寅年之年條初り. 《(一代官) 毎日記》 享保 7년(1722) 4월 28일.

148) 御米百七拾壹俵入來受取之 今日入來御米にて去壬寅之年條皆濟. 《(一代官) 毎日記》 享保 8년(1723) 4월 27일.

149) 御米貳百俵入來請取之 今日入來御米より今癸卯之年條. 《(一代官) 毎日記》 享保 8년(1723) 4월 28일.

연	월(일본)	일(일본)	수량(俵)	연	월(일본)	일(일본)	수량(俵)
1722	7	28	200	1722	12	18	200
	8	9	200			23	200
		10	200			24	200 + 콩 35섬
		11	200	1723	1	22	200
		12	200		2	3	190
		15	200			16	200
		23	200			17	200
		24	200		3	15	200
		27	200			16	200
						17	200
						19	200
						26	200
					4	7	200
						18	500
						26	200
						27	171
				계			16,229

자료 : 《朝鮮御代官記錄》(국사편찬위원회 대마도종가문서 DK 5120)

〈표 3-1〉은 1722년조 공작미 입송[입래]을 일자별로 정리한 것이다. 위의 분석 결과에 따르면 1722년조 공작미 입송이 시작된 1722년 4월 28일(200섬)부터 그것이 완납된 1723년 4월 27일(171섬)까지 총 16,229섬이 왜관에 전달되었다.

그런데 이것은 조선 정부가 입송하게 되어 있었던 1722년조 공작미 16,000섬을 229섬이나 초과한 셈이다. 229섬의 오차가 어떻게 해서 발생한 것인지는 알 수가 없다. 그것이 《(일대관) 매일기》 작성자의 기록 실수 때문인지, 아니면 신구 일대관 인수인계 과정의 잘못인지 확실하지 않다. 현재까지 이에 관한 조선 역관의 기록이 남아 있지 않으므로 더 이상 추적하기는 어렵다.

일대관이 바뀌면 업무 인수인계를 하게 되어 있었다. 그때마다 공작미의 왜관 입송량을 정확하게 확인하였음은 물론이다. 1721년 9월 17일 조선 측이 공작미 200섬을 왜관으로 들여보냈을 때를 사례로 소개하면 다음과 같다. 이때의 일을 "이것은 전임자[上田大左衛門]가 근무할 때 1,000섬을 (부산포) 창고에서 반출(搬出)하여 나온 것인데, 오늘 마무리를 하여 이 수표까지는 전임자가 제출하여야 할 것이므로 전임자가 받았다."고 적은 것에서도 잘 알 수 있다.[150] 조선의 경우도 마찬가지로 훈도와 별차가 신구 임무 교대를 하게 되면, 그때까지 왜관에 들여보낸 공작미의 수량과 미지급 수량을 계산하여 인수인계가 있었을 것으로 추정되지만, 이와 관련된 기록이 거의 남아 있지 않다.

〈표 3-1〉에서 보듯이 한 번에 실어 나르는 공작미 수량은 200섬이 가장 많았다. 이것은 공작미를 실어 날랐던 배의 선적 규모가 200섬 정도였기 때문으로 생각할 수 있다. 그런데 1723년의 일이기는 하지만 11월 13일 기록에 "오늘 아침 공작미 400섬을 배 1척에 싣고 왔다"고 한 것을 보면,[151] 400섬을 선적한 배도 있었음이 분명하다. 그리고 이날은 "점심때도 공작미 200섬을 싣고 왔고,[152] 석양에도 300섬을 배 1척에 싣고 왔다"고 하여,[153] 하루에 총 900섬의 공작미가 왜관으로 입송된 적이 있었음을 보여주고 있다.

공작미 운송 때는 선박의 상태도 중요한 변수가 되었다. 1723년 11월 14일 기록에 "오늘 공작미를 들여오게 되어 있었지만, 어제 공작미 운반선이 잠시 상태가 안 좋아져서 부산포에 오지 못하고 밤새 선창에 머물다가 오늘 돌아왔다."고 되어 있는 것에서 이를 잘 알 수 있다.[154]

---

150) 御米貳百表(俵의 誤記—인용자주)入來ル 此御米之儀は古役大左衛門務之內千俵藏出し有之內にて 今日にて相濟 此御米手形迄大左衛門差出筈候故 大左衛門請取. 《(一代官) 毎日記》 享保 6년(1721) 9월 17일.

151) 今朝御米四百俵壹**艘**て漕來請取之. 《(一代官) 毎日記》 享保 8년(1723) 11월 13일.

152) 昼時又御米貳百俵漕來請取之. 《(一代官) 毎日記》 享保 8년(1723) 11월 13일.

153) 夕方御米三百俵壹**艘**て漕來請取之. 《(一代官) 毎日記》 享保 8년(1723) 11월 13일.

154) 今日御米入來筈に候へ共昨日御米漕參り候船暫時悪鋪候て釜山浦へ難漕戻り夜前は船艙に留置今日漕廻ス. 《(一代官) 毎日記》 享保 8년(1723) 11월 14일.

계절에 따른 차이도 있었다. 예를 들면 정월 보름까지는 일을 안 하는 것이 조선의 관례라서 공작미 운송도 1월 15일 전에 창고에서 반출을 해 두었다가[藏出], 1월 16일이 되면 출고(出庫)가 이루어지게 하려고 했던 것으로 보인다.155)

2) 공작미 입송의 지체와 독촉

일본 입장에서 보았을 때, 공무역에서 가장 큰 문제는 공작미의 지급이 지체되어 미수(未收)가 누적되는 것이었다. 동래부사가 허락하여 부산포 창고에서 공작미가 반출되더라도, 그것이 바로 그날 왜관으로 모두 입송되었던 것은 아니었다. 1721년 10월 21일의 예에서 보듯이, 이날 공작미 1,000섬이 창고에서 반출되었을 것이라고 양역이 일대관에게 가서 말했다.156) 그런데 그 쌀을 왜관으로 들여보낸 것은 이튿날인 10월 22일(200섬)부터 23일(200섬), 25일(200섬), 27일(200섬), 28일(200섬), 29일(200섬) 등으로 이어졌다.

이처럼 공작미의 창고 반출[藏出]에서 왜관 입송(入送)까지는 시차(時差)가 발생하는 일이 많았다. 예를 들면 다음과 같은 사유를 들 수 있다.

㉠ 경상도 각 고을에서 동래부로 수납하는 쌀이 오지 않아서 (1723년 1.27)
㉡ 공작미를 왜관까지 운반할 배를 확보하기가 어려워서(1723년 12.5)
㉢ 배를 이동시키기 어려울 정도로 운항 조건이 안 좋아서

155) 兩譯返答に申來候は 例年之通當十五日迄は朝鮮國諸事之儀不執行 然は御米之儀は十五日前に藏出し申叶置十六日にも早速出庫有之候様にと.《(一代官) 每日記》享保 8년(1723) 11월 15일.

156) 兩譯一代官方へ召呼御米藏出し之儀申達候之處 今日御米千俵藏出し有之筈之由.《(一代官) 每日記》享保 6년(1723) 10월 21일.

(1723년 11.14)

㉣ 중간에서 쌀을 가로채는 사건이 발생하여, 이를 상부에 조사하여 보고하느라(1722년 8.7)

왜관의 일본인들은 조선 역관의 이러한 답변을 어떻게 받아들였을까? 조선 역관의 말만 곧이곧대로 믿고 있을 그들이 아니었다. 1723년 11월 8일 전임 일대관[大浦左近右衛門]과 임무를 교대를 마치고 사흘 뒤인 11월 11일 양역과 첫 대면하는 자리에서 신임 일대관[中原傳藏]은 이렇게 말했다.

〈사료 3-1〉

조선처럼 큰 나라에서 설령 흉년이 든 곳이 있더라도 동래부사가 독촉만 한다면 쌀 16,000섬 정도는 9월 중에도 완납이 될 수 있을 터인데, 그것이 풍흉에 관계된다고 하니, 이것은 양국이 성신의 정신을 망각한 것으로서 온당치 못한 일이라고 생각합니다.[157)]

신임 일대관의 이 말은 "조선 측이 성의(誠意)만 보인다면 1년치 공작미 16,000섬은 9월 안으로 충분히 완납할 수 있을 터인데도, 양역이 '조선에 흉년이 들어 공작미의 왜관 입송이 지체되고 있다'는 식으로 말하는 것은 성신(誠信)의 도리에 어긋난다."는 반론을 편 것이다. 일본 측은 늘 이런 입장과 인식을 견지하고 있었다. 그래서 관수 이하 왜관의 무역 책임자가 선택했던 방법은 조선 역관[양역]을 왜관 안으로 불러들여서 공작미 입송을 재촉하거나, 아니면 더욱 적극적으로 왜관 밖에 있는 조선 역관의 집무소까지 사람을 내보내서 공작미의 입송을 거듭 독촉하는 것이었다.

양역이나 내비장(內裨將)과 같은 조선의 책임자가 왜관에 들어가는 길에

157) 縱朝鮮國之内凶年之所有之候得共 大國之儀に申候へは東萊御催促だけ有之候ハは 壹万六千俵米は九月中にも皆濟可被致候所に 豐凶被相拘候段 兩國誠信を各被致忘却不屆ケに存候. 《(一代官) 每日記》享保 8년(1723) 11월 11일.

일부러 왜관의 대관들과 만나 공작미 입송의 지체에 대하여 대책을 숙의한 적도 있었다(1721년 10.4, 10.7, 10.21, 11.28, 12.18). 그런가 하면 왜관 쪽에서 양역을 불러서 공작미 입송 대책을 따져 묻기도 하였다(1721년 12.23, 1722년 1.17, 1.22, 1.28, 7.27, 10.8, 12.4, 1723년 2.13, 12.8).

《(일대관) 매일기》에 적힌 내용을 놓고 본다면, 공작미 입송을 독촉하기 위하여 조선의 책임자를 왜관 안으로 불러들이는 것보다는 왜관 밖에 있는 조선 역관의 집무소, 즉 임소(任所)라 불리는 곳으로 사람을 내보내는 일이 훨씬 더 많았다. 심지어 그곳에서 밤샘하는 일도 있었다. 1722년 5월 21일 가케하시 야스자에몬[梯安左衛門]이 임소[사카노시타]로 가서 하룻밤을 잤다.[158] 동년 8월 7일에는 이대관(二代官)이 임소에 가서 하룻밤을 보냈다. 그러자 이튿날(8.8) 아침 일찍 양역이 동래로 올라가서 바로 1,000섬을 창고에서 반출하려고 애를 썼다고 한다. 이를 확인한 이대관은 그날 해질 무렵 왜관으로 돌아갔다고 한다.[159]

공작미 입송을 독촉하러 왜관 밖으로 나갈 때는 관수(館守)의 사전 허락이 필요했다. 1722년 8월 7일 이대관이 임소에 가서 하룻밤을 보내고 온 것도 그 전에 미리 관수에게 보고하여 승낙을 얻은 일이었다. 그 전에 수대(手代)들이 여러 차례 임소까지 가서 독촉을 해보았지만, 조선 측이 왜관으로 공작미를 실어줄 것 같지 않다고 생각한 모양이다. 각 고을에서 쌀이 부산포까지 와도 이런 저런 이유를 대서 그것을 바로 왜관에 들여보내 주지 않으니, 이대관이 직접 임소로 가서 결말을 짓겠다고 왜관의 무역 책임자가 판단을 내린 것이다.[160]

---

158) 爲御米催促手代梯安左衛門坂下へ差越一宿.《(一代官) 每日記》享保 7년(1722) 5월 21일.

159) 昨夕二代官坂下へ差越一宿にて今朝早速兩譯東萊へ罷登則千俵御米藏出し有之筈に相究候故今暮方二代官罷歸ル.《(一代官) 每日記》享保 7년(1722) 8월 8일.

160) 手代中每々催促に坂下へ差越候得共急速に可漕來勢に無之候　釜山浦寄來居候ても少之故障に託館へ入來候儀遲成候ては後後(?)差支に罷成候故二代官坂下へ罷越催促致度之旨館司へ申達候處に指碍候義無之候間御代官中了簡次第に仕候樣にとの事に付則今晚二代官佐々木丹

이대관이 임소까지 가서 철야를 하여도 좀처럼 공작미 입송 문제가 잘 풀리지 않으니, 이번에는 일대관(一代官)이 직접 동래부사와 면담을 시도하기도 했다. 이 제안 역시 관수에게 사전 보고를 하였음은 물론이다. 1723년 1월 25일 일대관이 "모레(1.27)로 예정된 부특송사(副特送使) 출연석(出宴席) 때 대청(大廳)으로 가서 동래부사와 면담을 하고 싶다."고 관수에게 보고하였다.[161] 그런데 관수는 이에 동의하지 않았다. 이때 관수가 서수(書手)를 대청으로 보내 다른 일을 처리할 예정이었을 뿐만 아니라, 일대관이 동래부사와 직접 면담한 선례도 없고, 게다가 그 일로 말미암아 이미 예정되어 있던 일마저 그르칠 수 있으니, 일대관의 동래부사 면담은 보류하는 것이 좋겠다는 것이 관수의 판단이었다. 그 대신에 관수가 동래부사를 만나는 자리에서 공작미에 대해 말하겠다고 하였다.[162] 이렇게 해서 일대관이 직접 나서지 않고, 이대관이 대청으로 가서 공작미에 대하여 얘기하기로, 왜관의 내부 방침이 정해졌다.

1723년 1월 27일 부특송사 출연석이 끝난 뒤 이대관이 대청으로 나아가서 공작미의 일로 동래부사 면담을 요청했다. 그런데 동래부 쪽에서는 "이대관과 대면을 한 선례가 없으니, 용무가 있으면 양역을 통해서 말하라."고 하면서, 이 요청을 거절했다. 양역에게 말했어도 일 처리가 제대로 안 되니, 꼭 만나게 해달라고 거듭 요청하였지만, 역시 거절당하고 말았다. 그래서 조선말을 할 줄 아는 두 명의 통사[嘉瀨傳五郎, 小田四郎兵衛]를 시켜서

右衛門坂下へ罷越右手代陶山利右衛門下代壹人相附ス.《(一代官) 毎日記》享保 7년(1722) 8월 7일.

161) 明後廿七日副特送使出宴席有之候 此節拙者も太廳に罷出東萊へ致對面申達候様に致度之旨申達候處に.《(一代官) 毎日記》享保 8년(1723) 1월 25일.

162) 館守被申聞候は明後日之宴席にはより被申掛候御用有之候故館守書手長屋弟右衛門太廳へ被差出筈に候 然處拙者可罷出との義に候者已來より一代官東萊へ對面之儀前々申掛候ても容易には對面不被仕候故 多くも明後日之宴席には病氣等に託必定被罷出間鋪候 左候ては右弟右衛門を以申掛候御用差支候間拙者罷出候儀は相止候得弟右衛門を以被申掛候席に御米之儀も館司より東萊へ可被申入との儀に付 … .《(一代官) 毎日記》享保 8년(1723) 1월 25일.

공작미의 입송 지체 문제를 자세히 전하였다. 이에 대한 동래부 쪽의 대답은 앞에 소개한 것과 거의 비슷했다. "조선이 작년에 이어 올해도 흉년이 들어 각 고을에서 쌀이 모자라 왜관 입송이 늦어진 것이지 일본을 소홀하게 대하려는 것이 아니다."고 하면서, "각 고을에 엄히 지시를 내렸으니 곧 왜관으로 실어 나르게 될 것"이라고 하였다. 그리고 "이를 일대관에게도 전하도록 하라."는 말도 덧붙였다.

이런 일이 있은 뒤로도 공작미의 왜관 입송 지체 문제는 해소되지 못했다. 왜관의 일본인들이 왜관 밖으로 나가 임소에서 농성을 하다시피 하는 일이 되풀이되고 있었다. 1723년 12월 4일에는 공작미를 독촉하러 가는 일본인의 숫자가 더 늘게 됨을 양역 쪽에 사람을 보내 미리 알리는 일도 있었다. "요즘 각 고을에서 보내오는 쌀이 없다는 이유를 대며 (왜관에) 들여오지 않으니, 내일(12.5)부터 독촉하러 가는 정대관(町代官) 1인과 함께 하대(下代) 1인과 수부(水夫) 3인씩을 보내겠다."고 하면서, 왜관의 일대관 쪽에서 양역에게 미리 전달을 한 것이다.[163)]

전날 예고한 대로 1723년 12월 5일 정대관[陶山利左衛門]이 하대(下代) 1인 수부(水夫) 3인을 대동하여 임소로 갔다고 적혀 있다. 이것이 선례가 된 것으로 보이는데, 이날 이후부터 1723년 말까지 기록을 보면 총 5인(정대관 1인에 하대 1인, 수부 3인)이 한 조가 되어 교대로 번갈아가면서, 왜관 밖 임소까지 공작미를 독촉하러 가는 일이 일상처럼 되어버렸다고 해도 지나친 말이 아니다.

이상의 1721~23년 공작미 입송 결과를 1860년대 사례와 비교하면 다음과 같다.[164)] 먼저 공작미 입송량을 보기로 하자. 《동래부계록》 1862년도

163) 此間各官より寄り米無之由にて不入來候に付 明日より爲催促町代官壹人幷下代壹人水夫三人宛差越候樣に兩譯方へ使を以申渡ス. 《(一代官) 每日記》 享保 8년(1723) 12월 4일.

164) 정성일, 〈1860년대 對日貿易과 公木·公作米〉, 《한일관계사연구》 54, 한일관계사학회, 2016 참조.

회계 자료에 따르면 신유조[1861] 공작미로 4,333섬 5두를 현물로 지급했다고 되어 있다. 나머지 9천섬은 미지급인 셈인데, 이 가운데 3,500섬을 현물[쌀] 대신에 조선의 동전[매일기에는 大錢] 23,100냥[일본 단위로 2,310관]으로 바꾸어 지급하기로 양측이 각서를 작성하였다.165) 그 나머지 5,500섬은 해를 넘겨 1863년도에 현물로 입송하기로 합의하였다. 이때와 비교해 보면 〈표 3-1〉의 1722년조 공작미 현물 입송은 임인년조[1722] 책임량 16,000섬을 229섬이나 초과하였으니, 일본 입장에서 보면 이를 양호(良好)한 결과라고 말할 수 있겠다.

다음으로 공작미 미수 문제를 해결하려고 양국의 관계자가 왜관과 임소를 출입한 것을 비교해 보기로 하자. 1721~23년과 비교할 때 1860년대에 와서 달라진 것이 몇 가지 눈에 띈다. 첫째, 훈도와 별차 등 조선 역관이 왜관에 들어왔다가 나가지 못하고 그곳에서 철야를 하는 일은 적어도 1721~23년에는 없었던 것으로 보인다. 그런데 1864년 1년 동안에만 103회나 조선 역관의 왜관 체류(滯留)가 있었다.166) 여기에서 말하는 체류란 억류(抑留)나 다름없는 상태로 조선 역관이 왜관 밖으로 나가지 못하게 하고 그곳에서 밤을 새도록 하는 것을 말한다. 다만 조선 역관이 "봉진연(封進宴) 준비라든가 표류민 업무 때문에 왜관 밖으로 나가겠다"고 요청하면 관수가 그것을 수용하기도 하였으며, 그 대신에 가별차(假別差)를 왜관에 재류(在留)시킨 적도 있었다. 왜관 측이 "공작미와 공목의 입송 상황을 더 파악해야 한다"는 이유를 대면서 조선 역관의 출관(出館) 요청을 받아들이지 않은 경우도 가끔 있었다.167)

둘째, 1864년에는 왜관의 정대관(町代官) 등 일본인이 왜관 밖으로 나가 조선 역관의 집무소인 임소까지 가서 철야를 하는 일이 106회나 있었

165) 위 논문, 133~137쪽.
166) 위 논문, 138~142쪽.
167) 위 논문, 147쪽.

다.[168] 이에 반해서 1722년에는 41회, 1723년에는 38회로 나타났다. 1864년 대마도 사람들의 왜관 밖 임소 출입 횟수가 두 배 이상 더 많았던 셈이다. 더구나 1864년에는 대관과 하대(下代), 번수(番手) 외에 근번통사(勤番通詞)와 오인통사(五人通詞)와 같은 조선어를 구사하는 대마번의 통역까지 대동하고 갔다.[169] 이것과 비교해 볼 때, 1721~23년에 인원수는 5인(정대관 1인, 하대 1인, 수부 3인)으로 같았지만, 통사(通詞)가 수행하였느냐 수부(水夫)가 함께 갔느냐 하는 인원 구성에서 차이를 보였다.

2. 간품(看品)

1) 간품 참여자와 의례

간품에 대해서는 《증정교린지》 제3권 진상물건 간품식(進上物件看品式)에 규정이 되어 있다. 공무역 간품은 개시대청(開市大廳)에서 이루어지는데, 대마도가 가져온 흑각(黑角) 간품과 구리[生銅, 荒銅] 간품에 대한 규정은 아래와 같다.[170]

〈사료 3-2〉

흑각 간품은 훈도와 별차가 병방 비장(兵房裨將)과 함께 모두 개시대청에 가서 동쪽 벽에서 서쪽 벽을 향하여 서서, (일본 측) 여러 대관(代官)과 더불어 서로 읍하고 앉는다. 소통사(小通事)가 무릎을 꿇고 고하는 등의 절차는 다례의(茶禮儀)와 같다. 대관 역시 찬(饌)을 올려 대접한다.

생동의 간품도 동일하며 공목 비장(公木裨將)이 와서 참여한다.

---

168) 위 논문, 138~142쪽.

169) 위 논문, 138~142쪽.

170) 《국역 증정교린지》, 김건서 저, 하우봉·홍성덕 역, 민족문화추진회, 1998, 118쪽.

1721~23년 《(일대관) 매일기》를 살펴보면, 조선의 간품 참여자가 흑각의 경우와 구리, 주석의 경우가 조금 차이가 있었음을 알 수 있다. 1721년 10월 16일 흑각 간품 때는 조선 쪽에서 양역과 함께 흑각 거래를 담당하는 상인과 거래 내역을 기록할 사람이 함께 왜관으로 들어갔다.[171] 1722년 5월 15일에는 조선 쪽에서 양역과 개시 감독관과 흑각 전문가가 흑각 간품에 참여하였다.[172] 동년 6월 19일에도 이와 동일하였다. 대마도 기록에 시봉행(市奉行)으로 적혀 있는 것은 조선 측의 개시 감독관이 아닐까 생각된다. 1723년 5월 6일 흑각 간품 때는 조선 쪽에서 양역과 내비장과 흑각 전문가가 참여하였다.[173] 여기에서 말하는 내비장은 앞의 《증정교린지》에 등장하는 병방 비장(兵房裨將)으로 보인다. 그리고 흑각 전문가[角見之者]란 흑각의 품질을 감별할 수 있는 능력을 갖춘 사람을 말한다. 이처럼 조선 쪽에서는 양역을 비롯하여, 흑각 매매를 담당하는 상인[角掛之商人], 개시 감독관[市奉行], 내비장(內裨將)과 흑각 전문가[角見之者]가 흑각 간품에 참여하고 있었음이 확인되었다.

이와 달리 구리 간품 때는 조선 쪽에서 참석한 사람으로 양역이 등장할 뿐이다. 1722년 6월 21일과 1723년 6월 18일 모두 마찬가지였다. 1722년 8월 15일 주석 간품 때도 양역 외에 다른 사람이 간품에 참여하지는 않았던 것으로 보인다. 바꾸어 말하면 구리 간품 때는 양역만으로도 구리의 품질이나 수량 감별이 충분했던 것이 아닌가 짐작된다(〈표 3-2〉 참조).

일본 쪽에서는 흑각이든 구리든 여러 명의 대관(代官)이 간품을 주도하였다고 말할 수 있다. 일대관(一代官)과 이대관(二代官), 정대관(町代官), 별

171) 今日看品水牛角相渡候に付 兩譯幷角掛之商人其外角見書手先例之通入來. 《(一代官) 每日記》 享保 6년(1721) 10월 16일.

172) 看品之水牛角相渡候付兩譯其外市奉行角見之者入來. 《(一代官) 每日記》 享保 7년(1722) 5월 15일.

173) 今日看品之水牛角相渡候に付兩譯幷內裨將其外角見之者入館. 《(一代官) 每日記》 享保 8년(1723) 5월 6일.

대관(別代官) 등이 그들이다. 이들을 도와 간품 물품을 직접 나르는 수대(手代)를 비롯하여, 경호를 맡은 사람들(横目·組横目·下目付)과 조선어 통역을 맡은 통사(通詞)도 간품에 참여하였다.

그런데 주석 간품 때는 별다른 기록이 보이지 않는다. 1722년 8월 15일 별시(別市) 때 일본 측이 주석을 현물로 주는 대신에 양역에게 은(銀) 8관목(貫目)을 대납(代納)하였다고 적고 있을 뿐이다(〈표 3-2〉 참조).

한편 간품 때마다 양측이 요리와 음식을 접대하곤 하였는데, 이에 대하여 소개하면 아래와 같다. 간품 때는 뒤에 서술할 개시(開市) 때와 달리, 조선 측이 왜관의 대관들에게 요리[膳部]를 대접하기로 되어 있었음이 주목된다. 이때 조선 역관[양역]이 대관 한 사람 한 사람에게 각각 요리를 내놓았다고 적었을 뿐, 그때 제공한 요리의 내용에 대해서는 《(일대관) 매일기》에 기록이 보이지 않아 알 수 없다. 아마도 간품 때 조선 측이 꽤 격식을 차린 요리를 마련하여 내놓지 않았을까 추측되는데, 그 일을 책임진 사람들이 훈도와 별차였다고 생각한다.

일본 측은 개시 때와 마찬가지로 간품 때도 조선 측 참가자들에게 음식을 대접하였다. 일대관은 소면(素麪)과 맑은 장국[吸物]과 술을 내놓았고, 이대관은 찬합에 담은 도시락[提重]을 제공하였다. 흑각 간품이 있었던 네 차례 모두 동일했다. 구리 간품 때도 마찬가지였다고 생각한다. 1722년 6월 21일 구리 간품 때 전례대로 일대관은 소면과 맑은 장국과 술을 내놓았고, 이대관은 찬합에 담은 도시락을 내놓았다. 1723년 6월 18일 구리 간품 때는 일대관과 이대관의 음식 제공 기록이 보이지는 않지만, 아마 이때도 전례대로 일본 측이 양역 등에게 음식을 제공하였을 것으로 추정된다.

2) 흑각[黑角, 水牛角] 간품

흑각, 구리, 주석의 간품 물량이 얼마나 되었을까? 먼저 이들 품목에 대한 간품은 입송물을 지체시키는 쪽이 일본 측이라는 점에서 공작미와 반대 입장이었다. 1721년 10월 12일 양역(兩譯) 즉 훈도와 별차가 왜관의 무역 책임자인 일대관(一代官) 쪽으로 가서, "흑각(일본 기록에서는 水牛角으로 기록하기도 함)의 간품이 늦어지고 있어서, 매번 서울에서 독촉을 받고 있다."고 말하였다. 그러면서 "최근 대마도에서 흑각[수우각]이 왔다고 하던데, 가까운 시일 안으로 간품을 해 주었으면 한다."고 양역이 일대관에게 요청을 하였다.

조선의 양역이 '대마도에서 왜관으로 흑각[수우각]이 들어온 것'을 어떻게 알았는지는 알 수 없지만, 그보다 1주일 전인 10월 5일 "비선(飛船) 1척이 왜관으로 들어왔는데, 그 배 안에 수우각 738통[本]이 실려 있었다."고 《(일대관) 매일기》에 적혀 있다. 10월 13일 양역은 이번에는 이대관(二代官)에게 가서 "간품에 관하여 답변을 듣고 싶다"고 재촉하자, 이대관은 "관수·재판·별대관 등과 의논하여 10월 16일 간품을 전달하겠다"고 답하였다. 이것을 보면 조선의 양역이 공무역 간품을 통해 일본에서 들여오는 동남아시아산 흑각[수우각]의 지급을 왜관 측에 여러 차례 요청하고 있었음을 알 수 있는데, 양역이 이처럼 적극적인 자세를 브인 것은 한양에서 거듭 독촉을 받았기 때문으로 생각한다.

1721~23년 《(일대관) 매일기》에 보이는 간품의 규모와 내용을 소개하면 다음과 같다. 1721년 10월 16일 흑각 550통이 양역에게 전달되었다. 1722년 5월 15일에는 흑각 160통이 양역에게 전달되었는데, 이 가운데 60통은 거년조[1720년] 미수분, 90통은 인년조[1722년] 몫이었다. 나머지 10통은 품질이 떨어지는 흑각이었는데, 7통은 양역에게 내부적으로 주고, 3통은 흑각 전문가[角見之者]에게 지급했다. 동년 6월 19일에도 300통이 양역에게 지급되었는데, 이것으로 인년조[1722년] 흑각을 완납했다고 한다. 1723년 5월 6일에도 계묘년조(1723) 흑각 400통이 조선 측에 전달되었다. 이 밖에 품질이 떨어지는 흑각을 관례대로 양역에게 30통, 흑각 전문가에게 3통을

주었다고 되어 있다.

〈표 3-2〉 1721~23년 간품(看品) 현황

분류	연도	월일 (일본)	수량	내 용
수우각	1721	10.16	550통	• 兩譯과 水牛角 상인, 그 밖에 기록할 사람이 들어옴. • 시장에 二代官, 町代官, 別代官이 와 水牛角 550통[本] 전달. • 一代官이 소면(素麪)과 맑은 장국[吸物]과 술을 내놓았음. • 二代官이 찬합에 담은 도시락[提重]을 내놓았음. • 兩譯은 요리[膳部]를 각자에게 내주었음. • 通詞는 堀半右衛門이 맡음.
	1722	05.15	160통	• 兩譯과 개시 감독관, 角見之者가 들어오자 二代官과 手代들이 와서 전달. • 水牛角 160통 중에서 60통은 거년조(1721년) 미수분, 동 90통은 올해 인년(1722) 몫임. • 그 밖에 품질이 떨어지는 水牛角 7통은 兩譯에게 내부적으로 주고, 同 3통은 角見之者에게 전달. • 橫目 1인 組橫目 1인 下目付 1인이 붙음. • 通詞는 堀半右衛門이 맡음. • 一代官이 소면(素麪), 맑은 장국[吸物], 술을 내놓음. • 二代官이 찬합에 담은 도시락을 내놓음. • 兩譯이 요리[膳部]를 각자에게 내놓음.
		06.19	300통	• 看品 水牛角 전달 관련하여, 예년처럼 兩譯과 개시 감독관과 角見之者가 들어왔음. • 二代官과 그 밖의 手代들이 시장으로 나가 전달함. • 水牛角 300통[본], 이는 금년 인년조(1722) 완납. • 그 밖에 兩譯과 角見之者에게 품질이 떨어지는 水牛角을 전례대로 지급함. • 兩譯이 요리[膳部]를 각자에게 내놓음. • 一代官이 소면(素麪), 맑은 장국[吸物], 술을 내놓음. • 二代官이 찬합에 담은 도시락을 내놓음. • 橫目 1인 組橫目 1인 下目付 1인이 붙음.
	1723	05.06	433통	• 兩譯과 內裨將, 角見之者가 들어옴 • 시장에서 전례대로 전달함. • 二代官, 町代官이 왔음. • 一代官이 소면(素麪)과 맑은 장국[吸物]을 내놓음. • 二代官이 도시락을 내놓음.

분류	연도	월일 (일본)	수량	내 용
				• 조선 쪽에서 代官中에게 각각 요리[膳部]를 내놓음. • 계묘년조(1723년) 看品 水牛角 400통, 兩譯에게 30통, 角見之者에게 3통을 전달.
구리	1722	06.21	29,373근 54문	• 兩譯이 들어오니 二代官과 手代들이 시장으로 나가 전달. • 銅 2만 9천 3백 7십 3근 54문을 전달 (裁判 1회분과 兒名送使 예물이 포함된 것임) • 横目 1인, 組横目 1인 下目付 1인이 붙음. • 一代官이 소면(素麪), 맑은 장국[吸物], 술을 내놓음 • 二代官이 찬합에 담은 도시락을 내놓음. • 兩譯이 代官中에게 각각 요리[膳部]를 내놓음. • 通詞는 小田四郎兵衛이 맡음.
	1723	06.18	27,900근	• 開市가 들어왔음. • 二代官 手代들이 와서 兩譯에게 전달. • 兩譯이 代官中에게 각각 요리[膳部]를 내놓음. • 계묘년조(1723년) 看品 구리 2만 7천 9백 근을 전달.
주석	1722	08.15	銀 8관	• 別市가 들어왔음. • 주석[鑞] 대신에 銀으로 양역에게 8貫目을 내부 전달.

자료 :《朝鮮御代官記錄》(국사편찬위원회 대마도종가문서 DK 5119, 5120, 5121, 5134)

3) 구리[生銅, 荒銅] 간품

〈표 3-2〉에서 보는 것처럼 구리 간품은 1722년과 1723년 모두 6월에 각각 1회씩 있었다. 1722년 6월 21일 구리 간품 수량은 29,373근 54문이었다. 여기에는 재판(裁判) 1회분과 아명송사(兒名送使) 예물이 포함되어 있었다. 1723년 6월 18일 간품 때는 27,900근의 구리가 양역에게 지급되었다고 한다.

주지하듯이 해마다 일본에서 오는 사신[연례송사]이 타고 오는 세견선(歲遣船)마다 무역품의 종류와 수량이 정해져 있었다. 공무역을 통해서 조달하도록 규정되어 있었던 일본 구리는 사료마다 기록이 조금씩 다른데, 〈표 3-2〉의 1723년 6월 18일 간품 구리 27,900근이 〈표 3-3〉의 《증정교린지》 기록(구리 27,900근)과 일치하는 점이 눈에 띈다.

〈표 3-3〉 공무역을 통한 조선의 일본 구리 수입량 비교

(단위 : 근)

연례송사	조선 기록		일본 기록
	통문관지 중간본	증정교린지 초간본	대마도 조선방 기록
	(1778년)[174)]	(1802년)[175)]	(1830년대)[176)]
	동철(銅鐵)	동철(銅鐵)	銅[177)]
세견 1선	2,800	2,800	2,800
세견 2~3선	1,600	800	1,600[178)]
세견 4~17선	4,900	4,200[179)]	4,200[180)]
1~3특송선	12,900	12,900	12,900[181)]
부특송선	4,000	4,000	4,000
만송원선	1,100	1,100	1,100
이정암선	800	800	800
유방원송사	(뒤에 혁파)		
평언삼송사	1,473[182)]		1,473[183)]
평의진송사	(1702년 혁파)		
중절오선	1,000	1,000	
계 (사료)	29,373[184)]	27,900[185)]	28,073[186)]
계 (필자)	30,573	27,600	28,873

174) 통문관지는 초간본의 원저가 1708년 무자년에 완성되었다. 그것을 김경문(金慶門, 1673~1737)이 1720년 경자년에 간행한 초간본(初刊本)이 58년 뒤인 1778년(정조 2)에 중간본(重刊本)이 나왔다[《국역 통문관지》 2-28쪽].

175) 《증정교린지》는 1802년 김건서(金健瑞)가 간행하였다. 거기에 고종 2년(1865)까지의 약조를 추가하여 증보한 중간본이 1865년에 나왔다[국역증정교린지 7쪽].

176) 일본 나가사키현립 쓰시마박물관(옛 쓰시마역사민속자료관)에 소장되어 있는 자료이다(宗家文庫 記錄類 朝鮮方 B 3 (3)). 이 자료의 작성 연대는 1832년(天保 3) 이후로 추정된다. 조선방(朝鮮方 죠센카타)은 조선 관계 업무를 담당한 대마번(對馬藩)의 행정 기구이다.

177) 이 자료에서는 구리 100근당 공목의 수량을 가지고 일본 대마도가 공무역을 통해 조선에 수출한 구리 가격으로 표시하였다. 예를 들어 세견 제1선의 경우 구리(銅) 2,800근에 대하여, 구리 100당 가격[價木]을 공목 60필이라고 하였다. 이를 환산하면 구리 10근 값에 해당하는 공목의 수량은 6필이 된다.

178) 세견 제2선과 제3선의 구리량이 800근씩이다.

179) 세견 제4선부터 제10선까지는 350근씩이며[2,450근], 제11선부터 제17선까지는

실제로 생동(生銅)이 대마도에서 왜관으로 운송된 사실을 보여주는 조선 측 자료가 있는데, 이를 소개하면 다음과 같다. 1721년(경종 1, 享保 6) 5월 생동을 100칭(10,000근, 1칭=100근)씩 선적한 배 두 척이 대마도에서 왜관으로 건너왔다. 그런데 이 배에는 일본으로 표류했다가 송환되는 조선 표류민들이 타고 있었다. 동년 5월 8일 전라도 제주 대정현(일본 기록에는 해남으로 기록) 사람을 송환해 온 표차왜(橘定直)와 경상도 영해 사람을 데리고 온 표차왜(平敬武)가 총 2만 근의 생동을 싣고 왜관으로 건너온 것이다.[187] 《(관수) 매일기》 동년 5월 7일 기록에 예조참의와 동래부사, 부산첨사 앞으로 보내는 서계와 별폭이 실려 있는데, 이 외교문서는 경상도 영해 사람 16인과 전라도 해남(실제로는 제주 출신) 사람 28인 등을 조선 측에 송환함을 알리기 위한 것이다. 이것은 앞에 소개한 《표인영래등록》의 생동 운송 기록을 뒷받침해 주는 증거인 셈이다.

조선 정부가 공무역을 통해서 일본 생동을 조달한 것은 역사적으로 어떤

250근씩이다[1,750근].

180) 세견 제4선 구리량이 350근이며, 제5~10선이 2,100근, 제11~17선이 1,750근이다.

181) 제1특송사 구리량이 4,300근이며, 제2특송사와 제3특송사의 그것이 8,600근이다.

182) 평언삼송사의 공무역 구리는 1,473근 5냥 5전이다.

183) 아명송사(兒名送使)라고 되어 있으며, 그것의 구리량이 1,473근 54전이다.

184) 이 자료에서는 "일본의 송사(送使)와 세견선의 왜인들이 바치는 별폭과 공무역 중 구리(銅鐵)는 29,373근 5냥 4전"이라고 계산하고 있다. 이 자료 각 항목의 수치를 모두 더하면 30,573근 5냥 4전이 되어 1,200근이 차이가 난다.

185) 세견선이 바치는 별폭과 공무역 중 구리(銅鐵)는 27,900근인데(재판차왜 공무역 포함), 중절오선(中絶五船) 공무역 1,000근이 혁파되어 실제로는 26,900근이다. 구리(동철) 26,900근의 대목(代木)은 322동 40필이며, 구리 10근마다 무명 6필로 한다.

186) 원 사료에는 구리 합계가 28,073근 54전이다. 이 밖에 조선과 교섭할 일이 있을 때 대마도에서 파견하는 재판(裁判)에게 할당된 공무역 구리가 300근이다. 그리고 중절오선이 폐지되어 대마도가 조선에 보내게 되어 있던 황동(荒銅, 이를 조선 기록에서는 生銅으로 기록하기도 함) 1,000근의 출송(出送)도 줄게 되었다고 적고 있다.

187) 《漂人領來謄錄》 V(규장각 자료총서 금호시리즈 대외관계편), 서울대학교 규장각한국학연구원, 1993, 551쪽.

의미가 있을까? 먼저 구리와 관련된 조선과 일본의 용어에 대해 살펴보자. 조선에서 생동(生銅)이라 적은 것을 일본에서는 황동(荒銅 아라도)이라 했다. 일본에서 구리를 채취할 때는 두 번의 제련 과정을 거쳤다고 알려져 있다. 생동 즉 황동은 광산에서 제련한 것을 말하고, 그것을 오사카[大坂]의 동좌(銅座)로 가져와서 다시 제련한 것을 취동(吹銅 후키도)이라 불렀다(조선 기록에서는 이를 숙동(熟銅)으로 적었음). 생동(황동)은 첫 번째 제련한 것이어서 거기에는 비록 소량이지만 은(銀)이 함유되어 있었다. 생동(황동) 100만 근에 은 100관(貫)의 비율로 생동[황동]에 은이 들어 있었다고 한다.[188] 이것은 생동(황동) 10근에 은 1문(匁, 몬메, 3.75g) 정도였다는 의미가 된다. 이것을 보면 생동(황동)의 가치가 어느 정도였는지를 쉽게 짐작할 수 있다. 두 번째 정련(精鍊) 과정을 거쳐 은을 빼낸 숙동(취동)은 가공 형태에 따라 연동(延同, 일본어로 노베도)과 도동(棹銅, 일본어로 사오도)으로 나뉜다. 연동은 글자 그대로 얇은 판으로 편 것이고, 도동은 막대기 모양으로 길쭉하게 만든 것을 가리킨다.

조선에 수출된 일본 구리 가운데 생동(황동)이 들어 있는 것은 그 의미가 결코 작지 않다. 거기에 은이 함유되어 있었는데, 같은 시기 나가사키(長崎)를 통해 해외에 유출된 구리 가운데는 생동(황동)이 들어 있지 않았다. 그 이유는 은이 섞여 있는 채로 구리를 수출하면 일본의 국익에 도움이 안 된다고 보았던 막부(幕府)가 생동(황동)의 해외 수출을 금지시켰기 때문이었다. 그런데도 위에서 본 것처럼 조선 정부는 은 성분이 함유된 황동(생동)을 대마도와의 공무역을 통해서 장기간 안정적으로 조달해 오고 있었던 셈이다. 이것은 일본의 막부가 조선을 배려한 결과로 판단된다.

---

188) 田代和生, 《近世日朝通交貿易史の硏究》, 創文社, 1981, 372쪽.

4) 주석[鑞] 간품

주석 간품에 대해서는 1722년에 단 한 건의 기록이 있을 뿐이다. 먼저 임진왜란 이전부터 조선은 일본에서 석(錫, Sn)을 수입하고 있었다. 실록을 비롯한 조선의 관찬 사료에서는 이것을 보통 납철(鑞鐵)로 기록하였다. 한자로 동철(銅鐵)로 적혀 있더라도, 그것이 구리(銅)와 철(鐵) 두 가지를 의미하는 것이 아니라, 구리쇠 즉 구리를 가리키는 용어였다. 이처럼 납철도 납과 철의 두 가지를 말하는 것이 아니라, 납쇠 즉 납을 의미했다. 그런데 납은 연(鉛)이나 아연(亜鉛), 석(錫) 등의 연금속(軟金屬)을 의미하지만, 조선과 일본 사이의 무역에서 나오는 납은 석(錫)으로 보는 것이 옳다.[189] 이를 일본 문서에서도 납(鑞)으로 적고 있는데, 이것은 일본어로 スズ(すず)라고 읽는 석(錫)을 가리킨다. 이것은 일본의 분고[豊後]와 휴가[日向] 지역에서 많이 산출되었으며, 공무역에서 일본이 조선으로 가져오게 되어 있었던 품목 가운데 하나였다.[190]

〈표 3-4〉 공무역을 통한 조선의 일본 주석 수입량 비교

(단위 : 근)

연례송사	조선 기록		일본 기록
	통문관지 중간본 (1778년)	증정교린지 초간본 (1802년)	대마도 조선방 기록 (1830년대)
	주석[鑞鐵]	주석[鑞鐵]	주석[鑞][191]
세견 1선	1,551	1,551	1,551
세견 2~3선	320	160	320
세견 4~17선	630	490[192]	495[193]
1~3특송선	7,200	7,380	7,380[194]
부특송선	3,800	3,800	3,800
만송원선	1,002[195]	1,002[196]	1,002[197]
이정암선	385	385	385
유방원송사	(뒤에 혁파)		

189) 김병하, 《이조 전기 대일 무역 성격 연구》, 한국문화원, 1969, 152쪽.
190) 田代和生, 앞의 책(1981), 263쪽.

연례송사	조선 기록		일본 기록
	통문관지 중간본 (1778년)	증정교린지 초간본 (1802년)	대마도 조선방 기록 (1830년대)
	주석[鑞鐵]	주석[鑞鐵]	주석[鑞][191]
평언삼송사	400		400[198]
평의진송사	(1702년 혁파)		
중절오선	600	600	
계 (사료)	16,013[199]	15,613[200]	14,166[201]
계 (필자)	15,888	15,368	15,333

《(일대관) 매일기》를 보면 1722년 8월 15일 일본 측이 주석을 현물로 전달하지 않고, 은(銀)으로 대납(代納)하였다고 되어 있다. 양역에게 전달한 은 8관(貫)이 바로 그것이다(看品鑞代銀之義兩譯申出候故八貫目內渡シ). 1720년대 시점에서 이미 주석이 현물납(現物納) 대신에 은납(銀納)으로 바뀌어 있었음을 알 수 있다.

191) 이 자료에서는 주석 100근당 공목의 수량을 가지고 일본 대마도가 공무역을 통해 조선에 수출한 구리 가격으로 표시하였다. 예를 들어 세견 제1선의 경우 주석[鑞] 1,551근에 대하여 주석 100당 가격[價木]을 공목 200필이라고 하였다. 이를 환산하면 구리 10근 값에 해당하는 공목의 수량은 20필이 된다. 같은 수량의 구리가 공목 6필이었으니, 주석이 구리보다 3배 이상 값이 비싼 셈이 된다.

192) 세견 제4~10선은 45근씩이며[315근], 제11~17선은 25근씩이다[175근].

193) 세견 제4선 45근, 제5~10선이 270근, 제11~17선이 175근이다.

194) 이 자료에는 제1특송선에 2,460근, 제2~3특송선에 4,920근이 할당되어 있다.

195) 이 자료에는 1,002근 8냥이다.

196) 이 자료에는 1,002근 8냥이다.

197) 이 자료에서는 1,002근 8냥이다.

198) 아명송사(兒名送使)라고 되어 있으며, 그것의 주석량이 400근이다.

199) 이 자료에서는 "일본의 송사(送使)와 세견선의 왜인들이 바치는 별폭과 공무역 중 주석[鑞鐵]은 16,013근 8냥"이라고 계산하고 있다. 이 자료 각 항목의 수치를 모두 더하면 16,094근 8냥이 되어 81근이 차이가 난다.

200) 세견선이 바치는 별폭과 공무역 중 주석[鑞鐵]은 15,613근 8냥인데(재판차왜 공무역 포함), 중절오선 공무역 600근이 혁파되어 실제로는 15,013근 8냥이다.

201) 원 사료에는 주석 합계가 14,166근이다. 이 밖에 재판(裁判)에게 할당된 공무역 주석이 245근이다.

Ⅱ. 사무역(1721~23년)

조선 정부는 조선 상인들이 정해진 날짜에 왜관으로 들어가 무역을 하도록 허가하였는데, 이것이 곧 사무역(私貿易)이다. 조선에서는 그것을 개시(開市)라고 불렀다. 이때의 조선 측 상인을 가리켜서 동래상고(東萊商賈)라 일컬었으며 줄임말로 내상(萊商)이라고도 했다.202)

이에 관해서는 조선 측 기록인 《변례집요(邊例集要)》 제9권(開市)에 적혀 있다. 그런데 1720년대 부분을 펼쳐 보면 1720년과 1726년 기록이 있을 뿐이다. 그 사이에 해당하는 1721~23년 기록은 이 사료에 보이지 않는다. 그렇다고 해서 이 기간 동안 왜관에서 개시가 이루어지지 않았다고 보기는 어렵다.

왜관의 《(일대관) 매일기》를 바탕으로 하여 작성한 〈표 3-5〉와 〈표 3-6〉을 보면, 1722년과 1723년의 연간 개시 현황을 알 수 있다. 예를 들어 1722년 7월 3일 기사에는 "개시가 들어오지 않았다(市不入來)"고 되어 있으며, 7월 30일 기사에는 "별시가 들어왔다(別市入來ル)"고 적혀 있다.

개시가 얼마나 자주 열렸는지를 알아볼 수 있는 지표로 개시율(開市率)을 사용할 수 있다. 개시율의 계산 방법을 소개하면 다음과 같다. 먼저 〈실제 개시일수 ÷ 규정 개시일수〉를 개시율로 정의할 수 있다. 실제 개시일수란 기록을 통해 일정 기간 동안 개시가 있었음이 확인되는 일수(日數)를 말하며, 규정 개시일수는 같은 기간 동안 개시를 개최하기로 양국이 합의한 일수를 말한다. 1609~1872년에는 매월 6회(3, 8, 13, 18, 23, 28일) 개시를 열게 되어 있었으므로, 월간 규정 개시일수는 6일이며 연간 규정 개시일수는 72일이 되는 셈이다. 윤달이 들게 되면 연간 규정 개시일수가 78일로 늘어난다.

---

202) 김동철·김영록·배석만·양흥숙, 《동래상인과 부산》(2024 부산학연구총서), 부산연구원 부산학연구센터, 2024, 173-181쪽 참조.

〈표 3-5〉 1722년 開市 현황

월	開市日數	開市日字					
		3	8	13	18	23	28
1	4		8	13	18		28
2	5	3	8		18	23	28
3	4		8	13		23	28
4	5	3	8	13		23	28
5	4	3		13	18		29
6	5	3	8	13	18	23	
7	6	30	8	13	18	23	28
8	6	3	8	12	15	23	28
9	2	3					29
10	5		8	13	18	23	28
11	5	3	8	13	18	23	
12	3	3	8		18		
계	54	9	10	9	9	8	9

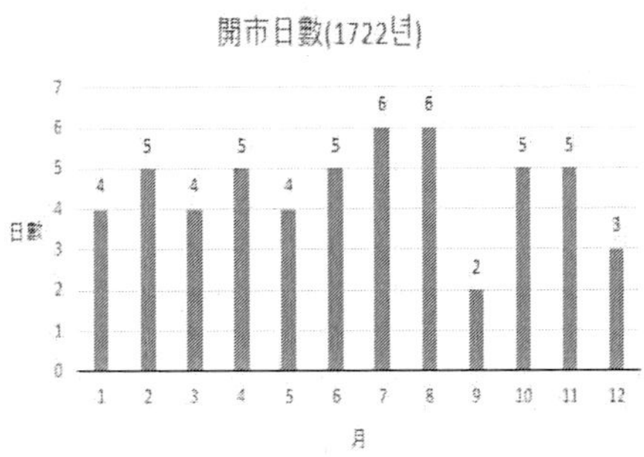

자료 : 《朝鮮御代官記錄 中(1722년 1~12월)》(국사편찬위원회 대마도종가문서 DK 5120)
주 : 음영은 別市임.

〈표 3-6〉 1723년 開市 현황

월	開市日數	開市日字					
		3	8	13	18	23	28
1	5		8	13	18	23	28
2	5	3	8	13	5	19	
3	5	3	4	13	18		28
4	5	3	9	13	18		28
5	4		9	13	18	23	
6	4			13	18	23	28
7	3		8	12	18		
8	6	3	8	12	20	23	28
9	5	3		13	18	24	28
10	6	3	8	15	30	18	28
11	4			13	18	23	28
12	6	3	8	13	18	23	28
계	58	7	9	12	12	9	9

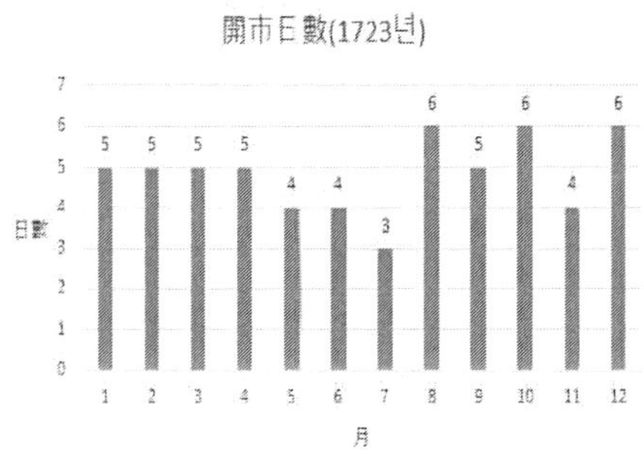

자료 : 《朝鮮御代官記錄 下(1723년 1~12월)》(국사편찬위원회 소장 대마도종가문서 DK 5134), 《一番 朝鮮御代官記錄(1722년 12월~1723년 12월)》(동 DK 5121).
주 : 음영은 別市임.

위와 같은 방식으로 계산해 보면 1722년 개시율은 75%이다(54÷72=0.75). 그런데 1월 3일에는 정초(正初)라서 조선 상인들이 왜관으로 들어가 개시를 열지 않는 것이 관행이었기 때문에, 만일 규정 개시일수에서 하루를 제외하고 계산한다면 개시율이 76%로 1% 포인트 높아진다(54÷71=0.76). 마찬가지로 1723년 개시율은 80.3%이다(58÷72=0.803). 만일 1월 3일을 규정 개시일수에서 제외한다면 개시율은 81.7%가 된다(58÷71=0.817). 두 해의 개시율만 놓고 본다면 1722년(75%)보다는 1723년(80.3%)이 더 높았다고 말할 수 있다(〈표 3-5〉과 〈표 3-6〉 참조).

한편 개시 때 일본 측이 조선의 역관과 상인들에게 음식을 제공하는 것이 관례였다. 한 해 처음으로 열리는 초시(初市) 때는 보통 때보다 더 잘 차린 음식이 나왔다. 두 번째 열리는 이번시(二番市)도 음식의 종류와 가짓수가 보통 때와 차이가 있었다.

1721년 9월 18일 기록에서 보는 것처럼, "개시가 들어와서 정해진 대로 요리를 내놓았음. 차림표는 아래에 적음. 수문 감독관 쪽으로 도시락과 술을 보냈으며 아래에 적음."과 같이,[203] 개시 요리 기록을 남기는 것이 보통이었다. 개시 요리(開市料理)에 대해서는 1705년과 1864년의 사례를 제2장에서 소개하였기에[204] 여기에서는 1721~23년 개시 요리의 차림표에 대해서는 생략하였다.

아쉽게도 1722~23년 《(일대관) 매일기》에는 개시일에 거래된 무역품의 종류와 수량에 관한 기록이 거의 남아 있지 않다. 다만 개시의 개최 여부에 대해서는 충실하게 기록이 되어 있어서 당시 개시 실태를 어느 정도 파악할 수 있다. 이를 바탕으로 1705년과 1864년의 개시 상황을 비교하면 다음

203) 市入來候故相定候料理出之ス 献立左に記ス 守門市奉行方へ重之內酒遣之 左に記之ス. 《(一代官) 每日記》 享保 6년(1721) 9월 18일.

204) 정성일, 〈倭館 開市 때 제공된 日本料理 기록의 비교(1705년, 1864년)〉, 《한일관계사연구》 52, 한일관계사학회, 2015.

과 같다.[205] 1705년에는 윤달이 들어서 규정 개시일수가 78일이었는데, 이 중 34회 개시가 있어서 개시율이 약 44%로 나타났다(34÷78=0.436). 정월 초사흘을 규정 개시일수에서 뺀다고 하더라도 개시율은 44%를 크게 웃돌지 못했다(34÷77=0.442). 이에 반해서 1864년에는 실제 개시일수가 12일이어서 개시율이 17%에 그쳤다(12÷72=0.166 또는 12÷71=0.169).[206] 결론적으로 1722년(75%)과 1723년(80%)의 개시율이 1705년(44%)과 1864년(17%)보다 월등하게 높았음을 알 수 있다. 다만 1722~23년 개시율이 상대적으로 높았던 이유에 대해서는 정확하게 알 수 없다. 그 전에 대마도에서 발생한 문위행(問慰行), 즉 도해역관(渡海譯官)이 주도했던 밀무역(密貿易) 사건을 적발한 일본 측이 조선 조정에 알리지 않는 대신에, 조선 역관들이 대마도에 적극 협조할 수 있도록 유도한 결과로, 1720년대 공무역과 사무역에서 일본 측에 일정한 성과가 나타난 것인지에 대해서는 앞으로 더 깊이 추구(追究)해 볼 일이라고 생각한다.

위에서 살펴본 1720년대 조선과 일본의 무역에 관하여 간추려 정리하면 다음과 같다. 먼저 공작미(公作米)의 경우 왜관의 일본인 입장에서 보면, 공무역 수출품의 대가(代價)로 그들이 당연히 받아야 할 공작미가 제때 입송이 되지 않아 불만스러운 상황이었다고 평가할 수 있을 것이다. 그 증거로 조선 역관을 왜관으로 불러들여 공작미 입송의 지체를 따지기도 하고, 왜관의 정대관(町代官)을 비롯한 일본인이 왜관 밖의 조선 역관 집무실이 있는 임소(任所)까지 가서 철야를 하면서 농성하는 일까지 벌어졌다. 그런데도 1722년 임인년조 공작미가 동년 4월 28일부터 익년 4월 27일까지 총 16,229섬이 지급된 것으로 밝혀졌다. 비록 넉 달가량 지체되기는 하였지만 1년분 공작미가 완납되었을 뿐만 아니라, 229섬이나 초과하여 지급된 것이

205) 정성일, 〈倭館 開市 때 제공된 日本料理 기록의 비교(1705년, 1864년)〉, 《한일관계사연구》 52, 한일관계사학회, 2015 참조.

206) 위 논문, 229~233쪽.

다(초과분은 전년도 미수분의 계산 착오일 수 있음). 왜관 측이 조선 역관에게 공작미 지급을 독촉하는 방식도 1864년에 비하여, 1721~23년에는 강도가 상대적으로 약했다고 말할 수 있다.

다음으로 간품(看品)은 공작미와 반대로 조선 역관이 왜관 측에 대하여 지급을 독촉을 하는 일이 잦았다. 1721~23년 《(일대관) 매일기》에 흑각[수우각]과 구리[생동]와 주석의 간품 내역이 적혀 있다. 이에 따르면 흑각의 경우 1721년에 550통, 1722년에 460통, 1723년에 433통이 각각 지급되었다. 구리의 경우에도 1722년에 29,373근, 1723년에 27,900근이 지급되어 규정량을 모두 채웠다. 다만 주석의 경우에는 현물 지급이 불가능하여 은(銀) 8관(貫)으로 대납되고 있었다.

마지막으로 개시(開市) 상황을 보면 1721~23년의 경우 꽤 양호한 실적을 보였다고 말할 수 있다. 개시의 개최 빈도를 보여주는 개시율(開市率)을 비교해 보면 이를 쉽게 알 수 있는데, 1722년(75%)과 1723년(80%)의 개시율이 1705년(44%)과 1864년(17%)보다 월등하게 높게 나타났다. 이것은 1721~23년에 개시의 개최가 비교적 원만하게 이루어졌음을 의미한다고 말할 수 있다.

제2절 1840년대 무역

Ⅰ. 공무역 결제수단과 결제 실태(1841년)

조선시대 한국과 일본 사이의 무역은 크게 두 가지 형태로 전개되었다. 민간에서 주도적으로 참여하는 무역이 하나이고, 다른 하나는 정부가 직접 개입하는 무역이었다. 전자를 사무역(私貿易) 또는 개시무역 (開市貿易)이라

하고, 후자를 공무역(公貿易) 또는 관영무역(官營貿易)이라 부른다.[207] 그런데 공무역의 경우 결제수단이 19세기에 들어와 크게 달라졌다. 그 변화 과정을 금납화(金納化) 측면에서 접근하려는 것이 이 글의 기본 입장이다.

조선 정부는 임진왜란 전부터 일본에 대한 공무역 결제를 조선의 무명베[綿布, 木綿] 즉 공목(公木)을 가지고 해 오고 있었다. 그런데 임진왜란 이전에는 일본 사신의 진상(進上)과 공무(公貿)의 개별 품목에 대한 값으로 목면을 얼마씩 주기로 하였는지 구체적인 기록이 없어 그 실상을 알기가 어렵다. 다만 그 과정에 대해서는 실록을 통해 확인할 수 있다. 문익점(文益漸)이 중국에서 가져온 목화 씨앗을 1364년 진주(晋州)에 심은 뒤 10년 만에 목화가 전국으로 보급되었다. 문익점의 공로가 인정되어 조선 정부는 1375년에 그를 포상하였다. 1400년대 초반부터는 여진(1405년)과 일본(1406년)에서 온 사신에게 주는 조선 정부의 하사품 속에 목화 실로 짠 목면(木綿) 제품이 들어가게 되었다. 목면이 조선 사회에 보급된 뒤 100년 후가 되는 1470년대에 이르자 조선 목면에 대한 일본의 수요가 더욱 확대되었다. 1470년 9월 "일본 사신이 서계(書契)와 토산물을 바치면서 조선 측에 요청한 물품 중 '목면 3천 필'이 들어 있었다"고 하였다. 그리고 1490년 12월 "대마도주(對馬島主)의 사신이 바친 황금(黃金)과 주홍(朱紅)에 대한 값으로 전에 조선 정부가 '목면 9,294필 32자'를 보낸 적이 있었다"고 쓴 것이 이를 증명한다.[208]

전쟁 종결 후 국교가 재개되어 1609년에 기유약조(己酉約條)가 체결되었

---

207) 정성일, 《조선후기 대일무역》, 신서원, 2000, 70쪽; 김동철, 〈조선후기 왜관 개시무역과 동래상인〉, 《민족문화》 21, 민족문화추진회, 1998; 김동철, 〈조선후기 왜관 개시무역과 被執蔘〉, 《한국민족문화》 13, 부산대학교 한국민족문화연구소, 1999; 田代和生, 《近世日朝通交貿易史の研究》, 일본 創文社, 1981.

208) 《태조실록》 태조 7년(1398) 6월 13일(정사); 《태종실록》 태종 5년(1405) 3월 16일(신해), 4월 17일(임오), 태종 6년(1406) 2월 8일(기사); 《성종실록》 성종 1년(1470) 9월 19일(갑오), 성종 21년(1490) 12월 27일(갑술).

을 때부터 일본의 진상(進上)과 공무(公貿) 물품 제공에 대하여 조선 정부는 그 대가의 지급을 공목을 기준으로 정해 놓았다.[209] 그것이 17세기 중엽이 되면 공목의 일부가 쌀로 바뀌게 되었는데, 그때의 쌀을 가리켜 공작미(公作米)라 불렀다.[210] 그 뒤 18세기 중반부터는 공목의 일부를 인삼으로 바꾸어 주기도 하였다.[211] 일본 기록에서는 '공목 대신에 지급하는 인삼'이라는 뜻으로 이것을 줄여서 '목대삼(木代參)'이라고 적었다. 19세기에 들어오자 여기에 두 가지가 더 추가되었다. 그 중 하나가 바로 조선의 동전인 상평통보(常平通寶)였다. 대마도 사람들은 조선 동전을 가리켜 '(일본 동전보다 크기가) 큰 동전'이 라는 의미로 대전(大錢)이라고 불렀다고 한다.[212] 다른 하나는 은이었다. 이때의 은을 대마도 기록에서는 일본은(日本銀)과 구별하기 위해서 상은(上銀)으로 표기했다. 또 공목을 은으로 대납(代納)한 것을 일본 기록대로 표기하면 '목대은(木代銀)'이 된다. 이처럼 대일공무역의 결제수단이 그때그때 상황에 따라서 면포와 쌀, 면포와 쌀과 인삼, 면포와 쌀과 은, 동전 등 여러 형태로 분화되어 나갔다(공무역 결제수단 〈개념도〉 참조).

209) 김건서 저, 하우봉 홍성덕 역, 《국역 증정교린지》, 민족문화추진회, 1998, 43-46쪽.

210) 中村榮孝, 《日鮮關係史の硏究》 下, 일본 吉川弘文館, 1969; 田代和生, 《近世日朝通交貿易史の硏究》, 일본 創文社, 1981; 정성일, 《조선후기 대일무역》, 305-308쪽.

211) 김영록, 〈조선후기 대일공무역과 公木〉, 《한일관계사연구》 42, 한일관계사학회, 2012; 정성일, 《조선후기 대일무역》, 218쪽.

212) 田代和生, 〈倭館における朝鮮錢の使用〉, 《マイクロフイルム版 對馬宗家文書 第Ⅲ期倭館(館守) 每日記 裁判記錄 別册 中》, 일본 株式會社 ゆまに書房, 2005.

공무역 결제수단의 변천 과정(1609~1876년)

시기	17세기 초	17세기 중엽	18세기 중엽	19세기 초	19세기 중엽
결제수단	면포(公木)	면포(公木) 쌀(公作米)	면포(公木) 쌀(公作米) 인삼(木代蔘)	면포(公木) 쌀(公作米) 은(上銀) 동전(大銀)	공무역 폐지
세부내용	• 1609년 기유약조 • 일본의 진상(進上)에 대한 조선의 회사(回賜)를 공목(公木)으로 값은 정함 • 공무(公貿) 수입품 값을 공목으로 값을 정함	• 1651년 면포 300동⇒ 쌀 12,000섬 • 1660년 면포 400동⇒ 쌀 16,000섬 • 면포 1필 ⇒ 쌀12말 • 기한 연장 교섭	• 1758년 공목 일부를 인삼으로 바꿈 • 1790년 사례 면포 29,045필 ⇒ 인삼 24근32문 • 1806년 폐지	• 1812년 면포 1필 ⇒ 쌀 10말 • 면포 400동⇒ 쌀 13,333섬 5말 • 공목, 공작미, 예단삼 일부를 은(上銀)이나 동전(大銀)으로 바꿈	

그런가 하면 공목의 일정량을 쌀로 바꾼 공작미도 그 일부가 다시 현물 대신에 조선의 동전으로 지급되기도 하였다. 일본 기록에 보이는 미대전(米代錢)이란 공작미의 일부를 조선의 동전으로 대납한 것을 말한다.

이처럼 공무역 결제와 관련하여 핵심을 이루고 있던 공목(公木)과 공작미(公作米)의 일부가 상은(上銀)이라든가 대전(大錢)과 같은 금속 화폐(주조화폐)로 결제되는 19세기 이후의 변화는 조선후기 대일무역의 역사 속에서 커다란 의미를 지닌다고 할 수 있다. 여기에서는 공목과 공작미 관련 고문서(古文書)와 함께,[213] 왜관의 무역 책임자였던 일대관(一代官)의 매일기(每日記)를 토대로 하여,[214] 1841년의 공무역에 대한 횡단면 분석을 시도하고

213) 일본 교토대학[京都大學] 소장 고문서는 《日本所在韓國 古文書—脫草本—》(韓國史料叢書 제46 상), 국사편찬위원회, 2002, 518-554쪽; 《日本所在韓國古文書—影印本—》(韓國史料叢書 제46 하), 국사편찬위원회, 2002, 838-898쪽 참조. 일본 長崎縣立對馬博物館 소장 고문서는 長崎縣立對馬博物館, 《對馬宗家文庫史料一紙物目錄 (1) (2) (3)》 (長崎縣文化財調查報告書 第200集), 長崎縣教育委員會, 2009 참조.

214) 《(一代官) 每日記》는 한국의 국사편찬위원회(對馬島宗家文書 記錄類)와 일본의 長崎縣立對馬博物館(宗家文庫 日記類)에 분산 소장되어 있다.

자 한다.

공무역 결제용 면포(公木)나 쌀(公作米) 등이 왜관으로 들어가면 일본 측은 먼저 각각의 품질을 확인하였다. 왜관에 입송한 물품의 수령 여부를 결정하기 전 단계의 품질 검사를 가리켜 일본 기록에서는 견분(見分, 겐분)이라고 표기하였다. 일본 측이 조선 정부가 주는 대로 받지 않고 거부한 적도 있었다. 물론 절대적인 품질 기준이 있었던 것은 아니었지만, 일정 기준에 미달하는 물품은 퇴짜를 맞았다. 이것을 조선에서는 점고(點考) 후 퇴송(退送)한다는 뜻으로 점퇴(點退)라고 했다.[215] 일본 기록에서는 그것을 환출(還出, 가에시다시) 또는 차반(差返, 사시가에시)으로 기록하기도 하였다. 퇴짜 맞은 물품은 나중에 품질이 더 나은 것으로 바꾸어 주거나 다른 물품으로 대신 지급하게 되지만, 그때까지는 조선 측에 미지급(未支給)이 그리고 일본 측에는 미수(未收)가 쌓일 수밖에 없었다.

공무역에서 미지급(미수) 문제를 해결하기 위해 면포, 쌀, 인삼 등과 같은 현물(現物) 대신에, 은이나 동전 등 금속화폐가 결제수단으로 활용되기도 하였다. 이와 관련한 조선 기록 중에서는 1834년 8월 18일 《비변사등록》과 《승정원일기》 기사가 가장 자세하며 거의 유일하다. 그 무렵 영남 지역 전체가 흉년이 들어서 "전에 공목을 동전으로 바꾼 전례에 따라 그 수를 헤아려서 (공작미를 동전으로) 대신 지급했다(依年前公木代錢之例, 使之分數代給)"고 하면서, "원래 지급할 몫 중에서 6천 섬의 값을 은으로 대신 주었으며, 그 나머지가 동전으로 5만 9천 냥이다(以爲原納中六千石價, 代銀以

---

215) 1809년 5월 좌의정 김재찬(金載瓚)이 공무역의 폐단을 거론하면서, "단삼은 곧 조정이 (일본 사신에게) 예물로 내려주는 물건이기 때문에 간혹 품질이 좋지 않더라도 받아가는 자의 입장에서는 감히 점퇴할 수 없다(且單蔘, 卽朝廷禮賜之物也, 雖或品劣, 受賜者猶不敢點退)"는 의견을 피력한 바 있다. 이것을 보면 '점퇴'가 처음부터 일본 측에 하나의 '권리'로서 인정되었던 것이 아님을 알 수 있다. 그런데 오랜 시간 동안 되풀이 되었던 양측의 접촉 과정에서 '점퇴'가 하나의 관행처럼 굳어진 것으로 보인다. 《순조실록》 순조 9년(1809) 5월 12일(신미).

給, 餘剩條錢, 爲五萬九千兩云)"고 적혀 있다.[216] 이것을 통해 1834년에 조선 측이 공작미 대신에 은과 동전을 지급하였고,[217] 그 전에도 공목의 대전(代錢) 지급이 있었음을 알 수 있다. 그런데 일본 기록에는 이보다 17년 전인 1817년에 이미 조선의 훈도(訓導)가 공작미와 공목 대신에 동전을 지급한 것으로 되어 있다.[218] 아래에서는 시간을 1841년으로 한정한 상태에서 공무역 결제 방식인 현물 납부(면포, 쌀)와 대납(은, 동전)의 실태를 분석하고자 한다.

1. 면포[公木]

1) 왜관 측의 공목 수취(受取)

《(일대관) 매일기》에서 왜관으로 공목이 들어왔다고[入來] 적혀 있는 기사를 정리한 것이 〈표 3-7〉이다. 이에 따르면 1841년 한 해 동안에 모두 627동 47필(31,397필, 1同=1束=50필)의 공목이 실제 현물로 입송(入送)이 되었음을 알 수 있다. 이 가운데 3동 45필(195필)은 전년도인 1840년의 미지급분(미수분)이며, 나머지 624동 2필(31,202필)이 당해년 (1841)의 지급분에 해당한다.

---

216) 《비변사등록》 순조 34년(1834) 8월 18일; 《승정원일기》 순조 34년(1834) 8월 18일(경술).

217) 《비변사등록》과 《승정원일기》는 "공작미 원래 납부량[願納] 13,333섬 중에서 6천 섬 대신에 은을 주었다."고 적었는데 그때 지급한 은의 수량은 기록이 없어서 쌀과 은의 교환 비율을 알 수가 없다. 그리고 "나머지 공작미 대신 동전 5,900냥을 지급했다."고 되어 있기는 하지만, 7,333섬을 모두 동전으로 바꾸어주었는지, 아니면 그 중 일부는 현물로 납부하고 그 나머지에 대해서만 전납(錢納) 하였는지도 알기 어렵다.

218) 《(一代官) 每日記》(1817.1-6), 일본 長崎縣立對馬博物館 宗家文庫 日記類 Dc 8; 《(一代官) 每日記》(1817.7-12), 일본 長崎縣立對馬博物館 宗家文庫 日記類 Dc 9.

〈표 3-7〉 왜관의 공목 수취 내역(1841년)

월일		수취량			비고	출전
조선	일본	(束)		(疋)		
윤3.10	3.10			45	거년조(1840)	A
윤3.26	3.26	50			당년조(1841)	A
(右同)	5. 4	40				A
(右同)	5.10	15				A
(右同)	5.13	45				A
(右同)	6. 9	50	*			A, B
(右同)	6.24	100	*			A, B
(右同)	7. 4	3		46	거년조(1840)	A
(右同)	7.17	100	*		당년조(1841)	A, B
(右同)	8. 4	50	*			
(右同)	9. 4	100	*			
(右同)	10. 2	50	*			
(右同)	11.24	20	*			
12.10	12. 9	3		6		
계		627		47		

주 : 1. 조선과 일본의 역법(曆法) 비교는 內務省地理局, 三正綜覽, 帝國出版社, 1932; 內田正男, 日本曆日原典, 雄山閣出版, 1975 참조(이하 같음).
2. *은 (일대관) 매일기와 고문서(覺)의 기록이 일치함을 의미.
3. 자료 A는 수취(受取) 일자, 자료 B는 출고 일자(出庫) 기준임.
4. 12월 9일(조선 12.10) 공목 출고량(出庫量)은 13속이며(자료 B), 수취량(受取量)은 3속 6필임(자료 A).

자료 : A는 《(一代官) 每日記》, 天保 12년(1841), 국사편찬위원회 대마도종가문서 DK 1382, 1386.
B는 《日本所在韓國古文書—脫草本—》, 국사편찬위원회, 2002, 518-519쪽; 《日本所在韓國古文書—影印本—》, 국사편찬위원회, 2002, 838쪽.

조선과 일본 사이의 연간 공무역 규모를 대략 1,100동(55,000필)으로 볼 때,[219] 1660년 이래로 그 중 400동(20,000필)은 공작미로 바꾸게 되어 있었

219) 겸대제(兼帶制) 실시 후 연간 공무역 규모가 목면 기준으로 1,134同(束) 23필이었는데, 이 가운데 진상 회사(進上回賜)가 134동이고 공무(公貿)가 1,000동 23필이었다(다시로 가즈이 지음, 정성일 옮김, 《왜관—조선은 왜 일본사람들을 가두었을까?—》, 논형, 2005, 111쪽). 그런데 공무역 규모가 그것을 기록한 시기마다 조금씩 차이가 있었다. 《통문관지》(1720)에는 1,148동 5필 20척 5촌, 《춘관지》(1781)에는 1,096동 50필, 《증정교린지》(1802)에는 1,047동 4필 17자로 적혀 있다(김영록, 〈조

으니,[220] 나머지 700동(35,000필) 정도가 현물로 지급될 몫이었다. 그런데 1841년의 경우 대략 620동이 조금 넘는 공목이 현물로 왜관에 입송된 셈이므로, 단순 계산하면 나머지 80동(4,000필) 정도가 미지급 (미수) 가능성이 높아 보인다.

3월 10일(조선 윤3.10) 1841년의 첫 번째 입송(入送) 사례로 공목 45필이 왜관으로 들어갔다. 그런데 이것은 전년도(1840) 미지급분(미수분)이 이날 왜관에 전달된 것이었다.[221] 보름 뒤인 3월 26일(조선 윤3.26) 왜관으로 들어간 공목 50동(2,500필)이 바로 당해년(1841) 입송분으로서는 첫 번째 사례이다.[222] 그 뒤 4월에는 공목의 입송이 없었다. 5월과 6월 다섯 차례에 걸쳐 250동의 공목이 왜관으로 입송되었는데, 그것은 모두 1841년 입송분이었다.

7월 4일에 공목 3동 46필(196필)이 입송되었다. 그런데 이것은 거년조(1840) 공목 중 품질이 좋지 못하다 하여[惡木] 왜관 측이 그것을 받아가지 않고 돌려보낸 적이 있었는데[還出], 이날 조선 측이 그것을 다시 왜관으로 들여보낸 것을 말한다.[223] 8월 19일에도 공목 5동 13필(263 필)이 품질을 이유로 환출(還出)되었다. 당년조(1841) 입송분으로 그때까지 왜관으로 들어간 공목 중에서 품질이 나쁜 것을 골라내서 이날 조선 측에 다시 돌려보낸 것이다.[224]

선후기 대일공무역과 公木〉, 《한일관계사연구》 42, 한일관계사학회, 2012).

220) 《邊例集要》 권8 공무역; 《邊例集要》 上(한국사료총서 제16), 국사편찬위원회, 1971, 455쪽. 그런데 1809년 5월 좌의정 김재찬(金載瓚)이 임금에게 아뢰는 가운데, "매년 왜인에게 지급하는 공작미가 공목 500동의 대가(每年給倭公作米, 卽公木五百同之代也)"라고 말한 적이 있는데, 이것은 그가 400동을 잘못 말한 것이다. 《순조실록》 순조 9년(1809) 5월 12일(신미); 《승정원일기》 순조 9년(1809) 5월 12일(신미).

221) 去年條(1840)公木入送殘四拾五疋入來. 《(一代官) 每日記》, 天保 12년(1841) 3월 10일.

222) 公木五拾束 當年條入來. 《(一代官) 每日記》, 天保 12년(1841) 3월 26일.

223) … 公木參束四拾六疋 右古訓導より入送之分、公木は去年條惡木還出取計置之分、今日代り木入送致ス. 《(一代官) 每日記》, 天保 12년(1841) 7월 4일.

공목의 환출 즉 점퇴는 공목의 미지급(미수) 규모를 늘릴 뿐이었다. 미지급(미수)의 누적은 공목 지급 책임자인 조선의 역관(譯官)에게도, 그것을 수령해서 대마도로 보내야 했던 왜관의 대관(代官)에게도 결코 바람직한 일이 아니었다. 공목의 미지급(미수) 누적에 대한 해결책으로 제시된 것이 바로 현물 공목(現木)이 아닌 다른 것으로 결제수단을 바꾸는 방법이었다.

2) 공목의 대납(上銀 大錢)

전년도(1840)에도 공목 결제가 그해 연말까지 완납되지 못하고 미지급(미수)이 남아 있었다. 그 미지급분(미수분)을 상은(上銀)을 가지고 대신 납부하기로 양측이 그해 연말에 합의하였다고 한다. 그런데 공목 대금으로 지급할 상은(上銀) 22관문(貫匁)이 해를 넘겨 1841년 1월 16일에야 입송되었다. 이것은 원래대로 한다면 전년도 겨울까지 완납을 했어야 하는 것인데, "연내에는 (銀을) 불리기가 어렵다"는 이유를 들어서 조선 측이 연기를 요청했다가 이날 왜관에 전달한 것이다.[225]

공목을 현물로만 입송하기로 한다면, 1841년분도 미지급(미수) 발생이 불가피했다. 연말이 다가오자 미지급(미수) 누적을 염려한 조선의 훈도(訓導)가 공목을 다른 결제수단으로 대납하는 카드를 다시 꺼내들었다.

11월 17일 훈도가 왜관 측에 말하기를, "내년(1842)에는 여러 읍(邑)에서 면화 생산이 거의 이루어지지 않을 것 같으니 공목을 동전으로 대납하지 않으면 안 된다"고 조선 쪽 사정과 자신의 의중을 넌지시 전달하였다.[226]

---

224) 公木五拾束拾參疋 當年條木追々入送之內惡木之分、今日還出取計. 《(一代官) 每日記》, 天保 12년(1841) 8월 19일.

225) 上銀貳拾貳貫匁入來、公木代之分、旧冬入送前に侯得共、年内には吹直し相届かたき段願出、依之年明ケ品々取掛候様に申達置候処、十五日迄に吹直し候様可致段申出居、今日入送に相成. 《(一代官) 每日記》, 天保 12년(1841) 1월 16일.

226) 訓導より内話に大丘より之達に来年之公木諸邑綿出来皆無同様之事故、銭変通に不致しては

이튿날인 11월 18일 왜관 측이 여기에 즉각 반응했다. 대마도의 전략은 '공작미와 함께 공목의 현물 지급량을 늘린다'는 뜻의 미목가수(米木加數) 네 글자로 집약되었다. "공목의 경우 지금 현재는 표준이 20속(1,000필)이지만, 몇 속이 되더라도 (현물로 지급하는) 수량을 늘릴 수 있는 길[加數之道]을 모색하는 것"이 대마도 입장에서는 최선이었다고 판단된다.[227] 11월 19일에도 "20속을 기본으로 해서 현물(면포)로 입송하도록 하고, 그 다음은 10속이든 5속이든 3속이든 여러 차례에 걸쳐 현물로 납부해주도록 훈도가 주선해 달라"고 왜관 측이 요구했다. "공목의 현물 지급이 어렵기는 하지만, 대마도의 사정이 그러하다면 힘써 보겠다"고 대답하고 훈도는 왜관을 빠져 나왔다.[228]

조선 국내에서 농민들이 쌀이나 면포가 아닌 동전으로 납세(納稅)를 하는 이른바 조세(租稅)의 금납화(金納化)가 진행되면서, 대일공무역 시장에서도 현물 지급[現納]이 줄고 그 대신에 전납(錢納)이 늘어나는 현상이 나타나고 있었다. 그런데 공목의 대납 증가로 말미암아 대마도 경제가 부정적인 영향을 받게 되는 측면도 발생하였던 것 같다. 가령 3월 7일 기사를 보면 "작년(1840)에 (공무역 결제를 上銀으로) 변통을 하는 바람에 면포의 현물 입송이 얼마 되지 않아 대마도에 문제가 생겼다"고 하면서, 공목을 빨리 대마도로 입송해 줄 것을 왜관에 지시하고 있음을 알 수 있다.[229] 공목과

相成間敷き段被申達候由、追々願出候訳も可有之候間、先つ右之段承置呉候様相咄候段をも申出ル. 《(一代官) 毎日記》, 天保 12년(1841) 11월 17일.

227) 公木も只今手本之分貳拾束之処、何束にても加数之道同様被相掛合、右之分入送之上跡木之掛合に可及…. 《(一代官) 毎日記》, 天保 12년(1841) 11월 18일.

228) 扨公木之儀も手本之儀は貳拾束は入送可有之、其跡拾束にても五束にても三束何扁相届候たけ周旋被致、今一際入送有之候はヽ重て評議之道に可有之段、御代官より申入候処、訓導よりも公木も甚以六か敷候得共、右之様子に候はヽ罷上り何扁相尽見可申…. 《(一代官) 毎日記》, 天保 12년(1841) 11월 19일.

229) 公木之儀は去年御変通に付現木纔之入送之事故、国中差支候事故、尚又早々入送有之候様にと申達候処…. 《(一代官) 毎日記》, 天保 12년(1841) 3월 7일.

공작미의 결제수단을 은이나 동전으로 변경하게 되면서, 오히려 대마도가 쌀과 면포의 필요 물량을 확보하기 위해서 공작미나 공목의 현물 지급량을 늘려주도록 조선 측에 요청하였는데, 그러한 사정이 미목가수(米木加數)의 네 글자 속에 잘 드러나 있었음은 앞에서 언급한 바와 같다.

2. 쌀[公作米]

1) 조선의 공작미 출고(出庫)

일본 교토대학(京都大學) 소장 고문서 중에서, 서목(書目) 또는 수본(手本)으로 되어 있는 문서에 공작미의 출고 상황이 잘 나타나 있다. 그런데 1841년의 경우 두 장 남아 있는 고문서가 모두 7월 1일 이후의 사정을 적은 것이어서 그 전의 일에 대해서는 알 수 없다. 따라서 7월 1일 이전의 공작미 출고에 대해서는 《(일대관) 매일기》에 의존할 수밖에 없다.

2월 29일 부산의 쌀 창고에서 "당년조(1841) 공작미 2천 섬[俵]을 출고하라는 허락이 떨어졌다"는 소식이 왜관에 전해졌다.[230] 이것이 1841년 《(일대관) 매일기》에서 공작미 관련 첫 번째 기사이다. 해마다 이 때쯤이면 공작미의 기립(起立)이 시작되곤 하였다. 연중행사처럼 새해 첫 번째 공작미 출고 허가량은 보통 2천 섬이었다. 허가가 내려지는 시기는 2월이었으며, 일자는 보통 20일 이후였는데 25일에서 29일 사이가 가장 많았다. 공작미 출고 허락 소식을 접한 왜관 사람들은 그때의 느낌을 공열(恐悅, 교에쓰)이라는 낱말로 표현하였으며, 그때의 일을 기립(起立)이라고 적었다. 이것을 보면 '기립 박수'라는 말을 연상시킬 정도로 공작미를 반기는 대마도 사람들을 쉽게 떠올릴 수 있다. 새해 첫 번째 공작미 반출 시기를 살펴보면 다

230) 當年條公作米貳千俵出庫許諾に相成候段外向より屆有之. 《(一代官) 毎日記》, 天保 12년(1841) 2월 29일.

음과 같다.[231)]

○ 2월 20일: 정미조(1847)
○ 2월 21일: 기유조(1849)
○ 2월 23일: 무신조(1848)
○ 2월 25일: 병술조(1826), 경자조(1840), 경술조(1850)
○ 2월 27일: 정해조(1827), 기축조(1829), 경인조(1830), 신묘조(1831), 을미조(1835)
○ 2월 28일: 무인조(1818), 임진조(1832), 갑오조(1834), 병오조(1846)
○ 2월 29일: 병신조(1836), 신축조(1841), 임인조(1842), 계묘조(1843), 갑진조(1844), 을사조(1845)

〈표 3-8〉 조선의 공작미 출고 내역(1841년)

연조	월일		출고량						출전	비고
	조선	일본	(石)	(斗	升	合	勺	厘)		
신축(1841) a	2.29	윤1.29	2,000						A	출고 허가
신축(1841) b1	7. 1	(좌동)	500						B	출고
	7.14	(좌동)	500							
	8. 4	(좌동)	500							
	9. 4	(좌동)	200							
	10. 5	(좌동)	100							
	10.14	(좌동)	50							
	11.6	(좌동)	100							
	11. 9	(좌동)	300							
	11.24	(좌동)	800							
	12.20	12.19	500							

231) 〈新年條起立之事〉, 《分類紀事大綱》 17(1826~36년), 국사편찬위원회 소장 대마도종가문서 DK 4588; 《(一代官) 每日記》, 文化 15년(1818) 2월 28일, 일본 對馬博物館(옛 對馬歷史民俗資料館) 宗家文庫 日記類 Dc 10; 《朝鮮方記錄》(倭館より公作米の報告), 일본 對馬博物館(옛 對馬歷史民俗資料館) 宗家文庫 記錄類 Ⅲ, 朝鮮關係 B 21.

연조	월일		출고량						출전	비고
	조선	일본	(石)	(斗	升	合	勺	厘)		
	12.22	12.21	330							
	12.29	12.28	2,230							
경자(1840) b2	11.21	(좌동)	600						B	출고
	11.22	(좌동)	100							
	12. 2	12. 1	250							
	12.19	12.18	350							
	12.23	12.22	250							
	12.25	12.24	300							
	12.27	12.26	300							
	12.27	12.26	401							
	12.29	12.28	981	3	6	9	3	6		
계(b1+b2)			9,642	3	6	9	3	6		
계(a+b1+b2)			11,642	3	6	9	3	6		

자료 : A는 《(一代官) 毎日記》, 天保 12년(1841), 국사편찬위원회 대마도종가문서 DK 1382 1386.
B는 《日本所在韓國古文書—脫草本—》, 국사편찬위원회, 2002, 518-519쪽; 《日本所在韓國古文書—影印本—》, 국사편찬위원회, 2002, 838쪽.

한편 위의 고문서 속에 들어 있는 서목(書目)을 통해서 1841년 7월 1일 이후 공작미의 출고 상황을 살펴보면 다음과 같다. 두 장 모두 작성 일자는 12월 29일로 되어 있는데, 한 장에는 신축년조(1841), 다른 한 장에는 그 전년도인 경자년조(1840)의 공작미 출고 내역이 각각 실려 있다. 그것을 정리한 것이 〈표 3-8〉이다. 7월 1일부터 12월 29일까지 신축년조 (1841) 공작미 출고량 합계가 6,110석이며, 11월 21일부터 12월 29일까지 경자년조(1840) 출고량 합계가 3,532석 3두 6승 9합 3석 6리에 이른다. 이 둘을 합산하면 9,642석이 된다.

〈표 3-8〉에서 보는 것처럼 최초 공작미 '출고 허가'가 내려진 2월 29일(일본 윤1.29.)부터 7월 1일까지 다섯 달 이상 시간이 흘렀다(1841년의 경우 윤달이 조선은 3월, 일본은 1월). 그렇기 때문에 그 사이에 추가로 '출고'가 이루어졌다고 볼 수 있다. 그런데도 《(일대관) 매일기》에는 이 기간 동안에 공작미 '출고'가 있었다는 기록이 보이지 않는다.

전년도(신축조) 미지급분(미수분)까지 포함시킨다면, 1841년(경자조) 한 해 동안에 실제로 조선의 쌀 창고에서 '출고'된 공작미의 수량을 고문서를 통해 확인할 수 있는 것이 9,642섬이다(〈표 3-8〉의 b1+b2). 여기에 '출고 허가분' 2,000섬을 더하더라도 11,642섬에 지나지 않는다(〈표 3-8〉의 a+b1+b2). 이것은 1841년 1년 동안 조선 측이 공목 400동(20,000필)의 대가로 지급해야 할 공작미 규정량 13,333섬 5말(1필=10말)보다도 1,691섬이 모자라는 규모이다.

2) 왜관 측의 공작미 수취(受取)

3월 28일 당년조(1841) 공작미 200섬이 왜관에 전달되었는데, 대마도 사람들이 품질을 검사한 뒤 이 쌀을 받아갔다.[232] 이것이 일본 측이 공작미를 수취한 1841년의 첫 사례이다. 앞에서 본 것처럼 그해 2월 29일 처음으로 공작미 2천 섬의 출고 허가가 떨어졌는데, 그로부터 한 달 뒤에 그것도 출고 허가량의 10분의 1에 해당하는 2백 섬이 실제로 왜관에 전달되었을 뿐이다. 이처럼 '출고'(또는 '출고 허가')와 '수취' 사이에는 시차(時差)가 존재하였다. 이것은 부산의 쌀 창고에서 왜관까지 공작미를 운반하는 데 걸리는 '물리적 시간' 때문이기도 했지만, 그 일을 맡은 사람들이 왜관 반입 시기를 일부러 늦추는 '의도적 시간 지체'도 문제였다.[233]

5월 7일 공작미 1,000섬이 왜관으로 입송되었다.[234] 이날 《(일대관) 매일기》에는 더 이상의 기록이 없어서 전후 사정을 알기 어렵다. 아마도 이것은 지난 2월 29일에 조선 측의 출고 허락이 떨어진 2천 섬의 일부일 것으

232) 當年條御米貳百俵入送有之、御代官內より下代に米品見分にて爲持來ル、見分之上米品宜相見候間請取可有之段相達ル. 《(一代官) 每日記》, 天保 12년(1841) 3월 28일.

233) 김동철, 〈17~18세기 대일 공무역에서의 공작미 문제〉, 《항도부산》 10, 부산직할시사편찬위원회(현 부산광역시사편찬위원회), 1993.

234) 御買米千俵入來. 《(一代官) 每日記》, 天保 12년(1841) 5월 7일.

〈표 3-9〉 왜관 측의 공작미 수취 내역(1841년)

연조	월일		수취량		비고
	조선	일본	(俵)	(斗)	
신축 (1841)	윤3.28	3.28	200		
	(右同)	5. 7	1,000		
	(右同)	7.14	500		
	(右同)	7.15	500		
	(右同)	8. 9	500		
	(右同)	9. 4	200		
	(右同)	10. 4	100		
	(右同)	11. 5	78		
	(右同)	11. 8	300		
	(右同)	11.22	495		
	(右同)	11.23	327		
	12.3	12. 2	250		
	12.12	12.11	250		
	12.30	12.29	170		신축조 합계 4,870俵
경자 (1840)	(右同)	11.21	600		
	(右同)	11.22	100		
	12. 3	12. 2	250		
	12.23	12.22	300		
	12.24	12.23	250		
	12.26	12.25	300		
	12.27	12.26	300	2	
	12.29	12.28	401		
	12.30	12.29	319		경자조 합계 2,820俵 2斗
계			7,690	2	

자료 : 《(一代官) 每日記》, 天保 12년(1841), 국사편찬위원회 대마도종가문서 DK 1382, 1386.

로 짐작된다. 7월 14일과 15일 이틀 동안에 각각 500섬씩 모두 1,000섬이 왜관으로 입송되었다. 이것은 앞에서 소개한 고문서를 통해서도 확인된다.[235] 그리고 《(일대관) 매일기》를 보면 8월 9일 500섬, 9월 4일 200섬, 10월 4일 100섬이 각각 왜관으로 들어갔다고 되어 있다.[236]

235) 《日本所在韓國古文書—脫草本—》, 국사편찬위원회, 2002, 519-520쪽; 《日本所在韓國古文書—影印本—》, 국사편찬위원회, 2002, 839-840쪽.

공작미의 왜관 입송은 11월(5회)과 12월(8회)에 집중되었다. 11월 5일 78섬,[237] 11월 8일 300섬이 왜관에 입송되었다. 11월 하순부터는 공작미 입송이 연달아 이루어졌다. 11월 21일 600섬, 22일 595섬(1840년조 100俵, 1841년조 495俵), 23일 327섬이 왜관으로 들어갔다. 그리고 12월 2일 500섬(1840년조 250俵, 1841년조 250俵), 11일 250섬, 22일 300섬, 23일 250섬, 25일 300섬, 26일 300섬, 28일 401섬, 마지막 날인 29일에는 489섬(1840년조 319俵, 1841년조 170俵)이 왜관에 전달되었다.

1회 혹은 하루에 입송하는 공작미의 수량은 다양하였다. 한 번에 가져가는 수량으로는 200섬이 일반적이었다고 알려져 있다.[238] 그렇지만 100섬, 300섬, 400섬, 500섬처럼 백 섬 단위로 운송되는 일도 꽤 있었다. 이것은 공작미의 운송을 둘러싼 조선 측의 사정과도 관련이 있을 것으로 보인다. 1841년 《(일대관) 매일기》만 놓고 볼 때, 왜관으로 "공작미[御買米, 御米]가 들어와서[入來] 그것을 받았다[受取, 請取]"고 기록되어 있는 수량이 총 7,690섬에 지나지 않았다.

3) 공작미의 대납(上銀 大錢)

3월 27일 상은(上銀) 10관문(貫匁)이 왜관으로 들어갔는데, 이것은 '쌀을 판 값'이라고 한다.[239] 그런데 이날 왜관으로 들어간 상은(上銀)의 대가를

---

236) 《(一代官) 每日記》, 天保 12년(1841) 8월 9일, 9월 4일, 10월 4일.

237) 11월 5일 왜관으로 입송한 공작미의 수량은 100섬이었다. 그런데 냄새가 나는 쌀[しと米]이 많아서 왜관 측이 하나씩 검사를 하여 78섬간 받아들이고 나머지 22섬은 수령을 거부하고 돌려보냈다[還出]. 당초에는 이날도 400섬을 입송한다고 해놓고 왜 100섬만 가져간 것이냐고 왜관 측은 조선의 감관(監官)에게 따져 물었다. 《(一代官) 每日記》, 天保 12년(1841) 11월 5일.

238) 다시로 가즈이 지음, 정성일 옮김, 《왜관》, 171쪽.

239) 上銀拾貫匁入來 己亥年御賣米代之內 直に品位吟味荷拵取計. 《(一代官) 每日記》, 天保 12년(1841) 3월 27일.

가리켜 왜관 측이 '판 쌀[御賣米]'의 대금이라고 적은 것에 유의해야 한다. 필자도 처음에는 《(일대관) 매일기》의 기록자가 '사들인 쌀[御買米]'을 '판 쌀[御賣米]'로 잘못 적은 것이라 생각했다. 그런데 필자의 처음 생각이 잘못이었다. 이 둘은 엄격히 구분된다. 왜관의 대마도 사람들이 조선에서 '사들인 쌀[御買米]'은 공작미가 틀림없다. 이와 달리 그들이 조선에 '판 쌀[御賣米]'이라 적은 것은 조선 정부가 현물로 지급했어야 할 공작미를 은[上銀]이나 동전[大錢]으로 대신 지급한 것으로서, 대마도 입장에서 보면 '판 쌀'이 분명하다. 아무튼 2년 전인 1839년에 지급이 완료되었어야 할 공작미가 미지급(미수)으로 남게 되자 그것을 상은으로 대신 지급하기로 한 것인데, 그것이 1841년 3월 27일(조선 윤3.27)에야 비로소 왜관 측에 입송되었다고 한다.

한 달 뒤인 4월 27일에도 상은(上銀) 10관문(貫匁)이 왜관으로 입송되었다. 이 가운데 2관 587문은 해년조(1839) 공작미 중에서 상은으로 대납한 것이었다.[240] 이로써 1839년도 공작미 미지급분(미수분)의 정산이 완료된 셈인데, 그 시점이 무려 2년이나 지체된 1841년 4월 27일이었다는 점에 주의하지 않으면 안 된다. 이처럼 미지급분(미수분) 계산을 포함하여 연말에 결산하는 것을 가리켜 대마도 기록에서는 '개제(皆濟, 가이사이)'라 적었다. 이때 양측이 이를 증명하기 위하여 문서를 주고받았음은 물론인데, 그 문서를 가리켜 수표(手標)라고 불렀다. 그리고 조선 측 문서에서는 연말 정산을 마감(磨勘)이라고 표기했으며,[241] 이러한 방식을 '수표 마감(手標磨勘)'이라고도 불렀다.[242]

---

240) 昨日入送之上銀 … 此節入送之拾貫匁之內貳貫五百八拾七匁にて亥年賣米代皆濟に至…. 《(一代官) 每日記》, 天保 12년(1841) 4월 28일.

241) 훈도 미재(美哉) 현지사와 별차 문백(文伯) 최주부가 일본의 대관(代官) 앞으로 작성한 문서를 보면, "갑인년조(1854) (공작미)를 '마감'하면서 쌀 200섬 대신에 동전 천 냥을 지급하기로 한 것"을 甲寅磨勘米貳佰石價壹仟兩"이라 적었다. 《(館守) 每日記》 安政 2년(1855) 3월 8일(일본 국립국회도서관 소장).

11월 17일 "당년(1841) 말에 쌀을 4천 섬만 팔아준다면[賣米], 모든 결제를 마칠 수 있을 것[皆濟]"이라는 전갈이 왜관에 전달되었다. 공작미 입송이 막바지를 향해 달리고 있던 시점에서, 조선의 공작미 입송 책임자인 훈도가 왜관에 협상 카드를 내민 셈이다. "(慶尙監營이 있는) 대구(大丘)에도 부탁을 해서 여러 곳에 (공작미의) 운송과 납부를 지시했지만 완납까지는 부족함이 있다"고 하면서, 공작미를 쌀이 아닌 다른 결제수단으로 대납할 수량으로 4천 섬을 제시한 것이다.243)

11월 18일 일본 측은 신중한 태도를 보였다. "대마도의 쌀 형편[米繰, 고메구리]도 고려"하면서, "동전으로 대납을 하더라도 수량을 되도록 줄이고 가격을 먼저 교섭해야 한다"는 것이었다.244) 대마도 입장에서 볼 때, 공작미의 미수가 마냥 누적되는 것보다는 쌀 대신에 조선의 동전을 받아가는 것이 더 낫다는 판단이 섰을지도 모른다.

11월 19일 공작미 동전 대납 규모(수량과 가격)를 정할 협상이 시작되었다. 먼저 왜관 측은 "당년(1841)에는 3천 섬 이내가 아니면 받아들이기 어렵다"는 마지노선을 제시했다. 여기에서 '당년에는'이라고 한 것을 보면, 공작미의 (은 또는 동전) 대납이 이때가 처음이 아니었음을 알 수 있다. 한편 조선의 훈도는 "1섬에 530문(조선 단위로 5兩 3戔—인용자, 이하 같음)"이라는 가격 조건을 제시했다. 그러자 왜관 측은 "(전에 대마도로 건너갔던) 역사(譯使)가 빌린 쌀값이 1섬에 620문[6냥 2전]이었다"고 하면서, 그 가격으로 공작미를 대납하자고 역제안을 하였다. 여기에서 '역사(譯使)'란 조선에서 대마도로 파견했던 문위행(問慰行)을 가리키는 일본식 호칭이다.

242) 김건서 저, 하우봉 홍성덕 역, 《국역 증정교린지》, 민족문화추진회, 1998, 46쪽.

243) 且又當年之余御米之儀、大丘へも申出、諸方運納之差図にも相成候得共、兎角に皆済不足に有之候間、當年末には四千俵丈ケ御賣米不被成下候ては皆済相届不申候間、右之段何扁御歎願申上呉候様…. 《(一代官) 毎日記》, 天保 12년(1841) 11월 17일.

244) 賣米之儀は御國許之御米繰も有之事故、何扁にも俵數相減候道且直段之処先つ御代官中を以掛合居可申…. 《(一代官) 毎日記》, 天保 12년(1841) 11월 18일.

그러자 훈도는 “역사(譯使) 때는 가마니 수가 적어서 620문이었지만, (지금은) 공작미의 수량이 많으니 그 가격은 곤란하다.”고 반대 의사를 분명히 했다.[245]

12월 25일 공작미의 대납 가격에 대하여 다시 논의가 이루어졌다. 이것을 보면 가격 조건을 놓고 양측이 한 달 이상 협상을 이어간 것을 알 수 있다. 훈도는 1섬에 전보다 값을 20문[2전] 정도 높여서 550문[5냥 5전]을 주장했으나, 그래도 합의가 안 되자 560문[5냥 6전]까지 받아들이겠다고 하면서, ‘그 이상은 1전도 올릴 수 없다’고 왜관 측에 전달했다. 그러나 순순히 물러설 대마도 사람들이 아니었다. 훈도가 제시한 마지막 가격에서 5문을 추가한 565문[5냥 6전 5푼]으로 값이 결정되었다. 한해를 겨우 나흘 남겨둔 시점에서 공작미를 동전으로 대납할 값을 정하는 문제가 타결되었다.[246] 이 가격은 바로 1년 전인 1840년 12월에 정한 값에서[1石=5兩 2戔 5分=525文] 한 섬에 40문[4전]씩 올린 값이다.[247]

---

245) 當年之處は三千俵内に不相成候ては決て御承念不被成段申聞セ、物直段合之儀訓導心組咄合見候処壹俵五百三拾文と申出候付、中々以左様之相場に不相成、既に譯使拝借米之儀壹俵六百貳拾文にして賣拂候間、右之直段にと申入候処、訓導より譯使之分は纔之俵數故六百貳拾文にもいたし候得共、年末御買米之儀は多數之事故中々右之直段には難叶段申出…. 《(一代官) 每日記》, 天保 12년(1841) 11월 19일.

246) 訓導よりは兼て申出居候通壹俵五百五拾文と願出、様々論談之上五百六拾文迄にして願請呉候様申出、此上は一銭も相届不申段決定之申分に付、尚又色々掛合申談候得共、壱銭も相増候様に不被存候付、両人より手紙にて阿比留相助方へ申遣候は、右之通之掛合振故、右之直段にて御評決可被成下哉、御役中様へ申出御差図を請出館致候様来候段申出候間、直段之儀下直に相極候訳に無之候間、… 伊左衛門にも御役中より差含之意を以一入精々及掛合候処、押詰五文直増致し五百六拾五文迄に申組、此上は一銭も相増候様不被存候間、御決定可被成下哉、… 御役中評議之上五百六拾五文にして相極御伺儀可申、明日御代官両人出館在之、右之段をも申聞セ表立書付を以願出候様取計候様御代官へ相含置. 《(一代官) 每日記》, 天保 12년(1841) 12월 25일.

247) 경자년(1840) 12월 훈도 미재(美哉) 현동지(玄同知)—실명(實名)은 현학로(玄學魯)—와 별차 군선(君善) 변주부(卞主簿)—실명(實名)은 변의규(卞義圭)—가 관수에게 제출한 각서에 따르면, “기해조(1839) 공작미 가운데 3,500石를 1석당 5兩 2戔 5分씩

쓰시마박물관(옛 對馬歷史民俗資料館) 소장 고문서를 보면, 이때 동전으로 대납할 공작미의 수량이 3천 섬이었음을 알 수 있다. 즉 1841년 12월 29일 공작미 '마감'을 하면서, 훈도 성오(聖五) 이동지[李宜敍]와 별차 성시(聖始) 김주부가 작성하여 관수[館司]에게 제출한 확인서에, "경자조(1840) 공작미 가운데 3천 섬[石]을 동전으로 변통해 줄 것[參千石代錢變通]"을 요청하는 내용이 들어 있다.[248] 이것을 근거로 하여 계산해 보면 쌀 3천 섬의 동전 대납 금액이 일본 단위로 1,695관(貫) 조선 단위로는 16,950냥[兩]이 된다 [3,000俵×525文=1,695貫文=16,950兩].

그렇다면 이 금액의 지불은 어떻게 되었을까? 1841년의 마지막 날인 12월 29일(조선 12.30)의 《(일대관) 매일기》 기록을 보면, 동전으로 대납 할 공작미의 대금[賣米代錢]이 800관문(貫文) 남아 있었음을 알 수 있다.[249] 말하자면 1,695관문에서 895관문은 조선 측이 이미 지불하였고 나머지 800관문이 남아 있었던 셈이다. 이 가운데 "200관문은 (이날) 입송하고, 600관문은 양해[用捨, 요샤]를 해주었으면 한다"고 훈도가 부탁하고 있는 것을 보면, 공작미의 동전 대납은 해를 넘겨서까지 이루어졌을 것으로 보인다. 그래서인지 이날 왜관 측은 훈도에게 다음과 같은 부탁을 남기고 일을 마쳤다. "동전으로 입송하기로 한 것이[代錢入送] 틀림없이 이행되어야 하며, 빨리 동래(東萊)로 올라가서 동이 틀때까지[明方, 아케가타] 꼭 입송하길 바란다."고 마지막 부탁을 빼놓지 않았다. 닭이 울 때쯤[鷄鳴] 왜관을 빠져나오면서 힘겨워하였을 훈도(訓導)의 모습을 1841년의 마지막 날(12.29) 《(일대

[일본 525문] 해서 18,375兩[일본 1,837관 500문]을 동전으로 지급하고, 이 중 7천 냥[일본 700관]은 연내에, 그리고 나머지(11,375냥, 1,137관 500문)는 내년(1841) 2월까지 입송할 것"을 약속하였음을 알 수 있다(일본 長崎縣立對馬博物館 宗家文庫 一紙物 No.1200-22-60부터 No.1200-22-62까지).

248) 일본 長崎縣立對馬博物館 宗家文庫 一紙物 No.1200-22-63과 No.1200-22-64.

249) 代錢之義、夜前まて御役々様御應對被成下候節、八百貫文之高何扁入送可仕段御受持申上置、只今に至誠に恐入候次第に御座候得共…. 《(一代官) 每日記》, 天保 12년(1841) 12월 29일.

관) 매일기》 기사를 통해서 쉽게 상상해 볼 수 있다.[250)]

3. 은(上銀)

공무역에서 조선 정부가 은(銀)을 가지고 결제하는 사례는 적어도 19세기 이전에는 찾아보기 어렵다. 그 전까지만 하더라도 조선으로 일본 은이 유입되는 일은 있었어도 조선에서 일본으로 은이 유출되는 일은 거의 없었다. 1841년의 경우 조선 정부가 일본 측에 공무역 대금을 결제해 주는 과정에서 상은(上銀)이라 불리는 은이 왜관으로 흘러들어갔다. 이때의 은은 주로 공목(公木)이나 공작미(公作米), 예단삼(禮單蔘)을 대신하여 지급된 것이었다.

조선 정부가 일본에서 건너온 사신에게 지급하는 예단(禮單) 속에 들어가는 인삼이 예단삼인데, 그것을 줄여서 단삼(單蔘)이라고 불렀다. 해마다 정기적으로 파견되는 연례송사(年例送使)에게 지급되는 예단삼이 30근 14냥이었다(1근=16냥). 《만기요람(萬機要覽)》 재용편(財用篇) 5 단삼(單蔘)에 따르면, 특별한 임무가 있을 때마다 부정기적으로 오는 불시송사(不時送使)에게 지급하는 예단삼이 여기에 추가되었다.[251)] 불시송사는 말 그대로 그때그때 일이 생길 때마다 건너오기 때문에, 불시송사의 예단삼 규모는 해마다 차이가 많았다. 1822년의 경우 연례송사와 불시송사의 예단삼이 52근 14냥이었다고 한다.[252)]

그런데 19세기에 들어오면 현물로 줄 예단삼의 물량이 부족하여 그 일

250) 尤貳百貫文は入送仕居六百貫文之分御用捨被成下候樣願出、且御手形をも差出呉候樣願出候付、役々衆儀之上 … 訓導へ申達候は、代銭入送間違候ては決て不相済事故、早々東萊へ被罷登、明方迄之間に急度入送之心配有之度段申達、皆済手形相渡呉、鷄鳴比出館爲致候事. 《(一代官) 每日記》, 天保 12년(1841) 12월 29일.

251) 김건서 저, 하우봉 홍성덕 역, 《국역 증정교린지》, 149-150쪽.

252) 《邊例集要》 권10 贈給; 《邊例集要》 下(한국사료총서 제16), 국사편찬위원회, 1971, 98쪽.

부를 은이나 동전으로 대납(代納)하는 일이 벌어지고 있었다. 이처럼 당시 예단삼은 인삼과 은과 동전의 세 가지로 나누어서 지급되고 있었다. 일본 기록에서는 이것을 줄여서 '삼은전(參銀錢)'으로 적었다. 1841년의 경우 예단삼이 현물 인삼[現蔘]으로 지급된 것은 10근에도 미치지 못했으며[2斤+13뿌리+3.5斤+1斤 100匁], 은[上銀]으로 24관문(貫匁) 그리고 조선 동전[大錢]으로 124관문(貫文)에서 314관문 정도가 대납(代納)된 것으로 보인다.[253)]

1841년 《(일대관) 매일기》에서 상은(上銀)에 관한 기사는 1월 16일부터 보이기 시작한다. 〈표 3-10〉에서 보는 것처럼 이날 상은 22관문이 왜관으로 입송되었다고 한다. 이것은 공목의 대금이었다[公木代之分].[254)]

1월 20일에는 왜관에서 상은(上銀)에 대한 품질 검사가 있었다[見分]. 이날 검사는 전날[1.16] 입송된 22관문과 전년도(1840) 겨울에 입송된 10관을 대상으로 함께 실시되었다. 그런데 왜관에서 다시 불려보았는데, 거의 '구리'나 다름이 없는 품질이 떨어지는 은이 그 속에 많이 섞여 있었다고 한다.[255)]

1월 21일 기사에는 상은(上銀)의 품질에 대한 일본 측의 불만과 대처 방안이 잘 나타나 있다. "품질이 좋은 것도 (전에) 정해진 가격대로 받기는 어려우니 32문으로 값을 내리고, (품질이) 나쁜 것은 다시 불려오도록 했더니, (조선 측이) 36문으로 해달라고 했다"고 한다. 그러나 왜관 측은 "36문으로는 받을 수 없으며, 그렇다면 (上銀을) 모조리 다시 불려서 가져오라"고 응수했다. 왜관의 분위기는 격앙되어 있었다. 심지어 "상은을 다시 불려서 가져올 때까지 훈도를 왜관에서 나가지 못하게 하겠다."고 말하면서 압박을 가했다. 훈도가 자신이 왜관 밖으로 나가서 교섭을 하겠다고 하면서

253) 《(一代官) 每日記》, 天保 12년(1841), 국사편찬위원회 대마도종가문서 DK 1382, 1386.

254) 上銀貳拾貳貫匁入來、公木代之分舊冬入送前に候得共…. 《(一代官) 每日記》, 天保 12년(1841) 1월 16일.

255) 訓導より公木代之上銀、旧冬入送之拾貫匁、新年入送之貳拾貳貫匁、今日役々見分有之候処、甚以品劣に在之燒キ試候処、全銅と相成何れも同様に有之難受取…. 《(一代官) 每日記》, 天保 12년(1841) 1월 20일.

일본 측을 겨우 설득시켰다.[256]

〈표 3-10〉 왜관 측의 상은(上銀) 수취 내역(1841년)

월일		수취량		비고
조선	일본	(貫)	(匁)	
(右同)	1.16	22		전년(1840) 겨울 입송분 공목 대납 上銀
(右同)	1.23	31	206. 2	
2.14	윤1.14	23		제1특송사 예단삼 미수분 대납 上銀
3.25	2.25	?		上銀 1포(包) 왜관으로 들어감(入來) (수량은 알 수 없음)
윤3.27	3.27	10		기해년(1839) 공작미(御買米) 미수분 대납 上銀
(右同)	4.27	10		이 중 2관 587문은 기해년(1839) 공작미 대납 代銀[皆濟]
(右同)	4.28	1	175	1관은 裁判 예단삼 還出分 대납 上銀 175문은 缺銀
계		97	381. 2	

자료 : 《(一代官) 每日記》, 天保 12년(1841), 국사편찬위원회 대마도종가문서 DK 1382.

1월 22일 "은을 다시 불리려면 잡비(雜費)가 들어간다"고 하면서, 훈도는 "34문으로 값을 내리기로" 하고, "내일 상은을 가지고 왜관으로 들어가겠다"고 약속했다.[257] 훈도의 약속대로 1월 23일 상은 31관 206문 2분이 왜

256) … 宜敷分も定例之直段にては難受取候間、三拾貳文に直下ケ被致、惡品之分取歸り早々吹直し有之候樣申達候処、參拾貳文と申候ては損分不一形候間、參拾六文に直下ケ可致、夫にて請取吳候樣重々願出候得共、參拾六文にては難請取候間、然らは不殘吹直し入送有之候　樣申達候處、奉畏何れも吹直し早々入送可仕、日數廿日を限り全數吹直し候樣可仕段申出候間承屆置、惡銀に付退出に相成候付日數廿日內改品入送之書付兩譯へ爲致し上銀全數差歸し、扨右上銀吹直し入送迄は訓導滯館有之候樣申達候処、其身東萊へ罷在差圖仕候ても右樣之不調法に相成候事故、滯館仕候ては差圖方難行屆処も在之候間、何卒出館被仰付候て其身附添申居吹直し之差圖可仕段申出候間、如何樣滯館にては差圖方難行屆候間、其身附添差圖可有之段尤之事其身附添差圖可有之段尤之事に候間、出館差免候樣相心得可申早々登府在之品位相改り候樣差圖可有之段嚴重申達、上銀相渡出館取計右之段館守へも申出ル、掛合之大意相記置. 《(一代官) 每日記》, 天保 12년(1841) 1월 21일.

관으로 입송되자 일본 측이 그것을 수령하였다.[258)]

윤1월 14일(조선 2.14)에도 조선 정부는 상은(上銀) 23관문을 왜관으로 들여보냈다. 이것은 제1특송사 예단삼을 현물 대신에 은으로 대납하기 위한 것이었다. 이미 사흘 전인 11일에 훈도가 대구(大丘)에서 내려올 때 제1특송사 예단삼 대납 상은이 함께 동래(東萊)로 내려올 것이라는 소식이 왜관으로 흘러들어갔다. 동월 13일에는 제1특송사 단삼 대은(代銀)이 이튿날 동래로 내려올 것이며 훈도가 왜관으로 들어갈 것이라는 전갈이 왜관에 전달되었다.[259)]

윤1월 15일(조선 2.15)에는 왜관에서 전날 입송된 은의 품질 검사가 이루어졌다. 그런데 상은의 품질이 나빠서 한꺼번에 모두 받기가 어렵다는 것이 왜관 측의 판단이었다. 그래서 일본 측은 그들이 받아갈 것과 물리칠 것을 구분한 다음, 품질이 좋은 것만 골라내서 "원래 값대로" 받아가고, 품질이 떨어진 것은 36문으로 값을 내려서 받기로 했다. 품질이 나쁜 것까지 해서 일본 측이 이날 받아간 것은 전날 입송된 23관문 중에서 22관 365문 6분이었다고 한다.[260)]

---

257) …吹直に付ては雑費も夥敷可有之…訓導應對之都合に依三十四文に相成候ハヽ 悉皆請取候時御損分に相成間敷候間…相介咄合に依三拾四文に申組罷歸明日上銀持入候樣相談仕置候段申出ル. 《(一代官) 每日記》天保 12년(1841) 1월 22일.

258) 上銀參拾壹貫貳百六匁貳分受取. 《(一代官) 每日記》, 天保 12년(1841) 1월 23일.

259) 訓導大丘より罷歸り、御代官中へ手紙にて一特送使之單參代上銀下り候間…(《(一代官) 每日記》, 天保 12년(1841) 윤1월 11일).

訓導より返書相達候処、一特送使之單參丈(代?—引用者註)上銀も下り來候間、明日下來入館之上萬事咄合可申上銀も持入可申段申來候由御代官持入可申段申來候由御代官より申出ル(《(一代官) 每日記》, 天保 12년(1841) 윤1월 13일).

一特送使單參代上銀貳拾參貫匁持入候間相預り置…(《(一代官) 每日記》, 天保 12년(1841) 윤1월 14일).

260) 訓導拙館へ相招咋夕入送之上銀品位爲見分候処、其内品劣之分相加り居燒試候處、銅氣甚敷一様に〆難受取、撰紮候分定直にして請取、惡品之分參拾六文に直下ケ被致掛受取荷拵取計、品劣之分共にして都合貳拾貳貫參百六拾五匁六分有之. 《(一代官) 每日記》, 天保 12년(1841)

2월 25일에도 상은(上銀) 한 꾸러미가 왜관으로 들어갔다고 한다.[261] 그런데 《(일대관) 매일기》는 이때의 수량을 기록으로 남기지 않았다. 3월 4일에는 "전에 맡아둔 상은을 가지고 (대마도로 운반하기 위해서) 짐 꾸리는 작업을 했다."고 되어 있지만, 역시 이날도 그 수량이 적혀 있지 않다.[262]

3월 17일 "상은(上銀) 30관문이 동래로 내려와 다시 은 불리기를 해서 곧 입송할 것이다"는 소식이 왜관의 대관 쪽에 전달되었다. 열흘 뒤인 27일 소문대로 상은 10관문이 왜관에 입송되었다. 이것은 공작미 대납 상은이었다[米代上銀]. 이날 왜관 측은 바로 상은에 대한 품질 검사를 실시하였으며[吟味], 그것을 대마도로 보내기 위하여 짐 꾸리기를 했다고 한다[荷拵].[263]

4월 27일 1841년의 마지막 사례로 상은(上銀) 10관문이 왜관으로 입송되었다.[264] 이 가운데 2관 587문은 해년(1839) 공작미 대납 상은이었으며[賣米代上銀], 이것으로 1839년 공작미 대납 상은에 대한 미지급분(미수분)은 완납되었다고 한다[皆濟]. 4월 28일 그 전날 입송된 상은 10관문과 함께 재판(裁判)의 예단삼 대납 상은 미지급분(미수분) 1관, 그리고 지급 규정액과 실제 지급액 사이의 부족분인 이른바 결은(缺銀) 175문까지 왜관의 공무역 담당자인 대관이 자신의 사무실[代官屋]에서 받아갔다. 이로써 예단삼 결제가 마감되었던 것이다.[265]

1841년 1년 동안 조선 정부가 공무역 결제를 상은(上銀)으로 한 것을 모두 더하면 97관 381문 2분에 이른다. 이것은 전년도 미지급(미수) 공작미

윤1월 15일.

261) 上銀壹包持入候付相預り置. 《(一代官) 毎日記》, 天保 12년(1841) 2월 25일.

262) 先日相預り置候上銀荷拵取計. 《(一代官) 毎日記》, 天保 12년(1841) 3월 4일.

263) 上銀拾貫匁入來 巳亥年御賣米代之內. 《(一代官) 毎日記》, 天保 12년(1841) 3월 27일.

264) 夜前訓導より上銀拾貫匁入送有之…. 《(一代官) 毎日記》, 天保 12년(1841) 4월 27일.

265) 昨日入送之上銀御代官宅にて訓導立會掛受取、頃日還出之裁判單參代上銀壹貫欠銀百七拾五匁相預置候分共に掛受取、此節入送之拾貫匁之內貳貫五百八拾七匁にて亥年賣米代皆濟に至、餘ハ中村庄兵衛受取前にて御代官方請込之分に候間、今日之掛受取御代官宅にて取計. 《(一代官) 毎日記》, 天保 12년(1841) 4월 28일.

(1839년)와 공목(1840년)과 예단삼(1840년)을 각각 현물이 아닌 은으로 대납하기 위한 것이었다.

한편 위에서 본 것처럼 공무역 결제수단으로 활용된 상은(上銀)의 실체는 도대체 무엇일까? 이에 대해서는 아직까지 분명하게 밝혀진 바 없다. 그런데 지금까지 살펴본 것을 종합해 보면 다음과 같은 사실을 발견할 수 있다. 먼저 상은(上銀)을 왜관으로 들여보내기 전에 동래에서 '은 불리기'를 한 과정에 주목할 필요가 있다. 동래로 상은(上銀)이 내려오면 그곳에서 은덩어리에서 구리 등 다른 광물질을 제거하고 은만 추출하는 이른바 '은 불리기' [吹銀] 공정을 거친 다음에 그것을 왜관 측에 전달하고 있었다. 이때 은의 순도, 즉 상은(上銀)의 품위(品位)를 둘러싸고 늘 무역마찰이 일어났다. 품질의 좋고 나쁨에 따라 값을 결정하기 위한 교섭을 양측이 펼치곤 하였다. 이러한 사실에 근거하여 판단할 때, 상은(上銀)을 '조선에서 산출된 은'으로 볼 수 있다. 일본에서 수입된 '특주은(特鑄銀)'의 경우 대마도 기록에서 그것이 그대로 '특주은(特鑄銀)'으로 적혀 있었다(7월 4일 '特鑄銀' 1貫匁 입송). 따라서 《(일대관) 매일기》에 등장하는 상은(上銀)은 일본의 은좌(銀座)에서 확인을 거쳐 조선으로 흘러들어온 일본 은화 즉 '수입은(輸入銀)'이 아니라, 조선에서 산출 가공되어 일본으로 흘러들어간 은이었으며, 그런 의미에서 이것은 조선의 대일(對日) '수출은(輸出銀)'이었던 셈이다.

4. 동전(大錢)

조선 정부가 공무역에서 동전(大錢)을 가지고 공목이나 공작미 대신 결제하는 사례도 19세기 이전에는 찾아보기 어렵다. 예를 들면 1773년 5월부터 75년 5월까지, 1784년 8월부터 85년 12월까지 기록한 《(一代官) 每日記》에서 '공목이나 공작미의 일부를 은이나 동전으로 대납했다'는 기사를 찾을 수 없었다. 그런데 1816년 기록에서는 9월부터 12월까지 380관[3,800냥]

의 대전(大錢)이 공목 대신에 왜관에 지불되었음을 확인할 수 있었다. 그리고 1817년 1월부터 12월까지 3,789관[37,890냥]의 대전(大錢)이 공작미와 공목 대신에 지급되었음도 확인할 수 있다[米木代錢].[266)]

1841년 한 해 동안 대전(大錢)이 공무역 결제수단으로 쓰인 사례는 〈표 3-11〉에서 보는 것처럼, 《(일대관) 매일기》에서는 5건 정도가 확인되었다. 그 가운데 1월에 한 건이 있었는데 그 액수가 124관문(貫文) 정도였다. 나머지 4건은 훈도가 바뀐 7월 이후에 일어난 일이었는데, 이를 모두 더하면 190관문에 이른다.

1월 18일 대전(大錢) 124관문(貫文)이 왜관으로 입송되었다. 이것은 일본으로 표류한 조선인을 데리고 건너온 표차사(漂差使)의 2순(巡)과 3순에 해당하는 예단삼의 대금이었다.[267)]

7월 4일 대전(大錢) 50관문이 왜관으로 전달되었는데, 이것은 전임 훈도인 고훈도(古訓導)가 입송한 것이라고 한다.[268)] 7월 11일에도 전임 훈도가 대전 60관문을 왜관에 전달하였다.[269)] 8월 25일에도 대전이 80관 문 정도

---

266) 《(一代官) 每日記》(1773.5-1775.5), 국사편찬위원회 대마도종가문서 DK 1234; 《(一代官) 每日記》(1784.8-1785.12), 국사편찬위원회 대마도종가문서 DK 1250, 《(一代官) 每日記》(1815.8-1816.6), 일본 長崎縣立對馬博物館 宗家文庫 日記類 Dc 5; 《(一代官) 每日記》(1816. 7~12), 일본 長崎縣立對馬博物館 宗家文庫 日記類 Dc 7; 《(一代官) 每日記》(1817.1~6), 일본 長崎縣立對馬博物館 宗家文庫 日記類 Dc 8; 《(一代官) 每日記》(1817.7~12), 일본 長崎縣立對馬博物館 宗家文庫 日記類 Dc 9.

267) 大錢百貳拾四貫文入來 貳巡參巡單參代. 《(一代官) 每日記》, 天保 12년(1841) 1월 18일.

268) 大錢五拾貫文 特鑄銀壹貫匁 公木參束四拾六疋 右古訓導より入送之分 …. 《(一代官) 每日記》, 天保 12년(1841) 7월 4일.
여기에서 말하는 고훈도(古訓導)란 일본 기록에서 미재(美哉) 현동지(玄同知)로 통하는 현학로(玄學魯; 1802년 출생, 1825년 왜학 입격)를 가리킨다. 1841년 6월 15일 새로 부임한 훈도는 성오(聖五) 이동지(李同知) 즉 이의서(李宜敍; 1795년 출생, 1819년 왜학 입격)였다. 그리고 신임 별차는 성시(聖始) 김주부(金主簿)였다. 《(一代官) 每日記》, 天保 12년(1841) 6월 15일.

269) 古訓導より大錢六拾貫文入來. 《(一代官) 每日記》, 天保 12년(1841) 7월 11일.

왜관으로 흘러들어갔다. 그런데 이 가운데 30관문은 전임 훈도가 입송한 것이었다. 이것은 아마도 전임 훈도가 자신의 임기 중에 미지급(미수)으로 남아 있던 공무역 결제를 이때에 와서 현물이 아닌 동전을 가지고 한 것으로 보인다. 이로부터 20여 일 전인 6월 15일 조선의 훈도와 별차가 교체되었는데, 그 이후에 대전(大錢)이 공무역 결제수단으로 자주 등장하는 것은 바로 이런 배경에서 이루어진 것이 아닐까 생각한다.

〈표 3-11〉 왜관 측의 동전(大錢) 수취 내역(1841년)

월일		수취량		비 고
조선	일본	(貫)	(文)	
(右同)	1.18	124		2巡 3巡 漂差使의 單蔘 代錢
	7. 4	50		古訓導 입송분
	7.11	60		古訓導 입송분
	8.25	30		古訓導 입송분
	8.25	50		中村庄兵衛 요청분
계		314		

자료 : 《(一代官) 每日記》, 天保 12년(1841), 국사편찬위원회 대마도종가문서 DK 1382, 1386.

1841년 1년 동안 동전으로 지급된 예단삼 등의 대금이 일본 단위로 하면 314관문(貫文)이며 조선 단위로 바꾸면 3,140냥이 된다.[270] 이 금액을 조선 정부가 공무역 대금으로서 왜관 측에 지불한 셈이다. 1841년 연말까지 지불되지 못한 것은 이듬해인 1842년으로 넘어가게 되었음은 물론이다.

한편 이때의 조선 동전(상평통보)을 일본 측에서는 어떻게 활용하였을까? 가장 많은 부분은 조선 상인들과 거래하는 사무역(私貿易) 자금으로 이

270) 기축년조(1829) 예단삼의 동전 대납 금액이 316관문(貫文)이었으며. 경인년조(1830) 예단삼의 대전(代錢)은 310관문(貫文)이었다고 한다. 이것은 1841년의 314관문과 크게 차이가 없다. 《(一代官) 每日記》 天保 元년(1830) 5월 9일, 국사편찬위원회 대마도종가문서 DK 1333; 《(一代官) 每日記》 天保 2년(1831) 1월 6일, 국사편찬위원회 대마도종가문서 DK 1335.

동전이 쓰였다. 1841년 3월 8일 개시(開市) 때 "내유(乃維)와 자범(子範)이라는 자(字)를 가진 두 명의 조선 상인[都中]이 왜관으로 소가죽[牛皮]을 들여보내자, 그 대금으로 구리와 함께 대전(大錢) 300관문(貫文)이 지급되었다."고 한다.[271] 그 밖에 왜관 측이 조선 동전을 빌려주거나 포상으로 지급한 예도 있었다. 같은 해 7월 13일 "관수(館守)가 왜관의 근번 통사(勤番通詞) 3인에게 대전 5관문씩 빌려주었으며," 그날 "관수(館守)가 소통사(小通事) 박윤득(朴允得)에게 대전 200문을 포상으로 주었다." 그해 12월 12일에는 "당시 창고지기 등 당번 근무자 3인에게 대전(大錢) 200문씩을" 그리고 12월 14일에는 "(왜관의) 메스케[目付] 1인에게 대전 5관문을 주었다"고 적혀 있다.[272]

그런데 1841년에 조선 동전 [大錢]이 왜관을 떠나서 대마도로 흘러들어갔다는 기록은 잘 보이지 않는다. 다만 일시적으로 소량의 조선 동전이 대마도로 흘러들어간 적은 있었을 것으로 짐작된다. 1872년[메이지 5] 외무성에 제출된 자료[嚴原貿易署現有品]에 따르면, 대마도의 이즈하라[嚴原] 무역서(貿易署)에 보관되어 있던 물품 중에 "한전(韓錢) 186관문"이 있었다고 한다.[273] 이것이 조선 동전을 가리키는 것임은 더 말할 나위가 없다.

---

271) 《(一代官) 每日記》天保 12년(1841) 3월 8일, 국사편찬위원회 대마도종가문서 DK 1382.

272) 《(一代官) 每日記》天保 12년(1841) 7월 13일, 12월 12일, 12월 14일, 국사편찬위원회 대마도종가문서 DK 1386.

273) 이때 일본 측은 한전(韓錢) 186관문의 대가(代價)를 일본 화폐 단위로 279 엔[円]으로 계산하면서, 환산율에 대해서는 '但壹文 凡拾五文替 壹円拾貫文替'라고 부기해 놓았다. 《對韓政策關係雜纂 朝鮮事務書》5(明治 5년 10월~11월, 外務省記錄 1.1.2.3-1).

Ⅱ. 공무역 미지급(미수)의 처리(1842년)

1842년 새해를 맞이하였을 때 그 전년도까지 공무역에서 결제되지 못한 금액은 어떻게 처리되었을까? 이것을 확인하기 위하여 1842년 1월부터 3월까지 기록한 《(일대관) 매일기》를 바탕으로 정리한 결과를 〈표 3-12〉에 제시하였다.

먼저 1월 3일은 연초인데도 이날 공작미 150섬이 왜관으로 입송되었다. 이것은 바로 전 해인 축년조(1841) 미지급분(미수분)이었다. 그런데 이튿날인 4일 왜관으로 들어간 200섬은 2년 전인 자년조(1840) 공작미 미지급분(미수분)이었다. 18일의 462섬 역시 자년조(1840) 미지급분(미수분)이 이때에 지급된 것이었다. 1월 4일과 18일 두 차례에 걸쳐 662섬을 입송함으로써, 조선 정부는 2년 전인 1840년 공작미 미지급분을 완납하려고 노력하고 있었음을 알 수 있다.

1월 20일 200섬을 시작으로 다시 축년조(1841) 미지급분(미수분) 공작미가 왜관으로 입송되었다. 22일 570섬, 23일 300섬, 24일 200섬까지 1월 한 달 동안에만 2,082섬이 왜관에 전달되었다. 즉 1월 3일부터 2월 15일까지 두 달에 걸쳐 모두 2,682섬이 일본 측에 지급되었는데, 그 가운데 1840년 미수분이 662섬이었으며, 1841년 미수분이 2,020섬이었다.

〈표 3-9〉에서 보았듯이, 1841년에 왜관 측이 받아간 신축조(1841년) 공작미가 4,870섬이었다. 여기에 1842년 1~2월에 지급된 〈표 3-12〉의 신축조(1841년) 공작미 2,020섬을 더한다면, 신축조(1841년) 공작미로 지급된 누계는 6,890섬이 되는 셈이다. 여기에 동전으로 대납하기로 한 3천 섬까지 합계하면 9,890섬이 된다. 그렇지만 여전히 신축조(1841년) 공작미 지급 규정량 13,333섬에는 3,443섬이 모자란다는 계산이 나온다. 이것을 보면 신축조(1841년) 공작미의 경우 1842년 3월 시점까지도 미지급(미수) 문제가 해결되지 않고 있었음을 알 수 있다.

한편 2월 5일 대전(大錢) 100관문(貫文)이 왜관으로 들어갔다고 한다. 그런데 이것은 전년도(1841)에 입송되지 못하고 1842년으로 넘어간 공작미 동전 대납 미지급금(미수금) 800관문 속에 해당되는 것이었다.[274)]

〈표 3-12〉 왜관 측의 쌀과 동전(大錢) 수취 내역(1842년 1~3월)

월일		쌀[御米]		동전[大錢]	비고
조선	일본	俵	연조	貫文	
(右同)	1.3.	150	축년(1841)		
	1.4.	200	자년(1840)		
	1.18	462	자년(1840)		
	1.20	200	축년(1841)		
	1.22	570	축년(1841)		
	1.23	300	축년(1841)		
	1.24	200	축년(1841)		
	2. 5	300	축년(1841)	100	800貫文高
	2.15	300	축년(1841)		
소계(a)		662	자년(1840)		
소계(b)		2,020	축년(1841)		
계(a+b)		2,682		100	

자료 : 《(一代官) 每日記》, 天保 13년(1842), 국사편찬위원회 대마도종가문서 DK 1388.

요컨대 1841년도 공작미만 놓고 보더라도 1842년 3월 시점에서 조선 정부가 쌀로 지급할 것 중에서 아직 지급하지 않은 것이 3천 4백 섬이 넘었다[13,333俵-4,870俵(1841년)-2,020俵(1842년)-3,000俵(錢納)=3,443俵]. 게다가 동전으로 대납하기로 한 것 중에서도 여전히 대전(大錢) 700관문이 미지급 상태로 남아 있었다. 공작미뿐만 아니라 예단삼도 공목도 현물 지급이나 대은(代銀) 또는 대전(代錢) 지급이 제때 이루어지지 못하기는 마찬가지

274) 大錢百貫文入來 右にて去年に未入送請持之米代八百貫文之高に相成事. 《(一代官) 每日記》 天保 13년(1842) 2월 5일.

였다. 1842년 1월 6일 훈도 이학로(李學魯, 1783년 출생, 1813년 입격[275])는 예단삼 미지급분 해결책의 하나로 단삼의 대금을 여러 해에 걸쳐 나누어서 지급하는 방안을 왜관 측에 제시했다[單參代年賦]. 그런가 하면 경상감사의 명령이라고 하면서, 그는 왜관 측에 앞으로는 공목을 모두 동전으로 대납하자고 제안하였다[公木皆變通].[276] 이것을 보면 공무역 결제에서 미지급(미수) 누적 문제가 쉽게 해결되기 어려웠다는 점과 그 해결책의 하나로 조선 정부는 은이나 동전으로 대납하는 결제 방식을 더욱 확대해 나가는 '금납화 (金納化)' 방안을 일본 측에 강력하게 요청하고 있었다는 점을 알 수 있다.

이와 달리 일본 측은 '금납화' 방식에 소극적인 태도를 보였다.[277] 쌀[공작미]이나 면포[공목] 등의 현물 납부가 어려운 조선 국내 상황을 감안한다면, 미지급(미수) 누적을 해결하기 위해서는 은이나 동전으로 결제수단을 변경하는 방안에 대하여, 일본 측이 마냥 거부할 수만은 없는 형편이었다. 그렇기는 하지만 쌀 확보가 무엇보다 중요했던 대마도로서는 쌀 공급 감소로 인한 대마도의 쌀값 상승을 염려하지 않을 수 없어서 '금납화' 확대를

275) 李成茂·崔珍玉·金喜福 편, 《朝鮮時代雜科合格者總攬—雜科榜目의 電算化—》(古典資料叢書 90-5), 한국정신문화연구원(현 한국학중앙연구원), 1990, 66쪽, 70쪽. 이상규 박사가 譯科榜目 등을 토대로 정리한 倭學入格者 명단(선조~고종)이 크게 도움이 되었음을 밝혀 둔다.

276) 兩譯述甫より願出申候は、兼て願出居候単参代年賦之儀、御許諾不被成下候ては外向之難澁相補候道無之候間、何分御蔭を以立行候様仕度、訓導よりは當年條公木皆變通之儀、追々内話も仕居候通、監司より之命令有之、右邑綿花皆無に付、不容易ながら及懇請候間、真文書付を以願出候間、宜敷取成申上呉候様及歎願、東莱共に不容易事ゆへ種々及論談候得共、何扁御願申上呉候様相歎候付、忝御聞候段、兩人より申出候付… .《(一代官) 毎日記》天保 13년(1842) 1월 6일.

277) 皆變通之儀、直に書面を以願出候譯に無之候間、何扁も御代官中より及應對、買木にても為致現木相加り候様無之して難叶、皆變通と申候ては評議にも難及候間、書面差返し買木之示談に及候様、単参之儀も多斤之年賦之願故、今少し斤数之相減候掛合方も可在之段をも相含… .《(一代官) 毎日記》天保 13년(1842) 2월 10일.

반길 수는 없는 입장이었다.[278)]

위에서 1841년 1월부터 12월까지 1년 동안의 《(일대관) 매일기》 기록과 그 밖의 관련 고문서를 통해서 다음과 같은 사실을 확인할 수 있었다. 먼저 공목, 공작미, 예단삼이 각각 면포나 쌀이나 인삼 등 현물과 함께, 은[上銀] 또는 동전[大錢]으로 대납되고 있었음이 구체적으로 밝혀졌다.

1841년 1년 동안 공무역 결제의 '금납화' 규모는 크게 셋으로 나누어 볼 수 있다. ① 공목, 공작미, 예단삼을 은[上銀]으로 대납한 것이 97관(貫) 381 문(匁)이었다(〈표 3-10〉 참조). ② 예단삼 등을 동전[大錢]으로 대납한 것은 314관[3,140냥]이었다(〈표 3-11〉 참조). ③ 1841년도 공작미 중에서 동전[大錢]으로 대납하기로 약정한 1,695관[16,950냥]이 쌀 3천 섬의 대금이었다. 그런데 ①과 ②는 1841년에 입송 완료가 확인된 것을 가리키며, ③은 1841년 말까지 지급이 끝난 것은 아니지만, 1842년 이후까지 미수분에 대한 지급이 이어진 것을 말한다.

이처럼 은이나 동전이 공무역 결제수단으로 쓰이게 된 것은 무엇보다도 공무역 미지급(미수) 누적을 해결하기 위함이었다. 그런데 조선 국내에서 동전 주조 확대로 동전의 유통량이 전보다 증가하고, 공목 대신에 동전으로 납세(納稅)하는 이른바 조세의 금납화(金納化) 흐름이 전개되는 가운데, 공목을 현물로 확보하기가 점점 어려워진 상황을 내세워서 조선 정부는 일본에 지급할 공목을 모두 동전으로 대납하는 방안을 왜관 측에 제시하였다. 공작미도 동전 대납 규모를 늘리고자 하는 것이 조선 정부의 입장이었다. 이에 반해서 일본 측에서는 대마도의 주식과 의생활에 필요한 쌀과 면포를 안정적으로 확보하기 위해서 오히려 공작미와 공목의 현물 지급량을 늘리고[米木加數] 은이나 동전으로 대납하는 규모를 축소하고자 하였다. 이

278) 御國許御米繰之儀去秋比より御行支…(《(一代官) 毎日記》 天保 13년(1842) 2월 14일); 御國許御米繰御行支候付 … 相場にては御國許の米相場引上り候様子に相聞候付… (《(一代官) 毎日記》 天保 13년(1842) 3월 2일).

처럼 양측의 이해관계가 엇갈리고 입장 차이가 분명히 존재하고 있었기 때문에, 공무역 결제의 '금납화'는 크게 확대되기 어려운 한계를 지니고 있었다.

위와 같은 흐름 속에서 19세기 대일(對日) 공무역에서 면포, 쌀, 인삼 등 상품화폐(물품화폐, commodity money)뿐만 아니라, 상은(上銀)과 같은 칭량화폐(稱量貨幣, currency by weight), 그리고 대전(大錢)이라 불린 조선의 주조화폐(鑄造貨幣, metallic coin)인 상평통보(常平通寶)가 결제수단으로 활용되었다. 그리고 그것이 1870년대 초반까지 대일 공무역 결제의 '금납화' 흐름을 이어갔다. 조선시대 상품화폐 경제와 대외무역의 발전을 평가할 때, 이 점을 간과해서는 안 된다.

제3절 1860년대 무역

Ⅰ. 공목과 공작미 지급(1862년)

조·일 간 공목·공작미의 지급 실태를 파악하기 위해서는 양측의 자료를 비교해 보는 것이 무엇보다도 필요하다. 동래부가 조선 정부에 보고한 내용을 적은 《동래부계록》과 왜관의 대마도 관리가 작성한 《(일대관) 매일기》를 함께 활용하여 1860년대 공목과 공작미의 지급 실태를 추적해보기로 하자.

1. 조선 측의 공목과 공작미 지급 : 조선의 《동래부계록》 분석

조·일 간 공무역(公貿易)에서 가장 중요한 의미를 지닌 것 중의 하나가 쌀이었다. 그것을 지급하는 조선이나 그것을 받아가는 일본 쪽 모두 쌀의 조달이 최대 현안이었다. 조선 정부가 일본에 지급한 쌀은 크게 나누면 세 가지 종류가 있었다. 공작미(公作米), 겸대미(兼帶米), 도해량미(渡海糧米)가 그것이다(渡海糧을 過海糧으로 적기도 하였음).

첫째, 공작미란 조선 정부가 지급하는 공목(公木)의 일부를 쌀로 바꾸어 준 것이다.[279] 공목작미(公木作米)를 줄여서 공작미로 불렀다. 조선 정부의 공목 지급은 일본이 가져온 무역품(貿易品)의 대가(代價)를 결제해 주기 위함이었다.[280] 그러므로 공목도 공작미도 모두 아무런 대가(代價) 없이 얻을 수 있는 자유재(free goods)가 아니라, 무역품의 대가 교환을 전제로 하여 주고받는 경제재(economic goods)였음은 더 말할 나위가 없다. 뿐만 아니라 이것은 조선과 일본의 공무역 시장에서 쌀[공작미]과 무명베[공목]가 교역품의 결제(決濟) 수단으로 사용되고 있었음을 보여주는 것이기도 하다.

둘째, 겸대미란 조선이 외교비용으로서 지출한 쌀을 가리킨다.[281] 일본에서 건너온 사신에게 왜관 체재 기간 중에 지급하는 쌀[料米]과 부식 대신에 주는 쌀[魚價米]이 겸대미로 불렸다. 이것은 무역의 대가로서 지급된 것이 아니라 외교적 성격이 강한 지급 항목이라는 점에서 공작미와 구별된다.

셋째, 도해량미란 조선으로 건너와 머물다가 일본으로 귀국하는 사신이나 일본 표류민에게 주는 쌀을 말한다.[282] 이것은 외교적·인도적 성격이 짙은 점에서 겸대미와 같은 범주로 볼 수도 있다. 즉 경제적 교환의 성격을 지닌 공작미와 외교비용 성격이 짙은 겸대미·도해량미로 대별할 수 있다.

《동래부계록》을 살펴보면 조선 정부가 일본 측에 지급한 공목과 공작미

---

279) 《증정교린지》 권1 公作米; 《국역 증정교린지》(김건서 저, 하우봉·홍성덕, 민족문화추진회, 1998), 48쪽.

280) 《증정교린지》 권1 每年進上及公貿物種代給公木之數; 《국역 증정교린지》, 44-48쪽.

281) 《증정교린지》 권1 兼帶, 雜物折米式; 《국역 증정교린지》, 38-43쪽.

282) 《국역 증정교린지》, 19쪽.

등의 종류와 수량을 알 수 있다. 1849년부터 1873년까지 상황을 정리한 것이 〈표 3-13〉이다.

〈표 3-13〉 《동래부계록》으로 본 조선의 공목과 공작미 지급 실태(1849~73년)

연도	항목		계획	지급		미지급
1849	보고 일자		12.30.	12.30.		12.30.
	연조		당년(1849) 경상도 40읍	무신(1848)	기유(1849)	
	무명베(公木)		665同 44疋 32尺 3寸		647동 4필 17척	
	쌀	公作米	13,333石 5斗	4,333석 5두	9,000석	4,333석 5두
		料米	2,670石 11斗 9升 1合 3勺			
		魚價米	937石 7斗 8合			
		大同米	5,419石 3升 3合 7勺			
		合米	22,360石 9斗 3升 3合			
	콩(料太)		822石 8斗 6升			
1860	보고 일자		12.30.	(지급 내역 기록 없음)		
	연조		당년(1860) 경상도 40읍			
	무명베(公木)		665同 44疋 32尺 3寸			
	쌀	公作米	13,333石 5斗			
		料米	2,670石 11斗 9升 1合 3勺			
		魚價米	937石 7斗 8合			
		營劃給米	8,154石 5斗 6升 5合 7勺			
		合米	25,095石 14斗 6升 5合[283]			
	콩(料太)		822石 8斗 6升			
1862	보고 일자		12.30.	12.30.		12.30.
	연조		당년(1862) 경상도 40읍[284]	신유(1861)	임술(1862)	
	무명베(公木)		665同 44疋 32尺 3寸		574동 48필 17척	72동 6필
	쌀	公作米	13,333石 5斗	4,333석 5두	9,000석	4,333석 5두
		料米	2,670石 11斗 9升 1合 3勺			
		魚價米	937石 7斗 8合			
		營劃給米	9,530石 2升 5合 3勺			
		合米	26,471石 9斗 2升 4合 6勺			
	콩(料太)		822石 8斗 6升			
	보고 일자		12.30.	12.30.		12.30.
	연조		당년(1863) 경상도 40읍[285]	임술(1862)	계해(863)	

연도	항목		계획	지급		미지급
1863	무명베(公木)		665同 44疋 32尺 3寸	72동 6필	580동 30필 17척	66동 24필
	쌀	公作米	13,333石 5斗	4,333석 5두	9,000석	4,333석 5두
		料米	2,670石 11斗 9升 1合 3勺			
		魚價米	937石 7斗 8合			
		營劃給米	7,843石 3斗 2升 6合 9勺			
		合米	24,784石 12斗 2升 6合 2勺			
	콩(料太)		822石 8斗 6升			
1869	보고 일자		12.12.	(지급 내역 기록 없음)		
	연조		당년(1869) 경상도 40읍[286]			
	무명베(公木)		665同 44疋 32尺 3寸			
	쌀	公作米	13,333石 5斗			
		料米	2,670石 11斗 9升 1合 3勺			
		魚價米	937石 7斗 8合			
		營劃給米	6,530石 14斗 3升 1勺			
		合米	23,472石 8斗 2升 9合 4勺			
	콩(料太)		822石 8斗 6升			
1870	보고 일자		11.24.	12.29.		12.29.
	연조		당년(1870) 경상도 40읍	기사(1869)	경오(1870)	
	무명베(公木)		665同 44疋 32尺 3寸		310동	337동 4필 17척
	쌀	公作米	13,333石 5斗		7,600석	5,733석 5두
		料米	2,670石 11斗 9升 1合 3勺			
		魚價米	937石 7斗 8合			
		大同米	8,435石 6斗 1升 5合 3勺			
		合米	25,377石 1升 4合 6勺			
	콩(料太)		822石 8斗 6升			
1871	보고 일자		12.16.	12.30.		12.30.
	연조		당년(1871) 경상도 39읍	경오(1870)	신미(1871)	
	무명베(公木)		665同 44疋 32尺 3寸	337동 4필 17척	460동	187동 4필 17척
	쌀	公作米	13,333石 5斗	5,733석 5두	9,800석	3,533석 5두
		料米	2,670石 11斗 9升 1合 3勺			
		魚價米	937石7斗8合			
		營劃給米	7,237石 5斗 7升 1合 3勺			
		合米	24,178石 14斗 7升 6勺			
	콩(料太)		822石 8斗 6升			

연도	항목		계획	지급		미지급
1872	보고 일자		12.30.	12.30.		12.30.
	연조		당년(1872) 경상도 39읍	신미(1871)	임신(1872)	
	무명베(公木)		665同 44疋 32尺 3寸	187동 4필 17척	90동	557동 4필 17척
	쌀	公作米	米13,333石 5斗	3,533석 5두	2,000석	11,333석 5두
		料米	2,670石 11斗 9升 1合 3勺			
		魚價米	937石 7斗 8合			
		營劃給米	7,465石 4斗 6合 5勺			
		合米	24,406石 13斗 5合 8勺			
	콩(料太)		822石 8斗 6升			
1873	보고 일자		12.29.	12.30.		12.30.
	연조		당년(1873) 경상도 39읍	임신(1872)	계유(1873)	
	무명베(公木)		665同 44疋 32尺 3寸	442동 14필		114동 40필 17척[287]
	쌀	公作米	13,333石 5斗	6,520석		4,813석 5두[288]
		料米	2,670石 11斗 9升 1合 3勺			
		魚價米	937石 7斗 8合			
		營劃給米	6,081石 2斗 7升 6合 9勺			
		合米	23,022石 11斗 7升 6合 2勺			
	콩(料太)		822石 8斗 6升			

자료 : 《東萊府啓錄》 제1~4책, 제6책, 제8책(서울대학교 규장각한국학연구원) ; 同 영인본(부산시사편찬위원회)

283) 《동래부계록 2》(1860.8~1861.5)에는 합계가 기재되어 있지 않아서 필자가 각 항목의 수치를 더하여 계산한 것임.

284) 《동래부계록 3》(1862.3~1863.3)에는 경상도 각 읍의 공목(公木)과 공작미(公作米) 납부 실적이 기재되어 있음.

285) 《동래부계록 4》(1863.4~1865.1)에는 경상도 각 읍의 공목과 공작미 납부 실적이 기재되어 있음. 40개 읍 가운데 성주(星州), 인동(仁同), 대구(大丘), 고령(高靈), 네 고을만 일부 미수가 남아 있었다고 함.

286) 《동래부계록 6》(1869.1~1871.4)에는 경상도 각 읍의 공목과 공작미 납부 실적이 기재되어 있음.

287) 《동래부계록 8》(1871.5~1874.2)에 따르면, "1872년 12월 30일 현재 임신조[1872] 미지급 공목 557동 4필 17척 가운데 442동 14필을 지급하고 나머지 114동 40필 17척이 미지급 상태였다"고 함.

288) 《동래부계록 8》(1871.5~1874.2)에 따르면 "1872년 12월 30일 현재 임신조[1872] 미지급 공작미 11,333석 5두 가운데 6,520석을 지급하고 나머지 4,813석 5두가 미지

표에서 알 수 있듯이 동래부가 중앙정부에 보고한 내용은 크게 둘로 나뉜다. 하나는 공목과 공작미 등의 지급 계획(計劃)을 보고한 것이다. 다른 하나는 그것을 집행한 결과(結果)를 보고한 것이다. 이 두 가지가 모두 기록된 해도 있었다. 이와 달리 1860년과 1869년처럼 계획만 기록이 남아 있고 집행 결과는 보고 기록이 없는 경우도 있었다.

1849년의 예를 보기로 하자. 계획과 결과 모두 그해 12월 30일에 보고가 이루어졌다. 먼저 계획을 살펴보면 무명베와 쌀과 콩의 세 개 항목으로 이루어져 있었다. 당년조[1849] 일본에 지급할 무명베[公木]는 655동(1同=50疋) 44필 32척 3촌이었다. 이것은 그 뒤로도 동일했다. 1873년 계획을 보더라도 일본에 지급할 예정이었던 공목이 이와 같았음을 알 수 있다. 조·일간 연간 공무역 규모는 무명베[공목] 기준으로 대략 1,100동(55,000필)이었다. 그 중 400동(20,000필)은 쌀[공작미]로 바꾸게 되었으니, 나머지 700동(35,000필) 정도가 현물로 지급될 몫이었다고 보면 된다.[289]

쌀은 네 가지로 나뉘어져 있었다. ① 공작미(公作米) 13,333섬 5두와 ② 요미(料米) 2,670섬 11두 9승 1합 3석과 ③ 어가미(魚價米) 937섬 7두 8합, 그리고 ④ 대동미(大同米) 또는 영획급미(營劃給米)가 그것이다. 그런데 앞의 세 가지는(①~③) 1849년부터 1873년 계획 때까지 항목과 수량 모두 변함이 없었다. 다만 쌀의 네 번째 항목은 대동미(大同米)라고도 적혀 있고(1849, 1870년), 영획급미(營劃給米)라고도 적혀 있었다(1860, 1862-63, 1869, 1871-73년). 대동미[영획급미]의 수량은 해마다 달랐는데, 1849년의 경우는 5,419섬[石] 3되[升] 3홉[合] 7석[夕]이었다. 이상 네 가지 항목의 쌀을 모두 더하면(①~④) 1849년에 거두어들일 쌀의 합계가 22,360섬 9말 3되 3홉이었다.

급 상태였다"고 함.

289) 정성일, 〈19세기 대일공무역 결제수단의 변경과 금납화〉, 《한일관계사연구》 45, 한일관계사학회, 2013, 256쪽.

마지막으로 콩[料太]은 822섬 8말 6되였다. 이것도 공목과 마찬가지로 1873년 계획 때까지 그 수량이 동일하였다. 이상과 같이 무명베와 쌀과 콩을 일본과의 무역과 외교 등에 쓰기 위하여 경상감영이 도내 40개 고을에 배정하였다(1871년 이후는 39개 고을).

조·일 간 공무역에서 조선 정부가 일본 측에 지급해야 하는 쌀, 즉 공작미의 연간 규모는 시기마다 차이가 있었다. 1651년부터 공목 300동을 공작미 12,000섬으로 바꾸어 주었는데, 1660년부터는 공목 400동이 공작미 16,000섬과 교환되었다. 이때까지는 교환 비율이 공목 1필=공작미 12두였다. 마지막 통신사행이었던 1811년 신미통신 직후인 1812년부터는 교환 비율이 1필=10두로 변경되었기 때문에, 공목 400동 대신에 공작미 13,333섬 5말을 조선 정부가 일본 측에 해마다 지급하기로 되어 있었다.[290]

동래부의 보고에 따르면 1849년 12월 30일 현재 공목의 경우 647동 4필 17척이 일본에 지급된 것으로 되어 있다(이하 〈표 3-14〉 참조).[291] 그런데 조선의 미지급(未支給) – 일본 측의 미수(未收) – 이나 대납(代納)에 대한 언급이 전혀 없다. 이 기록만 놓고 본다면, 이 해에 공목이 전량 현물로 지급된 것으로 볼 수도 있다. 이와 달리 공작미의 경우는 이 해에 지급해야 할 13,333섬 5말 중에서 9천 섬이 지급되었고, 나머지 4,333섬 5말이 미지급(미수) 상태로 남아 있었다고 한다.

1862년의 경우 12월 30일 현재 공목은 그해에 지급할 것 중(647동 4필 17척)에서 574동 48필 17척만 지급되었다. 그 결과 72동 6필(3,606필)이 미

290) 정성일, 《조선후기 대일무역》, 신서원, 2000, 306-308쪽.

291) 《동래부계록 1》(1849.6~1850.4)에 따르면, "동년조[1849] 공목 664동 45필 17척 가운데 17동 41필은 (일본이) 공무역에서 물소뿔을 가져오지 못한 것을 공목으로 대신 납부한 것으로 보고 이것을 공제한[公貿黑角未納代除之] 실제 공목이 647동 4필 17척"이었다고 한다. 1862-63년, 1870-73년에도 같은 내용이 적혀 있음을 《동래부계록 3》(1862.3~1863.3), 《동래부계록 4》(1863.4~1865.1), 《동래부계록 6》(1869.1~1871.4), 《동래부계록 8》(1871.5~1874.2)에서 확인할 수 있다.

지급분으로 남게 되었다. 공작미는 13,333섬 5말이 이 해에 지급되었다.

〈표 3-14〉 조선 정부의 공목과 공작미 지급 실태(1849~73년)

<table>
<tr><th rowspan="2">연도</th><th colspan="3">공목(公木)</th><th colspan="3">공작미(公作米)</th></tr>
<tr><th>계획</th><th>지급</th><th>미지급</th><th>계획</th><th>지급</th><th>미지급</th></tr>
<tr><td rowspan="2">1849</td><td rowspan="2">665동 44필
32척 3촌</td><td rowspan="2">647동 4필
17척</td><td rowspan="2"></td><td rowspan="2">13,333석
5두</td><td>4,333석 5두
(1848년)</td><td rowspan="2">4,333석
5두</td></tr>
<tr><td>9,000석</td></tr>
<tr><td rowspan="2">1862</td><td rowspan="2">665동 44필
32척 3촌</td><td rowspan="2">574동 48필
17척</td><td rowspan="2">72동 6필</td><td rowspan="2">13,333석
5두</td><td>4,333석 5두
(1861년)</td><td rowspan="2">4,333석
5두</td></tr>
<tr><td>9,000석</td></tr>
<tr><td rowspan="2">1863</td><td rowspan="2">665동 44필
32척 3촌</td><td>72동 6필
(1862년)</td><td rowspan="2">66동 24필</td><td rowspan="2">13,333석
5두</td><td>4,333석 5두
(1862년)</td><td rowspan="2">4,333석
5두</td></tr>
<tr><td>580동 30필 17척</td><td>9,000석</td></tr>
<tr><td>1870</td><td>665동 44필
32척 3촌</td><td>310동</td><td>337동 4필
17척</td><td>13,333석
5두</td><td>7,600석</td><td>5,733석
5두</td></tr>
<tr><td rowspan="2">1871</td><td rowspan="2">665동 44필
32척 3촌</td><td>337동 4필 17척
(1870년)</td><td rowspan="2">187동 4필
17척</td><td rowspan="2">13,333석
5두</td><td>5,733석 5두
(1870년)</td><td rowspan="2">3,533석
5두</td></tr>
<tr><td>460동</td><td>9,800석</td></tr>
<tr><td rowspan="2">1872</td><td rowspan="2">665동 44필
32척 3촌</td><td>187동 4필 17척
(1871년)</td><td rowspan="2">557동 4필
17척</td><td rowspan="2">13,333석
5두</td><td>3,533석 5두
(1871년)</td><td rowspan="2">11,333석
5두</td></tr>
<tr><td>90동</td><td>2,000석</td></tr>
<tr><td>1873</td><td>665동 44필
32척 3촌</td><td>442동 14필
(1872년)</td><td>114동 40필
17척</td><td>13,333석
5두</td><td>6,520석</td><td>4,813석
5두</td></tr>
</table>

자료 : <표 3-13>에서 작성. 원 자료는 《東萊府啓錄》.

그 가운데 4,333섬 5말은 전년도(1861) 미지급분(미수분)이었고, 나머지는 그해 지급할 몫(13,333섬 5말)에서 지급된 9천 섬이었다. 따라서 임술조(1862) 공작미 미지급분(미수분) 4,333섬 5말은 이듬해로 이월되고 말았다. 1863년에는 공목의 경우 전년도(1862) 미지급분(미수분) 72동 6필과 그해 지급분 중에서 580동 30필 17척이 지급되었다. 이해에도 66동 24필의 공목이 미지급(미수) 상태로 남게 되었다. 1863년 공작미 지급량은 전년도

(1862) 미지급분(미수분) 4,333섬 5말과 그해 지급분 중에서 지급한 9천 섬이었다. 그 결과 1863년에도 4,333섬 5말이 미지급(미수)되었다. 1862~63년의 공작미 지급 실적이 1849년과 마찬가지로 정확하게 일치하고 있는 점이 눈에 띈다.

1870년대에 들어와서도 동래부가 중앙정부에 보고한 내용은 그 전과 크게 다르지 않았다. 공목과 공작미 모두 당해 연도의 연말까지 정해진 수량이 완납되지 못하고 미지급(미수)이 발생한 것은 여전하였다. 1870년 12월 29일 보고된 바에 따르면, 공목은 310동이 지급되었고 337동 4필 17척이 미지급(미수)되었다. 그해 공작미는 7,600섬이 지급되었고 5,733섬 5말이 미지급(미수)되었다. 1871년까지도 크게 변화는 없었다. 공목은 이 해에 797동 4필 17척이 지급되었으며(337동 4필 17척은 1870년조, 460동은 1871년조), 187동 17척이 미지급(미수) 상태로 남게 되었다. 공작미는 15,533석 5두가 지급되었으며(5,733석 5두는 1870년조, 9,800석은 1871년조), 3,533석 5두가 미지급(미수)되어 다음 해로 넘어가게 되었다. 이때까지만 하더라도 공목과 공작미의 미지급(미수)이 그 전 시기와 비교하여 월등하게 급증한 것은 아니었다. 공작미의 경우 1862~63년보다 1871년의 지급량이 오히려 더 늘었다고 말할 수 있다.

공목과 공작미의 미지급(미수) 규모가 크게 확대된 것은 1872년이었다. 공목은 이 해에 277동 4필 17척이 지급되었는데(187동 4필 17척은 1871년조), 그 중에서 1872년조 지급분은 90동에 지나지 않았다. 그 결과 공목의 미지급액(미수액)이 557동 4필 17척이나 되었다. 이해에 공작미는 5,533석 5두가 지급되었지만(3,533석 5두는 1871년조), 이 가운데 1872년조 지급액은 2천 석뿐이었다. 따라서 11,333석 5두나 되는 미지급(미수)이 발생하고 말았다. 이것은 아마도 1872년 9월 일본 외무성이 왜관에서 대마도의 대관(代官)들을 '강제 퇴거'시킨 사건과 깊은 관련이 있을 것으로 보인다.

그런데 《동래부계록》에 실린 다음 내용에 대하여 주목하지 않으면 안 된다. 1873년 12월 29일자로 보고된 것을 보면, 무명베와 쌀과 콩의 조달 계획이 1849년의 경우와 크게 차이가 없었다.[292] 1873년 12월 30일 공목과 공작미의 집행 결과 보고를 보면 더욱 그렇다. 이 해에도 조선 정부는 '선례(先例)'에 따라서 공목 442동 14필과 공작미 6,520석을 각각 지급하였다. 이것은 조선 정부가 종래대로 일본과 공무역 체제를 유지하고자 했음을 보여 주는 증거이다. 그런데 두 가지 모두 전년도인 1872년조의 미지급분(미수분)을 그해에 지급한 것이다. 다만 1873년도부터는 일본이 일방적으로 조선에 세견선(歲遣船)을 파견하지 않았기 때문인지, 공목과 공작미의 '1873년조'에 대한 언급은 전혀 보이지 않는다. 1609년 조선과 일본[대마도]의 쌍방이 합의해서 만든 기유약조(己酉約條)에 근거하여 1611년부터[293] 260년이 넘는 오랜 기간 동안 일본[대마도]이 파견해 오던 세견선을 1872년 9월 이후 일본 외무성이 일방적으로 폐지함으로써, 1873년도 조선 정부의 공목과 공작미 등의 지급 계획은 더 이상 실현될 수 없었다.[294] 이로써

---

292) 《동래부계록 8》(1871.5~1874.2)의 1873년 12월 30일 보고 가운데, "계유조[1873] 公木664同45疋17尺가운데 17同 41疋은 (일본이) 공무역에서 물소뿔을 가져오지 못한 것을 공목으로 대신 납부한 것으로 보고 이것을 공제한[公貿黑角未納代除之] 실제 공목이 647同4疋17尺"이라고 되어 있다. 이것은 1849년과 1862-63년, 1869-72년의 기록과 완전히 일치한다. 이것을 보면 이때까지도 조선 정부는 공목과 공작미의 지급을 종전과 같이 계속 추진해 나갈 계획이었음을 알 수 있다.

293) 다시로 가즈이에 따르면 임진왜란 이후 일본(대마도)이 최초로 세견선을 파견한 것은 기유약조(己酉約條) 체결 2년 뒤인 1611년부터라고 한다. 田代和生, 《近世日朝通交貿易史の研究》, 일본 創文社, 1981, 58쪽.

294) 《동래부계록 8》(1871.5~1874.2)의 1873년 12월 30일 기록을 보면, "公作米 13,333石 5斗"를 "각 年條의 送使倭가 바치는 進上과 公貿물품이 (일본에서) 오면 (그것을) 계산하여 지급할 것"이라고 동래부가 중앙정부에 보고하였다. 그러나 1873년부터 일본이 일방적으로 歲遣船을 파견하지 않았기 대문에, '1873년도 몫으로 계획되어 있었던 公木 665同 44疋 32尺 3寸과 公作米 13,333石 5斗는 실제 집행되지 않았다'고 보아야 할 것이다. 다만 전년도[1872] 미수 공독(114동 40필 17척)과 공작미(4,813석 5두)는 별개의 문제로 남아 있었다고 판단된다.

세견선을 매개로 하여 외교와 무역을 통합한 형태로 이루어지던 조선과 일본의 무역은 역사 속으로 모습을 감추게 되었다.

위의 동래부(東萊府) 보고를 바탕으로 살펴본 조선과 일본의 무역 실태에 대해서는 몇 가지 주의하여야 할 점이 있다. 그것을 간단히 정리하면 다음과 같다.

첫째, 《동래부계록》의 공작미와 공목 관련 내용은 훈도(訓導) 등 조선 역관의 보고를 토대로 만들어진 것이어서, 그것이 왜관에서 실제로 있었던 교환 행위를 모두 반영한 것인지에 대해서는 사료비판(史料批判)이 뒤따라야 한다.

둘째, 《동래부계록》의 공작미 관련 내용을 보면, 공작미의 일부를 훈도가 일본 측에 조선 동전 즉 상평통보(常平通寶)로 대신 지급한 것에 대해서는 전혀 언급이 보이지 않는다. 공목이나 공작미의 일부를 현물이 아닌 돈으로[錢 또는 銀] 대납하는 것이 하나의 관행처럼 1810년대부터 1870년대 초반까지 이어지고 있었는데도,[295] 이에 대한 언급이 《동래부계록》에서 잘 보이지 않는 점은 눈여겨 볼만하다.

셋째, 《동래부계록》에 해마다 경상도 감영이 일본 측에 지급할 용도로 도내 40개 고을에 무명베와 쌀과 콩 등을 획정한 점은 자세하게 적혀 있지만, 그것을 일본 측에 언제 얼마나 지급했으며, 혹시 미지급(미수)이 있었다고 한다면 그 규모가 얼마나 되었는지에 대해서는 거의 기록이 없다. 이것을 두고 '계획된 수량을 전량 정해진 기한 내에 완납하였기 때문'으로 해석하는 것이 논리적으로는 가능할지 모르겠으나, 현실적으로는 그렇게 보는 데 무리가 따른다고 생각한다.[296]

---

295) 정성일, 〈19세기 대일공무역 결제수단의 변경과 금납화—1841년의 사례를 중심으로—〉, 《한일관계사연구》 45, 한일관계사학회, 2013.

296) 1797~1854년 동래부의 서계소가 공작미의 반입과 반출 실적으로 회계한 장부를 분석한 결과를 보면 왜관 지급 공작미의 수량을 알 수 있다. 예를 들어 1852년

이상 세 가지 점을 고려할 때, 《동래부계록》의 내용을 왜관에서 작성된 매일기(每日記)와 비교해 보는 작업이 필요하다고 생각한다.

2. 일본 측의 공목과 공작미 수령 : 일본의 《(일대관) 매일기》 분석

조·일 간 무역 실태는 왜관의 무역 책임자였던 일대관(一代官)의 업무 일지인 《(일대관) 매일기》를 통해서도 살필 수 있다. 다만 기록이 중간에 빠진 해가 있는 것은 이 자료의 약점이다. 그런 가운데서도 조선의 《동래부계록》 기록 연대와 일치하는 1862~63년의 《(일대관) 매일기》가 남아 있어서 두 기록의 내용을 비교할 수 있는 점은 다행이다.

〈표 3-13〉과 〈표 3-14〉에서 보여주는 것처럼, 동래부는 "1862년 1년 동안에 13,333석 5두를 일본 측에 지급하였는데, 이 가운데 4,333석 5두는 전년도[1861] 미지급분(미수분)을 완납한 것이며, 9천 석은 당해연도[1862] 지급분"이라고 했다. 그래서 결국 "1862년에는 4,333석 5두가 미지급(미수) 되었다"고 중앙정부에 보고하였다. 그런데 1862년의 공작미 지급 실적이 공교롭게도 1849년과 1863년의 그것과 정확하게 일치한다. 과연 이것이 우연의 일치일까? 이 궁금증을 《(일대관) 매일기》를 통해서 풀어보기로 하자.

1862년 12월 12월 조선의 왜학역관인 훈도[仲南 李同知][297]와 별차[君惠

동래부 서계소의 계산에 따르면, 전년도 이월액이 12,166石이었는데, 그 중 7,833석을 한꺼번에 왜관에 지급하였으며, 그 결과 4,333석이 잔고로 남게 되었다고 되어 있다(김경란, 〈조선후기 동래부의 공작미(公作米) 운영실태와 그 성격〉, 《역사와 현실》 72, 한국역사연구회, 2009, 117쪽), 그런데 조선 측이 지급했다고 하는 공작미 수량이 왜관에 실제로 지급된 것과 일치하는지를 파악하기 위해서는 동래부의 회계 장부와 왜관의 《(일대관) 매일기》 등을 서로 대조하는 작업이 필요함은 물론이다.

297) 중남(仲南)은 이한기(李漢紀)의 자(字)이다. 그는 1825년 을유생(乙酉生)으로 1848년 증광시(增廣試)를 통해 왜학역관(倭學譯官)이 되었다. 그의 품계는 정헌대부(正憲大夫)와 절충장군(折衝將軍)에 이르렀으며, 그의 관직은 교회(敎誨)와 지추(知樞)로 되

韓僉知][298]가 왜관의 일대관 앞으로 장문의 글을 보냈다. 경상도 각 고을에서 바치게 되어 있는 공목과 공작미의 수납이 부진하여 공목과 공작미를 일본 측에 지급하는 것이 지체되고 있다고 하면서, "신유조[1861] 공작미 가운데 3,500섬을 한 섬에 동전으로 6냥 6전씩[일본 단위로 660문], 임술조[1862] 공목 중에서 180동을 한 필에 동전으로 3냥 5전씩[일본 단위로 350문] 바꾸어서 지급할 수 있도록" 해달라고 요청하는 내용이 그 문서의 요지였다.[299]

그런데 이보다 한 달 전부터 조선의 역관이 공목과 공작미의 동전 대납을 왜관의 담당자를 통해서 일본 측에 요청해 놓은 상태였다. 1862년 11월 17일에는 "별차가 공목 200속[동]을, 11월 25일에는 훈도가 공작미 3,500섬(石)을 각각 동전으로 변통해 줄 것을 요청"하였다고 한다. 이에 대하여 11월 26일 일본의 일대관이 훈도를 왜관으로 들어오게 한 다음, "공목 180동을 한 필에 동전 400문씩, 공작미 3천 섬을 한 섬에 동전 700문씩 해서 바꾸었으면 하니, 이것을 동래부사에게 보고하여 답변을 알려 달라"고 거꾸로 제안하였다.[300]

조선 측이 당초 동전으로 대납할 것을 요구한 공목[조선 200동, 일본

어 있다. 이성무·최진옥·김희복 편, 《朝鮮時代雜科合格者總攬—雜科榜目의 電算化—》(고전자료총서 90-5), 한국정신문화연구원(현 한국학중앙연구원), 1990, 72쪽.

298) 군혜(君惠)는 한기순(韓琦淳)의 자(字)이다. 그는 1815년 을해생(乙亥生)으로 1858년 식년시(式年試)를 통해 왜학역관(倭學譯官)이 되었다. 그의 품계는 가의대부(嘉義大夫)에 이르렀으며, 그의 관직은 교회(教誨)와 동추(同樞)로 되어 있다. 《朝鮮時代雜科合格者總攬—雜科榜目의 電算化—》, 76쪽.

299) 不得已懇請辛酉條公米之內參千伍佰石每石代錢六兩六戔壬戌條公木之內壹佰捌拾同每疋代錢參兩伍戔變通畢捧則事甚幸矣. 《(一代官) 每日記》 文久 2년(1862) 12월 12일(국사편찬위원회 대마도종가문서 DK 1440).

300) 公木百八拾束壹疋大錢四百文ツヽにして白米參千俵壹俵同七百文ツヽにして變通可致候間、右之段府使大人へ被申出返答之趣早々可被申聞候. 《(一代官) 每日記》 文久 2년(1862) 11월 26일(국사편찬위원회 대마도종가문서 DK 1440).

180동]과 공작미의 수량[조선 3,500석, 일본 3,000석]에 대해서는 왜관의 일본인들이 되도록 줄이려 하였다. 이와 반대로 단위당(1필, 1섬) 교환 가격은 공목[조선 350문, 일본 400문]과 공작미[조선 660문, 일본 700문] 모두 가급적 높이려 했던 것이 일본 측 입장이었다. 한 달가량 줄다리기를 벌인 끝에 12월 12일 훈도와 별차의 각서에 적힌 협상 초안이 만들어진 셈이다.

이 협상안을 놓고 왜관 측은 과거 사례를 검토하였다. 그 결과를 보면 다음과 같다. "최근에는 (공목) 1필에 250문[조선 단위로 2냥 5전] 또는 270문으로 (정했던 것으로) 보이며, 올해[1862] 2월 변통했을 때는 1필에 300문[조선 단위로 3냥]이었다"고 하면서, "이번에는 (훈도가) 1필에 350문[조선 단위로 3냥 5전]으로 값을 제시했으니, 우리 쪽[일본]에서 보면 매우 이득이 된다."고 왜관 측에서는 파악하고 있었다.301)

〈표 3-15〉 공목과 공작미의 동전 대납 실태(1862년)

구분	연조	수량 A	단가(1필, 1석)		금액	
			조선 단위 b1	일본 단위 b2	조선 단위 A×b1	일본 단위 ×b2
공목	임술(1862)	9,000필	3.5냥	350문	31,500냥	3,150관
공작미	신유(1861)	3,500석	6.6냥	660문	23,100냥	2,310관
계					54,600냥	5,460관

자료 : 《(一代官) 每日記》 文久 2년(1862) 12월 12일(국사편찬위원회 대마도종가문서 DK 1440)

1862년 12월 28일 왜관의 일대관(一代官) 사무실에서 조선의 훈도와 별차에게 일본(대마도) 측의 결정 사항이 전달되었다. 그것은 〈표 3-15〉에서 보는 바와 같이, "쌀 3,500석과 공목 180동(9,000필)의 변통, 즉 조선 동전으로 대납하는 방안을 일본 측이 받아들이겠다."는 내용이었다.302) 공작미

301) … 近年ハ一疋貳百五十文亦ハ貳百七拾文と相見、當年二月變通ハ一疋參百文と申直段ニ相成候得者…此節壹疋三百五十文と申直段、御內向ニ被取至極之御德ニ候得とも…." 《(一代官) 每日記》 文久 2년(1862) 12월 24일(국사편찬위원회 대마도종가문서 DK 1440).

3,500석을 동전으로 환산하면 23,100냥(일본 단위로 2,310관)이었다. 그리고 공목 180동(=9,000필)의 전납(錢納) 액수를 계산하면 31,500냥(3,150관)이었다. 조선 측이 공목 180동과 공작미 3,500석을 현물로 지급하지 않고, 그 대신에 동전 54,600냥(일본 단위로 5,460관)을 왜관으로 들여보내기로 한 것이다.

그런데도 앞의 〈표 3-13〉과 〈표 3-14〉에서 보았던 것처럼 《동래부계록》의 어디에도 1862~63년에 공목과 공작미 가운데 일부를 동전으로 대신 지급했다는 언급은 보이지 않았다. 이 자료만 가지고는 조선의 훈도와 동래부사가 동전 대납 사실을 중앙정부에 의도적으로 숨긴 것인지, 아니면 중앙정부에서 그것을 알면서도 묵인한 것인지는 확인하기 어렵다. 그런데 《동래부계록》에 동전 대납 사실이 적혀 있지 않았다고 해서, 이 기간에 조선 정부가 공무역에서 쌀과 무명베로만 일본에 결제를 해주었다고 이해하면 곤란하다는 점을 지적해 두고 싶다.

주목할 것은 1863년 1월 9일 《(일대관) 매일기》의 기록이다. "훈도가 (왜관에) 요청하기를, 연말까지 공목과 공작미를 모두 입송을 마치지 않았는데도, 완납을 했다는 확인서를 부탁하는 것이 거듭거듭 송구스럽기는 하지만, 이 증서를 정월 초순까지 한양에 올려 보내지 않으면 동래부사와 역관 모두 엄벌을 받아 당혹스러운 상황에 빠지게 된다."303)는 내용이 그것이다.

관수(館守) 이하 왜관의 담당자들이 당장 이 문제를 놓고 숙의(熟議)에 들어갔다. 그 결과 "저쪽[조선 역관과 동래부사]의 부탁을 외면할 수도 없는 점, 게다가 최근 이쪽[왜관] 사정도 좋지 않아 출송물(出送物)이 지체되

302) … 米參千五百俵公木百八拾束變通之儀承諾いたし…. 《(一代官) 每日記》 文久 2년(1862) 12월 28일(국사편찬위원회 대마도종가문서 DK 1440).

303) 訓導より願出候は、年内米木錢畢入送不仕、然に皆濟手形之儀御願申上候儀、重々恐入候得共、右手形正月初面都表へ爲差登不申しては、東萊府使幷任官共嚴科被申付誠以當惑罷有. 《(一代官) 每日記》 文久 3년(1863) 1월 9일(국사편찬위원회 대마도종가문서 DK 1441).

고 있는 점 등을 고려하여, (훈도의) 요청대로 완납 확인서를 써주기로 의견을 모았다"고 한다.[304)]

그런데 이런 일이 이때가 처음은 아니었다. 1860년 공작미 미수분도 이처럼 처리되고 있었다.[305)] 이것을 놓고 보면 앞의 〈표 3-13〉과 〈표 3-14〉의 1862년 '미지급' 항목의 숫자가[공목 72동 6필, 공작미 4,333섬 5두] 실제보다 '축소해서 보고된 것'일 수도 있다는 점에 유의할 필요가 있다.[306)]

Ⅱ. 무역 담당자의 왜관과 임소 출입(1864년)

1864년의 경우 조선과 일본 양측의 기록 연대가 일치한다. 그런데 조선의 왜학역관(倭學譯官)이 왜관을 출입한 상황에 대해서는 《동래부계록》만으로는 상세한 것을 알기 어렵다. 따라서 조선 역관이 왜관에 드나들거나, 왜관의 일본인들이 조선 역관의 처소인 임소(任所)까지 내왕한 것에 대해서는 관수와 일대관이 작성한 매일기(每日記)를 활용해야만 한다.

〈표 3-16〉은 1864년 한 해 동안 조선 역관과 일본(대마도)의 대관이 각

304) 外向より右之通手厚願出、其上此方樣近年御不拂手に付出送物も相滯居旁に付、當節迄は願出之通皆濟手形相渡候樣及評議に候事. 《(一代官) 每日記》 文久 3년(1863) 1월 9일(국사편찬위원회 대마도종가문서 DK 1441).

305) 訓導より庚申年條[1860년-인용자]公作米皆濟書付差出方願出候処、未タ大數之未收有之不容易なから役々評議之次第申出に付承届、委細は御代官方へ有之候に付略之. 《(一代官) 每日記》 文久 2년(1862) 1월 2일(국사편찬위원회 대마도종가문서 DK 1440).

306) 조선 측 기록인 《동래부계록》을 토대로 작성한 1863년도 공작미 지급 실적을 보면, 전년도[1862]와 당해연도[1863] 지급분만 있지 2년 전인 1861년[신유년]의 미지급분에 관한 것은 전혀 언급이 없다. 그런데도 일본 측 자료인 《(一代官) 每日記》 文久 3년(1863) 1월 11일 기록을 보면, 이날 조선 측이 왜관으로 들여보낸 쌀[白米] 500섬[俵]에 대하여 "辛酉年條入來"라고 적혀 있다. 이것은 신유년(1861) 미지급분이 2년 뒤인 1863년에 와서야 왜관 측에 지급되고 있었음을 보여주는 것이다. 이러한 사례는 이 무렵 《(一代官) 每日記》에서 흔히 찾아볼 수 있다.

각 왜관과 임소를 드나든 실태를 보여주는 것이다. 이와 관련하여 이 무렵 《(관수) 매일기》나 《(일대관) 매일기》에서 발견할 수 있는 중요한 특징이 있다.

먼저 표의 A 부분은 조선 역관이 왜관에 체류한 것을 나타낸 것이다. 즉 이것은 조선 역관이 자의든 타의든 왜관에서 머물면서 밤샘을 한 것을 말한다. 훈도가 되었든 별차가 되었든, 조선의 역관이 왜관으로 들어가서 일본 측과 접촉하여 업무를 마친 다음에는 당일로 왜관에서 빠져나오는 것이 보통이다. 그런데 조선 역관이 왜관에서 철야(徹夜)를 해야만 했던 일이 꽤 자주 일어나고 있었다. 이 점에 대해서는 기존 연구에서 전혀 언급이 되지 않았다. 앞으로 이 문제에 대해서도 좀 더 구체적으로 분석할 필요가 있다고 생각한다.

표의 B 부분은 그와 반대로 왜관의 일본인 대관(代官)과 통사(通詞) 등이 밖으로 나와서 조선 역관의 처소인 임소(任所)까지 온 뒤 그곳에 체류한 것을 말한다. 이들이 임소에 와서 잠깐 머무른 정도가 아니라, 그곳에서 철야를 하였다는 점에 주목할 필요가 있다.

〈표 3-16〉 조선 역관과 일본 대관의 왜관과 임소 출입 실태(1864년)

연번	월	일	A 조선 역관의 왜관 체류	B 일본 대관의 조선 역관 임소(任所) 체류					전거
				町代官	下代	番手	勤番通詞	五人通詞	
1	2	19	別差						代
2		28	別差						代
3		29	別差						代
4	3	1	別差	○	○	○	○	○	代
5		2	別差	○	○	○	○	○	代
6		3	別差						代
7		4	別差	○	○	○	○	○	代
8		5	別差	神崎德右衛門					代
9		6	別差	○	○	○	○	○	代
10		7	差備官						代
11		8	差備官						代

연번	월	일	A	조선 역관의 왜관 체류	B 일본 대관의 조선 역관 임소(任所) 체류					전거
					町代官	下代	番手	勤番通詞	五人通詞	
12		29		別差	山田富作	伊助				代
13		30		別差	○	○	○	○	○	代
14	4	1		別差	神崎德右衛門					代
15		2		別差						代
16		3		別差						代
17		4		別差	○	○	○	○	○	代
18		9		假別差	八坂治作	伊助	儀右衛門			代
19		10		假別差	○	○	○	○	○	代
20		11		假別差	○	○	○	○	○	代
21		13		假別差	○	○	○	○	○	代
22		14		假別差	○	○	○	○	○	代
23		15		假別差	神崎德右衛門					代
24		16		(別差)	○	○	○	○	○	代
25		17			八坂治作	政三郎	儀右衛門	川本信助	東田喜三郎	館, 代
26		18		訓導	神崎德右衛門			中村喜一郎	國分良助	館, 代
27		19		訓導	神崎德右衛門			津吉軍八	高葉市次郎	館, 代
28		20						川本信助	高葉市次郎	館
29		21		訓導	○	○	○	○	○	代
30		22		訓導	八坂治作			中村喜一郎	東田喜三郎	館, 代
31		24		別差	神崎德右衛門	伊助		中村喜一郎	川本政太郎	代
32		25		假別差	八坂治作	喜右衛門	淸右衛門			代
33		26		訓導(假別差)						館,(代)
34	5	1		假別差	(神崎德右衛門)					代
35		2		假別差	八坂治作					代
36		3		假別差	神崎德右衛門	政三郎				代
37		5		假別差						代
38		6		假別差	八坂治作					代

연번	월	일	A	조선 역관의 왜관 체류	B 일본 대관의 조선 역관 임소(任所) 체류					전거
					町代官	下代	番手	勤番通詞	五人通詞	
39		7		假別差	神崎德右衛門	伊助				代
40		9			○	○	○	○	○	代
41		10			○	○	○	○	○	代
42		12			○	○	○	○	○	代
43		13		任官	神崎德右衛門					代
44		14		假別差						代
45		15		假別差	神崎德右衛門	猪介				代
46		16			八坂治作	政三郎				代
47		17		假別差	八坂治作	伊助				代
48		18		假別差	○	○	○	○	○	代
49		19		假別差	神崎德右衛門					代
50		20		假別差						代
51		21		假別差	○	○	○	○	○	代
52		22		假別差	○	○	○	○	○	代
53		23		假別差	○	○	○	○	○	代
54		24		假別差	○	○	○	○	○	代
55		25		假別差	神崎德右衛門					代
56		26		假別差	神崎德右衛門					代
57		27		假別差	八坂治作	伊助				代
58		28		假別差	○	○	○	○	○	代
59		29		假別差	○	○	○	○	○	代
60		30		假別差	○	○	○	○	○	代
61	6	2		假別差	(八坂治作)	○	○	○	○	代
62		3		假別差	神崎德右衛門					代
63		4		假別差	神崎德右衛門					代
64		5			○	○	○	○	○	代
65		6		假別差	八坂治作	伊助	磯治			代
66		7			○	○	○	○	○	代
67		8			神崎德右衛門	孫助				代
68		9			神崎德右衛門	伊助				代
69		10		假別差	八坂治作					代
70		11		假別差	(八坂治作)					代
71		12			神崎德右衛門					代
72		13			神崎德右衛門					代
73		14			○	○	○	○	○	代
74		15			八坂治作					代

연번	월	일	A	조선 역관의 왜관 체류	B 일본 대관의 조선 역관 임소(任所) 체류					전거
					町代官	下代	番手	勤番通詞	五人通詞	
75		16		監官	八坂治作	伊作				代
76		17			神崎徳右衛門					代
77		18			○	○	○	○	○	代
78		19			八坂治作					代
79		20		別差	○	○	○	○	○	代
80		21		別差	八坂治作					代
81		22		別差	神崎徳右衛門	伊作				代
82		23		別差	神崎徳右衛門	政三郎				代
83		24			八坂治作	伊作				代
84		25			八坂治作	伊助				代
85		26		別差	神崎徳右衛門					代
86		27		別差	○	伊作	喜兵衛			代
87		28		別差	○	○	○	○	○	代
88		29		別差 (訓導)	八坂治作					代
89	7	1		訓導	八坂治作	猪助				代
90		2			○	○	○	○	○	代
91		3		別差	神崎徳右衛門					代
92		4		別差	○	○	○	○	○	代
93		5		別差	八坂治作					代
94		6			八坂治作					代
95		7		訓導	神崎徳右衛門	伊助				代
96		9			○	○	○	○	○	代
97		10			○	○	○	○	○	代
98		11		別差	○	○	○	○	○	代
99		12		別差	八坂治作					代
100		13		別差	八坂治作	○	○	○	○	代
101		14			神崎徳右衛門	政三郎				代
102		15			○	○	○	○	○	代
103		16			八坂治作	喜兵衛				代
104		18		別差	○	○	○	○	○	代
105		19		別差	○	○	○	○	○	代
106		20		別差	八坂治作	喜右衛門				代
107		21		別差	○	○	○	○	○	代
108		22		別差	○	○	○	○	○	代
109		23		訓導	○	○	○	○	○	代

연번	월	일	A	조선 역관의 왜관 체류	B 일본 대관의 조선 역관· 임소(任所) 체류					전거
					町代官	下代	番手	勤番通詞	五人通詞	
110		24			八坂治作	喜兵衛				代
111		25		別差	○	○	○	○	○	代
112		26			○	○	○	○	○	代
113		27		別差	○	○	○	○	○	代
114		28		別差	八坂治作	喜右衛門	○	○	○	代
115		29		別差	○	○				代
116		30			神崎德右衛門					代
117	8	2			○	○	○	○	○	代
118		4			八坂治作	○	○	○	○	代
119		5			神崎德右衛門	○	○	○	○	代
120	10	10		訓導						代
121	11	19		訓導						代
122		22		別差						代
123		23		別差						代
124		26		別差						代
125		27		別差						代
126		28		別差						代
127		29		別差						代
128		30		別差						代
129	12	1		訓導						代
130		2		訓導						代
131		3		訓導						代
132		4		訓導						代
133		10		別差						代
134		11		別差						代
135		12		訓導						代

주 : 館은 《(館守) 每日記》 代는 《(一代官) 每日記》 이며, ○ 표시는 '任所詰'로 적은 경우임.
자료 : 《(館守) 每日記》 (1864년 1~12월); 《(一代官) 每日記》 (1864년 1~12월)

왜관의 일본인들이 왜관 밖으로 나오는 것에 대해서는 조선 정부가 전부터 크게 경계를 하고 있었다. 1738년 구택규(具宅奎)가 동래부사로 있을 때 변문절목(邊門節目)이 만들어진 것도 그 때문이었다.[307] "왜인들이 훈도와

307) 《邊例集要》 권5 約條附禁條; 《邊例集要》 상, 국사편찬위원회 영인본, 1971, 288-294쪽.

별차의 집에 왕래하는 것을 금할 방법은 없지만, 왜인들이 역관의 처소에 출입하는 것을 통사(通事)가 수문 군관(守門軍官)에게 알리면, 군관이 이튿날 아침 주를 달아 보고하도록 하라"는 규정을 마련한 것이다.[308] 이것은 위의 변문절목 31개 조항 중 23번째 항목에 해당한다.[309] 1864년 《(관수) 매일기》의 기록으로 보건대, 관수도 이러한 사실을 보고 받아 인지하고 있었음이 분명하다.

그리고 당시 왜관의 일본인들이 작성한 기록을 보면, '붙잡는다'는 뜻의 일본어 '히키도메[引留]'가 쓰이기도 했지만, 한자어 재관(在館), 유관(有館), 체관(滯館), 유관(留館) 등도 함께 쓰였다. 예를 들어 《(관수) 매일기》나 《(일대관) 매일기》에서 '훈도 체관(訓導滯館)' 또는 '별차 유관(別差留館)'이라 적은 것은 훈도나 별차가 왜관 밖으로 나오지 못하고 그 안에 붙잡혀 있는 상태를 말한다.

이와 반대의 경우는 한자로 '임소힐(任所詰)'이나 '임소박(任所泊)'으로 기록되어 있다. 즉 왜관의 대관(代官)이나 조선어 통역[通詞] 또는 그 하인들이 왜관 밖으로 나와 조선 역관의 임소(任所)로 와서 눌러앉아 있거나(任所詰), 심지어 그곳에서 밤을 보내고 나서(任所泊) 이튿날 왜관으로 되돌아간 것을 가리켜서 왜관 측은 이처럼 기록했다.

〈표 3-16〉과 〈표 3-17〉은 1864년 한 해 동안 조선의 역관이 왜관에 머물거나, 왜관의 일본인들이 조선 역관의 임소로 와서 밤새움 했던 경우를 월별로 나타낸 것이다. 이 분석 결과를 보면 1년 동안 조선 역관이 왜관에 억류(抑留)되어 있었던 날이 모두 103일이나 되었음을 알 수 있다.

주로 훈도나 별차[혹은 가별차] 중 한 사람이 번갈아 가며 왜관에서 철야를 하였다. 훈도보다는 별차가 왜관에 붙잡혀 있었던 사례가 훨씬 더 많

308) 《국역 증정교린지》, 142-143쪽.

309) 《邊例集要》 상, 293쪽; 양흥숙, 〈조선후기 왜관 통제책과 동래 지역민의 대응〉, 《역사와 세계》 37, 효원사학회, 2010, 125-126쪽.

았다. 왜관 측에서도 조선 역관의 임소로 사람을 파견하여 이튿날 되돌아오게 한 것이 106일이나 되었다. 이러한 일이 어쩌다 한 번 일어난 것이 결코 아니었음이 이 통계에 의해서 더욱 분명해졌다. 더구나 조선 역관의 경우 1월과 8월, 9월 이렇게 석 달만 빼고 마치 월중 행사처럼 왜관 체류를 강요당하였던 것으로 보인다. 그 중에서도 4월부터 7월까지 넉 달 동안에 그것이 집중되었다.

〈표 3-17〉 일본의 공무역 협상 전술과 조선의 공작미 입송(1864년)

월	조선 역관의 왜관 체류(回)	일본 대관의 임소 체류(回)	쌀[現米] 入送(俵)
1			2,100
2	3		100
3	10	7	703
4	18	16	200
5	23	24	700
6	15	28	696
7	18	28	272
8		3	430
9			60
10	1		1,410
11	8		1,460
12	7		1,906
계	103	106	10,037

자료 : 〈표 3-16〉과 같음.

조선 국왕의 장례식(因山)이 있었던 1864년 4월 7일 이전까지 이미 17차례나 별차(別差)와 차비관(差備官)의 왜관 체류가 있기는 했지만, 그 뒤부터 5~7월까지 그러한 일이 더욱 잦아지고 있었다. 이 넉 달 동안 조선의 역관은 74일[월평균 약 19일]을 왜관의 개시대청(開市大廳)에서, 그리고 일본의 대관과 통사 등은 96일을[월평균 24일] 조선 역관의 임소(任所)에서 철야했던 사실이 드러났다.

그렇다면 일본 측은 왜 이와 같은 방법까지 동원했던 것일까? 그 이유를 짐작하기란 어렵지 않다. "대마도 본국의 어려운 쌀 사정"을 타개하기 위해서는 어떻게 해서든 조선에서 조금이라도 더 많은 쌀을 확보해야만 했던 것이 당시 대마도와 왜관의 일본인들이 처한 상황이었다. 그래서 1863년에는 일본인들이 동래부사 면담을 요구하면서 무단으로 왜관 밖으로 뛰쳐나오는 난출(攔出)을 감행하기까지 했다.

그렇지만 그것만으로는 쌀 확보가 그들이 바라던 대로 이루어지지 않았다. 그래서 왜관의 대관들이 더 강도 높은 협상 전술을 내놓은 것인데, 그것이 곧 조선 역관을 왜관에 붙잡아 두면서 압박을 가하는 방법이었다. 가령 1864년 4월부터 7월 사이에 5월이 조선 역관의 왜관 체류가 23일간으로 가장 많았으며, 5월의 쌀[現米] 입송량이 넉 달 중 가장 많은 700섬[俵]이었다. 이 넉 달 동안 왜관으로 들여보낸 쌀의 총량이 1,868섬에 이르렀다[월평균 467섬]. 말하자면 조선 역관을 왜관에 붙잡아 두거나 왜관의 대관들을 조선 역관의 임소로 보내서 귀찮게 하는 것이 쌀의 왜관 입송에 효과적인 수단이 된다고 일본 측이 판단하였던 것으로 보인다.

한편 조선 역관의 왜관 체류는 언제부터 시작된 것일까? 먼저 《(일대관)매일기》를 보면 2월 19일에 "별차(別差)가 왜관에 체류하였다"고 기록되어 있는데, 이것이 1864년의 첫 사례였다(〈표 3-16〉 연번 1 참조). 그 뒤로도 20차례가 넘게 별차와 가별차, 차비관의 왜관 체류가 이어지다가, 4월 17일이 되면 전보다 더 분위기가 악화되었던 것으로 보인다. 1864년에 들어와 처음으로 훈도(訓導)가 왜관에 체류하기 시작한 것도 4월 18일이었다. 훈도의 왜관 억류는 관수를 비롯하여 고습참판사(告襲參判使)의 도선주(都船主)와 논의한 끝에 내린 결정이었다. 조선 정부가 고습사(告襲使)에게 지급하게 되어 있는 예단삼의 동전 대납[單參代]이 연기되고 있었는데, 4월이 되도록 이행이 되지 않자 왜관 측에서 이를 문제 삼았던 것으로 보인다. 그래서 "위의 교섭이 끝날 때까지 훈도를 왜관에서 나가지 못하게 하고자 한다[訓導滯館]"고 이대관(二代官)이 관수에게 보고하였다. 그러자 관수도 이를 승인했다. 이와 함께 "위 업무가 마무리될 때까지 근번통사(勤番通詞) 1인과 오인통사(五人通詞) 1인이 조선 역관의 처소[任所]에 머물면서 독촉하라"고 관수가 일대관(一代官)에게 지시하였다.[310)]

협상력을 높이기 위하여 일본 측이 조선의 역관을 왜관에 붙잡아 두려고 했던 전술은 1년 전에도 시도되었다. 1863년 9월 29일 《(일대관) 매일기》에는 다음과 같은 내용이 적혀 있다. "조선 정부가 왜관으로 들여보내야 할 쌀이 늦어지고 있어서 훈도를 왜관에 붙잡아두어야 하겠다."고 관수에게 보고가 들어가자, 이에 대하여 관수가 "(훈도가) 밤에 쓸 침구류 등을 준비하라"고 대관 쪽으로 편지를 보내 지시를 내렸다고 한다. 그렇지만 "(훈도가) 밤에 왜관을 나갔다"고 한 것으로 보아, 이날은 훈도의 왜관 체류가 성사되지 못한 것으로 생각된다.[311)] 1863년 11월 2일에는 "정대관(町代官) 간자키[神崎德右衛門]가 임소(任所)로 갔다"고 되어 있는데,[312)] 왜관의 일본인이 조선 역관의 처소로 와서 밤샘을 하고 돌아가는 전술은 1864년의 경우에는 3월 1일이 처음이었다(〈표 3-16〉 연번 4 참조).

조선 역관은 왜관의 어느 장소에서 어떠한 상태로 체류를 강요당하고 있었던 것일까? 《(일대관) 매일기》 1864년 4월 19일 기사에 "훈도(訓導)가 시태청(市太廳)에서 유관(留館)하였다."고 적혀 있는 것을 보면, 그 장소가 개시대청(開市大廳)이었음을 알 수 있다.[313)] 그리고 같은 자료 3월 3일 기사에는 유관(留館)하고 있는 별차에게 "오전 9시쯤[上巳] 술과 안주를 갖다 주었다."고 되어 있다. 그리고 5월 5일에도 가별차(假別差)가 재관(在館)하고

---

310) 《(館守) 每日記》 文久 4년(1864) 4월 17일; 《(一代官) 每日記》 文久 4년(1864) 4월 17일.

311) 訓導入館之段相屆… 入送米相滯時宜ニ依訓導滯館被申渡候付夜具類館守より御代官方へ以手紙被相達置候得共夜半出館(《(一代官) 每日記》 文久 4년(1864) 9월 29일).

312) 《(一代官) 每日記》 文久 4년(1864) 11월 2일.

313) 《(一代官) 每日記》 文久 4년(1864) 4월 19일.

있어서 약당사(若黨使)를 시켜 "술과 안주를 보냈다."고 적혀 있다. 심지어 7월 3일에는 "별차에게 스기야키[杉燒]와 나베요리[鍋料理]를 내놓았다[贈之]."는 기록까지 남아 있다.[314)]

그런가 하면 조선 역관이 왜관 밖으로 나가게[出館] 해 줄 것을 요청하자, 관수가 그것을 받아들인 적도 있었다. 1864년 5월 2일 가별차(假別差)가 유관(留館)하고 있었는데, 그날 '일특송사(一特送使) 봉진연(封進宴)'이 있다고 하면서, 근번통사(勤番通詞)를 통해 출관(出館) 허락을 요청하자, 관수가 그것을 받아들였다고 되어 있다. 그리고 5월 5일 기사를 보면, "훈도를 붙잡아 두어야 하지만[引留] (그가 맡은) 일본 표류민[和漂民] 업무도 매우 중요하니, (훈도는) 동래로 올라가서[登府] 일을 보게 하라"고 하였다. 그 대신에 임시 별차인 가별차(假別差)를 왜관에 재류(在留)시켰음을 알 수 있다. 7월 22일에도 "대구로 올라가서 (왜관으로) 입송할 물품이 지체되고 있는 문제를 해결할 방도를 찾겠다."고 하면서 훈도가 출관을 요청하자, 대관들이 숙의 끝에 훈도의 요청을 받아들였다고 한다.[315)]

그러나 조선 역관의 출관 요청을 일본 측이 모두 수용했던 것은 아니었다. 즉 4월 22일 "훈도가 출관(出館)을 요청했지만, 쌀과 면포 입송 상황을 더 파악해야 하는 등 할 일이 있으니, 출관을 허락하기 어렵다."는 왜관 담당자들[役中]의 의사가 관수에게 전달되기도 했다.[316)] 11월 19일에도 훈도가 왜관 밖으로 나가서 주선을 할 터이니, "임관(任官)을 도와 달라"고 탄원하였지만, 왜관 측은 끝내 조선 역관의 요청을 받아들이지 않았다. "닭이 울 무렵[鷄鳴比] 별차를 전례대로 등불을 밝혀[高張] 수문까지 배웅하고, 그 대신에 훈도를 왜관에 머물도록 했다[訓導之儀者滯館申渡]"고 한다.[317)]

---

314) 《(一代官) 每日記》 文久 4년(1864) 3월 3일, 5월 5일, 7월 3일.
315) 《(一代官) 每日記》 文久 4년(1864) 5월 2일, 5월 15일, 7월 22일.
316) 《(一代官) 每日記》 文久 4년(1864) 4월 22일.
317) 《(一代官) 每日記》 文久 4년(1864) 11월 19일.

지금까지 살펴본 것처럼, 《(일대관) 매일기》에는 같은 시기 《동래부계록》에 전혀 언급이 없는 내용도 적혀 있다. 《(일대관) 매일기》 기록이 믿을 만한 것이라고 한다면, 아마도 왜관에서 있었던 일을 조선 역관들이 동래부사에게 보고하지 않았거나, 아니면 동래부사가 그것을 중앙에 사실대로 보고하지 않았기 때문에, 《동래부계록》에 이와 관련된 기록이 남아 있지 않은 것이라고 추정할 수 있다. 만일 이러한 사실이 조선의 중앙정부에 사실대로 보고되었더라면, 조·일 외교 라인에서 어떠한 일이 벌어졌을지 짐작하기 어렵지 않다.

이 글에서 다시 확인되었듯이, 공목(公木)과 공작미(公作米)는 조·일 간 공무역(公貿易)에서 결코 빼놓을 수 없는 중요한 문제였다. 뿐만 아니라 이것은 양국 간 외교 현안이기도 했다. 더구나 일본(대마도) 입장에서는 조선에서 가져가는 쌀과 면포가 도민(島民)의 생계와 직결되는 것이기에 더욱 그러했다.

공무역에서는 공목과 공작미의 미지급(미수) 누적이 늘 문제였다. 19세기를 전후한 시기부터 일본(대마도) 입장에서는 대체로 쌀과 면포를 현물로 받아가기를 원했지만, 조선 역관은 그것을 조선의 동전[상평통보]으로 대신 지급하고자 했다. 양측은 벼와 면화의 풍흉에 따른 조선 국내의 물가 변동에 영향을 받고 있었다. 그와 함께 이것은 조선의 동전 사용, 즉 조선의 상품경제와 화폐경제 발달에 따른 조세의 전납화(錢納化)와 결부되어 있었다. 이와 같은 경제적 조건의 변화를 조선과 일본의 무역 담당자들이 각자 자신에게 유리한 쪽으로 활용하고자 노력하였다고 말할 수 있다.

1862년 조선 역관이 중앙정부에 제대로 보고하지 않은 채 공목과 공작미의 현물 지급량을 줄이고 그 대신에 동전 대납을 늘리고자 일본 측에 요구했던 것도 조선 국내의 쌀과 면화의 유통 사정과 관련이 깊다.

공목과 공작미의 현물(現物) 지급이 지체되어 왜관 측에 미수(未收)가 누적될수록 일본(대마도)의 경제적 처지는 더욱 어려워질 수밖에 없었다. 일본 측이 조선 역관의 동전 대납 요청을 받아들이지 않을 수 없었던 까닭도 바로 거기에 있었다. 그렇다고 해서 일본 측이 조선 역관의 뜻대로만 움직이고 있었던 것은 아니었다. 1864년의 사례에서 알 수 있듯이, 왜관으로 조선 역관을 불러들여 밤새 그들이 개시대청(開市大廳)에서 머물도록 왜관 측이 강제하는 일도 있었다. 거꾸로 일본인들이 왜관 밖으로 나와 조선 역관의 처소인 임소(任所)까지 와서 그곳에서 철야 농성(徹夜籠城)을 하다시피 하는 일도 적지 않았다. 이 모든 것을 왜관의 일본인들이 관수(館守)의 지시를 받아 조직적으로 수행한 것임을 지적하지 않을 수 없다.

여기에서 다루지는 못했지만, 이 무렵 일본이 공무역에서 가져오는 물품 중에서는 구리가 매우 중요한 부분을 차지하고 있었다(조선 기록에는 倭銅으로 표기). 구리는 조선이 동전(銅錢)을 주조(鑄造)할 때 원료로 사용하는 것이었기 때문에 더욱 그러했다. 왜관의 일본인들은 조선의 공작미가 왜관으로 들어오는 것을 보아 가면서, 그들이 일본에서 조달해 온 구리를 왜관 밖으로 내보내는 이른바 '동 출문(銅出門)'의 수량을 조절하기도 하였다.

제4장 조선 역관을 통한 대마도의 진상(봉진) 물품 조달

제1절 연례송사(年例送使)를 통한 물품 교환

Ⅰ. 조·일 무역과 대마도의 연례송사 파견

조선과 일본 사이의 무역은 왜관(倭館)에서 이루어졌다. 왜관은 본디 조선으로 건너온 일본 사절이 머무를 수 있게 조선 정부가 제공한 객관(客館)이었다. 그런데 그곳에서 양국 간 무역이 이루어졌으니, 왜관은 상관(商館)의 기능도 발휘한 셈이다. 즉 일본인들이 대마도에서 조선으로 건너온 다음, 그들이 가져온 물품과 조선이 공급하는 물품을 서로 교환함으로써 조·일 간 무역이 운영되었다. 이처럼 조선의 대일(對日) 무역은 일본이 아니라 조선에서 이루어졌다. 이것은 조선의 대청(對淸) 무역이 조선이 아닌 청(淸)에서 이루졌던 것과 비교가 된다.

무역을 위해서 조선에 온 일본인들은 왜관이라고 하는 한정된 공간에서만 활동할 수 있었다. 왜관에 거주하는 일본인 중에는 장기 체류자도 있었다. 임진왜란 전에는 일본인 여자도 조선으로 건너와 거주할 수 있었지만, 임진왜란 이후부터는 일본인 여자의 도항(渡航)이 금지되었다. 이와 마찬가지로 왜관을 드나들 수 있는 조선인도 엄격하게 통제되고 있었다. 조선인 여자의 왜관 출입이 원칙적으로 금지되어 있었음은 물론이다.[318]

318) 정성일, 《조선후기 대일무역》, 신서원, 2000, 203-204쪽.

일본 국왕(日本國王)의 사절과 별도로 대마도주(對馬島主)가 조선으로 사신을 파견해 왔다. 임진왜란 이후 양국 간 국교가 재개되자, 1609년에 기유약조(己酉約條)가 체결되었다. 일본에서 현소(玄蘇)와 평경직(平景直)을 파견해 왔기에, 조선 정부는 선위사(宣慰使) 이지완(李志完)을 보내서 임진왜란 이전의 약조를 개정(改定)하기에 이른 것이다.[319]

새로 약조를 정한 이후로는 일본 국왕과 여러 거추(巨酋)들이 조선으로 사신을 보내오던 관례가 사라졌다. 다만 대마도(對馬島)의 도주(島主)가 해마다 보내오는 세견선(歲遣船)만이 있게 되었다. 그들이 바치는 방물(方物)은 사선(使船)마다 모두 정해진 수량이 있었고, 물목(物目)도 모두 예조(禮曹) 앞으로 보내는 서계(書契) 안에 기록하여 써넣었다. 그리고 이것을 가져오는 일본인을 가리켜 조선 측에서는 '진상 압물(進上押物)'이라 불렀다(일본 기록에서는 荷押物로 기록).[320]

대마도에 의한 국서 개찬(國書改竄) 사건을 일본 막부가 처리하였을 무렵인 1635년부터 조선 정부는 대마도와 합의하여 겸대제(兼帶制)를 시행하였다. 이를 계기로 하여 대마도주가 조선에 해마다 파견하는 연례송사(年例送使)의 파견 시기와 왜관 체류 기간 등이 정해졌다. 그리고 '진상(進上)'이라는 용어가 '봉진(封進)'으로 바뀐 것도 그 뒤부터였다.

〈표 4-1〉 연례송사 일람표

월	명칭	兼帶	寄乘	船數	再度	留館日限(일)
1	세견 제1선 송사			本船 1 水木船 1	1 1	85
	세견 제2선 송사		세견 제3선 송사	本船 1		85
	세견 제3선 송사			本船 1		85
2	이정암송사			本船 1	1	85

319) 《국역 통문관지》 1(외교사 고전국역 1), 세종대왕기념사업회, 1998, 235쪽.
320) 《국역 통문관지》 1, 239쪽.

월	명칭	兼帶	寄乘	船數	再度	留館日限(일)
	세견 제4선 송사	세견 제5~17선		本船 1		85
3	1특송사	제2·3특송사 中絶船		本船 1 副船 1 水木船 1	1 1	110
6	만송원송사			本船 1 水大船 1	1	85
	(彦滿送使)			(本船 1)	(1)	(85)
8	부특송사			本船 1 副船 1 水木船 1	1 1	110

자료 : 中村榮孝, 《日鮮關係史の研究》下, 327쪽; 田代和生, 《近世日朝通交貿易史の研究》, 160쪽; 정성일, 《조선후기 대일무역》, 204쪽.

해마다 조선으로 건너오는 대마도의 연례송사는 외교 형식을 갖추었지만, 실질적인 목적은 무역(貿易)에 있었다고 말할 수 있다. 아메노모리 호슈(雨森芳洲)가 61세이던 1728년에 대마번주(對馬藩主)에게 제출한 《교린제성(交隣提醒)》을 보면 송사(送使)와 사자(使者)를 비교하여 설명한 부분이 나온다.

〈사료 4-1〉

"(대마도에서 조선으로) 송사(送使)로서 가는 것은 무역(貿易)을 위해 가는 것으로 알아야 한다. 조선의 문서에는 (이 경우) 상선(商船)이라고 되어 있다. 송사 이외에 특별한 용무가 있어서 가는 것은 사자(使者)라고 한다. (그런데) 송사로 가는 사람 중 대부분은 무슨 일로 가는지를 알지 못하고, 오로지 (조선 측에서 제공하는) 접대를 받으러 간다고 생각하는 무리가 있으니 딱한 일이다. 막부에 대해서는 오래전부터 양국이 성신(誠信)의 의미로 1년에 배 25척을 보낸다고 보고했을 뿐, 상선이라고는 보고하지 않았다. 그러므로 막부가 자세히 묻지 않는다면, 대마번에서 상선이라고 보고해서는 안 될 것이다."321)

위에서 말하는 송사(送使)가 '해마다 보내는 송사'라는 뜻의 연례송사를 말하는 것임은 분명하다. 여기에서 아메노모리 호슈는 크게 세 가지 점을 강조하고 있다.

첫째, 그는 대마도에서 조선으로 건너오는 연례송사로 임명된 사람들이 본인들의 임무가 무엇인지를 명확하게 자각하지 못함을 비판하고 있다. 즉 연례송사가 무역의 이익에 힘을 쏟아야 할 터인데도, 조선 정부가 제공하는 접대를 받는 데만 골몰하고 있다는 지적이 그것이다.

둘째, 그는 조선의 문서에서도 연례송사를 상선(商船)으로 기록하고 있다는 점을 밝히고 있다. 여기에서 아메노모리 호슈가 말하는 조선 기록이 어느 것인지는 알 수 없다. 그런데 《통문관지》(제5권 교린 상)를 보면, 일본인이 조선으로 보낸 서계(書契)의 별폭(別幅)에서 1501년에는 '매물(賣物)'이라 적고, 1510년에는 '상물(商物)'이라 적은 사례를 찾아볼 수 있다.[322] 이러한 사례를 수록한 조선 기록을 아메노모리 호슈가 《교린제성》 저술 이전에 이미 읽었을 수도 있다고 판단된다.

셋째, 그는 연례송사와 관련하여 대마번이 막부에 이를 상선(商船)으로 보고해서는 안 된다고 강조했다. '성신(誠信)의 의미로, 즉 무역이 아닌 외교(外交)를 위하여, 대마도에서 조선으로 연간 25척의 배를 보낸다.'고 오래

---

321) 한일관계사학회 편, 〈(6) 송사(送使)와 사자(使者)의 구분〉, 《역주 교린제성》, 국학자료원, 2001, 21쪽; 雨森芳洲 저, 田代和生 校注, 〈6 送使の內實は商船〉, 《交隣提醒》(東洋文庫 852), 일본 平凡社, 2014, 34쪽; 정성일, 〈부산 왜관(釜山倭館)에 살았던 대마도(對馬島) 사람들〉, 《韓半島의 日本人, 日本列島의 韓國人》(경인한일관계연구총서 86), 한일문화교류기금 편, 경인문화사, 2023, 211쪽.

322) "신유년(1501, 연산군 7)에 주반 서당(周般西堂) 등이 다시 왔는데, 일본 국왕(日本國王)의 별폭 안에 처음으로 '매물(賣物)'이라 일컬었다. … 정덕(正德) 경오년(1510, 중종 5)에 이르러 삼포(三浦)의 왜인(倭人)이 변란을 일으킨 뒤 붕중(弸中)이 다시 와서 화의(和義)를 청하였다. 그들이 가져온 별폭 안에 매물의 '매(賣)' 자를 '상(商)' 자로 바꾸어 썼고, … 그들의 이른바 '상물(商物)'이라는 물건을 거의 다 무역하게 하였다." 《국역 통문관지》 1, 238-239쪽.

전부터 막부에 보고가 이루어졌다는 것이 아메노모리 호슈의 인식이었다.

Ⅱ. 대마도의 진상(봉진)과 공무(公貿)

1.《통문관지》에 보이는 연례송사 무역

연례송사(年例送使)에 의한 무역의 내용은 어떠했을까?《통문관지》를 보면 일특송사(一特送使)[323]부터 중절오선(中絶五船)에 이르기까지, ① 진상(進上), ② 진상의 값, ③ 공무역(公貿易), ④ 공무역의 값, ⑤ 회사(回賜), ⑥ 구청(求請) 등으로 구분하여, 각각 그 내용이 열거되어 있다.[324]《통문관지》에서 연례송사 중 맨 앞에 소개된 일특송사(一特送使)의 사례를 〈표 4-2〉로 제시하였다.

① 진상(進上)으로 주홍(朱紅) 2근(斤), 채화연갑(彩畫硯匣) 1비(備), 후추(胡椒) 500근, 소목(蘇木) 700근, 백반(白礬) 300근을 바친다.

② 진상의 값은 공목(公木) 16동(同) 6필(疋) 11척(尺)이다(1동은 50필—인용자).

③ 공무역(公貿易)으로는 구리(銅鐵) 4,300근(斤), 주석(鑞鐵) 2,400근을 바친다.

④ 공무역의 값은 공목(公木) 150동(同)이다.

323)《통문관지》에서는 일특송사(一特送使)로 되어 있는데, 일특송사가 타고 온 선박을 《동문휘고(同文彙考)》에는 '특송(特送) 제1선'으로 기재하고 있다. 송사(送使)가 승선한 '선박'을 가리킬 때는 '특송(特送) 제1선'이라든가 '세견(歲遣) 제1선' 등으로 용어 표기를 하고자 한다.

324)《국역 통문관지》 1, 237-253쪽.

⑤ 해당 조(曹) (즉 예조—인용자) 회사(回賜)로는 인삼(人蔘[325])) 3근(斤)[326]), 호피(虎皮) 2장(張), 표피(豹皮) 3장, 백저포(白苧布) 5필(疋), 흑마포(黑麻布) 5필, 백면주(白綿紬) 5필, 백면포(白綿布) 10필, 매(鷹) 3연(連), 화석(花席) 10장(張), 네 장을 붙여 만든 기름종이(四油芚) 3번(番), 참먹(眞墨) 30정(錠)을 준다.[327])

⑥ 구청(求請)[328])으로는 인삼(人參) 2근 4냥, 필묵(筆墨) 각 35개씩, 매(鷹) 6연, 화석(花席) 6장, 백지(白紙) 10권(卷), 부채(扇子) 17병(柄), 다리미(火熨) 6개, 칼(刀子) 6개, 사자연(篩子硯) 6개, 연적(硯滴) 6개, 참빗(眞梳) 11개, 꿀(淸蜜) 2말(斗), 들기름(法油) 2말, 녹말(菉末) 2말, 율무(薏苡) 2말, 개암(榛子) 3말, 호육(虎肉) 6첩(貼), 호담(虎膽) 6부(部), 개(犬) 6구(口), 기름종이(四油芚) 6번(番), 우산종이(雨傘紙) 3권(卷) 10장(張), 솔(馬省) 9개, 호두(胡桃) 6말(斗), 잣(栢子) 6말, 밤(黃栗) 6말, 대추(大棗) 6말을 준다.

---

325) 원문에 인삼의 '삼' 자가 '蔘'이 아닌 '參'으로 적혀 있다.

326) 이특송사(二特送使)와 삼특송사(三特送使)의 별폭에는 인삼 2근이다. 나머지 품목은 일특송사와 동일하다.

327) 《萬機要覽》(재용편 5 年例入送使禮單)에 제시된 일특송사의 별폭회례(別幅回禮)는 인삼 3근(제2,3특송사는 2근), 호피 2장, 표피 2장, 백저포(白苧布) 5필(疋), 흑마포(黑麻布) 5필, 백면주(白綿紬) 5필, 백면포(白綿布) 10필, 황모필 20장이다. 《통문관지》에 있는 것(鷹 3連, 花席 10張, 四油芚 3番)이 《만기요람》에 없고, 《만기요람》에 있는 황모필 20장이 《통문관지》에 없다. 그리고 《만기요람》에는 표피 2장인데, 《통문관지》에는 표피 3장으로 되어 있다. 이처럼 자료마다 기록의 차이가 보인다.

328) 구청(求請)에 대한 조선 측 자료는 《倭人求請謄錄》(서울대학교 규장각한국학연구원 소장)이 자세하다. 부산광역시사편찬위원회가 《국역 왜인구청등록》을 간행하였다. 구청(求請)과 구무(求貿)에 관해서는 이승민의 연구가 참고가 된다.

〈표 4-2〉 특송 제1선의 진상(봉진)과 공무역

구분	(일본→조선)	(조선→일본)
進上	• 朱紅 2斤 • 彩畫硯匣 1備 • 胡椒 500斤 • 蘇木 700斤 • 白礬 300斤 (★ 대마도주 서계 별폭)	• 公木 16同 6疋 11尺
公貿易	• 銅鐵 4,300斤 • 鑞鐵 2,400斤	• 公木 150同
回賜		• 人參 3斤 • 虎皮 2張 • 豹皮 3張 • 白苧布 5疋 • 黑麻布 5疋 • 白綿紬 5疋 • 白綿布 10疋 • 鷹 3連 • 花席 10張 • 四油芚 3番 • 眞墨 30碇 (★ 예조 회답서계 별폭)
求請		• 人參 2근 4냥 • 붓 35개 • 먹 35개 • 매(鷹) 6연 • 화석(花席) 6장 • 白紙 10卷 • 부채(扇子) 17柄 • 다리미(火熨) 6개 • 칼(刀子) 6개 • 벼루(篩子硯) 6개 • 연적(硯滴) 6개 • 참빗(眞梳) 11개 • 꿀(淸蜜) 2말(斗) • 들기름(法油) 2말 • 녹말(菉末) 2말 • 율무(薏苡) 2말 • 개암(榛子) 3말 • 호육(虎肉) 6貼 • 호담(虎膽) 6部 • 개(犬) 6口 • 四油芚 6番 • 雨傘紙 3卷 10張 • 솔(馬省) 9개 • 호두(胡桃) 6말(斗) • 잣(栢子) 6말 • 밤(黃栗) 6말 • 대추(大棗) 6말

자료 : 《국역 통문관지》 1, 238쪽.

먼저 진상(봉진)과 회사와 관련된 것을 살펴보면, 외교문서인 서계(書契)의 별폭에 물품 종류와 수량이 명기(明記)되어 있었다. 대마도주가 예조에 보내는 일특송사 서계의 별폭에는 주홍(朱紅), 채화연갑(彩畫硯匣), 후추(胡椒), 소목(蘇木, 丹木으로도 기록됨), 백반(白礬) 등이 들어갔다. 이에 대한 답례로 조선의 예조에서 대마도주에게 회신하는 일특송사 별폭에는 인삼, 호피(虎皮), 표피(豹皮), 백저포(白苧布), 흑마포(黑麻布), 백면주(白綿紬), 백면포(白綿布), 매(鷹), 화석(花席), 기름종이(四油芚), 먹, 붓 등이 포함되었다.

이와 달리 일특송사가 공무역을 통하여 가져오는 일본 구리와 주석 등에 대해서는 조선 정부가 목면 즉 공목(公木)을 기준으로 하여 결제를 해주었다(公木 150同). 그리고 일특송사의 진상(봉진)에 대해서도 그 값을 공목으로 계산하여 조선 정부가 일본 측에 지급했다(公木 16同 6疋 11尺).

일특송사 이외의 나머지 연례송사에 대해서도 모두 이와 같은 구조로 진상(봉진)과 회사, 그리고 공무역이 운영되고 있었다. 그런데 이것으로 충분하지 않다고 판단한 대마도 측이 별도의 물품 교환을 요청한 적이 있었다. 이것을 구청(求請) 또는 구무(求貿)라고 불렀다.

앞에서 인용한 《통문관지》에 소개된 일특송사의 구청(求請) 내역을 살펴보면, 다양한 물품이 열거되어 있었다. 인삼 등 약재를 비롯하여, 여러 가지 식재료가 포함되었다(淸蜜, 法油, 菉末, 薏苡, 榛子, 胡桃, 栢子, 黃栗, 大棗). 지필묵(紙筆墨) 등 문방구뿐만 아니라, 심지어 살아 있는 동물(鷹, 犬)의 조달도 요청하였다. 일본에 없는 호랑이의 고기(虎肉)와 호랑이 쓸개(虎膽)를 대마도 측이 일특송사를 통해 조선에서 구해갔음이 위의 자료에서도 확인된다. 조선 정부가 대마도 측으로부터 물품 조달의 대가(代價)를 받아내는 유상(有償)의 형태도 있었고, 그것을 무상(無償)으로 조달해준 적도 있는 등 시기마다 사안마다 차이가 있었다.

2. 특송 제1선의 진상(봉진)과 일본산 주홍

《증정교린지(別幅)》에 따르면, 대마도주(對馬島主)가 조선의 예조(禮曹)로 보내는 서계(書契)와 함께, 일본 특산품인 '대화진주(大和眞朱)'를 해마다 8근씩 조선 정부에 진상(봉진)을 하고 있었다. 그리고 《증정교린지(公貿易)》에는 조선 정부가 공무역에서 수입한 '주홍(朱紅)'이 연간 8근이었다고 적혀 있다. 이것은 특송선 3척에 6근(각 2근), 그리고 세견 제1선에 2근이 배정된 것을 합계한 수량이다. 1869년 이즈하라번[嚴原藩]에서 작성한 종가기록(宗家記錄)에 따르면, 이때의 '일본주(日本朱)' 8근의 가격이 은(銀) 기준으로 998몬메[匁] 4분(分)—1근당 124匁 8分—이었다고 되어 있다.

아래에서는 대마도주가 조선 예조로 보낸 서계에 주홍(朱紅), 왜주홍(倭朱紅), 대화진주(大和眞朱), 일본주(日本朱) 등 4가지 명칭이 각기 어떻게 기록되어 있었는지, 조선 기록인 《동문휘고(同文彙考)》와 일본 기록인 《양국왕복서등(兩國往復書謄)》에 근거하여 설명하려고 한다. 먼저 《동문휘고》(進獻 一)를 살펴보면, 1626년에 처음으로 '도주 특송 제1선(島主特送第一船)'의 서계에 대한 기록이 있다. 대마도주가 조선의 예조참의(禮曹參議) 앞으로 보낸 이 서계는 작성 연월이 일본 연호를 사용하여 '천계(天啓) 6년 병인 10월'로 되어 있었다. 그런데 여기에는 본문의 주요 내용만 등재되어 있을 뿐, 별폭에 대해서는 '궐(闕)'이라고만 적어 놓았다(특송 제2선과 제3선 별폭에 대해서도 동일함). 이것은 당시 특송선의 별폭이 분실되어 내용을 알 수 없었기에, 《동문휘고》의 편찬자가 이에 대해서는 기재하지 못했다는 의미로 풀이할 수 있다.

《동문휘고》(進獻 三)에서 '도주 특송 제1선서(島主特送第一船書)'의 본서와 별폭이 자세하게 기록된 것은 1640년 4월이 첫 사례이다. 서계와 별폭의 작성 연월은 '관영(寬永) 17년 경진 4월'로 되어 있었다. 원문을 그대로 소개하면 〈사료 4-2〉와 같다.[329]

---

329) 《同文彙考》 二, 국사편찬위원회 영인본, 1998쪽.

〈사료 4-2〉

日本國對馬州太守平義成名字上着圖書　奉書

朝鮮國禮曹大人　閤下

隨每歲例玆差正官平成直都船主藤成重二船主平成正封進押物官等以遣特送使船常度不替迎接爲幸仍謝中間回送之送使客秋亦復繼約之日此使船亦倍加貿木實分高卑由其誠信感以今玆收受餘容槎使等口布土宜付左別幅統希盛諒不宣

寬永十七年庚辰四月　日

對馬州太守平義成名字上着圖書

別幅

朱紅二斤彩畵硯匣一備胡椒五百斤蘇木七百斤白礬三百斤　計

寬永十七年庚辰四月　日

對馬州太守平義成名字上着圖書

公貿銅鐵四千三百斤鑞鐵二千四百斤

먼저 위의 〈사료 4-2〉에서 '이름을 적은 글자 위에 도서(圖書)를 찍었다'는 뜻의 '명자 상착 도서(名字上着圖書)'라 쓴 여섯 글자를 주목할 필요가 있다. 이렇게 적은 곳이 세 군데 보인다. 발신자는 일본국 대마주 태수 평의성(平義成), 즉 요시나리[義成]였다. 수신자는 조선국 예조대인(禮曹大人)으로 되어 있다. 이 자료의 뒤에 소개된 답서가 예조참의(禮曹參議) 명의로 작성된 것으로 보건대, 대마도주 명의로 발신된 서계의 수신인도 예조참의(禮曹參議)였을 것으로 판단된다. 대마도주 서계의 본서(本書) 가운데 특송사선(特送使船)이라는 표현이 있으며, 정관 평성직(平成直)과 도선주 등성중(藤成重), 그리고 이선주 평성정(平成正)의 이름이 각각 적혀 있는 이 역사자료는 '특송 제1선'의 서계이다.

서계와 함께 예조에 전달된 별폭에는 다섯 가지 물품 명칭과 수량이 각각 열거되어 있다. ① 주홍(朱紅) 2근, ② 채화연갑(彩畵硯匣) 1비, ③ 후추

(胡椒) 500근, ④ 소목(蘇木) 700근, ⑤ 백반(白礬) 300근이 그것이다. 다른 자료에서는 여기에 적힌 소목이 단목(丹木)으로, 백반이 명반(明礬)으로 각각 기재되기도 했다. 그리고 공무(公貿)는 진상(봉진)과 별도로 특송 제1선에 배정되어 일본에서 가져온 구리(銅鐵)와 주석(鑞鐵)이 공무역을 통해서 매매된 것을 말한다.

〈표 4-3〉은 《동문휘고》(進獻 三)에 보이는 1640년 4월 '도주 특송 제1선서(島主特送第一船書)'의 별폭 가운데, '주홍(朱紅)'에 해당하는 기록이 일본 측 자료인 《양국왕복서등》에는 어떻게 적혀 있었는지를 보여준다. 먼저 눈에 띄는 것은 연번 1~15번 물품의 명칭에서 공통으로 들어 있는 글자가 '주(朱)'이다. 실제로 《관수일기》에서 이것이 '주(朱)'로 기재된 사례도 있었다(이에 대해서는 제4장 제2절에서 서술함). 그리고 '심주(深朱)'와 '진주(眞朱)'는 일본어 발음이 모두 '신슈'로 같아서인지, 일본 기록(예: 《양국왕복서등》)에서는 이 둘이 같은 의미로 통용되었던 것이 아닐까 짐작된다.

그런데 《동문휘고》에는 '주홍(朱紅)'으로 적혀 있는 것이 《양국왕복서등》에는 여러 명칭으로 기재되어 있는 점이 가장 두드러진다(深朱, 眞朱, 倭深朱, 倭眞朱, 倭朱, 日本朱, 日本眞朱). 그리고 시기를 살펴보면 1673년(寛文 13) 이후부터는 일본주(日本朱), 일본진주(日本眞朱)로 수렴이 되어갔다. 대체로 왜관(倭館)을 두모포(豆毛浦)에서 초량(草梁)으로 이전(移轉)하는 방향으로 조선 정부의 정책이 결정되어가던 시기를 전후하여 이러한 변화가 나타났다고 판단된다. 그 이전까지는 왜심주(倭深朱), 왜진주(倭眞朱), 왜주(倭朱)와 같이 '왜(倭)'라는 글자가 대마도주의 특송 제1선 별폭에 들어 있는 점이 흥미롭다. 다만 〈표 4-3〉의 내용은 모두가 서계 원본이 아닌 필사본을 바탕으로 정리한 것이므로, 필사자의 기재 오류 가능성을 완전히 배제할 수는 없다는 점도 염두에 두어야 한다고 생각한다.

〈표 4-3〉 특송 제1선의 별폭에 적힌 일본 주홍의 명칭 비교(1640~1680년)

<table>
<tr><th rowspan="2">연번</th><th colspan="2">예물</th><th colspan="2">작성 연월</th><th rowspan="2">비고</th><th rowspan="2">출전</th></tr>
<tr><th>명칭</th><th>수량(斤)</th><th>서력</th><th>원문</th></tr>
<tr><td>1</td><td>朱紅</td><td>2</td><td>1640</td><td>寬永 17년 경진 4월</td><td></td><td>《同文》 2</td></tr>
<tr><td>2</td><td>深朱</td><td>2</td><td>1654</td><td>承應 3년 갑오 정월</td><td></td><td>《兩國》 1</td></tr>
<tr><td>3</td><td>倭深朱</td><td>2</td><td>1655</td><td>承應 4년 을미 6월</td><td>원문은 200근임</td><td>《兩國》 1</td></tr>
<tr><td>4</td><td rowspan="4">倭深朱</td><td>2</td><td>1658</td><td>明曆 4년 무술 11월</td><td></td><td>《兩國》 5</td></tr>
<tr><td>5</td><td>2</td><td>1663</td><td>寬文 3년 계묘 5월</td><td></td><td>《兩國》 9</td></tr>
<tr><td>6</td><td>2</td><td>1665</td><td>寬文 5년 을사 7월</td><td></td><td>《兩國》 11</td></tr>
<tr><td>7</td><td>2</td><td>1666</td><td>寬文 6년 병오 6월</td><td></td><td>《兩國》 11</td></tr>
<tr><td>8</td><td>眞朱</td><td>2</td><td>1667</td><td>寬文 7년 정미 정월</td><td></td><td>《兩國》 12</td></tr>
<tr><td>9</td><td>倭眞朱</td><td>2</td><td>1667</td><td>寬文 7년 정미 7월</td><td></td><td>《兩國》 12</td></tr>
<tr><td>10</td><td>倭朱</td><td>2</td><td>1671</td><td>寬文 11년</td><td>伊曼里造磁器
二束</td><td>《兩國》 15</td></tr>
<tr><td>11</td><td>日本朱</td><td>2</td><td>1673</td><td>寬文 13년 계축 정월</td><td></td><td>《兩國》 16</td></tr>
<tr><td>12</td><td>眞朱</td><td>2</td><td>1673</td><td>寬文 13년 계축 4월</td><td></td><td>《兩國》 16</td></tr>
<tr><td>13</td><td>日本朱</td><td>2</td><td>1674</td><td>延寶 2년 갑인 정월</td><td></td><td>《兩國》 17</td></tr>
<tr><td>14</td><td rowspan="2">日本眞朱</td><td>2</td><td>1675</td><td>延寶 3년 을묘 5월</td><td></td><td>《兩國》 19</td></tr>
<tr><td>15</td><td>2</td><td>1680</td><td>延寶 8년 경신 7월</td><td></td><td>《兩國》 23</td></tr>
</table>

자료 : 《同文彙考》(서울대학교 규장각한국학연구원 소장); 《同文彙考》 二(국사편찬위원회 영인본); 《兩國往復書謄》(일본 국립국회도서관 소장)

지금까지 〈사료 4-2〉와 〈표 4-3〉을 통해서 살펴보았듯이, 일본 측 외교문서의 기재 내용에 대해서는 한국과 일본에 남아 있는 여러 자료를 종합적으로 검토하지 않으면 안 된다. 《분류사고》, 《양국왕복서등》과 같은 일본 자료는 일본 국립국회도서관 홈페이지의 원문 서비스를 통해서 쉽게 확인할 수 있다. 그리고 국사편찬위원회 홈페이지의 원문 서비스를 통해서 조선 정부가 일본의 대마도주 측에 보낸 외교문서의 원문 이미지를 쉽게 접할 수 있다.

위에서 본 것처럼 조선 정부가 일본과의 공무역을 통해서 해마다 8근씩 수입했던 일본산 주홍(倭朱紅)은 중국산 주홍을 가리키는 당주홍(唐朱紅)과 구분하기 위하여, 조선 국내에서는 왜주홍(倭朱紅)이라고도 불렸다. 이것은 옻칠과 섞어 왕실 공예품에 사용하고 있었던 광물성 붉은 안료(顔料)의 하나인데, 조선 정부가 이것을 일본과의 공무역에서 수입하여 국내 수요에 충당하고 있었다는 점은 시사하는 바가 크다.[330]

제2절 조선 역관의 일특송사 봉진물 조달 (1750~51년)

일본에서 오는 사절은 정기적인 연례송사(年例送使)와 부정기적인 차왜(差倭, 일본 기록에서는 差使로 표기)로 나눌 수 있다. 일본 사절과 관련하여 다양한 의례(儀禮)와 연향(宴享)이 거행되었다. 하선다례(下船茶禮), 하선연(下船宴), 별연(別宴), 노차연(路次宴), 명일연(名日宴), 진상 간품 다례(進上看品茶禮), 예단 입급 다례(禮單入給茶禮), 상선연(上船宴) 등이 그것이다. 그 횟수가 연간 70~80회에 이르렀다(정기 50~60회, 부정기 10~20회).[331] 여기에서는 연례송사의 하나인 일특송사(一特送使)의 1750~51년 사례를 중심으로 소개하려고 한다.

330) 김미라, 〈조선 후기 왜주홍(倭朱紅)의 수입과 활용〉", 《석당논총》 85, 2023 참조.
331) 부산박물관, 《초량왜관—교린(交隣)의 시선으로 허(許)하다—》, 2017, 122쪽.

Ⅰ. 일특송사(一特送使)의 조선 입국과 출국

1. 대마도의 일특송사 선발과 조선 입국

1) 경오조(1750) 일특송사 선발

경오조(1750) 일특송사가 처음 선발된 것은 한 해 전인 1749년 8월 12일이었다. 이때 정관(正官, 吉川兵部左衛門), 도선주(都船主, 松原文右衛門), 이선주(二船主, 船越最右衛門), 봉진(封進, 祝軍平), 그리고 하압물(荷押物, 武本儀兵衛)에 대한 인선(人選)이 이루어졌다. 석 달 뒤인 동년 11월 21일에는 그 가운데 일부 교체가 있었다. 하압물로 임명되었던 다케모토 기베에(武本儀兵衛)가 병으로 죽자, 그의 아들(悴) 기자에몬(儀左衛門)이 대신 그 자리에 임명되었다. 기자에몬의 망부(亡父)가 생전에 맡은 바 일을 부지런히 한 공로(勤功)가 인정되었다는 것이 그 이유였다.[332] 이것을 통해서 조선으로 건너오는 연례송사로 선발되는 것 자체가 특혜로 받아들여졌던 당시 대마도의 상황을 짐작해 볼 수 있겠다.

이듬해 1750년 3월 29일에는 정관을 제외한 나머지 인원이 교체되었다. 그 이유는 확실하지 않지만, 도선주(松原彌三郎, 松原文右衛門의 名代), 이선주(船越治部平, 船越德兵衛의 名代), 봉진(大谷勝左衛門, 祝軍平의 名代), 하압물(小宮淺右衛門, 武本儀左衛門의 名代)이 다른 사람으로 바뀌었다. 넉 달 뒤인 7월 24일에는 일특송사가 타고 올 선박이 정해졌다. 1호선의 선박(千秋丸)과 선두(船頭, 阿比留幸右衛門), 2호선의 선박(今宮丸)과 선두(扇仁右衛門)가 각각 정해졌다. 사흘 뒤인 7월 27일에는 이들을 통해서 조선으로 가져갈 서계(御書翰)와 그것을 담은 상자와 함께, 왜관의 책임자인 관수에게 전달할 서류가 이들에게 인계되었다.[333]

---

332) 《僉官記》 1(국사편찬위원회 대마도종가문서 DK 6563).

2) 일특송사 검문검색(檢問檢索)

경오조(1750) 일특송사가 대마도 후츄(府中)에서 출발한 것은 1750년 7월 30일이었다. 배 3척에 나누어 탔던 일특송사 일행이 마지막으로 왜관에 도착한 것은 동년 8월 13일이었다(1호선은 8월 13일, 2호선은 12일, 비선은 11일 왜관 도착). 이 기간 일특송사의 일정을 정리한 것이 〈표 4-4〉이다.

〈표 4-4〉 일특송사의 대마도 출발과 조선 입국(1750.7.30.~8.13.)

연번	연	월일	주요 내용	전거
1	1750	7.30.	• 진시(辰刻) 후나이우라(府内浦) 출범(出帆), • 1, 2호선 모두 니시도마리우라(西泊浦) 도착	特
2	1750	8. 6.	• 진시(辰刻) 니시도마리우라(西泊浦) 출범 • 이즈미우라(泉浦) 도착	特
3	1750	8. 7.	• 묘시(卯刻) 이즈미우라(泉浦) 출범 • 와니우라(鰐浦) 도착	特
4	1750	8. 8.	• 묘시(卯刻) 와니우라 출범 • 1, 2호선 모두 사스나(佐須奈) 관소(關所) 도착 • 첨관들이(僉官中) 번소(番所)로 올라가서 노두(老頭, 吉村伊左衛門)에게 지참하고 갔던 서장(添狀) 전달	特
			• 술시(戌刻) (일특송사 승선) 선박에 대한 점검을 마치고 나서, 관소의 객실에서(御館) 신체 검문검색(身分行規) 종료 후 승선	特
5	1750	8.11.	• 진시(辰刻) 1, 2호선이 함께 사스나(佐須奈) 출범 • 바람 불어 1호선은 미시(未刻) 상가덕포(上加德浦)에 착선(着船), 미곡 운반선(漕船)이 끌고 나갔음 • 2호선은 신시(申刻) 다대포(多太浦)에 착선 • 밤이 되자 2호선에 별차(別差)가 소선(小船) 타고 와서 축하 인사(祝詞) 전했고, 이에 대하여 (일특송사 측에서) 답례함	特
			• 오늘 오시(午刻) 무렵 대선(大船) 2척과 비선(飛船) 1척이 보였다고 해안 경비(船見)가 (관수에게) 보고	館

333) 《僉官記》 1(국사편찬위원회 대마도종가문서 DK 6563); 《一特送使記錄》(국사편찬위원회 대마도종가문서 DK 2155).

연번	연	월일	주요 내용	전거
			• 대선 2척은 (왜관) 아래쪽으로 불시착 하고, 비선은 왜관에 도착(館着) 한 것 같다고 (관수에게) 보고 • 유시(酉刻) 비선 1척(佐須奈村, 船頭 彌兵衛)이 별대관(別代官)에게 은(御銀) 6관목(貫目)과 辛子 1가마니(石)를 인계 • 비선 검문검색(行規) 종료 후 비선 도항증(飛船吹嘘) 1개를 소통사에게 전달	
6	1750	8.12.	• 1호선은 날씨가 안 좋아서 가덕포(加德浦)에 체류 • 2호선은 미곡 운반선(漕船) 대동하여 신시(申刻) 다대포(多太浦) 출범, 유시(酉刻)에 왜관(和館) 도착 • 승선인을 뭍으로 오르게 하고(船揚), 관수 접객실(館守座敷)에서 신체 검문검색(身分行規) 종료 후 전례대로 (관수 측이) 요리를 내놓음	特
			• 양역(훈도, 별차) 쪽에서 "어제(8.11.) 대선(大船) 2척이 바다를 건너왔는데, 1척은 옥포(玉浦)에 1척은 다대포(多太浦)에 불시착(欠乘) 했다"고 소통사(小通事)를 통해서 (왜관 측에) 알림 • 신시(申刻) 무렵 해안 경비(船見)가 "다대포에서 대선 1척이 돌아왔다"고 (관수에게) 보고 • 위 선박은 일특송사(一特送使) 2호선(今宮丸, 船頭 扇仁右衛門)인데, 유시(酉刻)에 이상 없이 왜관 도착(館着) • 일특송사 도선주(松原文右衛門 名代 同姓 彌三郎), 봉진(祝軍平 名代 大谷勝左衛門), 하압물(武本儀左衛門 名代 小宮淺右衛門)이 왜관에 도착(館着) • 승선인을 뭍으로 오르게 하고(船揚), 目付(堀瀨左衛門), 横目(永瀨常助, 大山格右衛門)이 나왔으며, 맨몸 수색(風呂行規) 하듯이 검문검색 종료 • (관수 측에서)첨부한 서장(御添狀) 받고 나서 전례대로 요리를 내놓았지만, 관수는 병이 나서 대면(對面) 하지 못함 • 경오조(1750) 일특송사 2호선 도항증(吹嘘) 1개를 소통사에게 전달함	館
7	1750	8.13.	• 진시(辰刻)에 1호선이 미곡 운반선(漕船) 대동하여 가덕포(加德浦)에서 출범 • 오시(午刻) 왜관에 도착(館着) 후, 노두(老頭, 樋口佐內)에게 전달할 서장(添狀)을 번소(番所)에 인계 • 훈도 별차에게 통사(通詞, 阿比留俊三郎)를 대동하여 후타노 스지(札之辻)로 나가서 축하 인사(祝詞)를 했음 • 관수 접객실(館守座敷)에서 (일특송사 일행) 신체 검문(身分行規) 실시 • 관수가 병이 나서 출석하지 않자, 관수 대신 서기(書手)에게 서계 1상자(御書翰一箱)와 첨부 서장(御添狀) 전달하자, 전례대로 요리 내놓음	特
			• 어제 왜관으로 돌아온(廻館) 2호선(今宮丸)에 대해 오늘 선적물(船荷物) 점검했는데, '이상 없다'고 横目方이 (관수에게) 보고 • (今宮丸의) 선두(船頭, 仁右衛門)도 (관수에게) (선적물 점검) 종료를 보고 • 사시(巳刻) (왜관의) 아래쪽에서 대선(大船) 1척이 돌아왔음을 해안 경비(船見)가 (관수에게) 보고	館

연번	연	월일	주요 내용	전거
			• 당년조(1750) 일특송사 정관(吉川兵部左衛門), 이선주(船越德兵衛) 대리(名代, 同姓 治部平)가 승선한 (대마도의) 미조선(御米漕) 천추환(千秋丸) 선두(船頭, 阿比留幸右衛門)가 지난 11일(8.11.) 가덕(加德)에 불시착(欠乘) 했다가 지금 오시(今午) 왜관으로 돌아오자(廻館) 검문(行規) 마친 뒤 요리를 내놓았음 • 경오조(1750) 일특송사 서계와 별폭(書幷別幅), 경오조 이특송사 서계와 별폭, 경오조 삼특송사 서계와 별폭 가져옴 • 오늘 조선이 국기(國忌)라서 (왜관에서) 개시가 열리지 않음(市 入不來)	

주 : 월일은 일본 기록의 '일본력(日本曆)'을 그대로 옮긴 것임.

자료 : 特은 《一特送使記錄》 寬延 2년(1749)~寬延 4년(1751), 국사편찬위원회 대마도종가문서 DK 2155; 館은 《(館守) 每日記》 寬延 3년(1750) 7~8월(일본 국립국회도서관 소장)

일특송사의 일정 중 가장 눈에 띄는 것은 철저한 검문검색이다. 1750년 7월 30일 대마도 후츄(府中)에서 출범(出帆)하기 전에도 승선인의 몸과 짐을 검사하였을 것임은 더 말할 나위가 없다. 이것을 일본 기록에서는 '행규(行規)'라고 적었다. 그런데 검문검색(行規)은 그것으로 그치지 않았다. 그들이 동년 8월 8일 사스나(佐須奈)의 관소(關所)에 도착하자, 다시 검문검색이 실시되었다. 그날 늦은 시각(술시)에 선적물에 대한 점검이 끝난 뒤, 관소 건물에서(御館) 승선인에 대한 검문검색이 이어졌다.

왜관 도착 후 다시 검문검색이 이루어졌다. 가장 먼저 왜관에 도착한 비선(飛船)에 대해서는 8월 11일에 실시되었다. 2호선(今宮丸, 船頭 扇仁右衛門)은 8월 12일에 있었다. 선적물은 말할 것도 없고, 도선주와 봉진, 하압물, 그 밖의 사람들이 모두 대상이었다. 맨몸 상태에서 수색(風呂行規) 하듯이 검문검색이 철저하게 이루어졌다. 마지막으로 정관이 탑승한 1호선에 대해서도 8월 13일 검문검색이 있었다. 정관 등에 대한 신체 검색(身分行規)은 관수 접객실(館守座敷)에서 실시되었다.

검문검색은 한 마디로 밀무역 방지가 가장 큰 이유 중 하나였다. 대마도를 출발할 때, 사스나 관소에 도착했을 때, 왜관에 도착했을 때, 여러 차례 반복해서 이루어졌다. 선적물은 물론이고 심지어 알몸 상태로까지 구석구석

수색하였다. 이들이 대마도로 돌아갈 때도 마찬가지로 검문검색이 있었다.

3) 일특송사 선박의 항로 이탈과 불시착

일특송사의 이동 경로와 관련하여 주의를 기울여야 하는 것은 선박의 항로와 불시착 여부이다. 조선도 일본도 해안에 대한 경비(警備)와 경계(警戒)를 강화하고 있었다. 그래서 대마도에서 바다를 건너 조선으로 들어올 때는 반드시 도항증(吹噓)을 소지해야만 했다.

게다가 왜관으로 들어오거나 왜관에서 나가는 선박의 움직임에 대해서는 조선과 일본 양측이 정보를 공유하고 있었다. 일본어를 구사할 줄 아는 조선의 하급 역관인 소통사(小通事)가 중간에서 정보 전달 역할을 맡기도 했다. 동래부나 왜관에서 작성한 기록 가운데 선박의 이동에 관한 내용이 빠지지 않았던 것도 주목할 만한 일이다.

〈표 4-4〉에서 보았듯이 일특송사 일행을 태운 일본 선박 3척(대선 2, 비선 1)이 대마도의 사스나에서 바다를 건넜던 것은 1750년 8월 11일이었다. 1, 2호선이 함께 그날 진시(辰刻) 사스나(佐須奈)에서 출범하여 바다를 건넜다. 그날 오시(午刻) 무렵 대선(大船) 2척과 비선(飛船) 1척의 모습이 해안 경비를 맡은 일본 측 후나미(船見)에게 포착되었다. 그런데 대선 2척은 모두 왜관으로 바로 들어오지 못하고 항로를 이탈했다. 1호선은 미시(未刻) 상가덕포(上加德浦)에, 그리고 2호선은 신시(申刻) 다대포(多太浦)에 각각 착선(着船)하였다. 오히려 크기가 작은 비선은 바람을 이겨내서 당일로 왜관에 닿았다. 그래서 유시(酉刻) 비선 1척이 별대관(別代官)에게 무역품을 무사히 인계하였다(御銀 6貫目, 辛子 1石).

조선 기록인《전객사별등록》경오(1750) 9월 11일 기사를 통해서도 일특송사 일행의 선박에 관한 것을 확인할 수 있다. 여기에서 "올해 8월 11일에 나왔던 비선 1척과 당년조(1750) 일특송사 1호선 1척, 2호선 1척"이라고 적혀 있다.[334] 다만 위의 〈표 4-4〉에서 보았듯이, 8월 11일에 부산으로 들어온 것은 비선 1척이었을 뿐, 8월 12일에는 2호선 1척이, 그리고 8월 13일에는 1호선 1척이 각각 조선으로 입국하였다.

2. 일특송사의 조선 입국과 출국 및 의례

조선과 일본은 동일한 의례(儀禮)에 대하여 서로 다른 명칭을 사용하였다. 연례송사(年例送使)를 포함한 일본 사신에 대하여, 조선 정부가 공식적으로 개최한 의례를 순서대로 제시하면 다음과 같다. ㉠ 하선다례(茶禮), ㉡ 숙공 조반식(早飯), ㉢ 진상 물건 간품식(看品), ㉣ 숙배례(肅拜), ㉤ 하선연(封進宴), ㉥ 별연(中宴席), ㉦ 예단 입급 다례(御返翰), ㉧ 상선연(出宴席, 出船宴)이 그것이다(괄호 안의 한자는 일본 명칭).[335]

1) 하선다례(下船茶禮, 일본 명칭은 茶禮)

앞에서 살펴보았듯이 경오조(1750) 일특송사 일행을 태우고 조선으로 건너온 대선(大船) 2척과[336] 비선(飛船) 1척이 함께 일본에서 출발하였는데,

---

334) 《典客司別謄錄》 경오(1750) 9월 11일(서울대학교 규장각한국학연구원 소장); 《국역 전객사별등록(IV)》(부산사료총서 19), 부산광역시사편찬위원회, 2012, 93쪽.

335) 심민정, 《조선후기 일본사신 왕래와 접대》, 경인문화사, 2022, 173-186쪽; 정성일, 〈일본 사신의 조선 국왕 즉위 축하와 가쓰오부시[鰹節]—1864년 고종 즉위 축하 사절을 중심으로—〉, 《조선통신사연구》 34, 조선통신사학회, 2022, 7쪽; 정성일, 〈일본 사절의 조선 국왕 조문과 대마도주의 별폭—1864년 철종 승하 조문 사절을 중심으로—〉, 《한일관계사연구》 83, 한일관계사학회, 2024, 249-250쪽; 정성일, 〈조선과 일본의 외교선물 교환—1864년 일본의 조문사절과 축하사절 사례〉, 《한일관계사연구》 86, 한일관계사학회, 2024, 165-168쪽.

336) 경오조(1750) 일특송사를 태우고 왔던 2척의 대선(大船)은 千秋丸(船頭 阿比留幸右衛門)과 今宮丸(船頭 扇仁右衛門)이었다. 그런데 이 2척은 대마도로 싣고갈 공작미의 포장 작업(御米結)을 8월 16일부터 실시하도록 관수가 선두(船頭)에게 지시하였다.

바람에 밀려서 그들이 왜관에 도착한 일자는 각기 달랐다. 1750년 8월 11일(비선), 12일(2호선), 13일(1호선) 각각 왜관 앞 선창에 배가 닿았다. 이로써 일특송사의 조선 입국이 완료되었다. 바로 다음 날인 8월 14일, 일특송사 도선주(都船主)가 관수에게 가서, "다례(茶禮)를 어느 날로 잡을지" 문의하였다. 그러자 관수는 "8월 24일과 9월 1일 중에서 하루를 선택하도록 조선 측과 교섭하라."고 지시하였다. 이때부터 실제로 다례가 개최되는 동년 10월 1일까지 47일이 소요되었는데, 그 사이에 하선다례(茶禮) 개최 일자를 둘러싼 양측의 협상이 여러 차례 반복되었다. 이때의 구체적인 협상 과정에 대해서는 〈부표 4-1〉에 정리해 놓았다.

1750년 10월 1일 하선다례(茶禮) 개최 당일 상황이 일본 기록에 자세하게 남아 있다. 《일특송사기록》(국사편찬위원회 소장)에서 해당 내용을 간추려서 소개하면 아래와 같다.[337)]

〈사료 4-3〉

㉠ 다례(茶禮)와 관련하여 도선주(都船主)가 관수(館守)에게 가서 (대마도주의) 서계(御書翰) 1상자를 받침대와 함께 받아와, (일특송사) 정관인(正官人) 쪽에 가져다 놓았음.

㉡ 정대관(町代官, 神宮惣右衛門)이 하대(下代)를 불러서 내대청(원문은 內太廳)[338)]으로 갔으며, 행렬(行列)을 지원할 인부(人夫)에게 지시를 내렸음(下知).

그 뒤 千秋丸과 今宮丸이 쌀을 선적하고 출범(出帆)하여 귀국한 것은 8월 26일이었다. 《(館守) 每日記》 寬延 3년(1750) 8월 15일, 8월 26일.

337) 《一特送使記錄》 寬延 3년(1750) 10월 1일.

338) 일본 기록에서 내태청(內太廳)으로 적은 것은 '안에 (가까이) 있는 대청(大廳)'이라는 뜻인데, 필자는 이를 '내대청(外大廳)'으로 표기하였다. 이것은 왜관과 가까운 연향대청(宴享大廳)을 가리킨다(이를 줄여서 宴大廳으로도 불렀음). 연향대청(연대청)은 지금의 광일초등학교 자리에 있었다. 2002년 광일초등학교 정문 안쪽에 연향대청이 있던 곳임을 알리는 표지석(標識石)을 세웠다. 《우리의 삶터 중구, 부산을 담다》 상, 부산광역시 중구청, 2018, 100쪽.

㉢ 외대청(外太廳)에[339] 요코메(御横目), 구미요코메(組横目), 시타메쓰케(下目付)가 출석하였음.

㉣ 연석문 앞에 임시 번소(番所)의 건물을 세우고 그곳에서 근무할 인원을 배치했음.

㉤ 통사(通詞)가 모두 우라쓰케(裏付) 상하 착용하고 외대청(外太廳)에 출석하였음.

㉥ 양역(兩譯)이 소통사를 시켜서, "동래부사와 부산첨사가 대청(太廳)으로 나아가셨으니, (일본 측에서) 편하게 생각되는 때에 출석해달라." 고 전달함.

㉦ 정관 이하는 각각 복장 착용하고 내대청(內太廳)에 모였으며, 열을 지어(行列) 외대청(外太廳)으로 나아갔음. 더욱이 도중에 오고 갈 때마다, 하대(下代)가 경호와 경비를 맡았음(長柄 5本, 鐵砲 5挺, 張弓 5挺 등 소지).

㉧ (일본 측) 서계(御書翰) 지참하고 왔던 사람(賫領) 1인이 기누(布) 상하 착용하였음.

위와 같이 열을 지어(行列) 외대청(外太廳) 문 앞에 이르러서, 서계(御書翰)는 그 담당자가(賫領之者) 가지고 가서 중문(中之門) 통해 들어갔으며, 첨관들은(僉官中) 오른쪽 문(右門)으로 들어갔음. (의장용) 무기(武器)를 들고 가는 사람(供廻)은 왼쪽 문(左門)으로 나아갔음.

㉨ 다례(茶禮) 상차림 음식(膳部)
둥근 나무 쟁반(丸木臺)에 담아서 내놓았음(말린 가자미, 말린 소고기 육포, 말린 문어 발로 꽃 모양 장식, 말린 대구어, 생포 등).

㉩ 수행원(伴人) 상차림 음식(膳部)
둥근 나무 쟁반(丸木臺)에 담아서 내놓았음(말린 대구어, 말린 소고

339) 여기에서 말하는 '외태청(外太廳)'은 '바깥에 (멀리 떨어져) 있는 대청(大廳)'이라는 뜻인데, 필자는 이를 '외대청(外大廳)'으로 표기하였다. 이것은 초량객사(草梁客舍)를 가리킨다. 초량객사는 지금의 영주동 봉래초등학교 자리에 있었다. 2003년 봉래초등학교 정문 안쪽에 초량객사가 있던 곳임을 알리는 표지석(標識石)을 세웠다. 《우리의 삶터 중구, 부산을 담다》 상, 부산광역시 중구청, 2018, 100쪽.

기 육포, 말린 전복으로 꽃 모양 장식, 말린 가자미, 말린 문어 발로 꽃 모양 장식 등).
위의 상차림 요리(膳部)는 첨관들의 방 안으로(房內) 보내왔음.

2) 숙공 조반식(熟供早飯式, 일본 명칭은 早飯)

하선다례(茶禮)가 거행된 이튿날부터 닷새 동안은 조선 정부가 일본에서 건너온 송사(送使)에 대하여, '익힌 음식'을 제공하는 것이 관례였다. 조선에서는 숙공 조반식(熟供早飯式) 또는 이를 줄여서 숙공(熟供)이라고 불렀다. 이것이 일본 기록에서는 '조반(早飯)'으로 적혀 있다. 아마도 일본인 사신들이 조선 현지 생활에 적응하기까지 약 5일의 시간 여유가 필요하다고 조선 측에서 판단해서 '익힌 음식'을 제공한 것으로 짐작된다. 경오조(1750) 일특송사의 숙공(조반)이 다례(10.1.) 이튿날인 10월 2일부터 제공된 것도 바로 그런 배경에서 이해할 수 있을 것이다.

먼저 1750년 10월 2일에 있었던 숙공(조반)의 모습에 대해서는 다음과 같이 기록되어 있다. 10월 2일부터 5일 동안 조반(早飯)이 제공되게 되어서 내대청(內太廳)에 막을 쳤다(幕張). 그리고 조반(早飯)의 상차림 음식(膳部)은 선례대로 방 안으로(房內) 보냈다.[340]

10월 3일 숙공(조반)에 대해서는 꽤 자세한 기록이 남아 있다. 이를 소개하면 아래와 같다.[341]

〈사료 4-4〉

㉠ 조반에 동행하려고 별차가 통사(阿比留俊三郞, 杉原四郞兵衛) 대동하여 내대청(內太廳)으로 가서, 첨관들(僉官中)에게 '출석하도록 하라'고 소통사를 시켜서 전달함

340) 《一特送使記錄》 寬延 3년(1750) 10월 2일.
341) 《一特送使記錄》 寬延 3년(1750) 10월 3일.

㉡ 조반 음식(早飯膳部)으로는 소고기 육포(干牛), 말린 문어 다리 등이 둥근 나무 쟁반(丸木臺)에 놓임

㉢ 니노젠(二之膳), 반인 음식(伴人膳部), 조식 음식(朝之膳部), 반인 조식 음식(伴人朝之膳部)

- 조반 기간(早飯之間) 첨관(僉官) 1인당(壹人前之宛) 1일분임(一日分之覺)
- 반인(伴人) 1인당(一人前) 1일분임(一日分之覺)

㉣ 숯(炭) 36가마니(俵), 단 한 달분

㉤ 섶(柴) 15짐(把), 단 하루분
이상은 정관인(正官人)

위에 제시한 것은 정관에게 제공된 조반이다. 아마도 도선주 이하 원역에게도 조선 측이 지급하는 조반의 종류와 수량이 규정되어 있었을 것으로 판단된다.

3) 하선연(下船宴, 일본 명칭은 封進宴)

가. 하선연(봉진연) 개최 일자를 둘러싼 협상

1750년 10월 9일부터 하선연(봉진연) 개최를 둘러싼 양측 협상이 시작되었다. 실제로 하선연(봉진연)이 개최된 것은 해를 넘겨 1751년 1월 26일이었으니, 그 사이에 무려 106일이나 소요되었다. 앞에서 본 것처럼 조선과 일본이 하선다례(茶禮) 일자(日字) 합의에 이르기까지 47일이 걸렸다. 하선연(봉진연) 날짜를 잡는 데 하선다례(다례) 때보다 두 달이나 더 걸렸던 셈이다. 그리고 하선다례(다례)의 경우에는 동래부사의 병(病) 때문에 일자 합의까지 시간이 오래 걸렸다. 이에 반해서 하선연(봉진연)의 경우는 조선이 아닌 일본의 사정 때문이었다. 일본 측은 일특송사 정관의 병(病)을 표면상 이유로 내세웠다. 그렇지만 실제로는 하선연(봉진연) 때 일본 측이 조선에 전달할 봉진물(封進物)의 정량(定量)이 제대로 확보되지 못했기 때문이

었다. 즉 일특송사의 봉진물 가운데 후추(胡椒), 단목(丹木), 일본 주홍(大和眞朱, 日本朱, 朱) 등이 정해진 수량을 채우지 못하고 있어서, 그것이 확보될 때까지 시간을 벌기 위해 왜관 측이 일부러 일특송사 정관의 병을 핑계 삼았던 것임을 아래에서 증명하고자 한다.

① 정관의 병을 핑계로 내세우자는 제안

하선연(봉진연)의 개최 일자를 정하자고 먼저 제안한 것은 조선 측이었다. 1750년 10월 9일 별차가 왜관으로 들어가 도선주(都船主) 쪽으로 찾아가서, "근일중(近日中) 하선연(봉진연) 준비도 해야 한다."고 하면서, "일자를 정해주길 바란다."고 말했다. 그러자 도선주가 '일특송사 정관인(正官人)의 병'을 이유로 내세우면서, "근일에는 연석(宴席) 개최가 어렵다."고 답변했다.[342)]

이보다 훨씬 전에 관수 쪽에서, "이번 별폭 중에서 부족한 물품이 있는데, 그 물품이 대마도 본국에서(御國) 이곳(왜관)으로 오지 않는 한, 봉진연(封進宴)이 개최될 수 없겠다."고 말한 적이 있었다. 그런데 이 사실을 그대로 별차에게 말할 수가 없었기에, 도선주가 정관의 병을 핑계로 내세웠던 것임을 관수에게 보고하였다. 그러자 관수는 "근일(近日) 양역이 다시 봉진연 개최를 독촉한다면, 위의 취지대로(정관의 질병을 이유 내세워서) 답변하라."고 도선주에게 지시하였다.[343)]

《(관수) 매일기》에서는 하선연(봉진연) 개최 일자를 잡지 못한 실제 이유가 봉진물(封進物) 중 후추(胡椒)가 아직 마련되지 않았기 때문이었음을 더욱 분명하게 기록하고 있다. 후추(胡椒)와 관련해서는 전임 관수(古館守) 때도 조달을 지시했었고, 대관(代官) 쪽에서도 여러 차례 이미 말한 바 있었

342) 이날 별차와 배사(盃事)를 할 때 왜관 측이 음식을 내놓았다(吸物 3, 小皿 2, 挾肴, 素麵, 臺菓子). 《一特送使記錄》 寬延 3년(1750) 10월 9일.

343) 《一特送使記錄》 寬延 3년(1750) 10월 9일.

다. 관수는 바다를 건널 선박이 있으면 어떻게든 대마도 본국에 이러한 사정을 보고해야 한다고 인식하고 있었다.[344] 왜관의 첨관들도 봉진물 운송 상황이 좋지 않았고, 정관인(正官人)도 요즘 병이 났으니, 근일 안으로는 어렵겠다고 말하였다고 한다.[345] 이것을 보면 10월 9일 시점까지만 하더라도 '정관의 병'이 사실무근은 아니었던 것 같다.

그런데 두 달이 더 지났는데도 상황은 여전히 호전되지 않았다. 12월 13일에도 일특송사 하선연(봉진연)이 계속 연기되고 있었음이 확인된다. 지난번부터 여러 차례 양역이 왜관 측에 하선연(봉진연) 개최 일자를 잡자고 말했지만, 왜관 측의 대응이 전과 달라진 것은 없었다. 봉진물 중에서 후추(胡椒) 등의 정량을 채우지 못하여 하선연(봉진연) 일자를 잡지 못하고 있었으면서도, 조선의 역관들에게는 마치 정관(正官)이 병이 나서 그런 것처럼 둘러대고 있었다. 관수 이하 왜관의 관계자들은 오로지 후추(胡椒) 등 봉진물이 (대마도에서 왜관으로) 조속히 전달되기만을 기다리고 있었을 뿐이었다.[346]

② 만송원송사 하선연(봉진연)을 먼저 개최하자는 제안

조선 측에서도 마냥 기다리고만 있을 수는 없었다. 일특송사 하선연(봉진연)이 계속 연기되자, 동래부가 '만송원송사(萬松院送使)의 하선연(봉진연)을 먼저 실시할 것'을 왜관 측에 요청하였다고 한다. 그러자 관수가 이 제안을 검토하기 시작했다. "팔송사(八送使) 연석(宴席)은 선후(先後)의 순서가 있으므로 쉽게 앞뒤를 바꾸는 것은 있을 수 없다. 그런데 일특송사 봉진

---

344) 실제로 10월 25일에는 대마도로 돌아가는 비선(飛船) 편에, "일특송사 봉진물 후추(胡椒)가 아직 왜관에 전달되지 않았음"을 보고하였다. 《(館守) 每日記》 寬延 3년(1750) 10월 25일.

345) 《(館守) 每日記》 寬延 3년(1750) 10월 9일.

346) 《(館守) 每日記》 寬延 3년(1750) 12월 13일.

연을 언제까지고 연기만 거듭하게 되면, 만송원송사 봉진연도 연달아 지체될 것이다. 그러므로 조선의 요청을 받아들여서 이번에는 만송원송사 봉진연을 먼저 개최하기로 했을 때, 과연 지장이 없겠는지?" 관수는 이에 대한 답을 얻고자 선례(先例)를 검토해 보았지만, 이에 관해서 아는 사람도 기억하는 사람도 없었다고 한다. 그래서 관수가 왜관 역인(役人)들과 상의해보았는데, 서로 생각하는 것이 같았다. 그래서 관수가 왜관의 관계자들에게 "근일 중 봉진연 일자를 잡기 위해서 양측이 협의하라."고 지시를 내렸다.[347)]

12월 24일 대마도로 돌아가는 비선(飛船) 편에 '후추(胡椒)가 아직 (왜관에) 전달되지 않은 일'과 함께, '만송원송사 봉진연을 일특송사보다 먼저 하기로 한 일'에 대해서도 대마도 본국에 보고하였다. 이 비선 편으로 별대관(別代官) 쪽에서 최고 품질의 인삼(極上上) 15근 13문(匁) 1상자를 대마도로 실어 보냈다고 한다.[348)]

③ 조선 역관에게 도움을 요청하자는 제안

경오조(1750) 일특송사 하선연(봉진연)은 해를 넘겨서도 아직 개최 일자를 잡지 못했다. 그러는 사이에 일특송사 체류 기한 만료일(1월 21일)이 다가오고 있었다.[349)] 그러자 1751년 1월 12일 관수는 이대관(二代官)과 통사(阿比留俊三郎)에게 다음과 같이 전달하였다. "일특송사 체류 기한이 (1월)

347) 《(館守) 每日記》 寬延 3년(1750) 12월 13일.

348) 《(館守) 每日記》 寬延 3년(1750) 12월 24일. 그런데 1751년 1월 17일에도 이와 비슷한 일이 벌어지고 있었다. 즉 2척의 비선(飛船), 즉 도요무라 비선(豊村船, 船頭 嘉右衛門)과 사스나무라 비선(佐須奈村船, 船頭 福左衛門)이 이날 아침 출범(出帆)하였는데, 이 배를 통해서 별대관(別代官)이 대마도로 인삼(極上之人參) 18근 1상자와 동 16근 50문(匁) 1상자를 보냈다. 그런데 이 비선 편에 "일특송사 봉진물(封進物) 아직 전달되지 않았음"을 대마도 본국에 보고하였다(《(館守) 每日記》 寬延 4년(1751) 1월 17일).

349) 일특송사 유관일한(留館日限) 즉 체류 기한은 110일이었다. 다례(茶禮) 개최 이후부터 110일째가 되는 날이 1751년 1월 21일이었다.

21일로 만료되는데, 지금까지 상황으로 보면 기한 내에 후추(胡椒)를 전달할 수 있을지가 염려된다."고 하면서, "이제까지는 (일특송사) 정관의 병을 이유로 연기해 왔으나, 이미 (일특송사의 체류) 기한이 만료되었으니, 각 역인이 (조선의) 양역에게 현재 실정(實情)을 설명하고 서로 상의를 하여, 어떻게든 양역이 (봉진물 조달에) 힘을 써보도록 하라."는 것이 관수가 내린 지시의 핵심이었다.[350]

왜관 측의 이러한 전략은 전례가 없는 것이었다. 다른 것도 아닌 하선연(봉진연) 때 조선 측에 전달할 봉진물이 대마도에서 왜관으로 운송이 되지 않자, 그것을 조선 역관에게 도움을 받아서 조달하려고 했던 발상이 무척 놀랍다. 그런데 그것이 실제 상황이었다. 그 정도로 후추(胡椒) 등 봉진물(封進物) 조달 사정이 좋지 않았음을 짐작할 수 있다.

1751년 1월 19일에는 서울에서 차비관(馳走譯)이 (동래로) 내려왔다고 양역이 왜관 측에 알렸는데도, 일특송사 도선주는 이들과 대면(對面)을 망설이고 있었다. 당장 대면을 해야 한다는 것을 도선주도 잘 알고 있었다. 그렇지만 아직 하선연(봉진연) 일자를 잡지 못해서 협상이 진행 중이었고, 특히 정관(正官)이 병이 났다고 조선 측에 여러 차례 말해 놓았으니, 새삼스럽게 지금 당장 차비관과 일특송사 정관이 대면하자고 말할 수도 없는 노릇이었다. 이번 일은 전례가 없어서 어찌해야 할지 몰라 도선주가 관수에게 문의하였다. 그러자 관수는 이렇게 답을 주었다. "(일특송사) 체류 기한도 만료가 될 터인데, 어떻게 해야 할지 고민도 되겠지만, 이미 (대마도로) 배가 들어갔으니 (봉진) 물품들이 (왜관으로) 전달될 것이다. 통사(通詞) 쪽에서도 좋은 방안을 마련해 보도록 하라."고 지시를 했다.[351] 대마도에서

350) 《(館守) 毎日記》寬延 4년(1751) 1월 12일.

351) 館守江都船主罷出 馳走譯罷下候段兩譯より申聞候 然は早速致對面候格に候處 未封進宴も不相調 殊に正官病氣之段申達置候得は 可致對面樣も無之 此節は諸事例無之儀に御座候 如何可申達候哉と相伺候處に 成程頻而定日も相滿候處に如何敷筋に候 併最早入船も在之候は

왜관으로 후추(胡椒)를 실어 보내 주기를 기다리는 것, 그리고 조선 역관들이 조선 국내에서 조달해주기를 기다리는 것, 이 두 가지가 당시 왜관 측이 마련한 '봉진물 부족' 문제의 해결책이었다.

나. 하선연(봉진연)의 개최

경오조(1750) 일특송사 하선연(봉진연)이 개최된 것은 1751년 1월 26일이었다. 하루 전인 1월 25일 별차가 일본 측 통사(杉原四郎兵衛, 松本善左衛門)를 대동하여 일특송사 도선주(都船主) 쪽으로 들어가서, "내일(1.26.) 드디어 봉진연이 개최됨을 알리고자 (왜관으로) 왔다."고 말하였다.352) 이 사실을 일특송사 도선주(松原彌三郎)가 관수에게 가서 보고하였다. 그러자 관수가 이것을 왜관의 여러 부서에 전달하면서 지시를 내렸다. "내일(1.26.) 연석(宴席) 준비에 동원할 인부(人夫)와 관련하여, 대선(大船)이 (왜관에) 와 있는 것이 없어서 (인력이) 부족하므로, 왜관 내부 거주자(在館面々)가 나와서 돕도록 하라."고 노두방(老頭方)에 문서로 전달하였다.353)

1751년 1월 26일 하선연(봉진연) 당일 상황에 대해서는 〈표 4-5〉로 정리하여 제시하였다. 이에 따르면 하선연(봉진연) 거행 장소에 어떤 사람이 어떤 모습으로 등장하였는지를 알 수 있다. 일특송사 정관과 도선주 등의 복식(服飾)과 행렬(行列), 그리고 동래부사와 부산첨사 등이 참가한 가운데 대례(對禮)를 하면서 술잔을 주고받는 모습 등에 대해서도 상세하게 기록이 남아 있다. 아마도 이것은 '외교에서 선례가 중요하다'고 판단한 기록자가 당시 상황을 의도적으로 자세하게 적어 놓은 결과일 것이다.

品々可相達候間　其間通詞方より宜取斗置候様に可致候間　左様相心得居候様にと被申聞. 《一特送使記錄》寬延 4년(1751) 1월 19일.

352) 《一特送使記錄》寬延 4년(1751) 1월 25일.

353) 《(館守) 每日記》寬延 4년(1751) 1월 25일.

〈표 4-5〉 일특송사 봉진연(1751.1.26.)

연번	주요 내용	전거
1	• 일특송사 봉진연석(封進宴席)이 있으므로 연석문(宴席門)의 개폐(開廢)를 모두 오하타(御旗, 善八)가 맡음 • 사카노시타(坂の下) 대청에 대한 검문검색(行規)을 요코메(横目)가 맡음 • 연석(宴席)이 막힘 없이 끝났다고 첨관들이 들어와서 (관수에게) 보고하였으며, 양역과 통사들도 (관수에게) 이를 알림 • 동래에서 이 연석과 관련하여 문안사(問安使)로서 군관(軍官)이 소통사를 대동하여 왔기에, 전례대로 담배(刻たはこ) 3등구미(筥) 2상자(箱)를 보냈음	館
2	• 봉진연(封進宴)과 관련하여 내대청(원문은 内太廳)에 장막을 펼치고(幕張) 창으로 장식함(鑓餝) • 정대관(町代官, 神宮惣右衛門)의 하인(下代)을 불러 내대청으로 가서 행렬(行列) 참가 인부(人夫)에게 지시를 내렸음(下知)	特
3	• 양역이 소통사를 시켜서, "부산(첨사)가 봉진물(封進物)을 받기 위하여 외대청(원문은 外太廳)으로 가셨으니 와주시라"고 말하기에, - 도선주(都船主)는 다이몬(大紋)을 넣은 에보시(烏帽子) 고자를 착용하고, 봉진(封進)은 단청정(單靑禎) 에보시(烏帽子)를 착용함 - 행렬에 대해서 설명함(先同具 長柄 5本 鐵砲 5挺 張弓 3挺 對鑓持鑓2本 若黨 4人 [內 1인은 布 상하 着] 挾箱 草履取 封進 若黨 2인 鎗 1本 草履取 外太廳江行掛り候時 樂器 奏之) • 훈도가 대청마루 끝(落緣)까지 가서 맞이하여 안으로 모시고(誘引), 부산(첨사)는 별차가 안으로 모셨음(誘引) - 전례대로 두 번 반(二度半) 대례(對禮)를 마친 뒤, 쌍방이 자리 위에 착석(致着座), 부산(첨사)가 훈도를 통해서 말을 하였음(口上) - 도선주가 서로 인사를 나누고 나서, 정대관(町代官, 勝田五四郎)과 봉진(封進)이 차례로 자리에 앉음 - 하인(下代)들이 낙연(落緣)에서 봉진물을 인도(引渡)하고, 소통사가 이를 확인함(掛改) - 부산(첨사)가 점검(見分) 마치고 나서, 부산(첨사)가 훈도를 통해서 봉진물을 틀림없이 받고서, 어의(御意)의 취지를 알겠다고 말하자, 도선주가 이에 상응하여 답변함 - 처음과 같이 대례(對禮)를 하고 돌아갔으며, 훈도를 낙연(落緣)까지 보냄 - 더욱이 악기(樂器) 연주가 있었음	特
4	1. 후추(胡椒) 500(斤) 1. 단목(丹木) 700(斤) 1. 명반(明礬) 300근(斤) 1. 일본산 주홍(日本朱) 2근(斤) 1. '마키에' 기법의 받침대와 벼룻집(蒔繪臺硯箱) 1 위는 일특송사 몫의 봉진물(封進物)	特

연번	주요 내용	전거
5	• 별차가 (왜관으로) 소통사를 보내서 <맞이하러 나갈 터이니 (조선 역관 집무소가 있는) 사카노시타로 오시도록 하시라>고 말을 전함	特
6	• 첨관들이(僉官中) 시봉(侍奉) 동반하여 관복(官服) 착용하고 행렬(行列) • 다례(茶禮) 때와 동일하게 내대청(內太廳)에 정렬하여 숙배소(肅拜所)로 갔음 • 수행원(伴人)까지 탈 말을(乘馬) 전례대로 조선인 쪽에서 내놓음	特
7	• 첨관들이(僉官中) 사카노시타(坂之下) 숙배소(肅拜所) 문앞에 이르렀을 때 말에서 내렸음(下馬) • 대기 중일 때는 중문(中之門)을 열고, 소통사(小通事)를 통해서 지나가도록 하며, 문 안으로 들어갈 때는 악기(樂器) 연주 • 정면(正面)에 높이 5촌(寸) 정도의 판자를 깔고(板敷), 그 위에 큰 방석(大逢方席)을 깔아 두 장을 겹쳐 놓음 • 앞에서(先拂) 안내해 줄 조선인 4인과 (조선의 하급 역관인) 소통사 2인이 갈 때와 올 때 모두 전례대로 붙어 다님(相附)	特
8	• 전례대로 별차(別差)가 내대청의 문(內太廳門)까지 가서, 동래부사와 부산첨사가 외대청(外太廳)까지 나아가게 되어 있었기에, (동래부사와 부산첨사를) 맞이하기 위해 갈 것임을 소통사를 통해서 전달함	特
9	• 첨관들이(僉官中) 시봉(侍奉)을 거느리고(伴人) 열을 지어서(行列) 외대청(外太廳)으로 갔음 • 모든 일은 다례(茶禮)와 동일하였음 - 대례(對禮) 형식의 곡록(曲彔)에 자리를 잡고 나면, - 동래부사, 부산천사 쪽에서 훈도를 통하여, "오늘은 날씨가 좋아 봉진연(封進宴) 개최할 수 있게 되어 기쁘다"고 인사를 하고, - 정관인(正官人) 쪽에서 이에 답례 인사를 전하였음 • 곧이어 여악(女樂) 나오고, 술과 안주를 내놓았으며, 아홉 순배(九獻)가 끝나자, 동래부사와 부산첨사가 훈도를 통해서 인사말을 하였음 • 쌍방이 곡록(曲彔)에서 내려와 방석(方席) 위에 앉으면(着座) 푸짐한 상차림 음식(居酒盛之膳部)이 나왔음 • 소동(小童)을 통해서 초헌(初獻)을 하는데, 동래부사와 부산첨사 쪽에서 (술잔을) 들어서(取揚) 정관인(正官人)에게 건넸음 - 2헌째(二獻目)는 정관인(正官人)이 들어서(取揚) 동래부사와 부산첨사 쪽으로 건넸음 - 3헌째(三獻目)는 동래부사와 부산첨사가 들어서 정관인에게 건네고 나서 마쳤음 - 도선주(都船主), 이선주(二船主)가 한 사람씩 정관인(正官人)을 통해서 마치고, - 봉진(封進)과 하압물(荷押物)고 시봉(侍奉)에게는 각각 가득 채운 잔(盃)으로 동래부사와 부산첨사에 대하여 3헌(三獻)을 하고 마치며, • 부산첨사와의 배사(盃事)는 동래부사, 부산첨사와 동일하게, 정관인(正官人) 쪽에서 훈도를 통해서 위로의 뜻으로 도시락(提重)을 올린다고 말하였음 - 이쪽(일본—인용자)에서 전달해주는 사람이 지참하고 가서 동래부사, 부산첨사	特

연번	주요 내용	전거
	앞에서 열었음 - 양역에게는 도선주 쪽에서 도시락(提重) 1조(組)를 건넸으며, 첨관들(僉官中) 앞에도 각각 열었음 • 동래부사, 부산첨사와 동일하게 니혼슈(日本酒) 2헌(獻)을 제공하였음 • 또한 저쪽(조선—인용자)에서 한꺼번에(一統) 성대하게 내놓았으며, 술잔(盃)이 종료되자, 푸짐하게 차린 상차림 음식을(居酒盛之膳部) 대접받았음 - 훈도를 통해서, "오늘은 편안하게(緩緩) 뵐 수 있어서(得御意) 기쁘게 생각한다고(珍重存候段) 말하자, - 정관(正官) 쪽에서 "(동래부사, 부산첨사가) 말씀하신 대로 편안하게(緩緩) 뵐 수 있었고(得御意) 특별히 여러 가지로 정성껏 대접해주시어 맛있게 잘 먹었으며 감사하다."는 인사를 하고 마쳤음 • 처음에 했던 대로 대례(對禮)를 하고 돌아갔음 - 양역이 대청마루 끝(落緣)까지 나와서 배웅하면서(送出) 축하의 말을(祝詞) 하였음	
10	• 양역이 소통사를 시켜서 봉진연(封進宴)이 종료되었다는 축하 인사를 전함 • 첨관들이 관수에게 봉진연(封進宴)이 종료되었음을 보고하려고 (관수옥으로) 나아감	特
11	• 봉진연(封進宴) 상차림 음식(膳部) 둥근 나무 쟁반(丸木臺)에 사각형 과즐(구와스리)[354] 높게 쌓아 놓음. 높이 약 촌(9寸). 단 콩으로 만든 과즐(구와스리). …… • 푸짐하게 담은 술안주(居酒盛) 상차림 음식(膳部) 큰 다완(大茶碗)에 녹두(菉豆) 등을 남아서 내놓음 • 수행원(伴人) 상차림 음식(膳部) 둥근 나무 쟁반(丸木臺)에 담은 사각형 구와스리 3, … 등 위와 같이 상차림 음식(膳部)이 나왔음	特

자료 : 《표 4-4》와 같음.

여기에서 주목하고자 하는 것은 위의 표에서 연번 4에 제시된 일특송사 몫의 봉진물(封進物)에 관한 것이다. ㉠ 후추(胡椒) 500(斤), ㉡ 단목(丹木) 700(斤), ㉢ 명반(明礬) 300근(斤), ㉣ 일본산 주홍(日本朱) 2근(斤), ㉤ '마키에' 기법의 받침대와 벼룻집(蒔繪臺硯箱) 1개가 그것이다. 이에 대해서는 제4장 제2절에서 서술하기로 한다.

354) 일본 기록에 나오는 '구와스리'는 조선의 전통 과자인 '과즐'을 가리키는 것으로 보임.

4) 별연(中宴席)과 예단다례(御返翰)와 상선연(出宴席)

가. 별연(別宴, 일본 명칭은 中宴席)

별연(중연석)은 1751년 2월 4일 개최되었다. 하루 전인 2월 3일 《(관수) 매일기》를 살펴보면, "일특송사의 회답서계(御返翰)를 전달하는 의례는 모레(2월 5일), 그리고 중연석(中宴席)은 하행(下行)으로 내일(2월 4일) 개최하기로 정했다."고 도선주가 관수에게 보고하였음이 확인된다. 조선의 역관 쪽에서도 이 사실을 관수에게 알렸다.[355]

2월 4일 별연(중연석)이 하행(下行)으로 거행되었으며, 그 뒤에 있을 상선연(출연석)도 모두 하행으로 개최하기로 하였다고 도선주가 관수에게 가서 보고하였다.[356] 하행이란 '(동래부사 등 고위직은 불참한 상태에서) 하위직(下位職)만 참여하여 거행(擧行)하는 것'을 뜻하는 용어였다. 이처럼 동래부사 등이 꼭 참석해야만 하는 것과 그렇지 않은 것이 있었던 것에서 볼 때, 의례에도 위계(位階)가 존재하였음을 알 수 있다.

나. 예단 입급 다례(禮單入給茶禮, 일본 명칭은 御返翰)

조선의 회답서계를 일본 측에 전달하는 의례를 가리켜서 조선은 예단 입급 다례(禮單入給茶禮)로 불렀다(줄여서 '예단다례'로 불렀음). 이것을 일본 기록에서는 어반한(御返翰)으로 적었다. 예단다례(어반한)가 거행된 것은 1751년 2월 5일이었다.

조선의 회답서계를 전달하는 이 의례를 거행하기 위하여 여러 가지 준비할 것들이 있었다. 왜관 측은 전례대로 내대청(일본 기록에는 內太廳으로 적었음)에 장막을 펼치고 창으로 장식을 하였으며, 첨관들은 다다미를 바닥에 깔았다.[357] 조선의 회답서계 3상자를 도선주가 지참하고 가서 관수에

355) 《(館守) 每日記》 寬延 4년(1751) 2월 3일.

356) 《一特送使記錄》 寬延 4년(1751) 2월 4일; 《(館守) 每日記》 寬延 4년(1751) 2월 4일.

게 맡기면서, 예단다례(어반한)의 무사 종료를 보고하였다.[358] 동향사(東向寺) 쪽에서도 회답서계를 지체됨이 없이 받았다고 관수에게 가서 보고하였다.[359] 이렇게 해서 일특송사의 조선 체류 중 가장 중요한 의례의 하나인 외교문서의 교환이 사실상 마무리가 되었다.

다. 상선연(上船宴, 일본 명칭은 出宴席)

1751년 2월 16일 상선연(출연석)이 개최되었다. 그런데 이틀 전인 2월 14일 상선연(출연석)을 하행(下行)으로 거행하자는 조선 측의 제안이 왜관에 전달되었다. 양역이 소통사를 통해서 왜관에 전하기를, 동래부사와 부산첨사가 사정이 있어서 상선연(출연석)에 참석하지 못한다고 알렸다. 조선 측의 제안이 먼저 도선주에게 전달되었고, 이어서 정관에게도 전달되었다. 관수도 이 제안을 전달받았다. 이에 대한 관수의 최종 결정은 도선주를 통해서 양역에게 다시 회신되었다. "이번에는 (일특송사) 체류 기한을 넘긴 상태에서 (연석이) 연기되어, 하는 수 없이 하행(下行)으로 (의례를) 마무리하여야 하겠으니, 내일(2월 15일) (의례가 개최될 수 있게) 들여보내라."고 전하였다.[360]

양측이 합의한 대로 2월 15일 상선연(출연석)을 개최할 예정이었다. 양역이 소통사를 보내서 "오늘(2월 15일) 상선연(출연석)이 하행으로 거행된다."고 알렸다. 그런데 당일 "풍파(風波)가 크게 일어서 상선연(출연석) 개최가 어렵게 되었으니, 내일(2월 16일) 시행하자."고 다시 도선주 쪽으로

357) 御返翰相請取候付內太廳江幕張鑓餝之 僉官中より疊敷之.《(館守) 每日記》寬延 4년(1751) 2월 5일.

358) 御返翰三箱館守江都船主致持參相渡幷に右之趣相屆ル.《(館守) 每日記》寬延 4년(1751) 2월 5일.

359) 御返翰無滯被相請取候段屆有之.《(館守) 每日記》寬延 4년(1751) 2월 5일.

360) 都船主より兩譯江返答申遣候は 此節は段々日外に相成候上及延引候間 無余儀下行に而可相濟候間 明日被致入送候樣にと申遣ス.《一特送使記錄》寬延 4년(1751) 2월 14일.

연기 요청이 전달되었다. 왜관 측도 이에 동의하여 하루 더 연기되었다.[361] 도선주가 관수에게 가서, "하행(下行)으로 상선연(출연석)을 종료하였다."고 보고한 일자가 2월 16일이었다.[362]

앞에서 살펴보았듯이, 일특송사 일행이 대마도 후츄(府中)에서 출발했을 때는 배 3척(大船 2, 飛船 1)이 함께 이동하였다. 그런데 조선에서 대마도로 귀국할 때는 선편(船便)을 확보하기가 쉽지 않아서인지, 그들이 함께 출발하지 못했다. 정관(吉川兵部左衛門)만 먼저 귀국길에 올랐던 것은 바로 그것 때문이었다. 정관은 관수가 보관 중이던 회답서계(御返翰)를 수령하고 나서(4월 6일), 4월 9일 에비스마루(戎丸, 船頭 左七船)에 승선 후 출범하였다. 그런데 정관도 신체 검문검색을 마친 뒤에야 상선과 승선이 허락되었다. 그 누구도 예외는 없었다. 정관의 사스나(佐須奈) 도착은 1751년 4월 9일 이후로 추정된다.

도선주(都船主) 이하 이선주(二船主), 봉진(封進) 등은 스미요시마루(住吉丸) 편에 귀국하였다. 정관이 귀국 전에 관수로부터 회답서계를 수령하여 그것을 대마도 본국에 전달한 것처럼, 도선주 등은 쌀(公作米)을 대마도로 운송하기 위하여 쌀 포장 작업(脇米結)에 주력하였다(4월 16일, 19일). 도선주 등도 승선 전에 신체 검문검색을 마쳤다(4월 22일). 하압물(荷押物)은 왜관 체류 중에 병이 나서, 관수에게 조기 귀국 허가를 신청한 적이 있었다(4월 9일). 열흘 뒤 관수는 하압물에게 스미요시마루(住吉丸) 편으로 귀국할 것을 지시하였다(4월 19일). 하압물은 신체 검문검색 종료 후 4월 22일 상선(上船) 허락을 받았다. 이렇게 해서 도선주, 이선주, 봉진, 하압물 등이 스미요시마루(住吉丸)에 함께 승선하여 4월 23일 왜관에서 출범하였다(4월 23

361) 兩譯より小通事を以今日出宴席下行入送仕候筈之處風波强積廻し難相成候付明日入送可仕旨都船主方迄申聞候付 左候は無余儀差支に候間明日早々入送候樣にと返答申遣ス. 《一特送使記錄》寬延 4년(1751) 2월 15일.

362) 出宴席下行取立候付都船主館守江罷出相屆ル. 《一特送使記錄》寬延 4년(1751) 2월 16일.

일 寅刻). 그들은 바다를 건넌 당일 사스나(佐須奈) 관소(關所)에 도착하였다(4월 23일 午刻). 도선주 등이 승선한 배가 최종 목적지(府內浦)에 착선(着船)한 것은 1751년 5월 1일이었다(〈표 4-6〉 참조).

〈표 4-6〉 일특송사의 조선 출국과 대마도 도착(1751.4.1.~5.1.)

연번	월일	주요 내용
1	4. 1.	• 정관인(吉川兵部左衛門) 이번 戎丸(船頭 左七船) 편에 귀국(歸國)하라고, 관수가 지시 • 첨관들(僉官中) 귀국 전인데도 지금처럼 배가 적어 사출(仕出)이 곤란함 • 한 배에 한꺼번에 구국하기 어려우니, 정관인 먼저 귀국 하도록 관수가 지시
2	4. 6.	• 정관인이 상선(上船) 예정되어 있었기에, 관수에게 가서 회답서계(御返翰) 받았음 • 전례대로 (관수 측이) 요리를 내놓았으며, 그 뒤 그 자리에서(即座) 신체 검문검색(身分行規) 실시한 후 미시(未刻) 상선(上船)
3	4. 9.	• 정관인이 승선(乘船)하여 출범(出帆) 하였음 • 하압물(小宮淺右衛門)이 병이 나서 이번 萬世丸 편에 귀국(歸國) 희망한다고 신청서를 (관수에게) 제출
4	4.10.	• 하압물(荷押物)의 요청을 받아들이도록 (관수가) 지시
5	4.16.	• 도선주(都船主), 이선주(二船主), 봉진(封進) 이번에 귀국(歸國) 지시 받았기에, 내일부터 추가적인 공작미 포장 작업(脇米結) 실시하도록, 관수가 지시 • 위 승선(乘船) 住吉丸 선두(船頭)에 고바야시(小林茂助) 임명한다고 (관수에게) 보고
6	4.19.	• 어제까지 지속된 우천(雨天) 때문에 공작미 포장 작업(米結) 실시되지 못하였는데, 오늘 날씨가 맑아서(晴天) 첨관들이(僉官中) 공작미 포장 작업 실시 • 하압물이 먼저 萬世丸 편으로 귀국(歸國) 지시 받았으나, 住吉丸으로 동일하게 사출(仕出) 하게 되었기에, 住吉丸 편으로 귀국(歸國) 하도록 (관수가) 지시
7	4.21.	• 출국 전 (선적물) 검색(前改) 이상 없이 종료
8	4.22.	• 상선(上船) 예정되었기에, 도선주와 이선주, 봉진이 관수 쪽으로 나아갔는데, 관수가 나와서 첨부 서장(添狀)을 전달함 • 전례대로 그것을 종료하고, 그 자리에서(即座) 신체 검문검색(身分行規) 실시 • 하압물은 병이 나서, 관수 쪽으로 나아가지 못하였으며, 濱番所에서 검문검색(行規) 실시 후 신시(申刻) 상선(上船)
9	4.23.	• 인시(寅刻) 북동풍이 불어서 왜관(和館) 출범(出帆) • 오시(午刻) 사스나(佐須奈) 관소(關所) 착선(着船), (선적물) 조사(改) 뒤로 미룸
10	4.24.	• (선적물) 조사(改) 이상 없이 종료
11	4.25.	• 오시(午刻) 사스나 포구(佐須奈浦)에서 출범(出帆), 우천으로 니시쓰야 포구(西津屋浦) 회착(廻着)
12	4.26.	• 우천으로 니시쓰야 포구(西津屋浦)에서 머물렀음(滯船)

연번	월일	주요 내용
13	4.27.	• 진시(辰刻) 니시쓰야 포구(西津屋浦)에서 출범(出帆), 와니우라 포구(鰐浦) 회착(廻着)
14	4.28.	• 진시(辰刻) 와니우라 포구(鰐浦) 出帆, 도미우리(富浦) 도착(着)
15	4.29.	• 우천으로 도미우리(富浦)에서 머물렀음(滯船)
16	5. 1.	• 묘시(卯刻) 북동풍 불어서 도미우리(富浦) 출범(出帆), 후나이우라(府内浦) 착선(着船)

자료 : 《一特送使記錄》(국사편찬위원회 대마도종가문서 DK 2155)

앞에서 본 것처럼, 일특송사의 체류 기한(일본 기록에서는 留館日限이라 적기도 하였음)은 110일로 규정되어 있었다. 하선다례(茶禮)가 개최되었던 1750년 10월 1일을 기산점(起算點)으로 하면 1751년 1월 21일이 110일째가 되는 날이었다.[363] 왜관의 일본인들도 이 점을 숙지(熟知)하고 있었다. 그런데도 일특송사의 진상물(봉진물)을 조선 측에 전달하는 의례, 즉 하선연(봉진연)이 개최된 것은 1751년 1월 26일이었다. 결과적으로 체류 기한 110일을 닷새나 넘긴 뒤였다. 이렇게 된 까닭은 일본 측에서 '봉진물' 조달을 예정대로 마치지 못했기 때문이었다. 5개 품목 중에서 3가지(胡椒, 丹木, 大和眞朱) 지급량을 왜관 측에서 확보하지 못한 역사상 유례가 없었던 이때의 상황을 왜관의 일본인들은 어떻게 타개하였을까?

363) 조선 정부는 일본에서 건너온 연례송사(年例送使) 등에게 체류 기한(또는 留館日限)까지만 접대 비용을 지급하였다. 이때의 접대 비용을 조선 기록에서는 잡물(雜物)이라는 낱말로 적었다. 쌀 등 현물로 지급하였기 때문이었다. 그런데 그 기한이 지나면 접대 비용(잡물)을 지급하지 않을 뿐, 예를 들면 강제 출국 등과 같은 다른 조치를 조선 정부가 내렸던 것은 아니었다.

Ⅱ. 조선 역관을 통한 일특송사 봉진물 조달

1. 1750~51년 특송사의 봉진물과 조선의 회사(回賜)

1751년 1월 26일 하선연(봉진연) 때 5개 품목이 '봉진물(封進物)'로서 조선 측에 전달된 것으로 적혀 있다. 그것을 《일특송사기록》(국사편찬위원회 소장)에 근거하여 제시하면 다음과 같다.

〈사료 4-5〉

一 胡椒 五百斤
一 丹木 七百斤
一 明礬 三百斤
一 日本朱 貳斤
一 蒔繪臺硯箱 壹
右一特送使分 封進物

위의 5가지 품목은 경오조(1750) 일특송사에게 배정된 '봉진물'이었다. 그런데 이것은 《일특송사기록》의 작성자가 서계 별폭에 적힌 품목만 별도로 옮겨 적은 것이다. 이와 달리 《양국왕복서등》(일본 국립국회도서관 소장)에는 서계의 본문과 별폭의 품목 전부가 필사되어 있다. 비록 서계와 별폭의 원본은 아닐지라도 이를 통해 원본의 전체 내용을 살필 수 있다.

여기에 《양국왕복서등》에 실려 있는 경오조(1750) 이특송사, 삼특송사의 봉진물까지 포함시킨 것이 〈표 4-7〉이다. 이를 〈사료 4-5〉와 비교해 보면 몇 가지 특징이 발견된다.

첫째, 〈사료 4-5〉의 '일본주(日本朱)'와 〈표 4-7〉의 '대화진주(大和眞朱)'가 동일 품목인데도, 명칭이 서로 다르게 기재되어 있다. 즉 일본 내부 기록에서는 '일본주'라 적은 것을 조선으로 보내는 외교문서에서는 '대화진주'로 바꾸어 기재하였다. 제4장 제1절에서 보았듯이, 이전 시기부터 일본산 주홍을 가리키는 명칭이 다양했다(深朱, 眞朱, 倭深朱, 倭眞朱, 倭朱, 日本朱, 日本眞朱). 언제부터 그것이 '대화진주'로 바뀌기 시작했는지는 분명하지 않지만, 적어도 1750~51년 시점에서는 '일본주'가 아닌 '대화진주'로 외교문서에 적혀 있었음이 확인되었다.

둘째, 〈사료 4-5〉의 '시회대연상(蒔繪大硯箱)'과 〈표 4-7〉의 '채화대대연갑(彩畫臺大硯匣)'도 동일 품목인데 서로 다른 명칭으로 적혀 있다. 대마도에서 조선으로 보내는 외교문서에서는 일본의 독특한 공예 기법인 '시회(蒔繪 마키에)'를 '채화(彩畫)'라는 용어로 바꾸어 기재하였다. 〈사료 4-5〉의 '대연상(大硯箱)'과 〈표 4-7〉의 '대대연갑(臺大硯匣)'도 같은 것을 다르게 표현한 것으로 판단된다.

셋째, 〈표 4-7〉의 특송사(特送使) 서계 별폭(書契別幅)이 작성된 시점이 모두 '관연(寬延 간엔) 3년 경오 4월'로 동일하였다. 앞에서 보았듯이 경오조(1750) 일특송사의 인선(人選)이 최종 확정된 것이 1750년 3월 29일이었으며, 그들이 대마도 후추(府中)에서 출발했던 것이 동년 7월 30일이었다. 이것을 보면 〈표 4-7〉 외교문서의 작성 시점은 경오조(1750) 일특송사 선발이 확정된 직후였던 것으로 짐작된다. 그리고 이 외교문서가 조선 측에 전달된 것은 1750년 10월 1일 하선다례 때였다(〈사료 4-3〉 참조).

넷째, 1750~51년 시점에서는 겸대제(兼帶制)가 시행되고 있었기 때문에 특송 제1선부터 제3선까지 외교문서와 봉진물이 한꺼번에 조선 측에 전달되었다고 볼 수 있다. 그 일자가 하선연(봉진연)이 개최되었던 1751년 1월 26일이었다.

〈표 4-7〉 경오조(1750) 특송사의 진상(봉진)

연번	품목	단위	특송 제1선	특송 제2선	특송 제3선	계
1	胡椒	斤	500	500	500	1,500
2	明礬	斤	300	300	300	900
3	丹木	斤	700	700	700	2,100
4	大和眞朱	斤	2	2	2	6
5	彩畫臺大硯匣	備	1			1
6	彩畫中圓盆	枚		10		10
7	赤銅茗爐	圍			1	1
작성			寬延 3년 경오 4월	寬延 3년 경오 4월	寬延 3년 경오 4월	

주 : 1. 大和眞朱가 《一特送使記錄》에는 日本朱로 기록됨.
2. 彩畫臺大硯匣이 《一特送使記錄》에는 蒔繪臺硯箱으로 기록됨.
자료 : 《兩國往復書謄》 87(일본 국립국회도서관 소장)

경오조(1750) 일특송사의 진상(봉진)에 대하여 조선 정부는 회사(回賜)라는 형식을 통해서 회답하였다. 이것을 회례(回禮)라고도 불렀다. 경오조(1750) 특송사에게 조선 정부가 지급한 회사의 내용을 《양국왕복서등》에 근거하여 정리한 것이 〈표 4-8〉이다.

〈표 4-8〉 경오조(1750) 특송사에 대한 회사(回賜)

연번	품목	단위	특송 제1선	특송 제2선	특송 제3선	계
1	人參	觔	3	2	2	7
2	虎皮	張	2	2	2	6
3	豹皮	張	3	3	3	9
4	白苧布	匹	5	5	5	15
5	白綿紬	匹	5	5	5	15
6	黑麻布	匹	5	5	5	15
7	白木綿	匹	10	10	10	30
8	鷹子	連	3	3	3	9
9	花席	張	10	10	10	30
10	四張付油芚	部	3	3	3	9
11	黃毛筆	柄	30	30	30	90

연번	품목	단위	특송 제1선	특송 제2선	특송 제3선	계
12	眞墨	笏	30	30	30	90
비고			年例貿易物件令該司隨便換貿以送	年例貿易物件令該司隨便換易以送	年例貿易物件令該司隨便換易以送	
작성			경오년 12월	경오년 12월	경오년 12월	

자료 : 《兩國往復書謄》 87(일본 국립국회도서관 소장)

위의 자료를 보면 일특송사의 봉진물(封進物) 종류는 모두 7종이었으며, 송사(送使)마다 품목 수는 5가지씩이었다. 후추(胡椒), 명반(明礬), 단목(丹木), 대화진주(大和眞朱)까지는 특송 제1선부터 제3선까지가 동일하였다. 다섯 번째 품목에서만 송사마다 차이를 두었다. 일특송사는 벼룻집(彩畫臺大硯匣), 이특송사는 원분(彩畫中圓盆), 삼특송사는 찻물 끓이는 데 쓰는 화로(赤銅茗爐)가 각각 배정되었다. 봉진물의 이러한 차이는 송사(送使)의 위계(位階)를 반영한 것으로 풀이할 수 있다.

일특송사의 봉진물에 대한 조선의 회사(回賜)도 송사(送使)마다 품목 수와 종류가 정해져 있었다. 그런데 회사품(回賜品)의 종류는 12가지로 모두 동일했다. 조선의 특산품인 인삼(人參)[364]과 호피(虎皮), 표피(豹皮)를 비롯하여, 직물(白苧布, 白綿紬, 黑麻布, 白木綿), 문방구(四張付油芚, 黃毛筆, 眞墨), 매(鷹), 화문석(花席) 등이 회사품에 들어 있었다. 다만 인삼의 경우만 송사마다 차이가 있었는데, 일특송사에 대해서만 인삼 3근이, 그리고 나머지 송사에게는 인삼 2근씩 각각 지급되었다.

〈표 4-8〉의 특송사에 대한 회답 별폭(回答別幅)이 작성된 시점이 모두 '경오년 12월'로 동일하였다. 앞에서 보았듯이 하선연(봉진연) 개최 일자는 1751년 1월 26일이었다. 그리고 서울에서 동래로 차비관(差備官, 원문은 馳走譯)이 내려왔다고 조선 역관이 왜관 측에 알린 것이 동년 1월 18일이었다.

364) 인삼은 한자로 人蔘으로 적는데, 이곳과 마찬가지로 조선과 일본이 주고받았던 외교문서에서는 人參으로 기재된 경우가 많았다.

이로써 조선의 회답서계가 1750년 12월에 작성되었음이 더욱 분명해졌다.[365)]

2. 경보(敬甫) 황첨정(黃僉正)의 봉진물 조달

경오조(1750) 일특송사의 체류 기한이 만료되는 1751년 1월 21일 상황은 어떠했을까? 먼저 도선주가 관수에게 가서, "오늘로 (일특송사) 체류 기간이 만료된다."고 보고했음이 확인된다.[366)] 관수는 어떻게 대응하였을까? 《(관수) 매일기》에는 이때의 일이 자세하게 기록되어 있다.[367)]

〈사료 4-6〉

• 동래부사(東萊府使)의 대노(大怒)

통사(阿比留俊三郎, 杉原四郎兵衛)가 관수에게 와서 말하기를, 후추(胡椒), 단목(丹木), 주홍(朱)과 관련하여 부탁해 두었던 경보(敬甫) 황첨정(黃僉正)이 지금 급하게 왜관으로 들어와서 다음과 같이 말하였다.

㉠ 일특송사 체류 기한도 오늘까지 만료되기에, 양역이 (동래부사에게) "봉진물(封進物)을 실은 선박이 파선(破船)을 당하여 운송이 늦어지고 있다."는 취지로 수본(手本)을 하였다고 한다.

㉡ 그랬더니 동래부사가 크게 화를 내며, "전에는 정관(正官)이 병이 났다고 말하더니, 지금은 봉진물을 선적한 배가 파선되었다는 식으로 말하니, 이것은 일본인(日本人)한테 기만을 당한 것이며, 이미 체류 기한이 지났는데 봉진연석(封進宴席)도 마치지 못하였으니, 그 사람들이(일본인—인용자) 몹시 무례하다(不屆千万)."고 말하였다고 전하였다. 그러면서 "내일은 내일이므로 반드시 계문(啓聞)하여 그 사람들에게도 꼭 죄과(罪科)를 묻도록 하겠다."고 동래부사가 말하였다.

㉢ 그래서 양역이 동래부사 면전(面前)에 나타나지도 못할 정도로 피하

---

365) 《一特送使記錄》 寬延 4년(1751) 1월 18일; 《(館守) 每日記》 寬延 4년(1751) 1월 18일.
366) 《一特送使記錄》 寬延 4년(1751) 1월 21일.
367) 《(館守) 每日記》 寬延 4년(1751) 1월 21일.

고 있다고 말하였다.

• 경보(敬甫) 황첨정(黃僉正)의 협력

왜관 측이 경보(敬甫)에게 전부터 부탁해 놓은 3가지 봉진물(封進物), 즉 후추·단목·주홍과 관련하여 아래와 같이 말하였다.

㉠ 특히 후추(胡椒)는 (요구) 수량이 많아서(優數) 조달하기 어려운 물품이었음.

㉡ 훈도는 일본 판사(日本判事)와 (업무상) 한 몸의 위치에 있기에, 양국 관계에 막힘이 생기는 문제를 중요한 일로 생각하여 여러 가지로 마음을 쓰고 있는데, (봉진물이) 부족한 부분을 겨우 조달하여 서울(都)에서 가지고 내려왔음.

㉢ 주홍(朱)은 3근을 조달해서 지금 1근이 부족하지만, 이 정도는 부산의 역인(釜山役人)에게 어떻게든 잘 협의해 보도록 하겠다고 말하였음.

• 왜관 측의 후추(胡椒) 가격 비교

그런데 본건은 관수(拙者)가 쉽게 결정할 것이 아니며, 바깥(조선)에서 이러한 물품을 조달한 사례도 알고 있지 못함.

㉠ 물론 관수(拙者)도 같은 생각이어서 (조선 역관의 도움을 받아) 조달하기로 결정하였는데, 후추(胡椒) 가격(直段)이 1,000근에 10관문(貫匁) 정도라고 하니 값이 비싸며(高直),

㉡ 지상관(知商官, 春日龜久右衛門)이 말하기를, 아무쪼록 별대관(別代官)과 상의하여 대마도 본국에서 후추(胡椒)를 조달하면 이자(利足)를 추가하더라도 변제(返弁) 가능하다고 말함.

㉢ 내일 이대관(二代官) 쪽이 가격(直段) 등을 특별히 협의하도록 하라고 말함.

위와 같이 '경보(敬甫) 황첨정(黃僉正)'이라는 조선 역관이 서울에서 후추(胡椒)와 주홍(朱) 등을 조달하여 동래(東萊)로 내려보낸 것을 놓고, 양측이 가격 협상 중이었다(1751.1.21.). 이튿날 1월 22일에는 다시 후추(胡椒), 단목(丹木), 주홍(朱)의 가격(直段)을 놓고 협상이 이어졌다. 이날 이대관(二代官) 쪽으로 경보(敬甫)를 불러서 가격(直段)을 협의해 보았더니, ㉠ 후추(胡椒)는 1,000근에 10관목(貫目)보다 낮은 가격으로는 결코 거래할 수 없으며, ㉡ 단목(丹木)은 1근에 12문(匁), ㉢ 주홍(朱)은 1근에 160문(匁)으로 교환할 것이고, ㉣ 대금으로는 공목(公木)을 1속에 370문(匁)을 받아야겠다고 말하였다.

위와 같이 경보(敬甫) 황첨정(黃僉正)이 제시한 가격에 대하여, 왜관 측은 그것이 너무 비싸다고 판단하고 있었다. "공목(公木)의 가격(定直)으로 30목(目)이면 후추(古升)는 몹시 값이 비싸다(高直)."고 하면서, 이 가격 수준으로는 일본 쪽이 크게 손실(損失)을 입게 될 것으로 보는 입장이었다. 그래서 양측이 합의를 보지 못하였다. 더 협의해 보았어도 합의에 이르지 못했다고 한다.

이러한 시점에서 때마침 대마도에서 왜관으로 들어오는 비선(飛船)의 모습이 포착되었다고 관수에게 보고가 들어갔다. 그 비선을 통해서 후추(古升)가 왜관에 전달이 될지도 모른다고 판단했던 왜관 측은 우선 이날 경보(敬甫) 쪽과 진행 중이었던 가격 협상을 일단 보류하기로 했다.

그런데 1월 22일 후추(古升) 1,300근이 비선 편에 대마도에서 왜관으로 전달되었음이 확인되었다. 왜관의 위쪽에서 비선 4척이 모습을 보였다고 관수에게 보고되었는데, 이 비선에 실린 후추 등이 왜관에 전달되었다. 즉 후추(胡椒) 1,300근과 은(御銀) 10관목(貫目)을 왜관으로 운반하는 사스나 비선(佐須奈飛船)이 이날 유시(酉之刻) 무렵 왜관에 도착하였다.[368]

왜관 측은 대마도에서 후추(胡椒) 등을 운반해 오는 방안과 함께, 경보(敬甫) 황첨정(黃僉正)이라는 조선 역관을 통해서 조선 국내에서 후추(胡椒)와 주홍(朱), 단목(丹木) 등을 조달하는 방안을 동시에 추진했었다. 그런데

368) 《(館守) 每日記》 寛延 4년(1751) 1월 22일.

1751년 1월 21일과 22일 조선 역관을 통해 조달한 후추(胡椒), 주홍(朱), 단목(丹木) 등에 대한 가격 협상을 펼치던 바로 그때, 공교롭게도 1월 22일 대마도에서 왜관으로 들어오는 비선(飛船) 편에 후추(胡椒) 1,300근이 실려 있었다. 그래서 조선 역관이 조달했던 후추를 이제는 반환해야 할 상황이 벌어지고 말았다. 이 문제를 왜관 측이 어떻게 처리했는지는 《(관수) 매일기》를 통해서 확인할 수 있다.[369]

〈사료 4-7〉

- 어제(1.22.) 후추(胡椒)가 (대마도에서 왜관으로) 전달이 되었기에, 이제는 전달되지 않은 단목(丹木)과 주홍(朱)만 조달하면 되겠다고 말했더니,
- 경보(敬甫)에게 통사들이(通詞中) 임무를 맡겨서 원로(遠路)에서 일부러 가지고 내려온 물품이기에, 지금 그 약속을 이행하지 않으면 일이 몹시 난처해지게 될 것인 바,
- 아무튼 통사들에게 얘기해야 할 것이며, 일이 잘못되어서 후추(古椒)를 조달하지 않는다면, 단목(丹木), 주홍(朱)도 판매하지 않을 것이라고 말하였으며,
- 통사들에게도 후추(古椒)를 조달해야 한다고 말하였는데, 몹시 난처한 입장에 처하게 되었으며,
- 게다가 (敬甫에게) 가장 먼저 임무를 맡겨서 일부러 원로(遠路)에서 가지고 내려왔건만, 이제 와서 약속을 이행하지 않는다면, 이것 역시 앞으로 어떤 어려움을 초래하게 될지,
- 가장 먼저 당연히 면목(面目)이 서기 어려울 것임을 말하였음.
- 그런데 주홍(朱), 단목(丹木)을 조달하지 않으면, 후추(古椒)를 대마도 본국에서(御國) 보내오더라도, 이미 봉진연(封進宴)이 성립되지 못하니, 이때 경보(敬甫)가 힘을 써준 공로가 없었더라면 이루어지기 어려운 일이었다고 해야 할 것인 바, 우선 어떻게든 타일러서 주홍(朱),

369) 《(館守) 每日記》 寬延 4년(1751) 1월 23일.

단목(丹木)을 (일본 측에) 판매하도록 유도해보라고 특별히 말을 했더니,

- 통사(杉原四郎兵衛)가 (조선 역관 집무실인 任所가 있는) 사카노시타(坂之下)로 가서 협의하고 나서, 단목(丹木), 주홍(朱)만 판매하도록 말하여, 즉시 통사옥(通詞屋)까지 들여보내(入送) 각각 수취(受取) 하였음.

- 위 봉진물(封進物)이 마련되었으니, 곧장 봉진연(封進宴)을 개최할 수 있게 일자를 오는 28일, 29일 양일 중에서 협상하라고 (관수가) 도선주에게 전달했는데,

- 훈도가 말하기를, "위의 양일은 동래부사에게 일이 있어서 연석에 나아가는 것이 매우 어려우니, 아무쪼록 27일로 정해달라."고 하였음.
- 27일은 이쪽(일본—인용자)에서도 (봉진연) 준비가 가능할지 알 수가 없지만, 그렇다면 27일로 말해 보도록 그대로 전달했는데,
- 훈도가 별차 쪽에 문서(書付)를 보내서 상의하게 하고 나서, 별차가 아비루 타로(阿比留太郎八) 쪽으로 갔더니, 27일은 부산첨사에게 일이 있는 날이었는데도, 훈도가 미처 이를 파악하지 못하고 그대로 정하였기에, 양역이 크게 놀라서 어떻게든 26일로 날을 잡도록 다시금 부탁하여 점점 일이 꼬이게 되었음.
- 정관(正官)이 있는 곳까지 가서, 훈도가 부디 (26일로 하자고) 부탁한다고 전하자, 관수(원문은 拙者)가 말하기를, "(합의된 날짜를 바꾸는 것은) 사리에 맞지 않는 일(不届千万)"이라고 하였음.

- 정관인을 비롯하여 통사들과 협의를 거친 뒤, (관수가) "특별히 배려하여 26일로 (봉진연) 일자를 정하기로 하였으니, 앞으로는 신경을 쓰도록 하라고 꼭 전달하라."고 말하고, 26일로 결정하였음.
- 위의 봉진물(封進物) 중 후추(胡椒)는 밤에 대마도 본국에서(御國) (왜관으로) 전달이 되었고, 주홍(朱)과 단목(丹木)은 통사들이(通詞中) 힘을 써서 경보(敬甫) 황첨정(黄僉正) 쪽에서 (일본이) 매입(買入)하여 갖추었음.

3. 봉진물(封進物) 공로 포상

《(관수) 매일기》 1751년 5월 4일 기사를 살펴보면 매우 주목되는 내용이 실려 있다. 시기적으로 동년 5월 4일은 경오조(1750) 일특송사의 도선주 이하 원역들이 대마도의 후츄(府中)에 도착한 5월 1일에서 나흘째가 되는 때이다. 즉 일특송사와 관련된 외교와 무역 업무가 종료된 직후에 작성된 내용이라는 점에 대하여 먼저 주의를 기울일 필요가 있다.

이 기사의 핵심은 왜관의 일본인들이 일특송사의 봉진물 조달에 협력했던 조선 역관 '경보(敬甫) 황첨정(黃僉正)'의 공로에 대하여 자세하게 적어 놓았다는 점이다. 전에 없던 보기 드문 사례이므로, 아래에 그 내용을 간추려서 소개하고자 한다.370)

〈사료 4-8〉

㉠ (왜관의) 아래쪽(下之口) 쪽에서 대선(大船) 1척이 모습을 보였다고, 해안 경비(船見) 쪽에서 (관수에게) 보고함.

㉡ 위는 공작미 운반선(御米漕, 伊勢丸, 船頭久保仲右衛門)이 황동(荒銅)을 나누어 싣고(積分) 오늘 관소(關所) 검문검색(改出) 후 출범(出帆)했다가, 당일(卽日) 신시(申刻) 무렵 이상 없이 왜관에 도착(館着) 하였음.

㉢ 또한 (관수가) 지난번에 도항(乘渡) 지시를 내림.

㉣ 위 선편으로 (대마도 본국에서 왜관 측에) 지시하기를, 거년조(1750) 일특송사 봉진물(封進物) 중 후추(胡椒) 반환(差返)과 관련하여, 통사들이(通詞中) 힘을 썼기에 포상으로(御賞) 백미(白米) 3가마니(俵)씩을 내려주기로 지시를 하였으며, 이에 준자부로(俊三郎)를 불러서 위의 취지를 전달하였음.

㉤ 더욱이 시로베에(四郎兵衛)와 관련해서는 지난달 22일(4.22.) 귀국(歸

370) 《(館守) 每日記》 寬延 4년(1751) 5월 4일.

國) 지시를 받았는데 이때 건너가지 않았음.

ⓑ 또한 경보(敬甫) 황첨정(黃僉正)은 위 일건과 관련하여 (왜관 측을 위해) 힘을 써주었다고 들었기에, 공목(公木) 5속(束)을 내려주라고 지시한 바 있으니, 이것 또한 통사들에게 전달하라고 말하였음.

〈사료 4-9〉

백미(白米) 3가마니씩
통사(通詞) 아비루 준자부로(阿比留俊三郎)
스기와라 시로베에(杉原四郎兵衛)

위는 경오조(1750) 일특송사 봉진물 중에서 후추(胡椒)가 부족하여 (일특송사) 체류 기한 만료 때까지 봉진연(封進宴)이 개최되지 못하자 서울(都)에서 엄중 독촉이 있었는데, 위 두 사람이 경보(敬甫) 황첨정(黃僉正)과 상의하여, (후추) 1,000근을 (서울에서) 조달해서 (동래로) 내려보내(調下) 봉진연이 개최될 수 있게 힘을 썼으며, 그 밖에 주홍(朱), 단목(丹木) 이것 또한 부족했는데, 황첨정(黃僉正)과 상의하여 조달해냈음. 더욱이 후추(胡椒)와 관련해서는 (동래로) 내려오기 전날(前日) 이쪽에서(爰元—일본) 조달을 하게 되어 저쪽(彼方—조선)에서 조달한 후추(胡椒)는 반환(差返) 하도록 했는데, 이것 역시 비용이 적게 들도록 황첨정(黃僉正)이 납득할 수 있게 해서 반환하는 등 각별히 힘을 써 주었기에, 이에 상을 내리는 바이며(御賞賜), 위와 같이 (통사 2명에게 백미 3가마니씩을) 주도록 함.

〈사료 4-10〉

공목(公木) 5속(束) 경보(敬甫) 황첨정(黃僉正)

> 위 일건과 관련하여, 서울에서(都表) 후추(胡椒) 1,000근 외에 주홍(朱)과 단목(丹木)을 조달해내서, 일특송사 봉진연(封進宴)이 막힘이 없이 개최될 수 있는 상황에 이르도록 힘을 써주었으며, 왕복 운반 비용(往還路費物入) 등이 소요되었는데, 이를 보상하도록 하고자(償用), 위와 같이 (경보 황첨정에게 공목 5속을) 주도록 함. 이상. (공목 5속은 250필—인용자)

위의 〈사료 4-8〉부터 〈사료 4-10〉까지 제시된 내용을 통해서, 조선 역관인 '경보(敬甫) 황첨정(黃僉正)'이 경오조(1750) 특송사(特送使)의 진상물(봉진물) 조달에 협력하였음이 확인되었다. 그가 서울에서 조달해서 동래로 내려보낸 것은 ㉠ 후추(胡椒) 1,000근과 ㉡ 단목(수량 未詳), 그리고 ㉢ 일본 주홍(大和眞朱, 日本朱, 朱) 3근이었다. 그에 대한 공로가 인정되어 왜관의 관수가 대마도 본국의 지시를 받아서, '경보 황첨정에게 공목 5속(250필)을 조달 비용에 대한 보상으로서 지급하기로' 하였음이 《(관수) 매일기》를 통해서 입증되었다. 다만 그가 어떤 경로를 통해서 후추와 단목과 주홍을 입수할 수 있었는지에 대해서는 기록이 없어서 자세하게 알 수 없다.

1750~51년에 걸쳐서 전개되었던 조선 역관에 의한 연례송사(特送使) '봉진물(封進物)'의 조달은 역사적으로 어떤 의미를 지니는 것일까? 후추(胡椒)와 단목(丹木, 이를 蘇木으로 적기도 함)이 일본 국내에서는 산출되지 않았기 때문에, 일본이 그것을 나가사키(長崎)에서 조달하여 조선으로 가져왔다는 점은 기존 연구에서도 밝혀졌다. 후추는 약재(藥材) 또는 식재료(食材料)로서, 그리고 단목은 염료(染料)로서 조선 초기부터 사용되고 있었다는 점에 대해서도 이미 밝혀졌다. 그리고 대화진주(大和眞朱) 또는 일본주(日本朱) 등으로 기록된 주홍(朱紅)은 일본 특산품(特産品)이었는데, 조선 왕실에서 이것이 진중(珍重)한 물품으로 활용되었음이 최근 연구를 통해서 밝혀졌다.

그렇지만 앞의 〈표 4-2〉와 〈표 4-7〉에서 보았듯이, 특송선(3척)에 의하여 ㉠ 후추(胡椒) 1,500근과 ㉡ 단목 2,100근, 그리고 ㉢ 일본 주홍(大和眞朱, 日本朱) 6근이 경오조(1750) 특송사에 의해서 조선 측에 전달되었어야 했는데도, 실제로는 그것이 제대로 이루어지지 못했었다. 그래서 관수(館守)는 대마도 본국에 위의 봉진물을 왜관으로 보내 줄 것을 여러 차례 요청하였다. 그렇지만 그것이 원만하게 조달되지는 못했다. 그러자 왜관 내부에서 논의를 거듭한 끝에, 결국 일본 측이 조선 역관의 힘을 빌리기로 했다. 이것은 전례가 없는 일이어서 당시 왜관에서도 꽤 중요하게 다루어진 문제였다.

그런데도 아직까지 이에 관한 연구를 찾기 어렵다. 따라서 앞으로 이 문제를 더 깊이 있게 고찰할 필요가 있음은 물론이다. 아울러 왜관 측의 봉진물 긴급 조달에 개입하게 되었던 '경보(敬甫) 황첨정(黃僉正)'이라는 인물에 대해서도 치밀한 분석이 필요하다. 현재로는 《전객사별등록》에 나오는 '별차(別差) 황하성(黃夏成)'이 '경보(敬甫) 황첨정(黃僉正)'이 아닐까 짐작해 볼 뿐이다.[371] '별차(別差) 황하성(黃夏成)'에 대한 기록은 앞으로 더 조사해야 하겠지만, 《전객사별등록》 신미(1751) 7월 15일 기사에 따르면, "장기현(長鬐縣)의 표류민(漂流民)에 대한 문정(問情)을 지체(遲滯)한 것 때문에, '훈도 현태익과 함께 별차 황하성 등을 수영(水營)에 잡아다가 곤장을 치도록 하라'고 했다."는 기록이 확인되는 정도이다.[372]

《조선시대 잡과합격자 총람》에 따르면 황하성(黃夏成)이 1720년 식년시(式年試)에서 '잡과(雜科)' 왜학(倭學)에 입격(入格)한 것으로 되어 있다. 그의 출생 연도가 1695년이므로 1750~51년 시점에서 그는 55~56세가 되었을 것이다.[373] 게다가 잡과(왜학) 입격 후 30년이 넘었으며, 게다가 그가 별차(別

371) 《典客司別謄錄》 제7책 경오 12월 12일(서울대학교 규장각한국학연구원); 《국역 전객사별등록(Ⅳ)》(부산사료총서 19), 부산광역시사편찬위원회, 2012, 199쪽, 428쪽.

372) 《典客司別謄錄》 제8책 신미 7월 15일; 《국역 전객사별등록(Ⅳ)》(부산사료총서 19), 222-223쪽, 458쪽.

差)를 맡고 있었을 때였다. 이런 점을 고려한다면 그가 왜관의 일본인들이 긴급하게 필요로 하고 있었던 특송사 봉진물(胡椒, 丹木, 日本朱)의 조달에 협력할 수 있는 조건을 충분히 갖추었다고 관수 이하 왜관의 일본인들이 판단하였을 것으로 짐작된다. 이 문제는 앞으로 추가 연구가 필요한 주제라고 생각한다.

〈부표 4-1〉 일특송사 다례(茶禮) 일자를 둘러싼 협상(1750.8.14.~10.1, 47일간)

연번	월일	주요 내용	전거
1	8.14.	• 도선주(都船主)가 관수에게 가서, 다례(茶禮)를 어느 날로 잡을지 여쭈었더니, - 오는 24일과 다음 달 초하루(9.1)를 가지고 (조선 측과) 교섭하라고 말함	特
2	8.14.	• 일특송사 도선주(松原彌三郞)가 (관수 쪽으로) 들어와서, - 하루 이틀 사이에 양역(兩譯)을 대면(對面) 하러 갈 때 다례 날짜 잡으려 하는데, 언제쯤으로 하면 좋을지 (관수에게) 물었음 - (관수가) 오는 24일로 하되, 만일 이 날짜가 저쪽(조선—인용자)에서 지장이 있으면, 다음 달 초하루로 얘기하라고 전달함	館
3	8.15.	• 千秋丸(船頭 阿比留幸右衛門)과 今宮丸(船頭 扇仁右衛門)에 선적하여 싣고갈 공작미의 공작미 포장작업(御米結)을 내일 아침부터 하라고 (관수가) 지시하였음을 선두(船頭)에게 알림	館
4	8.17.	• 훈도(仲擧 玄僉知)와 별차(盛哉 韓判事)가 通詞(阿比留俊三郞, 杉原四郞兵衛)를 대동하여 도선주(都船主) 쪽으로 들어가서 축하 인사(祝詞) 전달 - 다례 일자를 양일(8.24. 또는 9.1.) 중에서 하루를 정하면 좋겠다고 했더니, - 동래부사가 병중(病中)이라 24일까지는 어쩔지 모르겠고, 서로 상의 후 답하겠다고 말함 • (왜관 측이 양역에게) 요리를 내놓음(吸物 3, 重引小皿盛 2, 挾肴, 素麵)	特
5	8.17.	• 일특송사 도선주(松原彌三郞)와 (관수 쪽으로) 들어와서, - 오늘 양역이 첨관들과 대면하러 왔기에, 전에 말씀드린 대로 다례 날짜를 8월	館

373) 그런데 《朝鮮時代 雜科合格者 總覽》에는 黃夏成의 字가 '大而'로 되어 있다. 그리고 黃씨 姓을 가진 잡과 합격자 중에서 '敬甫'라는 字를 가진 사람은 없다. 따라서 황하성이 '대이' 외에도 '경보'라는 字를 쓴 것으로 가정한다면, 일본 기록에 등장하는 '敬甫 黃僉正'을 《조선시대 잡과합격자 총람》의 '황하성'과 동일인으로 간주해도 되지 않을까 생각한다. 李成茂·崔珍玉·金喜福, 《朝鮮時代 雜科合格者 總覽—雜科榜目의 電算化》(고전자료총서 90-6), 한국정신문화연구원(현 한국학중앙연구원), 1990, 618-619쪽.

연번	월일	주요 내용	전거
		24일과 9월 1일 얘기했더니, - 양역이 말하기를, 요즘 동래부사가 병이 나서 나중에 답을 하겠다고 함	
6	8.21.	• 별차가 아비루 준자부를 대동하여 도선주 쪽으로 들어가서 말하기를, - 동래부사가 병중이라 24일까지는 어렵겠고 다음 달 4일 사이에서 하루를 잡으면 어떨지 제안 - 정관인 쪽에서는 茶禮 날짜를 다음 달 7일로 하면 어떨지 제안 • (별차가) 동래부사와 부산첨사에게 전달하겠다고 말하고 돌아감 • (왜관 측이) 별차에게 요리를 내놓음(吸物 2, 小皿盛, 挾肴, 素麵, 銘銘菓子) • 도선주(都船主)가 관수(館守)에게 가서 위 사실을 보고	特
7	8.26.	• 千秋丸과 今宮丸이 오늘 아침 (공작미 싣고) 출범했다고 해안 경비(嶋番)가 (관수에게) 보고	館
8	8.27.	• 양역 쪽에서 소통사 통해서 말하기를, - 茶禮를 오는 초하루(9.1.)로 조정하는 방안을 보고했더니, 동래부사의 병(東萊病氣)이 지금 완쾌되지 않아 어렵겠고, 7일에는 어떻게든 정리해 볼 것이라고 말하자, - 도선주가 7일로 틀림없이 조정되도록 해 달라고 답변함	特
9	9. 3.	• 훈도가 통사(杉原四郎兵衛, 小田四郎治) 대동하여 도선주 쪽으로 들어가서 말하기를, - 다례를 7일로 하는 것은 동래부사가 다시 병이 나서 어렵겠다고 말함 • 당년 첫 번째 연석(宴席)이기도 하니, 오는 11일, 16일 이틀 중에서 정하면 어떨지 제안 - 그대로 동래와 부산에 전달하기로 하고 돌아감 • (왜관 측이 훈도에게) 요리 내놓음(吸物 2, 猪口盛, 挾肴, 素麵, 茶菓子) • 도선주(都船主)가 (관수에게) 가서 위 사실을 보고	特
10	9. 9.	• 별차가 (왜관으로 들어가서) 동래부사 병이 아직 낫지 않아 11일까지는 나가기 어렵고, 16일은 말씀드려 보겠다고 말함 • 이를 (일특송사) 정관(正館)에게 전달하겠다고 답변하자 (별차가) 돌아갔으며, 곧장 정관인(正官人)에게 전달하고, 관수(館守)에게 가서 보고	特
11	9.11.	• 훈도가 (왜관으로 들어가서) 동래부사 병세가 좋아져서 13일로 조정될 것 같다고 말함 • 정관인도 관수도 지장 없다고 하여 다례 일자가 13일로 정해지자, 크게 기뻐하며 인사를 하고 돌아감 • (왜관 측이 훈도에게) 요리 내놓음(吸物 3, 小皿盛, 挾肴, 素麵, 鉢肴)	特
12	9.13.	• 별차가 (왜관으로 들어가서) 동래부사 병이 밤에 재발하여 근일(近日)은 나갈 수 없을 듯하니, 송구하지만 연기를 요청한다고 말함 • 도선주(都船主)가 관수에게 가서 위 사실을 보고함	特
13	9.22.	• 별차가 통사(杉原四郎兵衛, 松本善左衛門)를 대동하여 (왜관으로) 들어감	特

연번	월일	주요 내용	전거
		• 도선주가 말하기를, 동래부사의 병 상태가 어떤지 묻고 나서, 조금 나아졌다면 빨리 다례 일자를 조정하고 싶다고 말하자, • 별차가 답하기를, - 우리들도 그것이 계속 연기되어 안타깝게 생각하지만 어쩔 수가 없다고 하면서, - 병세가 조금씩 나아지고 있으므로 근일 중으로 가부간 답변을 드리겠다고 말함 • (왜관 측이 별차에게) 요리를 내놓음(吸物 2, 小皿盛, 取肴, 銘銘菓子_ • 도선주(都船主)가 관수에게 가서 위 사실을 보고함	
14	9.27.	• 훈도가 통사(杉原四郎兵衛) 대동하여 도선주 쪽으로 들어가서 말하기를, - 동래부사가 점점 건강이 나아지고 있으니, 빨리 다례 일자를 조정하고 싶다고 하자. • 이를 정관(正官)에게 전달하고, 관수(館守)에게 보고했더니, - 다음 달 초하루(10.1) 지장이 없겠다고 말하자, • 훈도에게 10월 1일로 다례 일자를 조정하자고 전달 • (왜관 측이 훈도에게) 요리 내놓음(吸物 2, 素麵, 挾肴, 臺菓子) • 도선주(都船主)가 관수에게 가서 위 사실을 보고함	特
15	9.29.	• 양역이 소통사를 통해서 초하루(10.1.) 다례 일자 정하자고 도선주 쪽에 제안 • 내일 말씀드리려 했으나, 미리 알려드린다고 말하고 돌아감	特
16	9.30.	• 별차가 통사(杉原四郎兵衛, 大束孫七) 대동하여 도선주 쪽으로 들어가서 말하기를, - 드디어 내일 다례 거행하기로 했기에 이를 알리려 왔다고 말함 • (왜관 측이 별차에게) 요리 내놓음(吸物 2, 小皿盛, 鉢肴, 臺菓子) • 도선주(都船主)가 관수에게 가서 위 사실을 보고함 • 연석(宴席) 때마다 정관인(正官人) 쪽에서 横目方과 代官方에 알려서, - 武器, 侍奉伴人의 복장(青襖, 烏帽子) 등 준비하게 하고, - 封進役人이 代官方으로 가서 이를 받아옴	特
19	9.30.	• 일특송사 도선주가 (관수에게) 가서, - 드디어 우리들 다례를 내일로 하기로 한다고 양역이 알려 주어서, 즉각 横目方에는 行規人 등을 보내고, 代官方에는 人夫 등을 준비하라고, 두 곳에 모두 문서로 전달함 • 양역이 소통사 통해 일특송사 다례를 내일로 정했다고 (관수에게) 알림	館
20	10. 1.	• 다례(茶禮)와 관련하여 도선주(都船主)가 관수(館守)에게 가서 (대마도주의) 서계(御書翰) 1상자를 받침대와 함께 받아와서, (일특송사) 정관인(正官人) 쪽에 가져다 놓았음	特

자료 : 特은《一特送使記錄》寬延 2년(1749)~寬延 4년(1751), 국사편찬위원회 대마도종가문서 DK 2155; 館은《(館守) 每日記》(일본 국립국회도서관 소장)

〈부표 4-2〉 일특송사 봉진연(封進宴) 일자를 둘러싼 협상(1750.10.9.~1751.1.25, 106일간)

연번	연	월일	주요 내용	전거
1	1750	10. 9.	• 별차가 도선주(都船主) 쪽으로 가서 말함 - 근일중(近日中) 봉진연(封進宴) 준비하시기 바라며, 봉진연 일자를 정해주길 부탁함 • 도선주가 말하기를 정관인(正官人)이 병이 나서 근일에는 연석(宴席) 개최가 어렵다고 답변함 • (별차와) 배사(盃事)를 함(吸物 3, 小皿 2, 挾肴, 素麵, 臺菓子) • 위의 답변과 관련하여, - 전에 관수 쪽에서 "이번 별폭 중에서 부족한 물품이 있는데, 대마도 본국에서(御國) 도래(到來) 하지 않는 한, 봉진연(封進宴)이 개최될 수 없겠다"고 말하신 적이 있는데, - (일특송사) 정관(正官) 쪽에서 전부터 도선주에게 말해 두었고, - 위와 같이 답변하기로 관수에게 도선주가 가서 자세하게 말씀을 드렸더니, "과연 위와 같은 취지로 답변하는 것이 좋겠으며, 근일(近日) 양역이 독촉을 한다면 위의 취지대로 답변하라"고 (관수가) 말함	特
2		10. 9.	• 일특송사 도선주(松原彌三郞)가 (관수 쪽으로) 와서 - 양역이 말하기를, 추위가 오기 전에 (봉진연) 날을 잡도록 요청하였다고 보고함 • (왜관 내부에서는 봉진물(封進物) 중 후추(胡椒)가 아직 마련되지 않아 어려움이 있었음) - 대선(大船)이 겨우 1척이 있고, 비선(飛船) 2척을 증편하더라도 인부(人夫)가 모자라는 상황이었음 - 첨관들이 답변하기를, 다례 일자를 잡기에 일자의 여유가 없고, 정관인(正官人)도 요즘 병이 났으니, 근일 안으로는 어렵겠다고 말함 - 후추(胡椒)와 관련해서는 전임 관수(古館守) 쪽에서도 지시하였고, 대관 쪽에서도(代官方) 매번 말한 것을 들었음 - 관수(拙者)가 말했듯이, 바다를 건널 선박이 있으면 어떻게든 (대마도 본국에) 보고를 해야 한다고 생각함 - 우선 예비 선박의 입선(入船)을 기다리고 있으니, 아무쪼록 빨리 전달이 될 수 있게 해야 함	館
3		10.25.	• 대마도로 돌아가는 비선(飛船) 편에 "일특송사 봉진물 후추(胡椒)가 아직 왜관에 전달되지 않았음"을 보고	館
4		11. 9.	• 개시(開市), 조시(朝市)에 가지고 오는 물건값이 비싸지고 있음(高直) • 한번 비싸게 조달하면 대부분은 그것이 정해진 값이 되어버림	館
5		11.26.	• 통사(阿比留傻三郞, 益之進)가 가지고 왔던(持渡) 규외의 서계(別書契)를 (동래부에서) 조선 조정에 아뢰었더니(啓聞) 그에 대한 회답이 내려왔음(回下) - 밤에 동래에 전달되었는 바, "이번에는 (동래부가 이미) 받았으므로 (조정에	館

연번	연	월일	주요 내용	전거
			서 이를) 받아들이겠지만, 앞으로는 그러한 규외의 서계는(規外之書契) 받지 않도록 하라"고 동래에 하달되었음을 양역이 (왜관 측에) 말함	
6		12.13.	• 일특송사 봉진연(封進宴)이 계속 연기되고 있음 • 지난번부터 여러 차례 양역이 말했지만, 봉진물(封進物) 중 후추(胡椒)가 부족(不足)하여, 정관(正官)이 병이 났다고 둘러대고, 오로지 후초가 (대마도에서 왜관으로) 전달되기만을 기다리고 있었음 • 동래(東萊)에서도 위의 봉진연이 계속 연기되고 있어서, '만송원송사(萬松院送使) 봉진연을 먼저 실시할 것'을 동래에서 (왜관 측에) 요청함 • 관수가 이 제안에 대하여 생각해 보았는데, - 팔송사(八送使) 연석(宴席)은 선후(先後)의 순서가 있으므로 쉽게 앞뒤를 바꾸는 것(變通)은 있을 수 없지만, 일특송사를 언제까지고 연기하게 되면 만송원송사 봉진연도 계속 지체될 것인 바, 조선(外向)의 요청에 따라서 이번 만송원송사 봉진연을 먼저 하더라도 지장이 없을 것으로 판단 - 선례(先例)를 검토해 보았는데, 이에 관해 아는 사람도 기억하는 사람도 없어서, 역인(役人)들과 상의해보았더니, 관수가 생각하는 것과 같아서, - 관수가 양역과 도선주를 불러서 위의 내용을 전달하고, 근일 중 (봉진연) 일자를 잡기 위해 협의하라고 (관수가 관계자들에게) 지시함	館
7		12.15.	• 만송원송사(萬松院送使) 도선주(古川金左衛門)가 (관수에게) 와서, - 봉진연(封進宴) 일자를 내일로 정하자고 양역에게 제안하려 한다고 말함	館
8		12.18.	• 대마도에서 동래로 보낸 교역 관련 서계(遣東萊 告交易書)	館
9		12.24.	• 별대관방 쪽에서 인삼(極上上) 15근 13문(匁) 1상자를 보냄 • 위 비선(飛船) 편에 아래 내용을 대마도 본국에 보고 - 후추(胡椒)가 아직 전달되지 않은 일 - 만송원송사 봉진연을 일특송사보다 먼저 하기로 한 일	館
10	1751	1.12.	• (관수가) 이대관(二代官)과 통사(阿比留俊三郞)에게 아래 내용을 전달 - 일특송사 체류 기한이 (1월) 21일로 만료되는데, 지금까지 상황으로 보면 기한 내에 후추(胡椒) 전달할 수 있을지가 염려되며, - 이제까지는 (일특송사) 정관의 병을 이유로 연기해 왔으나 이미 기한이 만료되었으니, - 각 역인들이 양역에게 현재 실정(實情)을 설명하고 상담하여 어떻게든 양역이 힘을 써보도록(相働見候様) 할 것	館
11		1.15.	• 오늘 밤 통사(杉原四郞兵衛)가 (관수에게) 와서 양역이 (왜관에) 올 것이라고 전하자, (관수가) 어떤 일로 오느냐고 물었더니, - 일특송사 봉진물(封進物)이 아직 마련되지 않아서 이 상태로는 체류 기한 내에 봉진연(封進宴) 거행을 생각할 수도 없으니, - 관수(館守) 쪽에서 대마도 본국으로(御國) 통사(阿比留俊三郞)를 비선 편에 보내면 어떨지 제안	館

연번	연	월일	주요 내용	전거
12		1.17.	• 별대관(別代官) 쪽에서 인삼(極上之人參) 18근 1상자, 동 16근 50문(匁) 1상자를 보내고자, 2척(豊村船船頭 嘉右衛門, 佐須奈村船 船頭 福左衛門)에 나누어 싣고, 오늘 아침 출범(出帆)하게 함 • 위 비선 편에 일특송사 봉진물(封進物) 아직 전달되지 않았음을 대마도 본국에 보고	館
13		1.18.	• 양역이 소통사를 통해서 - 차비관(馳走譯) 대래(大來) 최판사(崔判事)라는 사람이 (동래부로) 내려왔음을 관수에게 알람(正官人, 都船主 쪽에도 전달)	特
14		1.18.	• 일특송사 차비관(馳走譯) 중강(仲綱) 정판사(鄭判事)가 어제(1.17) 동래(東萊)까지 내려왔으며(下府), 오늘 개시(開市)가 있어서 양역(兩譯)이 왜관에 들어갔음을(入館) 소통사를 통해서 (관수 측에) 알림	館
15		1.19.	• 일특송사 도선주가 관수에게 가서 말하기를, - 차비관(馳走譯)이 (동래로) 내려왔다고 양역이 말했는데, - 당장 대면을 해야 할 테지만, 아직 봉진연(封進宴) 협상이 진행 중이고, - 특히 정관(正官)이 병이 났다고 (조선 측에) 말해 놓았으니, 대면을 할 수도 없으니, - 이번 일은 전례가 없으니 어찌해야 할지를 (관수에게) 문의함 • (일특송사) 체류 기한도 만료가 될 터인데, 어떻게 해야 할지 고민도 되겠지만, 이미 (대마도로) 배가 들어갔으니 (봉진물 속에 들어 있는) 물품들이 (왜관으로) 전달이 될 것인 바, 통사 쪽에서 좋은 방안을 마련해 보도록 하라고 지시	特
16		1.21.	• 오늘로 (일특송사) 체류 기간이 만료됨을 도선주가 관수에게 가서 보고	特
17		1.21.	• 통사(阿比留俊三郎, 杉原四郎兵衛)가 (관수에게) 와서 말하기를, - 후추(胡椒), 단목(丹木), 주홍(朱)과 관련하여 부탁해 두었던 경보(敬甫) 황첨정(黃僉正)이 지금 급하게 왜관으로 들어와서 말하는 바, - 일특송사 체류 기한도 오늘까지 만료되기에, 양역이 (동래부사에게) "봉진물(封進物)을 실은 선박이 파선(破船)을 당하여 운송이 늦어지고 있다"는 취지로 수본(手本)을 하였더니, - 동래부사가 크게 화를 내며, "전에는 정관(正官)이 병이 났다고 말하더니, 지금은 봉진물 선적한 배가 파선되었다는 식으로 말하니, 일본인(日本人)한테 기만을 당한 것이며, 이미 체류 기한이 초과될 때까지 봉진연석(封進宴席)도 마치지 못하였으니, 그 사람들이(일본인—인용자) 몹시 무례하다(不届千万)."고 말하였다 함 - 따라서 내일은 내일이므로 반드시 계문(啓聞)하여 그 사람들에게도 꼭 죄과(罪科)를 묻도록 하겠다고 (동래부사가) 말하였기에, (양역이) 동래부사 면전에 나타나는 것도 피하고 있다고 말하였음 • 그런데 경보(敬甫)가 전부터 부탁해 두었던 3품(후추, 단목, 주홍—인용자)	館

연번	연	월일	주요 내용	전거
			의 봉진물(封進物)과 관련하여 아래와 같이 말하였음 - 특히 후추(胡椒)는 (요구) 수량이 많아서(優數) 조달하기 어려운 물품임 - 훈도는 일본 판사(日本判事)와 (업무상) 한 몸의 위치에 있기에, 양국 관계에 막힘이 생기는 것을 중요하게 생각하여 여러 가지로 마음을 쓰고 있는데, (봉진물의) 부족한 부분을 겨우 조달하여 서울(都)에서 가지고 내려왔음 - 주홍(朱)은 3근을 조달해서 지금 1근이 부족하지만, 이 정도는 부산의 역인(釜山役人)에게 어떻게든 잘 협의해 보도록 하겠다고 말하였음 • 그런데 본건은 본인(拙者—관수)이 쉽게 결정할 것이 아니며, 바깥(조선—)에서 이러한 물품을 조달한 사례도 알고 있지 못함 - 물론 본인(拙者—관수)도 같은 생각이어서 (조선 역관의 도움을 받아) 조달하기로 결정하였는데, 후추(胡椒) 가격(直段)이 1,000근에 10관문(貫匁) 정도라고 하니 값이 비싼 바(高直), - 지상관(知商官, 春日龜久右衛門)이 말하기를, 아무쪼록 별대관(別代官)과 상의하여 대마도 본국에서 후추(胡椒)를 조달하면 이자(利足)를 추가하더라도 변제(返弁) 가능하다고 말함 - 내일 이대관(二代官) 쪽이 가격(直段) 등을 특히 협의하도록 하라고 말함	
18		1.22.	• 훈도가 통사(阿比劉俊三郎) 대동하고 도선주 쪽으로 가서 말하기를, - 정관(正官)의 병(病) 점차 좋아지면 봉진연(封進宴)을 오는 28일, 29일 중에서 잡으면 좋겠다고 말하였는데, - 훈도의 답변 중에 28일은 부산 쪽에서 지장이 있으니, 아무쪼록 25일이나 27일 중에서 정하면 좋겠다고 말하자, 그렇다면 정관(正官)에게 전달하여 내일 답변을 하겠다고 말함 • (왜관 측이 훈도에게) 요리 내놓음(吸物 2, 小皿, 重引, 素麵, 茶菓子) • 위의 사실을 도선주가 관수에게 가서 자세하게 말함 - (봉진연) 일자에 관하여 여쭈었더니, (관수가) 27일은 어렵겠으니 28일, 29일로 조정하도록 말하였으며, 그것이 안 된다면 다음 달 2일, 3일 중에서 정하라는 취지로 말함 - 차비관(馳走譯)과 내일 대면(對面) 할 것인지를 여쭈었더니, (관수가) 그렇게 하라고 말하였음	特
19		1.22.	• 오늘 이대관(二代官) 쪽으로 경보(敬甫)를 불러서 후추(胡椒), 단목(丹木), 주홍(朱)의 가격(直段)을 협의해 보았더니, - 후추(胡椒)는 1,000근에 10관목(貫目)보다 낮은 가격으로는 결코 거래할 수 없으며, - 단목(丹木)은 1근에 12문(匁), - 주홍(朱)은 1근에 160문(匁)으로 교환할 것이고, - 대금으로는 공목(公木)을 1속에 370문(匁)을 받아야 한다고 (敬甫가) 말하였음 • 그런데 공목(公木)의 가격(定直)으로 30목(目)이면 후추(古升)는 몹시 값이	館

<table>
<tr><th>연번</th><th>연</th><th>월일</th><th>주요 내용</th><th>전거</th></tr>
<tr><td></td><td></td><td></td><td>비싸며(高直), (일본 쪽이) 크게 손실(損失)을 보게 되어 합의가 이루어지지 못하였는데, 더 협의해 보았어도 합의에 이르지 못함
• 때마침 비선(飛船)이 모습을 보였다고 (관수에게) 보고가 들어갔는데, 후추(古升)가 (왜관에) 전달이 될지도 몰라서, 우선 오늘은 경보(敬甫) 쪽과 합의는 이루지 못하였음
- 후추(古升) 1,300근이 비선(飛船)을 통해 (왜관에) 전달됨
• (왜관의) 위쪽(上ノ口)에서 비선 4척이 모습을 보였다고 해안 경비(船見) 쪽에서 (관수에게) 보고함
• 위는 후추(胡椒) 1,300근, 은(御銀) 10관목(貫目)을 왜관으로 운반하는 것과 관련하여 사스나 비선(佐須奈飛船)이 오늘 유시(酉之刻) 무렵 왜관에 도착(館着)</td><td></td></tr>
<tr><td>20</td><td></td><td>1.23.</td><td>• 훈도와 차비관(馳走譯)이 통사(阿比留俊三郎, 杉原四郎兵衛) 대동하여 도선주 쪽으로 가서 서로 인사를 나누고 나서, 훈도에게 말하기를,
- 봉진연(封進宴) 날짜 잡는 것과 관련하여 어제 말한 내용을 정관인(正官人)에게 전했더니, 26일, 27일까지는 이쪽(일본—인용자)에 지장이 있으니, 아무쪼록 28일, 29일로 조정해 주었으면 하고, 간일 그것이 안 된다면 다음 달 2일, 3일 중에서 정했으면 한다고 말했더니,
• 훈도가 답변하기를,
- 28일, 29일은 어느 쪽도 정하기 어려움
- 그렇다고 다음 달 2일, 3일로 하면, 이미 (일특송사) 체류 기한이 만료된 상태에서 또 다시 연기를 하는 셈이 되어, 우리도 몹시 난처해짐
- 아무쪼록 27일로 조정해 줄 것을 거듭 요청함
• (왜관 측에서) 다시 협의해 보겠다는 취지로 말하였음
• (왜관 측이 훈도에게) 음식을 내놓음(吸物 3, 小皿盛, 挾肴, 素麵, 臺菓子)
• 위와 같이 마친 뒤, 도선주가 정관(正官)에게 얘기하고 나서, 관수(館守)에게 자세히 보고했더니, "그렇다면 어렵겠지만 하는 수 없이 26일로 정하도록 하라"고 (관수가) 지시하여 되돌아옴
• 훈도와 차비관(馳走譯)이 정관인(正官人) 쪽으로 가자, (정관과) 동행한 첨관들이(僉官中) 하오리(羽織) 하카마(袴)를 착용하고 나와서 (훈도 등과) 대면하고 서로 인사를 나눔
• 정관인이 훈도에게 말하기를,
- 봉진연(封進宴)을 28일보다 전에는 날짜를 잡기가 어려운 사정이 있기는 하지만, 거듭 말씀하시니, 26일로 바꾸어서 날을 잡기로 하였다고 말하였더니,
• 훈도가 말하기를,
- 26일로 정해주신 취지를 잘 알겠으며 감사하게 생각한다고 하면서,
- 이를 동래와 부산에 아뢰겠노라고 말하였음
• (왜관 쪽이 훈도와 함께) 배사(盃事)를 하였음(吸物 4, 小皿盛 2, 重引, 挾肴, 茶菓子, 臺菓子)</td><td>特</td></tr>
</table>

연번	연	월일	주요 내용	전거
			• 위의 내용을 도선주가 관수에게 가서 보고함	
21		1.23.	• 어제(1.22.) 후추(胡椒)가 (대마도에서 왜관으로) 전달이 되었기에, 이제는 전달되지 않은 단목(丹木), 주홍(朱)만 조달하면 되겠다고 말했더니, - 경보(敬甫)에게 통사들이(通詞中) 임무를 맡겨서 원로(遠路)에서 일부러 가지고 내려온 물품이기에, 이제 와서 약속을 이행하지 않으면(違變) 일이 몹시 난처해지는 바, - 아무튼 통사들에게 얘기해야 할 것이며, 일이 잘못되어서 후추(古椒)를 조달하지 않는다면, 단목(丹木), 주홍(朱)도 판매하지 않을 것이라고 말하였으며, - 통사들에게도 후추(古椒)를 조달해야 한다고 말하였는데, 몹시 난처한 입장에 처하게 되었으며, - 게다가 (敬甫)에게) 가장 먼저 임무를 맡겨서 일부러 원로(遠路)에서 가지고 내려왔건만, 이제 와서 약속을 이행하지 않는다면, 이것 역시 앞으로 어떤 어려움을 초래하게 될지, - 가장 먼저 당연히 면목(面目)이 서기 어려울 것임을 말하였음 • 그런데 주홍(朱), 단목(丹木)을 조달하지 않으면, 후추(古椒)를 대마도 본국에서(御國) 보내오더라도, 이미 봉진연(封進宴)이 성립되지 못하니, 이때 경보(敬甫)가 힘을 써준 공로가 없었더라면 이루어지지 어려운 일이었다고 해야 할 것인 바, 우선 어떻게든 타일러서 주홍(朱), 단목(丹木)을 (일본 측에) 판매하도록 타일러보라고 특별히 말을 했더니, - 통사(杉原四郎兵衛)가 (조선 역관 집무실인 任所가 있는) 사카노시타(坂之下)로 가서 협의하고 나서, 단목(丹木), 주홍(朱)만 판매하도록 말하여, 즉시 통사옥(通詞屋)까지 들여보내(入送) 각각 수취(受取) 하였음 • 위 봉진물(封進物)이 마련이 되었으니 곧 봉진연(封進宴)을 개최할 수 있게 일자를 오는 28일, 29일 양일 중에서 협상하라고 (관수가) 도선주애게 전달했는데, - 훈도가 말하기를, 위의 양일은 동래부사에게 일이 있어서 출연(出宴)이 매우 어려우니, 아무쪼록 27일로 정해달라고 말함 - 27일은 이쪽(일본—인용자)에서도 (봉진연) 준비가 가능할지 알 수가 없지만, 그렇다면 27일로 말해 보도록 그대로 전달했는데, - 훈도가 별차 쪽에 문서(書付)를 보내 상의하게 했으며, 별차가 아비루 타로(阿比留太郎八) 쪽으로 갔더니, 27일은 부산첨사에게 일이 있는 날이었는데도, 훈도가 미처 파악을 하지 못하고(訓導致失念) 그대로 정하였기에, 양역이 크게 놀라서 어떻게든 26일로 날을 잡도록 다시금 부탁을 하여 점점 일이 잘못되었음 - 정관(正官)이 있는 곳까지 가서, 훈도가 부디 부탁한다고 하자, 본인(拙者—관수)이 말하기를 "사리에 맞지 않는 일(不届千万)"이라고 하였음 • 정관인을 비롯하여 통사들과도 협의를 하고 나서, (관수가) "특별한 배려를 하여(格別用捨) 26일로 정하기로 하였으니, 앞으로는 신경을 쓰도록 하라	館

연번	연	월일	주요 내용	전거
22			고 꼭 전달하라"고 말하고, 26일로 결정하였음 • 위의 봉진물(封進物) 중 후추(胡椒)는 밤에 대마도 본국에서(御國) (왜관으로) 전달이 되었고, 주홍(朱)과 단목(丹木)은 통사들이(通詞中) 힘을 써서 경보(敬甫) 황첨정(黃僉正) 쪽에서 (일본이) 매입(買入)하여 갖추었음(相揃)	
22		1.25.	• 별차가 통사(杉原四郎兵衛, 松本善左衛門) 대동하여 도선주 쪽으로 들어가서 "내일 드디어 봉진연 개최됨을 알리고자 왔다"고 말하자, - 도선주가 답변하기를, "중연석(中宴席)도 이어서 개최하기를 바란다"고 하면서, "다음 달 2일, 3일 중에서 정했으면 하는데, 동래와 부산에 전달하기 바란다"고 말하자, - 별차가 답변하기를, "(2월) 2일, 3일은 부산 쪽에서 지장이 있다고 생각되므로, 아무쪼록 하행(下行)으로 해 주시면 좋겠는데, 아직 일자가 남아 있으므로 동래와 부산에 추후 말씀을 드려서 가부를 알려드리겠다."고 말하고 돌아갔음. - 급한 용무가 있어서 배사(盃事) 등은 실시하지 않았음 • 도선주가 관수에게 가서 말하기를, - 별차가 들어와서 "(일특송사) 중연석(中宴席)을 이번에는 체류 기한 초과(日外)이므로, 다시금 하행(下行)으로 할 것"을 말하였는데, 그렇게 할 것인지를 (관수에게) 여쭈었더니, - (관수가) "과연 그쪽에서 또 어쩔 수 없다고 한다면, 하행(下行)으로 마무리를 하도록 하라"고 말함	特
23		1.25.	• 일특송사 도선주(松原彌三郞)가 (관수에게) 와서, 드디어 내일(1.26.) 봉진연 개최를 알리고자 별차가 (왜관으로) 왔다고 보고 - 양역이 통사에게 알린 것을 橫目方과 代官方에 전달함 • 내일 연석(宴席) 준비할 인부(人夫)와 관련하여, 대선(大船)이 (왜관에) 와 있는 것이 없어서 (인력이) 부족하므로, 왜관 내부 거주자(在館面面)가 나와서 돕도록 하라고 老頭方에 문서로 전달함	館

자료 : 特은《一特送使記錄》寬延 2년(1749)~寬延 4년(1751), 국사편찬위원회 대마도종가문서 DK 2155;
館은《(館守) 每日記》(일본 국립국회도서관 소장)

제5장 조선의 기근과 일본쌀 수입 시도

제1절 조선의 기근과 왜관 주변의 상황

Ⅰ. 조선 기근 정보의 왜관 전달

조선의 기근 상황에 대해서는 실록(實錄)에도 기록이 남아 있다. 예를 들어 1811년 4월 28일 임금이 신하들에게 타일러 가르치길, "근년에 자주 흉년을 만나 기근이 매우 심하여 생령(生靈)들이 오래도록 고통을 당하고 있다."고 했다.[374] 1809년 이후로 재해가 들지 않은 해가 없을 정도였다고 한다. 1813년에는 가뭄과 장마에 서리와 우박까지 겹쳐 온갖 곡식이 망치게 되고 전국에 흉년이 들었다.[375] 1814년에는 영남지방에 폭우가 내려 경상도 전체가 물에 잠기는 일이 있었다. 석 달 동안이나 가물어서 이미 흉년이 들었는데, 엎친 데 덮친 격으로 7월 16일과 17일의 큰비로 더 큰 흉년을 맞게 되었다.[376] 이러한 상황은 1815년에도 계속되고 있었다. "거듭된 기근으로 곤궁함이 매우 심하여 백성들이 지극히 고달픈 시기였다."[377]

이러한 조선의 사정이 왜관 측에도 전달되었다. 〈사료 5-1〉에서 보는 것처럼 조선의 역관인 훈도 경천(敬天)이 1815년 4월 14일 통사 스미노 기베에(住野喜兵衛)를 통해 은밀히 왜관 측에 전한 내용은 당시의 상황을 잘 보여준다.

374) 《순조실록》 순조 11년(1811) 4월 28일(을해).
375) 《순조실록》 순조 13년(1813) 11월 11일(갑술).
376) 《순조실록》 순조 14년(1814) 7월 30일(무오).
377) 《순조실록》 순조 15년(1815) 3월 3일(기축).

〈사료 5-1〉

"작년(1814년)의 기근으로 조선 팔도에 수만 명의 아사자가 발생하였고, 쌀값이 한 되에 은으로 30문까지 치솟았다. 특히 쌀값 급등이 심한 전라도와 충청도에서는 쌀 1가마니가 2관 400문까지 하는 곳도 있었다. 이것은 말 그대로 전대미문의 일로 사태의 심각성은 이루 말할 수 없다."[378)]

이런 상황에서 왜관 주변에서는 어떤 일이 벌어지고 있었을까? 과연 왜관은 안전지대였을까? 그리고 이러한 긴급 상황을 둘러싸고 일본 측은 어떻게 대응해 나갔던 것일까?

Ⅱ. 조선의 주금(酒禁)과 왜관의 연향 의례

조선 정부는 전국에 술을 금하는 이른바 주금(酒禁)[379)] 조치를 내렸다. 이것은 그 무렵 기근이 심했기 때문이었다. 그러자 그 여파가 왜관까지 미쳤다. 왜관에서 조선과 일본 사이의 외교 의례가 거행될 때면 술을 사용하는 것이 관례였는데, 조선의 주금으로 말미암아 그것이 어려워지게 된 것이다. 동래부에서는 이 사실을 역관을 통해 왜관 측에 전달하였다. 조선의 주금 조치가 왜관 측에 전달된 것은 《(관수) 매일기》 1814년 8월 7일 기사에 처음 기록이 보인다.

---

378) "…去年ニ至格別之飢饉ニ相成、八道人民之餓死莫太之事ニて、往古大成飢饉も間々有之候得共、当節之ことく毎道数万之人餓死且米価壱升参拾文余ニ及候儀、彼国之国史にも無之、中ニも甚敷は全羅道忠清道之内ニてハ米価壱俵ニ付弐貫四百仕候処も有之、前代未聞之事ニて寒心至極之次第ニ有之…", 《分類紀事大綱》 15, 국사편찬위원회 소장 대마도종가문서 DK 4581.

379) 김대길, 《조선후기 牛禁 酒禁 松禁 연구》, 경인문화사, 2006; 차인배, 〈18~19세기 주금정책(酒禁政策) 추이와 주금형률(酒禁刑律) 제정〉, 《법사학연구》 65, 한국법사학회, 2022.

〈사료 5-2〉

"조선에 기근이 들어서 나라 전체가 술을 금지하게 되었음. 이에 따라 연석 향응 때 술 대신에 꿀물을 사용하고자 한다고 임관(任官, 조선의 훈도·별차 등 역관—인용자)이 말함. 선례를 조사해 보았더니, 꿀물을 사용한 예는 없었음. 그러나 상황에 맞추어서 (왜관의—인용자) 관계자들과 협의를 거쳐 (조선이) 요청한 대로 받아들이기로 함. 더욱이 임관과 통사에게 문서를 받아두도록 말하여 제출받았으며, 자세한 사항을 대마도 본국에도 보고를 올렸음."380)

위의 사료를 보면 조선의 기근과 그에 따른 주금 조치가 왜관 측에도 전달되었음을 알 수 있다. 조선의 요구를 수용할 것인지를 놓고, 왜관 측 관계자들은 즉각 검토에 착수하였다. 그런데 연향 때 술 대신에 꿀물을 사용하겠다는 것이 조선의 심한 기근 때문에 비롯된 고육책(苦肉策)이자, 그것이 조선 정부의 결정인 이상, 왜관 측이 이를 거부하기란 쉽지 않았을 것이다. 다만 왜관 측은 조선의 요청을 수용하는 대신에, 조선 역관의 명의로 작성한 확인서를 받아두는 것을 잊지 않았다. 왜관 측은 훗날 이것이 항구적인 선례가 되지 않도록 하려면 그 사실을 문서로 남겨두는 것이 필요하다고 판단했을 것이다. 게다가 이 사실을 대마도 본국에 보고할 때 그 문서를 근거 자료로 제출하기 위하여, 의도적으로 조선의 역관에게 확인서 작성을 요구하였던 것으로 짐작된다.

〈사료 5-3〉

확인서(覺)

1. 이번에 술을 금지하기로 한 것은 (조선의) 전에 없는 흉년으로 (조정

380) 朝鮮饑饉ニ付酒禁ニ相成り　依之宴席饗應之節蜜湯を以酒ニ替へ度段任官より申出之趣梯感兵衛申出候付先規ホ吟味いたし候処　蜜湯之例も無之候得共事體時誼應し役々評議之上應請之通及領諾　尤任官より通詞中迄書付相請取置候樣申達　左之通り書付差出　委細御國元にも申上越. 《(館守) 每日記》文化 11년(1814) 8월 7일.

으로부터) 계문이 내려져 관문이 사또(동래부사-인용자) 앞으로 와서 사또가 (훈도와 별차에게-인용자) 전령과 분부를 내린 것인데, 연향이 비록 성신을 생각할 때 매우 중요한 잔치이기는 하지만, 묘당에서 금지하라는 명령이 매우 엄중하므로, 앞으로 연향 때는 서로가 꿀물을 대용으로 쓰되, 다음에 풍년이 들게 되면 전례에 따라서 술을 사용하기로 함.

갑술 8월 일 훈도 경천 현지사 (인)

별차 중위 홍판관 (인)

가케하시 간베에(梯感兵衛)

양전(兩前)[381]

오다 고사쿠(小田伍作)

조선의 역관인 훈도·별차가 대마도 통사[382] 앞으로 작성해 준 〈사료

---

381) 조선의 훈도와 별차가 작성한 이 확인서를 필사해 둔 것이 현재 두 가지 종류의 사료에 전하고 있다. 즉 현재 국사편찬위원회에 소장되어 있는 《分類紀事大綱》 15(대마도종가문서 DK 4581)와 일본 국립국회도서관 소장 《(館守) 每日記》이다. 양자는 글자가 완전히 일치하는데 다만 두 가지 점이 다르다. 하나는 분류기사대강에는 훈도와 별차의 이름 뒤에 각각 '印'이라 적혀 있으나, 관수일기에는 그것이 없는 점이고, 다른 하나는 '…日後宴享時 彼我姑爲蜜水代用…' 부분에서 관수일기에는 '時'와 '彼' 사이에 '궐자'가 있으나 분류기사대강에는 없는 점이다. 이하 분류기사대강의 기사를 소개하고자 한다.

覺

一 今番酒禁事無他年凶之致自

啓下關子下來於使道前故使道傳令及分付內宴享雖誠信莫大之宴

廟堂禁令至嚴當以日後宴享時彼我姑爲蜜水代用以至年豊依前酒用事

甲戌八月 日 訓導 敬天 玄知事 印

別差 仲偉 洪判官 印

梯感兵衛

兩前

小田伍作

《分類紀事大綱》 15 文化 11년(1814) 8월 12일; 《(館守) 每日記》 文化 11년(1814) 8월 7일. 그런데 위의 《分類紀事大綱》 15는 《分類紀事大綱 X》(대마도종가문서 자료집 11, 국사편찬위원회, 2023, 257쪽)에 수록되어 있으며, 현재 국사편찬위원회 홈페이지(한국사데이터베이스)를 통해서 원문 검색이 가능하다.

382) 당시 梯感兵衛은 왜관의 大通詞, 그리고 小田伍作은 勤番通詞로 일하고 있었다.

5-3〉의 확인서와 함께, 1814년 8월 12일자로 왜관의 관수가 대마도 본국에 이 사실을 보고하였다. 이것은 관수일기에 처음 이에 관한 기록이 등장하는 날로부터 5일 뒤의 일이다. 아마도 그 사이 왜관 내부에서 검토가 있었을 것이다. 그리고 왜관의 관계자들과 여러 의견을 교환하여 종합한 결과를 관수가 대마도 본국으로 보고하였던 것으로 짐작된다.

이에 대해서 대마도 본국에서는 왜관의 관수에게 다음과 같이 지시하였다. 즉 조선의 요구를 수용하면서도, 그것이 양국 관계에서 항례가 되지 않도록 주의할 것을 대마도 본국이 왜관 측에 특별히 당부하였다.

〈사료 5-4〉

"서면의 취지와 첨부 문서를 읽었음. 위 건은 이번에 처음 일어난 것이 아닐 뿐더러, (조선의) 기근 등으로 말미암아 종종 (술 대신에) 꿀물로 바꾼 적이 있다고 하니, 그곳에서 논의한 대로 당분간은 (조선의 요구를) 받아들여야 할 것임. 더욱이 앞으로 사정을 봐가면서 (이번 사례가) 영구적인 선례가 되지 않도록 주의를 기울여야 함은 더 말할 나위가 없다고 위의 본인(관수—인용자)에게 전함."383)

위의 밑줄 부분에 언급되어 있는 것처럼, 왜관의 연향에서 술 대신에 다른 것을 사용한 사례가 있었음을 일본 측은 기록을 통해 확인하고 있었다. 예를 들어 1754~5년에도 조선 전역에 술을 금지하는 조치가 있었는데, 그때는 왜관의 연향에서 술 대신 단술이나 막걸리를 내놓았다고 한다(〈사료 5-5〉 밑줄 부분 참조).

---

383) "書面之趣狀末共ニ遂披遣候、右躰ハ此節ニ初り候事共不相見饑饉等ニ依ては間々蜜湯を替候儀も有之儀と申、其元評議之通當分之儀ニ可被承置候、尤追て時所位之様子可有之永例ニ不相成樣被心得居候段無申迄候段、右同人方へ申遣.

右無月日"(밑줄—인용자)

《分類紀事大綱》 15 〈朝鮮國饑饉之一件·附酒禁之事〉; 《分類紀事大綱》 X(대마도종가문서 자료집 11), 국사편찬위원회, 2023, 257쪽.

〈사료 5-5〉

"…이쪽(왜관 측—인용자)에서 선례의 규정 등을 살펴보았더니, 가까운 예로는 호레키 4~5년(1754~5년—인용자) 사이에 다다 슈스케가 관수로 있었을 때, 그 나라(조선-인용자)가 술을 국가적으로 금지하게 되어 단술이나 이쪽에서 '도부스'라고 말하는 막걸리를 연석에 내놓은 사례도 있음. … " (밑줄—인용자)[384)]

왜관 측은 과거의 선례를 들어서 꿀물이 아닌 단술로 하자고 조선과 교섭해 보는 문제도 검토한 모양이다. 그러나 왜관 측은 이번 일이 기근으로 귀해진 곡식을 술 빚는 데 쓰지 않으려고 한 조선의 주금 때문에 벌어진 것으로 정확하게 판단하고 있었다(〈사료 5-6〉 밑줄 부분 참조).

〈사료 5-6〉

" … 이번에도 (조선에—인용자) 압박을 가하여 단술로 해 주었으면 하고 제가 생각을 해 보았습니다만, 이번 일은 앞에서도 말씀을 올린 것처럼 그 나라(조선-인용자)가 기근이 들어 곡식을 허비하는 것을 꺼리는 데서 비롯된 일입니다. … "(밑줄—인용자)[385)]

조선의 주금 조치에 따른 왜관 연향 의례 문제는 과거의 선례가 있었기 때문인지, 왜관 측은 대마도 본국의 승낙을 얻어서 조선의 요구를 그대로 수용하였다고 판단된다. 그리고 조선이 기근에서 벗어나 주금이 해제되면 다시 원래대로 왜관 연향 때 술을 내놓기로 하고, 일본 측의 요구대로 이를

384) " … 此方にて先規等致吟味候處、近くハ寶曆四五年之間多田主計館守之節彼國酒國禁ニ相成醴又ハ此方にてどぶすと相唱候濁醪を宴席ニ差出候例も有之 … "《分類紀事大綱》15〈朝鮮國饑饉之一件·附酒禁之事〉;《分類紀事大綱》 X, 256쪽.

385) " … 此節迚も責ては醴ニ爲致度事ニ愚意仕候得共、此度之儀は前ニ申上候通彼國饑饉ニ付穀を費候儀を厭候處より起候事ニ有之 … "《分類紀事大綱》15〈朝鮮國饑饉之一件·附酒禁之事〉;《分類紀事大綱》 X, 국사편찬위원회, 2023, 256쪽.

문서로 남겨서 이번의 일시적인 적용이 앞으로 항례가 되는 일이 없도록 양측이 합의하여 일이 마무리되었다.

그런데 이듬해인 1815년 5월 초하루 왜관에서 열린 사다례(私茶禮) 때 꿀물이 아닌 술이 나왔다. 조선의 기근으로 나라 전체가 술을 만들지 못하게 금지하여 왜관 연향 때도 술 대신 꿀물을 쓰기로 한 것인데, 이날 조선 쪽에서 술을 내놓은 것이다. 그러자 관수는 통사(通詞)를 시켜서 자세한 사정을 파악하여 5월 12일자 문서로 대마도 본국에 보고하였다.

〈사료 5-7〉

"곡물을 축내는 것을 조정에서 엄격하게 금지하고 있는데, 근래에 이르러 민간에서는 하루 한 끼를 잇기도 어려운 형편이며, 쌀값이 갈수록 오르고 있어서 천한 아랫것들은 한 끼 먹기도 힘듭니다. 그런데 막걸리가 있으면 53전의 값으로 한때나마 배고픔에서 벗어날 수 있다면서 (술 만드는 것을—인용자) 부탁을 하게 되었다고 합니다. (조선 조정이—인용자) 그 요청을 받아들여 막걸리 만드는 것을 허용하여 나라 전체가 술을 만들게 되었다고 합니다. 양국 간 중요 사신의 연석에서 술을 사용하지 않으면 안 되기 때문에, 따로 만들게 하여 오늘부터는 전과 같이 술을 내놓기로 했다고 동래 쪽에서 얘기를 전해왔습니다."[386]

위의 사료에서 보듯이, 조선의 기근을 이유로 조선 정부가 주금(酒禁)을 실시하여 사라졌던 술이 채 1년도 못 되어서 왜관 연향 때 다시 등장하게 되었다. 당초 조선 정부가 쌀 부족을 타개하기 위하여 술 제조를 금하려 했

386) " … 穀物を潰し候事ニ付堅く朝廷より被禁置候得共、近来ニ至民間ニては一日一食をも致得かたき勢ニて米価益高料ニ相成下賤之者一飯之働も仕不得、濁醪有之候ハヽ 五三銭之價ニて片時も之餓をも凌可申願出候付、其旨ニ任濁醪作候儀被差免候、左候得ハ国中ニ酒を作り候て両国間重キ御使者之宴席酒を不相用様有之候てハ難相済為其別ニ為相作、今日より前々之通酒差出候段東莱より被申聞候付 … "《分類紀事大綱》15〈御送使停止之事〉;《分類紀事大綱》X, 272쪽.

지만, 술이 필요한 사람(수요)과 술을 만들어 시장에 팔아야 하는 사람(공급)의 요구에 밀려서 주금 조치를 철회한 것이 아닌가 생각된다.

Ⅲ. 조선의 하급 역관에 대한 왜관 측의 쌀 지급

조선의 기근으로 사정이 어렵지 않은 사람이 없었을 터인데 조선의 하급 역관이었던 소통사(小通事)[387]도 예외일 수 없었다. 조선의 역관들은 왜관의 일본인 통역들과 접촉하는 일이 잦았다. 왜관 측은 조선 역관들의 도움이 절대적으로 필요했기 때문에, 그들의 마음을 사기 위해 경제적으로 그들을 지원하는 일도 마다하지 않았다. 그것이 반복되어 하나의 관례처럼 굳어지는 일도 있었다고 여겨진다. 이번에는 조선의 소통사 측에서 먼저 도움의 손길을 내민 것 같다.

〈사료 5-8〉

"근번통사(勤番通詞)를 맡고 있던 오다 고사쿠(小田伍作)를 통해서, '조선의 소통사가 흉년이 들어 어려움에 처해 있다'고 하면서 도움을 요청하였습니다. 사정이 딱하다는 것을 알고 있었기에 그들의 요청을 거절하기 곤란하다고 판단하여, 이를 관수에게 보고하였습니다. 관수도 동의해 주었습니다. 마침 왜관에 체류하고 있던 고탄참판사(告誕參判使 田嶋左近右衛門)에게 사정 이야기를 하였더니, '대마도주가 은혜를 베풀어 도와주는 것으로 하여 한 사람당 백미 한 가마니씩 주자"는 제안에 동의하였습니다.'[388]

왜관 측이 조선의 소통사들을 돕기로 결정한 것은 조선의 훈도와 별차에

---

387) 김동철, 〈17~19세기 東萊府 小通事의 編制와 對日活動〉, 《지역과 역사》 17, 부경역사연구소, 2005.

388) 《分類紀事大綱》 15 〈小通事御救米被下候事〉; 《分類紀事大綱》 X, 257-258쪽.

게도 전달이 되었다. 이 사실을 전해 들은 훈도는 왜관 측에 감사의 뜻을 표시하면서, 마침 병이 들어 왜관으로 들어가지 못하겠지만 잘 말해 달라는 인사로 대신하였다.

기근으로 심한 어려움에 처해 있었던 조선의 하급 역관 등에 대한 지원책을 왜관 측이 최종적으로 결정한 것이 1814년 12월 29일 참판사(田嶋左近右衛門)가 일대관(龜川登藏) 앞으로 보낸 편지 속에 남아 있다.[389)]

〈사료 5-9〉

"참판사가 졸자(一代官 龜川登藏-인용자)에게.

편지로 전달합니다. 바깥쪽(조선-인용자)의 흉년으로 소통사들이 어려운 상황에 처해 있다고 들었는데, 1인당 백미 1표(1석-인용자)씩 '와키노리마이'에서 주기로 하고, 또한 양역들이 데리고 있는 소동 4명에게 공목 1필씩 주기로 합니다.

위의 내용을 전달하기 위하여 이와 같이 적습니다. 이상.

12월 29일 다지마 사콩에몬(田嶋左近右衛門)

일대관(一代官) 가메가와 도조 도노(龜川登藏殿)

여기에서 말하는 '와키노리마이'란 글자 그대로 '와키노리'(脇乘)로 인해서 발생한 '쌀'(米, 일본어로 '마이'라 읽음)을 뜻한다. '와키노리'란 대마도를 출발한 일본 선박이 왜관으로 들어올 때 정해진 항로로 오지 못하고 이탈하여 경상도 연안에 불시착(不時着)한 것을 말한다. 이 경우 조선 연안 지

---

389) "參判使より拙者方へ

以手紙申達候、外向凶年ニ付小通事共難澁之樣子相聞候付壹人白米壹俵ツヽ 脇乘米之內より被成下且兩譯付小童 四人へ公木壹疋ツヽ 被成下候。

右之趣爲可申達如此候、以上。

十二月二十九日 田嶋左近右衛門

(一代官) 龜川登藏殿"

《分類紀事大綱》15〈小通事御救米被下候事〉;《分類紀事大綱》X, 259쪽.

역에서는 그들을 구조하고 구호할 책임을 지고 있었다. 이때 현지에서는 일본인들에게 쌀 등 잡물을 지급하는 것이 관례였다. 쌀 이외에도 된장·소금·땔감 등 잡물이 현물로 지급되었는데, 후대로 가면 그것이 쌀로 대신 지급되었다. 이처럼 정해진 항로를 이탈하여 표착한 일본인들에게 조선 연안 지역에서 지급한 쌀을 왜관 측에서는 '와키노리마이'라고 부르고 있었다.[390] 그 쌀 중에서 일부를 조선의 소통사를 지원하기 위해 왜관 측이 내놓은 셈이다.

물론 조선의 기근으로 공작미 입송이 지체되어 왜관 내부의 쌀 사정도 넉넉한 편은 아니었다. 그렇지만 조선의 기근으로 인해 어려운 처지에 놓인 조선의 역관들과 돈독한 관계 유지를 생각해서, "소통사 1인당 백미 1가마니씩 해서 총 30가마니"[391]를 왜관 측이 소통사에 주기로 결정하였다. 그와 함께 양역(훈도·별차)이 데리고 있는 소동(小童) 4명에게도 공목 1필씩을 주기로 한 것이다.

---

390) 조선 연안 지역에 표착하는 일본인들에게 지급하는 쌀을 둘러싸고 양국 간에 마찰이 적지 않았다. 쌀을 주게 되어 있는 조선 쪽에서는 되도록 적게 주려고 하였고, 이와 반대로 그것을 받아 가는 일본(대마도) 측에서는 조금이라도 더 많이 받아가고자 했기 때문이다. 양측은 쌀을 계량하는 말되(斗升)를 새로 만들어 낙인을 한 다음에, 하나는 동래부(東萊府)에 두고 다른 하나는 왜관의 관수가 보관하게 하며, 그것을 연읍(沿邑)에도 나누어 보내 이것으로 쌀의 양을 정확하게 계량해서 지급하도록 하게 했다. 그런데도 이것이 잘 지켜지지 않자, 1809년 5월 12일 좌의정 김재찬이 이 같은 폐단을 제거할 것을 다음과 같이 임금에게 청한 적이 있다. "근년 이래 이 법식을 무시하고 왕래하는 선박 가운데 각 포구에 표박(漂迫)하고 있는 선척(船隻)에 대하여 말(斗)로 요미(料米)를 재서 지급할 때, 말 위로 더 끌어 담아 움켜 넣는 것이 거의 6~7승이나 됩니다. 앞으로는 호조에서 교정(較正)한 곡자(斛子)를 가져다 쓰게 하되, 평목(平木)은 본부에서 보낸 것을 사용하게 함으로써, 전처럼 난잡하게 하는 폐단이 없도록 하는 것이 마땅합니다." 《순조실록》 순조 9년(1809) 5월 12일(신미).

391) "白米參拾俵 小通事壹人ニ付 白米壹俵ツヽ"
《分類紀事大綱》 15 〈小通事御救米被下候事〉; 《分類紀事大綱》 X, 259쪽.

Ⅳ. 조선인 도적의 왜관 잠입

조선의 기근은 경제적 약자에게는 더욱 가혹한 것이었다. 벼랑 끝까지 내몰린 사람들은 남의 집 담장을 넘는 일도 서슴지 않았다.

1814년 11월에는 이런 일도 있었다. 밤중에 "불이야!" 하고 외치는 소리가 들려 밖으로 나가보니, 왜관의 대관정(代官町)[392] 약종방(藥種方)이 살고 있던 뒤편의 두 칸 정도 되는 땔감 창고(柴小屋)에서 불이 나 있었다. 주변을 살펴보니 조선인으로 보이는 자가 문을 박차고 뛰쳐나가고 있었다. 곧장 뒤를 쫓아 그를 붙잡았다. 왜관 측에서 그의 신원을 확인하고 문초하였음은 더 말할 나위가 없다. 동년 11월 26일의 일이었다.[393]

이튿날 날이 밝자 조선의 역관이 왜관으로 들어가 사실 확인을 했다. 조사에 조사를 거듭하여 왜관의 담을 넘은 조선인이 경상도 함양(咸陽)에 사는 이오돌(李五突)로 밝혀졌다. 그런데 왜관 측은 여전히 의심을 풀지 않았다. 함양은 경상도 외곽에 있는 지역으로 동래와 멀리 떨어져 있는 곳인데, 어떻게 해서 그가 왜관까지 올 수 있었는지 의문을 품었던 것으로 보인다. 다시 문초가 이어졌다. 그런데도 이오돌의 답변은 변함이 없었다. 그의 말에 따르면, 그가 젊었을 때 샛문(塞門)의 역인(役人)을 2~3개월 따라 다니면서 종종 왜관에 간 적도 있었는데, 그래서 길을 대체로 기억하고 있었다고 답했다. 몇 번씩 물어도 그가 같은 답을 하자, 왜관 측도 그의 진술을 사실로 받아들이게 되었다.

11월 27일 조선의 역관은 왜관으로 들어가 사실 확인용 문서 두 통을 왜관 측에 써주고 왔다. "함양에 흉년이 들어서 배고픔을 견딜 수 없어 유랑

392) 《(관수) 매일기》에서 말하는 대관정(代官町)은 국립중앙박물관 소장 변박(卞博)의 왜관도(倭館圖)에 나오는 동관(東館)의 대관가(代官家) 일대를 가리키는 것으로 보인다.

393) 《(館守) 每日記》 文化 11년(1814) 11월 26일.

걸식을 하다가 이곳에 닿았는데, 왜관 안에 재물이 많다는 소문을 듣고 담을 넘어 몰래 들어가서 불을 지르고 훔치려 하였으나, 발각되어 붙잡히는 바람에 이러지도 저러지도 못하게 되자 자기가 가지고 있던 칼로 목을 찔렀다고 한다." 이것이 왜관 측에 작성해 준 첫 번째 확인서이다.[394] 두 번째 확인서에는 "범인의 성명이 이오돌, 나이는 34세, 공범은 없었으며, 밤이 되자 동향사(東向寺) 앞 대나무 밭에 불을 질렀는데, 이것은 소인이 할 짓이 아니었다."고 적혀 있었다.[395]

11월 28일 왜관 측은 수문(守門)에서 범인을 조선의 역관에게 인도하기로 하고 준비를 완료하였다. 이때 조선의 별차는 왜관의 금도(禁徒)에게, 그리고 훈도는 왜관의 관수(館守) 앞으로 각각 확인서를 써서 제출하고 범인을 인도받았다. 죄인을 인계받아 간다는 점, 그리고 사건의 실상을 이미 관수에게 알렸다는 점을 적은 것이 별차의 확인서이다.[396]

그런데 훈도가 관수에게 써준 확인서에는 범인의 죄목이 열거되어 있어 관심을 끈다. ㉠ 불을 지른 죄, ㉡ 왜관의 담을 넘은 죄, ㉢ 다른 나라 사람 집에 밤을 틈타 몰래 들어간 죄, ㉣ 칼을 빼서 자해하고 다른 사람을 다치

394) 覺

一 當夜入館賊處嚴爲捧招則所招內矣身本以咸陽之人<u>當地歉歲不勝飢困流乞到此聞館中多貨越城入館放火爲盜幾</u>被現捉進退無路以自佩之刀仍爲自刎云云事

甲戌十一月二十七日 別差 仲偉 洪判官

別禁徒公

禁徒僉公

《(館守) 每日記》文化 11년(1814) 11월 27일.

395) 覺

一 賊漢姓名李五突年歲三十四元無同謀而向夜東向寺前竹田燒火之事實非小人所爲事

《(館守) 每日記》文化 11년(1814) 11월 27일.

396) 覺

一 罪漢逢授率去而事狀已告御館司尊公前事

甲戌十一月二十八日 別差 仲偉 洪判官

禁徒僉公

《(館守) 每日記》文化 11년(1814) 11월 28일.

게 하려 한 죄가 그것이다. 이렇게 큰 죄를 지은 죄인을 죽여야 마땅하지만, 죄에는 경중이 있는 법이어서 법에 따라 조치하겠다고 하는 내용의 확인서를 관수에게 제출하고 훈도가 범인을 데려온 것이다.[397)]

이 사건 이후 왜관 측이 조선인의 잠입을 막기 위하여 야간 경계를 더욱 강화했음은 물론이다. 과거 조선에 기근이 들었을 때 왜관 담장을 넘어 들어가 성(性)을 사고파는 교간(交奸) 사건이 발생했던 것에 대한 기억도 그들에게 남아 있었기 때문인지, 왜관 측은 바짝 긴장하고 있었던 것으로 보인다.

그런데 한 달 뒤인 12월에도 3명의 조선인이 왜관의 담을 넘은 사건이 다시 발생하였다. 동향사(東向寺) 뒷편 중산(中山) 쪽에서 불빛이 보여 쫓아가 보았더니, "조선인 어린아이 두 명이 훔친 물건으로 보이는 쌀(1말 4~5되)이 들어 있는 자루 한 개와 잡다한 물건이 들어 있는 가마니 한 개를 옆에 두고 불을 피우고 있어서, 그들을 붙잡아 포박하였다."[398)]고 한다.

이번에도 왜관 측은 조선의 역관을 불러들여 사실 확인을 하게 하였다. 12월 29일에 작성된 별차의 확인서를 통해 다음 사실을 알 수 있다. ㉠ 어제(12월 28일-인용자) 붙잡은 범인 두 명을 조사하였는데 자기들이 한 짓이 아니라고 진술하여, 또 다른 공범을 붙잡아 확인하는 점,[399)] ㉡ 먼저 붙

---

397) 覺

第一放火之罪

第二越城之罪

第三他國人家乘夜潛入之罪

第四拔劒自刎令人混刼之罪

右凡有一大罪死有餘罪况他國人所居之地兼此四大罪豈有一毫容赦之理乎必以殺之之意稟啓而雖未能預度然罪有輕重法義修在必當殺之幸須勿念泛忽之事

甲戌十一月二十八日　訓導 敬天 玄知事

館司尊公

《(館守) 每日記》文化 11년(1814) 11월 28일.

398) "… 朝鮮人之子供両人盜ミ之品と相見米壱斗四五升程入候袋一ツ細物諸品入合候俵壱俵側ニ置火を焚キ居候ニ付召捕らへ別方江連來候付直ニ縛置候間 …"

《(館守) 每日記》文化 11년(1814) 12월 29일.

399) 覺

잡힌 두 명의 신원이 신초량(新草梁)에 사는 15세 이성신(李聖新)과 역시 신초량에 거주하는 10세 이성손(李聖孫)이라는 점, ㉢ 나머지 한 명이 아미동(峨嵋洞) 거주 40세 이시운(李時運)이라는 점이 드러났다.[400]

그런데 확인서에 적힌 3명의 나이나 정황으로 보건대 '아미동'에 사는 이시운(40세)이 왠지 의심쩍다. '신초량'에 사는 이성신(15세)과 이성손(10세)은 왜관 근처에 사는 형제로 보이는데, 아마도 이들은 이시운의 꼬임에 빠져 범행에 가담한 것으로 추정된다.

이튿날인 12월 30일에도 확인서가 관수에게 전달되었다. 이를 통해 알 수 있는 것은 크게 3가지이다. ㉠ 일단 범인을 조선의 역관에게 인도한 점, ㉡ 왜관 문밖에서 여러 사람이 보는 가운데 치죄를 하기로 한 점, ㉢ 날짜는 양국이 서로 좋은 날을 골라서 정하기로 한 점 등이 그것이다.[401]

一 昨日所捉盜賊貳名捧招則口招內非自作之罪也與他人付同云故其盜捉問則果爲的實付同自伏其罪以待指揮事

甲戌十二月二十九日　別差 道猷 崔主簿

館司尊公

《(館守) 每日記》文化 11년(1814) 12월 29일.

400) 覺

一 昨日所捉盜賊壹名李聖新居住新草梁年十五又壹名李聖孫居住新草梁年十又付同盜賊壹名李時運居住 峨嵋洞年肆十事

甲戌十二月二十九日　別差 道猷 崔主簿

館司尊公

《(館守) 每日記》文化 11년(1814) 12월 29일.

401) 覺

一 此盜賊參名乃捧擇招彼我國無故日則館門外回視治罪擔當事

甲戌十二月三十日　訓導 敬天 玄知事

別差 道猷 崔主簿

館司尊公

覺

一 盜賊參名擔當捉去事

甲戌十二月三十日　別差 道猷 崔主簿

館司尊公

《(館守) 每日記》文化 11년(1814) 12월 30일.

이상에서 보는 것처럼 1814년은 저물어 가는데 조선의 식량 사정은 좀처럼 개선되지 않았던 것 같다. 오히려 사태가 심각하여 먹을 것을 찾아 구걸하는 조선인들의 어려운 처지가 일본인들의 눈과 입을 통해 왜관 측에 전달되고 있었다. 예를 들어 1814년 12월 이후 대마도에서 바다를 건너 조선으로 오는 배들이 왜관으로 바로 들어가지 못하고 항로를 이탈하여 표착[402]하는 일이 자주 발생하곤 하였는데, 그들이 경상도 남해안에 닿았다가 동래의 초량왜관으로 들어가는 중에 전해 들은 목격담을 기록한 것에서, 당시 어려운 상황을 살필 수 있다. "바깥쪽(조선—인용자)에 기근이 나서 포구마다 조선인 남녀들이 일본인에게 아양을 떨면서 먹을 것을 구걸하고 있는 형편"이라고 한다.[403] 당시 조선의 상황이 얼마나 심각하였을지 쉽게 짐작이 간다.

V. 공작미(公作米)와 오일량(五日糧)의 미수 누적

조선의 기근으로 인한 식량 사정의 악화는 왜관 측에서도 강 건너 불구경하듯 남의 일처럼 마냥 내버려 둘 수 있는 상황이 아니었다. 조선의 기근은 그대로 왜관을 거쳐 바다 건너 대마도에도 영향을 미쳤다.

당시 대마도는 지금의 사가현(佐賀縣) 도스시(鳥栖市) 인근 지역에 해당하

402) 정해진 항로를 이탈하여 불시착하는 것을 가리켜 '와키노리'(脇乘)라 불렀는데, 그것은 다시 '시모노리'(下乘)와 '가미노리'(上乘)로 나뉜다. 이것은 모두 대마도 사람들의 기록에서 보이는 일본식 표현이다. 그들이 위(일본어로 '시모')와 아래(일본어로 '가미')를 구분하는 기준은 아마도 초량왜관이었을 터인데, 왜관의 위쪽인 경상좌도에 표착한 경우를 '가미노리'라 부르고, 왜관 아래쪽인 경상우도에 표착한 경우를 가리켜 '시모노리'라고 불렀다.

403) " … 外向饑饉之時躰ニ付浦々朝鮮人之男女日本人ニ馴々敷仕候て食物を乞候様子ニ相聞 … " 《分類紀事大綱》 15; 《分類紀事大綱》 X, 국사편찬위원회, 2023, 260쪽.

는 다시로(田代)라는 곳에 영지(領地)를 가지고 있었다. 그곳에서 거두어들이는 연공미(年貢米)가 왜관을 통해 조선에서 건너가는 수입쌀(公作米와 雜物代米)[404]과 함께, 대마도의 두 가지 중요한 수입원이었다. 그런데 대마도의 영지(다시로)도 그해 여름에 가뭄이 심하게 들어서 작황이 좋지 않았다. 그래서 대마도 본국에서는 왜관 측에 조선산 수입쌀에 크게 기대를 걸지 않을 수 없는 상황이라는 점을 환기시켰다. 왜관에 가 있던 고탄참판사(告誕參判使, 正官人 田嶋左近右衛門)에게 1814년 11월 4일 대마도 본국이 지시한 문서 중에 다음 대목이 흥미를 끈다.

"1년에 2만 가마니(俵) 정도 수납(收納)을 하여 그 가운데 일부를 공제하고 1만 가마니 정도가 대마도로 보내지는데, 대마도 안에서 그것이 무육미(撫育米)로서 각종 수당 지급에 사용된다."[405]고 적은 부분이 그것이다. 당시 사정이 이러하였으므로, 조선이 공작미든 오일량이든 왜관 측에 쌀을 제때 지급하느냐 그렇지 않으냐는 대마도의 생계가 걸린 문제라는 인식이 바탕에 깔려 있다.

물론 대마도 본국에서도 조선의 최근 사정을 잘 알고 있었다. 그렇지만 대마도가 조선에 의지하지 않을 수 없는 것도 엄연한 현실이었다. "요즘 기근으로 어렵다고는 하지만, 조선은 큰 나라이다. 늘 말했듯이 경상도 한 도(道)만 해서도 (田稅가-인용자) 300만 석(石) 규모라고 한다. 그러니 지금 흉작이라 하더라도 1만 5~6천 가마니(俵)의 입송미는 (경상도 연공미의-인용자) 100분의 1도 안 되는데, 이 정도의 쌀을 내놓을 수 있도록 (조선 측

404) 김동철, 〈17·18世紀 對日 公貿易에서의 公作米 문제〉, 《항도부산》 10, 부산직할시사편찬위원회, 1993 ; 신재경, 〈《증정교린지》에 반영된 공작미제도의 제정 및 폐지년대와 그 수량〉, 《력사과학》, 1996 ; 이승민, 〈조선후기 대일무역상의 폐해와 己巳約條(1809)의 체결〉, 《한일관계사연구》 22, 한일관계사학회, 2005.

405) " … 御收納高貳万俵程之內右之數相減し御國渡り壹万俵余と相成、是より外目當ハ無之此分專ら御撫育米之御手當ニ引直し … " 《分類紀事大綱》 13 〈御買米入送相滯候付諭知被差越候一件〉, 국사편찬위원회 소장 대마도종가문서 DK 4579; 《分類紀事大綱》 X, 189쪽.

에) 주선하는 일에 힘쓰지 않는다면, 그것은 받아들이기 어려운 일이다."406)는 강한 메시지를 전달하고 있다.

그런데 대마도 본국은 같은 1814년 11월 4일자로 왜관의 관수(小河三四郞)와 재판(俵五郞左衛門)에게도 비슷한 취지의 지시를 내렸다. 〈사료 5-10〉을 보면 당시 공작미의 경우 전체의 3분이 1만 왜관으로 입송(入送)이 되고, 나머지는 미수로 누적되고 있었음을 알 수 있다. 그리고 과거에도 이런 적이 있었는데, 그때는 공작미처럼 약정된 쌀만큼은 전량 입송을 해 주었다. 그러므로 그 점을 명심하고 주선에 전력을 다하라는 취지의 지시를 대마도 본국에서 관수와 재판에게 보낸 것이다.

〈사료 5-10〉

"지난 해(1813년-인용자)와 금년 연속 조선에 흉년이 들어 (왜관으로) 입송(入送)이 되는 쌀이 크게 지체되고 있는데, 지금까지 입송이 완료된 것이 고작 5~6천 가마니(俵)에 지나지 않음. (중략) 조선 쪽에 주선을 해서 입송이 지체되지 않도록 노력하는 수밖에 없음. (중략) 더욱이 통신사(원문은 信使, 1811년 신미통신—인용자) 이후 입송고가 감소하여 대마도가 위급한 상황에서 벗어나기 어려움. 본디 흉작에서 비롯된 사정은 어쩔 수 없다 하더라도, 조선은 큰 나라이니 얼마 되지 않은 약정미(約定米)조차도 내주지 않는 것은 있을 수 없는 일임. (중략) 과거에도 대기근이 있었는데, 그때도 약정미만큼은 틀림없이 입송을 해 주었음."407)

---

406) " … 饑饉とハ申もの丶大國之儀常ニ申如く慶尙道一道にても三百万石之手當とも申候得はいかに凶作にもいたせ壹万五六千俵丈之入送米百歩一ニも無之程之出米周旋之道出來不致なとと申は難落着事にて … "《分類紀事大綱》13〈御買米入送相滯候付諭知被差越候一件〉; 《分類紀事大綱》X, 189쪽.

407) "朝鮮之儀去年今年打續て之凶作ニて入送米大ニ令澁滯當年是迄之入送高漸五六千俵ニは不過と相見 … 弥是非朝鮮を御頼可被成外も無之 … 殊更信使後入送高令減少候末と申對州之危急難免候、素り凶作ニ依て之儀事情は不得已候得とも朝鮮ハ大國之儀纔御約定米丈之出來不出來と申ス儀可有之樣も無之 … 前々大饑饉年ニも御約定米ニおいては急度且々入送いたし … "《分類紀事大綱》13〈御買米入送相滯候付諭知被差越候一件〉; 《分類紀事大綱》X,

이에 대해서 관수와 재판이 1814년 12월 15일자로 대마도 본국에 회신을 보낸 내용 중에는 1812년 평안도 지방에서 발생한 민란을 소개하면서, 조선의 어려운 처지를 우회적으로 보고하고 있다. 민란으로 다수의 인민이 사망하였고, 부녀자와 노인과 어린아이만 살아남은 상황에서, 여러 도의 비축해 둔 쌀(원문은 儲蓄米, 儲置米—인용자)을 그곳으로 보내는 바람에, 지금은 어느 도를 가더라도 비축된 쌀이 없을 정도이며, 이번 기근으로 조선 정부에서도 난처한 상황에 빠져 있다고 대마도 본국으로 알렸다.[408]

이처럼 조선의 기근으로 공작미 등 조선이 일본 측에 지급해야 할 쌀의 입송이 늦어지고 있었는데, 이에 대하여 왜관 현지에서 피부로 느끼는 것과 바다 건너 대마도에서 바라보는 시각 사이에는 상당한 격차가 있는 것으로 보인다. 왜관 측은 조선의 어려운 국내 사정을, 이에 반해 대마도 현지에서는 조선을 통한 쌀 수입 루트의 중대성을 강조하고 있는 점이 서로 대조를 이룬다. 바꾸어 생각하면 조선도 기근으로 어려움을 겪고 있지만, 대마도 역시 쌀 확보가 그들로서는 결코 게을리할 수 없는 중대한 문제였다는 것을 알 수 있다.

한편 쌀을 둘러싼 조선과 일본 사이의 갈등은 공작미뿐만이 아니었다. 양국은 자국 영토에서 상대국의 선박이 표류하는 사건이 발생하면 '상호주의'에 입각하여 구조(救助) → 구호(救護) → 송환(送還)에 이르는 전 과정을 무상(無償)으로 처리해 주기로 되어 있었다(1876년 조선의 개항 이후 '유상'으로 변경됨). 그래서 한반도 연안에 대마도 선박이 표착하게 되면, 일단 문정(問情)을 거친 뒤 그들에게 쌀을 비롯한 식량과 여러 잡물을 지급하는 것이 관례였다. '과해량(過海糧)' '도해량(渡海糧)' '오일량(五日糧)' '오일차(五日次)' 등으로 불리는 이 쌀은 경제적 반대급부가 수반되지 않는 이른바 인도주의·외교적 성격이 짙은 것이었다는 점에서 공작미와 근본적으로

191쪽.

408) 《分類紀事大綱》 13 〈御買米入送相滯候付諭知被差越候一件〉; 《分類紀事大綱》 X, 192-193쪽.

다르다. 그런데 조선에 기근이 들었으니, 오일량인들 제때 지급될 수가 있었겠는가.

1815년 2월 2일자로 관수(小河三四郎)가 대마도 본국으로 보고한 내용 중에는 오일량 지급을 둘러싼 동래부의 어려움이 소개되어 있었다(〈사료 5-11〉 참조). 조선 연안 지역에 표착한 일본인 입장에서는 관례에 따라 쌀을 지급받게 되어 있으니 그것을 달라고 요구하는 것이겠지만, 현지 조선인 입장에서는 기근으로 쌀 부족이 심각한 상태에서 제때 쌀을 지급하기 어려웠을 것이다. 일본인들이 표착지에서 곧장 초량왜관으로 돌아가면 그만이지만, 그들은 당연히 받아야 할 쌀이라고 생각했기에, 조금도 양보를 하지 않으려 했을 것이다. 일이 이렇게 되자, 일본인들이 쌀을 받을 때까지 표착지에서 머무르면서 쌀 지급을 계속 요구하는 일도 있었다. 때에 따라서는 그들이 뭍으로 올라가 현지 조선인들에게 폭력을 휘두르는 사태로 확대되기도 했다. 동래부사가 이러한 사정을 관수에게 알려서 일본인들에 대한 관리를 철저히 해 줄 것을 요청하기에 이르렀음이 다음 사료를 통해서 확인된다.

〈사료 5-11〉

"앞에서 말씀드린 (조선의) 기근으로 말미암아 포구마다 오일량 쌀 지급이 지체되어 여러 날 표착지에서 (일본인들이) 배를 정박시키는 사태가 벌어지고 있습니다. 게다가 지난 28일에는 동래에서 양역을 보내서 부탁을 하기를, '정해진 항로를 이탈하여 불시착한 (대마도) 뱃사람들이 오일량 지급을 재촉하기 위하여 뭍으로 올라가 여기저기 돌아다닐 뿐만 아니라, (현지 조선인들과) 말다툼을 하고 (현지 조선인들을) 때리는 일이 발생하여 당혹스럽다는 말이 현지에서 전해오고 있으니, 일이 원만하게 처리될 수 있도록 (일본인들에게) 조치를 취해 줄 것'을 요청하고 있습니다."409)

409) " … 將又右饑饉ニ付ては浦々ニて之五日次米等大ニ相滯惣て多日之滯船ニ相成、加之去ル二十八日東萊より兩役を以賴來候ハ、下乘之水夫共五日次爲催促日々令揚陸猥りニ方々致徘

그런데 왜관 측이 동래부에 답변한 내용을 살펴보면, 입장이 서로 조금씩 다른 것 같다. 〈사료 5-12〉는 관수가 대마도 본국에 보고한 1815년 2월 2일자 문서에서 소개한 것이다.

〈사료 5-12〉

"(관수가) 동래부에 답변을 전하기를, '대마도와 귀국(조선-인용자)은 하루에 바다를 건널 수 있는데다가, 바람이 불어 정해진 항로를 벗어나 불시착을 하게 되더라도 귀국이 (일본인들에게) 먹을 것을 주게 되어 있어서, (일본인들이) 배 안에 식량을 많이 싣고 건너오는 것이 아닙니다. 그런데 벌써 십 수 일 동안이나 배가 정박을 하고 있어서 밥을 지어먹을 쌀이 떨어졌을 텐데, 오일량 지급이 지체되었으니 (일본인들이) 불안해하고 있었을 것입니다. 이 일에 대해서는 오히려 (동래부사가 표착지에) 엄중 지시를 내려 주시기 바랍니다.'라는 내용으로 답변을 전달하였습니다."[410]

'자국민 보호'라고 보아야 할지, 동래부사와 관수는 서로 자기 입장만 내세우고 있었다. 그렇지만 관수도 일부 일본인들이 쌀을 받아 내려고 일부러 왜관으로 바로 가지 않고 조선의 연안에 표착하는 일이 빈번하게 일어나고 있음을 알고 있었으며, 이 점도 대마도 본국에 보고하였다. 그리고 어쩔 수 없는 바다 상황 때문에 일본인들이 항로를 이탈하는 경우도 있음을 동래부사도 잘 알고 있었을 것이다. 그렇지만 넓은 바다 위에서 벌어지는 일을 동래부사나 관수가 무슨 수로 통제를 할 수 있었겠는가. 관수의 힘이

徊、其上口論打擲亂雜之振舞等有之及迷惑候段、其場より申來候間、穩便之心得方相示遣吳候樣賴來候付 … "《分類紀事大綱》15;《分類紀事大綱》X, 260쪽.

410) " … 東萊へ相答遣し候は、對州と貴國は一日渡海ニ候上、風勢ニ依ては令脇乘候得は貴國より御馳走被下候事ニ付、船中糧多數持渡居申間敷、左候得ハ寂早數十日之滯船ニ付極て飯米ニ切居可申五日次相滯候筋共ニては不安次第ニ付、是等之儀は猶又嚴重御差圖被下候樣にと相答遣し申候 … "
《分類紀事大綱》15;《分類紀事大綱》X, 260쪽.

미치지 못하는 사이에, 조선의 연안 지역 주민들만 고스란히 경제적 부담을 떠안고 있었다. 더군다나 조선의 기근으로 식량 사정이 더욱 악화되고 있었으니, 오일량의 미수 누적은 어찌보면 불가피한 일이었는지도 모른다.

제2절 조선의 일본쌀 수입 시도와 일본의 대응

Ⅰ. 조선의 연례송사 정지와 일본쌀 5만석 조달 요청

조선은 해마다 계속되는 흉년으로 인해 사회·경제적 어려움이 이루 말할 수 없이 컸다. 이 상태로는 정상적인 대일관계의 유지가 곤란하다고 판단한 조선 정부는 일본이 조선으로 파견해 오는 연례송사의 정지를 요청하기로 하였다. 1815년 4월에 이르러 이른바 송사 정지(送使停止) 문제가 조선의 역관인 훈도 경천(敬天)을 통해 왜관 측에 전달되었다.

4월 20일자로 관수(小河三四郎)가 대마도 본국에 보고한 자료를 보면, 다음과 같은 내용이 들어 있었다. "지난 14일(4월 14일—인용자) 훈도 경천이 통사 스미노 기베에를 통해 은밀히 말하기를, (중략) 당년조(1815년—인용자) 이정암사(以酊庵使)부터 금년과 명년 사이에 팔송사(八送使)를 모두 정지할 것을 간청"[411]한다고 하였다. 그러면서 "폐방(조선—인용자)이 지난해 흉년이 크게 들어 백성들이 굶어죽는 일이 있는데도 달리 계책이 없어 특별히 금년과 명년조 송사를 모두 정지하고자 한다."고 적은 동래부사의 단간(短簡)을 왜관 측은 대마도 본국으로 보냈다.[412]

---

411) "去ル十四日訓導敬天より通詞住野喜兵衛を以内々申聞候は、(中略) 当年条以酊庵使より今明年之間八送使一併ニ御停止之儀御懇請被申 … "
《分類紀事大綱》15;《分類紀事大綱》X, 264쪽.

훈도(경천)가 4월 17일에도 왜관으로 들어가 조선의 어려운 사정을 왜관 측에 설명하고 협조를 구했다고 한다. 왜관 측도 훈도에게 그 자리에서 답변해 줄 수 있는 형편은 물론 아니었다. 그렇지만 조선 전국에 굶어 죽은 사람의 숫자가 10만 명에 달하고 종자로 쓸 볍씨조차도 모두 식량으로 써버릴 정도로 어려운 처지임을 알면서, 그대로 묵과할 수만은 없었기에, 왜관 측이 대마도 본국에 조선의 사정을 보고하였던 것이다.

그런데 팔송사 정지 요청은 크게 문제가 될 것 같지는 않았다. 과거에도 팔송사 정지는 있었기 때문이다. 다만 팔송사를 정지한다고 할 때, 그 범위를 어디까지로 정할 것인지 처음에는 명확하지 않았다.

예를 들면 ① 조선이 요청한 팔송사 정지가 대마도의 사신이 조선으로 건너오는 것만 생략한다는 것인지, 아니면 ② 대마도가 조선에 보내는 사신은 물론이고, 서계도 보내지 않고 그에 대한 조선의 답서도 교환하지 않는다는 것인지가 분명하지 않았다. 만일 ①의 경우라면 대마도 사신에 대한 조선 측의 접대만 없어지는 것이기 때문에, 대마도로서도 크게 문제될 것이 없다. 그러나 ②의 경우라면 예물 교환이 이루어지지 않는 것은 말할 것도 없고, 공무역에서 거래되는 물품 교환 자체가 정지되는 것이다. 그러니 "서한(서계—인용자)과 함께 팔송사도 건너가지 않는다는 것은 절교(絶交)나 다름이 없다."고[413] 하면서, ①과 ② 어느 쪽이든 "예조참의 서한을 보내서 (팔송사 정지를) 요청하는 것이 전례"[414]라고 대마도 본국에서는

---

412) 卽惟辰下
旅履淸勝慰浣良多
<u>弊邦去年穡事大歉民凋殘計無所施特以今明年條送使一併停止之意</u>旣以仰請
貴州幸須另念善報期有實效豈非共濟之誼惟冀丙亮不備
乙亥四月　日　　　　東萊府使
《分類紀事大綱》15;《分類紀事大綱》X, 266쪽.

413) " … 八送使は御書翰共ニ御渡不被下樣ニと申事ニ候ハヽ、左候時ハ御絶交之姿ニ相成候處を … "
《分類紀事大綱》15;《分類紀事大綱》X, 268쪽.

생각하고 있었다. 한 마디로 앞에 소개한 동래부사 단간(短簡)만으로는 조선의 팔송사 정지 요청을 대마도가 받아들일 수 없다는 뜻을 분명히 한 것이다.[415]

만일 팔송사 정지가 공무역 정지를 의미하는 것이 된다면, 대마도가 무역 결제품으로 조선으로부터 지급받게 되어 있는 목면도 전부 입송이 안 될 것이다. 그리고 목면 중 일부를 쌀로 바꾼 공작미도 대마도로 건너갈 수 없게 된다. 그것은 곧 대마도의 식량 사정을 크게 압박하게 될 것이다. 그러므로 이러한 상황이 절대 오지 않도록 대마도 본국이 경계를 한 것이다.

그렇다면 조선의 기근으로 인한 팔송사 정지 사례가 있었던 것일까? 이 점에 대해서 대마도 본국이 전례를 검토하여 1628년(寛永 5)과 1695~6년(元祿 8~9) 사례를 찾아냈다. 그런데 1628년경에 예조참의 서계를 필사해 놓은 것이 있기는 하지만, 그 해와 전년 그리고 이듬해에도 현송사(現送使)[416]가 조선으로 도항한 것을 보면, 이때 대마도가 팔송사 정지를 허락했다고 보기는 어렵다는 것이다. 그리고 1695~6년의 경우에는 송사의 도항 시기를 연기한 적은 있었지만, 이때도 '현송사'가 조선으로 건너온 것을 보면, 완

414) " … 扨亦いつれニ仕候ても是非々々停止懇請被致候ものならハ前文之通禮曹參議之書翰を以被相希候一例有之候間 … "
《分類紀事大綱》15;《分類紀事大綱》X, 268쪽.

415) 대마도 본국에서는 "동래부사의 단간을 이쪽(대마도 본국—인용자)으로 보내지 말고 빨리 (동래부에—인용자) 돌려주는 것을 놓고 논의하고 있으니, 우선 그렇게 알고 있을 것"(東萊府使之短簡爰元迄不送遣向ニして早々送返候方ニ致評議候間先左樣御心得可有之候)을 주문하고 있다. 1815년 4월 말일 대마도 본국은 관수(小河三四郎)에게 "동래부사 단간을 돌려보내니, 적당한 때를 봐서 돌려주라고"(東萊之短簡送り返候間時宜之計を以可被差返候) 한 것을 보면 대마도에 보고되었던 동래부사 단간이 다시 왜관으로 회부되었던 것으로 보인다.
《分類紀事大綱》15;《分類紀事大綱》X, 270쪽.

416) 일본 측 기록을 보면 '現送使' '蔭送使'라는 용어가 보이는데, 대마도의 사신이 직접 조선으로 건너오는 것을 '現送使'로, 사신이 직접 건너오지 않고 서계만 전달하는 경우를 '蔭送使'로 적어 서로 구분한 것으로 보인다.

전한 정지라고 볼 수 없다는 것이다. 즉 기근 한 가지 이유만 가지고 팔송사 도항 정지를 허용하게 된다면, 새로운 선례를 만들게 되어 나중에 폐단이 일어나지 않을까 염려하는 것이 대마도 본국의 입장이었다.

대마도의 이러한 우려를 불식시키기 위해서인지, 1815년 5월 훈도(경천)가 관수 앞으로 써 준 확인서가 왜관 측에 전달되었다. 훈도의 확인서에는 "팔송사 정지 후라도 대관이 교역품을 출송하는 즉시 입송물을 속속 대관 측에 입송시키겠다는 뜻을 알아주기 바란다."[417]고 적혀 있었다. 이것을 보면 팔송사가 정지되더라고 양국의 물품 교역은 관례대로 계속되는 것으로 이해해도 좋을 것 같다. 그러나 팔송사 정지를 요청하려면 예조참의 서계를 보내도록 조선의 훈도(경천)을 압박해야 한다고 대마도 본국에서는 생각하고 있었다. 이런 내용을 담은 대마도 본국의 지시가 5월 26일자 문서를 통해 왜관 측에 전달되고 있었다. 이것이 조선의 역관을 통해 동래부에도 전달되었을 것이다. 그 뒤 조선 예조참의(李憲琦)를 발신인, 대마도주를 수신인으로 하는 서계가 1815년 6월 작성되었다.[418]

---

417) 覺

一 八送使停止後計受代官卽爲出送則入送物速々入送於計受代官矣此意知悉爲望耳

乙亥五月 訓導 敬天 玄知事

館司 尊公

《分類紀事大綱》15;《分類紀事大綱》 X, 271-272쪽.

418) '예조참의(李憲琦)가 대마도주에게 팔송사 정지를 요청하는 서계(禮曹請八送使停止書)'를 을해년(1815) 6월에 작성하여 일본 측에 전달했다. 이 서계의 내용은 아래와 같다.

朝鮮國禮曹參議李 憲琦 奉書

日本國對馬州太守拾遺平公 閣下

宓惟季夏

啓居清裕慰浣實多弊邦穡事連年失稔民心

遑遑思極悶迫特以相〉濟之誼今明年八送使一併停止則

隣誼所好誠信修篤豈非感幸惟望速賜

惠音

崇亮不備

한편 조선이 일본쌀 5만 석의 매도를 요청한 것은 전례가 없는 일이었다. 그런 만큼 왜관 측이나 대마도 입장에서 이 문제를 풀어나가기가 결코 쉽지 않았을 것이다. 그렇기는 하지만 팔송사 정지 요청이 훈도를 통해 왜관 측에 전달되었을 때, 일본쌀 수입 문제도 함께 거론되었던 것으로 보인다. 이미 1815년 4월 무렵부터 이 문제가 막부 측 접촉 창구인 와키자카(脇坂) 쪽에 전달되었다. 4월 26일 대마도 본국에서 에도의 히라타 하야토(平田隼人)와 오모리 한조(大森繁藏)에게 지시한 내용 중에도 조선의 기근으로 인한 쌀 매입 문제가 논의되고 있었다.[419] 그보다 한 달 정도 전인 3월에 이미 조선의 흉년으로 인한 어려운 사정이 막부에 보고되었던 것으로 보인다.[420]

조선이 일본에 쌀 5만 석의 조달을 요청하는 예조참의(禮曹參議) 서계가 1815년 6월 23일 훈도 경천(敬天) 현지사(玄知事)를 통해 관수(館守)에게 전달되었다. 왜관 측은 이 서계를 접수하여 6월 27일 대마도 본국으로 보냈는데, 외교문서를 담당하는 이정암(以酊庵)에서 이를 개봉하였다고 한다.[421] 이 서계가 6월 29일자 문서와 함께 에도(江戶)로 보내졌다. 일본쌀 수입 요청을 적은 예조의 서계 1통과 팔송사 정지 서계 1통, 그리고 양역(훈도·별차)이 작성한 확인서 1통을 모두 일본어로 옮겨서 첨부하여 보냈

乙亥年六月 日

이 서계의 필사본은 일본 국립국회도서관에(《兩國往復書謄》 139, 일본 국립국회도서관), 그리고 이 서계의 원본(原本)은 현재 국사편찬위원회에 소장되어 있다(서계 DS 7026). 이에 대한 일본의 회답서계 사본은 《兩國往復書謄)》 140에 실려 있다.

419) "一 脇坂様へ此度被申上候内朝鮮国飢饉ニ付買米之一段加納郷左衛門より其許へ申越候事情ニ依…"

《分類紀事大綱》 15; 《分類紀事大綱》 X, 267쪽.

420) 《朝鮮國饑饉ニ付米五萬石買取度段從禮曹叅議以書簡懇請在之候公義江御拜借御願書被差出候記錄》(1815년 3월), 국사편찬위원회 대마도종가문서 DK 6584.

421) "朝鮮國より米五萬石被調方禮曹參議被及御賴候書簡六月二十二日訓導敬天玄知事館守方江持參…(중략)…同二十七日御國江相達以酊菴改封有之候處…"

《朝鮮國饑饉ニ付米五萬石買取度段從禮曹叅議以書簡懇請在之候公義江御拜借御願書被差出候記錄》, 국사편찬위원회 대마도종가문서 DK 6584.

다. 이 문서들이 최종적으로 에도(江戶)의 대마번저(對馬藩邸)에 가 있던 대마번주(對馬藩主)에게 보고되었을 것은 의심의 여지가 없다.[422)]

이 가운데 일본쌀 5만 석 매매를 요청한 예조참의 서계를 소개하면 다음과 같다. 이 서계의 원본은 현재 국사편찬위원회에 소장되어 있다(서계 DS 7024). 이 서계의 줄거리를 간추리면 다음과 같다. 즉 "폐방(조선—인용자)이 재앙(災殃)과 환난(患難禍難)을 연달아 겪던 차에 지난해 대흉년으로 백성들이 기아에 허덕이고 있는데, 귀국(일본—인용자)이 쌀 5만 석을 매도(賣渡) 해 준다면 구제가 되겠으니 선처를 바란다."고 조선의 예조참의가 대마도주에게 요청하는 내용이다(【사료 5-13】의 G~I열 참조).

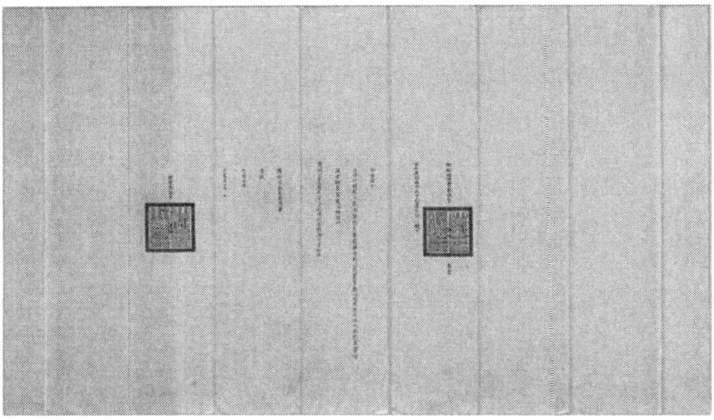

서계(안쪽)
자료 : 국사편찬위원회 서계 DS 7024

---

422) "買米懇請之儀ニ付禮曹より之來翰壹通且八送使停止之書幷兩譯より差出候書付壹通いつれも和解相添案書役大浦甚五右衛門へ相渡差越候間被 仰上方等弥以御心遣之次第精筆ニ得御意候迄も無御座尙又御時宜之御盡方万々希申候段江戶表平田隼人大森繁藏方へ申遣
右乙亥六月二十九日之日付"
《分類紀事大綱》15;《分類紀事大綱》 X, 280쪽.

〈사료 5-13〉

P	O	N	M	L	K	J	I	H	G	F	E	D	C	B	A
	禮曹參議李憲琦 (印)		乙亥年六月日	崇照不備	另施	隣好安能區區惟冀	貴國之米五萬石許賣則可以爲拯濟之方如非	滿塗餓莩萬萬悶措特以	文候珍勝慰沃良深弊邦災眚荐臻保民之道實多寒心而去年又値大凶民食罄渴	卽惟辰下			日本國對馬州太守拾遺平公 閤下	朝鮮國禮曹參議李 憲琦 (印) 奉書	

Z	Y	X
日本國對馬州太守拾遺平公 閤下	禮曹參議李憲琦 (印) 謹封	奉 書

주 : A~Z 등은 서계의 형식을 살피고자 필자가 임의로 붙임.
자료 : 국사편찬위원회 서계 DS 7024.

그런데 대마도는 조선이 요청한 5만 석의 쌀을 자체 조달할 수 있었을까? 대마도는 조선의 이러한 요청을 어떻게 처리해 나갔던 것일까?

Ⅱ. 대마번(對馬藩)의 막부 교섭과 막부의 대응

조선이 일본에 5만 석의 쌀 조달을 요구한 것은 이례적인 일이었다. 그동안 조선의 쌀에 크게 의지해 오던 대마도로서는 이처럼 많은 양의 쌀을 자체적으로 조달할 힘도 없었다. 더욱이 대마도가 이 문제를 독단적으로 결정하는 것도 불가능했다. 그래서 대마도는 이 사실을 막부에 보고하고 도움을 요청하는 방법을 강구하였다.

막부를 상대로 하여 대마번이 전개하였던 교섭은 예조참의 서계가 에도(江戶)에 도착한 1815년 8월경에 집중적으로 이루어졌다. 그런데 그보다 5개월 전인 3월부터 이미 대마도 내부적으로 막부 교섭을 위한 사전 준비가 이루어지고 있었다고 판단된다. 예를 들어 1815년 3월 15일 에도에서 히라타 하야토(平田隼人)와 오모리 한조(大森繁藏)가 대마도 본국에 보고를 올렸다. 그에 따르면 하루 전인 3월 14일 와키자카(脇坂)를 통해 막부 관계자에게 조선의 사태에 대한 보고가 들어간 것으로 되어 있다.[423] 그리고 3월 15일 에도에서 히라타와 오모리가 대마도 본국으로 보낸 극비 문서가 4월 20일 대마도에 도착하였다. 그에 대한 대마도 본국의 지시가 4월 26일자 문서로 에도의 두 사람 앞으로 보내졌다. 그리고 약 한 달 뒤인 5월 25일 두 사람이 문서를 잘 받았다고 에도에서 대마도 본국으로 답신을 보냈다.[424]

3월 15일자로 작성된 문서에서 히라타는 당시 조선의 기근을 '수백 년 동안 전례 없는 일'[425]이라고 적었다. 그래서인지 대마도 측에서도 막부와 교섭하여 조선을 도우려는 적극적인 자세가 엿보인다. 예를 들면 히라타는

---

423) 《朝鮮國饑饉ニ付米五萬石買取度段從禮曹叅議以書簡懇請在之候公義江御拜借御願書被差出候記錄》, 국사편찬위원회 대마도종가문서 DK 6584.

424) 《分類紀事大綱》 15; 《分類紀事大綱》 X, 261-269쪽.

425) " … 先々数百年來未曾有有之事候得は … "
《分類紀事大綱》 15; 《分類紀事大綱》 X, 263쪽.

이때의 보고에서 이미 막부의 힘을 빌려 조선을 도울 자신의 구상을 넌지시 밝히고 있었다. 즉 "대마도가 막부로부터 쌀을 빌려서 그것을 조선에 전달할 수만 있다면 통신(通信)의 측면에서도 좋을 것 같다고 판단했다. 다만 지금 시점에서 막부 쪽에 이런저런 얘기를 하게 되면 아무래도 의심을 받을 수가 있으니, 그 점이 염려된다고 하면서 조심스러운 자세를 보이고 있었다. 그러므로 그 얘기는 접어두고 조선 쪽에서 먼저 쌀 조달을 부탁한다는 신호를 일본에 보내오는 것이 좋겠다."[426]는 의견을 히라타가 대마도 본국에 제시하고 있다. 그리고 혹시 조선이 쌀을 부탁하는 상황이 벌어지게 되면 예조의 서계가 필요하다는 점도 히라타는 덧붙였다. 만일 예조의 서계를 받아오는 것이 번잡하고 시간이 걸릴 것 같으면, 동래부사의 서계도 생각해 볼 수 있는데, 그때는 반드시 "조정의 명령을 받아서 부탁한다."[427]는 의미가 서계 속에 담겨 있으면 좋겠다는 점도 빼놓지 않고 언급을 하였다. 이것을 보면 조선의 예조참의 서계가 작성된 6월보다 3개월 앞선 3월 중순 시점에서 이미 대마도 측은 막부에 쌀 조달을 요청하는 카드를 준비하고 있었던 것으로 보인다. 다만 이때까지만 하더라도 '5만 석'이라고 하는 구체적인 수치는 아직 제시되지 않고 있었다.

비슷한 시기에 대마도 에도번저(江戶藩邸)의 히라타 하야토와 오모리 한조는 막부 측에 조선의 어려운 사정을 구체적으로 열거하면서 보고를 하였다. 3월 14일에 두 사람 명의로 작성된 문서를 보면 다음과 같다. 조선의 기근으로 인한 실상을 파악하기 위하여 왜관 측은 여러 채널을 동원한 것

426) "一　当節は
此方様へ御米御拝借被成候て彼方へ多少之間被遣候ハヽ 如何計り御通信之訳も宜　…
(中略)…　尚又只今彼此被仰上候時ハ何とやら御疑共相生候ては大切不安事と存候付其儀は差置向より可被相頼有様之様子を申上候事ニ御座候"
《分類紀事大綱》15;《分類紀事大綱》 X，262쪽.

427) " … 其書簡之内ニ都之命を請被相頼候と申意味願ハ相加度事と存候 … "
《分類紀事大綱》15;《分類紀事大綱》 X，263쪽.

으로 되어 있다. 조선의 관리들에게 묻기도 하고, 왜관을 드나드는 상인들에게 은밀히 캐물어서 정리한 것이 이 문서라고 한다.[428)]

① 1814년 8월
피안(彼岸, 춘분과 추분 전후 각 3일을 합한 7일간—인용자) 때 고관(古館) 성묘를 간 사람이 중산(中山)이라고 하는 곳에서 점심을 먹고 있었는데, 조선인 한 명이 지팡이를 짚고 다가왔으나, 끝내 넘어져 죽었다고 함. 부산 '사카노시타'라고 하는 곳 주변에서 날마다 4~5명씩 굶어죽는다고 함. 왜관 근처는 관내에서 구호를 해줘서 아사자가 적었다고 들었음.

② 1814년 11월 20일
왜관 밖 땔감을 넣어둔 곳이 있는데, 밤 5시경 불이 나서 타고 있을 때, 근무자가 불을 끄고 있는 사이에 의복과 갓 등을 훔쳐 달아났다고 함.

③ 1814년 11월 21일
밤 4시경 왜관의 동향사(東向寺)와 재판가(裁判家) 경계에 있는 대나무밭에 불을 질렀는데, (왜관의 일본인들이) 곧장 발견하여 불을 껐다고 함.

④ 1814년 11월 26일
밤 4시 지나 왜관의 세물옥(細物屋) 오두막집에 불이 난 것을 근처에서 발견하고 진화하였음. 상인들이 집으로 돌아와 보니, 구석에서 조선인 한 명이 뛰쳐나가는 것을 발견하고 붙잡음. 이튿날 아침 조선 관리에게 인계하여 그쪽에서 조사했는데, 불이 난 틈을 타서 도둑질하려고 들어갔다고 자백함. 나중에 장죄(杖罪)에 처하고, 관수에게 보고했다고 함.

⑤ 1814년 12월 6~9일
다대포와 부산 사이에서 500명 정도가 굶어 죽었다고 함. 이 두 곳은

428) 《朝鮮國饑饉ニ付米五萬石買取度段從禮曹叅議以書簡懇請在之候公義江御拜借御願書被差出候記錄》, 국사편찬위원회 대마도종가문서 DK 6584.

겨우 4리(조선의 40리—인용자) 정도 떨어진 거리임.

⑥ 1814년 12월 22일
밤에 부산성 안에서도 불이 났음. '사카노시타'라고 하는 곳에서는 종종 불을 내거나 강도가 많이 발생한다고 들었음.

⑦ 1814년 12월 28일
대마도에서 비선(飛船)을 타고 (조선으로) 건너올 때, 바람에 떠밀려 조선의 '시모'(경상우도—인용자) 가덕(加德)에 닿았는데, 그곳에서 (조선인이—인용자) 80명이나 굶어 죽었다고 함. 이 비선을 끌어 준 (조선의—인용자) 배에 4명이 탑승하였는데, 3명은 아무것도 먹은 것이 없어 배고픔을 견디지 못해 죽고, 1명은 떨어졌다고 함.

⑧ 1814년 12월 28일
밤에 부특송사(副特送使)가 거주하는 곳 앞에서 조선인 형제(형 15세, 동생 12세)가 몰래 들어가 쌀과 반찬, 냄비 등을 훔쳐 왜관 돌담에서 불을 피워 청어를 굽고 있는 것을 관내 야간 순찰에게 들켜서 그 형제가 붙잡힘. 이들을 문초하니, "왜관 밖에서 지키는 조선의 복병(伏兵)이 몰래 들어가서 물건을 훔쳐오면 도와주겠다."고 가르쳐줘서 왜관으로 들어가게 되었다고 자백함. 위 복병도 붙잡아 조사해 보니, 틀림없는 사실이어서 조선 관리에게 인계했는데 장죄(杖罪)에 처했다고 함.

⑨ 기근이 심해 (조선의—인용자) 아랫것들이 먹을 것이 없어서인지 왜관에서 술을 짜고 난 찌꺼기를 갖다 먹곤 했음. 그 중에서 '히토츠야'(一ツ家)라고 하는 곳에 사는 한 사람이 술지게미를 가지고 돌아갔는데, 왜관 밖 남쪽 해변에서 죽어 있었음. 이 사람이 굶어 죽은 것 같지는 않은데, 가지고 있던 술 찌꺼기를 다른 조선인이 빼앗고 죽인 것인지, 아니면 급소를 맞아 즉사한 것인지, 조선 쪽에서도 매우 수상히 여겨 논의가 분분함.

⑩ 1815년 1월 11일
서울에서 전령(傳令)이 내려왔는데, 그곳에서도 사람이 많이 죽었다고 해서 조사해 보았더니, 하루에 서울에서 4,500명 정도가 죽었다고 함. 더욱이 굶어 죽는 사람만 있는 것이 아니라 병이 났을 때 곡기가

부족해 죽은 사람이 많다고 함. 서울에서만 죽은 사람이라고 하기에는 너무 많은 것 같은데, 다른 지방에서 죽은 사람도 넣어서 숫자가 많아진 것이 아닐까 생각됨.

⑪ 김해에서 5~6일 사이에 500명 정도가 죽어 묘가 부족해서 곤경에 처해 있다고 함.

⑫ 동래에서 한 달에 3회씩 죽을 나누어 주고 한 사람당 일본 되로 쌀 2되 정도씩 주는데, 10월에는 7천 명, 11월에는 6천 명에 이름. 그 사이 천 명 정도 죽었다고 보았는데, 어디에서 몰려들었는지 12월에는 8천 명으로 늘었다고 함.

⑬ 근래 왜관에서 반찬거리가 없어서 어찌 된 일인지 물었더니, 왜관 주변 어선들이 고기잡이하러 나갔다가 바람에 휩쓸렸는지 돌아오지 않고, 개중에는 배를 훔쳐 타고 바다에 나갔다가 돌아오지 않는다고 하는데, 일본 땅을 향해 타고 나갔다는 소문도 있음.

⑭ 동래 근처에 사는 4명이 있었는데, 그 가운데 한 명은 굶어 죽었음. 그 죽은 사람의 인육을 나머지 3명이 나누어 먹었다고 하며, 어린아이에게 젖을 물려도 엄마가 먹은 것이 없어 젖이 나오지 않아 아이를 죽게 내버려 두고 말았다고 함.

⑮ 조선의 관리가 말하길, 금년에 설령 풍년이 되더라도 흉년이나 다름없게 될 텐데, 그 이유는 종자로 쓸 것까지 모두 식량으로 써버렸기 때문이라고 함. 또한 겨울이 가물어 잎이 말라서 파란 잎이 없는 것인지 모르겠으나, 새싹이 돋은 보리를 몰래 캐다 먹어서 그렇게 된 것이라고도 함.

이처럼 대마도는 왜관을 통해 전해 들은 조선의 기근 관련 정보를 무려 15개 항에 걸쳐서 매우 상세하게 막부 측에 보고하였다. 우선 위의 보고 내용이 사실과 일치하는지를 따져보아야 하는데, ④는 앞의 이오돌(李五突) 사건과, 그리고 ⑧은 앞의 이성신(李聖新) 이성손(李聖孫) 사건과 내용이 거의 일치하는 것으로 보인다. 다만 앞에서 소개한 별차의 확인서에는 '이성신이 15세, 이성손이 10세'라고 되어 있었는데, ⑧의 형제 나이 중 동생 나이가 12세로 되어 있는 점은 이것과 조금 어긋난다. 이들과 함께 붙잡힌 이시운(李時運, 40세)이 ⑧의 복병이 아닐까 생각된다.

그런데 이토록 상세하게 조선 상황을 막부 측에 보고한 대마도의 의중(意中)은 무엇이었을까? 물론 왜관에서 보고 들은 정보를 가감 없이 막부에 보고하는 것이 대마도에게 맡겨진 기본 임무이기도 했다. 과연 그것이 전부였을까? 조선의 어려운 사정을 막부에 충분히 전달하여 막부가 조선의 요청을 받아들이도록 하기 위한 사전 정지작업의 의도도 깔려 있었을 것으로 짐작된다. 그것뿐이었을까?

한편 대마도주는 1815년 8월 7일 히라타 하야토(平田隼人)를 와키자카(脇坂)에게 보내 예조참의 서계와 함께 서면으로 조선의 일본쌀 요청 사실을 정식으로 막부에 보고하였다. 이에 대한 막부 측 반응이 8월 16일자 기록에 남아 있는데, 그것을 옮겨 보면 다음과 같다(〈사료 5-14〉 참조).

〈사료 5-14〉

"와키자카 님이 어제(8월 15일—인용자) 석양에 하야토(隼人)와 한조(繁藏) 중에서 한 사람을 출두하라고 근무자를 통해 쪽지로 전달이 와서 오늘(8월 16일—인용자) 하야토가 올라갔더니, 지난 7일 제출한 조선국의 쌀 구입 건에 대하여, 다음과 같이 적은 것을 니시무라(西村郡左衛門)를 시켜서 전달함.

'조선국 예조의 서간을 (막부의) 노쥬(老中)에게 제출하는 것과 쌀 매입 문제를 처리하는 것 모두 의견 없음.'"[429]

429) "亥 八月十六日
脇坂様より昨夕隼人繁藏兩人內壹人罷出候樣御用人より切紙を以申來居候付今日隼人參上候處、去七日差出置候 朝鮮國より之買米一件ニ付左之御書取西村郡左衛門を以御渡被成
朝鮮國禮曹より之書簡御老中江差出方幷買米取計之調茂存寄無之事",
《朝鮮國饑饉ニ付米五萬石買取度段從禮曹叅議以書簡懇請在之候公義江御拜借御願書被差出候記錄》, 국사편찬위원회 대마도종가문서 DK 6584.

〈표 5-1〉 대마번(對馬藩)에서 계산한 쌀 5만석 구입 대금과 운반비 추계

항목		금액	내역	비고
합계 (A+B+C)		金 59,316兩 1分	평균 米 1석 당 銀 71匁 1分 8厘	
A 쌀 5만석 대금		金 50,000兩	평균 米 1석 당 金 1兩	
B 쌀 운반비 (쥬고쿠→대마도)		金 3,373兩 1分	쥬고쿠(中國) 지방 항로 이용 시 대마도까지 쌀 운반비와 잡비	오사카(大坂)~대마도 구간 선박 운임과 잡비는 5,606냥
	쥬고쿠 항로 이용 선임과 잡비	金 2,916兩 2分 2朱	쌀 10석당 金 2分과 銀 5匁	오사카(大坂)에서 싣고 올 때 선임과 잡비 5천냥(쌀 10석당 金 1냥)
	대마도~쥬고쿠 간 담당자 경비 선박 50척 임차비 인부 50명 인건비 쌀 보관 창고료	金 456兩 3分		오사카에서 싣고 올 경우 606냥
C 쌀 운반비 (대마도→조선)		金 5,943兩	대마도에서 조선까지 선박 운임과 잡비	
	후츄(府中)~세관 선임	銀 75貫匁	米 1석당 銀 1匁 5分	
	세관~왜관 선임	銀 133貫	米漕船 1척당 평균 387석 적재 130척 필요, 1척당 銀 2匁 6分 6厘	
	선원 인건비	銀 50貫 700目	130척을 끌고 갈 水夫 1,950명, 평균 1척당 15명 승선, 1인당 26匁씩, 1척당 銀 390目	1척당 승선인원이 많다고 볼 수도 있으나, 일본의 바다와 달리 조선을 건널 때는 거친 바다를 건너야 하기 때문
	선원 식량 대금	銀 39貫	30일 평균 1인 1일 백미 8홉씩, 현미로 환산 520석 대금	130척을 끌고 가려면 바다가 험해 날이 좋은 날을 기다려야 해서 50일 정도 소요 예상하지만 30일로 잡아서 계산
	세관 담당자 인건비	銀 8貫 400目	中目付 3명, 쌀 담당자 6명, 下役 9명	

항목		금액	내역	비고
	선박 인양비	銀 15貫	세관에서 선박 올릴 때 판자 등 물품 소요	선박 검사 등 담당자 파견 필요하나 이 경비는 포함시키지 않음
	경호 비용	銀 4貫 500目	후츄~세관 경호 50명 비용	
	지필묵 비용	銀 1貫	紙筆墨 등 각종 경비	
	선박 수리비	銀 30貫		

자료 : 《朝鮮國饑饉ニ付米五萬石買取度段從禮曹叅議以書簡懇請在之候公義江御拜借御願書被差出候記錄》(1815년), 국사편찬위원회 대마도종가문서 DK 6584.

대마도가 1815년 8월 18일 재차 막부에 문서를 보내 요청하는 것을 보면, 8월 16일 시점에서 막부가 대마도의 요구를 받아들이지 않았던 것으로 보인다. 그러자 히라타와 오모리가 거듭 요청했다. 즉 "대마도주가 (막부의—인용자) 노쥬에게 말씀드리도록 했으면 좋겠고, 더욱이 (그것을—인용자) 보시고 선처하여 주셨으면 합니다. 그와 관련하여 이번 쌀 매입 요청은 (조선과—인용자) 통교(通交)를 해 온 이래로 전례가 없는 일이라서 쉽게 결정하기 어려운 일이니, 쇼군(將軍)의 지시를 어떻게든 받을 수 있었으면 합니다."[430]라고 막부 관계자에게 의견을 제시하였다.

막부 측 반응은 여전히 냉담했다. 8월 19일 한조(繁藏)가 막부의 연락을 받고 아침에 올라갔는데, "조선국의 쌀 매입 건과 관련한 요청서 사본과 별지 모두 의견 없음"[431]이라는 답변을 받아왔을 뿐이었다.

430) "…對馬守より御老中様江申上候樣可仕候、猶 御覽被成下候上宜御差圖可被成下候、就夫此節買米之一件御通交以來無之不容易御事ニ御座候得者
公邊御沙汰向何と可被爲在哉…"
《朝鮮國饑饉ニ付米五萬石買取度段從禮曹叅議以書簡懇請在之候公義江御拜借御願書被差出候記錄》, 국사편찬위원회 대마도종가문서 DK 6584.

431) "朝鮮國買米之儀ニ付願書寫幷別帳共存寄無之事"
《朝鮮國饑饉ニ付米五萬石買取度段從禮曹叅議以書簡懇請在之候公義江御拜借御願書被差出候記錄》, 국사편찬위원회 대마도종가문서 DK 6584.

한편 〈표 5-1〉에 소개한 것처럼 1815년 8월에 작성된 대마도의 쌀 조달 계획서는 매우 구체적이었다. 즉《朝鮮國饑饉ニ付米五萬石買取度段從禮曹叅議以書簡懇請在之候公義江御拜借御願書被差出候記錄》(1815년)의 맨 마지막 부분에 〈朝鮮江買米運賃其外大積〉이라는 제목으로 정리된 내용을 소개하면 다음과 같다. 대마도의 계산에 따르면 ㉠ 쌀 5만 석의 대금(금 5만냥)과 ㉡ 쥬고쿠(中國) 지방에서 대마도까지 쌀 운반비(금 3,373냥 1분), 그리고 ㉢ 대마도에서 조선까지 쌀 운반비(금 5,943냥)를 합하여 금으로 59,316냥 1분이 소요될 것으로 보았다(쌀 1석당 평균 銀 71匁 1分 8厘). 이 금액은 쥬고쿠~대마도 항로를 이용하는 경우의 총비용인데, 이것은 오사카~대마도 구간을 이용할 때보다 저렴한 것으로 대마도는 내다보았다. 만일 오사카에서 쌀을 실어 나른다면 그곳에서 대마도까지 운반하는 뱃삯과 잡비로 5,606냥이 추가로 들게 되며, 여기에 5만 석의 쌀값과 대마도에서 조선까지 운반하는 운송비와 잡비를 더하게 되면 금으로 61,549냥이 될 것으로 내다보았다(쌀 1석당 평균 銀 73匁 8分). 결국 오사카에서 운반하는 것이 2,233냥 정도 더 비싸다고 보아서, 대마도는 일본의 쥬고쿠(中國) 항로를 이용할 계획이었다.

대마도는 조선의 어려운 사정을 잘 알고 있었기에, 막부를 상대로 교섭을 적극 추진하였다. 대마도 입장에서는 조선의 경제 상황이 호전되어야 전과 같이 무역도 원활하게 운영할 수 있으리라 판단했을 것이다. 그리고 조선이 조기에 안정을 되찾아야만 공작미를 비롯하여, 표류라든가 사신 왕래 등과 관련된 각종 쌀 지급도 순조롭게 이루어질 수 있었다고 전망했을 법하다. 그러한 점을 잘 인식하고 있었던 대마도는 실제로 막부 교섭에 모든 힘을 기울였던 것이다.

막부는 과연 대마도의 요구를 수용하였을까? 예조참의 서계가 막부에 보고된 지 약 3개월 뒤인 1815년 11월 5일 막부의 결정이 대마도 쪽에 전달되었다. 그날 하야토(隼人)가 몸 상태가 좋지 않아 한조(繁藏) 혼자 가서 막부 측 의견을 받아왔는데, 주요 내용은 다음과 같다.

> 〈사료 5-15〉
>
> "조선국이 기근 때문에 쌀 수입을 그쪽(대마도—인용자)에 요청한 서간을 제출받았다기에 들어봤는데, 들어주기 어려움. 대마도주가 (조선과—인용자) 국경을 마주하고 있어서, 쌀 수입 요청을 모른 체하기 어렵다는 것을 알고 있지만, <u>외국에 미곡을 건네는 일을 개인적으로 처리할 수도 없는 노릇이고, 쇼군에게 말씀을 드리더라도 많은 양의 쌀을 멀리 바다를 건너보낸다는 것은 들어주기 어려울 것이니</u>, 어쩔 수 없이 거절하게 되었음을 전달해야 할 것이라고 생각함."[432)]

〈사료 5-15〉 밑줄 부분에 적은 것처럼, "많은 양의 쌀을 멀리 떨어져 있는 다른 나라에 보내는 것을 쇼군(將軍)도 허락하지 않을 것"이라는 것이 막부 측의 답변이었다. 이처럼 막부가 5만 석이라는 적지 않은 쌀을 외국에 보내는 것에 선뜻 동의하기는 쉽지 않았을 것이다. 조선의 제안이 비록 유상 매매(有償賣買)이기는 하였지만, 전례가 없는 이 일을 허용했을 때, 그 이후에 벌어질 상황에 대하여 막부가 크게 경계했을 것으로 추측된다.

결국 1815년 11월 대마도 측은 조선의 요청을 거절한다는 내용의 막부 지시를 담은 서계를 작성하여, 조선의 예조참의 앞으로 보냈다(〈사료 5-16〉 L~N열 참조).[433)] 이로써 조선이 요구한 일본쌀 5만석 조달 계획은 결국 실

---

432) 朝鮮國飢饉ニ付買米之儀其方へ頼越候書簡被差出被申聞候趣達
御聴候処難成事ニ候､対馬守隣境之故を以買米相頼候儀難黙止存候得共外国へ米穀相渡候儀私ニは難相成
公儀へ申立候ても多分之石数遠海相廻候儀は御聞済有之間敷候ニ付不得止及断候段可被申達旨被仰出之. 《朝鮮國饑饉ニ付買米懇請之書簡公義江被差上候處右來簡面之內麤略之所在之御沙汰之品ニ依御差控御伺被成候始終之記錄》(1815~16년), 국사편찬위원회 대마도종가문서 DK 3903.

433) 《兩國往復書謄》 141(答禮曹懇書)에는 서계의 수신인이 '예조대인(禮曹大人)'으로 되어 있는데, 《分類紀事大綱》에서는 그것이 '예조참의 이헌기(禮曹參議李憲琦)'로 적혀 있

패로 돌아갔다.

〈사료 5-16〉

A	日本國對馬州太守拾遺平公 (印) 奉書
B	朝鮮國禮曹大人 閣下
C	
D	緬承
E	華翰仍審
F	興居百順慰沃何啻
G	貴國荐値**饑**儉去年更加大凶嵫盡人民拯卹之道因
H	告以賣米五萬石許縷縷已詳悉矣其窮困之狀誰
I	不寒心哉夫弊州於
J	貴國舊好至浹丁斯時運宜當周旋竭力固不俟言雖
K	然糴米異國非可私辨也若以聞于
L	**東武則多數米穀海路遠運數百年來無其例矣顧惟**
M	**非復容易可承**
N	**准許事**將奈之何雖已浹體
O	委諭而不能應副
P	來意豈勝歉恨之至切冀
Q	照察肅此不備
R	
S	文化十二年乙亥十一月 日
T	對馬州太守拾遺平義質 (印)

주 : A~T는 서계의 형식을 살피고자 필자가 임의로 붙임.
자료 : 《兩國往復書謄》 141(答禮曹懇書), 일본 국립국회도서관 소장;
《分類紀事大綱》 15(1813~23년), 국사편찬위원회 대마도종가문서 DK 4581.

그런데 이 회답 서계는 대마도가 단독으로 작성하여 조선에 보냈던 것이 아니다. 1815년 11월 16일 조선의 일본쌀 수입 허용 요구에 대한 답서를 작성하기 위하여, 대마도는 초안을 일본어로 작성하여 막부 측의 사전 검토를 받았다. 즉 와키자카에게 사신(用人 幾度次左衛門)을 보내서 다음과 같은 구상서(口上書)를 가지고 가게 한 적이 있었다.[434)]

다. 두 자료 모두 사본이기 때문에 원본에 이것이 어떻게 기재되어 있었는지는 확인할 길이 없다. 다만 당시 외교문서의 수신인에 '예조참의의 실명(實名)'을 적은 사례가 거의 없었다는 점을 생각하면, 《兩國往復書謄》의 기재 내용이 사실에 더 가깝다고 판단된다.

〈사료 5-17〉

<예조참의에게 보낼 회답서계의 일본어문>

보내주신 서찰을 잘 받아보았습니다. 더욱 평안하심을 매우 기쁘게 생각합니다. 그런데 귀국(조선—인용자)이 계속해서 흉년이 이어지고 있으며, 특히 지난해에는 대흉작으로 말미암아 인민을 먹여 살릴 식량이 걱정되어 쌀 5만 석의 매입을 요청한다는 사실을 접하고 어려운 사정을 잘 알게 되었습니다. 예로부터 전해 내려오는 이웃 나라와 우의를 생각하면 폐방(대마도-인용자)에서도 물품을 조달하는 데 힘을 쏟아야 함이 물론이겠습니다만, 다른 나라에 미곡을 전달하는 것이 개인적으로는 어려운 일이며, 막부 쇼군에게 말씀드리더라도 많은 양의 곡물을 멀리 바다를 건너게 하는 것은 수 백 년 동안 전례가 없는 일이어서 쉽게 허용하기 어려운 일입니다. 본의 아니게 매우 안타깝게 생각됩니다만, 하는 수 없이 (귀국의 요청을-인용자) 받아들이지 못하게 됨을 잘 헤아려 주시기 바라며, 이만 갖추지 못합니다.

월일

1815년 11월 16일 대마도 측이 막부에 제시한 회답서계의 초안은 그보다 10여 일 전인 11월 5일 막부가 대마도의 요청을 거절하면서 전달한 문서의 내용과 거의 비슷하다(〈사료 5-15〉 참조). 이틀 뒤인 11월 18일 막부가 회신을 보내왔는데, “조선국에 보낼 회답서계의 초안에 대해 다른 의견

434) 〈禮曹參議へ之返簡和文〉

御札致拜見候、弥御平安珍重存候、然は貴國凶年打續就中去年大凶作にて人民撫食方御心遣之由にて米五万石御買請被成度趣被仰下致領解御難澁之程深察致寒心候、舊來御隣誼之間を以は斯ル場於弊邦も可相屆品は心之及可致旋力儀勿論に候處、他國へ米穀相渡候儀私には難相成其段

公義へ申上候時に多分之穀數遠海相廻候儀は素數百年間例も無之儀速に御許容可有御座儀と不被存至て不容易事候得は折角被仰下候儀不本意氣毒には存候得共不得止及御斷候事情可然御明察被下度希存候、不備

月日

《朝鮮國饑饉ニ付買米懇請之書簡公義江被差上候處右來簡面之內麤略之所在之御沙汰之品ニ依御差控御伺被成候始終之記錄》국사편찬위원회 대마도종가문서 DK 3903.

이 없다."[435]고 한 것으로 보아서는 이 내용으로 확정된 것으로 판단된다. 〈사료 5-16〉 회답서계는 바로 이 초안을 근거로 해서 한문으로 작성된 것이다.(〈사료 5-17〉 참조)

Ⅲ. 격식에 어긋난 외교문서

막부는 조선의 요청을 거절하는 것으로 그치지 않았다. 서계의 형식을 이유로 들어서, 막부는 대마번을 질책했다. 막부 측은 매우 중대한 문제점을 지적하고 나섰다. 조선이 일본쌀 5만 석을 요청하는 내용의 예조참의 서계를 대마도주에게 보냈는데, 그것을 막부 측에서 살펴보고 격식에 어긋난 점을 발견한 듯하다. 〈사료 5-18〉에 소개한 것처럼, 이 서계에는 ① 잘못 쓴 글씨를 고치느라 긁은 자국이 있고, ② 서계의 발신자인 예조참의가 먼저 보낸다는 뜻에서 '봉서(奉書)'라고 적었는데, 그 가운데 '서(書)' 자가 먼저 쓴 글자를 지우고 덮어쓴 것이며, ③ 종이 질도 전보다 못하고, ④ 서계의 작성 일자를 적은 '월'도 나중에 손을 댄 흔적이 보인다는 것이다.

〈사료 5-18〉

"위 서간 중 한 면에 긁은 자국이 있고, 특히 '봉서(奉書)'의 '서(書)' 자가 위에 덮어쓴 것이며, 종이도 그렇고 '월'을 적은 것도 손을 댄 모습이어서 매우 엉망으로 보임. 외국과 통신할 때는 한 장의 서간 외에 달리 믿을 만한 것이 없는 법인데, 지금까지 전례가 없는 일을 부탁하면서 특별히 신경을 써서 검사를 했어야 함. 사무소에서 일을 처리하는 가신들은 말할 것도 없고, 그쪽에서도 주의를 기울이지 않아서 빈틈없이 일을 처리하지 못

435) "…朝鮮國への御返簡案何之存寄無御座…"
《朝鮮國饑饉ニ付買米懇請之書簡公義江被差上候處右來簡面之內麤略之所在之御沙汰之品ニ依御差控御伺被成候始終之記錄》 국사편찬위원회 대마도종가문서 DK 3903.

하였다고 생각함. 이 점을 알리도록 (쇼군의-인용자) 분부가 있었음."[436]

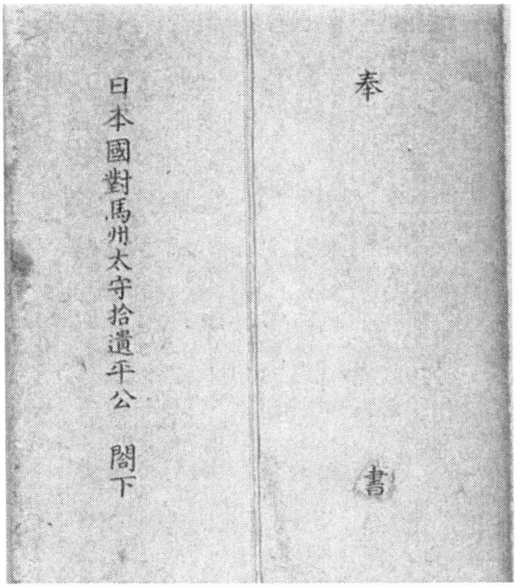

자료 : 국사편찬위원회 서계 DS 7024(부분)

조선이나 일본이나 외교문서인 서계의 형식과 문장 내용에 대해서는 매우 엄격하였다. 그것은 국가의 위엄과 직접 관련되는 것이었기 때문에 한 치의 실수도 허용될 수 없었다. 예를 들어 ①의 경우처럼 잘못 쓴 글씨를 긁고 그 위에 그대로 적어서 보내는 일은 보통의 경우라면 상상하기 어렵다. ②의 경우는 아마도 조선의 서계 작성자가 착각하여 '봉복(奉復)'으로 적었다가 나중에 잘못을 발견하고 '복'자 대신에 '서'자를 그냥 위에다 적

436) 一 右書簡之內一面ニ削候跡有之殊奉書之書之字上書紙中共且月付も手を入候樣子ニて甚紛敷相見候、外国通信は一紙之書簡之外信用可致ものも無之殊更只今迄例も無之儀頼越候上は別て入念相改可申儀候、於在所取扱候家来共は不及申於其方も其心附も無之不行届事ニ思召此旨可申聞由御沙汰ニ候.
《朝鮮國饑饉ニ付買米懇請之書簡公義江被差上候處右來簡面之內麤略之所在之御沙汰之品ニ依御差控御伺被成候始終之記錄》 국사편찬위원회 대마도종가문서 DK 3903.

어 넣은 것으로 추정된다. 먼저 보낼 때는 발신자의 직함과 성명에 이어서 '봉서'라 적고, 답서의 경우는 '봉복'으로 적는 것이 당시 외교 관례였기 때문이다. 그런데 국사편찬위원회의 서계 원본(原本)을 통해서 확인할 수 있듯이, 막부 측의 지적대로 '봉서(奉書)'의 '서(書)' 자가 있는 부분이 다른 곳과는 차이가 분명해 보인다(위의 서계 이미지 참조).

③은 조선이 과거에 보냈던 것보다 이번에 보낸 서계의 종이 질이 크게 떨어진다는 점을 막부가 지적한 것인데, 외교문서를 작성한 종이의 질도 외교 현장에서는 무시할 수 없는 검토 대상이었다. 그리고 ④는 서계의 작성일자를 적은 것 중에서 '월'을 고쳐 썼다는 지적인데, 아마도 조선에서 서계를 처음 작성했다가 나중에 사정이 있어서 처음 썼던 '월'을 지우고 다시 쓴 것으로 생각된다. 만일 막부 측 주장이 사실이라면, 예조참의 서계가 정해진 격식에서 벗어난 이른바 위식서계(違式書契)[437]임이 틀림없다. 이런 경우 양국의 외교 실무자 사이에서 미리 발견했더라면, 다시 써서 전달해야 하는 중대한 문제였다. 그런데도 어찌 된 일인지 아무런 의견 제시도 없이, 그것이 그대로 막부에 전달되고 말았으니, 막부가 이것을 중대 사안으로 간주하는 것도 결코 무리는 아니라고 생각한다.

막부 쇼군의 지시는 곧 대마도주에게 하달되었다. 막부 지시를 이행하기 위하여 대마도는 담당자를 문책하는 조치를 취했다. "조선이 쌀 수입을 요청하면서 보낸 서간(書簡)을 철저히 살펴보지 못했다"[438]고 하는 것이 그

437) 이훈, 〈朝鮮後期 對日外交文書; 통교재개이후 書契式의 정착을 중심으로〉, 《고문서연구》 4, 한국고문서학회, 1993 ; 이훈, 〈조선후기 違式書契를 통해서 본 朝·日交涉의 특질; 조선측 書契를 중심으로〉, 《한일관계사연구》 창간호, 한일관계사연구회, 1993; 이훈, 《외교문서로 본 조선과 일본의 의사소통》(경인한일관계 연구총서 46), 경인문화사, 2011.

438) "…朝鮮國より買米の儀頼来候来簡吟味方不行届…", 《朝鮮國饑饉ニ付買米懇請之書簡公義江被差上候處右來簡面之內麤略之所在之御沙汰之品ニ依御差控御伺被成候始終之記錄》, 국사편찬위원회 대마도종가문서 DK 3903.

이유였다. 여기에서 말하는 서간은 대마도주 앞으로 보낸 조선의 예조참의 서계를 가리킨다(〈사료 5-13〉 참조). 즉 대마도는 1815년 11월 8일 그동안 막부 교섭을 이끌었던 두 사람(平田隼人·大森繁藏)과 조선관계 담당자 두 사람(小野直清·吉田左衛門) 등 모두 네 명을 업무에서 배제시키는 조치를 내렸다. 일종의 근신 처분을 내린 것으로 보인다. 이러한 결정을 내리기 전에 대마도가 막부 측에 네 명에 대한 징계안을 올려서 막부 측 동의를 받았음은 물론이다.

지금까지 살펴본 것처럼 조선이 기근으로 어려움을 겪고 있을 때, 그 타개책의 하나로 외교 경로를 이용하여 일본에서 쌀을 수입 해오는 방안을 추진하였다. 임진왜란 이후부터 1876년 조선의 개항 때까지 약 270년 동안 조선이 처음으로 일본에 쌀 조달을 요청하기에 이른 것이다. 그런데 조선의 일본쌀 5만 석 수입 시도는 결국 성공하지 못했다. 대마도를 통해 1815년 8월 예조참의 서계가 막부 측에 전달되었지만, 3개월 동안 검토 끝에 그해 11월 막부는 조선의 요청을 거절하기로 결론을 내리고 말았다. 많은 양의 쌀을 바다 건너 먼 외국에 건넨 전례가 없다는 것이 거절의 이유였다. 그러나 막부의 본심은 다른 데 있었을지도 모른다. 막부도 조선의 어려운 처지를 충분히 이해하고 있었던 것 같다. 그렇지만 새로운 선례(先例)를 만드는 것에 대한 막부의 경계심이 크게 작용했던 것으로 보인다.

한편 대마도는 조선의 일본쌀 수입 시도를 성공시키기 위하여 적극적으로 대처했다. 왜관과 대마도 본국, 그리고 멀리 떨어져 있는 에도의 대마번저(對馬藩邸)를 잇는 3각 채널을 총 가동했다. 대마도는 막부를 상대로 치밀한 계획을 세워서 끈질긴 교섭을 펼쳤지만 결국 실패하고 말았다. 격식에 어긋나는 외교문서를 사전에 충분한 검토 없이 막부 측에 그대로 보고한 것도 실패 요인의 하나로 꼽을 수 있을 것이다. 17세기 초반 막부를 떠들썩하게 했던 국서위조(國書僞造) 사건을 다시 떠올리기에 충분한 대마도의 과거 외교문서 위조 전력이 막부의 의심을 사기에 충분했다고 생각한다.

대마도의 막부 교섭이 실패로 끝나 조선의 일본쌀 수입 시도가 성공하지 못했지만, 그렇다고 해서 대마도가 얻은 것이 전혀 없는 것은 아니었다. 조선의 기근으로 인한 대마도의 식량 위기를 대마도가 막부에 충분히 설득한 보람이 있었는지, 막부는 1815년 7월 쌀 10,000석을 대마도에 지원하기로 결정한 것이다. 이때의 일로 말미암아 대마도는 조선 정부와 우호적인 관계를 더 강화해 나갈 명분을 쌓았고, 막부에 대해서는 실질적인 경제 원조를 받아냈으니, 결과적으로 대마도는 나름의 성과를 거두었다고 말할 수 있다.

제2부

조·일 간 외교를 통한 교역

제6장 통신사의 일본 방문과 고구마의 조선 전래

제1절 통신사 외교와 고구마 전래

Ⅰ. 고구마 전래와 통신사의 관련성

고구마(학명: Ipomoea batatas L./sweet potato)는 기원전 3000년 무렵 멕시코에서 과테말라에 이르는 열대(熱帶) 아메리카 지역의 야생종(野生種)에서 출발한 작물이다. 이것이 유럽에 전해진 것은 1492년 콜럼버스의 대서양 횡단 이후의 일이다. 1500년대 중반이 되면 고구마가 유럽인에 의해 베트남이나 필리핀에 전해졌다. 그것이 다시 중국 남부 복건성(福建省)에 전파된 것으로 보인다. 고구마가 1605년 무렵에는 유구국(琉球國)에 전래되었다. 1615년에는 일본국 사쓰마(薩摩)에서, 그보다 100년 뒤인 1715년에는 대마도에서 각각 고구마가 재배되기 시작했다. 그리고 50년이 더 지난 1763~64년에 고구마가 대마도를 통해서 조선으로 들어왔다고 보는 것이 학계의 공통된 의견이다.[1)]

고구마의 한반도 전래에 관해서는 1910년대부터 연구가 시작되었다. 일본인 오쿠라 신페이(小倉進平)는 조선 각지의 방언(方言)을 연구하는 가운데, 고구마 관련 방언에 대해서도 분석하였다. 한국인으로는 가장 먼저 손

---

1) 김종덕, 〈고구마의 어원과 품성에 대한 문헌연구〉, 《농업사연구》 10-1, 한국농업사학회, 2011, 22쪽; 오인택, 〈조선후기의 고구마 전래와 정착 과정〉, 《역사와 경계》 97, 부산경남사학회, 2015, 174쪽; 長郷三重子, 《対馬の近世—長郷嘉壽著作集》, 일본 昭和堂, 2012, 535-561쪽.

진태가 1941년에 고구마 전래에 관한 글을 발표하였다.[2] 그 뒤 1960년대부터 농업사(農業史) 측면에서 고구마 연구가 활발해졌다. 최근에는 문화교류(文化交流)의 관점에서 고구마가 다시 조명을 받고 있다.

고구마의 한반도 유입 경로(流入經路)에 대해서는 남방설(南方說)과 북방설(北方說)이 있다. 남방설은 고구마가 남쪽 일본을 통해서 전래된 것으로 본다. 이와 달리 북방설은 그것이 북쪽 중국에서 조선으로 전해졌다고 본다.

북방설은 실학자 이광려(李匡呂 ; 李參奉)가 중국을 거쳐서 고구마에 대한 정보를 얻었다는 데 근거를 두고 있다. 그런데 이광려가 직접 중국을 통해서 고구마 종자 실물을 얻는 데 성공했던 것은 아니었다. 이광려의 부탁을 받은 연행사(燕行使) 서지수(徐志修, 1714~1768)가 고구마 종자를 중국에서 구하여 가져오려다 운반 도중에 그것이 말라 죽고 말았다고 한다.[3]

남방설은 통신사(通信使) 정사(正使)로 일본을 다녀왔던 조엄(趙曮, 1719~1777)의 《해사일기(海槎日記)》에 근거를 두고 있다. 그가 쓴 사행록(使行錄)에 그때의 일이 기록되어 있다. 통신사 정사 조엄 외에도, 제술관 남옥(南玉)과 서기 성대중(成大中), 원중거(元重擧) 등의 사행록에 고구마에 대한 짤막한 언급이 있다. 이를 간추려서 작성한 것이 〈표 6-1〉이다.

2) 손진태, 〈甘藷傳播考—공로자 조엄·이광려·강계현·강필리·김장순·선종한·서유구 등—〉, 《震檀學報》 13, 震檀學會, 1941, 86-109쪽; 손진태, 〈고구마와 감자 전래설〉, 《內鮮文化의 交流》, 조선일보사출판부, 1941, 45-52쪽. 이보다 앞서 일제 강점기에 조선에서 활동한 일본인에 의해 고구마가 대마도에서 조선으로 전래된 사실에 대하여 발표한 글이 있다(松田甲, 〈朝鮮の甘藷に就いて〉, 《日鮮史話》 第5編, 조선총독부, 1929).

3) 노성환, 〈동아시아의 고구마 전래자와 현창문화〉, 《동북아문화연구》 43, 동북아시아문화학회, 2015, 60-61쪽.

〈표 6-1〉 1763~64년 통신사 사행록에 보이는 고구마 관련 기사

연번	통신사	성명	서명	주요 내용	출전
1	정사	조엄	해사일기	(1764.6.14.) •(본문에서 설명함) (1764.6.18.) •(본문에서 설명함	趙 193-194쪽, 趙 197-198쪽, 趙 208-209쪽, 趙 213-216쪽
2	제술관	남옥	일관기	(1763.10.8.) •감저(甘藷)를 얻어서 먹었다. •마보다 짧고 토란보다 길다. •날로 먹으면 단맛이 나고 구워 먹으면 더 맛이 있다. 찐밤, 찐마와 같아 요리하기 좋으나 많이 먹으면 취하게 된다. •자갈땅에 심기 좋다. 덩굴이 뻗는 것은 박이나 오이와 비슷하다. •대마주에는 산이 많아 곡식 심기에 알맞지 않아서 백성들이 이것을 심어 굶주림을 면한다. 그 종자는 중국의 남쪽에서 나왔다고 한다.	南 229-230쪽
3	서기	성대중	일본록	(대마주) •고구마는 최근 민광(閩廣)—중국 福建·廣東·廣西省—지방에서 들어왔는데 돌밭에 심기 좋다. •(대마도) 섬사람들이 이에 힘입어 먹고 살 수가 있어 일명 효자우(孝子芋)라고도 한다.	成 151쪽
4	서기	원중거	승사록	(1763.10.20.) •(대마도) 풍기(豊碕) 아래 언덕 위 남향인 곳에 빈 장막[虛幕]이 수십 개가 있어 왜인에게 물어보았다. •"고구마는 쉽게 얼고 습기나 열기에 약하기에 장막을 설치해 땅을 파고 저장하는데 이곳이 고구마 종자 보관 장소입니다. … 각자가 자기 집에서 저장하지 못합니다. 봄이 되면 반드시 종자를 보관하는 사람한테 사서 모종을 합니다. 그러기에 종자 보관하는 사람에게는 이익을 얻을 기회가 됩니다."라고 대답했다. •이로 미루어 우리나라에서 비록 땅에 심는다 해도 종자를 오래 전하지는 못할 것이다.	元 87-88쪽

자료 : 趙=《조제곡해사일기》 제3권(영호 조엄 원저, 김성찬 역주, 2016, 원주시 문화예술과)
南=《붓끝으로 부사산 바람을 가르다(日觀記)》(남옥 지음, 이혜순 감수, 김보경 옮김, 2006, 소명출판)
成=《부사산 비파호를 날 듯이 건너(日本錄)》(성대중 지음, 이혜순 감수, 홍학희 옮김, 2006, 소명출판)
元=《조선 후기 지식인, 일본과 만나다(乘槎錄)》(원중거 지음, 이혜순 감수, 김경숙 옮김, 2006, 소명출판)

Ⅱ. 통신사 정사 조엄의 고구마 전래

조엄이 대마도에서 고구마 종자를 구한 것에 대해서는 《해사일기》 1764년(영조 40, 寶歷 14=明和 元, 甲申) 6월 18일(무술) 기록이 자세하다. 이를 소개하면 다음과 같다.

〈사료 6-1〉

㉠ 작년(1763년, 영조 39, 寶歷 13, 계미) (조엄이 대마도) 사스나 포구[佐須奈浦]에 처음 도착하였을 때였다. (조엄이) 감저(甘藷)를 발견하여 몇 말[數斗]을 구해서 부산진(釜山鎭)으로 보내 (그곳에서) 종자를 받도록 하였다.[4]

㉡ 지금(1764年) (조선으로) 돌아가는 길에 다시 이것을 구하여 동래부[萊州] 교리(校吏)들에게 주려고 하는데, 일행 중에도 여러 사람이 이것을 얻어 갔다.[5]

〈사료 6-1〉의 ㉠을 통해서는 첫 번째 고구마 종자의 입수 사실을 확인할 수 있다. 조엄이 대마도의 사스나(佐須奈)에 머물렀던 기간은 1763년 10월 6일부터 10일까지였다. 이때 고구마 종자가 대마도에서 부산진으로 보내진 것으로 보았던 것이 지금까지 학계의 공통된 의견이었다. 그런데 이에 대해서는 좀 더 면밀하게 살펴볼 필요가 있다(이에 대해서는 후술함).

〈사료 6-1〉의 ㉡을 통해서 두 번째 고구마 종자 입수 사실을 알 수 있다.

---

4) 昨年 初到佐須奈浦 見甘藷 求得數斗 出送釜山鎭 使之取種.
《해사일기》 1764년 6월 18일; 《국역 해행총재》 Ⅶ, 민족문화추진회, 1975, 312쪽; 《조제곡해사일기》 제3권 역주본(譯註本) 215쪽; 동 영인본(影印本), 원주시, 2016, 140쪽.

5) 今於回路 又此求得 將授於萊州校吏輩 行中諸人 亦有得去者.
《해사일기》 1764년 6월 18일; 《국역 해행총재》 Ⅶ, 민족문화추진회, 1975, 312쪽; 《조제곡해사일기》 제3권 역주본(譯註本) 215쪽; 동 영인본(影印本), 원주시, 2016, 140쪽.

조엄이 에도(江戸)에 가서 국서(國書) 교환 등 사행(使行) 업무를 마치고 대마도의 후츄(府中, 지금의 嚴原 이즈하라)의 서산사(西山寺 세이잔지)에서 머물고 있었던 때는 1764년 6월이었다. 동월 18일 조엄은 "돌아가는 길에 (고구마 종자를) 다시 얻어(又此求得)" 동래부로 보낼 예정이라고 했으며, "일행 중에서도 여러 사람이 얻어 갔다."고 적었다.

다만 조엄의 《해사일기》만으로는 누가 얼마나 고구마 종자를 얻어서 어디에 어떻게 심었는지는 알 수 없다. 조엄이 전년도(1763) 10월에 이어서, 두 번째로 고구마 종자를 얻어 간 것은 1764년 6월 18일 이후 어느 시점으로 볼 수 있다. 이것이 일본 대마도에서 한반도로 고구마가 전래되었음을 보여주는 유일한 문헌 기록이다.

조엄은 고구마의 명칭 등에 관해서도 적었다. 《해사일기》(1764년 6월 18일)에 고구마의 명칭과 생김새 등에 관하여 아래와 같이 기록되어 있다.

〈사료 6-2〉

㉢ 이 섬에 먹을 수 있는 풀뿌리가 있는데 감저(甘藷) 또는 효자마(孝子麻)라 불린다. 왜음(倭音)으로 고귀위마(古貴爲麻)라 한다.[6)]

㉣ 이것은 생김새가 산약(山藥)과 같고 청근(菁根)과도 같으며 오이나 토란과도 같아 그 모양이 일정하지 않다. 그 잎은 산약 잎사귀와 비슷하면서도 그보다는 조금 크고 두터우며 옅은 붉은 색을 띠었다. 넝쿨 역시 산약 넝쿨만한데, 그 맛은 산약에 비해 조금 강하고 실로 진기가 있으며, 반쯤 구운 밤맛 같았다. 그것은 생으로 먹을 수도 있고 구워서도 먹으며 삶아서 먹을 수도 있었다. 곡식과 섞어 죽을 쑤어도 되고 반청(拌淸)하여 정과(正果)로 써도 된다. 떡을 만들거나 밥에 섞거나 간에 되지 않는 것이 없으니 가히 흉년을 지낼 자료로 좋을 듯하다.[7)]

6) 《해사일기》 1764년 6월 18일; 《국역 해행총재》 Ⅶ, 민족문화추진회, 1975, 311쪽; 《조제곡해사일기》 제3권 역주본(譯註本) 214쪽; 동 영인본(影印本), 원주시, 2016, 140쪽.

〈사료 6-2〉의 ㉢에서 조엄은 대마도 사람들이 고구마를 글자로 적을 때는 감저(甘藷)나 효자마(孝子麻)라는 한자를 쓰고, 이것을 읽을 때는 일본 발음으로 고귀위마(古貴爲麻)라 한다고 했다. 한국인으로 가장 먼저 고구마에 대한 글을 발표한 손진태는 조엄이 이 사료에서 말하는 '고귀위마'가 대마도에서 그가 직접 들은 일본 발음이라 가장 정확하다고 평가하였다. 그리고 효자마(孝子麻)는 대마도 방언 고코이모(孝行芋)가 와전된 것이라고 그는 보았다. 그러면서 손진태는 이규경(李圭景)이 "고금도(古今島)에서 그것이 많이 재배되기 때문에 고금이(古今伊)라고 부른다."고 한 것은 억지소리(臆說)라고 잘라 말했다.[8)]

제2절 왜관의 일기로 본 고구마 전래

Ⅰ. 선행 연구의 검토

고구마 종자와 재배법 전래에 관한 기존 연구에서 일부 오류(誤謬)가 발견되므로 주의해야 한다. 예를 들면 김재승은 김영진과 이은웅의 《조선시대 농업과학기술사》 414쪽을 인용하면서, "《감저종식법》(유중림, 증보산림경제[9)] 권1 治農)의 마지막 부분 〈감저총론〉에 "작년[1763] 겨울 제주도 어

---

7) 《해사일기》 1764년 6월 18일; 《국역 해행총재》 Ⅶ, 민족문화추진회, 1975, 311쪽; 《조제곡해사일기》 제3권 역주본(譯註本) 214쪽; 동 영인본(影印本), 원주시, 2016, 140-141쪽.

8) 손진태, 〈甘藷傳播考—공로자 조엄·이광려·강계현·강필리·김장순·선종한·서유구 등—〉, 《震檀學報》 13, 震檀學會, 1941, 111-112쪽.

9) 柳重臨, 《增補山林經濟》 권1 治農, 국립중앙도서관(청구기호 M古1-2014-137); 유중림 지음, 윤숙자 엮음, 《증보산림경제》, 지구문화사, 2005.

등포(魚登浦) 사람이 일본 나가사키에 표류하여 금년[1764]에 돌아왔는데, 식사 이외에 매일 고구마 5개를 먹기도 했으며 그 맛이 매우 좋았다고 극구 칭송하니, 우리도 널리 재배하여 조석 식량으로 대신하여 청인(淸人)이나 왜인(倭人)만 그 이로움을 독전(獨專, 독점)하지 않게 하자."는 내용이 들어 있다고 적었다. 그러면서 김재승은 "이들이 바로 조엄이 1764년 6월 14일 귀국하던 도중 대마도 이즈하라에서 만났던 제주도 표류민들"이라고 썼다. 더 나아가 그는 "조엄이 이때 제주도의 기후와 토양 조건을 이들에게 듣고 대마도와 비슷한 조건이라 2차로 가지고 가는 종자는 제주도로 보낼 생각을 했던 것이다."고 단정(斷定)하듯이 말하고 있다.[10] 1764년 6월 조엄이 대마도에서 제주 표류민들을 일부러 불러서 만났던 이유를 정확하게 기록한 것은 없지만, 조엄이 6년 전 동래부사 재임 때(1758년) 제주 감귤[柑子] 진상선(進上船)이 대마도로 표류했던 일과 어느 정도 관련이 있을 수도 있다고 생각한다. 왜냐하면 조엄은 그의 사행록에서 그때의 일에 대하여 자세하게 기록하고 있기 때문이다.[11]

그렇다면 1764년 6월 14일 조엄이 대마도에서 만난 조선 표류민들이 모두 제주 '어등포' 출신일까? 이 무렵 대마도가 남긴 표류민에 대한 조사 기록—《漂民被仰上》—을 살펴보면, '어등포'까지 자세하게 적혀 있지 않기 때문에, 이것만으로는 사실 여부를 판단하기 어렵다.

동년 유중림이 펴낸 《감저종식법》에 "제주도 어등포(魚登浦) 사람이 일본 나가사키에서 밥 외에 고구마를 하루에 5개씩 받아서 먹었다"고 소개한 것이 사실과 부합할 가능성을 전혀 배제할 수는 없다고 본다. 다만 "1763

10) 김재승, 〈조엄의 고구마 전파와 재배법 연구자〉, 《조엄연구논총》(원주학술총서 제1권), 원주시, 2004, 67쪽; 김재승, 〈조엄의 고구마 전파와 재배법 연구자〉, 《조엄 생애와 고구마 전래》(원주학술총서 제20권), 원주시 문화예술과, 2016, 283쪽.

11) 《해사일기》 1764년 6월 14일; 《조제곡해사일기》 제3권 역주본(譯註本) 198쪽; 동 영인본(影印本) 131-132쪽.

년 겨울에 제주 어등포 사람들이 일본 나가사키로 표류하였다"거나,[12] "이들이[제주 '어등포' 주민—인용자] 바로 조엄이 1764년 6월 14일 대마도 이즈하라에서 만났던 제주 표류민들이었다"[13]고 적은 것은 재검토가 필요하다. 그리고 조엄이 제주 출신 표류민에 관하여 기술하고 있는 《해사일기》 6월 14일과 18일[14] 기사의 어디에도 "조엄이 제주도의 기후와 토양조건을 제주 출신 표류민에게 물었다"는 기록은 보이지 않는다. 따라서 "조엄이 이때[1764.6.14] 제주도의 기후와 토양 조건을 이들에게 들은 뒤, 대마도와 비슷한 조건이라 제2차로 가지고 가는 종자는 제주도로 보낼 생각"을 했을 것으로 '추론'은 할 수 있겠으나,[15] 그것을 단정적(斷定的)으로 말하기에는 아직 문헌으로 확인되지 않은 부분이 많다. 이러한 기존 연구의 한계를 극복할 방법의 하나로 대마도종가문서의 활용을 생각해 볼 수 있다. 아래에서는 대마도종가문서의 하나인 왜관 기록과 표류 기록에 근거해서 두 가지 문제를 분석하고자 한다.

---

12) 김영진·이은웅, 《조선시대 농업과학기술사》, 서울대학교출판부, 2000, 414쪽. 그런데 1764년 6월 14일 조엄이 대마도에서 만난 제주 사람들이 표류하여 닿은 곳은 나가사키[長崎]가 아니라 대마도[見平浦]였다. 대마도 이외 지역으로 표류한 조선인들은 나가사키로 먼저 압송(押送)된 뒤 다시 대마도로 이송(移送)하게 되어 있었다. 그렇지만 이들처럼 대마도 인근 지역에 닿은 표류민의 경우는 나가사키로 압송하지 않고 곧장 대마도 부중(府中, 후추)에서 조사한 뒤 귀국 절차를 밟도록 규정되어 있었다. 그러므로 대마도에 표착한 이들이 일부러 역방향인 나가사키로 다시 갔다 왔을 리는 없다. 그러므로 기존 연구의 오류는 시정되어야 마땅하다고 생각한다.

13) 김재승, 〈조엄의 고구마 전파와 재배법 연구자〉, 《조엄연구논총》(원주학술총서 제1권), 원주시, 2004, 67쪽.

14) 조엄이 나흘 뒤인 6월 18일 제주 표류민들을 다시 불러서 보았다. 이때 삼방(三房)—통신 정사와 부사, 종사관 등 三使—이 각기 백미 한 섬씩 거두어서 주었다고 한다. 제주 표류민들이 조엄 일행을 따라가겠다고 하자, 조엄이 수역(首譯)을 시켜서 대마도의 차왜(差倭)에게 그 뜻을 전했다. 그렇지만 "문서[書契]가 아직 작성되지 않아 며칠 뒤에 보내겠다."고 하면서, 대마도 측이 조엄의 제안을 받아들이지 않았다.

15) 김재승, 〈조엄의 고구마 전파와 재배법 연구자〉, 《조엄연구논총》(원주학술총서 제1권), 원주시, 2004, 67쪽.

Ⅱ. 고구마 종자의 부산 도착(1763년 11월)

조엄은 대마도 체류 중에 조선에서 보내온 편지를 받아본 적이 있었다. 예를 들면 《해사일기》 1763년 10월 20일 기사는 우리에게 중요한 시사(示唆)를 한다. 즉 조엄의 집에서 그해 10월 4일과 7일에 보낸 편지가 외교 경로인 동래부 역관을 통해서 왜관으로 전달되었고, 그것이 다시 비선(飛船)으로 불리는 부산—대마도 사이를 오가는 연락선을 통해서, 10월 20일 니시도마리우라[西泊浦]에 머물고 있던 조엄에게 전달되었다고 한다. 여기에서 우리가 눈여겨볼 것은 통신사 일행이 일본에 체류 중일 때도, 대마도 측은 왜관이 위치한 부산과 대마도 사이를 연결하는 교통과 통신의 편의를 제공하고 있었는데, 그 일을 왜관 거주 일본인들이 맡고 있었다는 점이다. 따라서 조엄이 사스나 체류 중에[1763년 10월 6~10일] 고구마 종자를 구해서 그것을 부산으로 보냈다고 할 때도, 당시 대마도 측이 제공했을 선박의 움직임을 살펴보는 일이 중요하다.

기존 연구에서는 조엄의 《해사일기》에만 의존한 나머지, 1763년 대마도 사스나에서 고구마 종자를 부산으로 보낸 일자(日字)를 분명하게 밝혀내지 못했다. 선행 연구자들은 그 일자를 동년 10월 6일부터 10일 사이로 보았는데, 그 이유는 이 기간이 조엄의 대마도 사스나[佐須奈] 체류 기간이었기 때문이었다.[16] 필자도 이전 논문에서는 이에 동조하는 입장이었다.[17]

그런데 필자가 당시 왜관에서 있었던 일을 기록한 《(관수) 매일기》에 근

16) 김재승, 〈조엄의 고구마 전파와 재배법 연구자〉, 《조엄 생애와 고구마 전래》(원주학술총서 제20권), 원주시 문화예술과, 2016, 267쪽, 275쪽, 278쪽; 오인택, 〈조선후기의 고구마 전래와 정착 과정〉, 《역사와 경계》 97, 부산경남사학회, 2015, 185쪽; 오인택, 〈조선 후기 동래부의 고구마 전래 과정과 정착 경로〉, 《조엄 생애와 고구마 전래》(원주학술총서 제20권), 원주시 문화예술과, 2016, 332쪽.

17) 정성일, 〈조엄(趙曮)과 일본 표류 제주인을 통한 제주 지역의 고구마 전래〉, 《조선통신사연구》 23, 조선통신사학회, 2017, 149쪽.

거하여, 대마도 사스나에서 왜관으로 입항(入港)하는 선박의 움직임을 파악한 결과를 놓고 볼 때, 조엄이 보내라고 지시했다고 하는 고구마가 첫 번째로 부산에 닿은 시기를 1763년 11월 3일 이후로 볼 수 있다고 생각한다. 이를 입증하기 위하여 일본 기록에 보이는 1763~64년 통신사 관련 기록을 표로 정리하여 제시하였다(〈표 6-2〉 연번 4 참조).

〈표 6-2〉 《(관수) 매일기》에 보이는 통신사 관련 기록(1763.10~1764.12.)

연번	연월일		주요 내용	출전
1	1763	10.06.	•통신사 일행이 순조롭게 (부산에서) 출범을 하였음 •(관수가) 일대관(一代官)과 이대관(二代官), 통사(通詞), 대관방(代官方)의 서기[書手] 등에게 술을 내놓았음	館守[328]
2		10.07.	•어제 통신사가 순조롭게 (출발하였기에) 오늘 횡목[横目 요코메]들을 불러 놓고 술잔을 기울음	館守[328]
3		10.29.	•대선(大船) 2척이 아래쪽으로 지나갔다고 후나미[船見]가 보고함	館守[328]
4		10.30.	•양역(兩譯)이 왜관으로 들어가서, 대선(大船) 2척과 비선(飛船) 2척이 아래쪽으로 지나갔다고, 소통사(小通事)를 시켜서 (관수에게) 알림	館守[328]
4		**11.03.**	**•사스나 마을[佐須奈村] 선박이 공무용 비선[御用飛船]으로서 지난달[10월] 29일 바다를 건넜는데, 옥포(玉浦)에 불시착 후 무사히 왜관으로 돌아왔음 [廻館]** **•비선 도항중[吹嘘]을 양역(兩譯)에게 전달하라고 소통사에게 건넴** **•비선 편으로 서장(書狀) 3개와 고구마[孝々芋 고코이모] 2포대(卷)가 (대마도에서 왜관으로) 운반이 되었음** **- 이것은 (통신사) 삼사(三使) 쪽에서 보낸 것으로 (왜관 측이) 이것을 양역(兩譯)에게 전달함**	館守[328]
5		12.06.	•통신사 일행 중 병사(病死)한 1인의 시신을 운반함[18] •11월 12일 대마도주가 삼사 일행과 함께 출범(出帆)했다고 알려옴	館守[328]
6		12.13.	•신임 동래부사가 내려왔다고 양역이 소통사 통해 (관수에게) 알림	館守[328]
7		12.15.	•별차가 왜관으로 가서 신임 동래부사[19] 성명서를 (관수에게) 전달	館守[328]
8		12.25.	•사스나 마을[佐須奈村] 선박 오늘 아침 무사히 출범했다고 보고함 •삼사(三使) 쪽에 전달할 서장(書狀)을 위 배편으로 보냄	館守[328]
9	1764	01.21.	•통신사 일행 중 종자(從者) 4명이 병이 들어 귀국시키는 일을 전달	館守[329]
10		04.03.	•통신사 삼사 별폭이 아이노시마[藍島]에서 부사선 침몰로 손실된 사실을 알려옴	館守[330]
11		04.07.	•대마도주[殿様]와 통신사 삼사가 함께 2월 16일 에도 막부[江戸]에 도착했음을 선례대로 전달함	館守[330]

연번	연월일		주요 내용	출전
12		05.21.	•비선(飛船)이 도착, 통신사 삼사가 (에도성) 등성(登城) 마쳤다고 알림 •이 배편으로 오사카[大坂]에서 (대마도의 조선어) 통사(通詞) 스즈키 덴죠[鈴木傳藏]가 조선인을 살해한 사건이 (왜관에) 전달됨	館守[330]
13		05.26.	•비선이 도착하여, 대마도주[殿樣]의 시모노세키[下關] 도착 사실과 오사카 사건[大坂一件]에 대하여 (관수에게) 알림	館守[330]
14		06.22.	•대마도주[殿樣]와 통신사가 함께 대마도로 돌아왔음을 알림 •통신사가 무사히 부산포로 돌아왔음을 알림	館守[330]
15		06.24.	•통신사 회답예물을 받았음 •통신사 무사 귀국을 축하하러 상상관[上々官]이 왜관으로 들어감	館守[330]
16		06.26.	•오사카[大坂]에서 병사(病死)한 조선인의 시신 3구를 (대마도의) 공작미 운반선[住神丸]에 싣고 옴	館守[330]
17		06.28.	•통신사 선박에 동승했던 요코메[横目]에게 전례대로 쌀[馳走米] 지급	館守[330]
18		09.09.	•오사카 사건[大坂一件] 관련하여 사신[西尾儀左衛門]이 (왜관에) 도착	館守[332]
19		10.21.	•대마도 본국에서 서면으로 (왜관에) 알려옴	館守[332]
20		12.20.	•출선 대기 중이던 비선이 오늘 아침 무사 출범하였음을 알림 •사신[西尾儀左衛門]이 받은 문서를 넣은 상자와 (대마도의 조선 담당 부서인) 시하이[支配] 쪽으로 보내는 문서 등을 보냄	館守[332]
21		12.22.	•도요무라[豊村] 비선이 오늘 아침 출범했다고 알림 •통신사 삼사 예단(禮單) 중 미수(未收) 인삼 18근 반을 넣은 것 등 총 3개 상자를 (대마도에) 보냄	館守[332]

주 : 1. 조선 1763년 8월 1일이 일본 7월 30일. 2. 館守[328] 등은 일본 국립국회도서관 書名[冊番號]임.
자료 : 《(館守) 毎日記》(일본 國立國會圖書館 소장); 田代和生·古典籍資料室, 《参考書誌研究》 제76호(国立国会図書館所蔵〈宗家文書〉目録)), 2015; 田代和生 감수, 일본 国立国会図書館所蔵 対馬宗家文書 第Ⅲ期《倭館(館守) 毎日記·裁判記録 別冊 上·中·下》(일본 ゆまに書房, 2005~2006).

18) 원중거(元重擧)의 《승사록(乘槎錄)》 1763년 11월 12일(을축) 기사를 보면, "유교(兪校)의 시체를 실어 보낼 때 병이 든 격졸(格卒) 네 명도 (조선으로) 돌아가기를 청하므로 허락했다."는 기록이 보인다(원중거 지음, 김경숙 옮김, 《승사록—조선 후기 지식인, 일본과 만나다》, 소명출판, 2006, 123쪽). 조엄(趙曮)의 《해사일기(海槎日記)》1763년 10월 30일(계축) 기사에는 "부사(副使)의 짐을 선적한 복선(卜船)의 선장(船將) 유원(兪源)이 지난번 (대마도) 대포(大浦)에 있을 때, 배 밑창[船粧]으로 떨어져 몸 안의 상처가 중하여 끝내 죽었다."는 내용이 적혀 있다(영호 조엄 원저, 김성찬 역주, 《조제곡해사일기(趙濟谷海槎日記)》 제1권(원주사료총서 제25권), 원주시 문화예술과, 2016, 201쪽). 이것을 놓고 보면 1763년 12월 6일 왜관으로 운구(運柩)가 되었던 것은 통신사 부사 복선의 선장이었던 유원의 시신이었을 것으로 짐작된다.

〈표 6-2〉에 따르면 1763년 10월 29일, "대선(大船) 2척이 아래쪽으로 지나갔음"을 (일본 쪽 선박 정찰 담당인) 후나미[船見]가 (관수에게) 보고했다.[20] 이튿날인 10월 30일에는 조선의 왜학역관(倭學譯官)인 훈도(訓導)와 별차(別差), 즉 양역(兩譯)이 왜관으로 들어간 뒤 소통사(小通事)를 관수 쪽으로 보내서, "대선(大船) 2척과 비선(飛船) 2척이 아래쪽으로 지나갔음"을 알렸다.[21] 10월 29일과 30일 관수에게 전달된 선박 정보는 왜관의 아래쪽, 즉 경상우도(慶尙右道) 방향으로 선박이 지나갔다고 한 점에서는 일본 쪽이나 조선 쪽이나 비슷했다. 굳이 차이를 말하자면, 일본 쪽 정보는 대선 2척뿐이었는데, 조선 쪽 정보는 대선 2척 외에 비선 2척이 더 있었다는 점이다.

11월 3일에는 10월 29~30일 관수 측에 전달되었던 선박 정보의 내용이 더욱 구체적으로 밝혀졌다. 이와 관련된 사료는 다음과 같다.

〈사료 6-3〉

ⓜ 양역(兩譯)—조선의 훈도(訓導)와 별차(別差)—이 어제[11.2.] (관수에게) 알렸던 시모노리[下モ乗, 경상 우도 불시착] 선박은 고지참판사(告知參判使)가 승선한 것이었음을 소통사를 시켜서 (관수에게) 전달함.[22]

---

19) 1763년 12월 15일 《(관수) 매일기》에 "별차(別差)가 왜관으로 들어가 관수에게 신임 동래부사 성명서를 제출했다."고 되어 있는데, 이때의 동래부사는 송문재(宋文載, 1763년 11월 19일 임명—《승정원일기》)였을 것으로 생각한다. 갑신년[1864] 7월에 동래부사 서계(書契)가 작성될 때까지만 하더라도 송문재 명의로 작성되었다(국사편찬위원회 소장 대마도종가문서 DS 4938).

동래부사 강필리(姜必履)가 발송인으로 되어 있는 것은 갑신년[1764] 10월 서계가 첫 사례이다(국사편찬위원회 소장 대마도종가문서 DS 4956). 강필리의 동래부사 재임 기간은 1764년 8월 20일부터 1766년 11월 10일까지였다고 한다(오수경, 〈일실된 《姜氏甘藷譜》에 대하여—자료 소개 및 그 실학사적 의의—〉, 《한국실학연구》, 한국실학회, 2013, 426쪽).

20) 大船二艘下モへ乗通り候段船見より逐案內. 《(館守) 每日記》 寶曆 13년(1763) 10월 29일.

21) 兩譯入館大船二艘飛船二艘下へ乗通候段小通事ヲ以相届ル. 《(館守) 每日記》 寶曆 13년(1763) 10월 30일.

22) 兩譯より昨日御届申上置候下モ乗之船ハ告知參判使乗船ニ候段小通事ヲ以相屆候. 《(館守) 每

ⓑ 오늘[11.3.] 오전 11～오후 1시 무렵 아래쪽에서 대선(大船) 2척과 비선(飛船) 2척이 (왜관으로) 돌아들어 왔다고 후나미[船見]가 (관수에게) 보고함.23)

ⓢ 예조참판과 예조참의 앞으로 보내는 서간(書簡) 2상자, 동래부사(東萊府使)와 부산첨사(釜山僉使)에게 보내는 부서(副書) 2상자를 (관수가) 맡아서 보관해 두었음. 강탄사(降誕使) 수목선(水木船)의 도항증[吹噓]과 비선(飛船)의 도항증[吹噓]을 양역(兩譯)에게 전달하라고 소통사 명덕[ミやグトカ]에게 건넸음.24)

ⓞ 사스나 마을[佐須奈村] 선박이 공무용 비선[御用飛船]으로서 지난달[10월] 29일 바다를 건넜는데, 옥포(玉浦)에 불시착하였다가 무사히 왜관으로 돌아왔음.[廻館]25)

ⓩ … 자세한 것은 신사기록(信使記錄)에 적음.26)

서장(書狀) 3개

고구마[孝々芋] 2포대(卷)27)

日記》 寶曆 13년(1763) 11월 3일.

23) 今午ノ刻頃下モより大船二艘飛船二艘廻り來候段船見より遂案內.《(館守) 每日記》寶曆 13년(1763) 11월 3일.

24) 禮曹參判參議へ之御書簡二箱東釜へ之副書二箱御預り申置ク

降誕使水木船吹噓

飛船吹噓

右兩譯了小通事ミやグトカへ相渡ス

《(館守) 每日記》寶曆 13년(1763) 11월 3일.

25) 佐須奈村船々頭久平爲御用飛船先月廿九日渡海之處玉浦へ令下モ乗無異儀廻館

《(館守) 每日記》寶曆 13년(1763) 11월 3일.

26) … 委細信使記錄ニ記之

書狀參箇

孝々芋二卷

右ハ三使衆方より被送越候付兩譯へ相渡ス

飛船吹噓

右ハ兩譯了小通事ミやトカへ相渡ス

《(館守) 每日記》寶曆 13년(1763) 11월 3일.

27) 이때의 권(卷)은 '포대에 담은 쌀'을 가리키는 권미(卷米 마키고메)의 권(卷)과 같은

위는 삼사(三使) 쪽에서 보내신 것이어서 양역(兩譯)에게 전달함.
비선(飛船) 도항중[吹嘘]
위는 양역(兩譯)에게 전달하라고 소통사(小通事) 명덕에게 건넸음.

〈사료 6-3〉의 ㉥과 ㉥은 10월 29~30일 부산으로 들어오지 못하고 경상우도(慶尙右道) 쪽으로 지나갔던 배들이 11월 3일 부산으로 입항하는 모습을 말해주는데, 그날 정오 무렵 대선(大船) 2척과 비선(飛船) 2척이 부산에 입항한 사실이 왜관의 관수(館守)에게도 보고되었음이 확인된다. 비록 《(관수) 매일기》에는 이에 대한 언급이 없지만, 위 선박 4척의 움직임이 부산첨사를 통해서 동래부사에게도 보고되었을 것임은 의심의 여지가 없다고 생각한다.

〈사료 6-3〉의 사료 ㉦과 ㉧은 입항 선박을 조사한 내용이다. 그 중에서 우리가 주목해야 할 것은 사스나에서 출발한 비선(飛船)의 움직임이다.

먼저 사료 ㉧에 근거하여 이를 요약하면 다음과 같다. 즉 "1763년 10월 29일 대마도의 사스나 마을(佐須奈村)에서 차출된 대마도의 공무용 비선(御用飛船)이 바다를 건넜다. 그런데 그 배가 (부산으로 바로 들어오지 못하고) 거제부(巨濟府) 옥포(玉浦)로 표류해 갔다. 이때의 표류 사실은 10월 29~30일에도 그 일부가 포착되었다. 아무튼 그 배가 11월 3일 부산으로 무사히

의미라고 생각한다. 《(館守) 每日記》 文化 10년(1813) 10월 2일 기사에서 권미(卷米)를 요코메(横目) 등 왜관의 관계자에게 지급한 사례를 찾을 수 있다. 예를 들면 横目頭(佐治杢左衛門)에게 '卷米 8ツ'를, 그리고 大小姓横目(野田平內)에게 '同六ツ充' 등을 지급하라는 지시를 다음과 같이 전달한 바 있다. 즉 "위와 같이 이번에 참판사가 귀국을 하시게 되어, '포대에 담은 쌀(卷米)'을 아래와 같이 허락하셨으니, 1역(役) 1인(人)을 호출하여 전달하고, 濱方과 代官方에도 (이를) 전달함"(右之通今度參判使御歸國ニ付卷米左之通被差免候付 一役一人呼出相達 濱方御代官方へも相達ル).

아마도 가마니(俵)와 유사한 포대(包袋)에 쌀을 담아서 둘둘 만 것을 권(卷)이라는 글자를 이용하여 권미(卷米)라고 표기하였듯이, 고구마를 담은 '포대'를 권(卷)이라는 단위로 기록하였을 것으로 추정된다.

돌아왔다.”고 《(관수) 매일기》에 적혀 있다.

그런데 더욱 주목되는 것은 〈사료 6-3〉 마지막 부분이다. 즉 “통신사 삼사(三使)가 보낸 서장(書狀) 3개와 고구마(孝孝芋) 2포대(卷)가 조선의 훈도(訓導)와 별차(別差)에게 전달되었다.”고 왜관의 관수가 기록해 놓았다. 이 가운데 《(관수) 매일기》에 보이는 ‘고구마 2포대(卷)’는 조엄의 《해사일기》에 나오는 〈사료 6-1〉 ㉠의 ‘감저(甘藷) 몇 말(數斗)’을 가리키는 것이 아닐까? 그리고 《(관수) 매일기》의 ‘서장 3개’는 《해사일기》에서 말하는 “부산진(釜山鎭)으로 보내 종자를 받도록” 했다는 조엄의 지시 내용이 구체적으로 적혀 있는 문서이지 않을까?

아무튼 여기에 제시한 사료는 학계에 처음 소개되는 것이다. 그런 만큼 앞으로 조엄의 제1차 고구마 종자 조달 시기와 관련하여, 기존 연구의 재검토가 필요하다고 생각한다.

Ⅲ. 조엄과 제주 표류민의 만남(1764년 6월)

조엄이 대마도에서 고구마 종자를 조달하였을 때, 제주 출신 표류민들이 대마도에서 귀국을 위한 절차를 밟고 있었다. 조엄의 《해사일기》 갑신년(1764) 6월 14일 기사에 이에 관한 언급이 보인다.[28]

이날도 조엄은 서산사(西山寺)에서 묵었다. 조선 표류민이 대마도(府中)에 와 있다는 소문을 듣고 조엄이 그들을 불러들였다고 한다. 아마도 조엄이 제주 표류민을 면담한 장소는 조엄이 머물렀던 서산사이거나, 아니면 후츄(府中)의 다른 시설이었을 것으로 보인다. “장정 4인, 여인 3인, 어린아이 3

28) 《해사일기》 1764년 6월 14일; 《국역 해행총재》 Ⅶ, 민족문화추진회, 1975, 305-306쪽; 《조제곡해사일기》 제3권 역주본(譯註本), 원주시, 2016, 197-198쪽; 동 영인본(影印本), 원주시, 2016, 129-131쪽.

인"이 조엄에게 왔다고 한다. 《해사일기》의 이 내용대로 한다면, 조엄이 만난 제주 사람은 모두 10명인 셈이다. 그런데 《전객사일기》에 따르면 11명이었다.

〈표 6-3〉 조엄이 만난 제주 표류민 관련 기록의 비교(1764년)

연번	성명			나이		성별	비고
	일본 기록 (4.5.)	한국 기록 (7.19.)		일본 기록 (4.5.)	한국 기록 (7.19.)		
1	高 사레니	高 次連	沙工, 官奴	30	30		일본 배에 執質
2	河 세이테키	河 世道	良人	67	67		
3	尹 구이와니	尹 貴完	官奴	29	39		
4	金 도루토키	金 乭同	內需司奴	40	41		일본 배에 執質
5	尹 쿠이세키	尹 貴成	官奴	10	10		
6	尹 쿠이호키	尹 貴寶	官奴	5	5		
7	金 쿠이마니	金 貴萬	官奴	14	14		
8	金 쿠이야쿠	貴良		5	5	女	河世道의 딸
9	李 아키	利良	官婢	48	46	女	河世道의 처
10	李 도루테키	永德	官婢	30	33	女	尹貴完의 처
11	李 세쿠오키	成玉	官婢	42	42	女	金乭同의 처

자료 : 일본 기록은《漂民被仰上帳》(對馬博物館 쓰시마역사연구센터 宗家文庫 기록류 M35)
한국 기록은《典客司日記》(奎13052-15); 국사편찬위원회,《典客司日記》(甲申 八月 初一日)[29]

이들이 과연 누구이며 어떤 사람들이었을까? 대마도의 한 포구(見平浦)에 표도(漂到) 했던 조선인에 대하여 대마도 측이 심문하였음은 물론이다.

---

29) 《각사등록》(典客司日記 3 典客司日記 第 15) 英祖 40年 甲申(1764) 八月 初一日.
"왜 비선(倭飛船)이 관수왜(館守倭) 등이 작성한 사서(私書)를 가지고 (대마도로) 돌아갔음(入歸). 당년조(當年條) 이정암송사선(以酊菴送使船)과 제주 표민(濟州漂民)이 빌려 탄 왜선(借騎倭船) 등 4척이 (대마도에서 나왔음(出來). 제주 표민(濟州漂民)에 대하여 문정(問情)을 하였음." 제주 표류민이 왜관으로 들어간 것은 1764년 7월 18일이었다.

한국과 일본에 남아 있는 기록을 바탕으로 제주 표류민 11명의 명단을 정리하면 〈표 6-3〉과 같다.

아무튼 조엄이 1764년 6월 14일 대마도에서 제주 사람들과 만나서 무슨 이야기를 나누었는가도 주목된다. 《해사일기》는 이에 관해서 꽤 자세하게 적고 있다. "고기를 잡기 위해 가족을 배에 싣고 한 섬으로 갔는데, 3월 보름 이후 바람이 불어와 치목이 부러지고 노를 잃어버려 표류하게 되었다."고 하면서, 제주 사람들이 바다에서 15일[30] 동안 표류하면서 겪은 경험담을 조엄에게 다음과 같이 전하였다고 한다. "(배가 바람에 뒤집히는 것을 막기 위해) 싣고 있던 짐을 모두 바다에 던져버리고 바람에 맡긴 채 10여 일을 떠돌다가 양식도 물도 모두 바닥이 나고 말았으며, 빗물에 옷을 적셔 그것을 짜서 마셨지만, 끼니를 굶은 지 닷새가 지나니 거의 사경에 이르렀다. 다행히 (대마도) 후추(府中) 근처에 정박하게 되었다."는 것이다.

조엄의 《해사일기》 내용과 비슷하게 대마도의 조사기록에도 다음과 같이 적혀 있다. "11명이 한배에 타고 고기잡이를 나섰다가 3월 14일 강진의 작은 섬으로 갔는데, 갑자기 남풍이 불어와 깊은 바다로 표류하기 시작하였으며, 4월 2일 어느 나라인지도 모르는 곳에 배를 댔더니 사람들이 와서 구호(救護)해 주었다. 그때 비로소 (그곳이) 대마도(對州)라는 것을 알고 안심을 하였다."고 그들이 진술한 것으로 되어 있다. 조선 표류민들이 대마도의 부내(府內)에 닿은 것은 4월 5일이었다고 한다.[31] 그리고 대마도 조사기

30) 1764년 7월 19일 동래부 취초(取招) 7월 18일이었다. 제주 표류민의 대표자인 사공 고차련(高次連)은 이 문제와 관련하여 '16일간' 바다에서 표류했다고 진술하였다. <사료 6-4>에 소개한 대마도주의 서계에도 제주 표류민들이 '16일간' 바다에서 표류했다고 적혀 있었다.

31) 동래부 취초(取招) 결과를 중앙에 보고한 자료에 따르면, 제주 표류민들이 '4월 1일' 대마도(見平浦)에 처음으로 표도(漂到)하였으며, '4월 7일' 대마도 후추(府中)에 도착했다고 기록되어 있다(《典客司日記》 갑신(1764) 8월 1일). 대마도의 조사기록인 《漂民被仰上》과 일자(日字)의 차이가 드러난다.

록에는 제주 사람들이 자신들의 출신 지역을 위장한 나머지, 그들이 '전라도 강진 사람'으로 되어 있는데,[32] 《해사일기》에서는 그것을 '제주 사람'으로 기록했다고 하는 점이 서로 다르다.

조엄은 《해사일기》에서 흥미로운 사실을 적어 놓고 있어서 주목된다. 그가 만난 제주 표류민의 일행 가운데 "해산(解産)을 앞둔 여인이 있다고 하기에 우리나라(조선—인용자) 간장과 미역을 주면서 '조선 백성을 낳은 뒤 조선 음식을 먹도록 하라'고 말하였다."고 한다. 그러자 "그 여인은 눈물을 흘리면서 받았고, 대여섯 살[33]과 여남은 살[34] 난 어린이는 모두 즐거운 얼굴로 들어와 절을 하였다."고 조엄은 당시 상황을 상세하게 기록으로 남겨 놓고 있다.

외교문서(外交文書)를 통해서도 조엄이 만났던 제주 표류민에 대한 기록을 확인할 수 있다. 즉 1764년 6월 대마도주(對馬島主)가 조선의 예조참의(禮曹參議) 앞으로 작성하여 보낸 외교문서—서계(書契)—를 보면,[35] "이번 달[6월] 22일[36] 임부(姙婦)가 남자아이를 낳았기에 젖을 주고 옷과 등유(燈油)를 지급하여 모자(母子)가 보전할 수 있게 하여 모두 (조선으로) 송환한다."는 내용이 적혀 있다. 이로써 조엄이 대마도에서 만났던 산모를 비롯한

32) 국사편찬위원회에 소장되어 있는 서계(書契) 가운데 갑신년[1764] 11월 동래부사 강필리(姜必履)가(朝鮮國東萊府使姜必履 奉復) 대마도주에게(日本國對馬州太守拾遺平公 閣下) 보낸 회답서계(回答書契)가 들어 있다(국사편찬위원회 대마도종가문서 DS 4961). 그런데 이 서계 겉면에 '明和元年 東萊答 濟州漂民 順付書 甲申'으로 부기(附記)를 해놓았다. 이처럼 일본 측 담당자가 '濟州'라고 적어 놓은 것을 보면, 당시 대마도 쪽에서도 (조엄이 만난 표류민들이) 강진(康津)으로 진술을 하기는 했지만, 실제로는 '제주' 출신이었다는 사실을 파악하고 있었을 것으로 짐작된다.

33) <표 6-3>의 6번 윤귀학(5살), 8번 김귀약(5살, 여아) 가운데 한 명으로 추정된다.

34) <표 6-3>의 5번 윤귀석(10살), 7번 김귀만(14살) 가운데 한 명으로 추정된다.

35) 〈甲申 島主出送漂民書〉, 《同文彙考》 3(국사편찬위원회 영인본, 1978), 2404-2405쪽.

36) 조엄이 대마도 이즈하라에서 제주 표류민 중에서 출산을 앞둔 여인을 만난 것이 1764년 6월 14일이었는데, 여드레 뒤인 6월 22일 그 여인이 남자아이를 낳은 것으로 보인다.

전원이 무사히 조선으로 귀국하였음을 알 수 있다.

제3절 예조의 일기로 본 제주 표류민

Ⅰ. 제주 표류민의 송환 일정

조엄이 대마도에서 만났던 제주 표류민들은 동년 3월 16일 어둔포(魚屯浦)에서 출발하여 우도(牛島)로 가던 중에 표류를 하게 되었다고 《전객사일기》에 적혀 있다. 다른 자료에서는 어둔포가 어등포(魚登浦)로 기록되어 있는 사례도 보인다. 이곳은 현재 제주특별자치도 구좌읍 행원리 어등포에 해당한다. 그들은 바다에서 16일 동안이나 표류를 하다가 4월 1일 대마도 좌수향(佐須鄕) 견평(見平)이라는 곳에 표도(漂到)하였다. 그곳에서 다시 이송(移送)되어 4월 7일 제주 표류민들은 후츄(府中)에 도착하였다. 통신사 정사 조엄이 그곳에서 제주 표류민들을 만났던 것이 6월 14일이었으니, 이때가 제주 표류민들이 후츄로 온 지 67일째 되던 날이었다.

〈표 6-4〉 조엄이 만난 제주 표류민의 송환 일정(1764.3.16.~7.18. 122일간)

연번	월일	주요 내용	출전
1	3.16.	•진상물(미역, 전복 등) 채취하러 魚屯浦에서 牛島(小島)로 가던 중 표류 •바다에서 16일 동안 표류(남은 식량과 빗물, 이슬을 받아먹으며 연명)	典, 兩
2	4.01.	•대마도 見平이라는 곳에 해질 무렵 漂到(日本國 對馬州 見平村)	典, 兩
3	4.05.	•(대마도 측이 조선 표류민을 조사한 기록을 작성)	漂
4	4.07.	•대마도 후츄(府中)에 도착	典
5	6.14.	•조엄이 제주 표류민을 만남 (★ 제주 표류민 府中 도착 67일째)	海
6	6.22.	•하세도(河世道)의 처(利良)가 아들 출산	典, 分

연번	월일	주요 내용	출전
7	7. 2.	•후추(府中)에서 출발 ★ 1764년 4월 1일부터 7월 1일까지 90일간 대마도 체류 (동년 4월 7일부터 7월 1일까지 府中 84일간 체류)	典, 分
8	7. 16.	•사스나(佐須奈) 도착	典
9	7. 18.	•사스나(佐須奈) 출발 ★ 고차련(高次連, 漂民沙工)과 김돌동(金乭同, 格軍)은 執質(送使倭船)	典
10		•황령산(荒嶺山) 봉군(烽軍)이 미시(未時)에 조선 배인지 일본 배인지 구분이 안 되는 배(朝倭未辨船) 4척이 물마루(水宗)에서 나오는 것을 포착하고 보고함	典
11		•부산첨사가 초탐(哨探) 하러 두모포(豆毛浦) 만호(萬戶)를 보내서 확인 •오늘 나온 4척(倭大船 2, 倭飛船 1, 我國漂民船 1) 유시(酉時) 관소(館所)로 데려갔다고 보고	典
12		•미시(未ノ下刻) (왜관의) 윗쪽(上ノ口)에서 대선(大船) 2척, 비선(飛船) 1척 보인다고 (관수에게) 보고가 들어감	館
13		•미곡 운반선(御米漕) 松尾丸 大羔丸 당년조 이정암송사와 세견 제4선사가 대마도 좌수향(佐須鄕) 견평(見平에) 표착(漂着)했던 '전라도 강진(康津)'(사실은 제주) 사람 남녀 12인을 이번에 송환(送還)	館
14		•표류민의 가선(駕船)이 소선(小船)이라 타기 어려워 大羔丸에 옮겨 태워 송환	館
15		•'전라도'(사실은 제주) 표민 선박(駕船)의 도항증(吹嘘) 1본을 조선 역관에게 제출함	館
16		•동래부가 '제주' 표류민에 대한 조사를 실시함	典

자료 : 典은《典客司日記》(서울대학교 규장각한국학연구원)
兩은《兩國往復書謄》(일본 국립국회도서관)
館은《(館守) 每日記》(일본 국립국회도서관)
漂는《漂民被仰上》(일본 쓰시마박물관)
海는《海槎日記》(국립중앙도서관)
分은《分類紀事大綱》 VI(국사편찬위원회)

조엄이 만났던 제주 표류민들은 조엄 등 통신사 일행보다 한 달가량 더 늦게 대마도를 출발하였다.[37] 7월 2일 제주 표류민들이 후츄(府中)를 떠났는데, 그보다 열흘 전인 6월 22일 하세도(河世道, 67세)의 처(妻) 이양(利良, 46세)이 후츄에서 사내아이를 출산하였다. 신생아 1명이 추가되어 총 12명이 7월 16일 사스나(佐須奈)에 도착하였다. 이틀 뒤인 7월 18일 사스나를 출발하여 당일 왜관으로 들어갔다(조엄 등 통신사가 6월 22일 부산 도착).

이때 제주 표류민의 송환은 말하자면 이정암송사와 세견 제4선 송사에 의한 '순부 송환(順付送還)'이었다. 즉 표류민을 송환하는 사자(使者)를 따로 세우지 않고 연례송사가 함께 그들을 인솔하였지만, 서계와 별폭은 별도로 작성하여 교환하였다.

《양국왕복서등》에 대마도 측이 필사한 서계에 〈예조 앞으로 보낸 전라도 순부 표민 서계와 별폭(遣禮曹全羅道順付漂民書幷別幅)〉이라는 제목과 함께, 〈이정암송사가 순부하여 송환했다(以酊送使順付也)〉고 적은 부기(付記)가 있다.[38] 이를 〈사료 6-4〉에 옮겨서 정리하였다.

37) 통신사 삼사가 "위 표민들을(제주 표류민—인용자) 데리고 바다를 건너가고 싶으니 부디 조속히 내보내 주도록(仕出) 할 것"을 간곡하게 얘기를 하였는데, (대마도 측에서도) 그렇게 준비하게 했으나, 지난달 22일(6.22.) 무탈하게 출산하여 남자를 낳았습니다. 따라서 긴급하게 배를 띄우게 되면(出帆) 산부(産婦)가 어려운 상황에 놓이게 될 것인 바, 사나흘 (출범을) 늦추어 줄 것을 (표민들이) 원하였기에, 그 요청을 받아들여 오늘(7.2.) 상선(上船)을 하였습니다. 그런데 삼사가 부탁한 것도 있었으니, (왜관에) 도착하거든 양역(兩譯)에게 상세하게 전달해 줄 것을 (대마도에서) 관수(館守)에게 연락을 하였음 (佐須鄉椎根領見平江之漂民十一人 以酊送使江順附被送還候處 漂民之內妊婦有之 產も間近候間 於御國平產仕候上 被送還被下候樣願出候付 願之通申付置候處 三使衆より右漂民同前ニ致渡海度候間 何分早々仕出呉候樣 呉々被申聞候付 其積りニ令用意候處 去月廿二日平產 男子令出生候 依之急ニ令出帆候而ハ 產婦難儀仕候間 四五日相延呉候樣願出候付 願之通申付今日上船申渡候 然ハ三使衆賴之譯も有之事故 令着候ハヽ兩譯へ具ニ可被申達候段 館守江申遣.」右七月二日之日付」 밑줄—인용자)
《分類紀事大綱》 VI(대마도종가문서 자료집 7, 국사편찬위원회, 2021, 89쪽); 《分類紀事大綱》 十, 〈漂民之內妊婦有之男子令出生候事〉(寶曆 14년 갑신년(1764) 7월 2일).

〈사료 6-4〉 조엄이 만난 제주 표류민 관련 외교문서(1764년 6월)

A	日本國對馬州太守拾遺平 義暢 奉書
B	朝鮮國禮曹大人 閣下
C	
D	紅暑宓惟
E	貴國輯寧
F	本邦亦然爰
G	貴國全羅道居民七男四女壹船共拾壹名本年四月朔日漂寄弊州見平詳問事情則欲採
H	獻納之海菜及石決明三月十六日赴同道小島南風大起不能回橈放流洋經十有六日而到此而已雖
I	入阽危之域幸有餘糧承雨露以纔生存云越施與衣廩繕理漂船然其船缺小且舊物也超海若失便則
J	悔而不及故移載我船漂船附回矣就中有妊婦本月二十二日產一男子資給乳及衣褥燈油母子以得
K	保全仍送還焉左幅微儀
L	聊申遠悰
M	莞留爲榮綂冀
N	諒察肅此不備
O	寶曆十四年甲申六月 日
P	同別幅
Q	彩畫枕子掛硯壹箇 彩畫大層匣壹備 彩畫指南針壹座 計

주 : A~Q 등은 서계의 형식을 살피고자 필자가 임의로 붙임.
자료 : 《兩國往復書謄》 95(일본 국립국회도서관 소장)

38) 《兩國往復書謄》 95(일본 국립국회도서관 소장)

먼저 〈사료 6-4〉의 G 부분을 보면 "귀국(조선—인용자) 전라도(全羅道)에 거주하는 11명(남자 7, 여자 4)이 함께 탄 배 1척이 (1764년) 4월 1일 폐주(대마도—인용자) '견평(見平)'이라는 곳으로 표류하여 닿았다."고 적시되어 있다. 그런데 대마도주가 예조에 보낸 서계에서 이들이 '제주'가 아닌 '전라도' 사람으로 기록되었던 것은 일본에서 조사받았을 때 그들이 진술했던 것이 그대로 수용된 결과로 보인다.

대마도 측이 조사한 바에 따르면, 이들이 바다로 나아간 목적은 "해채(海菜)와 석결명(石決明) 등 그들이 진상해야 했던 물품을 채취하기 위함"이었다고 했다. (1764년) 3월 16일 "동도(同道, 사실은 濟州島—인용자) 소도(小島)를 향해" 나아갔는데, 남풍을 맞아 선구(船具)가 파손되어 큰 바다로 밀려나게 되었고, 열엿새 동안 표류 끝에 대마도에 닿았다고 되어 있다(〈사료 6-4〉 H 부분). 이들에게 다행히도 식량이 남아 있었기에, 빗물과 이슬을 받아먹으며 버티다가 겨우 살아남았다고 한다. 대마도 사람들이 그들에게 입을 것과 먹을 것을 주며 구호해주었다. 그들이 탔던 배를 고쳐주기도 하였는데, 그 배가 작아서 바다를 건너기에는 위험하다고 판단한 대마도 측이 그들을 일본 배에 옮겨 태워 송환하였다고 적혀 있다(〈사료 6-4〉 I와 J 부분). 그런데 그들의 일행 중에 임부(妊婦)가 있었는데, (1764년) 6월 22일 사내아이 1명이 태어났기에, 젖을 주고 옷과 등유(燈油) 등을 공급하여 모자(母子)가 보전할 수 있게 하여, 마침내 (이들도 함께) 송환하였다고 한다(〈사료 6-4〉 J와 K 부분).

《양국왕복서등》에는 대마도주가 예조 앞으로 보내는 서계와 별폭 이외에, 대마도주가 〈동래부사와 부산첨사에게 보내는 서계와 별폭(同遣東釜書幷別幅)〉도 필사되어 있다. 발신인은 '대마도주(日本國對馬州太守拾遺 平義暢 啓書)'였다. 수신인은 '동래부사와 부산첨사(朝鮮國東萊釜山兩令公 閤下)'로 되어 있었다. 이 서계도 '보력(寶曆) 14년 갑신(1764) 6월' 작성되었다. 동래부사와 부산첨사에게 전달되었던 서계의 내용을 간추리면 다음과 같다. "… 귀국(조선—인용자) 전라도(全羅道) 거민(居民) 11명(남자 7, 여자 4)이 한배에 승선하여 표류하다가, 본년(1764년—인용자) 4월 1일 폐주(대마도—인용자) 견평(見平)에 닿았음. (그곳 사람들이) 옷과 식량을 주고 배를 수리하였으나 사정이 있어서 우리 배(대마도—인용자)로 옮겨 태워 송환하였음. (위의 11명과) 별도로 아이 1명이 폐주(대마도—인용자)에서 태어났음. 남궁(예조—인용자)에 자세히 알렸을 터이니 다시 되풀이하지 않겠음. 볼품없는 물품이지만 이것으로써 신의를 표하고자 하니, 기꺼이 받아주신다면 다행이겠음. 이만 줄임."[39]

그런데 대마도주가 동래부사와 부산첨사에게 보내는 서계(書契)는 한 장에 작성되어 있었지만, 별폭(別幅)은 총 2장으로 각기 한 장씩 작성되었다. 먼저 동래부사에게 보내는 별폭(東萊府使公別幅)에는 3가지 예물이 수록되어 있었다. ㉠ 적동(赤銅)으로 만든 세 짝이 한 벌인 물 담는 그릇(赤銅累三盥盤) 1부(部), ㉡ '마키에(蒔繪)'[40] 기법으로 만든 3치 크기의 경대 거울(彩畫三寸匳鏡) 2면(面), ㉢ 적동(赤銅)으로 만든 중간 크기의 탕약기(赤銅中藥鑵) 2개가 그것이다. 그리고 부산첨사에게 보내는 별폭(釜山令公別幅)의 예물도 3가지였다. ㉠ 황색 괘연(黃色掛硯[41]) 1개(箇), ㉡ '마키에(蒔繪)' 기법으로 만든 3치 크기의 경대 거울(彩畫三寸匳鏡) 1면, ㉢ 대나무에 붉은색 안료를 칠한 담뱃대(朱竿煙器) 30자루(握)가 그것이었다.[42]

---

39) 緬想」僉雅淸迪傾注孔切」貴國全羅道居民七男四女壹船拾壹名本月四月朔日漂著弊州見平與衣糧修艤船有故載我船以致送還別有一兒在弊州產也具告」南宮更不縷布菲物表信」笑收爲幸草此不備」寶曆十四年甲申六月　日」
《兩國往復書謄》95(일본 국립국회도서관 소장)

40) 마키에(蒔繪)는 칠기를 장식하는 기법의 하나이다. 이것은 글자 그대로 옻으로 그린 밑그림에 금가루를 뿌려서 문양을 내는 일본의 독특한 공예 기법을 말한다.

41) 괘연(掛硯 가케스즈리)은 괘연상(掛硯箱 가케스즈리바코)의 줄임말이다. 벼루(硯)를 포함하여 패물 등 귀중품을 넣어 두기 위하여 여닫이문 안에 여러 개의 서랍을 설치한 일종의 금고를 말한다.

42) 東萊府使公別幅

〈표 6-5〉 제주 표류민 송환 관련 대마도주의 서계 별폭(1764년)

연번	품명	단위	예조참의	동래부사	부산첨사
1	彩畫枕子掛硯	箇	1		
2	彩畫大層匣	備	1		
3	彩畫指南針	座	1		
4	赤銅累三盥盤	部		1	
5	彩畫三寸匳鏡	面		2	1
6	赤銅中藥鑵	箇		2	
7	黃色掛硯	箇			1
8	朱竿煙器	握			30

주 : 서계 별폭의 작성 연월은 1764년 6월.
자료 : 《兩國往復書謄》 95(일본 국립국회도서관 소장)

〈표 6-5〉에서 보는 것처럼, 대마도주가 예조참의와 동래부사, 부산첨사에게 보내는 별폭의 예물(외교선물)이 각각 3가지씩으로 서로 같았다. 그렇지만 외교 상대방의 위계(位階)를 반영하여 예물(외교선물)의 종류나 숫자에서 차등을 두었음은 물론이다. 예를 들면 ㉠ 마키에(蒔繪) 기법으로 만든 머리맡에 두는 괘연(彩畫枕子掛硯), ㉡ 마키에(蒔繪) 기법으로 만든 문갑(彩畫大層匣), ㉢ 마키에(蒔繪) 기법으로 만든 나침반(彩畫指南針)은 예조참의에게만 전달되었다. 그리고 마키에(蒔繪) 기법으로 만든 3치 크기의 경대 거울(彩畫三寸匳鏡)처럼 동래부사와 부산첨사에게 모두 해당되는 것도 있었지만, 수량에서 차이가 있었다(동래부사 별폭은 2面, 부산첨사 별폭은 1面).

제주 표류민을 송환하려면 대마도 측이 반드시 준비해야 할 것이 있었다. 예조참의와 동래부사, 부산첨사 앞으로 보낼 외교문서와 외교선물을 마련하는 일이 가장 중요했다. 표류민의 선박을 수리하는 일, 그리고 표류민

赤銅累三盥盤壹部　彩畫三寸匳鏡貳面　赤銅中藥鑵貳箇　計
釜山令公別幅
黃色掛硯壹箇　彩畫三寸匳鏡壹面　朱竿煙器三十握　計
《兩國往復書謄》 95(일본 국립국회도서관 소장)

송환을 맡을 사자(使者)를 선발하고 사선(使船)을 확보하는 일도 필요했다. 이러한 선례(先例)는 반드시 지켜야만 했다. 조엄이 만났던 제주 표류민들이 통신사 일행과 함께 귀국하기를 희망했을 때, 대마도 측에서 이를 수용하지 않았던 이유도 위와 같은 외교 선례를 어길 수 없었기 때문으로 짐작된다.

Ⅱ. 동래부의 제주 표류민 조사와 보고

조엄이 만났던 제주 표류민들의 귀국 이후 상황에 대해서는 《전객사일기》가 자세하다. 앞의 〈사료 6-4〉의 대마도주 서계에 적힌 내용이 사실과 부합하는지 동래부에서 다시 조사를 실시하였다. 이를 재구성하면 다음과 같다.

1. 동래부의 취초(取招)와 제주 표류민의 진술

1) 인원—12명이 어떤 사람인가?

동래부가 제주 표류민을 상대로 문초(問招)하여 사실대로 진술(陳述)하게 하는 취초(取招)가 7월 19일에 있었다. 《전객사일기》에 수록된 내용을 통해서 제주 표류민 12명의 신원이 명확하게 밝혀졌다(신생아 1명 포함).

㉠ 표민(漂民) 수노(首奴) 고차련(高次連), 나이 30살
㉡ 격군(格軍) 양인(良人) 하세도(河世道), 나이 67살
㉢ 내수사노(內需司奴) 김돌동(金乭同), 나이 41살
㉣ 수노(守奴) 윤귀완(尹貴完), 나이 39살

ⓜ 수노(守奴) 김귀만(金貴萬), 나이 14살
ⓑ 수노(守奴) 윤귀성(尹貴成), 나이 10살
ⓢ 수노(守奴) 윤귀보(尹貴寶), 나이 5살
ⓞ 하세도(河世道)의 처(妻) 수비(守婢) 이량(利良), 나이 46살
ⓙ 아들(子) 금년생(今年生) 남(男) 1구(口)
ⓒ 김돌동(金乭同)의 처(妻) 수비(守婢) 성옥(成玉), 나이 42살
ⓚ (김돌동의) 딸(女) 귀량(貴良), 나이 5살
ⓣ 윤귀완(尹貴完)의 처(妻) 수비(守婢) 영덕(永德), 나이 33살

이상 12명 중 대표자는 고차련(高次連, 30살)이었다. 그는 비록 관노(官奴)였지만 사공(沙工)을 맡고 있었다. 양인(良人) 신분은 하세도(河世道, 67살)가 유일했다. 그는 격군(格軍)을 맡고 있었다. 나이도 12명 중 최고령이었다(67살). 그런데도 그의 아내(利良, 46살)가 6월 22일 대마도(府中)에서 사내아이를 출산하였으니 주목하지 않을 수 없다. 가족 동반자는 두 명이 더 있었다. 김돌동(金乭同, 41살)이 아내(成玉, 42살), 딸(貴良, 5살)과 동승하였다. 그리고 윤귀완(尹貴完, 39살)도 아내(永德, 33살)와 함께 배를 탔다. 이들은 모두 관노(官奴), 관비(官婢)라는 공통점을 지녔다.

2) 출신—제주 사람인가, 전라도 사람인가?

고차련(高次連)은 동래부의 취초(取招) 때 본인을 포함하여 남녀 12명이 모두 제주 거민(濟州居民)이라고 밝혔다. 즉 제주목(濟州牧) 동면(東面) 어둔포(魚屯浦) 거민이라고 진술하였다. 그러자 동래부에서 묻기를, "왜인(倭人)의 서계(書契)에는 너희들이 전라도(全羅道) 거민(居民)으로 적혀 있는데, 너희들은 제주 사람이면서도 그쪽(일본—인용자)에서는 어찌하여 전라도라고 (넓은 범위로 대답하는) 범칭(泛稱)을 하였는가?"라고 하였다.[43] 이른바

제주 사람들의 출신지 위장에 관하여 동래부가 의문을 제기하고 나섰다.

이에 대한 답은 이미 준비되어 있었던 것으로 보인다. "(범위를 더 넓혀) 전라도라고 범칭(泛稱)을 했던 것은 제주 표류민들이 표류하여 왜국(倭國)에 닿게 될 때마다 상해(傷害)를 입게 된다고 들었기 때문에 전라도라고 말했던 것"이라고 답변하였다."[44]

3) 남녀 동승—남녀와 가족이 함께 승선한 이유는?

동래부 측은 여인이 한배에 같이 타는 것에 대해서도 의문을 품었다. "(너희들이) 왜국(倭國)으로 표류해 들어가서 (양국 사이에) 폐단을 일으켰는데, 여인이 어찌하여 함께 타고 갔느냐?"고 물었다.[45] 이에 대하여 "본주(제주—인용자) 풍속에 남녀를 가리지 않고 물속에 잠겨 들어가(潛水) 일을 하므로, (여인도 함께 가서) 진상할 미역과 전복 등을 채취하려고 했다."고 답했다. 즉 "제주 여인이 물속에 잠기어(沈水) 일하는 사례가 많아서 여인이 함께 타고 간 것"이라고 진술했다.[46]

4) 출항—어떤 목적으로 어디에 가려 하였나?

동래부 측은 출항 목적과 장소에 대해서도 의문을 제기하였다. "왜인(倭人)의 서계(書契)를 보면, 너희들이 '어채(魚菜)와 석결명(石決明)'을 채취하려고 '소도(小島)'를 향해 나아간 것"으로 되어 있다. 훈도와 별차의 문정

43) 倭人書契中 汝矣等 以全羅道居民, … 而訓別問情中 … 汝矣等 旣是濟州之民 則到彼時 何以泛稱全羅道是喩(《典客司日記》 갑신(1764) 8월 1일)

44) 泛稱全羅道居 濟州漂民 漂到倭國 則每被傷害云故 果以全羅道言說是白乎旀(《典客司日記》 갑신(1764) 8월 1일)

45) 有此漂入倭國之弊 而女人何以同騎是旀(《典客司日記》 갑신(1764) 8월 1일)

46) 本州風俗 無論男女 潛水爲業故 進上藿與生鰒等物採取次 … 女人同騎事段 濟州之女 例多沈水爲業故 果爲同騎是白遣(《典客司日記》 갑신(1764) 8월 1일)

(問情) 때도 '소도(小島)'를 얘기했다고 한다. 그런데 훈도와 별차의 문정 때 생복(生鰒)을 따려고 '우도(牛島)로' 가려고 했다고 대답한 적도 있었다. 이처럼 제주 표류민들의 진술이 그때그때 서로 다른 점이 있었으니, 동래부가 의심의 눈으로 바라볼 법도 했다. 즉 석결명(石決明)과 생복(生鰒), 소도(小島)와 우도(牛島)가 각각 어떤 관계인지 명확히 밝힐 것을 동래부가 요구하였다.[47)]

제주 표류민들이 탄 배의 사공(沙工)이었던 고차련(高次連)은 이렇게 답을 했다. "진상할 미역(甘藿)과 생복(生鰒)을 채취하려고 어둔포(魚屯浦)에서 배를 띄워 우도(牛島) 땅으로 향하고자 하였다".[48)] 그런데 섬 이름(島名)이 위와 같이 기록될 수 있었던 것은 저쪽(일본—인용자)에 있었을 때 소섬 즉 '우도(牛島)'라고 말을 했는데도, 왜인(倭人)들이 잘못 알아듣고 그것을 '소도(小島)'로 적어 넣은 것이라고 했다. 이른바 석결명(石決明)이라고 하는 것도 저쪽(일본—인용자)에서는 생복(生鰒)을 가리키는 낱말이어서 (일본 측이) 석결명(石決明)으로 (서계에) 표기한 것이라고 답변하였다.[49)]

5) 표류에서 구조와 구호까지—어디로 표류하여 어떻게 구호를 받았나?

1764년 3월 16일 밥을 먹은 뒤 사공(沙工) 고차련(高次連) 등 11명이 제주 어둔포(魚屯浦)를 출발하였다. 그들의 목적지는 제주와 경계를 이루는 우도(牛島) 땅이었다. 그런데 얼마쯤 전진하였을 때 바다 한가운데서 갑자기 거센 바람이 일어나 돛대와 키가 부러지고 말았다. 배를 제어할 수 없게

47) 倭人書契中 汝矣等 … 欲採魚菜及石決明赴于小島云云 而訓別問情中小島云云 而訓別問情中欲採生鰒 向往牛島是如爲有旀(《典客司日記》 갑신(1764) 8월 1일)

48) 漂民沙工高次連所報内 … 進上甘藿與生鰒採取次 今年三月十六日食後 自魚屯浦發船 向牛島地是如可(《典客司日記》 갑신(1764) 8월 1일)

49) 島名相左事叚 到彼時以牛島發說 而倭人等誤聽 以小島書塡是白遣 所謂石決明 到彼時以生鰒爲言 而倭人等 以石決明書塡是白遣(《典客司日記》 갑신(1764) 8월 1일)

되어 점점 큰 바다로 떠밀리기 시작했다. 그렇게 해서 그들은 무려 16일 동안 바다에서 표류하였다.[50)]

4월 1일 해가 질 무렵 한 섬에 닿았다. 일본국(日本國) 대마주(對馬州) 견평촌(見平村)이라는 곳이었다. 그곳 주민들이 인명(人命)을 구조해 주었다. 배도 고쳐주었다. 아침과 저녁마다 먹을 것을[51)] 제공해 주었다. 사흘 뒤인 4월 4일에는 견평촌(見平村)에서 일본인들이 제주 표류민의 배를 예인(曳引)하여 대마도 부중(府中, 후추)으로 이송하였다. 4월 7일 부중에 도착하자, 전례에 따라서 각자에게 먹을 것과 각종 구호품이 제공되었다. ㉠ 흰무명으로 짠 장의(長衣) 각 1령씩, ㉡ 단목(丹木) 2근씩, ㉢ 작은 갑에 담은 담배(小匣草) 10개씩을 증급(贈給)해 주었다고 한다.[52)] 어떤 용도로 쓰였는지는 확실하지 않지만 단목이 지급되었고, 그 밖에도 조선 표류민들에게 담배가 제공된 점은 퍽 흥미롭다. 다른 시기에도 이러한 사례가 발견되는데, 앞으로 이러한 문제에 관해서도 주목할 필요가 있다.

6) 송환—언제 어떻게 돌아왔나?

7월 2일 제주 표류민 12명이(신생아 1명 포함) 일본 측이 제공한 배를

---

50) 今年三月十六日 自本州魚屯浦發船 向本州境牛島地是如可 幾及中洋 猝遇惡風 帆竹鴟木 一時摧折 不能制船 漂流大洋 出沒死生者十六日(《典客司日記》 갑신(1764) 8월 1일)

51) 1831년의 일이기는 하지만, 대마도에 표류한 조선인에게 "가장 먼저 고구마(古求麻)를 먹을 것을 권하고, 다음으로 흰죽(白粥)을, 그 다음에 흰밥(白飯)을 먹게 했다"(先以古求麻勸食 次饋白粥 又饋白飯)는 기록이 있다(《各司謄錄》 27, 〈江原監營啓錄〉 1, 道光 12년(1832) 4월 9일). 이런 것처럼 이때 대마도에서 '고구마' 같은 것을 제주 표류민에게 제공해 주었을 가능성도 있다고 생각하지만, 1764년 4월 시점에서 그와 같은 기록은 아직 찾지 못하였다.

52) 四月初一日日暮時 始着一島 則乃日本國對馬州見平村地 倭人等救人命 船隻俱全 朝夕供饋是如可 初四日倭人等 領曳矣徒船隻 初七日 到對馬府中 依例供饋 白木綿長衣各一領 丹木各二斤 小匣草各十箇式贈給(《典客司日記》 갑신(1764) 8월 1일)

타고 대마도 부중(府中)에서 발선(發船) 하였다. 그런데 제주 표류민이 본래 타고 갔던 배, 즉 본선(本船)은 크기가 1파(把) 반 정도 되는 작은 배(小船)였다. 그 배를 수리도 해 주었다. 그런데도 그 배로는 바다를 건널 수가 없다는 판단이 내려졌다. 그래서 제주 표류민들은 일본 배를 빌려서 타고 왔다. 그 대신에 본선은 빈 배(空船) 상태로 일본 배의 뒤에 연결하여 가지고 끌고 왔다.[53)]

7월 16일 제주 표류민을 태운 배가 사스나 포구(佐須浦)에 도착하였다. 그곳에서 조선으로 바다를 건너기에 충분한 바람을 기다렸다. 마침내 7월 18일 아침 바다를 건너서 (조선으로) 나왔다.[54)] 그런데 사스나에서 발선(發船)을 했을 때 사공 고차련(高次連)과 격군 김돌동(金乭同) 등 2명은 나머지 10명과 분리되어 일본 송사(送使)의 배에 태워졌다.[55)] 즉 제주 표류민 12명 중 위의 2명과 나머지 10명을 두 집단으로 나누어서 분승(分乘)시켰다. 이것을 '인질로 잡아둔다'는 뜻의 집질(執質)로 표기하였다(〈표 6-4〉 연번 9 참조). 이때 제주 표류민을 순부 송환(順付送還)한 연례송사(年例送使)는 이 정암송사와 세견 제4선 송사였는데, 그들은 대선(大船) 2척을 타고 왔다.

2. 동래부의 사후 조치와 고구마 관련성

1763년 11월 3일 사스나 마을(佐須奈村)에서 차출된 대마도의 공무용 비선(御用飛船) 편으로 통신사 삼사(三使)가 보낸 서장(書狀) 3개와 고구마[孝孝芋] 2포대(卷)가 왜관에서 조선의 훈도(訓導)와 별차(別差)에게 전달되었

53) 今月初二日 自府中離發時 矣徒本船 以小船難於覩海 借騎倭船 本船叚 以空船 繫於倭船之尾(《典客司日記》 갑신(1764) 8월 1일)

54) 今月十六日 來到佐須浦待風 十八日朝出來是乎旀(《典客司日記》 갑신(1764) 8월 1일)

55) (今月) 十八日發船時矣身及格軍金乭同等二名 執質移騎於送使倭船 同日酉時到館是乎矣(《典客司日記》 갑신(1764) 8월 1일)

다. 이것이 통신사 정사 조엄이 대마도에서 구해온 고구마 종자의 제1차 도입이라고 볼 수 있다. 그런데 조엄은 이듬해 1764년 6월 14일에는 대마도(府中)에서 제주 표류민을 직접 만난 적이 있었다. 조엄이 6월 22일 귀국하면서 다시 고구마 종자를 대마도에서 구해왔는데, 고구마 종자의 제2차 도입은 그 무렵으로 추정된다. 그런데 6월 22일은 조엄이 대마도에서 만났던 제주 표류민 중 한 명이었던 임부(妊婦), 즉 하세도(河世道)의 아내 이량(利良)이 대마도(府中)에서 사내아이를 출산한 날이기도 하다. 이처럼 조선의 고구마 종자 도입과 관련해서는 '조엄과 제주 표류민의 만남'에 주목할 필요가 있다고 생각한다.

제주 표류민들이 왜관에 도착한 것은 1764년 7월 18일이었다. 이튿날 7월 19일 동래부는 이들에 대한 취초(取招)를 실시하였다. 그 뒤 동래부에서는 이때의 일을 어떻게 조치하였을까? 이에 대해서는 《전객사일기》(1764년 8월 1일)에서 확인할 수 있는데, 이를 간추리면 다음과 같다.[56]

첫째는 기록을 작성하여 남기는 일이었다. 즉 표류민들의 ㉠ 역(役), ㉡ 성명(姓名), ㉢ 나이(年歲), ㉣ 거주(居住) 등을 기록으로 남겨서(成冊) 비변사(備邊司)에 보고해야만 했다. 이를 바탕으로 부산첨사가 그들에게 식량 등을 지급하여 원적관(原籍官)으로 돌려보내는 일도 함께 진행되었다. 마지막으로 외국에 표류했다가 돌아온 사공과 격군(沙格)에 대하여 어떻게 죄를 물을 것인가 하는 문제가 남아 있었다.[57] 그런데 새로 반포된 규정에 따라 이때는 제주 표류민이 승선한 배의 사공이나 격군에 대하여 별도로 죄를 묻지는 않았던 것으로 보인다.[58] 이상은 국내의 행정적인 조치였다.

56) 《典客司日記》 갑신(1764) 8월 1일.

57) 東萊府使宋文載狀啓 則濟州漂民等漂入對馬島是如順付出來亦爲白有臥乎所 漂民順付賫別幅回禮已有前例依例磨鍊以入 而漂還沙格等論罪乙良依新頒事目勿爲擧行之意回移何如 乾隆二十九年八月初三日 右承旨臣金華鎭次知啓 依允(《典客司日記》 갑신(1764) 8월 1일)

58) 이훈, 《조선후기 표류민과 한일관계》, 국학자료원, 2000, 101-104쪽.

둘째는 외교적인 조치를 하는 일이었다. 표민 순부(漂民順付)와 관련하여 대마도주가 예조 앞으로 보내는 서계와 별폭을 각 1통씩, 동래부사와 부산 첨사에게 보내는 서계 1통과 별폭 2통, 그리고 표민 가선(漂民駕船) 노인(路引) 각 1통씩 등을 확인한 다음(監封), 그것을 예조(禮曹)로 올려보내야 했다(上送). 그런데 당년조(當年條) 이정암송사와 세견 제4선 송사 등이 가지고 왔던 서계 별폭에 대해서는 다례(茶禮) 설행(設行) 때까지 기다렸다가 올려 보내기로 했다고 한다. 즉 조선 정부가 대마도주에 대하여 회답서계와 별폭 등을 전달하는 회례(回禮) 절차가 남아 있었다.

지금까지 살펴본 '조엄이 만난 제주 표류민'에 대해서는 조엄의 《해사일기》를 비롯하여 여러 기록에서 이를 확인할 수 있다. 그런데 기록마다 인원수가 조금 차이를 보인다. 조엄의 《해사일기》는 10명으로 적고 있는데, 대마도의 조사기록에는 11명의 성명과 나이가 적혀 있다. 여자 3인과 (10세 이하) 어린 아이 3인은 두 기록 모두 숫자가 같은데, 대마도 조사기록에는 남자가 5인(67세, 40세, 30세, 29세, 14세)으로 되어 있어서, 조엄의 《해사일기》보다 한 명이 더 많다.

표류민의 출신지에 대해서도 기록마다 조금씩 다르다. 대마도 측의 조사기록에 따르면 조선 표류민의 출신지가 모두 '전라도 강진(康津)'으로 되어 있다. 그런데 조엄이 《해사일기》에서 분명하게 밝히고 있듯이, "왜인들에게는 (자신들을) 강진의 거민(居民)이라 속였다."고 제주 사람들이 조엄에게 털어놓았다. 제주 사람들이 일본국 또는 유구국(琉球國) 등 외국으로 표류하게 되면, 자신들의 출신지를 제주가 아닌 강진이나 영암, 해남 등 다른 지역으로 위장하는 사례가 19세기 중엽까지도 종종 있었다.[59)]

조엄이 만난 제주 표류민의 귀국 이후 상황에 대해서는 예조의 《전객사일기》가 자세하다. 동래부는 제주 표류민을 왜관 측으로부터 인계받은 뒤

---

59) 정성일, 《전라도와 일본—조선시대 해난사고 분석》, 경인문화사, 2013, 266-281쪽.

에도 이들에 대한 취초(取招)를 통해서 의문점을 하나씩 확인하였다. 예를 들면 그들의 출신이 제주(濟州)인데도 대마도주가 예조에 보낸 서계 속에 전라도(全羅道)라 적혀 있는 까닭이 무엇인지? 그들과 함께 승선한 사람들 중 여자와 아이가 포함된 것은 무슨 연유인지? 그리고 대마도주의 서계 속에 적혀 있는 석결명(石決明)이라는 물명(物名)과 소도(小島)라는 지명(地名)이 훈도와 별차가 실시했던 문정(問情)의 내용과 어떻게 다른지?

이처럼 《전객사일기》(갑신 8월 1일)에 제주 표류민에 대한 동래부의 조사 내용이 구체적으로 담겨 있는 반면에, 대마도에서 제주 표류민을 만난 조엄이 고구마 종자를 가져오기 위해 힘을 쏟은 점에 관해서는 직접적인 언급이 없다. 이것은 당시만 하더라도 예조 전객사의 관심이 고구마 전래가 아닌 표류민 송환에 집중되어 있었음을 말해주는 것인지도 모른다. 예조의 이러한 입장과 달리, 조엄은 통신사 일행 중에서 고구마 종자를 대마도에서 입수해 오기 위하여 가장 적극적으로 대응하였다. 그런 만큼 조선시대 통신사를 통한 고구마 전래를 얘기할 때, 조엄을 결코 빼놓을 수 없음은 더 말할 나위가 없다. 왜 조엄이 고구마 종자 도입에 적극적이었는지? 그것이 조선 정부의 정책과 연계 속에서 추진되었던 것인지? 이러한 문제에 대해서도 앞으로 더 추구(追究)할 필요가 있다.

최초 고구마 종자 도입과 초기 재배 과정에 대한 지금까지 연구는 제1차 고구마 도입 시기를 1763년 10월 6~10일로 보고 있었으나, 그 시기를 동년 11월 3일 이후로 보아야 한다. 그런데 제1차로 입수한 고구마는 종자 보관 문제로 조선에서 재배하는 데는 실패했다고 알려져 있다. 계절이 겨울철인데다가 당시 조선의 기술로서는 고구마 종자 보관이 쉽지 않았을 것으로 보인다(〈표 6-1〉 연번 4의 고구마 저장법 참조).

제2차 고구마 도입 시기는 1764년 6월 22일로 추정된다. 계절로 보아서는 통신사 일행이 고구마 종자를 직접 배에 싣고 왔을 수도 있고, 계절도 여름철이어서 재배하기가 전년도보다는 수월하였을 것으로 짐작된다. 그리고 이때는 조엄이 조달한 것 외에도 행중제인(行中諸人)으로 표현되는 사람들, 예를 들면 역관과 수행원, 그 밖에 초량이나 부산, 동래 지역 거주자 등 통신사행 참가자들이 고구마 종자를 대마도에서 가져왔을 것으로 추정할 수 있다.[60]

그런데 강필리와 강필교의 《감저보(甘藷譜)》에 따르면 "1765~66년에 왜관을 통해 고구마를 구입(購入)했다"고 되어 있다. 강필리는 1765년 여름에 "종자를 여럿 구해 와서(求得諸種) 경내에 시험 재배하였다(試種於境內)"고 적었다. 1766년 봄에는 그가 "다시 종자를 많이 사와서(又多貿種) 도내의 여러 고을로 나누어 보냈다(分送道內諸邑)"고 한다.[61] 이처럼 강필리 등이 두 해에 걸쳐 두 차례 구입했다고 하는 고구마 종자는 왜관(倭館)의 일본인을 통해서 유통되었을 것으로 추정된다.[62] 그런데 문제는 1765~66년 무렵의 고구마 매매(賣買)를 뒷받침할 만한 당대의 기록을 찾아내는 일이다. 향후 연구 과제와 관련하여 두 가지 정도 지적해 두고자 한다.

첫째, 고구마의 재배와 관련해서는 왜관과 가장 가까운 동래부, 즉 지금의 부산에서 재배가 시작되었다고 보는 것은 일면 타당한 인식이라고 판단된다. 그렇지만 초기 고구마 재배 지역을 부산 지역으로만 한정할 필요는 없다고 생각한다. 오히려 조엄이 대마도에서 만났던 제주 표류민과의 접촉에 대하여 문헌 기록이 남아 있는 점 등을 고려하여, 제주 지역의 고구마 재배사(栽培史)에 대해서도 앞으로 더 많은 관심을 기울여야 한다. 그 밖의 지역에서 고구마가 어떻게 재배되고 있었는지도 앞으로 더 많은 실증 분석

60) 오인택, 〈조선 후기 동래부의 고구마 전래 과정과 정착 경로〉, 《조엄 생애와 고구마 전래》, 원주시 문화예술과, 2016, 365쪽.
61) 오인택, 같은 논문(2016), 359쪽.
62) 양흥숙, 〈조선 후기 대일교류와 영도의 공간적 특성〉, 《조엄 생애와 고구마 전래》, 원주시 문화예술과, 2016, 391-394쪽.

(實證分析)이 필요함은 더 말할 나위가 없다.

둘째, 왜관(倭館) 주변의 지역민이 왜관의 일본인들을 통해서 고구마 종자를 구매(購買)했을 것으로 보는 견해 역시 타당성이 있어 보인다. 다만 1760년대 후반 이후 왜관 기록을 통해서, 고구마 종자의 매매(賣買) 또는 고구마 조리법 등 정보 교환의 구체적 사례를 발굴해야 한다.

제7장 통신사의 일본 방문과 물품 교환

제1절 통신사의 일본 방문과 외교선물 교환 (1811년)

Ⅰ. 조선 측 공예단(公禮單)과 사예단(私禮單)

통신사를 통한 물품 교환은 각종 예물(禮物)을 통해서 이루어졌다. 그 예물을 가리켜 외교선물이라 부르기도 한다.[63] 예물(외교선물) 교환은 그 주체와 대상이 누구냐에 따라 크게 둘로 나뉜다. 하나는 조선 정부와 일본 막부(幕府), 다른 하나는 조선 정부와 대마도(대마번) 사이의 예물 교환이었다.

1. 조선 기록에 보이는 조선의 예단(禮單)

1) 《신미통신일록》과 《동사록》의 기록 내용 비교

조선이 통신사를 통해서 일본에 전달한 예물은 3가지 범주로 구분할 수 있다. ㉠ 조선 정부에서 정식으로 결정한 공식(公禮單), 비공식(私禮單) 예물, ㉡ 일본 현지 사정에 맞추어서 사용한 예물, ㉢ 대마도주와 그의 가신에게 준 예물이 그것이다. 아래에서는 조선 기록을 바탕으로 하여 조선이 일본에 전달한 세 가지 예물에 대하여 각각 살펴보려고 한다.

63) 정성일, 〈제1장 외교 선물과 사회 풍속〉, 《역사 속 외교 선물과 명품의 세계》(한국문화사 12, 국사편찬위원회 편), 두산동아, 2007.

통신사 정사 김이교(金履喬)가 저술한 《신미통신일록》에는 조선에서 일본으로 가져갈 예단에 관한 출국 전 기록이 두 차례 나온다. 첫 번째는 경오년(1810) 11월 11일 기록인데, 이것은 전날(11.10) 예조를 통해 김이교에게 전달된 내용이다. 예조참의와 예조좌랑이 작성한 바에 따르면, "이번 통신사가 갈 때 일본 국왕 이하 각 처에 증급(贈給)할 예물을 (양국이) 전에 (주고받았던) 사례와 (양국이) 강정(講定) 한 절목(節目)을 참작하여 마련한 목록을 (임금에게) 아뢰었으며, 이에 따라 조치하고 준비하여 거행하라는 분부가 예조와 경상도에 내려졌다."고 하면서, 예단 목록을 뒤에 열거하고 있다.[64] 이것은 조선 정부의 공식 결정이라고 하는 점이 가장 큰 특징이다.

〈표 7-1〉 조선 기록에 보이는 조선의 禮單 1(公私禮單, 1810년 11월 현재)

N	품명	단위	公禮單				私禮單					합계
			日本國王	儲君	日本兩使臣	島主	日本國王	儲君	日本兩使臣	江戶接對官6員	島主	
1	人蔘	斤	33	3		3					2	41
2	大糯子	匹	5	5								10
3	大緞子	匹	5									5
4	無文綾子	匹		10								10
5	白苧布	匹	15	15	20	10	5	5	10		10	90
6	生苧布	匹	15									15
7	白綿紬	匹	25		20	10			10	18		83
8	白木綿	匹				20			20	30		70
9	黑麻布	匹	15	10	10	5			10			50
10	虎皮	張	7	5	4	2	3	3	4	6	1	35
11	豹皮	張	10	7	4	3	2	2	4	6		38
12	青黍皮	張	15	10								25
13	魚皮	張	50	50								100
14	色紙	卷	15	15	4						3	37

64) 庚午 11월 11일. 禮曹 啓曰 今此通信使之行日本國王以下各處贈給禮物參互已例及講定節目磨鍊 啓目後錄爲白去乎 依此措備擧行事該曹及本道良中分付何如 嘉慶十五年十一月初十日 參議臣宋 正郎臣韓. 金履喬, 《辛未通信日錄》(通文館 영인본, 1980), 203-212쪽.

N	품명	단위	公禮單				私禮單					합계
			日本國王	儲君	日本兩使臣	島主	日本國王	儲君	日本兩使臣	江戶接對官6員	島主	
15	油芚	張									3	3
16	壯紙	卷								12		12
17	彩花席	張	10									10
18	花席	張				5			6		3	14
19	各色筆	柄	30	30								60
20	淸心元	丸									10 (醫司)	10 (醫司)
21	石鱗	斤									2 (黃海)	2 (黃海)
22	黃筆	柄			40					60	30	130
23	眞墨	笏[65]	30	30	20					30	30	140
24	花硯	面		3								3
25	黃蜜	斤	50									50
26	淸蜜	器	5									5
27	鷹子	連	10	5								15
28	駿馬 具鞍	匹	1	1								2
서계		유무	有	有	有	有						
서계 통(筒)		장식	銀	銀	鑞	鑞						
		칠	朱紅	朱紅	黑	黑						

주 : 음영은 예조가 조달함. 나머지는 경상도, 황해도 등 지역에서 조달함.

자료 : 金履喬, 《辛未通信日錄》(通文館 영인본, 1980), 203-212쪽; 柳相弼, 《東槎錄》(민족문화추진회, 《국역 해행총재 속편》 X, 1977, 332-333쪽); 김이교 저, 김용흠·원재린·김정신 역, 《國譯 辛未通信日錄》 地, 공주시·충청남도역사문화연구원, 2022, 11-14쪽.

〈표 7-1〉 공예단 중 일본국왕(日本國王)과 저군(儲君)에게는 조선 국왕이 보낸 것이었다. 일본의 두 사신(日本兩使臣)에게는 조선의 예조참판(禮曹參判)이, 그리고 도주(島主)에게는 예조참의(禮曹參議)가 각각 보낸 것이었다. 음영 부분의 예물은 예조가 조달해서 내려보낸 것을 나타낸다. 나머지 예물의 조달은 경상도 책임이었다. 특별히 청심원(淸心元)은 의사(醫司)가, 그

65) 《신미통신일록》 212쪽에는 대마도주 사예단에 들어 있는 참먹(眞墨)의 단위가 정(丁)으로 적혀 있음.

리고 석린(石麟)은 황해도(黃海道)가 책임을 지고 조달하였다고 한다.

군관 유상필이 남긴 《동사록》에도 위의 공식(公禮單) 비공식(私禮單) 예물이 기재되어 있다. 다만 두 기록을 비교해 보면 차이점도 보인다.

㉠ 예물 수령인의 명칭에서 차이가 난다. 《신미통신일록》의 일본국왕(日本國王)이 《동사록》에서는 일본국 대군(日本國大君) 또는 대군(大君)으로 되어 있었다. 그리고 《신미통신일록》의 도주(島主)가 《동사록》에서는 태수(太守) 또는 대마도주(對馬島主)로 각각 적혀 있었다. 나머지 일본 측 수령인의 명칭은 두 기록 모두 같았다.

㉡ 예물의 수량에서 차이가 난다. 대마도주에게 지급할 공예단 가운데 표피(豹皮)의 수량이 《신미통신일록》에는 3장인데, 《동사록》에는 그것이 2장으로 적혀 있다(나머지 품목은 수량 동일). 그리고 대마도주 사예단에 들어 있는 화석(花席)이 《신미통신일록》에는 3장(張)인데, 《동사록》에는 그것이 5립(立)으로 되어 있어 차이를 보인다,

㉢ 예물 조달의 책임 부서에서 차이가 난다. 《신미통신일록》은 호조(戶曹)를 비롯하여 경상도(慶尙道), 황해도(黃海道), 의사(醫司) 등 해당 예물의 조달과 준비 책임을 맡은 기관을 명시하고 있다(《동사록》에는 이에 관한 언급 없음).

㉣ 예물의 단위와 명칭에서 차이가 난다. 각종 직물(織物)의 단위를 《신미통신일록》에는 필(匹)로 《동사록》에는 필(疋)로 적었다. 색지(色紙)와 장지(壯紙)의 단위도 《신미통신일록》은 권(卷)으로 《동사록》은 속(束)으로 서로 다르게 기재하였다. 예물의 명칭도 《신미통신일록》의 대수자(大繻子)를 《동사록》에는 대유자(大襦子)로 적었다(襦는 繻의 誤記로 추정됨).

㉤ 서계(書契)에 관한 기록은 《동사록》에는 없고 《신미통신일록》에만 보인다. 조선 측이 막부 쇼군(幕府將軍)에게 전달하는 예단과 저군(儲君; 구사바 하이센의 일기에서는 大納言으로 기재) 앞으로 보낼 예단은 "서계가 갖추어져 있으며, 통을 은으로 장식하고 주홍칠을 한다(有書契筒則以銀裝飾朱紅漆)"고 되어 있다. 이와 달리 일본 막부의 두 사신

과 대마도주(對馬島主)에게 줄 예단은 모두 "서계를 갖추고 있지만, 그것을 담는 통을 주석으로 장식하고 흑칠을 한다(有書契筒則鑞染裝飾黑漆)"고 하였다. 이처럼 예물을 받는 사람의 정치적 위상과 위계를 고려하여 눈에 띄게 차등을 두었다.[66)]

이 밖에도 조선 측에서 마련해야 했던 예물이 더 있었다. 경오년(1810년) 12월 19일 예조가 경상 감영(慶尙監營)에 보낸 문서(關文)를 보면, 조선의 수역(首譯)이 일본에 가서 일본인들을 접견할 때 줄 예물을 처음에는 거론하지 않았는데, 나중에 추가로 예단의 종류와 수량을 정하여 하달한 것으로 되어 있다. 이것을 정리한 것이 〈표 7-2〉이다.[67)]

〈표 7-2〉 조선 기록에 보이는 조선의 禮單 2(慶尙道措備公私禮單, 1810년 12월 현재)

No	품명	단위	通信使에게 배정된 사예단(通信使彼人接見時私禮單)	首譯에게 배정된 사예단(首譯彼人接見時私禮單)	합계
1	中硯	面	3	3	6
2	眞墨	同	3	3	6
3	花席	張	27	27	54
4	雪花紙	卷	1	1	2
5	雲暗紙	卷	1	1	2
6	黃菊紙	卷	1	1	2
7	殘菊紙	卷	1		1
8	青苔紙	卷		1	1
9	霜花紙	卷	10	10	20
10	桃花紙	卷	1	1	2
11	壯紙	卷	15	15	30
12	白紙	卷	50	50	100
13	四張付油芚	番	8	8	16
14	六張付油芚	番	2	2	4

66) 조선 왕실에서 왕과 왕비일 때는 붉은 칠, 왕세자 이하일 때는 검은 칠을 각각 사용하였다고 한다(김미라, 〈조선후기 왜주홍의 수입과 활용〉, 《석당논총》 85, 동아대학교 석당학술원, 2023, 85쪽).

67) 김이교, 《신미통신일록》(通文館 영인본, 1980), 218-219쪽.

No	품명	단위	通信使에게 배정된 사예단(通信使彼人接見時私禮單)	首譯에게 배정된 사예단(首譯彼人接見時私禮單)	합계
15	扇子	柄	100	100	200
16	黃栗	斗	10	10	20
17	胡桃	石	1石 12斗	1石 12斗	2石 24斗

주 : 모두 경상도 부담임(慶尙道措備公私禮單).

자료 : 金履喬, 《辛未通信日錄》(通文館 영인본, 1980), 215-219쪽.

일본 측 수신인이 사전에 지정되어 있지 않은 〈표 7-2〉의 사예단은 통신사가 일본 현지 사정에 따라 사용할 수 있게 미리 준비하여 가져가도록 한 예단이다. 통신사 정사 김이교는 이것을 ㉠ 통신사 피인 접견시 사예단(通信使彼人接見時私禮單)과 ㉡ 수역 피인 접견시 사예단(首譯彼人接見時私禮單)으로 구분하였다. 표에서 보듯이 총 17종 가운데 11종을 차지할 정도로 가장 많았던 예물이 종이였다(雪花紙, 雲暗紙, 黃菊紙, 殘菊紙, 靑苔紙, 霜花紙, 桃花紙, 壯紙, 白紙, 四張付油芚, 六張付油芚). 여기에 벼루(中硯)와 참먹(眞墨)이 포함되어 있었다. 즉 조선의 지필묵(紙筆墨)을 비롯하여, 돗자리(花席)와 부채(扇子), 그리고 밤(黃栗)과 호두(胡桃) 등이 예물 목록에 들어 있었다. 이것은 모두 경상도가 책임지고 조달하였다.

2) 조선 측이 대마도주와 그의 가신에게 전달한 예물

김이교의 《신미통신일록》에서 '각 차비왜처 증급(各差備倭處贈給)'이라는 제목이 붙은 예물이 있었다.[68] 이것은 통신사가 사행 중에(또는 사행 전후) 대마도주를 비롯하여 통신사에게 도움을 준 대마도 가로(家老)와 그 밖의 여러 사람들에게 감사 표시로 전달한 예물로 보인다(〈표 7-3〉 참조).

일본 측 수령자 중에서는 대마도주가 가장 많은 10종의 예물을 받았다. 그리고 동일 품목 중에서는 대마도주에게 지급한 수량이 가장 많았다. 아

68) 김이교, 《신미통신일록》, 569-576쪽.

마도 다른 수령자가 받은 예물보다는 수량도 많고 더 고가품이었을 가능성이 높다. 이것은 대마도 안에서 도주(島主)의 높은 위상을 보여주는 것이다. 그 다음 순서로는 우지에 사오리(氏江左織)를 비롯하여 9명의 대마도 봉행이었다(7종씩 지급). 금도통사(禁徒通詞)가 받은 예물도 7종이었다. 그 다음이 5종이었으며, 종류가 가장 적은 것은 3종이었다(사공, 이마, 응사). 이처럼 대마도주의 가신에게 주는 예물에서도 위계(位階)가 분명하였다.

〈표 7-3〉의 사예단은 20종이었다. 예물의 종류는 직물(綿子, 綿紬, 白苧布), 종이(色紙, 油芚, 壯紙), 필묵(黃筆, 眞墨), 공예품(花席, 扇子), 의약품(淸心丸), 식품(胡桃, 柏子, 黃栗, 苡薏, 藥果, 石魚, 大口魚, 片脯), 기타(魚皮) 등으로 나뉜다.

〈표 7-3〉 조선 기록에 보이는 조선의 禮單 3(各差備倭處贈給, 1811년 6월 현재)

수신자(명) \ 품목		1	2	3	4	5	6	7	8	9	10	11	12	13	14	15	16	17	18	19	20
		綿子	綿紬	白苧布	花席	色紙	黃筆	眞墨	油芚	魚皮	扇子	胡桃	淸心丸	藥果	石魚	片脯	大口魚	壯紙	柏子	黃栗	薏苡
		把	匹	匹	張	束卷	柄	笏	部	張	柄	斗	丸	立	束	張	尾	束	帒	帒	升
1	對馬島主	50		10	10	10	30	30	5	10	30	5									
2	氏江左織(平功志)	5	1		2		10	10			5		5								
3	對馬島奉行(9)[69]	45	9		18		90	90			45		45								
4	護行裁判 (重松此面=藤功喬)	5	1		2		10	10			5		5								
5	護行都船主(巖崎右平)	5	1		2		10	10			5		5								
6	護還裁判(多田源右衛門)	5	1		2		10	10			5		5								
7	幹事官(小島宇左衛門)	5	1		2		10	10			5		5								
8	護行封進(大浦甚右衛門)	10				2					10			50	10						
9	接待官(2)[70]	20				4					20			100	20						
10	使者(2)[71]	20				4					20			100	20						
11	問安使(3)[72]	30				6					30			150	30						
12	外大廳都頭禁徒中	10				2					10			50	10						
13	內大廳都頭禁徒中	10				2					10			50	10						
14	中門內大廳都頭禁徒中	10				2					10			50	10						
15	船艙大廳都頭禁徒中	10				2					10			50	10						
16	禁徒通詞(2)[73]	10			4		20		2		10	2				4					

품목 수신자(명)		1	2	3	4	5	6	7	8	9	10	11	12	13	14	15	16	17	18	19	20
		綿子	綿紬	白苧布	花席	色紙	黃筆	眞墨	油芚	魚皮	扇子	胡桃	淸心丸	藥果	石魚	片脯	大口魚	壯紙	柏子	黃栗	薏苡
		把	匹	匹	張	束卷	柄	笏	部	張	柄	斗	丸	立	束	張	尾	束	袋	袋	升
17	客館玄關護衛中	8									10	1	10				6				
18	輿添禁徒中	8									10	1	10				6				
19	出馬廳都禁徒中	8									10	1	10				6				
20	五日次知都禁徒中	8									10	1	10				6				
21	公私禮單物修飾中	8									10	1	10				6				
22	傳語官都禁徒中	8									10	1	10				6				
23	客館茶僧中	8									10	1	10				6				
24	大通詞中	8									10	1	10				6				
25	通詞中	8									10	1	10				6				
26	四船禁徒	8									10	1	10				6				
27	四船傳語官	8									10	1	10				6				
28	四船沙工(8)	16									16				16						
29	理馬 鷹師	16									16				16						
30	裁判書記(2)										2		4	40				2			
31	以酊庵											1		20					1	1	2
32	以酊庵 加番長老											1		20					1	1	2
33	萬松院											1		20					1	1	2
34	西山寺											1		20					1	1	2
계		370	14	10	42	34	190	170	7	10	374	22	184	720	152	4	66	2	4	4	8

자료 : 金履喬, 《辛未通信日錄》(通文館 영인본), 1980, 569-576쪽.

69) 대마도 봉행 9인은 ① 氏江兵庫(平蕃壽), ② 平前隼人(平暢常), ③ 古川圖書(平功載), ④ 多田左膳(橘功種), ⑤ 小野直衛(源暢廉), ⑥ 田島左近右衛門(平功敬), ⑦ 大森繁藏(橘功暢), ⑧ 原宅右衛門(藤暢規), ⑨ 大浦兵左衛門(平功勝)이다.

70) 접대관 2인은 ① 原大作, ② 平田河內이다.

71) 사자 2인은 ① 番柳左衛門, ② 三浦內藏允이다.

72) 문안사 3인은 ① 箕原九八郞, ② 渡邊竹右衛門, ③ 原田輿左衛門이다.

73) 금도통사 2인은 ① 久光市次郞, ② 吉松善右衛門이다.

2. 일본 기록에 보이는 조선의 예단(禮單)

조선이 일본에 전달한 예단에 대해서는 일본 측이 작성한 기록도 있다. 예를 들면 당시 대마도(대마번)에서 작성된 이른바 대마도종가문서(對馬島宗家文書)가 그 중 하나이다. 현재 국사편찬위원회가 소장하고 있는 1811년 자료를 여기에서 소개하고자 한다.[74] 이 자료는 ㉠ 조선 국왕의 별폭(別幅), ㉡ 통신사 정사와 부사가 일본 막부 쇼군에게 전달하는 예물(獻上物), ㉢ 여러 일본인 관계자에게 줄 예물(音物)을 담을 상자(箱)나 그것을 올려놓을 진열대(臺)의 규격 등을 적은 것이다. 아래에서는 ㉠과 ㉡을 중심으로 서술하려고 한다.[75]

조선 측에서 공예단(公禮單)이라 부르는 예물을 일본 기록에서는 별폭물(別幅物)로 적고 있다. 이것은 조선 국왕이 막부 쇼군에게 국서(國書)와 함께 전달하는 별폭 예물을 가리킨다(㉠). 이와 대조되는 것으로서 사예단(私禮單)이 있었다. 사예단은 크게 둘로 나뉘는데, 하나는 통신사가 막부 쇼군에게 보내는 사예단(聘使自分獻上物)이며(㉡), 다른 하나는 에도에서 온 사신과 그 밖의 여러 관계자에게 주는 사예단(上使之御方々御役人様江之御音物)이다(㉢). 이처럼 조선이 전달하는 예단을 일본 기록에서는 ㉠ 별폭물(別幅物), ㉡ 헌상물(獻上物), ㉢ 음물(音物)과 같이, 그 예물을 주고받는 사람의 정치적 위상에 따라 각기 다른 용어를 사용하여 서로 구분하고 있었다.

조선 측이 대마도주에게 주는 예물을 논외로 한다면, 양국의 기록 내용이 일치한다. 즉 조선 기록인 《신미통신일록》에는 공예단과 사예단 모두

---

74) 《文化信使記錄 朝鮮王より之別幅幷兩使自分獻上物諸役人樣への音物仕立方箱臺寸法等之覺》(국사편찬위원회 소장 대마도종가문서 DK 1042)

75) 통신사가 일본인 관계자들에게 줄 조선의 예물(音物)을 담은 상자(箱)나 그것을 올려놓은 진열대(臺)의 규격에 대해서는 정성일, 〈통신사를 통해 본 물적 교류—신미통신사(1811년)의 예물 교환을 중심으로—〉, 《항도부산》 36, 부산시사편찬위원회, 2018, 17-24쪽 참조.

도주(島主)에게 지급된 예물 항목이 들어 있는데 반해서, 여기에서 소개하는 일본 기록에는 대마도주(대마번주)에 관한 것이 없는 점이 눈에 띈다.

일부 용어에서도 차이가 보인다. 예를 들면 일본 기록에서 공방(公方)이라 적은 것은 조선 기록의 일본 국왕(日本國王)에 해당하고, 조선 기록의 저군(儲君)이 일본 기록의 대납언(大納言)으로, 그리고 강호 접대관(江戶接待官) 6원(員)이 강호 6인(江戶六人)으로 표현된 것처럼, 양국 자료에서 사용된 용어가 조금씩 차이가 나기도 한다.

〈표 7-4〉 일본 기록에 보이는 조선 예물(1811년)

No	품명	단위	公禮單				通信使 私禮單				계
			(別幅)		(禮曹→江戶兩使)		(聘使自分獻上物)		(聘使進物)		
			公方	大納言	小笠原	脇坂	公方	大納言	江戶兩使	江戶六人	
			A		B		C		D	E	
1	人參	斤	33	3							36
2	大繻子	匹	5	5							10
3	大緞子	匹	5								5
4	無紋綾子	匹		10							10
5	白苧布	匹	15	15	10	10	5	5	10		70
6	生苧布	匹	15								15
7	白綿紬	匹	25		10	10			10	18	73
8	白木綿	匹							20	30	50
9	黑麻布	匹	15	10	5	5			10		45
10	虎皮	張	7	5	2	2	3	3	4	6	32
11	豹皮	張	10	7	2	2	2	2	4	6	35
12	青黍皮	張	15	10							25
13	魚皮	張	50	50							100
14	色紙	卷	15	15	2	2					34
15	油芚	張									0
16	壯紙	卷								12	12
17	彩花席	張	10								10
18	花席	張							6		6
19	各色筆	柄	30	30							60
20	淸心元	丸									0
21	石鱗	斤									0

No	품명	단위	公禮單				通信使 私禮單				계
			(別幅)		(禮曹→江戶兩使)		(聘使自分獻上物)		(聘使進物)		
			公方	大納言	小笠原	脇坂	公方	大納言	江戶兩使	江戶六人	
			A		B		C		D	E	
22	黃(毛)筆	柄			20	20				60	100
23	眞墨	笏[76]	30	30	10	10				30	110
24	花硯	面		3							3
25	黃蜜	觔	50								50
26	淸蜜	器	5								5
27	鷹子	連	10	5							15
28	駿馬 具鞍	匹	1	1							2

자료 : 《文化信使記錄　朝鮮王より之別幅幷兩使自分獻上物諸役人樣への音物仕立方箱臺寸法等之覺》(국사편찬위원회 대마도종가문서 DK 1042).

〈표 7-4〉의 음영 부분은 조선 국왕이 일본 막부 쇼군(幕府將軍)에게 국서(國書)와 함께 보내는 별폭(別幅)을 보여준다. 이것을 원문에서는 '별폭물(別幅物)'이라고 기록하였다. 앞에 소개한 국사편찬위원회 자료에는 1811년 조선의 예물에 대하여 상세한 설명과 그림이 함께 남아 있다. '공방(公方)'이라 표기한 막부 쇼군 관련 19종 예물에 대하여, 그림과 함께 자세한 설명을 덧붙이고 있다. 별폭 예물을 올려놓는 진열대를 가리켜 김이교는 《신미통신일록》에서 별폭상(別幅床)이라고 표현하였다.

예를 들어 '호피(虎皮) 7장'에 대한 것을 그림을 곁들여 첫 번째로 소개한 것은 호피가 조선 국서(朝鮮國書)를 전달하는 전명의(傳命儀) 때 가장 시선을 끌기에 좋은 물품이었기 때문이었을 것으로 판단된다. 이 기록에 따르면 "머리와 네 다리를 모두 안으로 접어 넣어서 머리에서 꼬리까지 털이 나 있는 쪽이 바깥으로 드러나도록" 장식하게 되어 있었다. 이때 호피를 접었을 때의 크기가 "길이는 2자 5치, 가로 너비는 1자 3치" 정도가 되게 포장하였다고 한다. 이 호피를 올려놓을 진열대의 바닥판(길이 10자, 너비

76) 김이교의 《신미통신일록》과 구사바 하이센의 《쓰시마일기(津島日記)》에는 대마도주 사예단에 들어 있는 참먹(眞墨)의 단위가 모두 정(丁)으로 적혀 있음.

3자), 테두리(緣 ; 두께 4푼반, 높이 1치 7푼), 다리(足 ; 두께 1푼반, 높이 1자 3치 5푼), 그리고 양쪽 다리 사이에 가로대는 나무인 게웃도리(貫 ; 길이 9치 5푼, 두께 1치 4푼, 너비 2치 8푼)의 규격을 상세히 기록해 놓았다.

조선 국왕의 별폭에 들어가는 '인삼 33근'에 대해서도 자세한 설명이 남아 있다. 이에 따르면 진열대에 올려놓는 것은 나무상자 한 개이지만 그 상자 안에는 "3근씩 봉지에 담은 11봉지"가 들어 있었다고 한다. 인삼을 담을 상자의 안쪽은 중광봉서지(中廣奉書紙)로 바르고 사방을 같은 종이로 덮게 되어 있었다. 조선의 압물판사(押物判事)가 가져간 인삼을 일본 측 인삼 전문가를 시켜 미리 품질 등을 점검하였음은 물론이다. 이 자리에 조선 측에서도 상상관(上上官), 상판사(上判事), 사자관(寫字官) 등이 입회하였다. 인삼을 한 근씩 저울로 무게를 다시 잰 다음, "1근마다 3문(匁)씩 더 넣었다"고 적은 대목에 눈길이 간다. 정량보다 조금씩 더 넣은 까닭은 아마도 그것을 에도(江戶)까지 운반하는 과정에서 자연 건조 등의 이유로 인삼 무게가 줄어들 것에 대비한 것이 아닌가 짐작된다. 아무튼 인삼은 막부 쇼군이 받아가는 것이므로 장식에도 각별히 신경을 썼던 것으로 보인다. 인삼을 담은 11개의 봉지는 조선의 장지(壯紙)를 사용하였으며, 막부 헌상용이므로 봉지에도 그리고 상자에도 사자관이 인삼(人參)이라고 한자로 적었다고 되어 있다(〈그림 7-1〉 참조).

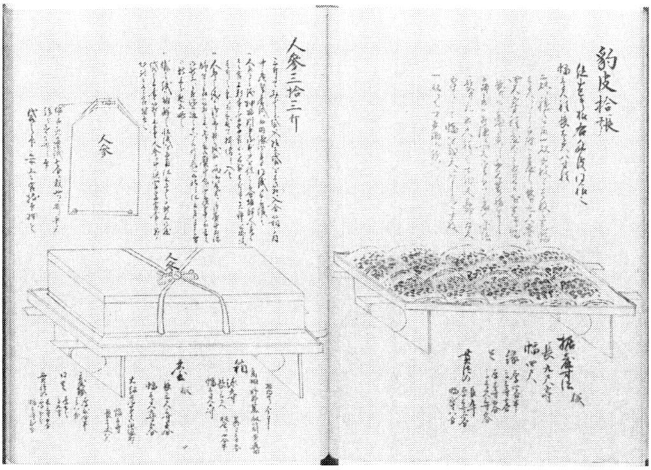

〈그림 7-1〉 조선 국왕이 幕府將軍에게 보낸 豹皮와 人蔘(1811년)

자료 : 《文化信使記錄 朝鮮王より之別幅幷兩使自分獻上物諸役人樣への音物仕立方箱臺寸法等之覺》
(국사편찬위원회 대마도종가문서 DK 1042).

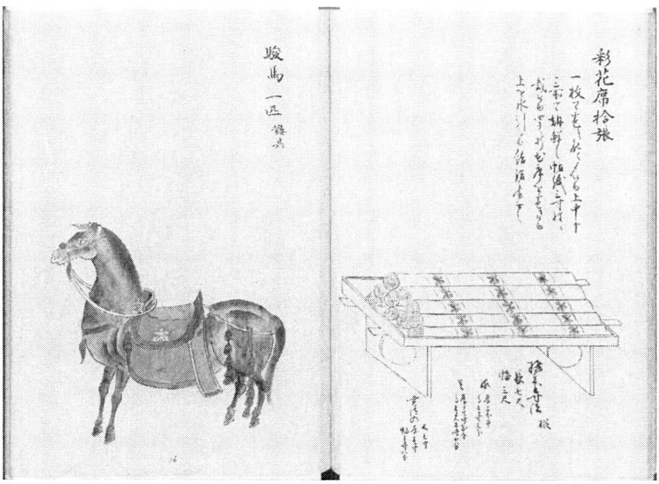

〈그림 7-2〉 조선 국왕이 幕府將軍에게 보낸 彩花席과 駿馬(1811년)

자료 : 〈그림 7-1〉과 같음.

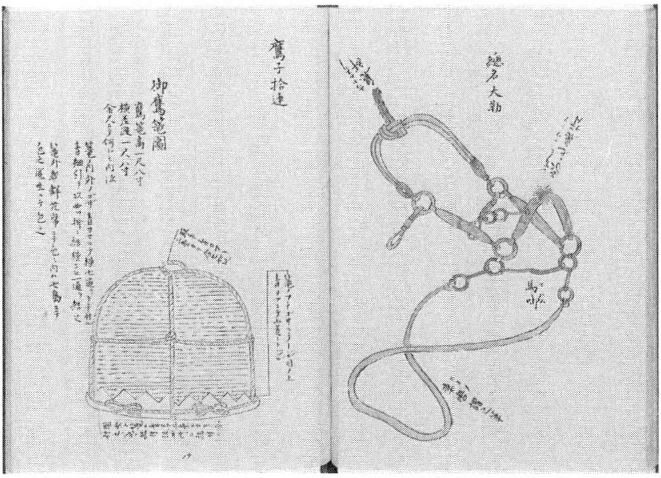

〈그림 7-3〉 조선 국왕이 幕府將軍에게 보낸 鷹子(1811년)
자료 : 〈그림 7-1〉과 같음.

〈그림 7-2〉의 말(駿馬) 1필과 〈그림 7-3〉의 매(鷹) 10연(連)은 다른 예물과 달리 동물이었다. 김이교의 《신미통신일록》과 유상필의 《동사록》은 1811년 5월 22일 대마도주의 저택(屋敷)에서 거행된 조선 국왕의 국서 전달 과정을 묘사한 기록을 담고 있다. 그런데 그때 함께 일본 측에 전달되었던 조선 국왕의 별폭 예물에 대해서는 "국서와 별폭을 동무(東武—즉 막부)가 새로 지은 히로마(廣間)란 곳으로 모시었다(國書別幅入于廣間 謂之東武廣間而新建者)"고 짧은 언급이 있을 뿐이다.[77] 다만 구사바 하이센의 《쓰시마일기(津島日記)》를 통해서 조선 매(御鷹 ; 鷹子)와 말(御馬 ; 駿馬)이 이날 어떤 상황에 놓여 있었는지 그 대강을 살필 수 있다.

77) 김이교, 《신미통신일록》, 440-443쪽. 유상필, 《동사록》(《국역 해행총재(속편) X》, 민족문화추진회, 1977, 320쪽.

〈사료 7-1〉

조선 국왕이 보낸 진물(進物)은 미리 (대마도주) 저택에 옮겨서 히로마(廣間) 서쪽에 달아낸 곳에 진열해 놓으며, 양사(통신사 정사와 부사)의 진헌물은 우스미도리(薄緑)에 진열해 둠. 다만 쇼군에게 보낼 매는 목록만 전달하고 나중에 (실물을) 받음.[78]

쇼군에게 보낼 말을 대마도주의 가신이 보낸 사람이 뜰 위로 끌고 가서 서쪽 편에 세워 두었다가, 양사(통신사 정사와 부사)가 출석할 때를 맞추어서 뜰 위 정면으로 끌어냄.[79]

조선 국왕의 별폭 예물은 국서 전명의(國書 傳命儀)를 거행하기에 앞서 미리 대마도주의 저택으로 운반했다. 행사 당일 조선 국왕의 예물은 히로마(廣間)의 서쪽 편에, 그리고 통신사의 예물은 우스미도리(薄綠)에, 서로 장소를 구분하여 각각 진열해 두었다고 한다.

그런데 매(鷹子, 御鷹)는 이날 행사장에 등장하지 않았다. 행사장에서는 일본 측에 목록만 전달되었는데, 실물은 그 뒤에 인도되었을 것이다. 매가 민감한 동물이어서 바다 건너 먼 곳까지 가서 달라진 환경에 적응하기 어려웠던 것을 염려하였기 때문이 아닌가 생각된다.

이와 달리 말(駿馬, 御馬)은 사람의 눈에 잘 띄는 곳에 미리 대기시켜 놓았다. 처음에는 말을 뜰 위로 끌고 가서 서쪽 편에 매두었다. 그러다가 통신사 정사와 부사 등이 행사장에 출석하면, 그 때에 맞추어서 말을 뜰 위의 정면으로 끌어다 놓았다고 한다. 〈그림 7-2〉와 〈그림 7-3〉에서 보는 것처럼, 말 안장과 그 밖의 각종 마구(馬具)를 갖추게 하였음은 더 말할 나위가

78) 一 朝鮮國王ヨリノ進物ハ先達テ屋敷エ取寄広間西ノ張出ニ並ヘ置 両使献上物ハ薄緑ニ並ヘ置 但御鷹ハ目録斗リニテ追テ受取之(草場珮川, 《津島日記》 中(《影印本 津島日記》 中), 西日本文化協會, 1978, 28A쪽).

79) 一 御馬對馬守家來素袍差添之舍人白張庭上エ牽入西頬ニ立置 兩使出席ノ節見合庭上エ正面ニ牽出ス(草場珮川, 《津島日記》 中(《影印本 津島日記》 中), 西日本文化協會, 1978, 28A-28B쪽).

없다. 이것을 보면 통신사행에서 가장 중요한 국서 전달 의식(國書 傳命儀)에 관한 것이 되도록 많은 사람의 눈과 입을 통해 널리 홍보되어 막부의 권위가 일본 사회 내부에서 더욱 확산되기를 바라는 기대 효과를 거둘 수 있도록, 일본 측이 미리 세심한 배려와 치밀한 장치를 마련해 두었다고 말할 수 있다.

Ⅱ. 일본 측 공예단(公禮單)과 사예단(私禮單)

《증정교린지》에도 "(통신사) 일행이 받은 사예단(一行回受私禮單)"이라는 표현을 사용하고 있다.[80] 그러므로 사예단의 대칭 개념으로 일본 측의 공예단(公禮單)을 상정해 볼 수 있다. 다시 말해서 일본 막부 쇼군의 국서에 딸린 별폭 예물을 공예단으로 간주할 수 있다고 생각한다. 그런데 1811년 통신사 정사 김이교는 "관백 이하 회예단(關白以下回禮單)"이라고 하면서 회예단(回禮單)이라는 용어를 쓰고 있다(〈표 7-5〉 참조).[81]

1. 조선 기록에 보이는 일본의 회예단(回禮單)

1) 일본의 별폭(別幅) 예물

김이교는 《신미통신일록》에 일본 측이 보내온 별폭을 수록해 놓았다. 이것은 두 가지로 나뉜다. 하나는 대군(막부 쇼군, 源家齊)의 회답 국서(關白回答書)에 딸린 별폭과 저군(대납언)의 별폭(儲君別幅)이 그것이다. 다른 하나는 이른바 서계에 딸린 별폭인데, 3통의 회답 서계가 여기에 해당한다. ㉠

80) 김건서 지음, 하우봉·홍성덕 옮김, 《국역 증정교린지》, 민족문화추진회, 1998, 227쪽.
81) 김이교, 《신미통신일록》, 577-586쪽.

대선대부(大膳大夫, 源忠固)가 예조참판(尹序東) 앞으로 보내는 일본국 정사의 회답 서계(日本國正使答書契), ㉡ 중무대보(中務大輔, 藤原安)가 예조참의(鄭觀綵) 앞으로 보내는 일본국 부사의 회답 서계(日本國副使答書契), ㉢ 대마도주(平義功)가 예조참의 앞으로 보내는 회답 서계(對馬島主答禮曹參議書契)가 그것이다.

〈표 7-5〉에서 보는 것처럼, 일본 막부가 조선 국왕에게 보내는 국서 별폭(國書別幅)의 예물은 조선의 예조에 보내는 서계 별폭(書契別幅) 예물과 구별된다. 국서 별폭 예물은 대군(쇼군)이 보내는 5종(畵屛風, 鞍具, 硯紙匣, 染繒, 彩繒)과 저군(대납언)이 보내는 3종(案, 染綾, 綿)이 확연하게 차이를 보였다. 서계 별폭의 예물를 보더라도 막부에서 대마도에 파견된 두 사신이 예조참판에게 보내는 2종(銀, 綿)과 대마도주가 예조참의에게 보내는 7종(貼金小屛風, 黃連, 彩畫掛硯, 革裏垂珠掛硯, 靑金火爐, 粹鑞累三淸鉢, 大和眞朱)이 서로 달랐음은 물론이다. 굳이 비슷한 예물을 찾아본다면 병풍 정도가 되겠다. 그런데 대마도주가 예조로 보낸 병풍과 막부 쇼군이 조선 국왕에게 전달한 병풍에는 질적인 차이가 분명히 있었다고 보는 것이 타당하다.

〈표 7-5〉 조선 기록에 보이는 일본의 回禮單(別幅, 1811년)

No	품명	日本名	단위	국서 별폭		서계 별폭			계
				大君→ 조선 국왕	儲君→ 조선 국왕	日本國 正使→ 예조참판	日本國 副使→ 예조참판	對馬→ 예조참의	
1	畵屛風		雙	10					10
2	鞍具		副	10					10
3	硯紙匣	料紙硯箱	副	3					3
4	染繒	色羽二重	匹	50					50
5	彩繒	奈羅晒布	端	100					100
6	案	大卓	張		1				1
7	染綾	紗綾染物	端		100				100
8	綿	越前綿	把		300				300

No	품명	日本名	단위	국서 별폭		서계 별폭			계
				大君→ 조선 국왕	儲君→ 조선 국왕	日本國 正使→ 예조참판	日本國 副使→ 예조참판	對馬→ 예조참의	
9	銀		枚			50	50		100
10	綿		把			50	50		100
11	貼金小屛風		雙					2	2
12	黃連		斤					20	20
13	彩畫掛硯		備					2	2
14	革裹垂珠掛硯		備					2	2
15	青金火爐		圍					3	3
16	粹鑞累三淸鉢		部					1	1
17	大和眞朱		觔					2	2

주 : 일본 예물의 日本名은 草場珮川, 《影印本 津島日記》 下, 12A-12B쪽 ; 이훈, 앞의 논문, 2011, 177쪽.
자료 : 金履喬, 《辛未通信日錄》(통문관 영인본), 1980, 106-129쪽.

한편 김이교는 "동래부에 도착한 통신사가 한양으로 돌아올 때(回還時) 일본에서 받아온 회례(回禮) 물건을 운반할 인력(回禮物件擔軍)이 260명 필요하다"는 계산을 내놓았다(〈표 7-6〉의 인원수를 필자가 합계한 숫자는 242명). 이와 관련하여 1811년 7월 11일 경상감영이 11개 고을(㉠ 양산, ㉡ 밀양, ㉢ 청도, ㉣ 경산, ㉤ 대구, ㉥ 칠곡, ㉦ 인동, ㉧ 선산, ㉨ 상주, ㉩ 함창, ㉪ 문경 등)에 관문(關門)을 보냈다. 충청도와 경기도 감영으로도 관문이 보내졌는데, 아마도 이것은 통신사가 일본에서 동래부로 가지고 건너온 예물(回禮單)을 한양까지 운반할 인력의 동원 등을 협조 요청하기 위함이었을 것으로 판단된다.[82)]

82) 김이교, 《신미통신일록》, 129-130쪽.

〈표 7-6〉 일본에서 받은 별폭 예물을 한양까지 운반할 인력 동원(1811년)

No	운반할 예물의 종류와 수량	인원	비고
1	畵屛風 10쌍 넣은 궤짝(10좌)	100	짐을 메고 운반할 도구(擔運架子)는 동래부에서 절영도 솔밭(松田)에서 나무를 구한 뒤 그것으로 제작하여 사용
2	畵屛風矢木 10개 넣은 궤짝(1좌)	10	
3	鞍具 10副 넣은 궤짝(5좌)	50	
4	硯紙匣 3부 넣은 궤짝(1좌)	10	
5	染繒 50필 넣은 궤짝(1좌)	10	
6	染繒 100端 넣은 궤짝(1좌)	10	
7	案 1張 넣은 궤짝(1좌)	24	
8	染綾 100端 넣은 궤짝(1좌)	10	
9	綿 300파 들이 궤짝(2좌)	2	
10	銀(100매), 綿 100파 들이 궤짝(1좌)	10	
11	貼金小屛風(2쌍), 黃連(20근), 彩畵掛硯(2備), 彩畵華箋匣(2개), 革裹垂珠掛硯(2비), 靑金火爐(3圍), 粹鑞累參淸鉢(1部), 大和眞朱(2근)	6	
계		242	

주 : 원문의 擔軍 인원수 합계는 260명이나 필자 계산으로는 242명임.
자료 : 金履喬, 《辛未通信日錄》(통문관 영인본), 1980, 129-132쪽.

위의 표에서 보는 것처럼 예물의 종류와 수량에서 비슷한 점이 많이 발견된다. 이것을 통해서 일본에서 받아온 별폭 예물은 거의 모두 한양으로 운송되어 국왕과 예조에 전달되었다고 볼 수 있다. 궤짝 한 개를 동래부에서 한양까지 운반하는 데 10명의 인력이 필요했던 것 같다. 총 240명에서 260명가량 필요했는데, 이 인력 동원은 경상도의 경우 11개 고을이 맡았던 것으로 보인다. 통신사가 경상도를 지나 충청도와 경기도에 이르게 되면, 경상도에서 했던 것과 마찬가지로 각지의 감영이 협조하여 여러 고을에서 별폭 예물의 운송에 필요한 노동력을 제공했을 것으로 짐작된다.

2) 일본의 그 밖의 회답 예물(回禮單)

위에 소개한 별폭 예물 외에도 일본 측은 통신사에게 다양한 물품을 예물로 전달하였다. 김이교는 이 예물을 가리켜 《신미통신일록》에서 '관백 이하 회예단(關白以下回禮單)'이라고 표현하였다. 이 기록에 따르면 "관백의 단자는 봉투가 없으며, 연월도 기재하지 않았고, 도서(즉 도장)도 없었으며, 단지 물품의 목록만 적었다(關白單子 無皮封 無年月 無圖書 只書物目)."[83]고 한다.

〈표 7-7〉에 정리한 것처럼, 막부 측이 보내온 은(銀)의 합계는 4,130매이다. 은 1매의 무게를 4냥 3전씩으로 하여 이것을 환산하면 17,759냥이 된다(4,130매×4.3냥=17,759냥). 그리고 막부 측이 준 풀솜(綿)이 800파에 이르렀다. 풀솜은 실을 켤 수 없을 정도의 허드레 누에고치를 끓는 물에 삶아서 늘여 만든 것인데, 그 색깔이 눈처럼 희다고 해서 설면자(雪綿子)라 불리기도 했다.

〈표 7-7〉 조선 기록에 보이는 일본의 回禮單(1811년)

발송자 명의		No	품명	단위	정사	부사	상상관(3원)	상판사(3원)	제술관	상관 차관 소동	중관 하관	계
					A					B	C	
幕府	關白	1	銀	枚	500	500	600	150	30	350	700	2,830
	若君				200	200	300	60	10	150	220	1,140
	江戶上使				50							50
	江戶副使				50							50
	江戶接對官(6인)				60							60
	關白	2	綿	把	300	300						600
	若君				100	100						200
對馬	太守	3	黃連	斤	10							10
		4	晉書	部	1							1
		5	貼金小屛風	雙	2							2

83) 《동사록》(유상필)에는 에도(江戶)에서 보내온 잡물(雜物)을 조선의 통신사 원역(軍官兵房 이하 中下官에 이르는 373명)에게 분배한 64종의 예물 종류와 수량이 기록되어 있음.

<table>
<tr><th colspan="2" rowspan="2">발송자 명의</th><th rowspan="2">No</th><th rowspan="2">품명</th><th rowspan="2">단위</th><th>정사</th><th>부사</th><th rowspan="2">상상관
(3원)</th><th rowspan="2">상판사
(3원)</th><th rowspan="2">제술관</th><th>상관
차관
소동</th><th>중관
하관</th><th rowspan="2">계</th></tr>
<tr><th colspan="2">A</th><th>B</th><th>C</th></tr>
<tr><td rowspan="37">對馬</td><td rowspan="6"></td><td>6</td><td>彩畫七寸匳鏡</td><td>面</td><td colspan="2">3</td><td></td><td></td><td></td><td></td><td></td><td>3</td></tr>
<tr><td>7</td><td>彩畫掛硯匣</td><td>備</td><td colspan="2">3</td><td></td><td></td><td></td><td></td><td></td><td>3</td></tr>
<tr><td>8</td><td>彩畫大層匣</td><td>備</td><td colspan="2">3</td><td></td><td></td><td></td><td></td><td></td><td>3</td></tr>
<tr><td>9</td><td>布目紙</td><td>片</td><td colspan="2">300</td><td></td><td></td><td></td><td></td><td></td><td>300</td></tr>
<tr><td>10</td><td>大和眞朱</td><td>斤</td><td colspan="2">1</td><td></td><td></td><td></td><td></td><td></td><td>1</td></tr>
<tr><td>11</td><td>粹鐵茗碗</td><td>箇</td><td colspan="2">30</td><td></td><td></td><td></td><td></td><td></td><td>30</td></tr>
<tr><td rowspan="7">이정암
(月耕) +
이정암
장로
(壽寧院
龍潭)</td><td>12</td><td>赤銅累五盥盤</td><td>部</td><td colspan="2">30</td><td></td><td></td><td></td><td></td><td></td><td>30</td></tr>
<tr><td>13</td><td>文匣</td><td>箇</td><td colspan="2">2</td><td></td><td></td><td></td><td></td><td></td><td>2</td></tr>
<tr><td>14</td><td>綵袱</td><td>片</td><td colspan="2">10</td><td></td><td></td><td></td><td></td><td></td><td>10</td></tr>
<tr><td>15</td><td>紋紙</td><td>枚</td><td colspan="2">200</td><td></td><td></td><td></td><td></td><td></td><td>200</td></tr>
<tr><td>16</td><td>黑漆手燭</td><td>箇</td><td colspan="2">2</td><td></td><td></td><td></td><td></td><td></td><td>2</td></tr>
<tr><td>17</td><td>唐鋏</td><td>箇</td><td colspan="2">10</td><td></td><td></td><td></td><td></td><td></td><td>10</td></tr>
<tr><td>18</td><td>赤銅中藥鑵</td><td>箇</td><td colspan="2">2</td><td></td><td></td><td></td><td></td><td></td><td>2</td></tr>
<tr><td rowspan="5">만송원+
서산사</td><td>19</td><td>竹竿烟器</td><td>握</td><td colspan="2">40</td><td></td><td></td><td></td><td></td><td></td><td>40</td></tr>
<tr><td>20</td><td>赤銅灸籠</td><td>枚</td><td colspan="2">4</td><td></td><td></td><td></td><td></td><td></td><td>4</td></tr>
<tr><td>21</td><td>別雨傘</td><td>盖</td><td colspan="2">4</td><td></td><td></td><td></td><td></td><td></td><td>4</td></tr>
<tr><td>22</td><td>赤銅鍋</td><td>箇</td><td colspan="2">4</td><td></td><td></td><td></td><td></td><td></td><td>4</td></tr>
<tr><td>23</td><td>陳皮</td><td>斤</td><td colspan="2">4</td><td></td><td></td><td></td><td></td><td></td><td>4</td></tr>
<tr><td rowspan="4">平功志</td><td>24</td><td>團扇</td><td>握</td><td colspan="2">4</td><td></td><td></td><td></td><td></td><td></td><td>4</td></tr>
<tr><td>25</td><td>淺黃紋絽</td><td>卷</td><td>1</td><td>1</td><td></td><td></td><td></td><td></td><td></td><td>2</td></tr>
<tr><td>26</td><td>鐵瘤鍋</td><td></td><td>1</td><td>1</td><td></td><td></td><td></td><td></td><td></td><td>2</td></tr>
<tr><td>27</td><td>眞鍮酒入</td><td></td><td>1</td><td>1</td><td></td><td></td><td></td><td></td><td></td><td>2</td></tr>
<tr><td rowspan="6">平暢常</td><td>28</td><td>青地塗皮洞亂</td><td></td><td>1</td><td>1</td><td></td><td></td><td></td><td></td><td></td><td>2</td></tr>
<tr><td>29</td><td>紫金火爐</td><td>箇</td><td>1</td><td>1</td><td></td><td></td><td></td><td></td><td></td><td>2</td></tr>
<tr><td>30</td><td>銅鑼</td><td>備</td><td>2</td><td>2</td><td></td><td></td><td></td><td></td><td></td><td>4</td></tr>
<tr><td>31</td><td>保命酒</td><td>壜</td><td>1</td><td>1</td><td></td><td></td><td></td><td></td><td></td><td>2</td></tr>
<tr><td>32</td><td>錦花茗盌</td><td>箇</td><td>10</td><td>10</td><td></td><td></td><td></td><td></td><td></td><td>20</td></tr>
<tr><td>33</td><td>彩畫層撞</td><td>備</td><td>1</td><td>1</td><td></td><td></td><td></td><td></td><td></td><td>2</td></tr>
<tr><td rowspan="2">橘功昌</td><td>34</td><td>黑漆羹椀</td><td>箇</td><td>10</td><td>10</td><td></td><td></td><td></td><td></td><td></td><td>20</td></tr>
<tr><td>35</td><td>駿河產擔榭</td><td>箇</td><td>2</td><td>2</td><td></td><td></td><td></td><td></td><td></td><td>4</td></tr>
<tr><td rowspan="5">平功勝</td><td>36</td><td>銅鑵</td><td>箇</td><td>10</td><td>10</td><td></td><td></td><td></td><td></td><td></td><td>20</td></tr>
<tr><td>37</td><td>紅羽二重[84]</td><td>匹</td><td>1</td><td>1</td><td></td><td></td><td></td><td></td><td></td><td>2</td></tr>
<tr><td>38</td><td>小草笥</td><td>箇</td><td>1</td><td>1</td><td></td><td></td><td></td><td></td><td></td><td>2</td></tr>
<tr><td>39</td><td>朱塗丸盆</td><td>箇</td><td>1</td><td>1</td><td></td><td></td><td></td><td></td><td></td><td>2</td></tr>
<tr><td>40</td><td>眞鍮藥鑵</td><td>箇</td><td>1</td><td>1</td><td></td><td></td><td></td><td></td><td></td><td>2</td></tr>
<tr><td rowspan="2">平蕃壽</td><td>41</td><td>雨傘</td><td>柄</td><td>1</td><td>1</td><td></td><td></td><td></td><td></td><td></td><td>2</td></tr>
<tr><td>42</td><td>淡紅縐絹</td><td>端</td><td colspan="2">2</td><td></td><td></td><td></td><td></td><td></td><td>2</td></tr>
</table>

발송자 명의		No	품명	단위	정사 부사 (A)	상상관 (3원)	상판사 (3원)	제술관	상관 차관 소동 (B)	중관 하관 (C)	계
對馬		43	單笥	坐	2						2
		44	壽福累合	備	2						2
		45	黑銕酒器	箇	4						4
		46	蛇眼雨傘	箇	2						2
	平功載	47	貴嶺扇	匣	2						2
		48	素縑	筥	2						2
		49	小單笥	箇	2						2
		50	赤銅藥罐	箇	2						2
		51	酒器	箇	2						2
	藤暢規	52	五明	箇	2						2
		53	紅絹	匹	2						2
		54	薄匣	箇	2						2
		55	紋紙	片	2						2
		56	別雨傘	柄	2						2
	平功敬	57	眞鍮藥罐	居	2						2
		58	絲錦	卷	2						2
		59	小單笥	坐	2						2
		60	鍮銅藥罐	箇	2						2
		62	雨傘	柄	2						2
	源暢廉	62	乾烏賊	演	3						3
		63	紅羅	匹	1						1
		64	摸金革奩鏡	面	2						2
		65	彩磁累合	備	2						2
		66	漆盖笠鍋	匣	2						2
		67	洛製別團扇	握	4						4
		68	洛製扇子	匣	2 (각 5柄)						2 (각 5柄)
	橘功種	69	赤銅藥罐	箇	4						4
		70	絽絹	匹	1						1
		71	加賀絹	匹	1						1
		72	別大雨傘	柄	1						1
		73	朱漆大圓盆	枚	1						1
		74	金革八寸鏡	面	1						1
		75	素薄匣	居	1						1
		76	行廚	備	1						1
	藤功喬	77	匣扇子	柄	5						5
		78	金彩屛風	雙	1						1

발송자 명의		No	품명	단위	정사 부사 (A)	상상관(3원)	상판사(3원)	제술관	상관 차관 소동 (B)	중관 하관 (C)	계
對馬		79	鐵網饍棚	坐	2						2
		80	黃連	斤	2						2
		81	別和扇	匣	2 (各納3握)						2 (各納3握)
		82	色封書知	刀	50						50
		83	瑠璃別盞	立	2						2
	藤久通	84	葛粉	匣	2						2
		85	肴饌環盆	箇	1						1
		86	粹鑞饌盆	箇	1						1
		87	粹鑞淸皿	箇	5						5
		88	粹鑞湲盂	箇	5						5
	橘功則	89	駿州產擔櫥	箇	1						1
		90	生平	匹	1						1
		91	黃連	斤	1						1
		92	臺付<火+玆>火鉢		1						1
		93	金手鉢		1						1
		94	割多葉粉	斤	1						1
		95	小刀	丁	2						2
		96	雨傘	本	2						2
		97	大唐鋏子	丁	2						2
		98	家入蒔繪重	組	1						1
		99	灸籠	枚	3						3
		100	陳皮	斤	2						2

자료 : 金履喬, 《辛未通信日錄》(동문관 영인본), 1980, 577-586쪽.

막부 측과 별도로 대마도주를 비롯하여 대마도 관계자들이 보내온 예단의 종류가 많았다. 즉 수십 종이나 되는 예물이 통신사 일행에게 전달되었다. 다만 막부 쇼군이 통신사 사행원 전원(全員)에게 주었던 은을 제외한다면, 나머지 예물의 경우는 그것을 수령(受領)할 대상자가 정사와 부사로 국

84) 紅羽二重은 일본어로 고와후타에(こうはふたえ)로 읽으며, 이것은 붉게 염색한 천을 말하는데, 조선 기록에서는 염증(染繒)이라 적었다.

한되었다.

2. 일본 기록에 보이는 일본의 회예단(回禮單)

일본 기록에서는 일본 측이 회답하는 예물, 즉 회예단(回禮單)에 대하여 어떻게 기록하고 있을까? 이를 잘 보여주는 것이 아래에 소개하는 국사편찬위원회 소장 자료이다.[85] 이 자료에 따르면 1811년 6월 15일 회답 국서(御返翰) 전달이 예정되어 있었는데, 그보다 열흘 앞선 동년 6월 5일부터 예물의 점검 등 준비가 이루어지고 있었음을 알 수 있다. 이날 밤부터 불침번을 세워서 경비를 철저히 하였다고 한다. 다만 (조선 국왕에게 보낼) 회답 예물과 (통신사 일행에게 줄) 지급물을 바로 통신사가 묵고 있는 객관(客館)으로 사자(使者)를 통해 보내는 것이 원칙이었다.[86] 그런데 전부터 상상관(上々官)이 대마도 측에 요청하여, 위 물건을 짐 꾸리기(荷拵)까지 마쳐서 대마번(對馬藩) 소유 선박(御手船)에 실어달라고 부탁한 바 있었다.

받침대를 만들어서 그 위에 진열할 예물을 미리 준비하는 것은 1811년 5월 22일 거행된 행사(조선 국서 전명의)와 마찬가지였다. 구사바 하이센(草場珮川)은 이때 그가 보았던 일본 막부 쇼군의 회답 국서를 담은 은(銀) 장식 국서함(國書翰函)을 그림으로 그려 놓았다. 그리고 회답 별폭의 예물에 대해서도 묘사해 놓았는데(回次扱物品幷圖), "이 예물의 각 항목은 지난해 조선과 미리 협의하여 얻은 것(通問)"이라고 덧붙였다.[87] 그러면서 그는

85) 《文化信使記錄 朝鮮王江之御返物之品々塗模樣等御仕立方之覺 聘使以下被下物共》(국사편찬위원회 소장 대마도종가문서 DK 1043).

86) 정사 김이교 역시 "대마도주 이하 회예단과 잡물을 (통신사가 머무는) 객관의 정청에 모아서 쌓아놓고 하나하나 상상관 이하 여러 상관들에게 나누어 주어서 차관과 소동 등에게 전달하였다(對馬島主以下回禮單雜物積聚客館正廳一一分給於上上官以下諸上官轉至次官及小童等處)."고 적었다(김이교, 《신미통신일록》, 587-589쪽).

87) 草場珮川, 《影印本 津島日記》 下, 9B-12A쪽.

"(막부 쇼군이) 상상관과 그 밖의 원역들에게 은자(銀子)와 면(綿 ; 雪綿子) 등을 준 것이 있는데, 그 수량을 알지 못하여 여기에는 적지 못한다."고 하면서 끝을 맺었다.[88]

〈표 7-8〉 일본 기록에 보이는 일본의 回禮單 1(幕府將軍의 병풍, 1811년)

No	그림 내용	수량(双)	화가
1	요리노부(賴信) 바다(海) 건너는 그림 요시이에(義家) 기러기 행렬(鴈列) 그림	1	狩野伊川
2	사계절(四季) 야마토(大和)의 산수(山水)	1	狩野伊川
3	하쿠가노 산미(博雅三位)의 비파(琵琶) 비곡(祕曲) 전수 도키아키(時秋)의 생황(笙) 비곡(祕曲) 전수	1	狩野友川
4	노송(老松)에 걸려 있는 해(日) 고목(古木)의 매화나무(梅)에 걸려 있는 달(月)	1	狩野祐清
5	요리토모(賴朝)의 후지노 마키가리(富士牧狩)	1	狩野探信
6	우메마치(梅町) 쥬나곤(中納言)의 다정(茶亭)	1	狩野洞白
7	도죠(堂上)의 매사냥(放鷹)	1	住吉內記
8	목우(牧牛) 야마(野馬)	1	狩野春眞
9	춘추(春秋) 화조(花鳥)	1	狩野洞琳
10	무악(舞樂)	1	板谷桂意

자료 : 《文化信使記錄 朝鮮王江之御返物之品々塗模樣等御仕立方之覺 聘使以下被下物共》(국사편찬위원회 대마도종가문서 DK 1043)

〈표 7-8〉은 막부 쇼군이 조선 국왕에게 보내는 그림 병풍 10쌍의 내용을 정리한 것이다. 이 병풍은 〈표 7-5〉와 〈표 7-6〉의 No.1에 해당하는 예물을 가리킨다.

첫 번째 화가로 등장하는 가노 이센(狩野伊川, 1775-1828)은 가노 나가노부(狩野榮信)이다. 그의 호가 이센(伊川)이다. 그는 가노 고레노부(狩野惟信)의 장남으로 1808년부터 아버지 뒤를 이어 고비키쵸(木挽町)의 가노케(狩野家)를 계승했다. 나가노부는 에도성(江戶城)의 장벽화(障壁畵)라든가 통신사

88) 草場珮川, 위의 책, 12B쪽.

에게 증정할 병풍을 제작한 것으로 알려져 있다.[89]

스미요시 나이키(住吉內記, 住吉廣守, 1705-1777),[90] 가노 도린(狩野洞琳, 狩野波信, 1679- 1754),[91] 이타야 게이이(板谷桂意, 板谷廣長, ?-1814),[92] 가노 바이소(狩野梅笑, 狩野師信, 1728- 1807년) 등 에도시대(江戶時代)에 활약한 화가의 이름이 보인다. 가노 단신(狩野探信, 狩野守道, 1785-1836), 가노 우세이(狩野祐清, 狩野邦信, 1787-1840)[93] 등 가노파(狩野派) 화가가 그린 병풍이 조선 국왕에게 전달되었음이 이를 통해 확인되었다.

〈표 7-9〉는 막부 쇼군이 조선 국왕에게 보내는 안등(鞍鐙) 즉 말안장((鞍子)을 비롯하여 말 위에 탄 사람이 발을 고정시킬 때 쓰는 등자(鐙子) 등 10종의 안구(鞍具)를 정리한 것이다. 이 예물은 〈표 7-5〉의 No.2와 〈표 7-6〉의 No.3에 해당하는 예물을 가리킨다. 금가루나 은가루를 표면에 뿌려 무늬를 놓은 일본 전통의 공예 기법인 마키에(蒔絵 ; 조선 기록에는 彩畫로 표기)로 만든 승마 장식물에 조선인이 좋아할 만한 꽃과 학, 거북 등 다양한 문양을 화려하고 정교하게 새긴 것으로 보인다.

이들 공예품의 작성자도 밝히고 있어서 관심을 끈다. 앞에서 본 병풍과 마찬가지로 마구(馬具)의 밑그림은 가노파(狩野派) 화가들이 맡았다. 그리고 마키에를 한 사람도 각각 성명을 적어 놓았다. 이것을 보면 일본의 에도시대를 대표하는 예술가들이 조선 국왕에게 보낼 예물의 제작에 동원되었음을 알 수 있다.

---

89) 朝日新聞社, 《朝日 日本歷史人物事典》 上, 1994, 459쪽 左, 455쪽 右.

90) 朝日新聞社, 《朝日 日本歷史人物事典》 上, 898쪽 左; 國史大辭典編集委員會, 《國史大辭典》 8, 吉川弘文館, 1987, 160쪽.

91) デジタル版 日本人名大辞典.

92) 美術人名辞典

93) デジタル版 日本人名大辞典.

〈표 7-9〉 일본기록에 보이는 일본의 回禮單 2(幕府將軍의 鞍鐙皆具, 1811년)

No	내용	수량(口)	작성자	
			밑그림(下繪)	마키에(蒔繪)
1	등자(鐙) 없이 안장(鞍)에만 한쪽으로 파도(浪)를 바탕에 깔고 구름(雲)과 용(龍)을 마키에(蒔繪) 기법으로 새김	1	狩野伊川	円阿弥內膳
2	안장과 등자 모두 금을 얇게 뿌려 기러기(雁) 모양을 마키에 기법으로 새김	1	狩野友川	鈴木伊賀
3	안장과 등자 모두 다리(橋)와 거북(龜)을 마키에 기법으로 새김	1	狩野梅笑	榎本筑後
4	안장과 등자 모두 꽃(唐花)과 학(鶴)을 마키에 기법으로 새김	1	狩野伊川	栗本宇右衛門
5	등자 갖춘 안장에 양쪽으로 둥근 부채(唐圓扇)를 마키에 기법으로 새김	1	狩野探信	圓阿弥內膳
6	안장과 등자 모두 매화꽃 피어난 가지(梅折枝花)를 마키에 기법으로 새김	1	狩野祐清	關 數馬
7	안장과 등자 모두 고사리(蕨)가 그려진 부채를 마키에 기법으로 새김	1	狩野梅笑	圓阿弥內膳
8	안장과 등자 모두 비파나무 감고 올라간 포도(琴柱葡萄)를 마키에 기법으로 새김	1	狩野祐清	栗本兵庫
9	등자 없이 안장에만 한쪽으로 매화(梅), 나비(蝶)를 마키에 기법으로 새김	1	狩野洞白	太田播磨
10	등자 갖춘 안장에 물살이 빠르게(快瀉) 흐르는 아침(朝) 모습을 마키에 기법으로 새김	1	狩野梅笑	太田播磨
예비용	안장과 등자 모두 매화꽃(梅) 모양 2개를 마키에 기법으로 새김	1	狩野梅笑	太田播磨

주 : 1. 마키에(蒔繪)는 금가루나 은가루로 칠기 표면에 무늬를 놓는 일본의 전통 공예 기법임.
2. 예비용(控) 안장은 대마도에 돌아가서는 반환하게 되어 있음.

자료 : 《文化信使記錄 朝鮮王江之御返物之品々塗模樣等御仕立方之覺 聘使以下被下物共》(국사편찬위원회 대마도종가문서 DK 1043)

막부 쇼군(대군)과 대납언(저군)이 조선 국왕에게 전달하는 회답 예물을 정리한 것이 〈표 7-10〉과 〈표 7-11〉이다. 〈표 7-5〉의 No. 3, 4, 5의 예물이 〈표 7-10〉의 예물과 일치한다. 이것이 벼루와 종이를 담아 놓는 상자(문갑)에 마키에 기법으로 새와 매화, 소나무 등을 새겨 넣은 공예품임을 알 수 있다. 비단 천에 여러 색으로 염색을 한 것도 눈에 띈다(色羽二重, 亂茶宇 등). 그런데 동일 물품에 대하여 조선과 일본이 서로 다른 이름을 붙이고 있는 점이 특이하다.

〈표 7-10〉 일본 기록에 보이는 일본의 回禮單 3(幕府將軍→조선 국왕, 1811년)

<table>
<tr><th>No</th><th>품명</th><th>朝鮮名</th><th>단위</th><th>수량</th><th colspan="2">내용</th></tr>
<tr><td>1</td><td>料紙硯箱</td><td rowspan="3">硯紙匣</td><td>通</td><td>1</td><td colspan="2">(蒔繪梅に小鳥)</td></tr>
<tr><td>2</td><td>料紙硯箱</td><td>通</td><td>1</td><td colspan="2">(蒔繪紅白梅)</td></tr>
<tr><td>3</td><td>料紙硯箱</td><td>通</td><td>1</td><td colspan="2">(蒔繪松嶋の景)</td></tr>
<tr><td>4</td><td>色羽二重</td><td>染紬</td><td>疋</td><td>50</td><td colspan="2">紅(10) 白(10) 紅鬱金(10) 黃鬱金(10) 闈黃(10)</td></tr>
<tr><td rowspan="2">5</td><td rowspan="2">亂茶宇</td><td rowspan="2">彩紬</td><td rowspan="2">端</td><td rowspan="2">100</td><td>無地(75)</td><td>紅(15) 白(15) 淺黃(15) 黃鬱金(15) 黑(15)</td></tr>
<tr><td>縞(25)</td><td>竪縞(13) 格子縞(12)</td></tr>
</table>

주 : 1. 朝鮮名은 《辛未通信日錄》(김이교), 109쪽에 따른 것임
2. 亂茶宇에 해당하는 예물이 《津島日記》(草場珮川)에는 奈羅晒布임

자료 : 《文化信使記錄 朝鮮王江之御返物之品々塗模様等御仕立方之覺 聘使以下被下物共》(국사편찬위원회 대마도 종가문서 DK 1043)

〈표 7-11〉 일본 기록에 보이는 일본의 回禮單 4(大納言→조선 국왕, 1811년)

<table>
<tr><th>No</th><th>품명</th><th>朝鮮名</th><th>단위</th><th>수량</th><th colspan="4">내용</th></tr>
<tr><td>1</td><td>大卓</td><td>案</td><td>脚</td><td>1</td><td colspan="4"></td></tr>
<tr><td rowspan="2">2</td><td rowspan="2">紗綾染物</td><td rowspan="2">染綾</td><td rowspan="2">端</td><td rowspan="2">100</td><td>薄黃(12)</td><td>黃鬱金(19)</td><td>紅鬱金(12)</td><td>段染(10)</td></tr>
<tr><td>藤色(12)</td><td>白(12)</td><td>桃色(11)</td><td>淺黃(12)</td></tr>
<tr><td>3</td><td>越前綿</td><td>綿</td><td>把</td><td>300</td><td colspan="4"></td></tr>
</table>

주 : 朝鮮名은 《辛未通信日錄》(김이교), 110쪽에 따른 것임

자료 : 《文化信使記錄 朝鮮王江之御返物之品々塗模様等御仕立方之覺 聘使以下被下物共》(국사편찬위원회 대마도 종가문서 DK 1043)

대납언(大納言)의 회답 예물 중에도 염색한 비단 천과 에치젠(越前) 지역의 특산품인 풀솜(越前綿)이 들어 있었다. 〈표 7-5〉의 No. 7, 8에 해당하는 예물이 〈표 7-11〉의 No. 2, 3의 예물이다. 양국이 사용한 명칭만 다를 뿐 그 수량은 일치한다.

〈표 7-12〉 일본 기록에 보이는 일본의 回禮單 5(幕府將軍→通信使, 1811년)

No	품명	단위	兩使 (2)	上上官 (3)	上判事 (3)	製述官	上官 次官 小童	중관 하관	계
1	銀子	枚	1,000	600	150	30	350	700	2,830
2	綿	把	600						600

자료 : 《文化信使記錄 朝鮮王江之御返物之品々塗模樣等御仕立方之覺 聘使以下被下物共》(국사편찬위원회 대마도종가문서 DK 1043)

〈표 7-13〉 일본 기록에 보이는 일본의 回禮單 6(大納言→通信使, 1811년)

No	품명	단위	兩使 (2)	上上官 (3)	上判事 (3)	製述官	上官 次官 小童	중관 하관	계
1	銀子	枚	400	300	60	10	150	220	1,140
2	綿	把	200						200

자료 : 《文化信使記錄 朝鮮王江之御返物之品々塗模樣等御仕立方之覺 聘使以下被下物共》(국사편찬위원회 대마도종가문서 DK 1043)

일본의 회예단 중에서 막부 쇼군과 대납언이 통신사 일행에게 전달한 은(銀子)과 풀솜(綿, 雪綿子)을 정리한 것이 〈표 7-12〉와 〈표 7-13〉이다. 이 가운데 은(銀)은 통신사 정사부터 하관까지 전원에게 지급된 유일한 품목이다.

이 밖에도 막부 측에서 사자관(寫字官)과 화원(畫員)에게 별도의 예물을 전달한 것이 있다고 한다. 《文化信使記錄》(국사편찬위원회 대마도종가문서 DK 1043)에 따르면, ㉠ 사자관에게 백은(白銀) 2매, ㉡ 화원에게 백은 3매가 지급되었다. 지급 사유에 대해서는 "막부와 관련된 일로 글을 쓰고 그림을 그리게 하였기에, 쇼군이 특별히 내려준 것(右者御用被仰付書畫相認候付從 公義別段被成下)"이라 적었다.

한편 이 자료에는 일본 측 회답 국서를 통신사에게 전달하는 의식(受回答書儀)을 거행할 때, 일본의 회답 예물을 진열하는 방법에 대해서도 상세한 기록이 담겨 있다.[94]

1811년 6월 15일 일본 막부 쇼군의 회답 국서를 전달하는 의식(受回答書儀)이 거행되었을 때, 일본의 각종 회답 예물(回禮單)을 올려놓은 진열대가 총 62개 마련되어 있었다고 한다. 이것은 동년 5월 22일에 있었던 조선 국서 전명의 때와 비슷하게 의식이 진행되었을 것으로 짐작하게 한다. 다만 위의 62개 진열대에 올라간 예물은 크게 비단과 풀솜 같은 직물류와 은으로 구분할 수 있다. 한 가지 지적할 것은 앞에 언급한 그림 병풍이나 안등(鞍鐙) 같은 예물이 진열대 위에 놓여 있었다는 흔적을 찾기 어렵다는 점이다. 아무튼 염색한 비단(端物)과 풀솜(綿)과 은(銀) 등 3가지 예물만 일본 쇼군의 회답 국서 전달식 때 진열대에 오른 것으로 확인된다.

Ⅲ. 조선의 일본 측 회예단(回禮單) 분배

1. 은(銀)의 분배

막부 쇼군을 비롯하여 일본 측이 통신사에게 전달한 예물을 어떻게 분배하고 처리했는지에 대해서는 민덕기에 의해 상당 부분 밝혀졌다. 그에 따르면 1607년 통신사행 때부터 이미 은이 지급되었는데, 1630년대 중반 이전까지만 하더라도 아직 반일(反日) 감정이 컸기 때문인지, 통신사가 은의 수령을 거부하려는 듯한 부정적인 자세를 보였다. 그렇지만 대마도주의 적극 권유를 마지못해 수락한다는 형식을 취하면서 통신사가 일본 은을 받아들였다. 여기에 그치지 않고 회답 예물로서 받은 그 은(銀)에서 일부를 (조선 정부가 대마도에 지급해야 할) 공목(公木)의 대금으로 대마도 측과 상계

---

94) 막부(幕府)가 통신사에게 줄 일본의 예물(音物)을 올려놓은 진열대(臺)의 규격에 대해서는 정성일, 〈통신사를 통해 본 물적 교류—신미 통신사(1811년)의 예물 교환을 중심으로—〉, 《항도부산》 36, 부산시사편찬위원회, 2018, 38-40쪽 참조.

(相計) 처리한 일도 있었다. 그렇게 하고 남은 은(銀)에 대해서는 통신사 원역에게 차등 분배하는 관행이 만들어졌다고 한다.[95] 그렇다면 1811년 신미통신 때는 은의 분배가 어떻게 이루어졌는지 아래에서 살펴보기로 하자.

1) 幕府將軍 등이 통신사 정사와 부사에게 보내온 1,560매

정사 김이교는 《신미통신일록》에 '정사와 부사에게 관백과 약군이 보낸 은 1,400매, 에도에서 파견된 두 사신과 여섯 관원이 보내온 은(銀) 160매의 분판기(正副房關白若君所送銀一千四百枚江戶兩使臣六官員所呈銀一百六十枚分辦記)'라는 제목으로 기록을 남겼다. 막부 쇼군(관백)과 대납언(약군)이 통신사 정사와 부사에게 전달한 은(銀) 1,400매, 그리고 에도(江戶)에서 온 두 사신과 6명의 관원이 보내온 은(銀) 160매를 더한 것이 1,560매인데, 이것을 은 1매 기준으로 4냥 3전씩으로 계산한 것이 6,708냥이다.[96]

〈표 7-14〉의 A에 정리한 것처럼 통신사 정사와 부사 몫으로 받은 은(6,708냥)을 다음 4개 항목으로 분배하여 처리하였다.

㉠ 공목 대금에 대한 상계(相計) : 4천 냥은 (조선 정부가 공무역에서 대마도 측에 지불해야 하는) 공목(公木) 100동(=5,000필)의 대금으로 공제하였으며, 대마도주가 증거로 적은 문서를 받아서 붙여 두었다가, 동래부사가 이를 확인하게 하였음.

㉡ 호조 등에서 차용한 은을 상환(償還) : 2천 냥은 통신사행 때 호조(500냥 차용)와 병조, 금위영과 어영청에서 빌린 은을 갚았음.[97]

---

95) 민덕기, 〈조선후기 대일 통신사행이 기대한 반대급부—일본에서 받은 私禮單의 처리와 관련하여—〉, 《한일관계사연구》 24, 한일관계사학회, 2006, 217-225쪽.

96) 關白, 若君, 江戶의 兩使와 六官員이 통신사 정사와 부사에게 보내온 銀子 합계가 1,560매이며, 이것을 무게로 환산하면 6,708냥이라는 점은 김이교의 《신미통신일록》과 유상필의 《동사록》 기록이 일치한다.

97) 유상필의 《동사록》에는 2천 냥이 호조의 貸下銀을 還報한 것이라고 적혀 있는데(《해

㉢ 사복시에서 차용한 은을 상환(償還) : 33냥 3전 2푼 6리는 (일본으로 가져갈) 말 관리의 일로 통신사행 때 사복시에서 빌린 은을 갚았음.

㉣ 중관과 하관에게 분배(分配) : 나머지 은(銀) 674냥 6전 7푼 4리는 수량을 참작하여 중관과 하관 등 300명에게 나누어 주었는데,[98] 그들의 노고를 기준으로 등급을 나누어서 계미 사행(1763년)을 기준으로 하여 분배함.

〈표 7-14〉 일본 幕府將軍 등이 보내온 銀을 조선의 通信使 원역에게 분배한 내역(1811년)

정사와 부사 몫 A						상관, 차관, 소동 몫 B						중관, 하관 몫 C					
	총액 6,708냥(1,560매)						총액 2,150냥(500매)						총액 3,956냥(920매)				
	㉠ 公木 100동 換減			4,000냥			㉠						㉠				
	㉡ 戶曹 貸下銀 還報			2,000냥			㉡						㉡				
	㉢ 理馬 代銀 還報			33냥 3전 2푼 6리			㉢						㉢				
	㉣ 원역 분배			674냥 6전 7푼 4리			㉣ 원역 분배		2,150냥				㉣ 원역 분배		3,956냥		
No	役	人	兩/人	銀 합계	%	No	役	人	兩/人	銀 합계	%	No	役	人	兩/人	銀 합계	%
1	陸次官	7	5.24	36.68	5	1	軍官	10	67.50	675	31.7	1	陸次官	9	15.76	141.84	3.6
2	都訓導	2	10.24	20.48	3	2	書記	2	67.50	135	6.3	2	小通事	10	15.76	157.6	4.0
3	小童	15	5.4	81.00	12	3	次上通事	2	67.50	135	6.3	3	使奴子	4	15.76	63.04	1.6
4	廳直	2	14.24	28.48	4	4	押物官	2	67.50	135	6.3	4	一行奴子	30	15.76	472.8	12.0
5	小通事	10	9.24	92.40	14	5	醫員	2	67.50	135	6.3	5	及唱	4	15.76	63.04	1.6
6	奴子	2	4.24	8.48	1	6	畫師	2	67.50	135	6.3	6	沙工	16	15.76	252.16	6.4
7	都沙工	4	4.24	16.96	3	7	伴人	2	50.00	100	4.7	7	刀尺	5	15.76	78.8	2.0
8	及唱	4	7.24	28.96	4	8	別陪行	1	50.00	50	2.3	8	使令	14	15.76	220.64	5.6
9	沙工	12	2.24	26.88	4	9	12騎船將	2	50.00	100	4.7	9	吹手	12	15.76	189.12	4.8
10	刀尺	5	3.64	18.20	3	10	理馬喂鷹	2	50.00	100	4.7	10	節鉞手	4	15.76	63.04	1.6
11	工人	12	4.59	55.08	8	11	12卜船將	2	9.00	18	0.8	11	形名手	2	15.76	31.52	0.8
12	中官	106	1.00	106.00	16	12	都訓導	2	9.00	18	0.8	12	砲手	4	15.76	63.04	1.6
13	下官	93	0.83	77.19	11	13	鄕書記	2	9.00	18	0.8	13	兼定軍	40	15.76	630.4	15.9

행총재(속) X, 333쪽), 김이교의 《신미통신일록》을 보면 호조에서 빌린 은은 500냥이었으며, 나머지 1,500냥은 병조와 금위영, 어영청에서 차용한 은이었음을 알 수 있다.

98) 《동사록》(유상필)에는 나머지 은 674냥 6전 7푼 4리를 분배한 내역이 소개되어 있다(《해행총재(속) X, 334쪽).

정사와 부사 몫 A						상관, 차관, 소동 몫 B						중관, 하관 몫 C					
14	差備下官	26	3	78	12	14	盤纏直	1	9.00	9	0.4	14	工人	12	11.67	140.04	3.5
	계	300		674.79	100	15	小童	15	24.60	369	17.3	15	4船格軍	119	11.67	1,388.73	35.1
							계	49		2,132	99.7		계	285		3,955.81	100.1
	잔액			0.116			잔액			18			잔액			0.19	

주 : 1. A의 ㉠㉡㉢㉣ 분배액은 《신미통신일록》과 《동사록》이 일치함.
2. ABC의 원역별 분배액은 《동사록》에만 기록이 보임.

자료 : 金履喬, 《辛未通信日錄》(通文館 영인본, 1980, 586-589쪽) ; 柳相弼, 《東槎錄》(국역 해행총재(속편) X, 1977, 333-335쪽)

위에서 본 것처럼 통신사 정사와 부사에게는 배분된 은(銀)이 전혀 없다. 민덕기의 지적처럼 "윗사람은 명예만 가져가고, 그 대신 아랫사람에게 은상(恩賞)을 내리는 것"이 이미 그 전부터 통신사 정사와 부사의 올바른 자세이자 미덕으로 인식되고 있었던 것이 아닌가 생각된다.[99)]

2) 幕府將軍 등이 통신사 상관·차관·소동에게 보내온 500매

〈표 7-14〉의 B에 제시한 500매(2,150냥)는 상관·차관·소동에게 막부 쇼군(관백)과 대납언(약군)이 보내온 일본의 회답 예물(回禮單)이다. 이것을 49명에게 분배한 내역을 《동사록》에 근거하여 표로 정리하였다.[100)] 《신미통신일록》에 기재된 것은 이것과 조금 차이를 보이는데, 아래에 소개하면 다음과 같다.[101)]

㉠ 상관(上官) 20원(각 67냥 4전 5푼씩) 합계 1,349냥—이것은 계미 사행 때 원분(元分)보다 17냥 4전 5푼씩 더 지급한 것임.

99) 민덕기, 앞의 논문(2006), 217쪽.
100) 《동사록》(유상필)에는 은자 500매 즉 중량 2,150냥을 분배한 내역이 소개되어 있음(《해행총재(속) X, 334쪽).
101) 김이교, 《신미통신일록》, 588쪽.

㉡ 차관(次官) 7인(각 50냥씩) 합계 350냥—이것은 계미 사행 때 원분(元分)보다 7냥 7전씩 더 지급한 것임.
㉢ 승차관(陞差官) 9인(각 9냥씩) 합계 81냥.
㉣ 소동(小童) 15명(각 24냥 6전씩) 합계 369냥(나머지 銀 1냥).

3) 幕府將軍 등이 통신사 중관과 하관에게 보내온 920매

〈표 7-14〉의 C에 제시한 920매(3,956냥)는 막부 쇼군(관백)과 대납언(약군)이 중관과 하관에게 보내온 일본의 회답 예물(回禮單)이다. 이것을 285명에게 분배한 내역을 《동사록》에 기초하여 표로 정리하였다.[102] 이것도 《신미통신일록》에 기재된 것과 조금 차이를 보이는데, 아래에 소개하면 다음과 같다.[103]

㉠ 중관(中官) 154명(각 15냥 6전씩) 합계 2,442냥 4전—이것은 계미 사행 때 원분(元分)보다 3냥 1전씩 더 지급한 것임.
㉡ 하관(下官) 131명(각 11냥 5전 5푼씩) 합계 1,513냥 5푼(나머지는 5전 5푼이며, 이것은 계미 사행 때 원분(元分)보다 2냥 9전 2푼씩 더 지급한 것임.

지금까지 살펴본 은의 분배 내역은 앞의 〈표 7-7〉 A, B, C 항목의 은에 관한 것이다. 따라서 〈표 7-14〉에 포함되지 않은 것은 상상관(上上官) 3명의 900매, 상판사(上判事) 3명의 210매, 제술관(製述官) 1명의 40매이다. 이들에게는 각자 개인 몫을 그대로 처분할 수 있게 특별히 허용한 것인지 그 여부가 확실하지 않다. 앞으로 추가 자료를 발굴하여 이 점에 대해 검토해 볼

102) 《동사록》(유상필)에는 은자 920매 즉 중량 3,956냥을 분배한 내역이 소개되어 있음(《해행총재(속) X, 1977, 334-335쪽).
103) 김이교, 《신미통신일록》, 588-589쪽.

〈표 7-15〉 일본 幕府將軍 등이 보내온 雪綿子 등 64종을 조선의 通信使 원역에게 분배한 내역(1811년)

禮物 / 員役(명)	1	2	3	4	5	6	7	8	9	10	11	12	13	14	15	16	17	18	19	20	21	22	23	24	25	26	27	28	29	30	31	32	33
	雪綿子	玉色紬	藍項羅	紅項羅	花草紬	紅蛛絲	紅紬	布	金屛風	金匣鏡	木匣鏡	各其所里	小別各其	龍丹色各	銅酒煎子	鍮酒煎子	酒煎子	銅大也	有蓋畫甫	有蓋漆甫	有蓋漆木	木甫兒	有蓋沙甫	鑞甫兒	銅食爐口	食爐口	鐵煎綱	鑞宗子	鐵網擾	有足大盤	無足大盤	有蓋鑞坐	琉璃盞
	把	疋	疋	疋	疋	疋	疋	疋	坐	坐 面	面	坐	坐	坐	坐	坐	坐	坐	箇	箇	箇	箇	箇	箇	坐	坐	件	箇	次	立	坐	坐	箇
軍官 兵房(2)	10		2						2	2				2		2		2							2								
日供(2)	10	2											2		2			2							2								
三堂譯(3)	21														3																		
製述官(1)	5									1								1															
掌務官(1)	7				1								1																				
堂下譯(4)	20														4				4	4	4					4	4						
畫師 寫字官(2)	10														2								2	2									
理馬 鳴鑼 兩騎將(4)	12														4						4												
陸次官(9)	27														9						9							9					
廳直(2)	6																												2				
通事(10)	20																		10					90									
都沙工(4)	8																		4			12											
沙工(12)	24																																
禮房(2)	10					2			2		2		2			2		2															
工房(2)	10						2		2				2			2																	
檢船(2)	10						2								2			2													2		
書記(2)	10							2										2														2	2
乾糧官(2)	14											2			2			4												2			
醫員(2)	10			2											2						2			2									
伴倘(2)	6																							2									
別陪行(1)	3										1				1				1														
小童(15)	45				15																			15									
及唱(4)	8																																
使奴(2)	4																2																
刀尺(5)	10																15																
差備下官(26)	26																																
中下官(250)	250																																
계	596	2	2	2	16	2	4	2	6	3	3	2	7	2	31	6	17	15	19	4	19	12	2	11	4	4	4	9	2	2	2	2	2

禮物 / 員役(명)	34	35	36	37	38	39	40	41	42	43	44	45	46	47	48	49	50	51	52	53	54	55	56	57	58	59	60	61	62	63	64	종류
	黃蓮	彩畫硯匣	色詩箋紙	綾花紙	奉書紙	皮紙箱	煎骨	一人面道	晉書	蒜隅別鐼	蒜隅鐼盒	砂鐼盒	蒔繪四層	砂大楪匙	鐵楪匙	南飛	朱蓋南飛	紙行擔	木小刀	尾扇	扇子	雨傘	煙竹	南草	手燭籠	煎籠	彩畫褓	斑木褓	錐子	陳皮	葛粉	
	斤	坐	張	張 片	張	坐	坐	坐	秩	坐	坐	坐	坐	坐	箇	坐	坐	件	箇	柄	柄 握	柄	箇	封	坐	건	巾	巾	箇	佫	櫃	
軍官 兵房(2)	1			100																												10
日供(2)	1												2	2																		9
三堂譯(3)																6		3		3			3									6
製述官(1)	0.5	1	50						1	1										1												8
掌務官(1)	0.5						1	1		1			1																			8
堂下譯(4)	2																															7
畫師 寫字官(2)	1																						2		2							7
理馬 鳴鑼 兩騎將(4)																	4										4					5
陸次官(9)																					18											5
廳直(2)															2											2						4
通事(10)																					20								10			5
都沙工(4)																						4										4
沙工(12)															36					12	24		12	24						?		7
禮房(2)	1			100																		2										10
工房(2)	1																						2									7
檢船(2)	1				100	2																2										9
書記(2)	1	2			2軸						2											2										10
乾糧官(2)	1						2						2																		2	9
醫員(2)	1			100																												7
伴倘(2)	1			100								2																				5
別陪行(1)	0.5																															5
小童(15)																							15									4
及唱(4)																			4			4						4				4
使奴(2)	8냥																											2				4
刀尺(5)															5								5			10						5
差備下官(26)																																1
中下官(250)																																1
계	14	3	50	400	500	2	3	1	1	2	2	2	5	2	43	6	4	3	4	16	62	14	39	24	2	12	4	6	10	?	2	

주 : 1. 黃蓮 1근=16냥이며, 종이 1축=10권=200장임. 2. ?은 기록 불명.

자료 : 柳相弼, 《東槎錄》; 《국역 해행총재(속) X》, 민족문화추진회, 1977, 335쪽)

필요가 있다.

2. 풀솜(雪綿子, 綿) 등 64종 예물의 분배

〈표 7-15〉는 일본에서 받아온 회답 예물(回禮單)을 병방 군관(兵房 軍官) 이하 원역에게 분배한 내역을 보여준다. 여기에서도 정사와 부사는 분배 대상에 들어 있지 않았다. 그리고 눈에 띄는 것은 분배 받은 원역 1인당 예물의 종류가 10종 이내라는 점이다. 최대 10종을 분배받은 것은 병방 군관(兵房軍官) 2인, 예방(禮房) 2인, 서기(書記) 2인뿐이었다.

이와 반대로 가장 적은 종류가 분배된 것은 차비 하관(差備下官) 26인, 중하관(中下官) 250인이었다. 이들에게는 각각 설면자(雪綿子) 즉 풀솜이 1가지씩 분배되었을 뿐이었다. 나머지 사람들에게는 4종에서 9종에 이르는 일본 측 회답 예물을 나누어주었다는 것이 유상필의 《동사록》 내용이다.

앞에 소개한 것처럼 통신사 일행이 일본에서 받은 설면자(綿) 합계가 800파이며(〈표 7-7〉), 그것을 동래부에서 한양까지 운반한 설면자(綿)는 700파이다(〈표 7-6〉 No. 9, 10). 그리고 〈표 7-15〉에서 보는 것처럼 군관 병방부터 중관과 하관에 이르기까지 통신사 원역에게 분배한 설면자(雪綿子) 합계는 600파에 조금 못 미치는 596파이다. 이 세 자료 사이의 수치 차이가 의미하는 바는 명확하지 않다. 지금까지 1811년 일본 대마도를 방문한 통신사를 통하여 양국 간에 이루어진 물품 교환에 대하여 살펴보았다. 조선 국왕과 일본 막부 쇼군 사이의 국서(國書)를 교환하는 의식에 수반되어 조선과 일본이 각종 예물을 교환하였음이 양국 자료에 의하여 드러났다. 그 밖에 통신사가 일본에 머물거나 이동할 때도 예물 교환이 여러 차례 있었다.

여기에서 밝혀진 사실을 세 가지로 간추릴 수 있다. ㉠ 예물 교환의 주체가 이중 구조로 되어 있었다. 조선 정부와 일본 막부 사이, 그리고 조선 정부와 대마도 사이의 예물 교환이 그것이었다. ㉡ 예물 교환의 내용에서 여러 형태의 격차와 차등이 내재하였다. 이것은 양국이 예물을 주고받을 때 그것을 주는 쪽과 받는 쪽의 정치와 외교 차원의 위상과 위계에 따라 차등을 두려고 의도적으로 만들어 놓은 장치였다고 볼 수 있다. ㉢ 양국의 예물은 각국의 특산품과 공예품 중에서 상대국이 가장 선호할 것으로 기대되는 물품으로 구성되었다. 상호주의에 입각하여 서로 주고받는 예물의 전체적인 가치를 비슷하게 유지하려고 애썼다. 이것은 조·일 간의 외교가 수평적으로 대등한 교린(交隣) 관계 속에서 유지되고 있었음을 반증한다고 하겠다.

여전히 해결하지 못한 과제도 있다. 일본 막부 쇼군(幕府將軍)의 국서(國書) 원본을 비롯하여, 아직까지 소장처가 확인되고 있지 않는 예물(일본의 回禮單)의 소재를 확인하는 일도 향후 해결해야 할 과제의 하나이다.

제2절 외교 무대 뒤의 은밀한 거래(1811년)

Ⅰ. 통신사행의 사적 매매(私的賣買) 금지와 통제

조선과 일본이 통신사(通信使)[104] 의례(儀禮)를 1811년에는 처음이자 마

104) 조선은 초기부터 일본에 通信使를 파견해 왔다. 이와 반대로 일본에서 조선 국왕에게 파견한 일본 사절을 가리켜 日本國王使라 불렀다. 임진왜란 이전에는 11차례 일본에 통신사 파견(또는 파견 시도)이 있었는데, 그 중 4차례(1428-29년, 1439-40년, 1443년, 1590-91년)만 성사되었다. 임진왜란 이후에는 1607년부터 1811년까지 12차례 通信使行이 있었다(초기 3회까지는 사행의 명칭이 回答兼刷還使). 이원식, 《조선통신사》, 민음사, 1991; 하우봉, 〈통신사등록의 사료적 성격〉, 《한국문화》 12, 서울대학교 한국문화연구소, 1991, 511-534쪽; 손승철, 〈조선시대 통신사연구

지막으로 대마도에서 거행하였다. 이때도 양국 사람들이 사사롭게 물품을 사고파는 것은 엄격하게 금지하였음은 물론이다. 그런데도 예물(외교선물)의 공식(公禮單) 비공식(私禮單) 교환과 별개로, 외교 무대 뒤에서 은밀하게 물품 매매가 이루어진 흔적이 보인다. 이를 증명할 문헌 기록은 당시 통신사가 작성한 사행록(使行錄)이나 대마도의 행정 문서에서는 좀처럼 발견되지 않는다. 그런데 조선의 통신사를 응접하기 위하여 사가번(佐賀藩)에서 대마도로 건너왔던 일본인 유학자 구사바 하이센(草場珮川)의[105] 일기 《津島日記》[106]에서 그 실마리를 찾을 수 있다.[107]

의 회고와 전망〉, 《한일관계사연구》 16, 한일관계사학회, 2002, 41-59쪽; 장순순, 〈조선시대 통신사 연구의 현황과 과제〉, 《통신사·왜관과 한일관계》, 경인문화사, 2005, 31-74쪽; 민덕기, 〈조선후기 대일 통신사행이 기대한 반대급부—일본에서 받은 私禮單의 처리와 관련하여—〉, 《한일관계사연구》 24, 한일관계사학회, 2006, 211-247쪽; 이훈, 〈비용으로 본 외교의례〉, 《한일관계사연구》 38, 한일관계사학회, 2011, 155-196쪽; 정성일, 〈조선 통신사〉, 《동아시아사 입문》(동북아역사재단 연구총서 114), 동북아역사재단, 2020, 490-491쪽, 499-502쪽 참조.

105) 구사바 하이센(草場珮川, 1787-1867)은 일본 사가번(佐賀藩)의 번교(藩校)인 고도칸(弘道館)의 교수(教授)를 지냈다. 하이센(珮川)은 그의 호이다(나중에 佩川으로 바꿈). 히젠(肥前) 다쿠(多久) 출신인 그의 이름은 사카에(韡)이며, 자는 데이호(棣芳)이고, 통칭 사키치(瑳吉)라 불렸다. 그는 22세 때 고가 세이리(古賀精里, 1750-1817)의 문하생으로 들어갔다. 그의 나이 25세 때인 1811년에는 그의 스승인 고가 세이리가 막부의 명령을 받고 통신사 응접을 위해 쓰시마로 건너가게 되자, 구사바 하이센도 같은 문하생이었던 히구치 시센(樋口淄川, 1785-1865)과 동행하여 스승을 보필하였다. 구사바 하이센의 일기 1811년 6월 20일 조에도 그의 스승(古賀弥助, 호는 精里)과 문하생(樋口平三, 호는 淄川), 그리고 본인(草場瑳吉, 호는 珮川)을 적은 명단이 실려 있다. 국립해양박물관 엮음, 《쓰시마일기(津島日記)》, 국립해양박물관 번역총서 2, 민속원, 2017, 154-155쪽, 253-254쪽.

106) 구사바 하이센(草場珮川)이 1811년 5월 1일부터 응접을 마치고 쓰시마를 떠난 7월 4일까지 약 두 달에 걸친 견문(見聞)을 적은 것이 《津島日記》이다. 자세한 것은 일본 사가대학(佐賀大学) 부속도서관 貴重書 디지털 아카이브 참조.

107) 草場珮川, 《影印本 津島日記》(秀村選三·細川章 편), 西日本文化協會, 1978. 《影印本 津島日記》를 국립해양박물관이 한국어로 번역하여 《쓰시마일기(津島日記)》(민속원, 2017년)를 출간하였다. 이 자료의 번역 출간에 앞서 국립해양박물관(당시 孫在學

통신사 정사(正使)에게 주어진 가장 중요한 임무는 조선 국왕의 국서(國書)를 전달하고 일본 막부 쇼군(將軍)의 회답국서(回答國書)를 받아오는 일이었다. 이 의식에 수반하여 예물(외교선물)을 서로 교환하였다(公私 禮單과 回禮單). 이 외교 행위에 방해가 될 만한 것은 철저히 금지하였다. 금지 대상이 되었던 것 가운데 양측이 서로 몰래 장사를 하는 것도 포함되었다. 그것을 역사 자료에서는 잠상(潛商)으로 적었는데, 이는 밀매(密賣), 밀무역(密貿易)을 가리키는 용어이다.

예를 들어 1636년 통신사 부사(副使) 김세렴(金世濂)에 따르면, 두 차례 금지하는 행위를 정하여 일행에게 고시(告示)한 적이 있었다. 김세렴은 그 해 8월 15일 고시된 15개 조항의 첫머리에서 '사적인 교역품의 휴대'를 금지한다는 내용을 밝혔다.[108] 동년 9월 30일 고시된 23개 조항의 맨 마지막에는 '배의 화물을 몰래 장사하는 것'을 못하게 하는 내용이 명시되어 있었다.[109]

비록 통신사행 때 일어난 것은 아니었지만, 역관들로 구성된 문위행(問慰行), 즉 도해역관(渡海譯官)에 의해서 대규모 밀무역 사건이 발생한 적도 있었다. 그런데 무역을 독점하여 거기에서 나오는 이익으로 재정을 충당하고 있던 대마도(대마번)는 그 이익을 침해할 소지가 큰 밀무역에 대해서는 오히려 조선보다 더 강경하게 대응했다. 조선의 외교사절이 바다를 건너

관장)과 다쿠시(당시 横尾俊彦 시장)가 2017년 4월 24일 협약서를 체결하였다고 한다. 多久市 情報課 廣報廣廳係, 《たく日和》 No. 672, 2017.6, 14쪽.

108) "일행 중에 사사로 화물을 가져오는 자가 있을 것 같으면 일체 법에 따라 처치한다(一 行中如有私齎貨物者 一切以法律從事)."(金世濂, 〈海槎錄〉, 《국역 해행총재》 Ⅳ(고전국역총서 81), 민족문화추진회, 1977, 19-20쪽). 국립해양박물관, 《통신사 선단의 항로와 항해》(국립해양박물관 학술총서 2), 2017, 66-67쪽.

109) "배의 화물을 몰래 장사하는 짓이나 저들과 서로 맺어 망언하는 등의 죄는 본디 정해진 규칙이 있으니, 각별히 경계하고 타일러서 뒤에 가서 뉘우치는 일이 없게 하라(一 船貨潛商及彼人交結妄言等罪 自有事目 各別畏勅 俾免後悔)."(金世濂, 〈海槎錄〉, 《국역 해행총재》 Ⅳ, 43-45쪽). 국립해양박물관, 《통신사 선단의 항로와 항해》(국립해양박물관 학술총서 2), 2017, 66-67쪽.

일본 땅에 첫발을 내딛는 순간부터 대마도(대마번)에서 짐 검사는 물론이고 몸수색까지 철저히 했던 까닭도 바로 거기에 있었다.

그 역사 현장의 하나가 바로 조선과 가장 가까운 대마도 북쪽 끝에 있는 와니우라(鰐浦)라는 곳이다. 시기는 1700년대 초로 거슬러 올라간다. 조선의 문위행(渡海譯官) 당상(堂上, 정사) 한천석(韓天錫)[110]과 당하(堂下, 부사) 박세량(朴世亮)[111] 등 역관 108명을[112] 추모하는 석비(石碑)가 와니우라 전망대에 세워져 있다(朝鮮國譯官使殉難之碑). 그런데 1703년 2월 5일 와니우라 앞바다에서 난파를 당한 조선 역관들이 탔던 배에는 외교선물뿐만 아니라, '밀무역에 쓸 물품'도 함께 실려 있었다고 한다.[113] 1721년에도 문위행(도해역관)에 의한 밀무역 사건이 대마도에서 발각되었다. 대규모 인삼 밀무역이 있었다는 밀고(密告)가 들어가자, 대마도(대마번) 측은 이 사건의 진상을 철저히 조사하였다. 그런데 이것이 정사(崔尙嶫)와 부사(李樟)가 주도한 것임을 알게 된 대마도(대마번)는 이 사실을 조선 정부에 알리지 않고 덮어주는 조건으로 그들한테서 두 가지를 얻어냈다. 하나는 막부의 지시를 받은 대마도가 은밀하게 추진 중이던 '인삼 국산화를 위한 왜관 조사'에 이들이 협조하게 하는 것이었다. 다른 하나는 대마도(대마번)가 '관소(關所,

---

110) 한천석은 동래에 첩(妾)을 얻어 집을 짓고 사는 등 사치스런 생활을 이유로 추문을 당한 적이 있었다(《숙종실록》 1697년(숙종 23) 7월 12일 경인). 그의 사치가 밀무역을 통해 축적한 富에서 나온 것인지는 확실하지 않지만, 당시 정황을 어느 정도는 짐작할 수 있다고 생각한다.

111) 박세량의 죄목을 알 수는 없지만, 1683년 10월 사간원에 의해 그를 처벌할 형량이 논의된 적이 있었다(《숙종실록》 1683년(숙종 9) 10월 2일 기해).

112) 조선왕조실록에는 "일본으로 건너간 배가 침몰하여 역관 한천석 등 1백 13명이 모두 빠져 죽었는데, 임금이 호조에 명하여 구휼하는 은전을 별도로 거행하게 하였다(日本渡海船覆沒 譯官韓天錫等一百十三人 盡淪死 上命戶曹 恤典別爲擧行)고 적혀 있다(《숙종실록》 1703년(숙종) 2월 19일 갑오). 《변례집요》에도 인원수가 113명으로 되어 있다(국사편찬위원회, 《邊例集要》 하, 한국사료총서 16, 탐구당, 1984, 602쪽).

113) 齋藤弘征, 〈조선 숙종 29·元祿16년(1703) 鰐浦 앞바다 破船 譯官船의 流失 人參을 둘러싸고〉, 《문화사학》 27, 한국문화사학회, 2007, 1341-1366쪽.

와니우라와 사스나에 있었음-인용자주)'에서 조선 사절단이 탄 선체(船體)뿐만 아니라 개인별 신체검사(身體檢查)까지도 할 수 있게 하는 것이었다.[114] 그런데 대마도가 이러한 사실을 조선 정부에 알리지 않았으니, 조선 기록에 이에 관한 내용이 자세하게 남아 있을 리가 없었다.[115]

18세기 이후가 되면 대마도로 들어가는 조선인에 대한 검색이 더욱 강화되었다. 위의 밀무역 사건이 그 계기의 하나가 되었다고 볼 수 있다. 그 뒤 조선 정부도 대마도의 밀무역 통제 사실을 알고 있었기에, 통신사행에 참가하는 사람들에게 사적인 물품 매매를 금지하고 이를 철저하게 단속하였음은 물론이다.

1811년 통신사행의 바로 직전에 해당하는 1763년 통신사 정사 조엄은 한자를 모르는 노졸(奴卒)을 위해 '해야 할 것(約束條)'과 '하지 말아야 할 것(禁制條)'을 각각 한문으로 작성해 오던 것을 한글로 옮겨 적어서 더욱 분명하게 알렸다고 한다.[116] 그런데 금제조(禁制條) 8개 항 가운데 무려 5개가 사적인 물품 매매를 명시적으로 금지하는 것이었음에 주목할 필요가 있다.[117]

---

114) 田代和生, 《倭館一鎖国時代の日本人町》, 文春新書 281, 文藝春秋, 2002, 232-234쪽.

115) 조선 측 사료인 《변례집요》에는 "1721년 3월에 최상집(崔尙㠎), 이장(李樟) 등 88명이 전례에 따라 수검(搜檢) 후 배를 타고 (대마도에) 들어갔으며, 동년 6월에는 최상집 일행이 (대마도에서) 나왔다."는 내용만 적혀 있을 뿐, 이때의 밀무역 사건에 대해서는 구체적인 언급이 전혀 없다(국사편찬위원회, 《邊例集要》 하, 609쪽).

116) 1763년 10월 1일(갑신) "… 전후의 통신사 행차 때의 금제 조항을 가져다가 상고하여, 번거로운 점은 삭제하고 미비한 점은 보충하면서 하나의 합쳐진 문자를 만들어서 금제조, 약속조라고 이름하여 각 관아의 원역들이 깨닫도록 타이르고, 또 언문으로 써서 아래로 모든 노졸에게도 알리어 처음부터 죄를 범하지 않게 하였지만 …(故取考前後信行時禁制條 删其煩文 補其未備 合成一統文字 名之曰禁制條約束條 曉諭於各色員役 反以諺書 下布於諸般奴卒 俾不至於初不犯罪)" 趙曮, 〈해사일기〉, 《국역 해행총재》 VII, 47-48쪽; 국립해양박물관, 《통신사 선단의 항로와 항해》, 66쪽.

117) 趙曮, 〈해사일기〉, 《국역 해행총재》 VII, 564-565쪽; 국립해양박물관, 《통신사 선단의 항로와 항해》, 68쪽.

<사료 7-2>

① 인삼을 몰래 장사한 자는 법률에 따라 효시할 것(人蔘潛商者 依律梟示事)

② 무늬 놓은 비단을 몰래 장사한 자와 여인을 몰래 간통하여 무례한 짓을 하는 일이 있으면 효시한 뒤에 장문할 것(有紋緞潛商者 與潛通女人褻慢之事 梟示後狀聞事)

③ 우리나라의 숨겨야 할 사정을 누설하는 자가 있으면, 사신이 돌아가서 아뢰어 마땅히 일정하게 법률을 시행할 것(我國應諱事情 若有漏泄者 使臣回奏 當施一律事)

④ 저 사람들한테 본토에서 나지 않는 물건, 보물을 몰래 장사한 자는 법률에 따라 상고하여 처결할 것(彼人處 以本土不産之物及寶物 潛商者 並依律勘處事)

⑤ 금, 은을 사사로이 빌려준 자는 한결같이 노부율에[118] 따라 상고하여 처결하고, 정상을 알고 일을 통한 것도 상고하여 처결할 것(金銀私貸者 一依路浮律 勘處知情通事 亦爲勘處事)

⑥ 갖가지 서책, 병서, 마땅히 숨겨야 할 문자 따위 물건을 몰래 누설하여 사사로이 통한 자는 죄율에 따라 중하게 다스릴 것(各様書冊兵書及應諱文字等物 有漏私通者 依律重治事)

⑦ 군기를 몰래 매매한 자가 있으면 중하게 다스리고, 진주를 무역한 자의[119] 율에 따라 시행할 것(如有以軍器潛爲賣買者重治 而貿易眞珠者依律施行事)

⑧ 저 사람들을 대할 때 무례하고 공경하지 못한 자가 있으면, 곧 그곳에서 중곤(가장 큰 곤장으로 볼기를 치는 벌-역자주)하여 엄히 다스릴 것(對彼人之時 若有褻慢不敬者 卽其地重棍嚴治事)

---

118) 路浮律의 路浮는 路浮稅의 줄임말이다. 《증정교린지》(권4 약조)에서는 "노부세는 곧 倭債"라고 했다(김건서 저, 하우봉·홍성덕 역, 《국역 증정교린지》, 민족문화추진회, 1998, 133쪽).

119) 군기를 몰래 매매한 자(軍器潛爲賣買者)와 진주를 무역한 자(貿易眞珠者)를 별도로 나누어 볼 수도 있겠으나, 문맥상으로는 군기 밀매자에 대한 처벌 기준과 수준을 말하려는 의도가 바탕에 깔려 있는 것으로 간주하고 해석하였음을 밝혀 둔다.

위에서 보듯이 1763년 사행 때는 '인삼의 잠상 금지'(제1항), '무늬 있는 비단의 잠상 금지'(제2항), '외국 산물이나 귀중품의 잠상 금지(제4항)', '금이나 은의 사적인 대여 금지'(제5항), 그리고 '군기의 잠상 금지'(제7항) 등 사적 매매(私的賣買)를 금지하는 내용이 통신사의 각 원역에게 전달되었다. 이처럼 통신사행에 참가한 사람들이 일본에 가서 소란을 일으켜 국가 위신을 떨어뜨리는 일이 발생하지 않도록 사전에 철저히 알려서 통제하는 일은 사행 때마다 되풀이되고 있었다.

통신사를 영접하는 일본 측도 사적인 거래, 즉 매매를 엄격히 금지하였음은 물론이다. 예를 들면 1711년 일본 막부는 통신사의 영접과 관련하여 이와쿠니(岩國)에 지시를 내렸는데, 그 가운데 사적인 거래를 금지하는 내용이 포함되어 있었다. 즉 "신사(信使, 일본 기록에서는 通信使를 信使로 적음-인용자주)의 하인이 항구에서 사적인 매매를 하려 하더라도 상대해서는 안 된다."고 하면서, "만약 나중에 그것이 발각되면 물건의 다소, 가격의 고저와 상관없이 엄하게 처벌할 것"을 지시한 것이다.[120] 막부가 이렇게 명령을 내린 사례는 조선에서 통신사가 갈 때마다 거의 변함없이 반복되었다고 해도 과언이 아니다.

통신사행이 시작되기 전에 미리 조선과 일본의 외교 실무진에서 사전에 협의하여 양측의 준수 사항을 정하는 절차가 1811년에도 있었음은 물론이다(그것을 講定이라 불렀음). 통신사 정사 김이교의 《신미통신일록》과 군관 유상필의 《동사록》에 '왜인이 바친 강정 내용을 적은 별지(倭人所呈講定別紙)'라는 제목과 함께 31개 항목을 열거하고 있는 것에서 이를 확인할 수

120) 원문은 《朝鮮信使來聘記》(岩國徵古館 소장)인데, 上関町教育委員会·上関町古文書解読の会, 《吉川藩正德度朝鮮通信使來聘記下》에 수록. 安田和幸, 〈에도시대 가미노세키(上關)의 조선통신사-쇼토쿠(正德)의 기록으로부터-〉, 《조선통신사연구》 17, 조선통신사학회, 2013, 140쪽, 160쪽 재인용. 국립해양박물관, 《통신사 선단의 항로와 항해》, 68-69쪽에도 이 자료가 소개되어 있다.

있다. '통신사행에 참여하는 일행을 각별히 타일러서 피차가(조선, 일본-역자주) 서로 다투는 일이 없도록 할 것'(一行之人各別申飭毋得彼此相爭事)을 일본 측이 제안한 내용이 위의 31개 항목 속에 들어 있었다.[121)]

이에 대하여 조선의 예조가 1810년 11월 10일 최종적으로 제시한 바 있는 1811년 통신사 강정 절목이 《통신사등록》에 실려 있다. 그것은 총 29개 항목으로 이루어져 있었는데, 그 중 19번째 항목에 위의 내용이 들어 있었다.[122)] 여기에서 말하는 서로 다투는 일 속에는 '개인적인 거래'와 '그로 말미암은 다툼'도 포함하는 넓은 의미의 분쟁을 가리키는 것임은 더 말할 나위가 없다.

그리고 예조는 같은 날(1810.11.10.) 통신사 금단 절목(禁斷節目)도 최종 확정하였다. 이것은 통신사 일행이 일본에 가서 해서는 안 되는 금지 사항과 처벌 기준을 열거한 세부 지침이라고 말할 수 있다. 1811년의 통신사 금단 절목의 내용을 아래에 간추려서 제시하였다.[123)]

〈사료 7-3〉

① (통신사) 일행이 가져갈 물건은 짐을 꾸릴 때부터 점검하고, 각각 글자를 써서 표시한 것을 사신이 확인한 뒤 착압(着押, 자기 성명이나 직함 아래에 도장 대신 일정한 字形을 써넣음-인용자주)을 한다. 지나가는 길, 머무는 곳에서 수시로 점검하여, (짐에) 표시가 없는 것은 관아에서 몰수하고 범인은 법률에 따라 죄를 다스린다.

② 본토(조선-인용자주)에서 생산되지 않는 물건 및 약재, 사라(紗羅), 능

---

121) 金履喬, 《辛未通信日錄》(영인본), 통문각, 1980, 57-62쪽; 柳相弼, 〈東槎錄〉, 《국역 해행총재 속편 X》, 285-287쪽.

122) 양흥숙, 〈《국역 통신사등록(Ⅷ) 해제》〉, 《國譯 通信使謄錄(Ⅷ)》(부산사료총서 27), 부산광역시사편찬위원회, 2020, 154-156쪽. 《통신사등록》 제14책 1810년 11월 10일 기록에 최종 결정된 29개 조항이 수록되어 있다; 《國譯 通信使謄錄(Ⅷ)》, 189-190쪽). 《邊例集要》 권 18, 국사편찬위원회 영인본, 585쪽.

123) 《國譯 通信使謄錄(Ⅷ)》, 194쪽.

단(綾緞), 황사(黃絲), 백사(白絲), 보물을 왜인에게 몰래 장사하는 자는 법률에 따라 죄를 다스린다.

③ 왜은(倭銀)이나 왜인이 가져온 대랑피(大狼皮)[124]를 무역하는 자, 포소(浦所)에서 몰래 장사하는 자, 이러한 사정을 아는 통사(通事)는 법률에 따라 죄를 다스린다.

④ 향통사(鄕通事)와 상고인(商賈人)이 왜인과 기약하여 어두운 밤에 만나 매매하거나 사사로이 만나면 《속대전》의 '잠상금물(潛商禁物)' 법률로 논단한다.

⑤ 일행의 인원들이 본국에서 기피해야 하는 일, 국가 중대사에 관계되는 일을 누설하는 자는 법률에 따라 죄를 다스린다.

⑥ 우리나라(조선-인용자주) 사람으로 바람에 표류(漂流)했다가 돌아온 사람은 격군(格軍)에 섞어 충원하는 것이 극히 미안하니 일체 충원하지 말라. 만일 적발이 되면 해당 수령을 각별히 더 논죄한다.

⑦ (통신사) 일행이 가져가는 군기(軍器)의 명색과 수효는 사신이 착압하여 장부를 만들고, 만약 장부 이외의 군기를 몰래 장사하여 매매하는 자가 있으면 모두 법률에 의해 죄를 다스린다.

⑧ 본국(조선-인용자주)의 각종 서책 등을 누설하여 사통(私通)하는 자, 중국에 관계되는 일을 누설하는 자는 모두 법률에 따라 죄를 다스린다.

⑨ (통신사) 일행의 원역 이하가 만일 왜녀(倭女)와 몰래 통정하다가 발각이 되면 극률(極律)로 논단한다.

⑩ 그 밖의 미진한 조건은 일에 따라 살펴 검사하되, 우리(조선-인용자

---

124) 大狼皮는 큰 이리(늑대)의 가죽을 말한다. 조선에서도 야생동물인 이리(늑대)의 가죽으로 옷을 지어 입었다(박순지·이춘계, 〈조선시대 皮物에 관한 고찰〉, 《복식》 29, 한국복식학회, 1996, 206쪽). 그런데 사치가 심하고 물가가 오르는 것을 막고자 "대소 관원의 안장(鞍子)에 大狼皮와 白魚皮 안을 쓰지 못하게" 한 것을 보면, 대랑피의 값이 고가였음을 짐작할 수 있다(《세종실록》 1433년(세종 15) 5월 22일 갑술). 그리고 "《대전속록》 금제조에서 '왜인이 갖고 온 大狼皮 등을 浦所에서 몰래 사고파는 것을 금지하였다."고 언급한 것을 보면(《연산군일기》 1499년(연산 5) 1월 15일 을해), 이미 15세기 말부터 일본의 대랑피가 조선으로 유입되고 있었음을 알 수 있다. 이것은 일본산 대랑피가 조선보다 저렴하였기에 가능한 일이었는데, 이러한 흐름이 1811년 시점까지도 이어진 것이 아닐까 생각된다.

주) 경내에서 범한 경우는 즉시 계문(啓聞)하고, 바다를 건넌 뒤에 범금(犯禁)한 경우는 사신이 그 범한 바의 경중을 헤아려서 무겁게 다스린다. 범한 바가 매우 중하여 기밀에 관계되거나, 잠상(潛商)으로 무거운 죄과를 범하였을 때는 수역(首譯)과 군관(軍官) 이하를 곧장 효시(梟示)한다.

⑪ 상통사 이하 일행의 하인이 금제(禁制)를 어기면 곤장(杖) 80대 이하로 곤장 죄를 다스린다.

1811년 통신사 금단 절목은 1747~48년의[125] 통신사 금단 절목과 흡사하다. 금지하는 내용을 살펴보면 그 대부분이 사적 매매(私的賣買), 즉 잠상(潛商), 밀매(密賣), 밀무역(密貿易) 등으로 표현되는 행위와 관련된 것이었다. 위의 11개 항목에서 알 수 있듯이, 외국산 물품과 약재, 비단(紗羅, 綾緞)과 그 원료(黃絲, 白絲), 보물 등을 일본인에게 판매하는 것이 금지되었다(제2항).[126] 조선의 군기(제7항)와 서책(제8항)을 일본에 가서 파는 것도 금지하였다. 이와 반대로 일본산 물품 중에서는 은(은화)과 대랑피(大狼皮)가 매매 금지 대상의 하나로 제시되어 있다(제3항).[127] 그 밖에 일본 여성(倭女)과 통정하는 행위(제9항), 국가 기밀의 누설(제5항) 등도 금지 대상이었다. 마지막 부분에서는 처벌 형량도 명시하고 있었다. 기밀과 잠상 등의 죄가 무거운 경우에는 극형(효시)에 처하며(제10항), 상통사 이하의 하인이 금제를 어기면 곤장(杖) 80대 이하로 하되, 귀국 전이라도 일본 내에서 즉시 단죄한다(제11항)고 되어 있다.

125) 《통신사등록》 1747년(정묘) 4월 13일 禮曹單子. 양흥숙, 〈《국역 통신사등록(Ⅷ) 해제》〉, 《國譯 通信使謄錄(Ⅷ)》(부산사료총서 27), 99-100쪽.

126) 이것은 앞에서 본 1763년 조엄의 《해사일기》에 보이는 禁制條의 제4항의 내용과 유사하다.

127) 1763년 조엄의 《해사일기》에 보이는 禁制條의 제5항에서도 금과 은의 매매를 금지하고 있는데, 1811년에는 大狼皮와 같은 일본산 물품이 매매 금지의 대상으로 확대된 것이 조금 차이를 보인다.

이처럼 조선도 일본도 국가권력 입장에서는 국서와 외교선물의 교환을 통하여 양국의 선린과 우의를 확인하고자 하는 '통신사 외교(通信使外交)'의 목적 달성이 훼손되지 않도록 개인적인 거래 같은 행위를 사전에는 물론이고 사후에도 철저하게 금지하고 통제하였다고 볼 수 있다. 그런데 통신사행 때마다 개인 간 거래를 금지하는 조항이나 지시가 되풀이되었다고 하는 것을 뒤집어서 생각해 보면, 이것은 통신사가 일본에 갔을 때마다 외교선물(예물)만 교환되었던 것이 아니라, 실제로는 사적 거래가 은밀하게, 그리고 지속적으로 이루어지고 있었음을 반증(反證)하는 것이라고 해석할 수도 있다.[128] 아래에서는 항을 바꾸어서 외교 무대 뒤에서 이루어진 사적 매매(私的賣買)의 흔적을 추적해 보고자 한다.

128) 비록 '은밀한' 거래는 아니었지만, 1719년 오사카(大坂)에 체류 중이던 통신사선(通信使船)의 선원(船員)들의 선상 생활(船上生活)을 분석한 결과를 보면 흥미로운 점이 발견된다. 조선인 선원들이 오사카에 계류 중이던 통신사의 선박 안에서 생활할 때, 일본 측이 제공해 준 잡물(식료품) 가운데 사용하고 남은 것을 그곳의 일본인들에게 판매한 적이 있었다. 이 일을 중개해 준 사람은 조선어를 구사하는 대마도(대마번)의 역관이었다. 대마도(대마번)가 작성한 기록에 따르면, "9월 12일 통사(通詞) 하기 한죠(萩半藏)가 조선인의 잡물(식료품) 중에서 팔 물건을 받아서 다케다 요지에몬(武田與次右衛門) 쪽에 전달하였으며, 열이틀 뒤인 9월 24일에는 잡물(식료품) 판매 일을 맡고 있던 하기 한죠가 잡물 판매 대금을 番所(계류 중인 통신사 선박을 감시하는 일본인의 근무지)로 가지고 가서, (그 대금을) 조선인에게 전달하였다."고 한다. 이 사례는 1719년 9월 4일부터 11월 3일까지(59일) 조선인 선원 110명이 오사카 잔류하고 있었을 때, 조선인 선원들의 편의를 위해서 남은 식료품을 팔아 받은 그 대금으로 모자란 식료품을 살 수 있게 일본 측 관계자가 승인해준 특별한 사례로 보인다. 그랬기 때문에 대마도(대마번)의 행정 문서에 이 사실이 기록되어 있는지도 모른다. 정성일, 〈通信使船 船員의 船商生活과 治療〉, 《한일관계사연구》 62, 한일관계사학회, 2018, 263-264쪽, 280쪽.

Ⅱ. 외교 경로를 이용한 은밀한 교역

여기에서는 구사바 하이센의 《津島日記》를 근거로 하여 1811년 통신사행(通信使行) 때 조선인과 일본인 사이에 개인적인 물품 매매가 있었는지를 확인하고자 한다. 통신사 정사 김이교의 《신미통신일록》이나 군관 유상필의 《동사록》에서는 '은밀한' 사적 거래 기록을 찾기 어려웠다. 아마도 이들 자료는 귀국 후 조선 정부에 보고하기 위한 것이었기 때문에, 당시 일어났던 일을 사실 그대로 모두 기록할 수는 없지 않았을까 생각한다. 그 반면에 구사바 하이센(草場珮川)은 제3자의 관찰자 입장에서 그가 직접 보고 들은 것을 비교적 자유롭게 기록으로 남길 수 있었을 것으로 판단된다.

1. 조선 소나무와 솔방울

1) 대마도 서산사(西山寺)의 조선 소나무[129)]

《津島日記》에는 그림이 여러 장 실려 있다. 그런데 여기에서는 다음 두 가지를 소개하고자 한다. 가장 먼저 소개할 것은 대마도(쓰시마) 서산사(西山寺 세이잔지)와 함께 그려진 조선 소나무이다. 〈그림 7-4〉에서 보는 것처럼 이것은 대마도 후츄(지금의 쓰시마시 이즈하라) 항구의 전경을 그린 것인데, 구사바 하이센은 이 그림의 제목을 '부중주도(府中湊圖)'라고 했다. 주(湊)는 일본어로 '미나토'라고 읽는데, 이것은 항구라는 뜻이다. 즉 '후츄 항구 그림'이 그가 붙인 그림 제목이다.

이 그림의 아래쪽으로 시선을 옮기면 '서산사(西山寺)'라는 세 글자가 보인다. 필자가 가장 주목하는 것은 바로 그 왼쪽으로 소나무 한 그루가 크게

129) 정성일, 〈이성린의 사로승구도와 대마도—구사바 하이센의 조선 소나무 그림과 비교—〉, 《조선통신사》(SUMMER 2020 여름호), 부산문화재단, 2020, 23-24쪽.

〈그림 7-4〉 구사바 하이센이 그린 대마도 서산사 앞의 조선 소나무

자료 : 草場珮川, 〈府中湊圖〉, 《影印本 津島日記》 上(西日本文化協會, 1978), 15B-16A쪽.

그려져 있는 부분이다. 소나무 옆에 '조선송 오엽(朝鮮松五葉)'이라고 적은 다섯 글자가 선명하다. 그 옆에 작은 글씨가 눈에 들어오는데, 자세히 보면 'ニテ大木'으로 적혀 있다.

이것을 정리해 보면 다음과 같다. 구사바 하이센은 서산사 바로 옆에 소나무 한 그루를 그려 놓고, 그곳에 "조선 소나무가 오엽이며 크게 자랐다"(朝鮮松五葉ニテ大木)고 설명을 달았다. 구사바 하이센이 '조선 소나무'(朝鮮松)라고 적은 것을 보면, 이것이 조선에서 대마도로 건너간 솔방울에서 싹이 나서 자란 (조선) 소나무(五葉松)일지도 모른다는 생각이 든다(조선 소나무의 묘목을 옮겨 심었을 가능성도 생각해 볼 수 있음). 그리고 이 소나무가 대마도에 처음 뿌리를 내리기 시작한 것은 1811년보다 훨씬 전이 될 것이다. 시기를 특정하기는 어렵지만, 그 이전에 있었던 통신사행(通信使行)이나 문위행(問慰行)[130]의 일원

130) 조선에서 문위행(問慰行)이라 부르는 외교사절을 가리켜 문위역관(問慰譯官) 또는 도해역관(渡海譯官)으로도 불렀다. 이것은 통신사(通信使)와 비교되는 중요한 개념이자 역사 용어이다. 그러므로 왜 조선 정부가 통신사행(通信使行)과 비교되는 외교사절을 가리켜 '역관사(譯官使)'라 하지 않고, 그것을 '문위행'으로 불렀는지 깊이 생각해 볼 일이다. 에도(江戶)에서 참근교대(參勤交代)를 마치고 '대마도에 귀국하는' 대마도주(對馬島主)를 위문(慰問), 위로(慰勞)하는 성격이 강한 '문위행(問慰行)'의 명칭을 단순히 역관으로 구성되었다 하여 '역관사(譯官使)'로 쉽게 치환(置換)하는 것은 재고할 필요가 있다. 게다가 조선 정부가 그것을 문위행(問慰行)이라 했을 뿐, 그 역관들을 가리켜 '문위사(問慰使)'라고 명명(命名)하지 않은 이유에 대해서도 좀 더 신중하게 접근할 필요가 있다. 이것은 조선 정부가 19세기 중엽 일본에서

으로 참가한 조선인에 의해서, 아니면 부산 왜관에 거주하던 일본인에 의해서, 조선 소나무의 씨앗(또는 묘목)이 일본 땅에 전에 진 것으로 추측된다.

2) 통신사 일행이 가져간 조선 솔방울[131]

〈그림 7-5〉는 구사바 하이센(草場珮川)이 조선 솔방울을 그린 것이다. 그는 그림의 제목을 '송구사진(松毬寫眞)' 즉 솔방울 사진이라고 붙였다. 송구란 솔방울을 가리킨다. 그가 사진(寫眞)이라는 두 글자를 넣어서 그림 제목을 단 것을 보면, 아마도 그가 조선 솔방울을 직접 눈으로 보고 나서, 그 솔방울의 생김새와 크기, 그리고 솔방울 안에 있는 열매(씨앗)를 실물과 같은 크기로 그려서 일기에 남겨 놓았던 것이 아닌가 짐작된다.

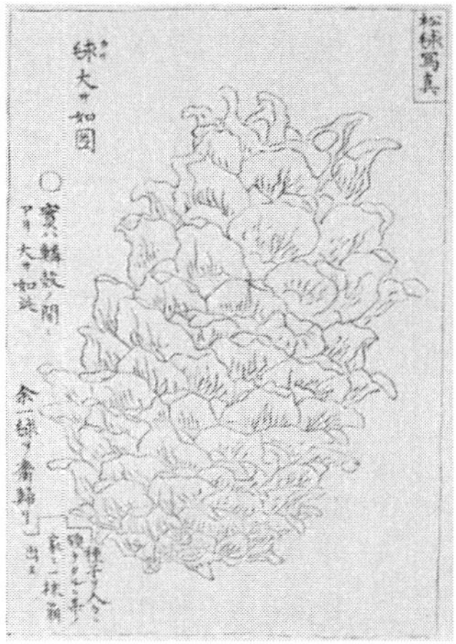

〈그림 7-5〉 구사바 하이센이 대마도에서 가져간 조선 솔방울

자료 : 草場珮川, 〈松毬寫眞〉, 《影印本 津島日記》 上(西日本文化協會, 1978), 28B쪽 貼紙

구사바 하이센의 《津島日記(쓰시마일기)》 상권 (1811년) 5월 10일[132] 기록에는 솔방

메이지유신(明治維新)이 일어날 때까지 대마도를 어떻게 바라보고 있었는지(羈縻), 조선 정부가 대마도와 달리 일본 막부를 어떻게 다르게 인식하고 있었는지(交隣), 이러한 물음에 답하고자 할 때, 매우 중요한 논점이 될 수 있다고 생각한다.

131) 정성일, 〈이성린의 사로승구도와 대마도—구사바 하이센의 조선 소나무 그림과 비교—〉, 《조선통신사》(SUMMER 2020 여름호), 20-25쪽.

132) 1811년 통신사 군관 유상필(1782- ?)이 쓴 〈동사록〉에는 이날 "큰비가 내리다가 낮부터 갰다(大雨午晴)."고만 기록되어 있을 뿐이다(柳相弼, 〈東槎錄〉, 《국역 해행총재 속편 X(고전국역총서 87)》, 민족문화추진회, 1977, 318쪽). 그런데 같은 날 구사바 하이센(草場珮川)의 《津島日記(쓰시마일기)》에도 "큰비가 내리다가 낮과 석양에는 바람이 불고 갰다(大雨日夕風晴)."고 적었다. 5월 10일 날씨에 관해서는 두 기록

울 그림과 함께, 다음과 같은 설명이 붙어 있어서 주목을 끈다.

〈사료 7-4〉
솔방울은 (일본어로) '가사'인데, 크기가 그림과 같다(毬 カサ 大サ如圖).
열매(씨앗)는 비늘처럼 생긴 껍질 사이에 있으며, 크기는 역시 이와 같음(實ハ鱗殼ノ間ニアリ大サ亦如此然リ).

이어서 구사바 하이센은 자신도 솔방울 한 개를 받아 갔다고 했다. 그의 설명은 이렇게 이어진다.

〈사료 7-5〉
나도 솔방울 한 개를 가지고 돌아왔음(余一毬顆ヲ齎帰リ).
종자를 다른 사람에게 나누어 주었는데, 아무개 집에서 싹이 한 그루 나왔다(種子ヲ人々ニ頒チタルニ某ノ家ニ一株萌出ス).

구사바 하이센이 1811년 통신사 영접을 마치고 나서 대마도에서 사가(佐賀)로 돌아갈 때, 조선 솔방울 1개를 가져갔던 모양이다. 사가번(佐賀藩)으로 복귀한 그는 그 씨앗을 여러 사람에게 나누어 주었다고 했다. 그 가운데 조선 소나무 씨앗이 일본 땅에서 싹을 틔웠던 사례도 있었다고 적혀 있다.

구사바 하이센의 손에 들어간 조선 솔방울은 1811년 통신사 일행이 조선에서 대마도로 가져간 것으로 보인다. 〈그림 7-4〉의 서산사와 조선 소나무 그림, 〈그림 7-5〉의 조선 솔방울 그림이 2백 년 전 통신사를 통한 한일간 교류, 더 나아가서는 예물(외교선물)의 교환과 별도로 이루어졌던 또 하나의 교환, 즉 사적인 거래의 흔적을 말해 주는 것은 아닐까? 이 조선 솔방

의 내용이 서로 일치한다(날씨 기록의 내용이 서로 차이 나는 날도 있으니 주의가 필요함). 다만 조선 소나무 그림과 조선 솔방울에 관한 기록이 상세하게 남아 있는 것은 草場珮川의 《津島日記》 뿐이어서 이 점은 대조를 이룬다.

울은 누군가에 의해 통신사 사행단의 짐 속에 섞여서 바다를 건너 대마도로 들어간 것으로 보는 것이 자연스럽지 않을까 생각한다.

2. 통신사 일행의 사적인 교역품(韓物)의 종류와 가격

구사바 하이센의 《津島日記》 상권 (1811년) 5월 10일 조에는 흥미로운 기록이 보인다. 위의 솔방울 그림과 같은 날짜에 작성된 것을 보면, 아마도 이 둘이 거의 비슷한 시기에 구사바 하이센의 손에 들어간 것이 아닌가 짐작된다. 아래에 그 내용을 소개하면 다음과 같다.[133]

〈사료 7-6〉

(5월) 10일. 이날 비가 많이 왔다. 저녁에는 바람이 불다가 갰다.

○ 어떤 사람한테서 조선인이 가지고 온 여러 가지 품목을 얻었다. 외교사절이든 (그의) 하인이든 교역할 물품을 휴대하지 못하게 되어 있는 것 같은데, 중국도 회동관(會同館) 밖에서 여러 나라의 시장을 형성한다고 하니, 한인(韓人)도 이것을 본뜬 것 같으나, 매매(賣買)라고 할 수는 없음. 금전을 통용할 수 없으니, 어쩔 수 없이 물건을 가져다준다고 한다.[134]

여기에서 우리는 다음 세 가지 사실을 확인할 수 있다. 구사바 하이센이 말하는 한인(韓人)은 조선인을 가리킨다.

---

133) 草場珮川, 《津島日記》 上(《影印本 津島日記》 上, 西日本文化協會, 1978, 28A-28B쪽); 국립해양박물관 엮음, 《쓰시마일기(津島日記)》, 민속원, 2017, 68-69쪽, 399-400쪽.

134) 十日 大雨 日夕風晴

○ 或方ヨリ朝鮮人帶來諸色ノ品目ヲ得タリ
禮聘ノ使奴僕タリトモ交易ノ品フ携マシキニ似タレトモ唐山モ會同館外ニテ諸國ノ市ヲナス由韓人モコレニ倣ヘル カ賣買ト云ニハ非ス金錢不通ナル故ニ止コトヲ得ス品物ヲ齎ストソ

㉠ 1811년 통신사행 때도 그 전과 마찬가지로, 조선인도 일본인도 모두가 개인적으로 물품을 사고파는 매매 행위가 금지되어 있었던 원칙을 잘 알고 있었다. 구사바 하이센도 당시 사적인 거래 금지가 원칙이었음을 인지하고 있었다고 생각한다. 다만 대마도(대마번) 측이 이 때의 일을 얼마나 알고 있었고, 그것에 대하여 어떻게 대응했는지는 다른 자료를 더 발굴하여 추적해 나가야 한다고 생각한다.

㉡ 조선인들이 교역용 물품을 일본으로 가져간 것은 중국에서 펼쳐졌던 외교 사신을 통한 이른바 '사행무역(使行貿易)'을 염두에 두고 그것을 모방한 것이다. 유학자답게 구사바 하이센은 회동관(會同館)[135]을 언급하면서 중국(中國)[136]의 사례를 상기시켰다. 중국에 간 조선 사행이 귀국할 즈음에 청조(淸朝)의 감시 아래 며칠 동안 국제적인 교역을 행하던 회동관 후시(後市)가 열린 적이 있었는데, 구사바 하이센은 이에 관한 지식을 이미 가지고 있었던 것으로 보인다.

㉢ 드러내놓고 사거나 팔 수는 없었다. 게다가 금전을 이용한 거래가 불가능했기에, 부득이 물물교환 형태를 취했다. 앞에서 본 1811년 통신사 금단 절목의 제3항에서 "일본의 은(銀)이나 대랑피(大狼皮)[137]의 매매를 금지"한 것은 거꾸로 이러한 상품이 실제로 통신사 일행이 팔았던 조선 물품의 현물 결제 대상(즉 일본 물품)이었음을 의미하는 것은 아닐까?

구사바 하이센은 위의 설명과 함께, '조선 물건과 정가(韓物幷定價)'라는 제목을 달고(韓은 조선을 의미), 42종의 조선산 물품 종류와 가격을 열거하

135) 회동관(會同館)은 명(明) 초기에는 남경(南京)에 설치된 관원 접대(官員接待)와 역참(驛站)의 장소였는데, 그 뒤 북경(北京)에도 설치되었다. 조선에서 간 사신 일행이 이곳에 머물렀기에 조선사신관(朝鮮使臣館) 또는 조선관(朝鮮館)으로도 불렸다.

136) 구사바 하이센은 원문에서 당산(唐山)이라고 적었는데, 일본 발음으로는 도잔(とうざん)이다. 이것은 당토(唐土), 즉 중국(中國)을 가리킨다고 생각한다(新村出 편, 《広辞苑》, 岩波書店, 1976, 1567쪽).

137) 대랑피(大狼皮)가 이미 15세기 후반부터 일본에서 조선으로 유입되고 있었던 사실이 조선왕조실록을 통해서 확인할 수 있다.

였다. 기재된 순서대로 이를 정리한 것이 〈표 7-16〉이다.

〈표 7-16〉 통신사행에 참가한 조선인이 일본으로 가져간 '교역용' 물품 목록(1811년)

No	품명	가격		비고
		(價錢, 孔)	(金, 方)	
1	色軸筆	115		여러 색의 붓
2	硯石	2,500		벼루. 원문은 2貫 500孔
3	仝上品		2	고급 벼루.[138] 원문은 金 2方
4	墨	432		먹
5	雪花紙	120		빛깔이 흰 종이(설화지)
6	笠紙	90		삿갓 모양으로 접은 종이(입지)
7	菊花紙	180		국화 무늬 종이(국화지)
8	壯紙	32		두꺼운 양질의 종이(장지)
9	扇	194		부채
10	團扇	120		둥글 부채. 원선(圓扇) 또는 방구(方球) 부채로도 부름. 일본어 단센.
11	花席	540		돗자리
12	松毬	50		솔방울
13	豹皮	6,300		표범 가죽. 원문은 6貫 300孔
14	油製烟帒	58		담배를 담는 주머니(기름종이로 제작)
15	烟管	225		담뱃대
16	練油	3,780		물감용 기름? 원문은 3貫 780孔
17	送使油(ソサ)	1,040		송사가 사용하는 기름? 원문은 1貫 40孔.
18	生油	3,960		생기름? 원문은 3貫 960孔
19	油布	450		기름 먹인 베(윤기 나는 천)
20	吐綿紬(トメグチユウ)	9,900		명주. 토주(吐紬)는 바탕이 두껍고 누르스름한 명주. 면주(綿紬)는 명주실로 무늬 없이 짠 것. 원문은 9貫 900孔.
21	ヤケンソ袴	3,600		바지? 袴은 일본어 하카마(바지). ('야켄소'가 조선의 어떤 발음을 일본어로 적은 것인지 알 수 없음) 원문은 3貫 600孔.
22	蠟製帛袱(フクサ)	300		밀랍을 입힌 비단 보(일본어 '후쿠사'는 작은 비단 보, 服紗·袱紗)

No	품명	가격		비고
		(價錢, 孔)	(金, 方)	
23	木綿	1,620		무명베. 원문은 1貫 620孔
24	手操上下	7,300		손으로 짠(手操=手繰?) 예복 저고리와 바지(上下). 일본어 가미시모(裃)는 격식 갖춘 禮裝(禮服). 원문은 7貫 300孔. 手操은 일본어 다구리
25	白布	1,390		흰 모시베(백저포)? 원문은 1貫 390孔
26	棗	40		대추
27	胡桃子	90		호두
28	松實	150		잣
29	杖竹	90		지팡이로 쓰는 대나무(장죽)
30	羅宇竹	30		담뱃대로 쓰는 대나무. 라우는 라오스를 뜻함. 파이프 담뱃대의 불을 붙이는 통(火皿)과 吸入口를 연결하는 대나무 管
31	胡麻油	360		참기름
32	人蔘	1,040		인삼. 원문은 1貫 40孔
33	覃蔘	270		삼의 일종?(담삼이 어떤 삼인지 알 수 없음) 禮單蔘의 줄임말인 單蔘의 誤記?
34	皮鞘小刀	132		가죽 칼집 주머니칼
35	蔘葉	80		삼 잎파리
36	香母子	200		유자의 일종인 청귤? (신맛이 강해 식초로 사용)
37	鈔羅	2,700		놋쇠(구리 합금)로 만든 찻잔용 물그릇. 원문은 2貫 700孔
38	楮鞘小刀	1,030		닥나무 칼집 있는 주머니칼. 원문은 1貫 30孔
39	土鍋	145		뚝배기 그릇(일본어 도나베)
40	大油紙	675		방수용 기름종이(유지) 큰 것
41	茶碗壺	80-180		찻잔용 그릇(사발, 보시기) 원문은 自八十孔至百八十孔
42	虎皮	30,000		범가죽. 원문은 30貫

주 : 孔은 구멍이 뚫어진 銅錢을 의미, 1文錢을 가리키며, 일본어 음은 '고(コウ)'임(精選版 日本国語大辞典).
자료 : 草場珮川, 〈津島日記 上(文化八年辛未五月朔日)〉, 《草場珮川日記 上卷》(西日本文化協會, 1978), 68-69쪽.

138) 3단으로 작성된 원문을 한 줄씩 세로로 읽어 내려간다면, 仝上品은 硯石의 上品이 될 수도 있다고 생각한다. 물품 가격을 놓고 본다면, 茶碗壺의 단가가 錢 80-180孔이 되고, 그것의 上品이 金 2方이 되는 것이며, 만일 硯石이라면 보통 수준의 것이 錢 1貫 500孔이 되고, 그것의 上品 단가가 金 2方이 되는 셈이다. 따라서 여기에서

〈표 7-16〉은 중요한 정보를 제공해 주고는 있다. 그렇지만 여전히 분명하지 않은 점도 있다. 예를 들면 물품의 명칭만으로는 그것이 어떤 물건인지를 알기 어려운 것도 더러 있다.

그리고 여기에 소개된 물품이 실제 이 가격으로 대마도에서 '팔린' 것인지, 아니면 이렇게 '판매하려고' 했던 것인지는 확실하게 알 수 없다. 판매자와 구매자가 누구였는지도 알 수가 없다. 이 자료가 '가격표'이기 때문이기도 하겠지만, 물품의 수량에 관한 기록이 없는 것도 이 자료가 지닌 한계점이다. 더구나 구사바 하이센조차도 이 정보를 자신에게 제공한 사람을 '어떤 사람'으로만 적고 있을 뿐, 그에게 이 정보를 제공한 사람의 '신원'을 밝히지도 않았다. 아마도 그가 막부의 사적 매매 금지 정책을 염두에 두고 있었기 때문에, 그것을 자세하게 밝히기 어려웠을지도 모른다.

〈표 7-17〉 통신사행에 참가한 조선인의 '교역용' 물품 종류와 가격 비교(1811년)

영역	종류	품명	가격					
			(錢, 孔)					(金, 方)
			100 미만	백-천	천-5천	5천-만	만 이상	
① 공예품	뚝배기	土鍋		145				
	찻잔용 그릇 (사발, 보시기)	茶碗壺		80-180				
	돗자리	花席		540				
	둥글 부채	團扇		120				
	부채	扇		194				
	가죽 칼집 작은 칼	皮鞘小刀		132				
	닥나무 칼집 작은 칼	楮鞘小刀			1,030			
② 기호품	담배 주머니	油製烟帒	58					
	담뱃대	烟管		225				
③	먹	墨		432				

물품 가격만 놓고 본다면 소은 硯石을 가리킬 가능성이 더 높아 보인다.

영역	종류	품명	가격 (錢, 孔)					(金, 方)
			100 미만	백-천	천-5천	5천-만	만 이상	
문방구	벼루	硯石			2,500			
		仝上品(硯石)						2
	붓	色軸筆		115				
	종이	菊花紙		180				
	종이	大油紙		675				
	종이	雪花紙		120				
	종이	壯紙	32					
	종이	笠紙	90					
④ 식품류	대추	棗	40					
	잣	松實		150				
	호두	胡桃子	90					
⑤ 약재류	인삼	人蔘			1,040			
	인삼	覃蔘		270				
	인삼 잎	蔘葉	80					
⑥ 유제품	기름	練油			3,780			
	참기름	胡麻油		360				
	기름	送使油			1,040			
	기름	生油			3,960			
⑦ 죽물류	대나무	杖竹	90					
	대나무	羅宇竹	30					
⑧ 직물류	명주	吐綿紬				9,900		
	무명	木綿			1,620			
	예복 상하	手操上下				7,300		
	바지?	ヤケンソ袴			3,600			
	베	油布		450				
	베	白布			1,390			
	보자기	蠟製帛袱		300				
⑨ 피혁류	표피	豹皮				6,300		
	호피	虎皮					30,000	
⑩ 기타	**솔방울**	**松毬**	50					
	청귤?	香母子[139]						
	찻잔용 물그릇	鈔羅[140]			2,700			

자료 : <표 7-16>에서 작성.

139) 香母子는 일본어로 가보시(かぼし)라 읽지 않을까 생각한다. 가보스(かぼす)는 유

〈표 7-17〉은 〈표 7-16〉의 내용을 종류별, 가격별로 비교하기 위하여 작성한 것이다. 비록 한정된 정보를 바탕으로 한 것이지만, 통신사행(通信使行)을 계기로 한 사적 매매(私的賣買)의 '존재' 가능성을 뒷받침해 주는 이 표를 근거로 하여, 다음과 같은 점을 지적할 수 있다.

㉠ 조선 물품에 대한 가격 정보는 기본적으로 동전(銅錢)을 기준으로 평가한 것으로 보인다. 다만 <표 7-16>의 No. 3 '仝(硯石?) 상품(上品)'의 가격을 금(金) 2방(方)으로 적은 것은 유일한 예외이다(方의 의미는 필자가 알지 못함).[141] 조선 물품의 정가(定價)를 금액으로 나타낼 때 '○○공(孔)'이라 적혀 있는데, 이때의 '공'은 가운데에 구멍이 뚫어진 동전(銅錢)을 가리키며, 구체적으로는 동전 1문전(文錢)을 의미하는 것이라 생각한다. 즉 '공' 앞에 붙은 숫자는 동전의 액수(額數)을 나타내는 것이다. 그러므로 '공(孔)'은 동전 단위로 쓰이는 '문(文)'과 같은 것으로 이해해도 좋을 듯하다.[142] 다만 이때의 동전이

자의 일종으로 청귤과 비슷한데, 신맛이 강해 식초 원료로 사용된다. 일본에서는 현재도 香母酢(かぼす)라는 명칭의 상품이 있다. 그런데 조선보다는 일본이 기후가 더 따뜻해서 감귤류는 일본산이 더 품질이 좋았을 것 같은데, 조선산 감귤류가 대마도에서 팔린 것은 조금 의외이다. 만일 이것이 사실이라면, 당시만 하더라도 대마도에서 香母子(香母酢?) 같은 감귤류의 재배가 많지 않았기 때문은 아닐까?

140) 鈔羅는 일본어로 쇼라(しょうら)라 읽지 않을까 생각한다. 구리에 아연(때로는 약간의 은을 추가)을 섞어서 만든 響銅을 사하리(さはり)라고 한다. 이것을 처음에는 佛具 등을 제작하는 데 쓰다가, 나중에는 찻잔을 씻은 물(建水, (けんすい)을 받아내는 그릇(茶道具) 제조에 사용하였다. 처음에는 찻잔 씻은 물을 받는 그릇(水翻し, 미즈 고보시)으로 나무 밥그릇(面桶, めんつう, めんつ)을 사용하였는데, 그것이 나중에는 響銅으로 만든 물그릇(鈔羅)으로 발전한 것으로 보인다.

141) 연석(硯石) 상품(上品)의 값을 금(金) 2방(方)이라고 적은 것으로 보아서는 이때의 방(方)이 '약간의 금붙이 조각'을 말하는 단위로 추정된다. 그 중량이나 가치가 어느 정도였는지는 알 수 없지만, 보통 수준의 연석(硯石) 가격인 동화(銅貨) 즉 동전(銅錢) 2관(貫) 500공(孔)보다는 더 높은 가치를 지녔을 것으로 판단된다.

142) 일본은 에도(江戶)시대에 금화(金貨), 은화(銀貨), 동화(銅貨)의 이른바 '3화 제도(三貨制度)'를 운영하였다. 그리고 금(金) 1냥(兩)=은(銀) 50匁(또는 60匁)=전(錢) 4,000

조선 동전인지, 아니면 일본 동전인지 확실하지 않다.

㉡ 이 밖에도 다양한 물품의 정가가 소개되어 있다. 그런데 이 가격이 어떻게 해서 이 금액으로 책정된 것인지는 기록이 없어서 분명하게 알기 어렵다. 그렇기는 하지만 여러 물품 사이의 상대적 비율(상대가격)을 파악할 수 있게 하는 점에서는 이것이 유익한 정보임에 틀림이 없다.

㉢ 물품의 종류와 가격을 함께 비교해 보면 몇 가지 특징이 발견되는데, 이를 종류별로 구분하여 살펴보면 아래와 같다.

- 공예품: 흙을 빚어 만든 조선 그릇으로는 뚝배기(土鍋, 일본어 '도나베')가 동전으로 145공, 그리고 찻잔용 사발(茶碗, 일본어 '쟈완'), 보시기(壺, 일본어 '쓰보')가 동전으로 80공에서 180공 사이에서 값이 매겨졌다. 식물에서 뽑은 섬유질을 가지고 짠 돗자리(花席)가 540공이었다. 부채(扇)는 194공이었는데, 둥글 부채(團扇)의 값은 이보다 싼 120공에 머물렀다. 주머니에 넣을 정도의 작은 칼(小刀)이 두 종류가 있었다(皮鞘小刀 132孔, 樒鞘小刀 1貫 30孔). 아마도 조선 그릇은 조선 음식문화가 일본과 달라서, 그리고 부채나 칼(또는 칼집)은 문양(디자인)이 일본 제품과 달라서 일본인의 주목을 끌었을 것으로 짐작된다.
- 기호품(담배): 담뱃대와 관련된 것이 두 가지가 포함되어 있었다(油製烟帒 58孔, 烟管 225孔). 그런데 이것도 양측 제품의 문양(디자인) 차이 때문에 일본인의 시선을 끌지 않았을까? 다만 담배 그 자체는 조선 물품의 목록 속에 없었다. 이것이 당시 일본인이 조선 담배의 품질을 그다지 높게 평가하지 않았음을 말해 주는 것인지, 아니면 일본인이 조선 담배에 대한 호기심을 보이지 않은 것을 의미하는지 궁금

文(4貫文)이 공정가격(公定價格)이다. 즉 1601년부터 이 제도를 도입하기 시작하여, 1609년에 금(金) 1兩=은(銀) 50匁을 비가(比價)로 공정(公定)했다가, 1700년 이후는 금(金) 1兩=은(銀) 60匁=錢 4貫文으로 3가지 화폐의 공정비가(公定比價)를 개정하였다. 시장의 수요와 공급 상황에 따라 변동하는 시장비가(市場比價)와 정부가 정한 공정비가(公定比價) 사이에 괴리가 있었음은 물론이다. 三上隆三, 《江戶の貨幣物語》, 東洋經濟新報社, 1997, 120-122쪽.

하다.

- 문방구: 문방사우(文房四友) 또는 문방사보(文房四寶)로 불리는 종이·먹·붓·벼루가 조선에서 일본으로 건너갔다. 종이는 5종이 있었다(大油紙 675孔, 菊花紙 180孔, 雪花紙 120孔, 笠紙 90孔, 壯紙 32孔). 이 가운데 기름종이가 가장 비쌌고, 장지가 가장 쌌다. 종이나 붓(色軸筆 11孔), 먹(墨 432孔)보다도 벼루의 값이 월등히 비쌌다. 특히 벼루는 두 종류가 있었다. 보통 수준의 것이 동전 기준으로 2관(貫) 500공(孔)이었고, 고급 벼루의 값은 금(金) 2방(方)이었다. 고급 벼루의 값만 유일하게 금(金)을 기준으로 값을 매긴 것이 눈에 띈다.
- 식료품: 세 종류가 있었다. 대추(棗 40孔), 호두(胡桃子 90孔), 잣(松實 150孔) 중에서는 잣이 가장 비쌌다.
- 약재류: 조선을 대표하는 특산품 중 하나이자, 조선 국왕이 일본 막부 쇼군(將軍)에게 보낸 외교선물의 첫 번째 항목을 차지했던 인삼의 값이 동전 기준으로 1관(貫) 40공(孔)이었다. 그런데 인삼보다 값이 더 비싼 물품이 여럿 있었던 것으로 보인다(虎皮 30貫, 吐綿紬 9貫 900孔 등). 이때의 인삼 품질이 그다지 높지 않았을 수도 있지 않았을까? 이 밖에 담삼(覃蔘)이 270공(孔), 인삼의 잎(蔘葉)가 80공(孔)으로 값이 정해져 있었다. 담삼이 어떤 인삼을 가리키는 것인지는 알 수 없다. 인삼 뿌리만이 아니라, 인삼의 잎(蔘葉)까지 일본인에게 팔릴 정도였다는 점이 흥미롭다. 이것은 일본에서 조선 인삼에 대한 인기가 여전히 높았음을 말해 주는 증거가 될 수 있다.
- 유제품: 식물(또는 동물?)에서 얻은 기름으로 보이는 것이 4종이 있었다(生油 3貫 960孔, 練油 3貫 780孔, 送使油 1貫 40孔, 胡麻油 360孔). 그런데 참기름(胡麻油)을 제외하고는 나머지 기름이 어떤 것을 가리키는지, 물품의 명칭 자체만으로는 알기 어렵다.
- 죽물류: 조선에서 가져간 대나무가 두 종류 있었다(杖竹 90孔, 羅宇竹 30孔). 나우죽(羅宇竹, 羅宇가 라오스를 의미?)의 명칭에서 짐작할 수 있듯이, 이것은 일본에서 담뱃대(설대), 즉 담배통과 물부리 사이를 잇는 가느다란 대를 만드는 재료로 쓰였기 때문에, 그런 명칭이 붙었던 것은 아닐까?

- 직물류: 식물에서 얻은 섬유질(또는 동물 털?)을 재료로 써서 짠 조선의 직물류가 7종이 있었다. 고가품으로는 명주(吐綿紬 9貫 900孔)와 손으로 짠 격식 갖춘 예복(手操上下[143] 7貫 300孔)이 있었다. 그 뒤에 무명베 등이 있었다(木綿 1貫 620孔, 白布 1貫 390孔, 油布 450孔). 보자기(蠟製帛袱 300孔)도 앞에서 본 공예품처럼 조선의 독특한 문양(다자인)이 들어간 것이 아니었을까 짐작해 본다. 그런데 '야켄소'라는 이름을 일본어로 음을 따서 적은 바지(ヤケンソ袴, 3貫 600孔)가 어떤 것을 의미하는지는 알기 어렵다. 값도 꽤 비싼 물품으로 보이는데, 조선의 어떤 물품을 가리켜 여기에서 이렇게 기재한 것인지는 알 수 없다. 일본에서 하카마(袴)는 일본식 하의(下衣)를 가리킨다.
- 피혁류: 호피(虎皮)와 표피(豹皮) 두 가지가 있었다. 호피(30貫)와 표피(6貫 300孔) 값의 차이가 4.76배로 호피의 가격이 더 비쌌다. 이것은 그 정도로 호랑이 가죽이 훨씬 비싸게 일본에서 팔리고 있었음을 말해 준다.
- 기타: 다도구(茶道具)로 쓰이는 놋쇠(구리 합금)로 만든 찻잔용 물그릇을 가리키는 것으로 생각되는 초라(鈔羅, 2貫 700孔), 그리고 유자의 일종인 청귤과 같은 감귤류로 짐작되는 향모자(香母子, 200孔)가 더 있었다. 그런데 그 무엇보다도 구사바 하이센이 〈그림 7-5〉와 같이 직접 그린 조선 솔방울(50孔)이 시선을 끌었다. 아마도 구사바 하이센이 그린 솔방울도 값을 치른 것일 수 있다고 생각한다. 즉 구사바 하이센의 '솔방울 그림' 속의 솔방울이 1개당 동전 기준으로 50공(孔)씩 지불하고 매매(賣買)한 조선 물품 중 하나였다고 보아도 크게 잘못은 아닐 것으로 판단된다.

143) 手操는 手繰와 일본어 발음(てぐり)이 같아서 '손으로 짠 것'을 의미하는 것으로 보았다. 상하(上下)는 일본어 발음(かみしも)이 裃와 같으며, 상의(저고리)와 하의(바지)를 뜻한다. 裃는 일본 에도(江戸)시대 무사(武士)가 입는 예복(禮服) 차림을 가리킨다.

3. 통신사 일행에 의한 사적 매매(私的賣買) 가능성

종래의 통신사 연구에서는 통신사의 일본 방문을 통한 양국의 '사인 간(私人間)' 물품 매매에 대해서는 거의 관심을 기울이지 않았다. 지금까지는 이 분야의 연구에 주로 활용한 자료가 통신사 사행록(使行錄)이라든가, 대마도(대마번)의 공식 기록인 이른바 대마도종가문서에 집중되어 있어서 이러한 결과를 가져왔는지도 모른다.

그런데 구사바 하이센의 일기를 통해서 알 수 있듯이, 양측 공식 기록에 등장하지 않는 물적 교류가 다양한 형태로 이루어졌을 가능성에 대해서도 앞으로 더 깊은 관심이 요구된다. 〈표 7-16〉의 경우처럼 40종이 넘는 물품이 외교적 기능을 하는 예물(외교선물)이 아니라, 처음부터 경제적 이윤을 추구하고자 '매매'를 목적으로 조선에서 일본으로 운반되었으며, 각각의 물품에 대하여 정가(定價)가 책정되어 있었을 정도였다는 점은 시사하는 바가 크다. 이것은 말하자면 통신사행(通信使行)을 통한 사적 매매(私的賣買)의 가능성을 역설(力說)하고 있는 증거가 될 수 있다고 생각한다.

한 가지 가능성을 더 지적한다면, 조선 물품이 일본으로 흘러 들어갔을 뿐만 아니라, 그 반대로 일본 물품이 조선으로 유입되는 흐름도 함께 존재했을 것으로 추정해 본다. 구사바 하이센의 지적대로 '금전 통용'이 금지된 상황에서는 물물교환이 그 대안으로 제시되었을 것이 분명하다. 따라서 교환 비율은 〈표 7-16〉의 정가를 기준으로 정하더라도, 그 결제수단으로 일본 물품이 조선인에게 지급되었을 것으로 보는 것이 합리적 추론이다. 다만 현재로서는 사적 매매와 관련된 추가적인 자료를 발견하지 못해 더 이상은 알기는 어렵다.

여기에 한 가지 덧붙인다면, 1811년 5월 14일에 있었던 기록의 내용에도 주목할 필요가 있다는 점이다. 유상필의 《동사록》에는 "맑음"이라고만 적었을 뿐, 이날 있었던 일에 대해서 상세한 기록이 없다. 그런데 구사바 하이센의 같은 날 《津島日記(쓰시마일기)》에는 "비가 내렸다"고 적었다. 게다가 대마도의 통신사 숙소를 가리키는 객관(客館)에서 조선 측이 죄과(罪科)를 다스리는 장면이 상세히 소개되고 있어서 크게 주목된다. 이것은 통신사의 원역과 동행할 일이 있어서 그곳에 들어갔다가 직접 목격한 사람(일본인)의 말을 구사바 하이센이 전해 들은 뒤, 그것을 그의 일기에 기록으로 남겼다고 되어 있다. 그 내용을 전문 그대로 인용하면 아래와 같다.[144)]

〈사료 7-7〉

14일 비

객관에서 죄와 허물을 규명하는데, 회초리(곤장?)를[145)] 손에 쥐고 장딴

---

144) 草場珮川, 〈津島日記〉 上, 《草場珮川日記》 上巻(西日本文化協會, 1978), 70쪽; 국립해양박물관 엮음, 《쓰시마일기(津島日記)》, 74쪽, 395쪽.

145) 원문은 執柄인데, 구사바 하이센이 柄이라고 적은 것은 杖, 즉 荊杖을 가리키는 것으로 보인다. 《大明律直解》에 따르면 荊杖은 본디 가시나무(荊) 가지로 만든다. 笞刑에 쓰이는 杖은 작은 가시나무 가지로 만들고, 杖刑에 쓰이는 杖은 큰 가시나무 가지로 만든다. 조선시대 죄인을 다스리는 5가지 형벌은 死刑, 徒刑(강제 노역), 流刑(유배), 杖刑, 笞刑이었다. 장형은 60에서 100까지, 그리고 태형은 10에서 50까지, 각각 5등급으로 나누어 10마다 1등급씩 加減 하였다. 장형과 태형에 형장(곤장)이 쓰였는데, 장형과 태형에 쓰이는 杖의 길이(3尺 5寸)와 小頭쪽으로 볼기(엉덩이)를 치는 것은 동일하였으나, 大頭의 직경(杖刑은 3分 2厘, 笞刑은 2分 7厘)과 小頭의 직경(杖刑은 2分 2厘, 笞刑은 1分 7厘)은 차이가 있었다. 杖의 규격과 재질 등은 《大明律直解》(獄具之圖)에 나와 있다(《譯註 經國大典 註釋篇》, 국역총서 92-2, 한국정신문화연구원, 1992, 671-672쪽). 앞에 소개한 1811년 통신사 금단 절목의 맨 마지막 조항에 나오는 '杖'도 기본적으로는 이 조항의 규정을 적용하였으리라 짐작된다. 다만 일제 강점기에 김윤보(1865-1938)가 그린 《刑政圖帖》(개인 소장)에 나오는 실제 태형 집행 장면을 보면, 회초리로 때리는 경우도 있었다. 조선총독부 법무국 행형과에서 1937년에 김윤보의 〈형정도첩〉 48점을 전부 실은 《司法制度沿革圖譜》를 제작했다고 한다. 형정도를 열람했던 이태호는 《季刊美術》 제39호(중앙일보사, 1986)에 〈긴급 입수 初公開祕畵 朝鮮時代 刑政圖帖〉이라는 제목의 글을 소개하였다(신선영, 〈죄와 벌의 시각화: 20세기 초 김윤보의 《형정도첩》〉, 문화재청 공식 블로그. 인천공항 문화재감정관실 문화재감정위원 신선영; 국사편찬위원회, 우리역사넷 참조). 다만 구사바 하이센이 적은 것이 회초리인지, 아니면 곤장이었는지

> 지(허벅다리)를[146] 때리는 일이 있었다. 윗자리에 3인의 상관이 자리를 잡고, "죄를 묻겠다"는 명령을 내리자, 한마디 할 때마다 한 번 때린다. 50타, 30타 등 차이가 있음. 상관의 뒤에 한 사람이 야전용 큰 칼처럼 생긴 물건을 세워 잡고 호위한다. 그것은 바로 우리나라(일본-역자주)에서 다다요시(忠吉)[147]가 만든 큰 칼(과 같은 것)과 같은 것인데, (아마도 이것은) 관(官)에서 받은 것일 터이다.
>
> 이것은 (통신사 일행과) 동행하는 중에 일이 있어 객관으로 들어가 보게 된 것을 전해 들은 것임.[148]

여기에서 말하는 상관(上官) 3명이 누구였을까? 그리고 죄과를 추궁당한 사람은 또 누구였을까? 아마도 채찍 같은 것으로 장딴지를 때리거나, 아니면 매(곤장?)를 친 것으로 추정되는데, 50타(打), 30타씩 매를 맞은 사람들의 죄목은 무엇이었을까? 앞에서 본 1811년 통신사 금단 절목(총 29개 항목)의 맨 마지막에 나오는 "상통사(上通事) 이하 일행의 하인(下人)이 어기

명확하지는 않다.

146) 이 다음 문장에 '50打, 30打'라는 표현이 있는 것으로 보아서는 杖刑이 아니라 笞刑에 해당되는 것으로 보인다. 위에서 보듯이 《大明律直解》에는 태형이든 장형이든 볼기(엉덩이)를 치게 되어 있었는데, 실제로는 장딴지(또는 허벅다리)를 때리는 경우도 있었다. 구사바 하이센이 荆라 쓰고 그 위에 '장딴지'라는 뜻의 일본음 고무라(コムラ)를 달아 놓은 것을 보면 장딴지일 수고 있다고 생각한다. 다만 구사바 하이센이 직접 목격한 장면이 아니라, 당시 현장에 갔다 온 일본인의 이야기를 전해 듣고 적은 것이어서, 실제로 어느 부위를 때렸는지 이 기록만으로는 정확히 알기 어렵다.

147) 忠吉은 일본 에도(江戸) 시대 초기 히젠(肥前)의 刀工으로서 지금의 사가현(佐賀県) 사가시(佐賀市)를 중심으로 활약한 하시모토 신자에몬(橋本新左衛門)의 號이다(新村出 편, 《広辞苑》, 岩波書店, 1976, 1375쪽).

148) 十四日 雨

客館ニテ罪科ヲ糺スニ、執柄(シツペイ)ニテ荆(コムラ)ヲ打コトアリ、座上ニ三人ノ上官アリテ、罪ヲ行フノ意ヲ命シ、一言ニ一打ス、五十打·三十打等之差アリ、上官之後ロニ一人、野大刀ノ如キ物ヲ竪ニ持テ、儀衛ヲナス、即チ、我国エ忠吉作ノ巨刀ニテ、官ヨリ賜ハルモノナリトゾ、此ハ同行中ヨリ由アリテ、館ニ入リ見及ケル伝話ナリ

면 즉시 곤장 80대로 처벌한다."는 규정이 이때의 일과 관련된 것은 아닐까?

게다가 구사바 하이센이 〈표 7-16〉의 '조선 물건과 정가(韓物幷定價)'에 관한 정보를 입수한 것이 5월 10일인데, 그로부터 불과 4일 뒤(5.14)에는 객관(통신사 숙소)에서 있었던 문초(問招) 장면이 그에게 전해진 셈이다. 이때 상관(上官) 3인에 의해 문초를 당한 사람들은 사행 참가자 336명 중에서 중관(中官)이나 하관(下官)에 속하는 사람들로 추정된다. 혹시 5월 10일과 14일에 있었던 두 가지 일이 서로 연관이 있는 것은 아닌지 자못 궁금하다. 그렇지만 현재로서는 그 이상 확실한 것은 알 수가 없다.

지금까지 살펴본 것처럼, 외교사행 그 자체는 정치와 외교와 관련된 것이었지만, 거기에 그치지는 않았다. 그것은 비용이 소요되는 일이어서 기본적으로 경제문제와 무관하게 이루어질 수가 없었다. 더구나 그것이 사회와 문화 등 여러 분야에도 영향을 미쳤음은 더 말할 나위가 없다. 지금도 '외교 행낭(外交行囊, diplomatic bag, diplomatic pouch)'이라는 말이 있듯이, 외교관이 외국을 드나들 때는 일반인과는 다른 예외가 적용되기도 한다. 이처럼 조선시대 통신사행(通信使行) 참가자들도 '외교 행낭'과 유사한 짐 속에 예물(외교선물)과 별도로, 즉 사적 매매(私的賣買)를 목적으로 처음부터 따로 준비해갔던 물품이 있었을 수도 있다고 생각한다.

통신사행(通信使行) 때 사적 매매(私的賣買)가 있었다는 사실이 비록 단편적이기는 하지만 기존 연구에서도 언급된 바 있다. 그런데 지금까지 살펴본 1811년 사례처럼 42종의 물품 종류와 가격이 목록 형태로 존재하는 기록은 이와 비슷한 사례를 찾기 어렵다. 대마도와 일본 땅에 심어진 조선 소나무를 통해 알 수 있듯이, 조선과 일본 사이에는 외교 경로를 통해서 사람과 함께 물품이 교환되고 있었으며, 그 역사는 꽤 길고도 깊었다. 1811년 통신사행의 경우도 그 전과 마찬가지로 "인삼 밀매를 하다 적발되면 극형

(사형)에 처한다."고 일행 모두에게 사전에 알려서 철저히 통제하였지만, 그해 5월 10일 대마도에서 구사바 하이센의 손에 전달된 '교역용 조선 물품' 속에 버젓이 '인삼(人蔘)'과 '담삼(覃蔘)'과 '삼엽(蔘葉)'이 올라 있었을 정도였다. 외교사행 중에 무역을 통해 이익을 얻을 기회가 존재하는 한, 사적 매매를 완전히 뿌리 뽑을 수는 없었다고 생각한다. 그렇기에 외교 무대의 전면에서 공개적으로 외교선물 형태로 교환되는 물품이 역사적으로 큰 의미를 지니는 것은 더 말할 나위가 없지만, 외교 무대 뒤에서 은밀하게 거래된 물품에 대해서도 학술적 관심을 기울일 필요가 있다.

여기에서 해결하지 못하고 과제로 남겨둔 문제도 적지 않다. 무엇보다도 '한물(韓物)'의 정가(定價)에 관한 것이다. 구사바 하이센(草場珮川)은 가전(價錢)의 단위로 '공(孔)'을 썼는데, 이것은 '문(文)'과 같은 의미로 볼 수 있겠다. 다만 금(金)의 단위로 '방(方)'을 사용하였는데, 과연 이것이 무엇을 의미하는가 하는 점이다. 그리고 유일하게 '금(金) 2방(方)'이 기록되어 있는데, 동화(銅貨, 孔)와 금화(金貨, 方)의 교환 비율은 어떻게 되는 것인가? 이에 대해서는 앞으로 더 추구(追究)해야 한다고 생각한다. 이 밖에 '한물(韓物)'의 종류(種類)에 대해서도 더 깊이 확인해 보아야 함은 물론이다. 그리고 동아시아의 문물 교류 관점에서 볼 때, 그 이전 사행과 비교하여 1811년 통신사행을 계기로 하여 대마도와 일본열도로 건너간 '한물(韓物)'이 어떤 의미를 갖는 것인지에 대해서도 더 깊이 생각해 볼 일이다.

제8장 일본 조문사절과 축하사절의 조선 방문과 물품 교환

제1절 일본 사절의 일정과 의례 절차

1863년 12월 8일 철종이 창덕궁(昌德宮) 대조전(大造殿)에서 승하하였다.[149] 그러자 이날 대왕대비(大王大妃)가 철종의 뒤를 홍선대원군의 둘째 아들 이명복(李命福)으로 정하였다.[150] 그로부터 닷새 뒤인 동년 12월 13일 고종이 인정문(仁政門)에서 조선 제26대 국왕으로 등극(登極)하는 즉위식이 거행되었다.[151] 철종 승하와 고종 즉위 때 일본에서 조선으로 외교 사절이 건너왔는데, 두 차례 모두 즉위식(1863.12.13.)과 장례식[152](1864.4.7.) 종료 이후였다. 즉 철종 승하를 조문(弔問)하는 일본 사절은(조선은 弔慰差倭, 일본은 弔禮使 또는 弔慰使라 칭했는데, 이하 '조문사절'로 줄임) 1864년 7월

149) 《철종실록》 철종 14년(1863) 12월 8일. 일본 측 기록에도 "조선 국왕이 지난해 섣달 12월 8일 훙거했다고 두 역관이 말하였다(朝鮮國王舊臘十二月八日薨去之段兩譯より申出)."는 내용이 적혀 있다(《弔禮使記錄》 文久 4년(1864), 국사편찬위원회 대마도 종가문서 DK 3554).

150) 《고종실록》 고종 즉위년(1863) 12월 8일.

151) 《고종실록》 고종 즉위년(1863) 12월 13일.

152) 상여(喪輿) 즉 영가(靈駕)가 4월 6일 축시에 궁궐을 떠났으며 홍화문(弘化門) 밖에서 하직 인사를 하였고, 이튿날인 4월 7일 철종을 예릉(睿陵)에 장사 지냈다(《고종실록》 고종 1년(1864) 4월 6일, 동 7일). 그런데 조선의 국장(國葬) 소식은 왜관의 일본인들에게도 알려졌다. 즉 훈도(仲南 李同知)와 별차(大年 崔主簿)가 "인산(因山) 즉 국장일이 4월 7일"임을 알리는 문서를 작성하여 관사(館司) 즉 관수에게 전달하였다(《(館守) 每日記》 文久 4년(1864) 4월 3일).

11일 왜관에 도착하였다(왜관 도착 시각은 기록마다 차이 보임).[153] 넉 달 뒤인 동년 11월 15일에는 고종 즉위를 축하(祝賀)하는 일본 사절이(조선은 陳賀差倭, 일본은 陳賀使로 불렀는데, 이하 '축하사절'로 줄임) 왜관에 도착했다(왜관 도착 시각은 기록마다 차이 보임).[154]

---

153) "오늘 오전 7~9시에 순풍이 불어서 이상 없이 왜관에 도착하였으며, 별차가 소통사를 데리고 와서 작은 배에 탑승한 채로 (일본 사절의 무사 도항을) 축하한다는 말을 통역을 시켜서 말하였기에 (이에 감사하다는) 인사를 하며 응대하였음"(今辰之刻順風ニ相成無異儀廻館無程別差小通事相附小船より爲祝詞罷越取次を以申聞候付相應及挨拶.《弔禮使記錄》文久 4년(1864) 7월 11일, 국사편찬위원회 DK 3554). 왜관에서 작성된《(관수) 매일기》에도 다음 기록이 보인다. "오늘 오전 9~11시 경에 위쪽 포구에서 큰배 1척이 보인다고 알려 왔으며 이윽고 포구 안으로 들어왔는데, 어수선 번영환에 조례사 정관인과 봉진 등이 탑승하여 지난 6일(7.6.—인용자주) 바다를 건넜으나 바람과 조수의 흐름이 나빠서 기장으로 불시착하였다가 오늘 무사히 왜관으로 돌아왔음"(今巳之刻比上ミ口より大船壹艘相見候段船見より相届無程浦入候處、御手船繁榮丸 … 乘御物送狀之通積之、乘主弔禮使正官人樋口直左衛門同封進永瀨常助何れも…御切手前之通積乘、去ル六日渡海之處風勢汐合惡敷機張へ上乘せしめ居今日無異儀廻館. (《(館守) 毎日記》文久 4년(1864) 7월 11일).

154) "오늘 오전 5~7시 지나자 순풍이 불어서 옥포를 출발하였으며, 오후 3~5시 지나서 모든 배가 왜관에 도착하였는데 … 훈도 학일 이주부가 통사(삼베옷을 위아래로 착용)를 데리고 작은 배를 타고 와서 '배가 건너온 것을 축하한다'고 말하자, '곧이어 뭍으로 올라가서 대면을 하겠다'고 통역을 시켜서 답변을 하였음"(今卯之刻過順風ニ付玉浦出帆申之刻過迄ニ船々何れも館着…訓導學一李主簿通詞麻上下着相附小船より罷越船越祝詞申聞候付追付揚陸之節可致對面旨取次を以及返答.《陳賀大差記錄》文久 4년(1864) 11월 15일, 국사편찬위원회 DK 3541). 이와 관련하여《(관수) 매일기》에도 기록이 있다. "오늘 오전 11시부터 오후 1시 무렵 아래쪽 포구에서 크고 작은 배 4척이 보인다고 알려왔으며 이윽고 포구 안으로 들어왔는데, 지난 10일(11.10.—인용자주) 옥포에 불시착한 진하사 1호선 순길환에 진하사 정관인과 봉진, 부의 … 등이 탑승하였고, 2호선 길영환에 진하사 도선주 등이 탑승 … 모두가 무사히 왜관으로 돌아왔음"(今午之刻比下之口より大小船四艘相見候段船見より相届無程浦入候處、去十日玉浦へ下モ乘せしめ居候陳賀使一號船順吉丸船頭安川槌五郎水夫共拾七人乘陳賀使古川釆女封進嶋居清助附醫古森恕庵御船頭 … 乘組、二號船吉榮丸船頭善口芳兵衛水夫共九人乘陳賀使都船主早田作左衛門 … 乘組、曳小隼春秋丸船頭村井市左衛門水夫共拾人乘、頭漕飛船として佐須奈村長治水夫共六人乘 … 何れも無異義廻館.《(館守) 毎日記》元治 1년(1864)

일본에서 조선으로 건너온 조문사절과 축하사절의 주요 일정과 의례 절차를 〈표 8-1〉에 정리하였다. 이에 따르면 조문사절은 1864년 7월 11일 왜관에 입항하여(나흘 전인 7월 7일 경상도 機張에 不時着) 이듬해인 1865년 2월 3일 부산에서 대마도로 떠났다(201일간 왜관 체류). 그리고 축하사절은 1864년 11월 15일 입항하여(닷새 전인 11월 10일 경상도 玉浦에 不時着) 1865년 3월 19일 부산에서 대마도로 돌아갔다(123일간 왜관 체류). 그런데 두 사절이 동시에 왜관에 체류한 적도 있었는데, 그 기간이 78일간이었다(1864년 11월 15일부터 1865년 2월 3일까지).

〈표 8-1〉 일본의 조문사절과 축하사절의 일정

구분	연도	조례사(弔禮使)		진하사(陳賀使)	
		월일		월일	
대마도-부산	1864	7.5	대마도 府中 출범(出帆)		
		7.6	대마도 鰐浦 출범		
		7.7	機張 표착[欠乘]		
		7.11	왜관 도착[廻館]		
부산(왜관)		7.12	부산첨사, 훈도·별차가 중원(中元) 선물 보냄		
		7.12	훈도가 왜관 들어가 서계 필사, 동래부사에게 보고		
		7.14	동래부사가 서계 개찬 요구(국상 관련)		
		7.15	동래부사가 중원(中元) 선물 보냄		
		8.11	훈도와 별차가 조례사와 첫 대면		
		9.5	개찬 서계가 비선(飛船) 통해 왜관 도착, 임관이 필사		
		9.5	동래부사가 서계 재개찬 요구		
		9.29	개찬 서계대로 하기로 결정		
		10.18	부산첨사가 중양(重陽) 선물 보냄		
		10.20	동래부사가 중양(重陽) 선물 보냄		
				10.27	대마도 府中 출범(出帆)
				11.10	대마도 妙見浦 출범
				11.10	옥포 표착[脇乘]

11월 15일).

구분	연도	조례사(弔禮使)		진하사(陳賀使)	
		월일		월일	
		11.11	경접위관 등 동래부 도착		
				11.15	왜관 도착[館着]
		11.18	다례(서계)		
		11.19	(熟供) 조반(早飯) 5일간(11.19.~11.23.)		
		12.19	봉진연(封進宴) * 進香儀, 看品, 肅拜		
		12.20	중연석(中宴席)		
		12.23	회답서계[御返翰]		
		12.26	출선연(出宴席)		
				12.27	다례(서계)
				12.28	(熟供) 조반(早飯) 5일간(12.28.~1.3.)
	1865			1.28	봉진연(封進宴) * 陳賀儀, 看品, 肅拜
		2.1	상선(上船)		
				2.11	중연석(中宴席)
				2.13	회답서계[御返翰]
				3.2	출선연(出宴席)
				3.18	상선(上船)
부산-대마도		2.3	부산 출범(出帆), 사스나 도착	3.19	왜관 출범
		2.11	사스나 출범	3.19	鹿見浦(1호선) 佐須内浦(2호선) 착선
		2.13	대마도 府中 도착[廻府]	3.21	대마도 府中 도착[府着]

자료 : 《弔禮使記錄》(국사편찬위원회 DK 3554); 《陳賀大差記錄》(국사편찬위원회 DK 3541).

일본의 조문사절과 축하사절은 조선 체류 중 여러 차례 공식 의례에 참석하였다.155) 그 시작은 다례(茶禮)였는데, 그 자리에서 일본 사절이 가져온 외교문서(書契)가 조선 측에 전달되었다. 그리고 다례 이후 닷새 동안은 조선 측이 일본 사절에게 익힌 음식을 제공하였는데(熟供), 이를 조반(早飯)이라고 불렀다(조반 이후는 5일마다 식재료 지급). 조문사절의 경우 1864

155) 일본 사절에 대한 조선 측의 접대에 대해서는 심민정, 《조선후기 일본사신 왕래와 접대》, 경인문화사, 2022, 173-186쪽 참조.

년 11월 18일부터 동월 23일까지, 그리고 축하사절의 경우 동년 12월 27일부터 1865년 1월 3일까지 각각 조반이 일본 측에 제공되었다.

다례와 조반이 끝나고 나면, 세 차례에 걸쳐서 연회(연석)가 개최되었다. 이것을 가리켜 삼도연(三度宴)이라고 했는데, 그 명칭이 조선과 일본에서 서로 달랐다. 예를 들면 삼도연의 첫 번째를 조선은 하선연(下船宴)이라고 불렀는데, 일본 측은 봉진연(封進宴)이라고 했다. 하선연(봉진연)은 일본 사절이 먼저 초량객사(草梁客舍; 현재 부산광역시 영주동 봉래초등학교 자리)로 가서 조선 국왕의 전패 앞에서 진향의(進香儀) 또는 진하의(陳賀儀)를 거행하고 숙배(肅拜) 등을 마친 뒤에, 다시 장소를 연향대청(宴享大廳; 현재 부산광역시 대청동 광일초등학교 자리)으로 옮겨서 연회(연석)를 개최하는 것이 관행이었다.[156] 하선연(봉진연) 때 양측의 외교선물이 전달되었다.

삼도연 중 두 번째를 조선은 별연(別宴)이라고 불렀다(《동문휘고》에는 관중연(館中宴)으로 기재됨). 그리고 일본 측은 이것을 '중간에 거행되는 연회(연석)'의 의미로 중연석(中宴席) 또는 중연향(中宴享)이라는 명칭을 썼다.

그런데 다례 때 일본 사절의 외교문서(書契)를 조선 측에 전달한 것에 대하여, 일본 사절이 받아 갈 조선 측의 회답문서(일본은 이를 御返翰으로 적었음)를 전달하는 의례가 별연(중연석) 이후에 거행되었다. 조문사절의 경우 별연(중연석) 개최(12.20.) 사흘 뒤인 1864년 12월 23일에, 축하사절의 경우는 별연(중연석) 개최(2.11.) 이틀 뒤인 1865년 2월 13일에 각각 회답서계가 일본 측에 전달되면서, 외교 의례가 마무리 단계로 접어들었다.

삼도연 중 마지막 세 번째를 가리켜 조선은 상선연(上船宴)으로 불렀지만, 일본 기록에서는 이것이 출선연(出船宴)으로 적혀 있는 경우가 많다. 그런데 일본 기록에서도 조선과 동일하게 상선연이라 적은 사례가 보인다.

---

156) 정성일, 〈일본 사신의 조선 국왕 즉위 축하와 가쓰오부시[鰹節]—1864년 고종 즉위 축하사절을 중심으로—〉, 《조선통신사연구》 34, 조선통신사학회, 2022, 8쪽.

아무튼 외교문서와 외교선물을 주고받는 의례가 당시 외교 사행의 가장 중요한 임무 중 하나였는데, 아래에서는 외교선물에 대하여 살펴보고자 한다.

제2절 외교선물의 종류와 수량

Ⅰ. 서계별폭(書契別幅)을 통한 외교선물 교환

1. 조문사절(弔問使節)의 사례(1864년)

1) 서계(書契)의 교환

1864년 일본의 조문사절이 지참하고 왔던 외교문서인 대마도주(對馬島主)의 서계(書契)는 동년 11월 18일 다례(茶禮) 때 조선 측에 전달되었다. 그런데 다례 전까지는 그 서계를 관수 측에서 보관하였다. 그러다가 다례가 열리는 날 일본의 조문사절이 관수에게 가서 그 서계를 받아온 뒤 다례에 참석하는 것이 관행이었다. 그래서 이날도 서계 보관함(保管函) 두 상자를 조문사절의 봉진(永瀨常助)이 관수 쪽으로 가서 찾아왔다. 하나는 예조로 보낼 서계 상자였으며, 다른 하나는 동래부사와 부산첨사에게 보낼 서계 상자였다.[157] 다례를 마친 뒤에는 정관(樋口直左衛門)과 봉진(永瀨常助)이 관수에게 직접 가서 다례의 무사 종료를 설명하였다. 조선 쪽 책임자도(差備官, 兩譯) 소통사(小通事)를 관수에게 보내서 다례가 종료되었음을 알렸다.[158] 그런데 과거 같았으면 다례 때는 조선 조정으로 올려보낼 봉진물(封

157) 右茶禮ニ付御書翰請取として封進永瀨常助罷出候付禮曹へ之御書翰壹箱東釜へ之別書一箱相渡(《(館守) 每日記》 元治 1년(1864) 11월 18일).

進物)을 조선 측에 건네지 않고 하선연(봉진연) 자리에서 전달했을 터이지만, 이번에는 특별히 그것을 다례 때 전달하였다. 그렇게 해서 일본의 조문사절이 가져온 부물(賻物)을 곧장 서울로 보내서 영전(靈前)에 바칠 수 있게 하였다고 한다.[159]

대마도주의 서계에 대한 조선의 회답서계(回答書契)는 동년 12월 23일 일본 측에 전달되었다. 관례대로 동향사(東向寺)가 회답서계의 내용에 이상이 없는지를 확인하였고, 그 결과를 관수에게 보고하였다.[160] 조선 측의 회답서계가 담긴 상자 3개를(예조참의, 동래부사, 부산첨사) 받아왔던 조문사절의 정관(樋口直左衛門)과 봉진(永瀨常助)이 관수 쪽으로 그것을 가지고 가서 맡겨 놓았다.[161] 이로써 양측의 서계 교환은 모두 완료되었는데, 이때 그 서계에 딸린 별폭(別幅)을 통해서 양국이 외교선물을 교환하였다.

그런데 별폭에 적힌 외교선물을 현물로 즉시 지급하지 못해서 뒤로 미루는 일도 있었다. 특히 인삼은 현물 조달이 어려워서 이런 일이 잦았다. 만일 현물로 지급하지 못하는 사정이 생긴다면, 현물 부족분에 대해서는 나중에 은이나 동전으로 대신 지급하기도 하였다. 예를 들면 "1864년 조문사절의 별폭과 삼도연 때 지급할 인삼 중에서 7근 반을 내년(1865년) 정월과 5월 두 차례에 걸쳐 틀림없이 (왜관으로) 보내겠다고 약속"하는 문서를 훈도(訓導) 등 조선의 책임자들이 연명(連名)으로 작성하여, 그것을 왜관의 대관(代官)에게 제출한 것에서 이러한 사정을 살필 수 있다.[162]

158) 樋口直左衛門永瀨常助茶禮無滯相濟候段爲屆被罷出、差備官兩譯よりも小通事使を以相屆(《(館守) 每日記》 元治 1년(1864) 11월 18일).

159) 常之御使者等之封進物ハ封進宴之節相渡候得共、此節ハ贈物故茶禮之節相渡直ニ都へ被差登賻物都表靈前へ被相備彼方より一左右有之候而封進宴被相整候先格や(《(館守) 每日記》 元治 1년(1864) 11월 18일).

160) 東向寺御返翰ニ罷出別條無之段相屆(《(館守) 每日記》 元治 1년(1864) 12월 23일).

161) 弔禮使正官人樋口直左衛門封進永瀨常助御返翰三箱持參候付相預置(《(館守) 每日記》 元治 1년(1864) 12월 23일).

162) 覺

2) 서계별폭(書契別幅)의 교환

일본의 조선 국왕 승하 조문사절이 가져온 외교선물, 즉 서계(書契)에 딸린 별폭(別幅)에 대해서는 〈표 8-2〉에 소개하였다. 이에 대하여 조선 정부가 답례로 주는 회답은 〈표 8-3〉으로 제시하였다(回賜別幅, 回禮別幅, 回答別幅으로 불렀음). 이때 일본의 조문사절은 동래부사와 부산첨사에게도 한 통으로 작성된 서계를 보내오기는 하였지만, 그 어느 쪽에도 별폭은 붙이지 않았다.[163] 이에 대하여 동래부사와 부산첨사는 각각 한 통씩 작성하여 서계 두 통으로 회답하였을 뿐, 마찬가지로 그 어느 쪽에서도 회사별폭을 일본 쪽으로 보내지는 않았다. 1864년 조문사절의 경우도 이전과 동일하게 동래부사와 부산첨사 앞으로 보내는 한 통의 서계가 전부였다(朝鮮國東萊釜山兩令公閣下). 이에 대하여 동래부사(姜渚)와 부산첨사(鄭雲龜)는 각각 한 통씩 회답서계를 작성하였을 뿐, 그 어느 쪽에서도 별폭은 따로 마련하지 않았다.[164]

一 現蔘柒觔半

右者弔禮使別幅幷三度宴蔘該數如是故依約而明正月五月兩度以銀錢間無違入送之事

甲子十二月 日 訓導學一李主簿

別差雨卿吳主簿

堂下差備官大有李主簿

代官僉公

(《(館守) 每日記》 元治 1(1864) 12월 25일).

163) 정성일, 〈일본 사절의 조선 국왕 조문과 대마도주의 별폭〉, 《한일관계사연구》 83, 한일관계사학회, 2024, 230쪽.

164) 《兩國往復書謄》 188(일본 국립국회도서관 소장)

〈표 8-2〉 일본의 조문사절이 조선으로(예조참의) 가져온 書契의 別幅(국왕 조문)

연번	품목	단위	1	2	3	4	5	6	7	8	9	10
			1649	1659	1674	1720	1724	1776	1800	1835	1849	1864
			기축	기해	갑인	경자	갑진	병신	경신	을미	기유	갑자
1	白檀	斤	3									
2	蠟燭	挺, 柄	100	200	200	200	200	200	200	200	200	200
3	白布	端	10									
4	高宮細布	端		20								
5	沈水香	觔		3								
6	沈香	斤, 觔			3	3	3	3	3	3	3	3
7	靈前卓子	脚		1								
8	前卓	脚			1	1	1	1	1	1	1	1
9	三具足	飾		1								
10	華瓶	箇			1	1	1	1	1	1	1	1
11	燭臺	箇			1	1	1	1	1	1	1	1
12	香爐	介			1	1	1	1	1	1	1	1
13	朱漆圓盆	束			5束	50	50	15	50	50	50	50
종류			3	5	7	7	7	7	7	7	7	7

주 : 朱漆圓盆의 단위는 1674까지는 束, 나머지는 枚임.

자료 : 정성일, 〈일본 사절의 조선 국왕 조문과 대마도주의 별폭—1864년 철종 승하 조문사절을 중심으로—〉, 《한일관계사연구》 83, 240쪽.

〈표 8-3〉 조선 측(예조참의)이 일본의 조문사절(대마도주)에게 전달한 回賜別幅

연번	품목	단위	1	2	3	4	5	6	7	8	9	10
			1649	1660	1675	1720	1725	1776	1801	1835	1850	1864
			기축	경자	을묘	경자	을사	병신	신유	을미	경술	갑자
1	人蔘(人參)	斤, 觔	2	3	3	3	3	3	3	3	3	3
2	虎皮	張	1	2	2	2	2	2	2	2	2	2
3	豹皮	張	1	2								
4	白苧布	匹	7	10	10	10	10	10	10	10	10	10
5	白綿紬	匹	7	10								
6	黑麻布	匹	5	7	7	7	7	7	7	7	7	7
7	白木綿	匹	20	20	20	20	20	20	20	20	20	20
8	花席	立, 張	5	10	10	10	10	10	10	10	10	10
9	四張付油芚	部	3	3	3	3	3	3	3	3	3	3
10	黃毛筆	柄	30	50	40	40	40	40	40	40	40	40
11	眞墨	笏	30	50	40	40	40	40	40	40	40	40
종류			11	11	9	9	9	9	9	9	9	9

연번	품목	단위	1	2	3	4	5	6	7	8	9	10
			1649	1660	1675	1720	1725	1776	1801	1835	1850	1864
			기축	경자	을묘	경자	을사	병신	신유	을미	경술	갑자
출전	국편 원본 서계		-	929	1464	-	3534	5444	6447	7889	8514	9018
	동문휘고		2-1796	2-1798	2-1798	2-1799	2-1799	2-1800	4-3834	4-3835	4-3836	4-3836
	往復書謄				19	60	66	108	130	160	173	188

주 : '국편 원본 서계'는 국사편찬위원회 소장 서계의 DS로 시작하는 번호.
'동문휘고'는 《同文彙考》 二와 《同文彙考》 四(국사편찬위원회 영인본, 1978)의 해당 부분 쪽번호.
'往復書謄'은 《兩國往復書謄》(일본 국립국회도서관 소장)의 문서 번호.
자료 : 정성일, 〈일본 사절의 조선 국왕 조문과 대마도주의 별폭—1864년 철종 승하 조문사절을 중심으로—〉, 《한일관계사연구》 83, 244-245쪽.

그런데 대마도주의 서계별폭도, 조선 예조참의 회답서계에 딸린 회사별폭도, 모두가 1649년과 1659~60년의 변화를 거친 뒤, 1674~75년부터는 크게 달라진 것이 없이 정례화(定例化)가 되었고, 그것이 1864년까지 이어졌다. 대마도주 서계의 별폭은 1674년 이후 7종(납촉 200병, 침향 3근, 전탁 1각, 화병 1개, 촉대 1개, 향로 1개, 주칠원분 50속)이었다(〈표 8-2〉 참조). 그리고 조선 예조참의 서계의 회사별폭은 1675년 이후 9종(인삼 3근, 호피 2장, 백저포 10필, 흑마포 7필, 백목면 20필, 화석 10장, 사장부유둔 3부, 황모필 40명, 진묵 40홀)으로 각각 정례화가 이루어졌다(〈표 8-3〉 참조).

2. 축하사절(祝賀使節)의 사례(1864년)

1) 서계(書契)의 교환

1864년 일본의 축하사절이 지참하고 왔던 대마도주(對馬島主)의 서계(書契)는 동년 12월 27일 다례(茶禮) 때 조선 측에 전달되었다. 다례가 열리게 되자, 축하사절의 봉진(嶋居淸助)이 관수 쪽으로 가서 서계의 보관함(保管函) 세[165] 상자를 받아왔다. 다례 종료 후에는 도선주(早田作左衛門)와 봉진(嶋居淸助)은 물론이고,[166] 조선 측에서도(差備官, 兩譯) 다례가 무사히 끝났

음을 관수에게 알렸다.[167]

대마도주 서계에 대한 조선 측의 회답서계(回答書契)는 1865년 2월 13일 일본 측에 전달되었다. 관례대로 동향사(東向寺)가 회답서계의 내용에 이상이 없는지를 확인한 다음, 그 결과를 관수에게 보고하였다.[168] 조선 측의 회답서계가 담긴 상자 3개를(예조참의, 동래부사, 부산첨사) 받아왔던 축하사절의 봉진(嶋居清助)이 관수 쪽으로 그것을 가지고 가서 맡겨 놓았다.[169] 이로써 양국 사이의 서계 교환은 완료되었다. 다만 "1864년 축하사절이 외교선물로 받기로 되어 있었던 인삼 즉 예단삼(禮單蔘) 22근을 (조선의 상평통보인) 대전(大錢) 13,840냥으로 정해진 기한 내에 틀림없이 (왜관으로) 보내겠다."고 약속하는 내용이 적힌 문서가(2월 13일 작성) 왜관의 대관(代官) 쪽에 제출되었다.[170]

---

165) 陳賀使今日茶禮被成御整候付御書翰爲請取封進嶋居清助入來ニ付拙者出席御預申上置候御書翰三箱相渡(《(館守) 每日記》 元治 1년(1864) 12월 27일). 이처럼 원문에는 '세 상자'로 적혀 있다. 이것은 동년 11월 18일 조문사절의 다례 때 '두 상자'와 차이가 나는데, 그 이유에 대해서는 알기 어렵지만, 誤記일 수도 있다고 생각한다.

166) 都船主早田作左衛門封進嶋居清助茶禮無滯相濟候段爲屆被罷出(《(館守) 每日記》 元治 1년(1864) 12월 27일).

167) 差備官兩譯より茶禮無滯相濟候段小通事を以挨拶申來(《(館守) 每日記》 文久 4년(1864) 12월 27일).

168) 陳賀使御返翰下タ見仕候處宜相見候段東向寺より相屆(《(館守) 每日記》 元治 2년(1865) 2월 13일).

169) 陳賀使御返翰無滯御請取被成候段封進嶋居清助入來相屆御返翰三箱持參ニ付相預置(《(館守) 每日記》 元治 2년(1865) 2월 13일).

170) 覺

一 大錢壹萬參仟捌佰肆拾兩

右者甲子年條陳賀大差使禮單蔘貳拾貳觔依約而日限內無違入送之事

乙丑二月十三日　　訓導學一李主簿

堂上差備官明老秦僉知

別差雨卿吳主簿

堂下差備官君善李主簿

代官僉公

그런데 1주일 뒤인 2월 20일에는 "진하사 예단삼 대금 협상과 관련하여 정대관(町代官, 마치다이칸) 이하 역인들이 조선 역관의 근무지인 임소(任所)로 가서 그곳에서 철야 농성을 해서라도 독촉을 하고자, 일대관(一代官, 이치다이칸)이 '집단행동'을 주도했던 당시 왜관 내부의 움직임이 확인된다.[171] 이것은 조선 국내에서 인삼 조달이 어려웠던 그때의 사정을 잘 말해 준다고 생각된다.

2) 서계별폭(書契別幅)의 교환

(1) 일본 사절의 서계에 딸린 별폭

조선 국왕 즉위를 축하하러 온 일본 사절이 가져온 외교선물에 대해서는 〈표 8-4〉(예조참의)와 〈표 8-5〉(동래부사, 부산첨사)에 각각 소개하였다. 대마도주가 축하사절을 통하여 예조참의 앞으로 보낸 서계의 별폭은, 1650년→1660년→1675년의 변화를 거쳐서 1720년부터 정례화가 이루어졌는데, 1800년에 다시 한번 변화를 거친 뒤 그것이 1864년까지 이어졌다. 예조참의에게 전달된 서계별폭의 종류는 1650년에는 11종이었으나, 1660년부터 1684년까지 모두 9종으로 동일하였다. 그 별폭에 적힌 외교선물의 내용을 살펴보면, 각종 서적(通鑑綱目, 前後漢書 등)과 공예품(蒔繪書冊, 貼金屛風 등), 직물(毛綃, 緋合呂紬, 茶宇絹, 紅白羽絹 등), 주홍(大和眞朱), 술(淸酒), 시계(自鳴鐘), 과일(龍眼肉, 龍圓)과 가쓰오부시(鰹節) 등이었다(〈표 8-4〉 참조).

대마도주가 축하사절을 통하여 동래부사와 부산첨사 앞으로 각각 보낸 서계별폭은 1650년부터 1776년까지는 대체로 동일했다. 그러다가 1800년 이후 변화가 있었는데, 그 뒤 그것이 1864년까지 그대로 이어졌다. 동래부

(《(館守) 每日記》 元治 2년(1865) 2월 13일).

171) 陳賀使禮單參代懸合方ニ付町代官已下任所へ泊催促として差越度段一代官より被申出候付承届可被得其意旨濱方別方へ手紙を以申達(《(館守) 每日記)》 元治 2년(1865) 2월 20일).

사나 부산첨사에게 전달된 외교선물의 종류가 전 시기에 걸쳐 동래부사는 6종, 부산첨사는 3종으로 일관되게 유지된 점도 특이하다. 다만 각각의 별폭에 기재된 외교선물의 내용을 살펴보면, 거울(大圓鏡, 彩畫一尺匳鏡), 벼루(蒔繪掛硯, 革褁(裹)疣挂(掛)硯), 그릇(鑞鉢, 鑞鉢三入子)을 동래부사에게, 그리고 종이(紋紙)와 벼루(彩畫枕挂(掛)硯), 문갑(蒔繪文匣, 蒔繪提瓶) 등을 부산첨사에게 각각 외교선물로 주었음이 확인되었다(〈표 8-5〉 참조).

〈표 8-4〉 일본의 축하사절이 조선 측(예조참의)에 전달한 別幅

연번	품목	단위	1 1650.1 경인	2 1660.1 경자	3 1675.4 을묘	4 1720.9 경자[172]	5 1724.11 갑진	6 1776.10 병신	7 1800.11 경신	8 1835.6 을미	9 1850.1 경술	10 1864.6 갑자
1	서적	册, 箱	唐書籍			四書五經大全[173]	通鑑綱目	通鑑綱目	前後漢書	前後漢書	前後漢書	前後漢書
			數部 합38册			各1部 2箱	全部 2箱	全部 2箱	各1部 2箱	各1部 2箱	各1部 2箱	各1部 2箱
2	蒔繪書册	箇	1	1[174]	1							
3	貼金屛風	雙	1	1	1[175]							
4	직물	卷, 端, 疋	毛絹	緋合呂紬[176]		茶宇絹	紅白羽絹	紅白羽絹[177]	紅白羽絹[178]	紅白羽絹[179]	紅白羽絹	紅白羽絹
			5卷	1端[180]		15本[181]	20匹	20匹	20疋	20疋	20疋	20疋[182]
5	胡椒	斤	200	200[183]	200							
6	丹木	斤	300	300[184]	300[185]							
7	蜜果鑞壺	箇	2									
8	花糖鑞壺	箇	1									
9	蜜漬物	斤		30[186]	20[187]							
10	淸酒	樽	雙									
11	小蛸[188]魚	連	20									
12	昆布	束	5									
13	平骨銀珸琢扇子	柄		50[189]	50[190]							
14	獺猢皮[191]	張		5	5[192]							
15	猩猩皮	間			2							
16	**鰹節**	**箱, 箇**		**鰹魚 2箱**	**200箇**	**200箇**	**200箇**	**200箇**	**200箇**	**200箇**	**200箇**	**200箇**
17	自鳴鐘	坐				1	1	1	1	1[193]	1[194]	1
18	圓鏡幷架	面				2	2	2	2	2	2	2
19	革褁大簿匣	備				1	1	1	1	1	1	1
20	布目紙	片				200	200	200	200	200[195]	200[196]	200
21	大和眞朱	斤				5	5	5	5	5	5	5

연번	품목	단위	1	2	3	4	5	6	7	8	9	10
			1650.1	1660.1	1675.4	1720.9	1724.11	1776.10	1800.11	1835.6	1850.1	1864.6
			경인	경자	을묘	경자[172)]	갑진	병신	경신	을미	경술	갑자
22	龍圓(龍眼肉)	斤				30	30	30	30	30[197)]	30[198)]	30
種			11	9	9	9	9	9	9	9	9	9

자료 : 《陳賀差倭謄錄》(서울대학교 규장각한국학연구원); 《同文彙考》 二; 《同文彙考》 四(이상 국사편찬위원회 영인본); 《兩國往復書謄》(일본 국립국회도서관); 《本邦朝鮮往復書》(국사편찬위원회 대마도종가문서 DK 2928)

172) 원문에는 "동래부사, 부산첨사 (별폭) 물목 모두 효종 경인년을 참조"(東萊釜山 物目幷見 孝宗庚寅)라고 적혀 있음(《同文彙考》 二, 국사편찬위원회 영인본, 1799쪽).
173) 《兩國往復書謄》 60(일본 國立國會圖書館 소장)에는 四書五經 各壹部 貳箱으로 적혀 있음.
174) 《동문휘고》 원본에는 단위가 脚으로 적혀 있음.
175) 《동문휘고》 원본에는 貼金小屛風으로 적혀 있음.
176) 《本邦朝鮮往復書》 (국사편찬위원회 소장)에는 緋合呂紐로 적혀 있음.
177) 《兩國往復書謄》 174(일본 國立國會圖書館 소장)에는 紅白絹으로 적혀 있음.
178) 《兩國往復書謄》 174(일본 國立國會圖書館 소장)에는 紅白絹으로 적혀 있음.
179) 《兩國往復書謄》 174(일본 國立國會圖書館 소장)에는 紅白絹으로 적혀 있음.
180) 《동문휘고》 원본에는 단위가 端으로 적혀 있음.
181) 《兩國往復書謄》 60(일본 國立國會圖書館 소장)에는 拾本으로 적혀 있음.
182) 《동문휘고》 원본에는 단위가 疋로 적혀 있음.
183) 《동문휘고》 원본에는 단위가 觔으로 적혀 있음.
184) 《동문휘고》 원본에는 단위가 觔으로 적혀 있음.
185) 《兩國往復書謄》 19(일본 國立國會圖書館 소장)에는 參百斤으로 적혀 있음.
186) 《동문휘고》 원본(庚子 島主陳賀書 別幅, 《同文彙考》 二 , 1798쪽)에는 蜜漬物三十觔入鑞壺一로 적혀 있음.
187) 《兩國往復書謄》 19(일본 國立國會圖書館 소장)에는 蜜漬 參拾斤으로 적혀 있음.
188) 문어를 의미하는 鮹는 蛸로도 쓴다. 그런데 蛸는 본디 거미(일본어로 '구모')를 가리키는 한자(漢字)이다. 발이 8개 달린 모습이 마치 바다에 사는 거미와 같다는 뜻으로 문어를 海蛸子로 적는 경우도 있다. 여기에서 해(海)를 생략하고, 고기 어(魚) 변으로 바꾼 鮹을 일본어에서는 '다코'라고 읽는다.
189) 《동문휘고》 원본(庚子 島主陳賀書 別幅, 《同文彙考》 二 , 1798쪽)에는 平骨銀招椽扇子로 적혀 있음.
190) 《동문휘고》 원본(乙卯 島主陳賀書 別幅, 《同文彙考》 二 , 1798쪽)에는 平骨扇으로 적혀 있음.
191) 《本邦朝鮮往復書》 (국사편찬위원회 소장)에는 蠟虎皮로 적혀 있음.
192) 《동문휘고》 원본에는 단위가 枚로 적혀 있음.

〈표 8-5〉 일본의 축하사절이 조선 측(동래부사, 부산첨사)에 전달한 別幅

구분	연번	품목	단위	1	2	3	4	5	6	7	8	9	10
				1650.1	1660.1	1675.4	1720.9	1724.11	1776.10	1800.11	1835.6	1850.1	1864.6
				경인	경자	을묘	경자[199]	갑진	병신	경신	을미	경술	갑자
동래부사	1	大圓鏡	面	2	2	2	2	2	2				
	2	蒔繪掛硯	箇	1	1	1	1	1	1				
	3	鑞鉢	紐	5	5	5	5	5	5				
	4	革褁(裹)疣挂硯	箇							1	1[200]	1	1
	5	鑞鉢三入子	組							2	2	2	2
	6	彩畫一尺匳鏡	面							1	1	1	1
	種			3	3	3	3	3	3	3	3	3	3
부산첨사	1	紋紙	片	500	500	500	500	500	500	500	500	500	500
	2	蒔繪文匣	箇	1	1	1	1	1	1	1[201]	1[202]	1	1
	3	蒔繪提瓶	携	1	1	1	1	1	1				
	4	彩畫枕挂硯	箇							1	1	1	1
	種			3	3	3	3	3	3	3	3	3	3

자료 : 《陳賀差倭謄錄》(서울대학교 규장각한국학연구원); 《同文彙考》 二; 《同文彙考》 四(이상 국사편찬위원회 영인본); 《兩國往復書謄》(일본 국립국회도서관);《本邦朝鮮往復書》(국사편찬위원회 DK 2928)

(2) 조선의 회답서계에 딸린 회사별폭

일본 사절의 외교선물에 대한 조선 정부의 회답에 대해서는 〈표 8-6〉(예조참의)과 〈표 8-7〉(동래부사, 부산첨사)로 각각 제시하였다. 먼저 예조참

193) 《兩國往復書謄》 174(일본 國立國會圖書館 소장)에는 座로 적혀 있음.
194) 《兩國往復書謄》 174(일본 國立國會圖書館 소장)에는 座로 적혀 있음.
195) 《兩國往復書謄》 174(일본 國立國會圖書館 소장)에는 布紋紙로 적혀 있음.
196) 《兩國往復書謄》 174(일본 國立國會圖書館 소장)에는 布紋紙로 적혀 있음.
197) 《兩國往復書謄》 174(일본 國立國會圖書館 소장)에는 龍眼肉으로 적혀 있음.
198) 《兩國往復書謄》 174(일본 國立國會圖書館 소장)에는 龍眼肉으로 적혀 있음.
199) 원문에는 "동래부사, 부산첨사 (별폭) 물목 모두 효종 경인년을 참조"(東萊釜山 物目幷見 孝宗庚寅)라고 적혀 있음(《同文彙考》 二, 국사편찬위원회 영인본, 1799쪽).
200) 《兩國往復書謄》 130(일본 國立國會圖書館 소장)에는 革裹疣挂(掛)硯壹箇로 적혀 있다.
201) 《동문휘고》에는 彩畫文匣으로 적혀 있다. 즉 일본 기록의 蒔繪를 조선 기록의 彩畫와 같은 의미로 볼 수 있다.
202) 《兩國往復書謄》 130에는 彩畫文匣으로 적혀 있다.

의가 대마도주 앞으로 보낸 외교선물(回賜別幅)의 종류는 전 시기 11종으로 같았다. 그런데 별폭에 적힌 외교선물의 내용에서는 변화가 있었다. 예를 들면 1650년과 1660년까지는 표범 가죽(豹皮)이 들어 있지 않았고, 그 대신에 여섯 장을 붙인 기름종이가(六張付油芚) 포함되었다. 그것이 1675년부터는 이전과 반대로 표범 가죽이(豹皮) 들어가게 된다. 그 대신에 여섯 장을 붙인 기름종이가(六張付油芚) 빠지게 되었는데, 그것이 1864년까지 이어졌다(〈표 8-6〉 참조).

그런데 동래부사와 부산첨사가 보낸 회사별폭은 종류도 내용도 모두가 1650~1864년 전 시기에 걸쳐서 변함이 없었다. 백저포와 백면주가 각각 5필씩, 백목면이 10필, 그리고 화석이 5장, 넉 장을 붙인 기름종이가(四張付油芚) 1부씩이었다(〈표 8-7〉 참조).

〈표 8-6〉 조선 측(예조참의)이 일본의 축하사절(대마도주)에게 전달한 回賜別幅

연번	품목	단위	1	2	3	4	5	6	7	8	9	10
			1650.4	1660.3	1675.6	1720.12	1725.6	1776.12	1801.3	1835.7	1850.5	1864.12
			경인	경자[203]	을묘	경자[204]	을사	병신	신유	을미	경술[205]	갑자[206]
1	人蔘(人參)	斤, 觔	10[207]	10	10	10	10	10	10	10	10[208]	10[209]
2	虎皮	張	5	5	5	5	5	5	5	5	5	5
3	豹皮	張	-	-	5	5	5	5	5	5	5	5
4	白苧布	匹	40	40	30	30	30	30	30	30	30	30
5	白綿紬	匹	40	40	30	30	30	30	30	30	30	30
6	黑麻布	匹	30	30	30	30	30	30	30	30	30	30
7	白木綿	匹	150	150	100	100	100	100	100	100	100	100
8	花席	張	30	30	30	30	30	30	30	30	30	30
9	六張付油芚	部	8	8	-	-	-	-	-	-	-	-
10	四張付油芚	部	10	10[210]	10	10	10	10	10	10	10	10
11	黃毛筆	柄	100	100	100	100	100	100	100	100	100	100
12	眞墨	笏	100	100	100	100	100	100	100	100	100	100
種			11	11	11	11	11	11	11	11	11	11
출전	국편 원본 서계		753	945	1470	3552	3535	5447	6455	7897	8524	9024
	동문휘고		2-1796	2-1798	2-1798	2-1799	2-1799	2-1800	4-3834	4-3835	4-3836	4-3836
	往復書謄				19	60	64	108	130	160	174	188

연번	품목	단위	1	2	3	4	5	6	7	8	9	10
			1650.4	1660.3	1675.6	1720.12	1725.6	1776.12	1801.3	1835.7	1850.5	1864.12
			경인	경자[203]	을묘	경자[204]	을사	병신	신유	을미	경술[205]	갑자[206]

자료 : '국편 원본 서계'는 국사편찬위원회 소장 서계의 DS로 시작하는 번호.
'동문휘고'는 《同文彙考》 二와 《同文彙考》 四(국사편찬위원회 영인본, 1978)의 해당 부분 쪽번호.
'往復書謄'은 《兩國往復書謄》(일본 국립국회도서관 소장)의 문서 번호.

〈표 8-7〉 조선 측(동래부사, 부산첨사)이 일본의 축하사절(대마도주)에게 전달한 回賜別幅

※ 동래부사, 부산첨사 회사별폭의 내용이 동일

연번	품목	단위	1	2	3	4	5	6	7	8	9	10
			1650.4	1660.3	1675.6	1720.12	1725.6	1776.12	1801.3	1835.7	1850.5	1864.12
			경인	경자	을묘	경자[211]	을사	병신	신유	을미	경술	갑자
1	白苧布	匹	5	5	5	5	5	5	5	5	5	5
2	白綿紬	匹	5	5	5	5	5	5	5	5	5	5
3	白木綿	匹	10	10	10	10	10	10	10	10	10	10
4	花席	張	5	5	5	5	5	5	5	5	5	5
5	四張付油芚	部	1	1	1	1	1	1	1	1	1	1
출전	국편 원본 서계	문서 번호	753	945	1470	3552	3535	5447	6455	7897	8524	9024
	동문휘고		二(1796)									
	本邦朝鮮往復書			2938								

203) 《동문휘고》 원문에는 "별폭 물목이 위와 같음. 경인년을 참조"(別幅 物目同上 見庚寅)라고 적혀 있음(《同文彙考》 二, 국사편찬위원회 영인본, 1798쪽).

204) 《동문휘고》 원문에는 "별폭 물목이 숙종 을묘년과 같음"(別幅 物目同上 肅宗乙卯)라고 적혀 있음(《同文彙考》 二, 국사편찬위원회 영인본, 1799쪽).

205) 《동문휘고》 원문에는 "별폭 문서 형식과 물목이 정종(정조—인용자주) 경신년(1800년—인용자주)과 같음"(別幅 文式物目同 正宗庚申)으로 적혀 있음(《同文彙考》 四, 국사편찬위원회 영인본, 3836쪽).

206) 《동문휘고》 원문에는 "별폭 문서 형식과 물목이 정종(정조—인용자주) 경신년(1800년—인용자주)과 같음"(別幅 文式物目同 正宗庚申)으로 적혀 있음(《同文彙考》 四, 국사편찬위원회 영인본, 3836쪽).

207) 《동문휘고》 원문에는 斤으로 적혀 있음.

208) 《兩國往復書謄》에는 觔으로 적혀 있음.

209) 《兩國往復書謄》에는 觔으로 적혀 있음.

210) 《동문휘고》 원문에는 四油芚으로 적혀 있음(《同文彙考》 二, 국사편찬위원회 영인본, 1798쪽).

연번	품목	단위	1	2	3	4	5	6	7	8	9	10
			1650.4	1660.3	1675.6	1720.12	1725.6	1776.12	1801.3	1835.7	1850.5	1864.12
			경인	경자	을묘	경자[211]	을사	병신	신유	을미	경술	갑자
	兩國往復書謄				19	60	66	108	130	160	173	188

자료 : 1650년 회답서계의 별폭 내용에 대해서는《同文彙考》二(국사편찬위원회 영인본), 그리고 1720년은《兩國往復書謄》(일본 국립국회도서관 소장)에 의한 것이며, 나머지 연도는 모두 국사편찬위원회 '원본 서계'에 의함.

지금까지는 외교문서 교환에 수반되어 양측이 주고받았던 외교선물에 대하여 살펴보았다. 그런데 외교선물 교환은 여기에서 그치지 않았다. 일본 사절이 조선에서 모든 일정을 마치고 귀국할 때까지, 즉 그들이 왜관에 체재 중일 때, 양측은 여러 차례 외교선물을 교환하였다. 아래에서는 세 차례 공식 연회, 즉 삼도연 때의 외교선물에 대하여 서술하고자 한다.

Ⅱ. 삼도연(三度宴)을 통한 외교선물 교환

1. 조문사절을 위한 삼도연 개최

조선 측이 1864년 일본의 조문사절을 위해 개최한 삼도연 중에서 첫 번째에 해당하는 하선연(봉진연)은 동년 12월 19일에 있었다. 그날《(관수)매일기》에 따르면, 연석에 참석한 접위관(接慰官)이 군관사(軍官使)를 왜관으로 들여보내서 관수에게 문안 인사를 했으며, 관수는 그 군관사에게 담배를 선물로 주었다. 이에 대하여 관수도 접위관 측에 약당사(若黨使)를 보내 답례 인사를 하였다. 그리고 하선연(봉진연)을 마친 뒤에는 조문사절의 봉진(永瀨常助)이 관수 쪽으로 가서 연회(연석)의 무사 종료를 보고했다고

211) 원문에는 "동래부사, 부산첨사 (별폭) 물목 모두 효종 경인년을 참조"(東萊釜山 物目幷見 孝宗庚寅)라고 적혀 있음(《同文彙考》 二, 국사편찬위원회 영인본, 1799쪽).

적혀 있다.[212)]

《조례사기록》(1864년 12월 19일)에도 '봉진연 거행 절차(封進宴席之次第)' 등이 자세히 기술되어 있다. 이에 따르면 이날 오전 9~11시(巳之刻) 접위관과 동래부사가 사카노시타(坂之下)—조선 역관의 집무소인 임소(任所) 주변—로 불리는 곳에 도착했다고 한다. 이때 차비관(差備官) 1인이 소통사를 왜관으로 들여보내 외대청(外大廳)—초량객사(草梁客舍)[213)]—에서 일본 사절을 맞이할 준비가 되어 있다고 관수에게 알렸다. 하선연(봉진연)이 개최되는 날에는 일본 사절이 조선 국왕의 위패(位牌) 앞에서 예를 표하는 의례가 있었다. 이를 숙배(肅拜)라 했으며, 그 장소를 숙배소(肅拜所)로 부르기도 했다. 1864년에도 관례대로 조위진향의(弔慰進香儀)라 불리는 의식을 거행하였는데, 그 뒤에는 조선 조정과 접위관이 각각 보낸 선물(일본 기록에서는 音物로 표기)이 목록과 함께 일본 측에 전달되었다(看品). 그 뒤 장소를 옮겨서 연회가 베풀어졌다(封進宴).[214)]

---

212) • 今日弔禮使封進宴有之。
- 接慰官出宴ニ付爲見舞軍官使來候付割葉紛相與此方よりも若黨使を以挨拶申入。
- 弔禮使封進永瀨常助入來封進宴無滯相濟候段屆有之。

(《(館守) 每日記》 元治 1년(1864) 12월 19일).

213) 초량왜관으로 이전 하기 전, 즉 두모포왜관 때까지는 부산진성 안의 객사까지 일본 사절이 드나들었다. 임진왜란 이후 상경(上京)이 불허된 일본 사절에게 조선 국왕의 전패(殿牌) 앞에서 예를 표하는 숙배(肅拜)가 그곳 객사에서 거행되어 왔다. 그런데 두모포왜관에서 부산진객사까지 오가는 사이에 일본 사절이 조선인 마을에 함부로 출입하는 폐단이 발생하고 있었다. 그래서 초량왜관으로 이전하면서 초량객사가 신설된 뒤로는 일본 사절이 이곳까지만 가게 되었다. 왜관에서 바라보았을 때 '바깥에 위치한 대청'이란 뜻으로, 일본인들은 초량객사를 가리켜 외대청(外大廳)으로 불렀다. 이와 달리 연향대청(宴大廳으로 줄여 부르기도 함)은 왜관과 인접한 곳이어서 이곳을 내대청(內大廳)으로 부르곤 하였다(부산광역시 중구, 《우리의 삶터 중구, 부산을 담다》 상, 100쪽; 다시로 가즈이(田代和生) 지음, 정성일 옮김, 《왜관—조선은 왜 일본사람들을 가두었을까?》, 논형, 20005, 74쪽, 156쪽).

214) • 今日大廳之次第、… 如初階を下り肅拜所ニ帰る時 … 尤中之門を出る時接慰官東莱より進香之式無滯相濟候挨拶軍官使を以申來、詰合之判事中も祝辭申聞相應ニ及返答。

일본 조문사절에 대한 두 번째 연회(연석)에 해당하는 별연(중연석)은 앞에서 설명한 하선연(봉진연) 개최 하루 뒤인 1864년 12월 20일에 있었다. 이날도 별차와 차비관이 왜관으로 들어간 사실을 조선 측이 전례대로 소통사를 시켜서 관수에게 알렸다. 별차 등이 왜관으로 간 것은 이날 별연(중연석)이 열렸기 때문이었다. 별연(중연석)이 끝난 뒤에는 일본 축하사절의 봉진(永瀨常助)이 관수 쪽으로 가서 연회(연석)의 무사 종료를 알리는 동시에, "접위관이 병이 나서 참석할 수 없어 이날 중연석(中宴席)이 하행(下行)으로 열렸다"고 관수에게 보고하였다.[215] 여기에서 하행이란 동래부사 이상 고위직이 불참한 가운데, 부산첨사라든가 양역(훈도, 별차) 등 '하위직만 참석하여 거행하는 것'을 의미한다고 생각한다.[216]

《조례사기록》(1864년 12월 20일)도 "이날 중연석이 하행으로 거행되었다."고 적었다. 하루 전에 개최된 하선연(봉진연)에는 참석했던 접위관이 바로 다음 날 열린 별연(중연석)에는 병을 이유로 들어서 불참하였는데, 이와 같은 하행 관행은 그 전부터 이어져 왔었다. 그런데 이날도 양측이 다양한 선물을 주고받았음은 물론이다.[217]

- 兼日兩譯より差出置候進香之式書左ニ記。
- 朝廷より之音物足附之臺之上ニ配之、接慰官より之音物も出之、差備官を以兩所之目錄正官へ被差渡、乍菲薄依先例目錄之通致進覽候との儀故、則目錄請取之通通詞を以封進へ廻し封進より侍奉へ廻し侍奉より此方役人請取之、相應ニ一札申達 … (이하 생략)。

(《弔禮使記錄》 元治 1년(1864) 12월 19일, 국사편찬위원회 대마도종가문서 DK 3554).

215) • 別差弔禮使差備官入館之段小通事相届。
- 就右封進永瀨常助入來中宴席接慰官病氣ニ付下行引合無滯相濟候段届有之。

(《(館守) 每日記》 元治 1년(1864) 12월 20일).

216) 정성일, 〈일본 사신의 조선 국왕 즉위 축하와 가쓰오부시[鰹節]—1864년 고종 즉위 사절을 중심으로—〉, 《조선통신사연구》 34, 조선통신사학회, 2022, 8-9쪽.

217) • 今日中宴享下行ニ而入來候付差備官別差入館 … (이하 생략)。
- 宴享音物下行物等無別條相請取候段 … 封進より館守へ相届。
- 接慰官東萊より入出船遣幷正官別遣之返物來短簡末ニ記。

(《弔禮使記錄》 元治 1년(1864) 12월 20일, 국사편찬위원회 대마도종가문서 DK 3554).

일본 조문사절의 삼도연 중 세 번째에 해당하는 상선연(출선연)은 별연(중연석) 개최 6일 뒤인 1864년 12월 26일에 있었다. 그런데 《(관수) 매일기》 작성자는 이에 대하여 "조례사 중연석과 관련하여 별차가 함께 왔는데, 하행으로 개최하기로 협의하여 무사히 종료되었다고 대통사(大通詞) 대리를 맡은 가와모토(川本信助)와 오인통사(五人通詞) 오다(小田莊輔) 등이 관수에게 보고하였으며, 일본의 조문사절 쪽에서도 이 사실을 관수에게 알렸다."고 적었다. 다만 이날 열린 것은 별연(중연석)이 아니라, 상선연에 해당하는 '출선연'이었는데도, 《(관수) 매일기》 작성자가 이를 '중연석'으로 잘못 기재하였다고 생각한다.[218)]

이날 상선연(출선연)도 별연(중연석)과 마찬가지로 하행(下行)으로 거행되었다. 그렇지만 상선연(출선연) 때의 외교선물 교환은 관례대로 이루어졌으며, 일본 조문사절의 봉진이 이 사실을 선례에 따라 왜관의 관수에게 보고하였다.[219)] 그리고 이날 조선 측이 12종의 육물(陸物) 즉 배를 수리할 때 필요한 물품을 조문사절 일행에게 지급하였다.[220)]

2. 축하사절을 위한 삼도연 개최

일본 축하사절의 삼도연 중 첫 번째에 해당하는 하선연(봉진연)은 1865년 1월 28일 개최되었다. 이날 하선연(봉진연) 준비가 완료된 뒤에 관수가

---

218) 弔禮使中宴席ニ付別差同道罷出候處下行引合無滯相濟候段、大通詞假役勤番川本信助五人通詞小田莊輔相屆、御使者よりも屆有之。
(《(館守) 每日記》 元治 1년(1864) 12월 26일).

219) • 今日出船宴下行ニ而入來封進方ニ而禮房と役人引合之 … (이하 생략)。
• 出宴享下行物無滯入來候、爲屆封進館守へ罷出。
(《弔禮使記錄》 元治 1년(1864) 12월 26일, 국사편찬위원회 대마도종가문서 DK 3554)

220) 外向より相請取候陸物左ニ記。(아래 원문자는 인용자가 붙인 것임)
① 空席(50枚), ② 藁(30束), ③ 帆筵(5枚), ④ 折板(2枚), ⑤ 大蓬(20枚), ⑥ 萩皮網(1房), ⑦ 切柱(1本), ⑧ 苧網(1房), ⑨ 葛網(1房), ⑩ 板釘(30本), ⑪ 大竹(42本), ⑫ 折鍒(50枚)

축하사절의 정관이 있는 쪽으로 갔다. 그리고 재판 이하 역인들도 나와서 (정관 일행을) 맞이하였다. 하선연(봉진연)이 종료된 뒤에는 축하사절의 도선주(早田作左衛門)와 봉진(嶋居清助)이 관수에게 가서 하선연(봉진연)을 무사히 마쳤다고 보고하는 것이 관행이었다. 그런데 하선연(봉진연)에 출석한 동래부사가 관수에게 문안 인사를 하려고 군관사를 왜관으로 들여보냈기에, 관례대로 관수가 담배를 그 군관사에게 주었으며, 관수도 사람을(若黨使) 보내서 동래부사 쪽에 답례 인사를 하였음이 《(관수) 매일기》에 보인다.[221)]

《진하대차기록》(1865년 1월 28일)에는 '봉진연 거행 절차' 등이 더 자세하게 기술되어 있는데, 이를 통해서 외교선물의 교환 장면과[222)] 일본 사절의 숙배소(肅拜所)[223)] 의례 등 당시 상황을 살필 수 있다. 그리고 하선연(봉진연) 때는 꽃으로 장식을 한다든가, 기생이 와서 공연(女樂)을 하는 것이 선례였지만, 이때는 국상(國喪) 중이라서 그것을 없앴을 뿐만 아니라, 음식

(《弔禮使記錄》 元治 1년(1864) 12월 26일, 국사편찬위원회 대마도종가문서 DK 3554).

221) • 今日陳賀使封進宴被成御整候付拙者麻上下着正官方へ其外裁判已下役中侍中麻上下着罷出迎送茶禮之節同斷ニ付略之。
• 陳賀使都船主早田作左衛門封進嶋居清助入來宴席無滯相濟候段届有之。
• 東萊出宴ニ付見舞として軍官使來候付割葉紛相與此方よりも若黨使を以挨拶申遣。
(《(館守) 毎日記》 元治 2년(1865) 1월 28일).

222) • 僉使より訓導を以初而對面之挨拶別幅之品可請取と之儀申來相應及挨拶候上小通事罷出僉使之書記讀掛候を別幅物順々ニ取出僉使一覽被相請取町代官致差圖小通事取扱此方下代共も手を添、
• 別幅物相渡畢而相應之挨拶有之、如初對禮として都船主封進退去無滯別幅物相渡候段正官へ相届
(《陳賀大差記錄》 1865년 1월 28일, 국사편찬위원회 대마도종가문서 DK 3541).

223) 肅拜之節正官脇へ醫師小姓通詞中相附罷在(《陳賀大差記錄》, 국사편찬위원회 대마도종가문서 DK 3541). 그리고 이 자료에 실린 당시 숙배소 그림은 다음을 참조. 鄭成一, 〈일본 사신의 조선 국왕 즉위 축하와 가쓰오부시[鰹節]—1864년 고종 즉위 축하사절을 중심으로—〉, 《조선통신사연구》 34, 조선통신사학회, 2022, 17쪽.

도 일본인들이 먹을 것은 생선과 닭고기 등으로 준비했으며, 조선인이 먹을 음식은 (고기나 생선이 아닌) 채소류를 가지고 준비했다고 한다.[224)]

두 번째에 해당하는 별연(중연석)은 1865년 2월 11일 개최되었다. 그런데 이날 중연석에는 접위관(接慰官)과 동래부사가 모두 병이 나서 불참했으며, 차비관(差備官)과 양역(훈도, 별차)만 참석해서 연회가 개최되었다고 생각한다.[225)] 동래부사 이상 고위직이 불참한 가운데 하위직만 참석하여 연회를 치르는 하행(下行)이 이때도 되풀이되고 있었음이 다시 한번 확인되었다.[226)]

일본 축하사절의 삼도연 중 세 번째에 해당하는 상선연(출선연)은 1865년 3월 2일에 있었다. 그런데 이때도 "접위관과 동래부사가 병이 나서 출선연이 하행(下行)으로 실시되었다"고 《(관수) 대일기》에 적혀 있다.[227)] 《진하대차기록》도 상선연(上船宴) 즉 출선연이 하행으로 실시되었다고 하면서, 당상차비관과 당하차비관이 병으로 출석하지 않았다고 썼다. 그리고 양역(훈도, 별차)이 일본 측 통사를 데리고 연회(연석) 장소로 가서 연향 선물(宴享音物)을 받아 갔음이 확인되었다.[228)]

---

224) • 封進宴之節は作花飾女樂等有之候先格候得共、國喪中故無之儀膳部も此方之分は魚鳥仕立彼方は精進仕立。(《陳賀大差記錄》 元治 2년(1865) 1월 28일, 국사편찬위원회 대마도종가문서 DK 3541).

225) 陳賀使中宴席之義接慰官東萊共病氣ニ付差備官兩譯入来手數問無滯相濟候段御使者より届有之(《(館守) 每日記》 元治 2년(1865) 2월 11일).

226) • 中宴席下行入來候付太廳鑓建正官幷都船主伊達道具飾之
• 兩差備官訓導別差御重用通辯役廣瀨豊吉通詞中相附太廳へ罷出候付封進役人罷出宴享音物短簡ニ引合請取之相濟候段相屆候上 … (이하 생략)
(《陳賀大差記錄》 元治 2년(1865) 2월 11일, 국사편찬위원회 대마도종가문서 DK 3541).

227) 陳賀使出船宴東萊接慰官病氣ニ付下行ニ而無滯相濟候段都船主早田作左衛門入來被相屆(《(館守) 每日記》 元治 2년(1865) 3월 2일).

228) • 今日上船宴下行入來候付太廳鑓建正官幷都船主伊達道具例之通飾之
• 堂上差備官堂下差備官病氣ニ付不罷出訓導別差御重用通辯役通詞相附太廳へ罷出候付封進役人宴享音物短簡ニ引合請取之相濟候段屆之上 … (이하 생략)

3. 삼도연 때의 외교선물에 관한 기록

삼도연 때의 외교선물은 어떤 내용으로 되어 있었을까? 조선 측 기록에 보이는 외교선물(禮單)에 대하여 정리한 것이 〈표 8-8〉이다. 이에 따르면 외교선물을 지급하는 조선 측의 주체는 크게 둘로 나뉜다. 즉 첫 번째는 조정(朝廷)이고, 두 번째는 접위관(接慰官)이나 당상차비관(堂上差備官)으로 구분된다. 조선 조정이 지급하는 외교선물의 수취자는 일본 사절의 정관(正官), 도선주(都船主) 등 상위 직급부터 반종(伴從) 등 하위 직급까지 열거되어 있다. 그렇지만 접위관이나 당상차비관 등이 지급하는 외교선물(이를 조선에서는 私禮單으로 불렀음)에 대해서는 그것을 수취하는 일본 사절이 따로 구분되어 있지 않아 대조를 보이는데, 이는 기록의 미비 때문일 수도 있다.

〈표 8-8〉 조선의 三度宴 禮單 지급 규정

연번	품목	단위	朝廷의 禮單 (下船宴, 館中宴, 上船宴 동일)			私禮單	
			正官, 都船主	奉進押物, 侍奉	伴從	接慰官	堂上差備官
			각 1인	각 1인	16인		
1	人蔘	觔	1			6	3
2	虎皮	張				2	4
3	豹皮	張				4	
4	白綿紬	匹	5	2	16	15	5
5	白苧布	匹	5	2	16	15	5
6	白木綿	匹	5	3	32	25	10
7	黑麻布	匹	3			8	5
8	黃毛筆	匹	20			80	
9	眞墨	笏	20			80	
10	四張付油芚	部	2			8	

(《陳賀大差記錄》 元治 2년(1865) 3월 2일, 국사편찬위원회 대마도종가문서 DK 3541).

연번	품목	단위	朝廷의 禮單 (下船宴, 館中宴, 上船宴 동일)			私禮單	
						接慰官	堂上差備官
			正官, 都船主	奉進押物, 侍奉	伴從		
			각 1인	각 1인	16인		
11	花席	張	3			13	
12	淸酒	瓶				15	
13	大口魚	尾				30	
14	花硯	面				5	
15	桃花紙	卷				6	
16	雲暗紙	卷				6	
17	黃菊紙	卷				6	
18	草注紙	卷				6	
19	雪花紙	卷				9	
20	壯紙	卷				32	
21	白紙	卷				48	
22	大厚油紙	張				53	
23	桃花唐扇	柄				13	
24	雲暗唐扇	柄				13	
25	黃菊唐扇	柄				13	
26	白唐扇	柄				78	
27	栢子	斗				7	
28	胡桃	斗				10	
29	房栢子	顆				240	
30	黃栗	斗				17	
31	石耳	斗				3	
32	鮒魚	尾				40	
33	鯉魚	尾				20	

주 : 侍奉은 1776년까지는 1인이며, 1801년 이후는 2인임.
자료 : 《同文彙考》 二(국사편찬위원회 영인본, 1796쪽); 《국역 증정교린지》(하우봉·홍성덕 옮김, 77쪽)

일본 측 기록에 보이는 1864년 삼도연 때의 외교선물, 즉 예단(禮單)에 대하여 정리한 것이 〈표 8-9〉이다. 여기에서도 알 수 있듯이 외교선물의 지급 주체가 조선 조정과 접위관(接慰官)으로 둘로 나뉘어 있었다. 앞의 〈표

8-8〉과 달리 당상차비관에 대해서는 언급이 없다. 그리고 조선 기록에서는 삼도연(下船宴, 館中宴, 上船宴)의 예단 내용이 동일하다고 되어 있지만, 일본 기록에는 삼도연(封進宴, 中宴席, 出船宴)의 예단 내용이 반드시 동일한 것은 아니었다. 즉 조선 조정이 지급하는 외교선물은 삼도연이 모두 동일하다고 기록하였지만, 접위관이 지급할 때는 그것이 연석(연향) 때마다 조금씩 차이를 보이기도 했다. 예를 들어 황모필(黃毛筆)의 경우 봉진연 때는 정관에게도 지급되지 않았지만, 중연석에서는 정관에게만 지급되었다. 그런데 출선연 때는 그것을 정관과 봉진과 시봉에게 모두 지급하되, 정관과 봉진(시봉) 사이에는 차등을 두었다(봉진과 시봉에게는 지급량 동일).

〈표 8-9〉 일본 축하사절이 기록한 三度宴 외교선물(1864년)

연번	품목	단위	朝鮮 朝廷이 지급				接慰官이 지급(私禮單)											
			封進宴, 中宴席, 出船宴(동일)				封進宴				中宴席				出船宴			
			수취인				수취인				수취인				수취인			
			正官 都船主	封進 侍奉	伴人	格人	正官 都船主	封進	侍奉	伴人	正官 都船主	封進	侍奉	伴人	正官 都船主	封進	侍奉	伴人
			각 1인	각 1인	10인		각 1인	1인	1인	10인	각 1인	1인	1인	10인	각 1인	1인	1인	10인
1	人蔘	觔	1				1								1			
2	豹皮	張									1							
3	白綿紬	匹	5	2	10		2	1	1		2	1	1		2			
4	白苧布	匹	5	2	10		2	1	1		2	1	1		2			
5	白木綿	匹	5	3	20		3	2	2			2	2		3	2	2	
6	黑麻布	匹	3								3				2	1	1	
7	黃毛筆	匹	20								10				10	5	5	
8	眞墨	笏	20								10				10	10	10	
9	四張付油芚	部	2				1				2							
10	花席	張	3				3											
11	淸酒	瓶				5												
12	大口魚	尾				10												
13	花硯	面					1				1				1			

연번	품목	단위	朝鮮 朝廷이 지급				接慰官이 지급(私禮單)											
			封進宴, 中宴席, 出船宴 (동일)				封進宴				中宴席				出船宴			
			수취인				수취인				수취인				수취인			
			正官 都船主	封進 侍奉	伴人	格人	正官 都船主	封進	侍奉	伴人	正官 都船主	封進	侍奉	伴人	正官 都船主	封進	侍奉	伴人
			각 1인	각 1인	10인		각 1인	1인	1인	10인	각 1인	1인	1인	10인	각 1인	1인	1인	10인
14	色扇	柄					5					10	10		10			
15	桃花紙	束					1											
16	雲暗紙	束					1	1										
17	黃菊紙	束									1				1			
18	草注紙	束									1							
19	雪花紙	束					1		1		1				1	1	1	
20	壯紙	束						2	2			2	2			2	2	
21	白紙	束								10				10				10
22	白唐扇	柄								20				20				20
23	栢子	斗										1	1					
24	胡桃	斗						1	1									
25	房栢子	顆										50						
26	黃栗	斗						1	1	4				4				5
종류			9	3	3	2	11	7	7	3	11	7	6	3	11	6	6	3

자료 : 《陳賀大差記錄》(국사편찬위원회 대마도종가문서 DK 3546)

이처럼 조선과 일본 양측 기록이 큰 틀에서는 유사하지만, 세부 내용에서는 차이가 발견된다. 예를 들어 일본 기록에는 조선 조정이 지급하는 일본 사절의 대상자 중에 배를 끄는 격군(格軍)인 격인(格人)이 들어 있는 반면에(〈표 8-9〉 참조), 조선 기록에는 그 내용이 적혀 있지 않다(〈표 8-8〉 참조). 조선 조정이 정관과 도선주에게 지급하는 예단의 품목과 수량에서는 두 기록이 일치하지만, 그것 외에는 차이를 보이는 부분이 더 많다. 특히 접위관 등이 지급한 것을 기록한 내용에서는 일본 측 기록이 상대적으로 더 자세하다. 이것은 외교선물을 주는 쪽보다는 그것을 받는 쪽에서 선례대로 받아낼 목적으로 그 내용을 빠짐없이 기록해 두었기 때문으로 짐작된다.

그렇다면 외교선물은 삼도연 때까지만 교환되었을까? 공식적인 3대 연회(삼도연) 외에도 비공식적 또는 부정기적으로 접촉할 기회가 많았을 것이기 때문에, 외교선물의 교환은 삼도연으로 그치지는 않았을 것으로 쉽게 짐작할 수 있다. 다만 조선 측 기록은 삼도연까지만 다루고 있기에, 나머지 부분에 대해서는 일본 기록에서 찾아볼 수밖에 없다. 아래에서는 일본 사절의 왜관 체재 중에 교환되었던 개인 차원의 외교선물에 대하여 살펴보고자 한다.

Ⅲ. 그 밖의 개인 간 외교선물 교환

1. 조문사절의 사례(1864-65년)

1864년부터 1865년 사이에 일본의 조문사절이 왜관에 머물면서 조선 측에 전달한 외교선물에 대하여 정리한 것이 〈표 8-10〉이다. 《조례사기록》에는 절기에 따라서(中元, 重陽, 歲暮), 일본 사절의 입항과 출항에 맞추어서(入船, 出船), 그 밖에 그때그때 개인의 형편을 고려하여(自分), 외교선물이 교환된 시기를 6가지로 구분하여 기술되어 있다.[229] 품목을 살펴보면 크게 4가지 부류로 나뉜다. 즉 ① 구리 등 금속을 이용하여 만든 제품(炙網, 炙子, 藥罐, 酒鍋, 南飛, 姜板, 鍋, 卸 등), ② 일본의 독특한 마키에(蒔繪, 이를 彩畫로 기록하기도 함) 기법으로 제작한 공예품(層匣, 菓子盆, 蒔繪重箱, 手提重, 春慶吉野重), ③ 문방구(紋紙), ④ 기타(別雨傘, 別傘, 剪子, 輪圖, 南艸, 唐鋏, 大平, 眞針, 扇子, 仁風,[230] 眼鏡)로 되어 있었다.

229) 《弔禮使記錄(1864년)》(국사편찬위원회 대마도종가문서 DK 3554)
230) 仁風이 무엇을 가리키는 것인지 확실하지 않다. 혹시 이것이 술의 일종은 아닐까

〈표 8-10〉 일본의 조문사절이 조선 측에 전달한 외교선물(1864~65년)

<table>
<tr><th rowspan="2">No</th><th rowspan="2" colspan="2">구분</th><th rowspan="2">지급인</th><th rowspan="2">수취인</th><th rowspan="2">시기</th><th rowspan="2">種</th><th colspan="4">품목</th></tr>
<tr><th>동철 제품</th><th>채화 목공</th><th>문방구</th><th>기타</th></tr>
<tr><td rowspan="2">1</td><td rowspan="2">中元</td><td>①</td><td rowspan="2">弔禮使</td><td>東萊府使</td><td rowspan="2">1864.7.</td><td>8</td><td>中炙網</td><td>土層匣,
小土層匣</td><td></td><td>別雨傘, 五寸剪子,
中輪圖, 代南艸, 仁風</td></tr>
<tr><td>②</td><td>釜山僉使</td><td>5</td><td>中炙網</td><td></td><td></td><td>小輪圖, 代南艸,
煙器, 仁風</td></tr>
<tr><td rowspan="2">2</td><td rowspan="2">重陽</td><td>①</td><td rowspan="2">弔禮使</td><td>東萊府使</td><td rowspan="2">1864.9.</td><td>10</td><td>小藥罐,
朱蓋酒鍋,
中炙網</td><td>菓子盆</td><td></td><td>別雨傘, 唐剪子,
眼鏡, 小輪圖,
中輪圖, 仁風</td></tr>
<tr><td>②</td><td>釜山僉使</td><td>5</td><td>小炙網</td><td></td><td></td><td>小輪圖, 中輪圖,
代南艸, 仁風</td></tr>
<tr><td rowspan="7">3</td><td rowspan="7">入船</td><td>①</td><td rowspan="7">弔禮使</td><td>接慰官</td><td rowspan="7">1864.11.</td><td>8</td><td>鐵梅紋累伍南飛,
中藥罐, 中炙網,
中姜板</td><td>大層匣,
中層匣</td><td></td><td>別雨傘, 眼鏡</td></tr>
<tr><td>②</td><td>東萊府使</td><td>8</td><td>鐵梅紋累伍南飛,
中藥罐, 中炙網,
中姜板</td><td>大層匣,
中層匣</td><td></td><td>別雨傘, 眼鏡</td></tr>
<tr><td>③</td><td>釜山僉使</td><td>6</td><td>小炙網</td><td>大層匣,
中層匣,
小層匣</td><td></td><td>小輪圖, 仁風</td></tr>
<tr><td>④</td><td>訓導</td><td>9</td><td>鐵梅形五入子鍋,
銅中釦,
銅小炙子,</td><td>蒔繪七寸重</td><td></td><td>六寸唐鋏, 大平,
眼鏡, 二寸眞針, 扇子</td></tr>
<tr><td>⑤</td><td>別差</td><td>9</td><td>鐵梅形五入子鍋,
銅小炙子</td><td>五色手提重,
菓子鉢</td><td></td><td>六寸唐鋏, 別傘,
眼鏡, 小眞針, 扇子</td></tr>
<tr><td>⑥</td><td>差備官
(李主簿)</td><td>7</td><td>鐵梅形五入子鍋,
銅小炙子</td><td>五色手提重</td><td></td><td>唐鋏, 別傘, 眼鏡,
二寸眞針</td></tr>
<tr><td>⑦</td><td>差備官
(韓主簿)</td><td>7</td><td>鐵梅形五入子鍋,
銅小炙子</td><td>五色手提重</td><td></td><td>唐鋏, 別傘, 眼鏡,
二寸眞針</td></tr>
<tr><td rowspan="3">4</td><td rowspan="3">出船</td><td>①</td><td rowspan="3">弔禮使</td><td>接慰官</td><td rowspan="3">1864.11.</td><td>8</td><td>赤銅累參南飛,
赤銅間鍋,
中炙網, 中姜板</td><td>中層匣,
小層匣</td><td>紋紙</td><td>眼鏡</td></tr>
<tr><td>②</td><td>東萊府使</td><td>8</td><td>赤銅累參南飛,
赤銅間鍋,
中炙網, 中姜板</td><td>中層匣,
小層匣</td><td>紋紙</td><td>眼鏡</td></tr>
<tr><td>③</td><td>釜山僉使</td><td>6</td><td>小炙網</td><td>大層匣,
中層匣,</td><td></td><td>小輪圖, 仁風</td></tr>
</table>

하고 추정해 본다. 일본어로 진푸(仁風 じんぷう)는 오키나와 특산물인 아와모리(泡盛)에 붙여진 술 이름으로 짐작된다(사람들 사이에서 산들산들 부는 바람 같은 술이 되라는 의미?).

No	구분		지급인	수취인	시기	種	품목			
							동철 제품	채화 목공	문방구	기타
								小層匣		
		④		訓導		9	鐵梅形五入子鍋, 銅小炙子, 銅中卸	蒔繪七寸重箱		六寸唐鋏, 大平, 二寸眞針, 眼鏡, 扇子
		⑤		別差		9	鐵梅形五入子鍋, 銅小炙子	五色手提重, 菓子鉢		六寸唐鋏, 別傘, 小眞針, 眼鏡, 扇子
		⑥		差備官 (李主簿)		7	銅間鍋, 銅小炙子, 銅中卸		紋紙	六寸唐鋏, 別傘, 二寸眞針
		⑦		差備官 (韓主簿)		7	銅間鍋, 銅小炙子, 銅中卸		紋紙	六寸唐鋏, 別傘, 二寸眞針
		⑧		回答書契 差備官		6	銅小炙子	春慶大吉野重, 春慶小吉野重		小眞針, 眼鏡, 扇子
5	歲暮	①	弔禮使	東萊府使	1865. 1.	8	赤銅酒南飛, 小炙網	中層匣, 小層匣		別雨傘, 眼鏡, 二寸輪圖, 仁風
		②	弔禮使	釜山僉使	1865. 1.	5	小炙網	中層匣		小輪圖, 眼鏡, 仁風
6	自分	①		接慰官		8	赤銅累參南飛, 中藥鑵, 中姜板, 中炙網	大層匣	紋紙	別雨傘, 眼鏡
		②		東萊府使		10	赤銅累參南飛, 中藥鑵, 中姜板, 小炙網	大層匣, 小層匣		別雨傘, 大平, 眼鏡, 中輪圖
		③		釜山僉使		5	小藥鑵	小層匣		眼鏡, 小輪圖, 仁風
		④		訓導		8	銅五ツ入子口附鍋, 銅間鍋, 銅中藥鑵, 銅小炙子	蒔繪七寸重		二寸眞針, 眼鏡, 扇子
		⑤	正官	別差		8	銅三ツ入子貝燒鍋, 銅小藥鑵, 銅中炙子	春慶中吉野重		別傘, 眼鏡, 小眞針, 扇子
		⑥		差備官 (大有)		8	鐵梅形五ツ入子鍋, 銅間鍋, 銅小炙子	春慶口吉野重		六寸唐鋏, 別傘, 眼鏡, 小眞針
		⑦		差備官 (敬汝)		8	銅五ツ入子口附鍋, 銅小炙子, 銅中卸	春慶中吉野重		別傘, 眼鏡, 小眞針, 扇子

주 : 원문에는 '音物'로 적었는데, 이것은 조선에서 말하는 '私禮單'에 해당함.
자료 : 《弔禮使記錄(1864년)》(국사편찬위원회 대마도종가문서 DK 3554).

1864~65년에 조선 측이 일본의 조문사절에게 회답한 외교선물에 대하여 정리한 것이 〈표 8-11〉이다. 마찬가지로 《조례사기록》에는 절기와(中元, 重陽, 歲暮), 일본 사절의 입출항(入船, 出船), 그리고 개인 형편을(自分) 기준으로 외교선물의 교환 시기를 6가지로 구분해 놓았다.231) 품목을 살펴보면 크게 5가지 부류로 나뉜다. 즉 ① 약재(인삼), ② 직물(正木, 三升, 綿紬, 白綿紬, 貴州紬, 西洋木, 西洋佳只, 西洋緞, 亢羅布 등), ③ 문방구(白紙, 平白紙, 別白紙, 雪花紙, 平壯紙, 草注紙, 厚油紙, 色筆 등), ④ 식재료(淸蜜, 眞油, 眞苽(瓜), 粘米, 小豆, 白餠, 乾柿, 乾柿紅柿, 柏子, 大口魚, 乾大口魚, 文魚, 廣魚, 軟鷄, 鴨子, 脯肉, 乾雉, 胡桃, 石茸 등), ⑤ 기타(唐扇, 色圓扇, 書本, 畵本, 假花, 柱聯, 玉佩, 扇香, 萬壽香 등)로 되어 있다.

〈표 8-11〉 조선 측이 일본의 조문사절에게 전달한 외교선물(1864~65년)

No	구분		지급인	수취인	시기	種	품목				
							약재	직물	문방구	식재료	기타
1	中元	①	東萊府使	正官	1864.7.	12				淸蜜, 大口魚, 脯肉, 眞苽(瓜) 등	
		②	釜山僉使	正官		5			白紙	軟鷄 등	
2	重陽	①	東萊府使	正官	1864.7.	10		正木 등	平壯紙 등	粘米 등	
		②	釜山僉使	正官		5			白紙	粘米, 紅柿	
3	入船	①	接慰官	正官		10			草注紙 등	柏子 등	
		②	東萊府使			9		綿紬 등	別白紙 등	文魚 등	
		③	釜山僉使			6			白紙	粘米 등	
		④	訓導			11		西洋木 등			萬壽香 등
		⑤	別差			9		西洋加只 등			萬壽香 등
		⑥	差備官(大有)			8		亢羅布 등			萬壽香 등
		⑦	差備官(敬汝)			7		西洋木 등			萬壽香 등
4	出船	①	接慰官			10					
		②	東萊府使			9					
		③	釜山僉使	正官		6					
		④	訓導			11		西洋木 등			萬壽香 등

231) 《弔禮使記錄(1864년)》(국사편찬위원회 대마도종가문서 DK 3554)

No	구분		지급인	수취인	시기	種	품목				
							약재	직물	문방구	식재료	기타
		⑤	別差			9		西洋加只 등			萬壽香 등
		⑥	差備官(大有)			8		亢羅布 등			萬壽香 등
		⑦	差備官(敬汝)			7		西洋木 등			萬壽香 등
		⑧	回答書契差備官	正官		7		三升 등	色筆 등		萬壽香 등
5	歲暮	①	東萊府使	正官	1864. 12.	11				眞油, 廣魚, 脯肉, 乾雉, 胡桃 등	
		②	釜山僉使			5			白紙	粘米, 小豆, 乾大口魚, 乾柿	
		③	訓導			7		白綿紬 등		白餠, 乾柿, 鴨子 등	
		④	別差			7		白綿紬 등		白餠, 乾柿, 鴨子 등	
6	自分	①	接慰官	正官		10			厚油紙 등	石茸 등	唐扇
		②	東萊府使			11		綿紬 등	平白紙 등	粘米, 文魚 등	
		③	釜山僉使			6			白紙, 黃筆	粘米, 小豆, 大口魚, 乾柿	
		④	訓導			11		貴州紬, 西洋緞 등			畫本, 萬壽香 등
		⑤	別差			10		西洋加只, 亢羅布 등			畫本, 萬壽香 등
		⑥	差備官(大有)			8		三升 등	色筆 등		萬壽香 등
		⑦	差備官(敬汝)			7		西洋木 등			萬壽香 등

주 : 원문에는 '音物'로 적었는데, 이것은 조선에서 말하는 '私禮單'에 해당함.
자료 : 《弔禮使記錄(1864년)》(국사편찬위원회 대마도종가문서 DK 3554).

2. 축하사절의 사례(1864~65년)

1864~65년에 일본의 축하사절이 조선 측에 전달한 외교선물에 대하여 정리한 것이 〈표 8-12〉이다. 《진하대차기록》에는 일본 사절의 입출항(入船, 出船), 절기(歲暮), 왜관 공사(監董), 그리고 개인 형편을(自分) 기준으로 외교선물의 교환 시기를 5가지로 구분해 놓았다.[232] 품목을 살펴보면 크게 4가

지로 나뉜다. 즉 ① 구리 등 금속을 이용하여 만든 제품(盥盤, 南飛, 有口南飛, 貝形南飛, 手洗, 鍋, 口附鍋, 鐵間鍋, 貝燒鍋 등), ② 일본의 독특한 마키에(蒔繪, 이를 彩畫로 기록하기도 함) 기법으로 제작한 공예품(層匣, 菓子器, 菓子鉢, 重, 手提重, 嗜器, 金皮文庫, 大平 등), ③ 문방구(紋紙), ④ 기타(別雨傘, 別傘, 剪子, 唐剪子, 唐鋏, 片扇防蠅, 輪圖, 眞針, 扇子, 宣德火鉢, 輪圖, 琉璃酒盞, 刻多葉粉, 仁風, 眼鏡, 海黃 등)가 그것이다.

〈표 8-12〉 일본의 축하사절이 조선 측에 전달한 외교선물(1864~65년)

No	구분		지급인	수취인	시기	種	품목			
							동철 제품	채화 목공	문방구	기타
1	入船	①	陳賀使	接慰官	1864.12.	18	赤銅累五盥盤, 鐵累五梅紋南飛, 小炙網 등	彩畵八寸層匣, 彩畵菓子器 등	紋紙	別雨傘, 六寸唐剪子, 眼鏡 등
		②		東萊府使		20	赤銅累五有口南飛, 鐵累參貝形南飛, 小姜板 등	彩畵七寸層匣, 彩畵嗜器 등	紋紙	別雨傘, 琉璃酒盞, 眼鏡, 仁風 등
		③		釜山僉使		10		彩畵木色五寸層匣, 中層匣 등		片扇防蠅, 別雨傘, 五寸唐剪子, 眼鏡, 仁風 등
		④		堂上差備官		19	銅五入子手洗, 鐵五入子梅形鍋 등	黑蒔繪八寸重, 木地蒔繪五寸重 등		兩開蠅帳, 宣德火鉢, 三寸眞針, 眼鏡, 扇子 등
		⑤		訓導		19	銅五入子口附鍋, 鐵貳入子古婦鍋 등	黑蒔繪八寸重, 木地蒔繪五寸重 등		五寸唐鋏, 扇子, 三寸眞針, 眼鏡, 扇子 등
		⑥		堂下差備官		14	銅五入子口附鍋, 鐵間鍋 등	木地蒔繪五寸重, 蒔繪菓子鉢 등		五寸唐鋏, 扇子, 三寸眞針, 眼鏡, 扇子 등
		⑦		別差		14	銅五入子口附鍋, 鐵間鍋 등	木地蒔繪五寸重, 蒔繪菓子鉢 등		五寸唐鋏, 扇子, 三寸眞針, 眼鏡, 扇子 등
2	出船	①		接慰官		20	赤銅累五盥盤, 鐵累五梅紋南飛,	彩畵八寸層匣, 彩畵菓子器 등	紋紙	兩扇防蠅, 別雨傘,

232) 《陳賀大差記錄(1864년)》(국사편찬위원회 대마도종가문서 DK 3547)

No	구분		지급인	수취인	시기	種	품목			
							동철 제품	채화 목공	문방구	기타
							小炙網 등			六寸唐剪子, 眼鏡, 仁風 등
		②	陳賀使	東萊府使	1864.12.	20	赤銅累五有口南飛, 鐵累參貝形南飛, 小姜板 등	彩畵七寸層匣, 彩畵嗜器 등	紋紙	兩扇防蠅, 別雨傘, 琉璃酒盞, 眼鏡, 仁風 등
		③		釜山僉使		10		彩畵木色五寸層匣, 中層匣 등		片扇防蠅, 別雨傘, 五寸唐剪子, 眼鏡, 仁風 등
		④	(一行)	回答書契差備官		12	鐵貳入子古婦鍋 등	木地蒔繪五寸重, 蒔繪菓子鉢 등		片開蠅帳, 別傘, 刻多葉粉, 眼鏡, 扇子 등
3	自分	①		接慰官		14	赤銅累五盥盤, 赤銅累三有口南飛 등	彩畵八寸層匣, 彩畵菓子器 등	紋紙	兩扇防蠅, 三寸輪圖, 琉璃酒盞, 眼鏡, 仁風 등
		②		東萊府使		14	赤銅累五盥盤, 赤銅累三有口南飛 등	彩畵七寸層匣, 五寸木色層匣 등	紋紙	兩扇防蠅, 三寸輪圖, 琉璃酒盞, 眼鏡, 仁風 등
		③		釜山僉使		9	鐵累貳笠骨南飛 등	五寸木色層匣 등		片扇防蠅, 別雨傘, 五寸唐剪子, 眼鏡, 仁風 등
		④		堂上差備官		16	鐵累貳笠骨南飛 등	五寸木色層匣 등		片扇防蠅, 別雨傘, 五寸唐剪子, 眼鏡 등
		⑤	正官	訓導	1864.12.	16	鐵累貳笠骨南飛 등	五寸木色層匣 등		片扇防蠅, 別雨傘, 五寸唐剪子, 眼鏡 등
		⑥		堂下差備官		12	鐵累貳笠骨南飛 등	五寸木色層匣 등		片扇防蠅, 別雨傘, 五寸唐剪子, 眼鏡 등
		⑦		別差		12	鐵累貳笠骨南飛 등	五寸木色層匣 등		片扇防蠅, 別雨傘, 五寸唐剪子, 眼鏡 등

No	구분		지급인	수취인	시기	種	품목			
							동철 제품	채화 목공	문방구	기타
		⑧		講定官 (誠始)		14	銅五入子口附鍋, 鐵三入子貝燒鍋 등	朱八寸重, 黑蒔繪七寸重 등		別傘, 三寸眞針, 眼鏡, 扇子 등
		⑨		義哉		8	銅五入子手洗, 銅五入子口附鍋 등	靑貝入七寸重, 金皮大文庫 등		海黃 등
		⑩	(一行)	講定官 (誠始)	(1864.12)	16	銅五入子口附鍋, 鐵三入子貝燒鍋 등	木地蒔繪五寸重, 蒔繪菓子鉢 등		五寸唐鋏, 三寸眞針, 扇子 등
		⑪	都船主	堂上差備官	1864.12.	12	銅三入子手洗, 鐵三入子貝燒鍋 등	金皮小文庫, 木地五寸重 등		別傘, 三寸眞針, 扇子 등
		⑫	封進	堂上差備官	1864.12.	12	銅三入子手洗, 鐵三入子貝燒鍋 등	金皮小文庫, 木地五寸重 등		別傘, 三寸眞針, 扇子 등
		⑬	都船主	訓導	1864.12.	12	銅三入子手洗, 鐵三入子貝燒鍋 등	金皮小文庫, 木地五寸重 등		別傘, 三寸眞針, 扇子 등
		⑭	封進	訓導	1864.12.	12	銅三入子手洗, 鐵三入子貝燒鍋 등	金皮小文庫, 木地五寸重 등		別傘, 三寸眞針, 扇子 등
		⑮	都船主	堂下差備官	1864.12.	12	銅三入子手洗, 鐵三入子貝燒鍋 등	五色手提重, 蒔繪菓子鉢 등		五寸唐鋏, 別傘, 三寸眞針, 眼鏡, 扇子 등
		⑯	封進	堂下差備官	1864.12.	12	銅三入子手洗, 鐵三入子貝燒鍋 등	五色手提重, 蒔繪菓子鉢 등		五寸唐鋏, 別傘, 三寸眞針, 眼鏡, 扇子 등
		⑰	都船主	別差	1864.12.	12	銅三入子口附鍋, 鐵貳入子古婦鍋 등	五色手提重, 朱蒔繪大平 등		五寸唐鋏, 片開蠅帳, 二寸眞針, 眼鏡, 扇子 등
		⑱	封進	別差	1864.12.	12	銅三入子口附鍋, 鐵貳入子古婦鍋 등	五色手提重, 朱蒔繪大平 등		五寸唐鋏, 片開蠅帳, 二寸眞針, 眼鏡, 扇子 등
4	歲暮	①	陳賀使	東萊府使	1864.12.	11	鐵累貳笠骨南飛	五寸木色層匣, 彩畵菓子器 등		別雨傘, 五寸唐剪子, 眼鏡, 仁風 등
		②	陳賀使	釜山僉使	1864.12.	5		大層匣, 中層匣, 小層匣		眼鏡, 仁風

주 : 원문에는 '音物'로 적었는데, 이것은 조선에서 말하는 '私禮單'에 해당함.
자료 : 《陳賀大差記錄(1864년)》(국사편찬위원회 대마도종가문서 DK 3547)

1864~65년에 조선 측이 일본의 축하사절에게 회답한 외교선물에 대하여 정리한 것이 〈표 8-13〉이다. 마찬가지로 《진하대차기록》에는 일본 사절의

입출항(入船, 出船), 절기(歲暮), 왜관 공사(監董), 그리고 개인 형편을(自分) 기준으로 외교선물의 교환 시기를 5가지 구분해 놓았다.[233] 품목을 살펴보면 크게 5가지 부류로 나뉜다. 즉 ① 약재(인삼), ② 직물(細木, 中木, 三升, 綿紬, 表紬, 貴州紬, 英綃緞, 西洋木, 西洋佳只, 西洋緞, 亢羅布 등), ③ 문방구(白紙, 別白紙, 平白紙, 平壯紙, 壯紙, 桃花紙, 雪花紙, 雲晴紙, 黃菊紙, 草注紙, 厚油紙, 黃筆, 唐筆, 色筆, 眞墨, 唐墨 등), ④ 식재료(淸蜜, 眞油, 眞苽(瓜), 粘米, 小豆, 白餠, 乾柿, 乾柿紅柿, 柏子, 大口魚, 乾大口魚, 文魚, 廣魚, 軟鷄, 鴨子, 脯肉, 乾雉, 胡桃, 石茸 등), ⑤ 기타(唐扇, 色尾扇, 象牙扇, 美人圖, 書柱聯, 畵柱聯, 書本, 畫本, 色絲, 玉佩, 扇香, 十八香, 萬壽香 등)로 되어 있었다.

〈표 8-13〉 조선 측이 일본의 축하사절에게 전달한 외교선물(1864~65년)

No	구분		지급인	수취인	시기	種	품목				
							약재	직물	문방구	식재료	기타
1	入船	①	接慰官		1865.?	21	人蔘	貴州紬, 綿紬 등	雪花紙, 雲暗紙 등	乾柿, 胡桃 등	唐扇 등
		②	東萊府使		1865.2.	22	人蔘	貴州紬, 綿紬 등	平壯紙, 黃筆 등	粘米, 小豆 등	
		③	釜山僉使		1865.1.	10		細木	厚白紙, 黃筆 등	粘米, 小豆 등	
		④	堂上差備官	正官	1865.2.	16		英綃緞, 貴州紬 등	唐筆		唐扇, 萬壽香 등
		⑤	堂下差備官		1865.3.	13		西洋木 등	色筆 등		書本, 玉佩, 萬壽香 등
		⑥	訓導		1865.2.	15		賞緞, 西洋緞 등			美人圖, 萬壽香 등
		⑦	別差		1865.3.	13		表紬, 西洋緞 등	色筆 등		畫本, 扇香, 萬壽香 등
2	出船	①	接慰官		1865.2.	20	人蔘	禾紬	草注紙 등	乾柿, 栢子	唐扇 등
		②	東萊府使		1865.2.	22	人蔘	貴州紬, 綿紬 등	平壯紙, 厚白紙 등	粘米, 胡桃 등	
		③	釜山僉使	正官	1865.1.	10		細木	厚白紙, 黃筆 등	粘米, 小豆 등	
		④	堂上差備官		1865.2.	17		英綃緞,	唐筆, 唐墨		色尾扇, 萬壽香

233) 《陳賀大差記錄(1864년)》(국사편찬위원회 대마도종가문서 DK 3547)

No	구분		지급인	수취인	시기	種	품목				
							약재	직물	문방구	식재료	기타
								貴州紬 등	등		등
		⑤	堂下差備官		1865.3.	13		西洋加只 등	色筆, 大眞墨 등		唐扇, 萬壽香 등
		⑥	訓導		1865.2.	15		賞緞, 西洋緞 등			美人圖, 玉佩, 萬壽香 등
		⑦	別差		1865.3.	13		表紬, 西洋緞 등			細行書本, 畫本, 唐扇, 萬壽香 등
		⑧	回答書契差備官	(일행중)	1865.2.	12		西洋木, 亢羅布 등			書本, 畫本, 繡囊, 萬壽香 등
3	歲暮	①	東萊府使	(正官)	1864.12.	11				眞油, 清蜜, 脯肉, 乾雉, 沙魚, 胡桃 등	
		②	釜山僉使	(正官)	1864.12.	5			白紙	粘米, 小豆, 乾大口魚, 乾柿	
4	監董	①	監董官	正官	1865.2.	14		貴州紬, 表紬 등	唐筆, 唐墨 등		色絲, 萬壽香 등
		②	監董官	一行	1865.2.	14		貴州紬, 表紬 등	唐筆, 唐墨 등		色絲, 萬壽香 등
5	自分	①	接慰官		1865.2.	15	人蔘	??	??	胡桃, 黃栗 등	唐扇 등
		②	東萊府使		1865.2.	17	人蔘	貴州紬, 粉紬 등	平壯紙, 厚白紙 등	粘米, 小豆 등	
		③	釜山僉使	正官	1865.1.	10		細木, 中木	白厚紙, 黃筆 등	粘米, 眞鷄 등	
		④	堂上差備官		1865.2.	15		英綃緞, 貴州紬 등	唐筆, 唐墨		繡囊, 萬壽香 등
		⑤	堂下差備官		1865.3.	15		西洋佳只, 西洋木 등	色筆, 大眞墨 등		玉佩, 萬壽香 등
		⑥	訓導		1865.2.	15		英綃緞, 貴州紬 등	唐筆, 唐墨		繡囊, 萬壽香 등
		⑦	別差		1865.3.	15		表紬, 西洋緞 등	色筆, 海墨 등		假花, 萬壽香 등
		⑧	堂上差備官		1865.2.	15		貴州紬, 粉紬 등			書本, 畫本, 色絲, 萬壽香 등
		⑨	堂下差備官	都船主	1865.3.	12		三升, 亢羅布 등			書本, 畫本, 色尾扇, 萬壽香 등
		⑩	訓導		1865.2.	13		貴州紬, 西洋木 등	唐筆 등		美人圖, 玉佩, 萬壽香 등
		⑪	別差		1865.3.	12		表紬, 西洋緞 등	色筆, 海墨등		色尾扇, 萬壽香 등

No	구분		지급인	수취인	시기	種	품목				
							약재	직물	문방구	식재료	기타
		⑫	堂上差備官		1865.3.	15		貴州紬, 西洋緞 등			書本, 畫本, 色絲, 萬壽香 등
		⑬	堂下差備官	封進	1865.3.	12		三升, 亢羅布 등			書本, 畫本, 色尾扇, 萬壽香 등
		⑭	訓導		1865.2.	13		貴州紬, 西洋木 등	唐筆 등		美人圖, 玉佩, 萬壽香 등
		⑮	別差		1865.3.	12		表紬, 西洋緞 등			書本, 畫本, 色尾扇, 萬壽香 등

주 : 원문에는 '音物'로 적었는데, 이것은 조선에서 말하는 '私禮單'에 해당함.
자료 : 《陳賀大差記錄(1864년)》(국사편찬위원회 대마도종가문서 DK 3546)

지금까지 외교선물의 교환에 대하여 세 가지 측면에서 살펴보았다. 첫 번째는 외교문서에 딸린 별폭을 통한 외교선물이다(別幅과 回賜別幅). 그런데 이 경우는 몇 차례 변화가 있기는 하였지만, 대체로 품목과 수량이 비탄력적이며 정형화된 형태로 이루어졌다(품목, 수량 모두 거의 고정). 두 번째는 세 차례의 공식 연석(三度宴)을 통한 외교선물이다(조선 조정의 公禮單과 접위관 등에 의한 私禮單). 첫 번째(別幅)보다는 두 번째(公私 禮單)가 좀 더 탄력적으로 운영되어 품목과 수량에서 다양성이 엿보인다. 여기까지는 조선 측 기록에도 상세한 내용이 적혀 있다. 세 번째는 외교 업무와 관련된 개인 차원의 외교선물이었는데(이것을 조선은 私禮單, 일본은 音物로 표기함), 이 경우는 품목이 다양하고 유동적이었다(이에 대해서는 일본 측 기록만 현존함). 그 가운데서도 서양 면직물로 보이는 품목이 외교선물로 교환된 점에 대해서는 앞으로 더 분석해야 할 필요성이 있다(貴州紬, 英綃緞, 西洋木, 西洋佳只, 西洋緞, 亢羅布 등).

제3절 외교선물의 위계(位階)와 유통

Ⅰ. 가쓰오부시(鰹節)의 사례

1. 가쓰오[鰹]와 가쓰오부시[鰹節]

가쓰오[鰹]는 가다랑어의 일본말이다. 한국의 《표준국어대사전》은 가다랑어에 대하여 다음과 같이 설명하고 있다. "고등엇과의 바닷물고기이다. 몸의 길이는 1미터 정도이다. 등은 검은 청자색이고 배는 은백색이다. 연안에서 바닷물 수면 가까이 살며 매우 빠르게 헤엄친다. 산란기는 6~7월이며 횟감, 통조림용으로 쓰인다. 한국의 남해와 제주, 일본, 남태평양 등지에 분포한다. 학명은 Katsuwonus pelamis이다."[234] 그리고 일본의 《広辞苑》에는 다음과 같이 적혀 있다. "かつお[鰹·松魚·鰹魚]. 가타우오의 줄임말. 농어[鱸]목의 바닷고기. 몸 길이는 약 90cm. 구로시오[黒潮]를 따라 무리를 지어 서식한다. 나마리부시[生節], 가쓰오부시[鰹節]를 만들며, 내장은 젓갈로 이용한다."[235]

이상이 가쓰오[가다랑어]의 사전적 정의이다. 학명에 '가쓰오'라는 일본어가 들어 있는 점, 가쓰오[鰹]가 '딱딱한[堅] 물고기[魚]'이라는 뜻의 '가타우오'의 줄임말이라는 점, 그리고 이 물고기가 구로시오를 따라 움직인다는 점이 주목된다.

가쓰오부시[鰹節]란 가쓰오[가다랑어]를 오래 두고 식용으로 쓰기 위해 보존식(保存食)으로 가공한 것을 말한다. "먼저 가다랑어의 머리와 꼬리를 자르고 내장을 빼낸다. 뼈를 바르고 등을 갈라서 두 토막을 낸 살코기를 다

234) 《표준국어대사전》, 국립국어원.
235) 《広辞苑》, 岩波書店, 428쪽.

시 두세 덩어리로 자른 뒤, 커다란 솥에 넣고 쪄낸 뒤 그것이 딱딱해질 때까지 30일 정도를 말린다. 상어[鮫] 껍질로 긁고[削] 새끼줄로 닦아서 마무리한다."[236] 그것을 식용으로 쓸 때는 대패로 깎아서 조미료(調味料)로 사용하는 방법이 일본에서는 일찍부터 개발되었다. 가다랑어를 식용으로 사용하였음은 선사(先史) 시대 출토품(出土品)으로도 확인되지만, 언제부터 그것을 말려서 보존 식품으로 가공하기 시작했는지는 확실하지 않다.[237]

와다나베 미노루[渡辺実]에 따르면, "'대보령(大寶令)'에서는 쌀 6말(지금의 단위로는 4말)에 대하여 가쓰오부시 35근(1근의 지금 단위는 1貫 800匁)이었는데, '연희식(延喜式)'에서는 쌀 6말에 대하여 가쓰오부시 10근이었다."고 한다. 2백 년이 지나는 사이에 가쓰오부시의 상대가격이 3배 이상 더 비싸진 이유로는 포유동물을 식용으로 삼지 않는 불교의 영향과 함께, 바다에서 멀리 떨어진 교토[京都]에서 어패류를 구하기 어려웠고, 거기에 교토 귀족들의 사치 생활이 더해진 결과로 풀이할 수 있다.[238] 다만 일본 고대의 기록에 보이는 견어(鰹魚)가 견절(鰹節)과 완전히 일치하는 것인지는 확실하지 않다.

일본의 가다랑어[가쓰오] 어업은 고대부터 시작되었는데, 그것이 에도[江戸] 시대에 와서 더욱 발전하였다. 특히 도사[土佐] 같은 동북 지역에서는 엔포[延寶, 1673~81년] 연간부터 뜨거운 물에 삶아낸[煮熱] 가다랑어를 연기에 쐬어 말리는[燻乾] 가쓰오부시의 제조 방법이 발명되어 장기 보존이 더욱 쉬워졌다.[239] 현재의 가쓰오부시 훈제 건조법의 시조(始祖)는 기슈[紀州]의 어부 신타로[甚太郞]라고 한다.[240]

그렇다면 조선에서는 일본의 가쓰오 또는 가쓰오부시에 대하여 어떻게

236) 渡辺実, 《日本食生活史》, 吉川弘文館, 2007, 209쪽.
237) 日本風俗史學會, 《日本風俗史事典》, 弘文堂, 1996, 110쪽.
238) 渡辺実, 《日本食生活史》, 97쪽.
239) 渡辺実, 《日本食生活史》, 193쪽.
240) 日本風俗史學會, 《日本風俗史事典》, 110쪽.

인식하고 있었을까? 뒤에서 자세히 소개할 《진하차왜등록(陳賀差倭謄錄)》은 조선의 예조(禮曹)가 작성한 것인데, 그 가운데 "우리나라에서는 속칭으로 건고도리라 부른다(我國俗号乾古道里也)"고 적은 기록이 보인다. 이때가 1675년(숙종 1) 윤5월 17일이다. 여기에서 알 수 있듯이 조선 정부에서도 이미 17세기 중엽에는 일본 사절이 가져온 견절(鰹節)에 대해서 파악하고 있었으며, 그것을 조선에서는 '말린 고등어(乾古道里)'로 불렀다고 생각된다.

통신사(通信使)를 통해서도 가쓰오[鰹]와 가쓰오부시[鰹節]에 대한 정보가 조선에 전해졌음은 물론이다. 예를 들면 1763년 계미 통신사에 참여했던 원중거(元重擧, 1719~1790)는 《화국지(和國志)》에서 이렇게 썼다. "고도어(古刀魚)는 견(鰹)이라고 한다. 견(鰹)이 큰 것은 여러 아름이나 되고 빛깔은 거친 검은빛이다. 살은 검붉으며 비린내가 나서 먹을 수가 없다. 잘라서 말린 것은 견절(鰹節)이라고 한다. 우리나라 사람들이 강고도리(剛古刀里)라고 부르는데 이는 건고도어(乾古刀魚)가 잘못 전해진 것이다."[241]

원중거는 잇키[壹岐]의 가자모토 포구[風本浦]에 머물렀을 때, "고도어(古刀魚)가 큰 것은 한 아름 남짓이다. 가는 비닐이 온몸에 있고 검푸르며 살이 통통하고 암적색이다. 사람들이 다 먹기를 꺼린다. (저들도 또한 날로는 먹지 않고) 오직 말려서 먹는데 이를 견절(鰹節)이라 부른다. 우리나라에서는 강고도리(羌古道里)라고 부른다. 대개 왜(倭)의 글자 '견(鰹)'을 고치면 고도어(古刀魚)가 된다. 우리나라는 '건(乾)' 자를 속어(俗語)에서는 '강(羌)'이라고 부르니, 대개 강고도리(羌古道里)라고 부르는 것은 건고도어(乾古刀魚)이다. 와전되어 또한 강 자가 되었으니, 우습다."고 《승사록(乘槎錄)》에 적

241) 원중거 지음, 이혜순 감수, 박재금 옮김, 《와신상담의 마음으로 일본을 기록하다—화국지—》, 소명출판, 2006, 311쪽. 원문은 "古刀魚謂鰹 鰹之大者連抱麤黑 肉黯赤腥不可食 切而乾者謂鰹節 我人稱剛古刀里 盖乾古刀魚之誤傳也"(元重擧, 《和國志》 卷2 地, 飮食; 이우성 편, 《和國志》, 서울아세아문화사 영인본, 1990, 360쪽)

었다.[242]

같은 시기 통신사행의 일원이었던 남옥(南玉, 1722~1770)도 가쓰오부시[鰹節]에 대해서 언급한 적이 있다. 그가 쓴 《일관기(日觀記)》에서 "통신사 일행이 에도[江戸]에서 일본 측으로부터 지급받은 일공(日供) 가운데 '견절(鰹節) 4개'가 들어 있었음"을 확인할 수 있다.[243] 가마가리[鎌刈]에서도 "견절(鰹節)이 1상자씩 지급되었다"고 하면서, "견(鰹)은 건고도어(乾古道魚)"라고 썼다.[244] 이것을 보면 남옥이 일본의 견(鰹)을 조선에서 건고도어(乾古道魚)로 불리는 것으로 이해한 듯하다.

원중거와 남옥의 일본 방문보다 27년 뒤인 1790년(정조 14) 왜학 당상역관(倭學堂上譯官) 최기령(崔麒齡)이 일본어 학습서로 《인어대방(隣語大方)》을 펴냈다. 이 책은 여러 이본(異本)이 존재하는데, 그 중 교토대학[京都大學] 소장본에 다음과 같은 구절이 보인다.

수족(水族)의 하나로 고도어(古道魚)를 설명하면서, "고도어 더러 간고도리 민ᄃᆞᆯ고 더러 젓ᄃᆞᆷ쟈"라는 한글로 적은 문장과 함께 일본어 문장 "サバヲ 半分ハ 鰹節ニ コシラエテ 半分ハ 塩辛ニシヤウ"가 제시되어 있다. 이

242) 원중거 지음, 이혜순 감수, 김경숙 옮김, 《조선후기 지식인, 일본과 만나다—승사록—》, 소명출판, 2006, 147쪽에는 이 부분이 "잘못된 것이기는 하지만 '강(羌)' 자가 우습다."로 되어 있다. 원문은 "其中古刀魚大至盈抱有餘 細鱗渾身青黑肥理黯赤 人皆憚喫 彼人亦不生喫 唯而乾之稱鰹節 我國則稱羌古刀里 盖切倭字鰹則古刀魚也 我國以乾字俗音羌 盖其稱羌古道里者 卽乾古刀魚也 訛而又羌可笑"(元重擧, 《乘槎錄》 卷1, 11월 24일 정축).

243) 남옥 지음, 이혜순 감수, 김보경 옮김, 《붓끝으로 부사산 바람을 가르다—일관기—》, 소명출판, 2006, 138쪽.

244) 남옥 지음, 이혜순 감수, 김보경 옮김, 《붓끝으로 부사산 바람을 가르다—일관기—》, 140쪽. 南玉의 《日觀記》(第4 凡例 供待) 江戸日供에는 '견절(鰹節) 4개(介)'라고 적혀 있는데, 같은 자료(第4 凡例 供待)의 맨 앞에 나오는 對馬州下程에는 三使와 上上官에게만 각각 '건고도어(乾古道魚) 2개(介)'가 지급된 것으로 되어 있다. 여기에서 鰹節과 乾古道魚가 다르게 적혀 있기는 하지만, 남옥이 같은 물건 즉 '가쓰오부시'를 각각 조선[乾古道魚]과 일본[鰹節]에서 쓰이는 용어로 적었다고 판단된다(《日觀記 春》, 국사편찬위원회 소장 B16HD 6 v.1).

문장을 현대어로 옮기면 '고도어 절반을 간고도리 만들고 나머지 절반은 젓갈을 담그자'는 의미가 된다. 그런데 '간고도리'라고 한글로 쓰고 그 오른쪽에 '견절(鰹節)'을, 그 왼쪽에 '건고도리(乾古道里)'를 각각 한자(漢字)로 적어 놓았다.[245)]

이것은 곧 '간고도리=乾古道里=鰹節'이 모두 같은 것임을 의미하며, '고도어=サバ' 역시 같은 것이 된다. 일본어로 사바(サバ)가 고등어를 뜻하므로, 인어대방의 고도어를 지금 우리가 말하는 고등어라고 해석할 수도 있겠다. 그런데 일본어 사바(サバ)와 가쓰오(カツオ)가 서로 다른 물고기를 가리키는 낱말이듯이, '간고도리=乾古道里=鰹節'은 고등어가 아닌 가다랑어(가다랭이)를 말하는 것에 주의하지 않으면 안 된다.

위에서 본 것처럼 조선에서는 일본의 견(鰹) 또는 견절(鰹節)에 대한 정보가 그다지 많지 않았다. 더구나 그것이 조선 사회에 정확하면서도 널리 알려지는 단계에는 이르지 못했다. 그래서 1675년 예조의 기록을 비롯하여, 1760년대 원중거의 《화국지》와 《승사록》, 남옥의 《일관기》, 그리고 1790년대 최기령의 《인어대방》에 이르기까지, 조선에서는 일관되게 일본어의 견(鰹)을 고등어를 뜻하는 고도어(古刀魚, 古道魚) 또는 고도리(古道里)로 표기하였고, 견절(鰹節)은 그 앞에 건(乾)이라는 한 글자를 추가하여 건고도어라든가 건고도리(또는 강고도리) 등으로 표기하고 있었다. 그러다가 견(鰹)의 일본 발음 '가쓰오'를 한자(漢字)로 옮겨 적은 '가두호(加豆乎)'가 조선 측 기록에 처음으로 등장하기 시작한 것이 이덕무(李德懋, 1741~1793)의 《청장관전서(靑莊館全書)》였음이 최근에 밝혀졌다.[246)]

---

245) 京都大學文學部 國語學國文學硏究室 편, 《異本 隣語大方·交隣須知》, 〈隣語大方〉, 京都大學國語學會, 1969, 111쪽.

246) 김성준은 李德懋의 《靑莊館全書》에 와서 "견어(鰹魚)는 둥글고 기름지며 머리가 크고 주둥이가 뾰족하며 비늘이 없고 검푸른 색인데, 속칭 '가두호(加豆乎, 가쓰오)'라 한다. 견절(鰹節)이라는 것은 견어(鰹魚) 고기를 관솔처럼 쪼개 말린 것인데, 일본에서 일용(日用)하는 좋은 반찬이다."고 하여, "견절이 가쓰오부시를 지칭하며

2. 조선 국왕 즉위 때 일본 사절이 가져오는 가쓰오부시

1) 서계 별폭(書契別幅)에 보이는 견절(鰹節)

일본의 가쓰오부시(또는 가쓰오)가 조선에 전해진 것은 언제부터일까? 이에 대해서는 아직 명확하게 밝혀진 바 없다. 다만 조선 국왕의 즉위를 축하하러 일본에서 건너온 사절이 가쓰오부시[鰹節]을 가져왔음은 최근 연구에서 언급된 바 있다.247)

조선의 예조가 작성한 《진하차왜등록(陳賀差倭謄錄)》을 보면, 1660년 1월 현종 즉위 축하 사절이 가져온 '견어(鰹魚) 2상자[箱]'가 첫 사례로 판단된다(조선 국왕의 즉위를 축하하는 일본 사절은 1650년 효종 즉위 때부터 오기 시작했으나, 이때는 가쓰오 또는 가쓰오부시가 축하 예물 속에 들어 있지 않았음). 두 번째 사례는 1675년 숙종 즉위 축하 사절의 '견절(鰹節) 200절(節)'이다. 여기에서 주의할 것은 이때부터 견어(鰹魚)가 아닌 견절(鰹節)로 바뀌었다는 점이다. 견어가 '가쓰오'라고 한다면, 견절은 '가쓰오부시'에 해당한다고 생각한다. 그리고 1660년에 가져온 '가쓰오[鰹魚]'의 단위가 상자[箱]인 점이 눈에 띈다. 이때의 가쓰오[가다랑어]가 건조된 것이었을 것으로 추정은 되지만, 그것이 어떤 상태로 상자에 담겨 있었는지는 기록이 없어 자세히 알 수 없다. 1720년 경종 즉위 축하 사절 때부터 '견절(鰹節) 200개(箇)'로 가쓰오부시의 명칭과 단위가 바뀐 뒤로는 변화가 없었다. 그 때의 선례가 마지막 사례인 1864년까지 이어졌다(〈표 8-14〉 참조).

1864년의 경우는 '겐지[元治] 원년(1864) 6월'에 작성된 대마도주[日本國臣拾遺對馬州太守 平義達]가 예조[朝鮮國禮曹大人] 앞으로 보낸 서계(書契)의

우리나라에서 음차로 '가두호(加豆乎)'라고 부른다는 것을 설명하였다."고 밝힌 바 있다. 김성준 외, 《자연주의 산후조리》, 시공사, 2015, 193쪽.

247) 김성준 외, 《자연주의 산후조리》, 195쪽, 390-391쪽.

별폭(別幅) 맨 마지막 부분에서 '견절 200개(鰹節貳百箇)'를 확인할 수 있다. 이때 전달된 별폭 예물[외교 선물]은 총 아홉 가지였다(① 前後漢書 各壹部 2箱, ② 紅白絹 20匹, ③ 自鳴鐘[248] 1座, ④ 圓鏡幷架 2面, ⑤ 革囊大簿匣 1備, ⑥ 布紋紙 200張, ⑦ 大和眞朱 5斤, ⑧ 龍眼肉 30斤, ⑨ 鰹節 200箇).[249] 이것은 약 210년 전인 1675년 사례와 조금 차이를 보인다. 가짓수는 9개로 전과 변함이 없었지만, 품목과 수량이 '견절 200개'를 제외하고는 모두 변경되었다(① 小屛風 1雙, ② 猩猩皮 2間, ③ 獺猢皮 5張, ④ 蒔繪書棚 1, ⑤ 平骨扇 50柄, ⑥ 蜜漬 30斤, ⑦ 鰹節 200節, ⑧ 胡椒 200斤, ⑨ 丹木 300斤).[250]

〈표 8-14〉 일본의 축하 사절이 가져온 別幅 속의 가쓰오부시[鰹節]

No	즉위 국왕	별폭					간품					출전
		연	월	품명	수량	단위	연	월일	품명	수량	단위	
1	현종	1660	1	鰹魚	2	箱						《陳賀差倭謄錄》 《同文彙考》
2	숙종	1675	4	鰹節	200	節						《陳賀差倭謄錄》 《同文彙考》
3	경종	1720	9	鰹節	200	箇	1721	2. 14.	鰹節	200	箇	《陳賀差倭謄錄》 《同文彙考》
4	영조	1724	11	鰹節	200	箇	1725	5. 17.	鰹節	200	箇	《陳賀差倭謄錄》

248) 自鳴鐘의 존재를 조선에 처음 알린 것은 이수광이었지만 자명종의 실물이 조선으로 건너온 것은 1631년 정두원에 의해서라고 한다. 자명종의 원리를 처음 알아낸 밀양의 유흥발이 자명종을 제대로 작동시킨 시기를 1637~58년으로 보기도 한다. 이로 미루어 볼 때 17세기 중엽에 오면 자명종이 조선 사회에 도입되기 시작했다고 볼 수 있다(강명관, 《조선에 온 서양 물건들》, 206~210쪽).

249) 《兩國往復書謄》 188(일본 국립국회도서관 소장)에는 두 번째 별폭 예물이 '紅白絹 貳拾匹'로 적혀 있는데, 《陳賀大差記錄(別幅)》(국사편찬위원회 소장)과 《同文彙考》(권 4, 국사편찬위원회 영인본, 1978, 3833쪽, 3836쪽)에는 그것이 '紅白羽絹 貳拾匹'로 되어 있어서 한 글자가 다르다. 이것을 제외하고는 두 기록의 내용이 일치한다. 참고로 이 서계의 원본은 한국과 일본 모두 현존하지 않으며, 위의 세 기록은 해당 서계를 필사 또는 인쇄한 것이다.

250) 《陳賀差倭謄錄》(서울대학교 규장각한국학연구원 소장, 奎 12910)

No	즉위 국왕	별폭					간품					출전
		연	월	품명	수량	단위	연	월일	품명	수량	단위	
												《同文彙考》
5	정조	1776	10	鰹節	200	箇	1777	3.20.	鰹節	200	箇	《典客司日記 5》 《同文彙考》
6	순조	1800	11	鰹節	200	箇	1801	4.30.	鰹節	200	箇	《典客司日記 10》 《同文彙考》
7	헌종	1835	6	鰹節	200	箇						《兩國往復書謄》
8	철종	1850	1	鰹節	200	箇						《本邦朝鮮往復書》 《同文彙考》
9	고종	1864	6	鰹節	200	箇						《陳賀大差記錄》 《同文彙考》 《兩國往復書謄》

주 : 別幅은 일본 사절이 가져온 書契에 적힌 鰹節(또는 鰹魚)을, 看品은 조선 禮曹의 기록에 보이는 鰹節 관련 기사를 바탕으로 정리함.

자료 : 《陳賀差倭謄錄》; 《同文彙考》; 《典客司日記》(이상 서울대학교 규장각한국학연구원 소장); 《陳賀大差記錄》; 《本邦朝鮮往復書》(이상 국사편찬위원회 소장); 《兩國往復書謄》(일본 국립국회도서관 소장).

2) 견절(鰹節)의 점검과 궁중 반입

예조가 작성한 기록을 보면 가쓰오부시가 조선의 궁중에 반입되는 과정을 살필 수 있다. 예를 들면 《진하차왜등록》에는 1720년 9월 왜관을 통과하여 조선 측에 전달된 '견절(鰹節) 200개(箇)'가 이듬해인 1721년 2월 14일 예조의 책임하에 품질 점검[看品]을 거쳐 궁중에 반입되었다고[內入] 적혀 있다(〈표 8-14〉 No.3). 1725년 5월 17일 점검을 거친 뒤 궁중에 반입된 '견절 200개'가 그 전년도인 1724년 11월 부산 왜관과 그 주변에서 거행된 외교 의례를 통해서 조선 측에 전달된 것임은 더 말할 나위도 없다(〈표 8-14〉 No.4). 그리고 《전객사일기》도 1777년 3월 20일과 1801년 4월 30일에 각각 '견절 200개'가 점검을 거쳐서 궁중에 반입되었다고 기록하고 있다(〈표 8-14〉 No.5~6).

그 뒤로는 예조의 기록이 남아 있지 않아서 더 이상 확인하기는 어렵다. 그렇지만 1835년 헌종, 1850년 철종, 1864년 고종 즉위 때도 선례대로 왜관을 통해 조선 측에 전해진 '견절 200개'가 아마도 다른 예물과 함께 동래부사의 책임하에 한양으로 운반되었을 것이며, 그것이 정해진 절차를 거쳐서 궁중에 반입되었을 것으로 짐작된다.

그런데 앞에서 소개한 《진하차왜등록》에는 흥미로운 기사가 실려 있다. 즉 1675년(숙종 1, 延寶 3) 윤5월 17일 기록을 보면, (일본에서 온) "진하차왜가 진상한 별폭의 물건이 본디 조선에서 부르는 물건 이름이 없어서 알지 못하였다(陳賀差倭 進上別幅之物 本無我國之物名不知)"고 했다. 그래서 "김근행을 시켜서 일본 사신이 보내온 물건과 조선 정부가 답례로 준 물건의 가격을 비교하여 보고하게 했다(使金謹行 彼人所送之物 與回禮之物比較折價牒報)"고 한다. 이렇게 해서 얻어진 정보가 〈표 8-15〉에 제시한 '진하차사가 가져온 별폭 물건과 예조가 답례로 준 별폭 물건의 가격 비교(陳賀差使齎來別幅物件及禮曹回禮別幅物件比準折價數)'라는 제목이 붙은 보고 내용이다.[251]

〈표 8-15〉 일본의 축하 사절이 가져온 別幅과 조선의 回禮別幅 비교(1675년)

일본 陳賀差倭의 별폭					조선 禮曹의 회례별폭				
No	품명	수량	단위	가격(銀, 兩)	No	품명	수량	단위	가격(銀, 兩)
1	小屛風	1	雙	10餘	1	虎皮	5	張	35~36
2	猩猩皮[252]	2	間	7~80	2	豹皮	5	張	25~26
3	獺猢皮[253]	5	張	150~160	3	人蔘	10	斤	150~160
4	蒔繪書棚[254]	1		7~8	4	綿紬	40	匹	32~33
5	平骨扇	50	柄	5	5	苧布	40	匹	40餘
6	蜜漬	30	斤	9	6	黑麻布	30	匹	40餘
7	鰹節[255]	200	節	10	7	白木綿	150	匹	104~105
8	胡椒	200	斤	50~60	8	黃毛筆	100	柄	7~8
9	丹木	300	斤	37~38	9	花席	30	立	5~6

251) 《陳賀差倭謄錄》 을묘(1675) 윤5월 17일(서울대학교 규장각한국학연구원 소장 奎12910).

일본 陳賀差倭의 별폭					조선 禮曹의 회례별폭				
No	품명	수량	단위	가격(銀, 兩)	No	품명	수량	단위	가격(銀, 兩)
10					10	六張付油芚	8	番	4[256)]
11					11	四張付油芚	10	番	4
12					12	眞墨	100	笏	2
계				380餘	계				470餘

주 : 숫자는 史料上의 수치를 그대로 기입함.
자료 : 《陳賀差倭謄錄》 을묘(1675) 윤5월 17일(서울대학교 규장각한국학연구원 소장 奎 12910)

〈표 8-15〉에서 보는 것처럼 조선 정부는 일본의 진하차왜[진하사]가 가져오는 별폭 물건보다 조선 측이 답례로 주는 회례 별폭(回禮別幅)의 값이 더 많다는 점에 주목하여 이에 대한 대응책을 마련했다. 1675년 윤5월 김근행(金謹行)의 조사 결과를 보고받은 조선 정부에서는, "조선의 회례(回禮) 물건이 90냥 정도 더 많으니, 그 중에서 백면주와 백저포를 각각 10필씩, 그리고 백목면을 50필 줄이면, 그 값이 서로 맞을 것"이라는 결론에 도달하였던 것으로 보인다.[257)]

여기에서 주목할 것은 '가쓰오부시[鰹節] 200개'의 값을 '은(銀) 10냥'으로 계산하고 있는 점이다. 이것은 일본의 축하 사절이 가져온 9종의 예물

---

252) 此所謂猩猩皮元非皮也 乃織造之物而出自阿蘭陀地方日本之人裁折作片以爲槍劍旗幟之飾故其貴如此至於清人以此爲衣尤以爲貴衣一襲次價銀或至五六十兩云矣(《陳賀差倭謄錄》 을묘(1675) 윤5월 17일).

253) 獺猢皮之今此齎來者時未見其狀而疑是大毛皮之謂也其所謂大毛雖是我國無用之物昔自明朝唐人甚貴之且日本之俗至其慶事用此皮爲勝故其價亦如是之高價矣(《陳賀差倭謄錄》 을묘(1675) 윤5월 17일).

254) 書棚不一其品或有價重者或價歇者今此齎來之棚時未見之故不敢定其價 而雖以價重者言之似不過七八兩矣(《陳賀差倭謄錄》 을묘(1675) 윤5월 17일).

255) 此乃我 國俗號乾古道里也(《陳賀差倭謄錄》 을묘(1675) 윤5월 17일).

256) 원문은 4냥 7~8전(價四兩七八錢)임.

257) 首譯金謹行別單內 賀差齎來之物與我國回禮之物比較折價 則賀倭齎來之物三百八十餘兩 本曹回禮四百七十餘兩 而以彼人齎來物件比之 我國回禮之物有加九十餘兩之多 其中白綿紬十匹白苧布十匹白木綿五十匹減去 則其價相當云(《陳賀差倭謄錄》 을묘(1675) 윤5월 17일).

[외교 선물] 총액(은 기준으로 380냥)에서 약 2.63%에 해당한다. 금액 자체만 놓고 보면 전체의 3%에도 미치지 못하므로 가쓰오부시[鰹節]의 가격 비중이 높았다고는 결코 말할 수 없다. 그렇지만 1660년 현종부터 1864년 고종까지 조선 국왕이 새로 즉위할 때마다 계속해서 일본 축하 사절이 '가쓰오부시[鰹節] 200개'를 선물로 가져왔으며, 그것이 궁중에 반입되었다고 하는 점은 부산 왜관을 중심으로 하는 외교와 무역의 역사뿐만이 아니라 궁중의 생활사 측면에서도 그 의의가 자못 크다고 말할 수 있다.

3) 조선 사회의 가쓰오부시 활용과 유통

조선 국왕의 즉위 때마다 일본의 축하 사절이 가져온 가쓰오부시[鰹節]가 조선 사회에서 어떻게 쓰였는지는 한의학(韓醫學) 분야에서 일찍부터 관심을 기울여 왔다. 앞에서 소개한 것처럼 김성준은 가쓰오부시가 궁중에서 요리에 응용되었을 것으로 보았다. 즉 그는 일본에서도 전통 산후 보양식 재료로 가쓰오부시가 쓰인 것에 주목을 하면서, "조선에서 산후(産後)에 즐겨 사용했던 강고도어[건고도어, 건고도리-인용자]가 가쓰오부시였다"는 결론을 끌어낸 바 있다.[258]

그런데 왜관에서 동래부를 거쳐 한양까지 가쓰오부시[견절]가 어떻게 운송되었는지? 가쓰오부시가 품질 점검을 거쳐[看品] 궁중에 반입된[內入] 뒤, 그것이 어떻게 관리(분배)되고 있었는지? 궁궐 밖에서는 가쓰오부시가 어떻게 사용되었는지? 이러한 문제에 대해서는 다양한 각도에서 종합적으로 분석할 필요가 있다고 생각한다.[259]

다만 이 글에서는 자료의 한계로 별폭 예물[외교 선물]을 동래부에서 한

258) 김성준 외, 《자연주의 산후조리》, 195~197쪽.
259) 가쓰오부시의 쓰임새에 대해서는 《産室廳總規》 등을 참조. 김성준 역주, 《평역 산실청총규》, 민속원, 2015.

양까지 운반하는 과정에 대해서 언급하는 것으로 그칠 수밖에 없다. 그것도 1811년 통신사 일행이 일본에서 받아온 별폭 예물을 동래부 도착 이후 한양으로 운반한 사례를 참고삼아 소개하는 것으로 대신하고자 한다.

신미 통신사(辛未通信使)의 정사(正使) 김이교(金履喬)가 쓴 《신미통신일록》을 보면, 1811년 7월 11일 경상감영이 11개 고을(① 양산, ② 밀양, ③ 청도, ④ 경산, ⑤ 대구, ⑥ 칠곡, ⑦ 안동, ⑧ 선산, ⑨ 상주, ⑩ 함창, ⑪ 문경)에 공문[관문]을 보냈다고 한다. 경상도뿐만 아니라 충청도와 경기도에도 공문[관문]이 전달되었는데, 이것은 통신사가 일본에서 동래부까지 가지고 건너온 예물[외교 선물]을 한양까지 운반할 인력을 동원하기 위함이었다고 말할 수 있다. 요즘 같으면 각 지역의 행정 기관에 협조를 요청한 셈이다.260)

이때는 통신사가 일본에서 받은 별폭 예물이었기에 운반할 궤짝만 해서 스무 개가 훨씬 넘었다. 여기에 동원된 인원만 해서 240~260명 정도였다. 궤짝 한 개를 동래부에서 한양까지 운반하는 데 10명의 인력이 필요했던 것 같다. 짐을 메고 운반할 도구를 동래부에서 새로 만든 경우도 있었다. 절영도(지금의 부산광역시 영도구) 솔밭[松田]에서 나무를 구한 뒤 그것으로 도구를 제작하여 사용하였다고 한다. 이렇게 해서 운반한 예물은 먼저 예조에 전달되었고, 그것이 최종적으로는 궁중으로 반입되어 국왕에게 헌상되었을 것임은 쉽게 짐작할 수 있다.261)

위의 통신사행과는 다소 차이가 있겠지만, 여기에서 주로 다룬 1864~65년의 '견절(鰹節) 200개(箇)'만 하더라도 궤짝에 담아 그것을 동래부에서 한

260) 金履喬, 《辛未通信日錄》(통문관 영인본), 1980, 129-132쪽; 정성일, 〈통신사를 통해 본 물적 교류—신미 통신사(1811년)의 예물 교환을 중심으로—〉, 《항도부산》 36, 부산광역시사편찬위원회, 2018, 27쪽.

261) 정성일, 〈통신사를 통해 본 물적 교류—신미 통신사(1811년)의 예물 교환을 중심으로—〉, 27-28쪽.

양까지 운반할 인부가 필요했을 것임은 더 말할 나위가 없다. 가쓰오부시[견절]와 함께 운반했을 별폭 예물[외교 선물]이 총 9종이었음은 앞에서 살펴본 바와 같다(① 前後漢書 各壹部 2箱, ② 紅白絹 20匹, ③ 自鳴鐘 1座, ④ 圓鏡幷架 2面, ⑤ 革囊大簿匣 1備, ⑥ 布紋紙 200張, ⑦ 大和眞朱 5斤, ⑧ 龍眼肉 30斤, ⑨ 鰹節 200箇).

그런데 한양으로 운반할 예물[외교 선물]은 이것만이 아니었다. 앞에서 보았듯이 접위관(接慰官)을 비롯하여 당상차비관(堂上差備官), 당하차비관(堂下差備官), 회답서계를 동래부까지 가지고 간 차비관, 그리고 강정관(講定官)에 이르기까지, 이들이 일본의 축하 사절한테서 받은 예물[선물]을 동래부에서 한양까지 운반하는 데는 적지 않은 인력과 물력이 소요되었을 터인데,[262] 그에 관한 상세한 기록이 없어서 더 이상은 알기 어렵다.

Ⅱ. 대화진주(大和眞朱)의 사례

앞에서 제시한 〈표 8-4〉(연번 21)에서 알 수 있듯이, 조선 국왕의 즉위를 축하하러 온 일본 사절이 예조참의에게 전달한 외교선물 속에 대화진주(大和眞朱)가 5근씩 포함되어 있었다(1720년, 1724년, 1776년, 1800년, 1835년, 1850년, 1864년).[263] 그런데 대마도주가 동래부사나 부산첨사에게 보낸 외

262) 1864년 진하차왜[진하사]에 한정해 볼 때, 일본 측이 接慰官에게 준 선물이 누계 52건, 堂上差備官 누계 35건, 堂下差備官 누계 50건, 회답서계 차비관 누계 12건, 그리고 講定官에게 준 선물이 누계 30건이었을 것으로 추산된다.

263) 《국역 증정교린지》 76쪽에 소개된 '예조참의에게 보내는 서계(《동문휘고》 진하편을 볼 것)의 별폭'이 "① 통감강목 전부 2상자, ② 홍백우견 20필, ③ 자명종 1좌, ④ 원경병가 2면, ⑤ 혁과대부갑 1비, ⑥ 포목지 200편, ⑦ 대화진주 5근, ⑧ 용원 30근, ⑨ 견절 200편"이라고 적었는데, 이를 앞에 소개한 〈표 8-4〉와 비교해보면 1724년, 1776년 사례와 일치한다. 따라서 《국역 증정교린지》에 대한 사료비판(史料批判)을 생략한 채 이를 진하차왜(진하대차사)의 전 시기의 것으로 이해하는 것

교선물 속에는 이 물품이 포함되지 않았다는 점에 주목할 필요가 있다.

위의 임시사절(축하사절) 외교선물과는 별개로, 대마도주가 매년 정기적으로 조선에 파견한 연례송사(年例送使) 중에서 세견(歲遣) 제1선과 특송(特送) 제1~3선에 의한 공무역(公貿易)을 통해서 각각 2근씩 총 8근이 해마다 조선으로 수입이 되고 있었다. 그런데 여기에서 유의할 점은 서계별폭(書契別幅)에 대화진주(大和眞朱)라고 표기되던 것이 《증정교린지》에서는 주홍(朱紅)으로 명칭이 바뀌어 있음에 유의해야 한다. 더구나 《만기요람》(재용편 3 호조 공물)에는 그것이 왜주홍(倭朱紅)이란 물품명으로 적혀 있다. 즉 대화진주(大和眞朱), 일본주(日本朱), 진주(眞朱), 또는 주(朱)가 조선으로 수입된 이후부터는 주홍(朱紅) 또는 왜주홍(倭朱紅)으로 불렸지만, 이들이 모두 동일 물품이라는 점에 유의하지 않으면 안 된다.

조선이 왜주홍(대화진주)을 언제부터 일본에서 수입하기 시작하여 그것을 어떻게 이용했는지는 선행 연구가 참고가 된다.264) 조선 왕실에서 왕과 왕비일 경우 붉은 칠을 쓰고, 왕세자 이하일 경우는 검은 칠을 사용하였는데,265) 왜주홍(대화진주)은 옻칠과 섞였을 때 색이 더욱 선명하고 화려하여 조선에서 크게 호평을 받았다. 그래서 왜주홍의 국내 가격이 중국에서 수입한 당주홍보다 2~3배 더 비쌌다고 한다.266)

왜주홍(대화진주)의 수입 가격과 관련하여 1751년 1월 22일 《(관수) 매일기》를 소개하면 다음과 같다. 즉 조선이 공무역을 통해 수입하는 호초(胡椒), 단목(丹木), 주(朱)의 가격을 둘러싸고 조선 역관(敬甫 黃僉知)과 왜관의 이대관(二代官) 사이에서 협상하는 내용이 언급되어 있다. 이에 따르면 "호

은 역사 사실을 왜곡할 염려가 있으므로 이에 대한 엄밀한 검증이 필요하다.

264) 김미라, 〈조선후기 왜주홍의 수입과 활용〉, 《석당논총》 85, 동아대학교 석당학술원, 2023.

265) 김미라, 〈조선후기 왜주홍의 수입과 활용〉, 85쪽.

266) 김미라, 〈조선후기 왜주홍의 수입과 활용〉, 91-92쪽.

초(胡椒)는 1,000근에 10목(目), 단목(丹木)은 1근에 12문(匁), 주(朱)는 1근에 160문(匁)으로 쳐서 값을 받아야 한다.”는 것이 왜관 내부의 방침이었던 것으로 보인다.[267] 이것만 놓고 보더라도 왜주홍(대화진주)의 수입 원가가 단목의 그것보다 13배 이상 더 고가(高價)였다고 보아도 될 듯하다. 다만 하루 전 기록을 보면, “이때 봉진물(封進物)이 조달되지 않아서 봉진 연석(封進宴席)도 개최하지 못하게 되자 (敬甫 黃僉知가) 동래부사 앞에 나서지도 못할 정도”로 난처한 상황에 놓여 있음을 호소하는 내용이 있다(一特送使封進宴席은 동년 1월 26일[268] 개최됨).[269] 이것으로 미루어보면 물량 부족으로 인한 가격 등귀(騰貴)라고 하는 새로운 상황이 발생하여 당시 왜주홍(대화진주) 등의 수입 원가가 어느 때보다는 더 높아졌을 것으로 추정된다.

조선은 1480년대부터 일본에서 주홍을 수입해 오는 문제를 논의하기 시작했다고 한다. 그것은 조선 왕실에서 주홍이 반드시 필요했기 때문이었을 것으로 짐작된다. 그 뒤 1609년 기유약조(己酉約條)가 체결되면서 그때부터 연례송사에 의한 진상(進上)으로 ‘왜주홍(대화진주) 8근’의 수량이 정해졌다고 볼 수 있다. 그렇지만 그것이 사무역(私貿易)을 통해서 조선에 수입된 사례는 아직 발견되지 않고 있다.[270]

267) 今日二代官方へ敬甫相招胡椒丹木朱之直段申談見候處 胡椒ハ千斤ニ付拾メ目ハより内ニ入候而は聞而不相成 丹木ハ一斤ニ付十二匁かへ 朱ハ一斤ニ付百六拾匁かへニ可致由 … (이하 생략). 《(館守) 毎日記》 寬延 4년(1751) 1월 22일.

268) 一特送使封進宴席有之候ニ付宴席門開閉共ニ御簱善八勤之。《(館守) 毎日記》 寬延 4년(1751) 1월 26일.

269) 通詞阿比留俊三郎杉原四郎兵衛罷出申聞候は、兼而胡椒丹木朱之儀相頼置候敬甫黃僉知唯今急ニ入館仕申聞候は、一特送使定日も今日迄ニ而相満候ニ付、兩譯より封進物積居候船致破船候ニ付達方及延引由之趣を以致手本候處東萊甚被致立腹、兼而は正官病氣と申、今又封進物積候船致破船候抔と日本人より之欺既及日外候迄封進宴席も不相濟其方共不屆千万ニ候、依之明日ハ日明候故急度致啟聞其方共ニも叱度罪科ニ被申付候樣ニ可申越と被申候而東萊目前へ罷出候義被差留候由申聞候 … (이하 생략)。《(館守) 毎日記》 寬延 4년(1751) 1월 21일.

270) 김미라, 〈조선후기 왜주홍의 수입과 활용〉, 103-105쪽.

Ⅲ. 용안(龍眼)의 사례

앞에서 제시한 〈표 8-4〉(연번 22)에서 알 수 있듯이, 조선 국왕 즉위를 축하하러 온 일본 사절이 예조참의에게 전달한 외교선물 속에 용원(龍圓) 30근이 포함되어 있었다(1720년, 1724년, 1776년, 1800년, 1835년, 1850년, 1864년). 그것이 《양국왕복서등》에는 용안육(龍眼肉)으로 적혀 있으며,[271] 다른 기록에서는 용안(龍眼)으로 기재한 사례도 발견된다.[272] 그런데 대마도주가 동래부사나 부산첨사에게 보낸 외교선물 속에는 이 물품이 포함되지 않았다. 용안육은 무환자나무과에 속하는 식물인 용안의 가종피(假種皮)를 말한다.[273]

앞의 사례(1720년)보다 약 20년 전에 해당하는 1701년의 《(관수) 매일기》를 살펴보면, 조선 측이 왜관에 용안을 조달해 달라고 주문한 사례를 찾을 수 있다. 이에 따르면 임시 별차(假別差) 정판사(鄭判事)가 왜관으로 들어가 관수(嶋雄八左衞門)에게 용안 등을 주문하면서 그 사유를 다음과 같이 밝혔다. "왕후—인현왕후(仁顯王后), 인용자주—가 서거(逝去)함에 따라 곧 제사가 예정되어 있는데, 그때 '구넨보'(久年母), 밀감(蜜柑), 여지(茘枝), 용안(龍眼)을 제례(祭禮) 용도로 마련해야 하므로, 비선(飛船)을 대마도(對州)로 보내서라도 조속히 구하여 주기 바란다."는 내용이 그것이다.[274]

《분류기사대강》에도 元祿 14년(1701) 11월 5일 작성되어 관수에게 전달

---

271) 《兩國往復書謄》 174(일본 국립국회도서관 소장)

272) 《(館守) 每日記》 元祿 14년(1701) 9월 27일.

273) 여름과 겨울에 과실이 성숙할 때 채취하여 과일의 껍질을 제거하고 가종피(假種皮)만 취하여 햇볕에 건조하여 사용한다(대한한의학회, 《표준한의학용어집 2.1》, 2021).

274) ○ 今日假別差鄭判事致入館申聞候は、后逝去追付祭■候、其節久年母蜜柑茘枝(?)龍眼祭禮■不申候而難叶儀ニ御座候間、飛船を以對州へ被仰越早々御取寄被下候樣ニと申聞 … (이하 생략)。《(館守) 每日記》 元祿 14년(1701) 9월 27일(일본 국립국회도서관 소장)(■은 판독 불명)

된 서장(書狀)이 실려 있는데, 이를 통해서 조선 정부가 용안 등을 주문한 것에 대하여 대마도 측이 어떻게 대응했는지를 알 수 있다. 그 서장의 주된 내용은 다음과 같다. 즉 "훈도와 별차가 왜관으로 들어와서 왕후 제례 때 쓸 여지(荔支), 용안(龍眼), 밀감(蜜柑), 구넨보(久年母)를 마련해야 한다고 하면서, 부디 비선(飛船)이라도 (대마도에) 급히 보내서, 위의 4종을 구해주도록 하라고 말한 것에 대하여, (위의 4종이) 조달되는 대로 빠르게 (대마도에서 왜관으로) 보내겠다."는 내용이 그것이다.[275)]

이보다 30년 뒤인 1730년에도 조선 정부가 용안육(龍眼肉)과 구넨보(久年母) 등을 주문하였음이 확인된다. 이때는 대비(大妃) 제례용으로 용안(龍眼) 6근과 구넨보(久年母) 800개를 조달해 줄 것을 동래부사의 지시를 받은 두 역관(훈도, 별차)이 왜관 측에(古館守) 주문하였다. 이에 대마도에서는 비선(飛船)을 띄워서 조선 측의 주문(요청)에 따랐다. 동년 9월 20일 두 역관에게 '용안(龍眼) 6근, 구넨보(久年母) 800개'를 전달하였으며, 그 뒤 동래부사가 감사의 인사를 왜관 측에 전했다고 한다.[276)]

조선이 일본 측에 주문하여 조달에 성공한 용안 등 제수용 과일이 왕실 제사에서 실제 어떻게 쓰였는지에 대해서 현재로서는 알기 어렵다. 왕실 제례와 관련된 연구성과를 앞으로 더 추적해 보아야 하는 과제가 남아 있다. 게다가 여기에서 주로 다룬 임시사절에 의한 외교선물과는 별개로 이

275) 一 訓導別差入館仕り、先比逝去被致后祭禮之節荔支龍眼蜜柑久年母備不申候而難叶義ニ候間相調申度候、何とぞ飛船を以成りとも急便ニ被仰越、右之四色御取寄被下候様ニ申候ニ付、今度一特送使便ニ御代官方より御勘定所へ申越候由、委細被申越承届、則御勘定所へ早々相調候様ニ申度候間、相調急便ニ差越可申候。

右 元祿十四年 十一月五日 嶋雄八左衛門方へ申遣ス

(〈朝鮮より所望物集書〉, 《分類紀事大綱 29》, 일본 국립국회도서관 소장)

276) 《(館守) 毎日記》 享保 15년(1730) 9월 5일, 동 20일, 동 26일, 동 29일(일본 국립국회도서관 소장); 《分類紀事大綱 》 I, 〈分類紀事大綱 四〉, 大妃薨去之事, 享保 15년(1730) 9월 4일, 동 5일, 동 14일, 동 23일(국사편찬위원회, 2005); 〈分類紀事大綱 四〉(大妃薨去之事)의 국사편찬위원회 원본 자료의 등록번호는 DK4523)

루어진 '주문'을 통한 물품 조달에 대해서도 앞으로 체계적인 연구가 필요하다고 생각한다.

Ⅳ. 자명종(自鳴鐘)의 사례

앞에서 제시한 〈표 8-4〉(연번 17)에서 알 수 있듯이, 조선 국왕의 즉위를 축하하러 온 일본 사절이 예조참의에게 전달한 외교선물 속에 자명종(自鳴鐘) 1좌(坐)가 포함되어 있었다(1720년, 1724년, 1776년, 1800년, 1835년, 1850년, 1864년). 자명종을 시계(時計)로 적은 기록 있다.[277] 그런데 대마도주가 동래부사나 부산첨사에게 보낸 외교선물 속에는 이 물품이 포함되어 있지 않다.

앞의 사례(1720년)보다 30년 전인 1691년에[278] 이미 조선 정부가 일본 측에 국왕이 사용할 시계(時計)를 주문한 적이 있었음을 《분류사고》를 통해 확인할 수 있다.[279] 《(관수) 매일기》(1691.1.20.)에는 이보다 더 자세한 기록이 남아 있다. "훈도(朴僉知)가 조선 국왕의 주문이라고 하면서 시계를 빨리 조달해 주기를 바란다고 관수 쪽에 주문을 넣었다. 그러자 관수가 (사무역을 전담하는) 쇼바이가카리(商賣掛) 세키노 진베에(關野甚兵衛), 아리타 고베에(有田五兵衛), 가케하시 소베에(梯惣兵衛) 쪽으로 위의 주문 내용을 전

---

277) 〈御註文之事 外向共〉, 《分類事考》 10(일본 國立國會圖書館 소장); 〈朝鮮より所望物集書〉, 《分類紀事大綱》 29, 일본 國立國會圖書館 소장);

278) 자명종(自鳴鐘)의 존재를 조선에 처음 알린 것은 이수광(李睟光)이었지만, 자명종의 실물이 조선으로 건너온 것은 1631년 정두원(鄭斗源)에 의해서라고 한다(강명관, 《조선에 온 서양 물건들》, 휴머니스트, 2017, 206-210쪽). 그로부터 60년이 지난 1691년에 조선 국왕이 시계를 일본에서 수입하고 있었음이 확인된 셈이다.

279) 朝鮮公義より時計誂之事 元祿四年未正月廿日(〈御註文之事 外向共〉, 《分類事考》 10, 일본 國立國會圖書館 소장)

달하였으며, 위 3인이 대마도의 쇼바이가카리 쪽으로 (시계를) 구해서 (왜관으로) 보내주도록 요청했다. 아울러 관수는 시하이(御支配) 다지마 쥬로베에 님(田嶋十郎兵衛殿) 쪽으로도 이 사실을 알려서, 대마도의 쇼바이가카리에게 시계 주문에 관하여 지시해 주도록 할 것을 요청했다."는 내용이 그것이다.[280]

그 뒤로도 시계 주문은 이어졌다. 1704년 11월 5일에는 역관을 통해서 '조선 국왕이 시계 2통(通)을 소망(所望)한다'는 내용이 일본 측에 전달되었다.[281] 《분류사고》에서는 시계의 주문 기록이 세 차례 더 발견된다(1707.12.16, 1708.1.30, 1708.12.16). 그런데 이 모두가 '국용(國用)'으로 적혀 있는 것을 보면, 조선 조정에서 사용할 시계를 일본에 주문했던 것으로 추정된다.[282]

이러한 움직임이 그 뒤로도 이어져서 1720년부터 조선 국왕 즉위를 축하하러 오는 일본 사절이 가져오는 외교선물(書契別幅) 속에 자명종 즉 시계가 포함되기에 이른 것일지도 모른다. 앞으로 이 문제에 대해서도 더 추적해 볼 필요가 있다고 생각한다.

외교선물은 정부 차원의 공식적인 의례나 연회(연석)를 통해서 교환되기도 했지만, 개인 차원에서 주고받는 일도 있었다. 예를 들어서 1864년 (철종 승하) 조문사절이 중원(中元)을 맞이하여 조선의 동래부사에게 보낸 외교선물 속에는 다양한 물품이 들어 있었다. 즉 별우산(別雨傘), 토층갑(土層

280) 訓導朴僉知より公儀誂之由ニ而時計至急相調度由此方へ註文差出置候間､御商賣掛關野甚兵衛有田五兵衛梯惣兵衛方へ右之註文相渡シ御國元御商賣掛方へ右三人より申遣相調被差渡候様ニ申渡ス｡尤御支配田嶋十郎兵衛殿方ニも於御國元御商賣掛中え時計之儀被仰付早々相調差渡シ候様ニ被仰付候様ニ申遣ス｡《(館守) 每日記》 元祿 4년(1691) 1월 20일(일본 國立國會圖書館 소장).

281) 〈朝鮮より所望物集書〉, 《分類紀事大綱》 29(일본 國立國會圖書館 소장)

282) 〈御註文之事 外向共〉, 《分類事考》 10(일본 國立國會圖書館 소장)

匣), 소토층갑(小土層匣), 중자망(中炙網), 오촌전자(五寸剪子), 중윤도(中輪圖), 대남초(代南艸), 인풍(仁風) 등이 그것이다. 이를 통해서 비를 가리는 우산, 고기 굽는 석쇠, 물건을 자르는 가위, 위치와 방향을 측정하는 나침반, 그리고 당시 최대의 기호품이었던 담배 등, 이른바 생활용품이나 기호품 등이 일본에서 유입되어 조선의 관리에게 외교선물로 전달되었다고 말할 수 있을 것이다.

또 하나의 예를 들면 1864년 (고종 즉위) 축하사절이 조선으로 입항한 뒤에 동래부사에게 보낸 외교선물은 일본에서 제작하거나 조달하여 조선으로 가져온 물품들이다. 즉 적동누오관반(赤銅累五盥盤), 적동누오유구남비(赤銅累五有口南飛), 채화팔촌층갑(彩畫八寸層匣), 문지(紋紙), 소자망(小炙網), 소강판(小姜板), 유리주잔(琉璃酒盞), 삼촌윤도(三寸輪圖), 안경(眼鏡) 등이 그것이다. 이 사례를 통해서 구리로 만든 대야와 남비, 문양을 넣은 문갑, 무늬가 들어간 종이, 자그마한 크기의 석쇠, 자그마한 크기의 강판, 유리로 만든 술잔, 안경 등이 조선의 관리들에게 외교선물로 전달되었음이 확인된다.

일본의 조문사절이나 축하사절이 조선에 체류하는 동안에 양측의 외교관계자가 개인 차원에서 주고받은 외교선물을 살펴보면, 무엇보다도 '종류의 다양함'이 눈에 띈다. 공식 외교문서인 서계(書契)와 함께 교환했던 별폭의 예물이 '정형화'되어 있었던 것과 이것은 크게 차이가 난다.

제9장 표류민 송환과 물품 교환

제1절 표류민 송환을 통한 외교선물의 교환

Ⅰ. 17~18세기 표류민 송환과 외교문서 교환

1. 외교문서와 외교선물 교환

표류민 송환 사절이 일본에서 건너오면 조선 정부는 크게 세 가지 측면에서 대응했다. ① 외교문서와 함께 이루어진 외교선물 교환, ② 연회(연석)의 개최, ③ 식재료 지급 등이 그것이다. 조선 측 기록에서는 이것을 각각 다례(茶禮), 연향(宴享), 지공(支供)으로 표기하였다. 여기에서는 첫 번째에 해당하는 외교문서와 외교선물 중심으로 살펴보고자 한다.

이와 관련하여 먼저 국사편찬위원회 소장 서계(書契)에 대하여 소개하면 다음과 같다. 국사편찬위원회는 최근 홈페이지를 통해서 서계 원본의 이미지를 제공하는 서비스를 개시하였는데, 그 대상은 1614년부터 1872년까지(259년간) 서계 원본 9,442점이다. 이 자료는 조선(예조, 동래, 부산)이 일본(대마도주) 측에 보낸 외교문서인데(서계, 별폭), 그 수량을 연도별로 나타낸 것이 〈그림 9-1〉이다.

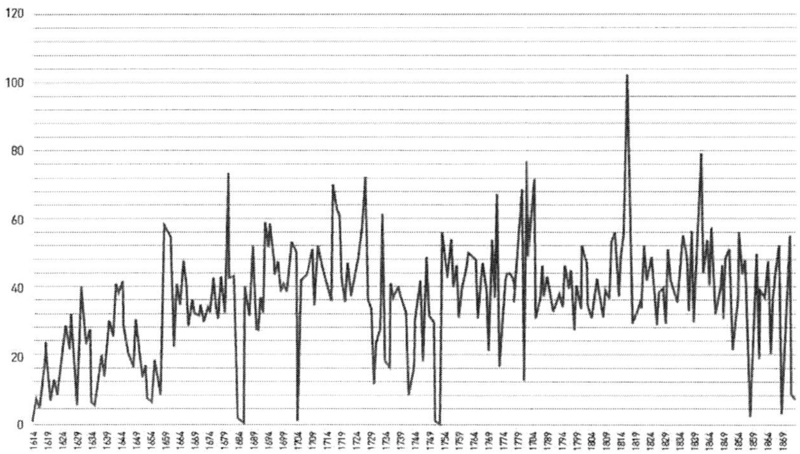

〈그림 9-1〉 조선이 일본으로 보낸 서계 원본(1614~1872년)

자료 : 국사편찬위원회 소장 서계 목록집(Ⅰ~Ⅴ)

위 서계 가운데 분석 대상인 1704~1705년 사례의 배경을 이해하기 쉽도록 1614~1706년(93년간) 서계의 수량을 연도별로 정리한 것이 〈표 9-1〉과 〈그림 9-2〉이다. 이 시기 서계 2,703점 중 표류 관련 서계가 368점에 이르렀다(전체의 13.6%). 이를 다시 3시기로 나누어 살펴보면 18세기로 접어들수록 표류 관련 서계가 점점 많아졌음을 알 수 있다. 그것은 다름 아닌 표류민 송환의 증가 추세를 말해주는 것이다.

〈표 9-1〉 조선이 일본에 보낸 표류 관련 서계 원본(1614~1706년)

연번	연도	서계 전체	표류 관련 서계	연번	연도	서계 전체	표류 관련 서계	연번	연도	서계 전체	표류 관련 서계
1	1614	1	0	32	1645	27	3	63	1676	34	3
2	1615	7	0	33	1646	22	2	64	1677	31	6
3	1616	5	0	34	1647	20	0	65	1678	43	6
4	1617	10	0	35	1648	17	4	66	1679	33	7
5	1618	24	0	36	1649	31	3	67	1680	73	16
6	1619	17	0	37	1650	19	4	68	1681	43	0

연번	연도	서계 전체	표류 관련 서계	연번	연도	서계 전체	표류 관련 서계	연번	연도	서계 전체	표류 관련 서계
7	1620	7	0	38	1651	14	0	69	1682	44	0
8	1621	13	0	39	1652	17	2	70	1683	31	0
9	1622	9	0	40	1653	8	2	71	1684	2	0
10	1623	13	1	41	1654	7	0	72	1685	0	0
11	1624	26	1	42	1655	19	0	73	1686	40	14
12	1625	29	0	43	1656	15	0	74	1687	37	2
13	1626	22	1	44	1657	9	0	75	1688	32	3
14	1627	32	1	45	1658	16	6	76	1689	52	12
15	1628	22	0	46	1659	58	1	77	1690	28	0
16	1629	6	0	47	1660	55	8	78	1691	37	9
17	1630	40	1	48	1661	33	1	79	1692	33	7
18	1631	32	1	49	1662	23	6	80	1693	59	10
19	1632	24	0	50	1663	41	10	81	1694	40	12
20	1633	28	0	51	1664	35	6	82	1695	59	23
21	1634	7	1	52	1665	48	5	83	1696	44	12
22	1635	6	1	53	1666	40	5	84	1697	47	22
23	1636	14	0	54	1667	29	3	85	1698	39	9
24	1637	20	0	55	1668	36	0	86	1699	41	14
25	1638	14	0	56	1669	33	5	87	1700	39	11
26	1639	25	0	57	1670	32	0	88	1701	43	12
27	1640	30	0	58	1671	35	7	89	1702	53	11
28	1641	26	0	59	1672	30	1	90	1703	50	18
29	1642	41	2	60	1673	34	1	91	1704	1	0
30	1643	39	2	61	1674	33	7	92	1705	42	9
31	1644	42	4	62	1675	43	3	93	1706	43	9

주 : 1. 연도는 서계 작성일 기준임.
2. 음영 부분은 연간 표류 관련 서계가 10건 이상인 경우임.
자료 : 국사편찬위원회 소장 대마도종가문서(書契)

국사편찬위원회 소장 서계는 그것이 원본이라는 점에서는 사료적 가치가 크다. 그렇지만 모두가 조선(예조, 동래, 부산)에서 일본(대마도주) 측에 보낸 것뿐이다.283) 이와 반대로 일본(대마도주)이 조선(예조, 동래, 부산)

283) 국사편찬위원회 소장 서계가 갖는 한계점도 분명히 존재한다. 예를 들면 예조와

측에 보낸 서계와 관련된 정보는 국사편찬위원회 소장 서계로는 전혀 알 수가 없다. 그러므로 조선과 일본의 양측 서계를 동시에 살펴보기 위해서는 다른 자료를 함께 활용하지 않으면 안 된다.

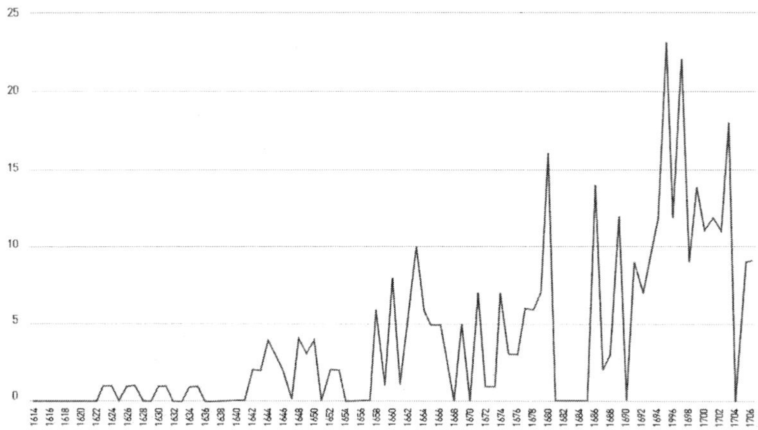

〈그림 9-2〉 조선이 일본에 보낸 표류 관련 서계 원본(1614~1706년)

자료 : 국사편찬위원회 소장 서계 목록집(Ⅰ~Ⅴ)

조선 표류민을 송환해 오는 일본 사절을 조선 측은 표인영래차왜(漂人領來差倭) 또는 표차왜(漂差倭)라 불렀고, 일본 측은 이를 표차사(漂差使) 또는 표차(漂差)로 적었다. 그런데 조선 정부는 표류민 송환 사절에 대한 접대 규정을 마련해 놓고 있었다. 《춘관통고》에 따르면, 일본에서 건너온 표류민

주고받은 서계를 본서(本書)로 부르고, 동래부사나 부산첨사와 관련된 서계를 부서(副書)라 부른다고 할 때, 본서와 부서가 빠짐없이 모두 소장되어 있는 것도 아니다. 더구나 본서(부서)에 딸린 별폭(別幅)까지가 한 세트로 되어 있는 것이 원칙인데(처음부터 별폭이 없는 예외적인 사례도 있었음), 국사편찬위원회 소장 서계 9,442점 중에는 본서(부서)와 별폭에 따로따로 번호가 부여되어 있는 경우도 있음에 주의해야 한다.

송환 사절은 정관과 (봉진)압물 각 1인, 반종 3인, 격왜 40명으로 구성되어 있었다. 이들의 왜관 체류 기한은 55일이었다(이 기간에만 체류 비용을 조선 정부가 지급). 그리고 이 사절에게 다례와 연향, 지공이 제공되었는데 그 기준은 세견 제1선과 같았다고 한다.[284]

표류민 송환 사절(漂差倭; 漂差使)이 지참하는 외교문서에 대해서도 이미 양국이 합의한 규정이 있었다. 《춘관통고》는 외교문서(本書와 副書, 이에 딸린 別幅) 중에서도 특별히 별폭 즉 외교선물에 대하여 짧게나마 적어 놓았다(별폭은 외교선물 목록에 해당함). 예를 들면 일본의 표류민 송환 사절이 조선의 예조참의 앞으로 가져온 외교선물(별폭)을 보면, 경대 거울(彩畫五寸奩鏡, 2面), 세면대(赤銅纍三盥盤, 1部), 종이(紋紙, 600片) 등이 있었다(3종). 동래부사 별폭에는 벼루(黃漆掛硯, 1備), 쟁반(黑漆中圓盆, 10개), 종이(紋紙, 400편) 등 3종이, 그리고 부산첨사 별폭에는 벼루(黃漆掛硯, 1備), 종이(紋紙, 600편) 등 2종이 포함되어 있었다.[285]

그런데 필자가 《양국왕복서등》(일본 국립국회도서관 소장)을 바탕으로 1685~1705년(21년간) 표류민 송환 사절이 조선 측에 전달한 외교선물(別幅)을 정리하여 〈표 9-2〉에 제시하였다. 이에 따르면 외교문서와 함께 매회

284) 《春官通考》 권74 賓禮 差倭(漂人領來差倭). 그런데 《증정교린지》 (권2 漂人領來差倭)에는 좀 더 자세하게 설명되어 있다. "(배의 크기에 따라) 格倭 인원이 大船은 40명, 中船 30명, 小船 20명"이라고 하며, "통사와 사공에게는 별도로 쌀 2섬을 준다"고 했으며, "(표류민 송환 사절에게) 하선다례, 하선연, 예단다례, 상선연을 각각 한 차례씩 개최하고 접대는 세견 제1선과 같다"고 되어 있다(《국역 증정교린지》, 김건서 저, 하우봉·홍성덕 역, 79~80쪽 참조).

285) 《春官通考》 권74 賓禮 差倭(漂人領來差倭). 그런데 이것은 《증정교린지》 (권2 漂人領來差倭)의 예조참의 별폭(彩畫有趺飯卓 10枚, 彩畫五寸奩鏡 1面, 唐剪子 5握)과, 동래부사 별폭(彩畫華箋匣 1個, 彩畫六寸奩鏡 1面, 唐剪子 10握), 그리고 부산첨사 별폭(彩畫枕子掛硯 1備, 黑漆手燭 1個, 紋紙 100片)과 조금 차이를 보이는 부분도 있다(《국역 증정교린지》, 80쪽 참조). 이것은 일본 측 별폭이 내용 면에서 시기별로 변화가 있었음을 의미한다.

2~3종의 일본산 물품이 조선 측(예조참의, 동래부사, 부산첨사)에 전달되었다. 얼핏 보면 일본 측이 표류민 송환 때마다 엇비슷한 외교선물을 가져온 것처럼 보이지만, 실제로는 약 20년 동안에 무려 20종이 넘는 물품이 조선으로 유입되었다. 거울, 세면대, 벼룻집, 찬합, 문갑, 서류 상자, 화로, 찻잔, 촛대, 담뱃대, 갓끈, 식탁, 접시, 바둑판, 주전자, 옷걸이, 책꽂이, 황연 등 공예품에서 약재에 이르기까지, 다양한 일본산 생활용품이 당시 조선의 외교 관계자 등 양반 사회에 투입된 셈이다. 따라서 이러한 물품이 조선 사회에서 어떻게 사용되었으며, 그에 대한 조선인들의 반응이 어떠했는지 자못 궁금하지만, 현재로서는 더 이상 자세한 것을 알기는 어렵다.

〈표 9-2〉 일본 측 외교선물(別幅)의 종류와 추이(1685~1705년)

연번	품목		단위	Ⅰ	Ⅱ	Ⅲ	Ⅳ	Ⅴ	계
				1685~88	1689~92	1693~96	1697~1700	1701~05	
1	경대 거울(匳鏡, 奩鏡)		面	17	15	9	13	17	71
2	세면대(盥盤)		部	8	5	8	16	10	47
3	다리 달린 세면대(有趺盥盤)		個, 部	-	-	10	-	-	10
4	벼룻집	硯匣	個, 備	16	7	14	12	8	57
5		掛硯	備	-	-	2	8	4	14
6	찬합(層匣)		備	-	-	2	8	8	18
7	문갑(文匣)		個	-	-	3	6	3	12
8	서류 상자(箋匣)		個	1	-	1	6	6	14
9	찻물 끓이는 화로(茗爐)		個	5	-	3	8	-	16
10	찻잔(茗盌)		個, 丁	-	10	30	40	20	100
11	촛대(燭臺)		個	6	-	-	-	-	6
12	담뱃대(烟竹, 烟器)		柄, 握, 本	240	280	40	45	250	855
13	담뱃대 받침(煙臺)		脚	-	1	-	-	-	1
14	담뱃대야(烟盆)		備	-	-	-	3	1	4
15	종이(桐花紙, 紋紙)		張, 片	300	300	900	1,390	3,100	5,990
16	갓끈(笠緖)		結	1	6	4	7	5	23
17	쟁반(圓盆, 方盆)		個, 枚	10	120	110	140	90	470
18	밥상(飯盤)		個, 枚	-	-	20	20	20	60
19	식대(食臺)		備, 枚	70	-	-	-	-	70

연번	품목	단위	Ⅰ 1685~88	Ⅱ 1689~92	Ⅲ 1693~96	Ⅳ 1697~1700	Ⅴ 1701~05	계
20	바둑판(碁盤)	圍	-	2	-	-	-	2
21	주전자(藥鑵)	個	-	-	54	22	53	129
22	접시(淸皿)	個, 枚	-	-	40	120	30	190
23	옷걸이(衣桁)	脚	-	-	4	-	-	4
24	책꽂이(書架)	脚	-	-	1	2	-	3
25	약재(黃連)	斤	-	-	-	15	14	29
26	등잔 받침(燈臺)	個, 脚	-	1	-	-	1	2

주 : 수량이 확인된 것만 적은 것이므로, 기록 누락의 경우를 포함한다면 실제는 이보다 더 많음.
자료 : 《兩國往復書謄》, 일본 국립국회도서관 소장).

표류민 송환 사절의 외교선물인 별폭에 대하여 조선 측이 회답한 내용에 관해서도 《춘관통고》에 소개되어 있다. 즉 예조참의 회답별폭은 인삼(1근), 호피(1장), 표피(1장), 백면주(5필), 백저포(5필), 흑마포(3필), 백목면(10필), 화석(3장), 네 장 붙인 기름종이(2번), 황모필(30병), 진묵(30홀)이며, 동래부사 회답별폭과 부산첨사 회답별폭은 각각 백면주(3필), 백저포(3필), 흑마포(2필), 백목면(5필), 황모필(20병), 진묵(20홀)으로 동일하다.[286] 뒤에서 살펴볼 1705년 사례도 이와 일치한다(〈표 9-9〉 참조).

한편 이와 별도로 일본에서 건너온 표류민 송환 사절이 조선의 왜관에서 체류하는 동안 입국과 출국을 축하하고 위로하는 연석 즉 연회가 각각 개최되었다. 이것을 조선 측은 양도연(兩度宴)이라고 불렀는데(下船宴, 上船宴), 두 차례 모두 정관(正官), 압물(押物),[287] 반종(伴從) 등에게 직급에 따라 외교선물이 차등 지급되었다. 예를 들면 정관에게는 각각 백면주(白綿紬, 3疋), 백저포(白苧布, 3疋), 흑마포(黑麻布, 2疋), 백목면(白木綿, 5疋), 네 장을 붙인 기름종이(四油芚, 2番), 황모필(黃毛筆, 20), 진묵(眞墨, 20忽)이 지급되

286) 《春官通考》 권74 賓禮 差倭(漂人領來差倭). 《증정교린지》 권2 차왜(표인영래차왜)의 기록도 이와 동일하다(《국역 증정교린지》, 80쪽).
287) 조선 측 기록의 押物은 일본 기록의 封進押物 또는 封進에 해당한다.

었다. 압물(押物)에게도 각각 백면주(2필), 백저포(2필), 백목면(3필)이 지급되었다. 그리고 반종(3인), 통사(1인), 사공(2인)에게는 각각 백면주(1필), 백저포(1필), 백목면(2필)이 지급되었다.[288] 뒤에서 살펴볼 1705년 사례도 이와 동일하다(〈표 9-10〉 참조).

2. 표류민 송환에 따르는 비용과 편익

표류민을 송환해 주는 쪽에서 보면, 먼저 표류민에 대한 구조와 구호, 송환에는 적지 않은 비용(cost)이 소요되게 마련이다. 그렇지만 표류민을 송환받은 상대국이 그 대가로 제공하는 답례품(회사별폭 등 외교선물)과 접대(연회 개최와 식량·식재료 지급 포함) 등을 통해서 얻는 경제적 이득 즉 편익(benefit)이 발생하는 것도 사실이다. 이 문제와 관련해서는 아래에서 간단히 소개하고자 한다.

먼저 1772년 막부 관료가 대마도로 직접 가서 조사한 내용 가운데 표류민 송환과 관련된 것이 있다.[289] 그때의 조사 결과가 《통항일람》(朝鮮國部 108)에 실려 있는데, 그것을 동북아역사재단이 자료총서 형태로 간행한 바 있다. 이 자료를 보면 대마도가 나가사키에서 조선인 표류민을 인계받은 뒤 대마도에서 조선으로 송환할 때 드는 비용과 함께, 조선으로 건너오는 일본 사신이 예조·동래·부산 등에 전달할 외교선물 비용을 책정하였는데, 그 금액이 일본 은화 기준으로 5관(貫)이었음을 알 수 있다. 그런데 조선이

288) 그런데 통사와 사공에게 지급하던 것은 1696년(康熙 병자) 이후 영원히 삭감되었다고 한다(《春官通考》 권74 賓禮 差倭(漂人領來差倭)). 《증정교린지》 권2 차왜(표인영래차왜)의 기록도 이와 동일하다(《국역 증정교린지》, 80쪽).

289) 1772년 대마도로 건너갔던 막부 관료는 사쿠마 진파치(佐久間甚八)로 알려진 인물인데, 그의 원래 이름은 시게유키(茂之)라고 한다(윤유숙 편, 《근세 한일관계 사료집 Ⅱ 사쿠마 진파치 보고서(佐久間甚八 報告書)·죽도문담(竹島文談)》(동북아역사 자료총서 45), 동북아역사재단, 2018, 11~12쪽).

그에 대한 답례품으로 대마도에 준 외교선물(인삼 1근, 호피와 표피, 명주, 무명, 필묵, 돗자리 등)의 대금이 일본 은화 기준으로 8관(貫) 700몬메(目) 정도에 이르렀기 때문에, 결과적으로 차액 3관(貫) 700몬메(目) 정도의 이윤(利潤)이 대마도 측에 발생하였다고 판단한 막부 관료의 계산 결과가 흥미롭다.[290]

위에 제시된 수치의 정확성에 대해서는 더 이상 확인할 수 없지만, 만일 이 계산법을 그대로 받아들인다고 가정한다면, 1772년 시점에서 표류민을 조선까지 송환하는 비용 5관(貫)보다 3관 700몬메(目)가 더 많은 8관 700몬메에 상당하는 외교선물을 조선 측으로부터 답례로 받은 셈이다. 그러므로 이때 대마도 측은 74%에 해당하는 마진율을 달성하였다고 볼 수 있다([(8관 700몬메-5관)÷5관=0.74]).[291]

선행연구에서 밝혀진 또 하나의 중요한 사실은 표류민 송환 사절의 왜관 체류 중에 조선 측이 지급한 이른바 잡물(雜物)에 관한 것이다. 정관(正官)부터 격왜(格倭) 즉 수부(水夫)에 이르기까지 표류민 송환 사절(漂人領來差倭; 漂差使) 모두에게 지급했던 잡물(식량, 식재료)의 총량은 얼마나 되었을까? 5일마다 지급한다 해서 오이리 또는 오일차(五日次)로 불리는 잡물지급에 대하여 분석한 1691년 사례연구에 따르면, 곡물 기준으로 100가마니가

290) 윤유숙 편, 《근세 한일관계 사료집 II 사쿠마 진파치 보고서·죽도문담》, 54~56쪽.

291) 위에 인용한 자료에서 사쿠마 진파치((佐久間甚八)는 조선으로 표류한 일본인 표류민의 송환 비용에 대해서도 소개했다. 그가 계산한 바에 따르면, "일본인 표류민(和漂民)을 조선 측으로부터 인계받은 사신이 일본으로 귀국할 때, 조선으로부터 인삼 1근, 호피, 명주, 무명, 돗자리, 기름종이, 필묵 등을 보내오는데, 그 대금이 대략 8관(貫) 400몬메(目) 정도의 물품이었다."고 했다. 그런데 "일본인 표류민을 일본으로 송환하는 데 소요되는 경비가 7관(貫) 정도"라고 하니, 결과적으로 대마도 측이 일본인 표류민 송환으로 남긴 이득(차액)이 1관 400몬메 정도로 추산된다(윤유숙 편, 《근세 한일관계 사료집 II 사쿠마 진파치 보고서·죽도문담》, 57쪽 참조). 만일 이 계산법에 따른다고 한다면, 일본인 표류민 송환과 관련해서는 대마도 측이 20%에 해당하는 마진율을 달성한 셈이 된다(([(8관 400몬메-7관)÷7관=0.2]).

넘었다고 한다. 즉 표류민을 다른 사선(使船)에 순부(順付)하여 송환할 때도 각 사자(使者)에게 주는 지급물이 1691년 왜관 체재일 57일분(규정은 55일)으로서, 쌀(白米), 콩(大豆), 찹쌀(餅米)을 모두 합하면 총 103가마니(俵)가 넘었다고 되어 있다.[292] 그런데 1691년에는 위의 순부 송환 외에도, 사쓰마(薩摩州)로 표류한 전라도 진도 표류민을 사자(橘親長)를 세워서 송환하기도 하였다. 그래서 연평균 송환 건수를 4건으로 가정하고, 1년에 대략 400가마니에 해당하는 조선의 미곡이 지급되었을 것이라고 추산한 연구 결과도 있다.[293]

표류민 송환을 둘러싼 외교문서의 교환에 수반되는 외교선물을 통해서 얻는 이득과, 표류민 송환 사절이 조선에 체류 중일 때 지급되는 각종 식재료 등 잡물을 통해서 얻는 이득, 거기에 격왜(格倭) 등이 도해량(渡海粮)을 받음으로써 얻는 이득에 이르기까지, 표류민 송환이 가져다주는 편익(benefit)이 그에 따른 비용(cost)을 상회(上廻)하고 있었기에, 대마도가 17~18세기 조·일 간 해난구조와 표류민 송환 제도의 안정화에 적극 협력할 수 있었다고 판단된다. 아래에서는 1704년과 1705년 제주 사람과 감귤의 일본 표도(漂到) 사례에 대하여 살펴보고자 한다.

Ⅱ. 일본의 제주 표류민 송환과 감귤(1704-05년)

1. 1704년 제주 진상 선박의 일본 표류

1704년 12월 12일 제주에서 출발한 배가 추자도(楸子島) 못 미쳐서 갑자

292) 이훈, 《조선후기 표류민과 한일관계》, 298쪽(원 자료는 《漂民順附陰式例》, 국사편찬위원회 대마도종가문서 DK 2794).

293) 이훈, 《조선후기 표류민과 한일관계》, 299~300쪽.

기 악풍(惡風)을 만났다. 그 배의 선구(船具)가 망가져서 배를 제어하기가 어렵게 되자, 하는 수 없이 바람에 맡겨서 표류하기 시작했다. 당시 이 배에는 조선인 37명이 타고 있었는데, 그들은 바다 위에서 7일 동안이나 표류하다가 동년 12월 19일 일본 히라도(平戶)에 닿아서 그곳 주민들에 의해 전원 구조되었다.

《표인영래등록》에는 37명의 명단이 실려 있다.[294] 그들을 일본에서 조사한 기록(일본 慶應義塾大學 소장)에도 37명의 명단이 기재되어 있다.[295] 이 두 자료를 바탕으로 조선인 표류민의 성명과 나이, 직역과 신분 등을 정리한 것이 〈표 9-3〉이다.

〈표 9-3〉 일본으로 표류한 조선인 명단(1704~1705년)

표인영래등록			公義被仰上				표인영래등록		
연번	성명	직역 (신분)	연번	성명 (일본음)	성명 (한국음)	나이	연번	성명	직역 (신분)
1	李壽萬	濟州牧使 帶來 軍官 忠翊衛	1	リシユマニイ	리 슈마니이	23	1	李壽萬	濟州牧使 帶來 軍官 忠翊衛
2	高萬昆	進上色吏 良人	2	キムシユハイ	기무 슈하이	26	22	金守海	(格軍 寺奴)
3	張得萬	(進上色吏 良人)	3	リクワボギ	리 구와보기	49	15	李仁奉	沙工 寺奴
4	金之正	(進上色吏 良人)	4	キムノンホギ	기무 논호기	42	9	金本吉	私奴
5	高重寬	寺奴	5	リインセニイ	리 인세니이	26	18	李仁先	(格軍 寺奴)
6	金就云	(寺奴)	6	コチンホギ	고 진호기	33	30	高進興	(私奴)
7	高日	(寺奴)	7	ホホグセギ	호 홍구세기	41	17	許興碩	(格軍 寺奴)
8	任善雄	(寺奴)	8	チユホイミニイ	추 호이미니이	37	20	周世奉	(格軍 寺奴)
9	金本吉	私奴	9	アムチヱホグ	아무 치에호구	22	19	安戎興	(格軍 寺奴)
10	金本金	(私奴)	10	ハンムソイ	한 무소이	27	33	韓武	(私奴)
11	康信碩	寺奴	11	ハンバキ	한 바키	26	28	韓白	(格軍 寺奴)

294) 《漂人領來謄錄》 原文은 서울대학교 규장각한국학연구원에 소장되어 있다. 이 글에서는 그것을 影印한 《漂人領來謄錄》 四(규장각 자료총서 금호시리즈 대외관계편, 서울대학교 규장각한국학연구원, 1993, 292~313쪽)을 이용하였다.

295) 《公義被仰上》 三은 현재 게이오대학이 홈페이지를 통해 원문 서비스를 하고 있다(일본 慶應義塾大學 三田미디어센터 소장 對馬宗家文書 콜렉션).

표인영래등록			公義被仰上				표인영래등록		
연번	성명	직역 (신분)	연번	성명 (일본음)	성명 (한국음)	나이	연번	성명	직역 (신분)
12	許太己	(寺奴)	12	コセグソイ	고 세구소이	41	23	高萬松	(格軍 寺奴)
13	許厚男	(寺奴)	13	ブハキセマンイ	부하키 세만이	20	31	朴世民	(私奴)
14	高得悅	(寺奴)	14	ハンチヱグウニイ	한 치에구 우니이	21	32	韓丁云	(私奴)
15	李仁奉	沙工 寺奴	15	ムントクヨギ	문 도쿠요기	29	36	文德龍	(私奴)
16	金論奉	格軍 寺奴	16	コフイメギ	고 후이메기	23	29	高永吉	私奴
17	許興碩	(格軍 寺奴)	17	キムイビ	기무 이비	20	10	金本金	(私奴)
18	李仁先	(格軍 寺奴)	18	キムノンクニ	기무 논구니	46	16	金論奉	格軍 寺奴
19	安戎興	(格軍 寺奴)	19	ユンシヤグキヨグ	윤 샤구꽁구	40	26	尹尙京	(格軍 寺奴)
20	周世奉	(格軍 寺奴)	20	キムハイニビ	기무 하이니비	33	35	金海立	(私奴)
21	高成立	(格軍 寺奴)	21	コヲンドキ	고 온도키	36	14	高得悅	(寺奴)
22	金守海	(格軍 寺奴)	22	コセクアン	고 세쿠안	20	5	高重寬	寺奴
23	高萬松	(格軍 寺奴)	23	コサンイ	고 산이	52	21	高成立	(格軍 寺奴)
24	張業	(格軍 寺奴)	24	コマンヂヱキ	고 만지에키	27	2	高萬昆	進上色吏 良人
25	金記男	(格軍 寺奴)	25	ユンチウグ	윤 치우구	23	27	尹尙殷	(格軍 寺奴)
26	尹尙京	(格軍 寺奴)	26	キムチユ	기무 치유	26	4	金之正	(進上色吏 良人)
27	尹尙殷	(格軍 寺奴)	27	チヤグクイボ	장구 이보	23	24	張業	(格軍 寺奴)
28	韓白	(格軍 寺奴)	28	カグフグ	강 후구	23	3	張得萬	(進上色吏 良人)
29	高永吉	私奴	29	ホニヨニイ	호 니요니이	24	12	許太己	(寺奴)
30	高進興	(私奴)	30	ホゾトグ	호 조토규	26	13	許厚男	(寺奴)
31	朴世民	(私奴)	31	コサントグ	고 산토구	23	8	任善雄	(寺奴)
32	韓丁云	(私奴)	32	キムキリイ	기무 기리이	54	34	金高乭同	(私奴)
33	韓武	(私奴)	33	キムサニイ	기무 사니이	29	37	金世迪	(私奴)
34	金高乭同	(私奴)	34	カクヲキ	가쿠 오키	25	11	康信碩	寺奴
35	金海立	(私奴)	35	キムチユイウン	기무 추이운	53	6	金就云	(寺奴)
36	文德龍	(私奴)	36	キムフグシユキ	기무 후구시유키	21	25	金記男	(格軍 寺奴)
37	金世迪	(私奴)	37	コイリナミ	고 이리나미	53	7	高日	(寺奴)

자료 : 《漂人領來謄錄》 四 (규장각 자료총서 금호시리즈 대외관계편, 서울대학교 규장각한국학연구원, 1993), 295~296쪽.
《公義被仰上》 三(일본 慶應義塾大學 三田미디어센터 소장 對馬宗家文書 콜렉션)

〈표 9-3〉에서 보듯이 조선 측 기록인 《표인영래등록》에는 37명의 성명이 한자(漢字)로 적혀 있으며, 그들의 직역과 신분에 대해서도 기재되어 있다. 첫 번째 기재 인물인 이수만(李壽萬)의 경우를 살펴보면, 그는 충익위(忠翊

衛)라는 직책을 맡았다고 한다. 서울에 거주하던 그가 제주목(濟州牧) 막하(幕下)로서 제주도에 들어갔다가, 사정이 있어서 서울 집으로 돌아가려고 뭍으로 나가는 배에 편승하였다가 표류를 당하였다고 한다.[296] 고만곤(高萬昆) 등 나머지 36명은 모두 제주 사람이다. 이들은 제주목사와 판관(判官)이 대정(大靜)과 정의(旌義) 두 현(縣)에서 해마다 바치는 감귤과 말(馬) 진상과 관련하여, 여러 가지 공적 내지는 사적으로 잡물을 무역하고자, 본전(本錢)으로 미역(甘藿)과 전복(全鰒) 등 물건을 배 한 척에 싣고 있었다.[297]

《표인영래등록》에 따르면 제주 사람 36명의 직역과 신분을 확인할 수 있다. 예를 들면 직역(職役)이 진상색리(進上色吏)이며 신분이 양인(良人)으로 되어 있는 사람이 3명으로(高萬昆, 張得萬, 金之正) 전체의 8.3%를 차지하였다. 제주 사람 중 나머지 33명(전체의 91.7%)은 모두 노비 신분이었다. 그 가운데 공노비가 22명이었다. 그 중 사공(沙工)은 이인봉(李仁奉)이었으며, 격군(格軍)이 13명이었다(金論奉, 許興碩, 李仁先, 安戎興, 周世奉, 高成立, 金守海, 高萬松, 張業, 金記男, 尹尙京, 尹尙殷, 韓白). 나머지 8명은(高重寬, 金就云, 高日, 任善雄, 康信碩, 許太已, 許厚男, 高得悅) 모두 시노(寺奴)였다. 선행연구에 따르면 18세기까지도 제주도에는 각사(各司)에 소속된 노비 즉 시노비(寺奴婢)가 상당수 존재하였는데, 이들이 진상물의 조달과 관련된 일을 실제로 맡았다고 한다.[298] 노비 신분 33명 가운데 시노(공노비) 22명을 제외한 11명이 사노(私奴)로 적혀 있었다(金本吉, 金本金, 高永吉, 高進興, 朴世

296) 忠翊衛李壽萬矣 身段以京居人 濟州牧幕下入島爲白有如何 可受由歸家次 以適因出來舡便 同騎致有漂風爲白有齊(《漂人領來謄錄》 四, 296쪽).

297) 濟州人高萬昆等三十六名段 本州牧使及判官大靜旌義縣年例所封 進上柑橘及雇馬所各樣公私雜物貿易次 以本錢甘藿全鰒等物容載一隻舡(《漂人領來謄錄》 四, 296쪽).

298) 박찬식은 李衡祥의 《南宦博物》에 근거하여, 1704년(숙종 30) 당시 제주의 시노비가 23,948명이라고 하였으며, 이것은 당시 제주도 전체 인구 43,515명(《耽羅巡歷圖》, 序)의 절반을 넘는 숫자였다고 하였다. (박찬식, 〈19세기 제주 지역 진상의 실태〉, 《탐라문화》 16, 1996. 127쪽 참조).

民, 韓丁云, 韓武, 金高乭同, 金海立, 文德龍, 金世迪). 이들이 모두 제주의 감귤 진상과 관련된 일을 하였을 것으로 추정된다.

그런데 〈표 9-3〉에서 한 가지 유의할 점이 있다. 그것은 다름 아닌 일본 측 조사 기록과 비교하는 일이다. 일본 나가사키(長崎)에서 조사를 마친 조선 표류민들이 대마도로 이송(移送)이 되고 나면, 그들을 대마도에서 다시 최종적으로 조사하여 조선으로 송환한 결과를 막부 측에 보고한 내용이 《공의피앙상》에 필사되어 있다.

일본 측 기록(《공의피앙상》)에도 조선 측 기록(《표인영래등록》)과 동일하게 37명의 표류민 명단이 실려 있다. 그런데 일본 측 기록에는 조선 측 기록에 없는 표류민의 나이가 적혀 있다. 게다가 첫 번째 기재 인물 이수만(李壽萬)을 제외하고는 나머지 36명의 기재 순서가 서로 다르다. 《공의피앙상》에는 조선 표류민의 성명이 일본어 발음으로 적혀 있는데(일본식 仮名), 이것을 《표인영래등록》에 나오는 표류민의 성명과 비교할 필요가 있어서, 〈표 9-3〉의 오른쪽에 이에 관하여 정리해 놓았다. 일본어 발음 기록이 정확하지 않은 사례도 있기는 하지만, 이것을 참조한다면 표류민의 연령을 추정할 수도 있다고 생각한다.

예를 들면 첫 번째 기재 인물인 이수만의 연령은 23세로 추정된다. 《공의피앙상》에 따르면 표류민 중 최고령은 54세였으며 최연소는 20세였다. 전체 37명 가운데 50대가 4명, 40대가 6명, 30대가 4명이었으며, 20대가 23명으로 가장 많았다(전체의 62.2%).[299]

---

299) 人名에 관한 기록이 조선과 일본 사이에 차이가 나기도 했다. 예를 들면 <표 9-3>의 일본 기록 8번 추호이미니(37세)를 '주호민' 정도로 추정할 수 있겠는데, 이것이 조선 기록 20번에서는 주세봉(周世奉)으로 적혀 있어서 양자 간의 발음 차이가 크다. 또 하나의 예를 들자면, 일본 기록 36번의 기무 후구시유키(21세)를 '김홍숙' 정도로 추정할 수 있는데, 이것이 조선 기록에서는 김기남(金記男)으로 되어 있어서 양자의 발음 차이가 꽤 크다. 둘 다 노비 신분으로 격군을 맡았다. 이처럼 제주 사람이 자신의 출신지뿐만 아니라 자신의 이름까지도 거짓으로 둘러댄

2. 1705년 일본의 표류민 송환과 제주 감귤

당시 사정을 파악하려면 조선과(《표인영래등록》) 일본(《공의피앙상》, 《분류기사대강》) 양측 기록을 함께 분석해야 한다. 아래에서는 일본 측이 조선 표류민을 조사했던 부분과 그들을 송환했던 부분으로 각각 나누어 살펴보고자 한다.

1) 일본 측의 표류민 조사와 송환

(1) 표류(漂流)와 표도(漂到) 지역

1704년 12월 12일 37명이 함께 탄 배 1척이 제주에서 출항하여 뭍으로 가던 중 추자도 인근에서 표류하기 시작했다. 그 배는 바다에서 1주일을 표류한 끝에 동월 19일 일본 히라도(平戶) 섬 나카쓰무라(中津村)의 서쪽 해안(西濱)에 닿았다.[300]

그런데 조선인 37명의 히라도(平戶) 섬 표도(漂到) 후 사흘째가 되는 날부터 표류물(漂流物)이 오지카(小値賀) 섬 연안 등으로 떠밀려 들어가는 일이 발생하였다. 일본 측 기록에 따르면 1704년 12월 22일(小値賀嶋의 柳村之磯), 동월 24일(小値賀嶋의 倉嶋), 동월 26일(平戶島의 生屬嶋) 세 차례에 걸쳐 표류물이 일본 해안으로 흘러 들어갔다고 한다.[301] 그리고 해를 넘겨

것으로 볼 수 있을 가능성도 있다고 생각한다. 물론 일본 측 기록자가 제주 사람의 발음을 잘 알아듣지 못하여 誤記 하였을 가능성도 배제할 수는 없다. 이 점에 대해서는 앞으로 더 살펴보아야 한다.

300) "… 동 19일 마쓰우라 잇키노가미 관할인 히젠의 히라도 나카쓰무라 서쪽 해변이라고 하는 곳에 표착하여 … (同十九日松浦壹岐守領分肥前之內平戶中津村西濱と申所江致漂着候付)"라고 답변하는 내용이 대마도의 조사 기록에 남아 있다(《公義被仰上》 三).

301) 《分類紀事大綱》 十五(일본 국립국회도서관 소장 문서번호로는 '분류기사대강 17'임)의 〈柑橘漂到一件〉에 따르면 1704년 12월 22일 오지카지마(小値賀嶋)의 야나기무라(柳村之磯), 동 12월 24일 같은 섬의 구라지마(倉嶋), 그리고 동 12월 26일 이키쓰

1705년 1월 2일에는 바다에서 떠돌던 제주목사 장계를 적은 문서(馳啟書文) 1통이 오지카 섬의 사자포(獅子浦)에 닿았다고 되어 있다.[302] 그런데 이 표류물은 다름 아닌 조선인 37명이 표류하던 중 자신들의 배가 뒤집히는 것을 막고자, 그들이 일부러 바다에 내던진 물건들이었다는 점에 주목할 필요가 있다.

(2) 일본 측의 표류민 조사와 송환(나가사키, 대마도)

일본 히라도(平戶) 섬으로 표류한 조선인 37명은 최초 표착지에서 조사를 받은 뒤 나가사키(長崎)로 이송되었다.[303] 막부(幕府) 직할령이었던 나가사키에서 그들은 다시 조사받았다. 나가사키 조사 때는 막부의 기독교 금지 정책에 따라 표류민의 종교(宗教) 등에 대해서도 철저한 조사가 이루어졌다(표류민의 나가사키 체류 55일간).[304]

그런데 표류한 '사람'에 대한 조사만 이루어졌던 것이 아니었다. 오지카(小値賀) 섬 등으로 표류한 '물건'(감귤과 전복 상자, 제주목사 공문 등)에 대해서도 조사가 이루어졌음은 물론이다. 현지 조사가 끝난 뒤 표류민과 표류물 모두 나가사키로 이송되었다. 나가사키의 조사 결과를 보고받은 막부가 조선 표류민에 대한 송환 허가 명령을 내리자, 그 표류민들은 나가사

키시마(生屬嶋)로 각각 상자 1개씩 표류하여 닿았다고 되어 있다(松浦壹岐守領分小値賀嶋之内柳村之磯同嶋之内倉嶋幷生屬嶋三ケ所へ十二月廿二日同廿四日廿六日流寄候箱三之覺).

302) "구상서 … 아울러 금년 정월 2일 (히라도 오지카 섬의) 시시우라(獅子浦)로 흘러 들어간 제주목사의 치계 문서 1통과 … (口上書 … 幷當正月二日同領之内獅子浦江流寄候濟州牧使之書文一通 …)"(《公義被仰上》 三).

303) 표류민의 나가사키 도착 일자가 조선 기록에는 1704년 12월 25일, 일본 기록에는 그보다 하루 뒤인 동년 동월 26일로 적혀 있다(<표 9-4>의 연번 6과 7 참조).

304) "우리들의 종교에 대하여 물의셨는데, (우리들은) 늘 관음석가를 믿는다고 말하였습니다(一 我々宗旨之儀御尋被遊候 常ニ觀音釋迦を念申候)"라고 답변하는 내용이 1705년 조선인 표류민에 대한 조사 기록에서도 빠지지 않고 등장하였다(《公義被仰上》 三).

키에서 다시 대마도로 이송되었다.

대마도는 외교 경로를 통해 그들을 조선으로 송환하는 절차를 밟아나갔다. 가장 먼저 표류민 조사가 다시 시작되었다. 나가사키의 조사 결과와 차이가 없음이 최종적으로 확인되고 나서야 표류민 37명 전원을 조선으로 송환하는 준비가 시작되었다(표류민의 대마도 府中 체류 25일간). 지금의 이즈하라(嚴原)에 해당하는 후츄(府中)에서 출발하여 대마도 북쪽 끝 사스나(佐須奈) 또는 와니우라(鰐浦) 항구에서 순풍을 기다렸다가 바다를 건너서 부산의 왜관(倭館)으로 들어오는 것이 일반적인 송환 경로였다. 그런데 이때는 표류민을 송환했던 일본 배가 사스나에 도착했다(4월 25일). 7일 동안 순풍을 기다렸다가 사스나에서 출항하여 바다를 건넜다(윤4월 2일). 그런데 그날 부산 앞바다 물마루(水宗) 근처까지 접근했던 그 배가 역풍을 만나서 경상우도인 가덕도(加德島)까지 떠밀리고 말았다. 그곳에서 하루를 표박(漂泊)하였다가 표류민(37명)과 표류물(제주 진상 감귤 등)을 송환했던 일본 사절 등이 함께 동래부 부산포의 왜관으로 들어왔다(윤4월 3일).[305]

305) 《표인영래등록》에 따르면 37명의 표류(漂流) 이후 이송(移送) 경로가 기재되어 있다. 이들이 탄 배는 1704년 12월 19일 신시(申時) 쯤 일본국 肥前州 平戶島라는 곳에 처음 닿았다. 그곳에서 사흘 뒤 출발하여 동월 25일 나가사키(長崎)에 도착하였다. 나가사키에서 조사받고 파손된 배를 수리하는 등 55일 동안 체류한 다음 1705년 2월 21일 그곳을 출발하여, 동년 3월 16일 대마도에 도착하였다. 대마도 후츄(府中)에서 25일 동안 머문 뒤, 그들을 조선으로 송환할 일본 사절(조선은 이를 漂人領來差倭라 불렀음) 등과 함께 4월 13일 그곳을 출발하였다. 4월 25일 사스나(佐須奈)에 도착한 뒤 그곳에서 7일 동안 머물다가 윤4월 2일 일본 사절(差倭) 등이 사스나에서 바다를 건넜다. 그 배가 부산 앞바다 물마루(水宗)에 이르렀을 때 역풍을 만나 가덕도(加德島)에 표박(漂泊)하였다(《漂人領來謄錄》 제9책 을유 윤4월 14일(《漂人領來謄錄》 四 서울대학교 규장각한국학연구원 영인본, 1993, 299쪽). 일본 측 기록인 《재판기록》에는 표류민 송환 선박이 그 이튿날인 윤4월 3일 왜관에 도착했다(今日漂流送之御使早川八郎兵衛着船)고 적혀 있다(《裁判記錄》 寶永 2년(1705) 윤4월 3일, 일본 국립국회도서관 소장).

(3) 표류민 조사 기록의 비교

가. 표류민의 경우

표류민이 조선으로 귀국한 뒤에 진술한 내용과 그들이 일본 현지에서 진술한 내용이 반드시 일치하는 것이 아니다. 그러므로 표류에서 송환에 이르는 과정과 일정에 대해서는 양측 기록을 대조하며 면밀하게 살펴볼 필요가 있다.

〈표 9-4〉에서 보듯이 조선 측 기록(《표인영래등록》)에는 없는 내용이 일본 기록에 보이는 것이 있다. 예를 들어 일본 기록(《공의피앙상》)을 보면, 조선국 전라도 나주 사람 37명이 한 배에 같이 타고 장사를 나섰다고 되어 있다. 그리고 지난해(1704년) 10월 10일 경상도 거제로 가서 일을 마치고 돌아오던 중에 갑자기 표류하게 되었다고 적은 진술서가 남아 있다.[306] 그들을 송환했던 일본의 사신이 지참한 외교문서에도 전라도 나주에 사는 사람 37명이 지난해 10월 곡식으로 장사를 하려고 한 배에 타고 경상도 거제로 갔다가 동년 12월 돌아오려던 차에 갑자기 표류하게 된 것으로 기재되어 있다.[307] 일본 측 외교문서의 내용은 조선 표류민들이 일본에서 진술한

---

306) 我々儀朝鮮國全羅道之內羅州之者ニ而、人數三十七人船一艘ニ乗組為商賣、去年十月十日在所出帆慶尙道之內巨濟江罷越用事相仕舞、歸帆之節、… (《公義被仰上》 三, 朝鮮漂流人口上書).

307) 대마도주(日本國對馬州太守拾遺 平義方 奉書)가 예조(朝鮮國禮曹大人 閣下) 앞으로 보낸 書契에는 "… 貴國全羅道羅州之居人三十七名 去年十月爲貿穀糶駕壹隻船俱赴慶尙道巨濟 同年十二月歸帆 俄遭厲風楫折檣摧漂放洋中 …"으로 기재되어 있다. 대마도주(日本國對馬州太守拾遺 平義方 啓書)가 동래부사와 부산첨사(朝鮮國東萊釜山兩令公 閣下) 앞으로 보낸 書契에도 "… 貴國全羅道羅州之居人三十七名 去年十月爲貿米穀駕壹隻船赴慶尙道巨濟 同年十二月回棹 猝逢猛風船具摧破放蕩洋中 …"이라고 적혀 있었다(《兩國往復書謄》 45, 일본 국립국회도서관 소장)

조선 측 기록인 《동문휘고》에도 대마도주 예조 앞으로 보낸 서계의 일부 내용이 실려 있다. 그런데 위의 서계 내용과 비교해 보면 기록의 차이 내지는 오류(七月은 十月의 誤記로 보임)도 발견된다(… 貴國全羅道羅州之民三十七名 去年七月爲貿穀糶駕一隻船俱赴慶尙道巨濟 同年十二月歸帆 俄遭猛風楫折檣摧漂放洋中 …, 고딕체 굵은 글씨 밑줄 부분 참조—인용자주). 《同文彙考》 三, 국사편찬위원회 영인본, 1978, 2341쪽.

내용을 토대로 일본 측이 작성한 것이었다.

그런데 위의 진술 내용 중에는 사실이 아닌 거짓도 섞여 있었다. 37명이 조선으로 돌아와서 다시 조사받고 나서 진술한 내용을 기록한 조선 측 기록(《표인영래등록》)을 살펴보면, 자신들이 제주 출신임을 숨기고자 일본에서 일부러 위와 같이 거짓으로 답변했다고 실토했음이 확인된다. 거짓 진술한 거제 출항 시기도(10월) 그들의 제주 출륙(出陸, 12월 12일) 전에 해당하였다(〈표 9-4〉 연번 1~3 참조). 그러므로 실제로는 그들이 경상도 거제까지 가지 않았다고 보아야 마땅하다. 그런데도 일본에서 조사받았을 때 그들이 마치 거제로 갔던 것처럼 그럴싸하게 꾸며낸 까닭은 만에 하나라도 그들이 제주 사람임이 밝혀져서 그들에게 위해(危害)가 가해질 가능성을 처음부터 없애고자 했기 때문이었다(출신지 위장에 대해서는 후술함).

조선 측 기록(《표인영래등록》)에 따르면, 상년(1704년) 12월 12일 제주에서 발선(發船) 하였는데, 추자도에 못 미쳐서 갑자기 악풍을 만나 선구가 모두 망가져서 배를 제어할 수 없게 되자, 하는 수 없이 바람에 맡겨서 표류하기 시작했다고 한다. 여기에서 한 가지 주의할 것은 그들이 배가 뒤집힐까 염려하여 배에 싣고 있던 공사(公私) 잡물(雜物)을 일부러 모두 바다 한가운데 던져버렸다(盡投洋中)고 말한 대목이다(선적물과 소지품에 대해서는 후술함).[308]

〈표 9-4〉 제주 감귤의 일본 표도 관련 구호와 송환 일정(1704~5년)

연번	연	월일	조선 기록	일본 기록	비고
1	1704	10.10.		전라도 '나주' 사람 37명이 경상도 巨濟로 장사(商賣) 떠남	羅州로 출신지 위장【公義】
2		12.07.		거제에서 돌아오려다 표류	강한 북풍에 檣楫 부러져 표류【公義】

308) 上年十二月十二日辰時量 自本州發舡 未及楸子島 猝遇惡風 俱失什物 不能制舡 任風漂流 覆舡之患迫在瞬息乙仍于 所載公私雜物 盡投洋中… (《漂人領來謄錄》 四, 296~297쪽).

연번	연	월일	조선 기록	일본 기록	비고
3		12.12.	제주에서 배를 띄움		
4		12.19.	37명 일본 표착(平戶)	37명 일본 平戶 中津村 西濱 표류	【漂人, 公義】
5		12.22.	최초 표착지(平戶) 출발		【漂人】
6		12.25.	37명 나가사키 도착		【漂人】
7		12.26.		37명 나가사키 도착	37명 12월 26일 長崎 도착【公義】
8	1705	01.02.		平戶 小値賀 섬(獅子浦)에 제주목사 馳啟書文 표류	濟州牧使 馳啟書文 1통 표류【公義, 分類】
9		02.21. 309)	나가사키 출발		37명 2월 21일 長崎 출발【漂人】
10		03.02.	나가사키 출발		37명 3월 2일 長崎 출발【公義】
11		03.18.	쓰시마 후추(府中) 도착		37명 37명 對馬(府中) 도착【漂人, 公義】 對馬(府中) 25일간 체류【漂人】
12		04.13.	쓰시마 후추(府中) 출발		【漂人】
13		04.25.	쓰시마 사스나 포구(佐須奈浦) 도착		37명 對馬(佐須奈) 7일간 체류【漂人】
14		④.02.	부산 도착		未時 黃嶺山 烽軍 鄭己龍 등이 '朝倭未卞舡 2隻' 進告【漂人】
15		④.03.		漂流送之使者 早川八郎兵衛 着船	【裁判】
16		05.11.	다례(茶禮) 設行		
17		05.12.	진상 숙배(進上肅拜) 후 하선연		【漂人】
18		07.08.	상선연(上船宴) 設行		【漂人】
19		07.08.		參判使(杉村賴母) 和館着	【裁判】
20	★	08.23.		관수(小川又三郞)가 훈도와 별차에게 別修書契의 回答別幅이 虛船의 경우보다 적다고 문제 제기	【分類】
21		09.04.		新관수 着船(俵五郞左衛門)	【裁判】
22		09.07.		館守 교대(小川又三郞→俵五郞左衛門)	【館守】? 【裁判】??
23	★	09.10.		小川又三郞에게 보낸 서장	
24		09.21.		古館守(小川又三郞) 上船宴(出宴席)	【裁判】【館守】
25		09.28.		古館守(小川又三郞) 쓰시마 귀국 선박에 乘船	【館守】

연번	연	월일	조선 기록	일본 기록	비고
26		09.28.		參判使(杉村賴母) 封進宴(肅拜)	【裁判】
27		09.29.		古館守(小川又三郎) 쓰시마 귀국 선박에 嶋에 乘船	【館守】
28		10.02.		古館守(小川又三郎)가 參判使(杉村賴母)한테서 용무 있다는 연락 받음	【館守】
29		10.03.		古館守(小川又三郎)가 參判使(杉村賴母)한테서 용무 있어서 배에서 내렸다 다시 승선(午刻 船揚, 戌刻 船ニ乘ル)	【館守】
30	★	10.15.		參判使(杉村賴母)가 보낸 서장	【分類】
31		11.02.		參判使(杉村賴母) 쓰시마 귀국 선박에 乘船	【裁判】

주 : 1. ④는 윤4월임. 2. ★는 書狀이 교환되었음을 의미함. 3. 【漂人】=《漂人領來謄錄 四》, 【公義】=《公義被仰上 三》, 【分類】=《分類紀事大綱 十五》임.

자료 : 《漂人領來謄錄》 四(서울대학교 규장각한국학연구원 영인본, 1993)
《公義被仰上》 三(일본 慶應義塾大學 三田미디어센터 소장 對馬宗家文書 디지털콜렉션)
《分類紀事大綱》 十五, 《(館守) 每日記》 寶永 2년 9~12월, 《裁判記錄》 寶永 2년 2~9월(이상 일본 國立國會圖書館 소장 對馬宗家文書 디지털콜렉션)

나. 표류물의 경우

일본 규슈(九州)의 히라도(平戶) 섬에 닿은 표류민 37명 외에도, 오지카(小値賀) 섬으로 흘러간 표류물(귤 상자와 제주목사 공문서 등)의 문제를 살펴볼 필요가 있다. 그런데 표류민 37명을 데려온 일본 사신이 함께 지참한 별도의 외교문서에서 이에 대하여 상세하게 기술을 하고 있어서 주목된다(이 외교문서를 조선 측 기록에서는 別修書契로 표기). 먼저 대마도주가 예조 앞으로 보낸 서계의 내용을 살펴보면 다음과 같다.

309) 1705년 1월이 조선은 작은달(29일이 그믐)이고 일본은 큰달(30일이 그믐)이어서, 조선의 2월 21일이 일본의 2월 20일에 해당한다. 그런데 동년 2월이 조선은 큰달(30일이 그믐)이고 일본이 작은달(29일이 그믐)이어서 3월부터는 조선과 일본의 역(曆)이 다시 같아졌다(《三正綜覽》, 內務省地理局, 1973 참조).

> 본방(일본—인용자주) 히젠슈(肥前州) 히라도(平戶) 서쪽 해안에 지난해 겨울부터 올해 봄까지 몇 차례 물건이 떠내려왔습니다. 그것을 건져 올려서 살펴보니, 좁은 판자에 적힌 문서와 함에 담은 감귤이 있었는데, 그곳 영주가 이를 다른 나라의 물건이라고 판단하여 나가사키의 관청으로 모두 보냈습니다. (나가사키) 관청의 관리가 확인해 보고 나서, "그것이 귀국(조선—인용자주) 제주(濟州)의 봉공(奉貢) 물품임이 분명하다"고 하여, 사람을 딸려서 얼마 전에 이를 폐주(대마도—인용자주)에 인계하였습니다. 방금 이를 모두 송환하며 아울러 자세히 알리오니 부디 살펴보시고 받아 주시기 바랍니다. 이에 보잘것없는 물건이기는 하지만, 작은 성의를 담아 공경의 마음을 표하고자 합니다. 삼가 여기서 이만 줄입니다.[310]

대마도주가 동래부사와 부산첨사 앞으로 보낸 서계에도 위와 비슷한 내용이 담겨 있었다. "지난해 겨울과 올해 봄 사이에 좁은 판자에 적은 문서와 함에 담은 감귤이 바다 가운데 떠다니더니 본방(일본) 히라도 해변으로 흘러들어오자, 그곳 영주가 하나하나 점검해 보고 나서 그것을 모두 나가사키 관청으로 보냈다"고 했다. 그러면서 "나가사키의 관원이 대조하여 살펴본 결과, 그것이 귀국(조선) 제주의 봉공(奉貢) 물품임이 분명하다 하여, 얼마 전에 그것을 폐주(대마도)로 인계하였는데, 이에 지금 그것을 (조선으로) 송환하며 남궁(조선 예조)에 상세히 보고하였으니, 이를 잘 전달하기 바란다."고 적었다. "변변하지 못하지만 별도로 목록을 갖추어 (예물을) 보내니 받아 주기를 바라며 이만 줄인다."는 내용으로 끝을 맺었다.[311]

---

310) 대마도주(日本國對馬州太守拾遺 平義方 奉書)가 예조(朝鮮國禮曹大人 閣下) 앞으로 보낸 書契에는 "… 本邦肥前州之(원문은 肥之前州임—인용자주)平戶西濱 自去冬至今春 時時有物漂轉 撈攎而視 則狹板之簡文 封函之柑橘也 領主察異國之物色 送諸長崎官廳 廳司照驗明知 貴國濟州奉貢物品 乃附吾家士 此頃屆于弊州 方今一齊送還 幷此具告 總顗鑑納 仍用不腆 聊申致敬 肅此不宣"으로 기재되어 있다. 이 서계는 1705년 3월(寶永二年 乙酉 三月) 작성되었다(《兩國往復書謄》 45, 일본 국립국회도서관 소장).

311) 대마도주(日本國對馬州太守拾遺 平義方 啓書)가 동래부사와 부산첨사(朝鮮國東萊釜山兩令公 閣下) 앞으로 보낸 書契에도 "… 去冬今春之交 狹板之簡文 封函之柑橘 漂在洋中

위에서 말하는 표류물(漂流物)이 사실은 표류민(漂流民) 37명이 표류 중에 배의 무게를 줄여서 난파(難破)를 피하고자 일부러 바다에 버린 것이었다. 그런데도 마치 이 둘이 별개인 것처럼 분리되어 처리되었던 까닭은 제주 사람들이 자신들의 출신지를 일부러 숨기고자 일본 현지 조사 때 거짓으로 진술하였기 때문이었다. 이에 대해서는 아래에서 다시 살펴보기로 하자.

(4) 제주 표류민의 출신지 위장

조선 측 기록(《표인영래등록》)에서 확인되듯이, 37명은 일본에서 조사받을 때 자신들이 '제주' 사람임이 드러나지 않게 하려고 일부러 위장하였다. 심지어 서울 거주자인 이수만(李壽萬)조차도 자신의 신원을 사실대로 밝히지 않았다(〈표 9-3〉의 연번 1 참조). 게다가 이런 일이 이때가 처음도 아니었다. 제주 사람들이 자신들의 출신지를 속이고 위장하는 일은 그 전부터 있었으며, 그것을 가리켜 환명(換名), 탁칭(托稱), 환칭(換稱), 휘칭(諱稱) 등으로 표기하곤 하였다.[312]

流著 本邦肥前州之(원문은 肥之前州임—인용자주)平戶海濱 領主一一點檢 送諸長崎廳司照驗 而明察 貴國濟州奉貢品物 附吾有司 近頃居于弊州 仍今送還 具報南宮 此不縷希?(원문은 布?임—인용자주)請宜轉達 不腆別錄 勿却多幸 不宣"이라고 적혀 있었다. 이 서계도 1705년 3월(寶永二年 乙酉 三月) 작성되었다(《兩國往復書謄》 45, 일본 국립국회도서관 소장)

312) 제주 사람의 출신지 위장 사례는 19세기까지도 이어졌다. 1592~1909년 기간 150건의 제주 출신 표류민의 해난사고 중에서 출신지를 제주라고 밝힌 사례(53건)보다도 출신지를 위장한 사례(97건)가 더 많았다. 그리고 제주 사람들이 가장 많이 출신지 위장의 대상으로 삼았던 곳은 都會官이 설치된 강진(27건)과 해남(26건), 영암(19건)이었다. 그 밖에 나주(13건)를 읍호 환칭의 대상으로 삼은 것은 나주에 소속된 섬이 많았기 때문이었다(정성일, 《전라도와 일본—조선시대 해난사고 분석》, 경인문화사, 2013, 266-281쪽; 池內敏, 《朝鮮漂流民と近世日本》, 일본 臨川書店, 1998, 217-240쪽). 이와 반대로 유구 사람들이 조선으로 표류해 왔을 때 일본인으로 위장하는 일도 있었다(정성일, 〈일본인으로 위장한 유구인의 제주 표착—8121년 恒運 등 20명의 표착 사건—〉, 《한일관계사연구》 37, 한일관계사학회, 2010; 정

일본 히라도(平戶)에 표착한 조선인 37명이 자신들의 출신지를 나주(羅州)로 바꾸어 말하였는데(以羅州換名所言), 그들이 이렇게 했던 당시 상황에 대해서는 《표인영래등록》에 다음과 같이 설명이 붙어 있다.[313]

> 제주라는 섬은 어디를 가든 사면에 돌이 뾰족하게 돌출된 곳이 많다. 그래서 밀물과 썰물이 들어왔다 나갔다 할 때마다 다른 나라 배가 제주의 물길을 잘 알지 못하게 되면 수몰되는 사고가 자주 발생하기도 하였다. 그런데 다른 나라 사람들은 이것을 두고 제주 사람들이 (자신들을) 살해한 것으로 생각했다. 그런 까닭에 만일 (다른 나라에서) 제주 사람을 만나게 되면 모두 죽인다는 이야기가 옛날부터 전해 내려오고 있었다. 그래서 그들이 (일본에 갔을 때 제주 사람으로) 의심받지 않을 방안을 궁리하여 살아서 돌아올 계책의 하나로서, 몸에 지니고 있던 호패(戶牌), 진상할 감귤을 담은 궤짝, 장계 문서를 꽂아 둔 판자를 모두 바다 한가운데 일부러 내던지고, 감히 나주 지역의 상민(羅州商民)으로 탁칭(托稱)을 한 것이다.

앞에서 보았듯이 일본 측 조사 기록과 외교문서에서 37명 전원을 제주가 아닌 '전라도 나주' 사람으로 적었던 것도, 그리고 그들이 '지난해(1704년) 10월 10일 경상도 거제로 장사를 나섰다'고 기재한 것도, 모두 위에 설명한 표류민의 출신지 위장에서 나온 허위 진술에 바탕을 둔 것이었다. 이때의 표류민은 선적물에 대해서도 자신들과는 무관하다고 답변하면서 사실과 다른 진술을 했었는데, 이에 대해서는 아래에 소개하고자 한다.

성일, 《전라도와 일본—조선시대 해난사고 분석》, 경인문화사, 2013, 281-310쪽).

313) 濟州一島 四面多有石角 隨其潮汐 或出或沒 乙仍 于他國船 不習水路者 率多敗沒坟 他國之人 或以爲 自濟州殺害 是乎去 若逢濟州之人 則便皆打殺之說 自古有之 是白乎 等以矣 徒等 無疑慮 敢生求還之計 所佩戶牌 及進上所封 柑橘入盛樻子 狀啓所封板 幷以亦投洋中 而果爲托稱 羅州商民 是如爲白有齊(《漂人領來謄錄》 四, 297~298쪽).

(5) 선적물과 소지품(제주 감귤과 전복)

가. 일본으로 표류한 제주 사람의 선적물과 소지품

히라도(平戶)에 표착한 조선인 37명의 소지품과 선적물(船具幷荷物)에 대해서는 일본 기록(《公義被仰上》 三)이 자세하다. 이를 〈표 9-5〉에 제시하였다.

〈표 9-5〉 조선 표류민의 소지품과 선적물(1705년)

연번	종류	수량	비고	연번	종류	수량	비고
1	배(船)	1소(艘)	길이 7칸 반 너비 2칸 반 깊이 5자 5치	32	민소매 옷	1	
2	돛(帆)	2장(張)		33	작업복(股引)	21	모모히키
3	노(櫓)	3자루(挺)		34	윗도리	9개	
4	칡넝쿨 그물(葛網)	2방(房)		35	가슴가리개	24	乳隠シ
5	상앗대(水竿)	5자루(本)		36	불명(かもぐ)	101	
6	나무토막	1丁		37	쇠로 만든 도구	27	
7	닻(碇)	2개		38	쇠붙이	23本	
8	북(太鼓)	1		39	쇠젓가락	10膳	
9	물통(水桶)	1		40	대바구니	19	
10	주걱(栖杓)	2자루(本)		41	단지(壺)	17	쓰보
11	되(舛) 크고 작은 것	2개		42	병	5개	도쿠리(德利)
12	냄비(鍋) 크고 작은 것	5개		43	접시	4개	사라
13	고철	1묶음		44	작은 사기잔	6개	죠코(猪口)
14	큰 발(大簾)	10枚		45	가마니	16	叺
15	조선 돈(朝鮮錢)	40文		46	자리(御座)	1枚	
16	무명(木綿)	2疋		47	구리로 만든 물잔	1	
17	말총관(馬尾冠)	1		48	상자	2개	
18	말총(馬尾)	2묶음		49	톱	1丁	
19	말총으로 만든 갓	19		50	대패	2丁	
20	말총으로 만든 것	18		51	도끼	1丁	
21	전복 꽂이(串鮑)	1473		52	끌	2丁	노미
22	건미역(干和布)	47丸		53	큰 저울	2丁	
23	건해삼(煎海鼠)	약간(少)		54	긴 상자	1	
24	표고버섯	2부대(袋)		55	낚시 도구 상자	1	
25	팥(小豆)	약간(少)					
26	빗(櫛)	471枚					

연번	종류	수량	비고	연번	종류	수량	비고
27	빗(櫛) ●(はらひ)	6개					
28	가죽(皮)	26枚					
29	가죽 방석(皮蒲團)	20					
30	가죽 부대(皮袋)	1					
31	추위를 막을 이불	1					

주 : ●은 판독 불명.
자료 : 《公義被仰上》 三(일본 慶應義塾大學 三田미디어센터 對馬宗家文書 디지털콜렉션)

조선인 37명이 타고 갔던 배의 크기가 가장 먼저 제시되어 있다(길이 7칸 반≒13m 63㎝, 너비 2칸 반≒4m 55㎝, 깊이 5자 5치≒1m 66㎝).[314] 그 외에 돛(2장)과 노(3자루), 상앗대(5자루)와 닻(2개) 등 선구(船具)가 적혀 있다. 그리고 조선 돈(朝鮮錢)[315] 40문(文)과 무명(2필), 전복 꼬치(1,473개), 건미역(47丸), 표고버섯(2부대), 말총으로 만든 물건 등이 열거되어 있는데, 이것은 이들의 경제 활동을 보여주는 증거라고 생각한다. 그 밖에 그들이 입었던 옷이라든가(민소매 옷, 작업복 등), 조리와 식사 도구(젓가락, 단지, 냄비, 물병, 물통 등), 북, 되, 톱, 대패, 도끼 등 그들이 배 안에서 쓸 각종 기수나 연장이 열거되어 있었다. 이와 같은 표류민의 소지품(선적물) 기록은 당시 조선인의 해상 활동을 알 수 있게 하는 중요한 정보가 될 수 있다고 생각한다.

나. 일본 연안으로 흘러간 감귤 상자

1704년 연말에서 1705년 연초로 넘어가는 시점에 나가사키의 대마도 출장소로부터 대마도 본국에 표류물(漂流物)에 관한 보고가 전달되었다. 첫 번째 보고 내용은 1704년 12월 29일 나가사키의 루스이(留守居) 기도 요이

314) 1間=6尺(約1.818m)을 기준으로 필자가 계산한 것임.

315) 표류민이 소지한 상평통보에 대해서는 다음을 참조. 정성일, 〈상평통보를 소지한 조선의 표류민과 대마도(1693~1862)〉, 《한일관계사연구》 101, 한일관계사학회, 2016.

치에몬(幾度与一右衛門)이 대마도에 보낸 서장(書狀)을 통해서 확인할 수 있다. 그것을 〈표 9-6〉에 정리하였는데, 주요 골자는 1704년 12월 22일, 24일, 26일에 규슈 오지카 섬(小値賀嶋)[316]과 이키쓰키 섬(生屬嶋, 生月嶋)[317]에 각각 표도(漂到)한 감귤 상자에 관한 조사 결과를 보고한 것이었다.[318]

〈표 9-6〉 제주 감귤 상자의 일본 표도 사례(1704년)

<table>
<tr><td>연번</td><td colspan="2">구분</td><td colspan="3">I</td><td colspan="3">II</td><td colspan="3">III</td><td>비고</td></tr>
<tr><td>1</td><td colspan="2">시기</td><td colspan="3">12.22.</td><td colspan="3">12.24.</td><td colspan="3">12.26.</td><td></td></tr>
<tr><td>2</td><td colspan="2">장소</td><td colspan="3">오지카 섬(小値賀嶋)의 야나기무라(柳村磯)[319]</td><td colspan="3">오지카 섬(小値賀嶋)의구라지마(倉嶋)</td><td colspan="3">이키쓰키지마(生屬嶋)[320]</td><td></td></tr>
<tr><td rowspan="4">3</td><td rowspan="4">상자 규격</td><td>단위</td><td>尺</td><td>寸</td><td>分</td><td>尺</td><td>寸</td><td>分</td><td>尺</td><td>寸</td><td>分</td><td rowspan="4">세 상자 모두 판자가 어떤 나무인지는 알 수 없지만, 조잡하게 만들어진 것으로 보임</td></tr>
<tr><td>길이</td><td>1</td><td>7</td><td>6</td><td>1</td><td>7</td><td>5</td><td>3</td><td>8</td><td>5</td></tr>
<tr><td>너비</td><td></td><td>7</td><td>6[321]</td><td></td><td>9</td><td>4</td><td>1</td><td>2</td><td>5</td></tr>
<tr><td>높이</td><td></td><td>8</td><td>5</td><td></td><td>8</td><td></td><td>1</td><td>5</td><td></td></tr>
<tr><td>4</td><td colspan="2">덮개</td><td colspan="3">떨어져 있음</td><td colspan="3">덮개에 못이 박혀 있음</td><td colspan="3">떨어져 있음</td><td></td></tr>
<tr><td>5</td><td colspan="2">판자 두께</td><td colspan="3">5分 정도</td><td colspan="3">5分 정도</td><td colspan="3">5分 정도</td><td></td></tr>
<tr><td>6</td><td colspan="2">못</td><td colspan="3">나무못으로 군데군데 쇠붙이 꺾쇠(鎹)가 있음</td><td colspan="3"></td><td colspan="3">나무못으로 군데군데 쇠붙이 꺾쇠(鎹)가 있음</td><td></td></tr>
<tr><td>7</td><td colspan="2">내용물</td><td colspan="3">•감귤 종류로 보임
•한 개씩 측백 잎(柏葉) 같은 것으로 포장
•150개 있는데 2개는 묶는 끈이 없음</td><td colspan="3">•물건이 들어 있는 것으로 보임</td><td colspan="3">•밀감 종류로 보임
•한 개씩 포장한 것이 693개임
•귤 껍질로 보이는 물건이 81개임
•전복꽂이(串鮑)로 보이는 것이 19개임(단 전복 숫자는 95개)</td><td></td></tr>
<tr><td>8</td><td colspan="2">설명문</td><td colspan="3">•濟州十一月朔別
•進上十七運</td><td colspan="3">•濟州十一月朔別
•進上十八運</td><td colspan="3">•金橘
•付札</td><td></td></tr>
</table>

316) 小値賀嶋는 나가사키의 사세보 항구(佐世保港)에서 60㎞ 거리에 있다.

317) 生屬嶋는 1991년 개통된 다리(生月大橋)로 平戶島와 연결되어 있다.

318) 右長崎より来候寄物之寫左記之」 松浦壹岐守領分小値賀嶋之內柳村之磯同嶋之內倉嶋弁生屬嶋三ケ所へ十二月廿二日同廿四日廿六日流寄候箱三之覺」《分類紀事大綱》 十五 〈柑橘漂到一件〉(일본 국립국회도서관 소장).

연번	구분	I	II	III	비고
		•柑子代山橘 第一閣	•世子宮 柑子代山橘 第一閣	(한쪽은 旌義洞, 한쪽은 戎使宅)	
		위 내용을 적은 문서가 상자 옆구리 판자에(橫板) 있음	위 내용을 적은 장소가 동일함	위 내용을 적은 장소가 동일함	

주 : 1704년 12월 29일 長崎에서 留守居 幾度与一右衛門이 對馬에 첫 번째로 보고한 내용임.
자료 : 《分類紀事大綱》 十五 〈柑橘漂到一件〉(일본 국립국회도서관 소장)

두 번째 보고 자료 역시 나가사키 루스이(留守居) 기도 요이치에몬(幾度与一右衛門)이 작성하여 대마도에 보고한 것이다(1705년 1월 4일 書狀). 이에 따르면 1704년 12월 22일 오지카 섬(小値賀嶋)의 시시무라(獅子村)에 감귤 상자 6개가 표도(漂到)하였는데, 그것을 조사한 결과가 〈표 9-7〉에 정리되어 있다.[322]

〈표 9-7〉 1704년 12월 22일 小値賀嶋(獅子村)에 漂到한 제주 감귤 상자

연번	구분 \ 상자		I			II			III			Ⅳ			V			Ⅵ		
1	상자 규격	단위	尺	寸	分	尺	寸	分	尺	寸	分	尺	寸	分	尺	寸	分	尺	寸	分
		길이	2	7	4	1	7	5	1	8		1	7		1	8		1	8	6
		너비		8	5		7	4		7			7	9		6	7		7	9
		높이		6	5	1	5			6	5		7	4		9			9	
2	상태	덮개	판자 ×			판자 ○			판자 ○			판자 ×			판자 ×			판자 ×		
		바닥	판자 ○			판자 ○[323]			판자 ○			판자 ○			판자 ○			판자 ×		
3	설명문		•濟州十一月朔別			•濟州十一月朔別			• 濟州十一月朔別			•濟州十一月朔別			書付無之			횡판(橫板)에		

319) 1705년 1월 4일 長崎에서 幾度与一右衛門이 對馬에 보고한 자료에는 이곳이 小値賀嶋의 '獅子村'으로 적혀 있다(《分類紀事大綱》 十五, 〈柑橘漂到一件〉, 일본 국립국회도서관 소장).

320) 이키쓰키 섬(生屬嶋)은 오지카 섬(小値賀嶋)과 별개인 히라도 섬(平戶島) 인근 生属島(生月島)를 가리키는 것으로 보임.

321) 단 한쪽은 조금 모자람(但一方少欠).

322) 松浦壹岐守領分平戶嶋之內獅子村磯江十二月廿二日流寄候品之覚(《分類紀事大綱》 十五, 〈柑橘漂到一件〉, 일본 국립국회도서관 소장).

연번	구분 \ 상자	Ⅰ	Ⅱ	Ⅲ	Ⅳ	Ⅴ	Ⅵ
		•進上十七運 •柑子代山橘 第三閣	•進上十七運 •世子宮 柑子代山橘 第二閣	•進上十八運 •乳柑代金橘閣	•進上十八運 •中宮殿 柑子代山橘第二閣		있었던 글자를 삭제한 것처럼 보임
		위 내용을 적은 문서가 횡판(横板)에 있음	위 내용을 적은 곳이 동일함	위 내용을 적은 곳이 동일함	위 내용을 적은 곳이 동일함		
4	판자 두께와 못질	•상자 6개 모두 판자 두께는 5푼(分) 정도임 •못은 나무못인데 군데군데 쇠붙이 꺾쇠가 있음 •대체로 조잡하게 만들어진 것으로 보임					
5	판자 2개	•어떤 나무로 만든 것인지 알 수 없음 •하나는 길이 1자 정도, 너비가 6치 5푼 정도(양쪽이 잘려 나감) •하나는 길이 1자 8치 5푼 정도, 너비 6치 5푼 정도					
6	내용물	•밀감 종류로 보이는 물건이 4개임 •한 개씩 측백 잎(柏葉) 같은 것으로 감싸고 짚을 채워 넣었음					

주 : 1705년 1월 4일 長崎에서 幾度与一右衛門이 對馬에 보고한 내용임.
자료 : 《分類紀事大綱》 十五 〈柑橘漂到一件〉(일본 국립국회도서관 소장)

다. 일본 연안으로 흘러간 제주목사 공문서

세 번째 보고에서는 제주목사 공문서에 관한 정보가 들어 있었다. 이때도 나가사키 루스이(留守居) 기도 요이치에몬(幾度与一右衛門)이 대마도에 보고하였는데, 그 내용은 1705년 1월 11일과 동월 13일 작성한 서장(書狀)을 통해 확인할 수 있다.[324] 이때의 보고에서 주목되는 것은 1704년(康熙 43) 11월 25일 제주목사가 작성하여 승정원에 올려보낸 문서가 필사되어 있다는 점이다. 겉봉에 적힌 내용과 함께,[325] 본문 내용이 그대로 필사되어

---

323) 바닥 판자의 끝이 1寸 5分 정도가 모자람.

324) 長崎幾度与一右衛門方より正月十一日同十三日追而之書狀到來紙面左ニ記之(《分類紀事大綱》 十五, 〈柑橘漂到一件〉, 일본 국립국회도서관 소장).

325) 承政院開析」 臣」謹封」(上包ノシヤウ如此)
行濟州牧使兼兵馬水軍節制使書目」四五運　進上所載船隻尾木折傷還泊本島乙仍牛更爲奉審俊替載完固船仍爲候風事」書啓一道」
康熙四十三年十一月二十五日　行牧使宋
右者眞文之上包紙之內ニ書付有之

있는데,[326] 이것은 18세기 초반 제주 감귤의 진상 실태를 파악하고자 할 때 중요한 판단 근거가 될 수 있을 것으로 판단한다.

2) 표류민과 표류물 송환에 대한 조선 측의 회답

(1) 일본의 표류민 송환 사절 파견과 외교문서

조선 측 기록(《표인영래등록》)에는 일본국(日本國) 히젠주(肥前州)의 히라도 섬(平戶島)에 닿았을 때, 조선인 37명이 배가 고프고 목이 말라 힘든(半生之餘) 상태였는데, 그곳 사람들이(倭人) 이들이 표류해온 것임을 알아차리고 곧장 음식을 가져다주면서 여러 가지로 위급한 상황에서 구조를 해주었다고 기록되어 있다.[327]

앞에서 살펴본 것처럼 표류민에 대한 조사와 그 뒤에 이어진 막부 보고 절차를 모두 마치고 나서 이들은 다시 대마도로 이송되었다. 앞의 〈표 9-4〉에서 살펴본 것처럼, 1704년 12월 19일 일본 표착 이후부터 1705년 윤4월 3일 부산포 귀국까지 132일 동안 조선인 37명이 일본 각지에서 체류한 셈

(《分類紀事大綱》 十五, 〈柑橘漂到一件〉, 일본 국립국회도서관 소장).

326) 書簡之紙面左写之

通政大夫濟州牧使濟州鎭兵馬水軍節制使 臣 宋彦(?)

本州所封柚子進上 及柑橘進上 自初運至十六 與冬至陳賀箋文方物 今秋冬等 褒貶文書 幷以依例 次次監封分載輕快船 候風浦口 而逆風連吹 不得開船 以致過限之由 旣已馳啟爲白有在果 今月十八日 風勢似順是白去乙 進上所載諸船 一時點放出送爲白有如乎 其中四五運載沙工奴伊金船隻〓及中洋尾木帆竹折傷 不能制船 艱以還泊本島爲白有乙同 進上卽下奉審後替載完固船仍爲白乎於 十七八運十九二十運 進上段直亦爲監封一樣候風爲白乎矣 當此深冬 海惡順風難得 莫重節果 進每每遲滯 過限或失次落後 極爲惶恐 緣由並以馳啟爲白臥乎事是良尓詮次」善啓向教是事」

康熙四十三年十一月二十五日

右宝永弐年二月六日日帳

(《分類紀事大綱》 十五, 〈柑橘漂到一件〉, 일본 국립국회도서관 소장).

327) 《漂人領來謄錄》 四, 296~297쪽.

이다(나가사키 1704년 12월 25일 도착, 대마도 1705년 3월 18일 도착). 넉 달 보름 가까운 시간을 해외에서 보내고 나서 본국 땅을 다시 밟은 이들에게는 부산진과 동래부의 조사와 함께 양국 간 외교문서의 교환이라고 하는 마지막 절차가 아직 남아 있었다.

먼저 〈표 9-8〉은 표류민 송환 사절이 가져온 서계와 별폭을 정리한 것이다. 일본 측(대마도주)이 조선의 예조참의에게 보내는 서계 1통(本書)과 동래부사와 부산첨사에게 함께 보내는 서계 1통(副書)이 있었다(서계는 2통). 여기에 딸린 별폭은 모두 3통이었다(예조참의, 동래부사, 부산첨사 각 1통씩). 그런데 이때는 두 종류의 서계(별폭)가 교환되었다. 하나는 표류민을 송환하는 서계와 별폭이었으며(漂人書契別幅), 다른 하나는 표류물을 송환하는 서계(별폭)이었다(別修書契別幅). 이를 판별하기 쉽도록 〈표 9-8〉의 연번 1(漂人書契別幅)과 연번 2(別修書契別幅)로 각각 구분하였다.

〈표 9-8〉 漂人領來差倭가 가져온 서계와 별폭(漂人書契別幅, 別修書契別幅)

연번	구분	연	월	본문	彩畫中圓盆	彩畫有趺小圓盆	黑漆中圓盆	黃漆掛硯	彩畫八寸匳鏡	赤銅中藥罐	朱竿烟器	彩畫大層匣	彩畫八寸匳鏡	朱竿烟器	粹鑞中清皿	彩畫匳鏡	赤銅累參盥盤	紋紙	출전
					箇	箇	箇	備	面	箇	握	備	面	握	箇	面	部	片	
1 A	예조	을유	3	桃月已闌」鼎茵珍勝瞻傃方深」貴國全羅道羅州之居人三十七名去年十月爲貿穀」糴駕壹隻舡俱赴慶尙道巨濟同年十二月歸帆俄」遭厲風楫折檣摧漂放洋中同月十九日流著」本邦肥前州平戶西濱領主出船拯濟矜憫遵法長崎」公廳聽司詳悉事實乃附我家士本月十八日來居」弊州奧施衣糧且繕本船今遣藤成幸護還輕儀件」楲」炤存爲幸統冀」洞亮肅此不宣」												2	1	600	【漂人 301~302쪽】【同文】【兩國】

연번	구분	연	월	본문	彩畵中圓盆	彩畵有趺小圓盆	黑漆中圓盆	黃漆掛硯	彩畵八寸匳鏡	赤銅中藥罐	朱竿烟器	彩畵大層匣	彩畵八寸匳鏡	朱竿烟器	粹鐵中淸皿	彩畵匳鏡	赤銅累參盥盤	紋紙	출전
					箇	箇	箇	備	面	箇	握	備	面	握	箇	面	部	片	
1 B	동래	을유	3	卽辰春老」僉雅淸裕傾向」貴國全羅道羅州之居人三十七名去年十月爲貿米」穀艭壹隻船俱赴慶尙道巨濟同十二月回棹猝逢猛」風船具摧破放蕩洋中			10	1										400	【漂人 302~303쪽】【同文】【兩國】
	부산			同月十九日漂入」本邦肥前州平戶西濱領主出船舡救濟周卹而資飢渴」送諸長崎廳廳司乃附我有司本月十八日到弊州」仍與衣糧能修本船今此送還呈書」南宮委覆尙望轉達薄物可尠」莞收爲感不宣」		10												300	【漂人 303쪽】【同文】【兩國】
2 A	예조	을유	3	靑帝催歸僉惟」貴國安輯」本邦同軌莫勞」遐想就稟」本邦肥前州平戶西濱自去冬至今春時時有物漂」轉撈攡而視則狹板之簡文封函之柑橘也領主察」異國之物色送諸長崎官廳廳司照驗明知」貴國濟州奉貢品物乃附吾家士此頃居于弊州方今」一齊送還幷此具告總覬」鑑納仍用不腆聊申致敬肅此不宣」	10				1	10	60								【漂人 304쪽】【同文】【兩國】
2 B	동래	을유	3	春晩杳想」僉履燕亨嚮往良切就告去冬今春之交狹板之簡」文封函之柑橘漂在洋中								1	1	20					【漂人 305쪽】【同文】【兩國】
	부산			流着」本邦肥前州平戶海濱領主一一點檢送諸長崎廳」司照驗而明察」貴國濟州奉貢品物附吾有司近頃居于弊州仍今送」還										10	10				【漂人 305쪽】【同文】【兩國】

연번	구분	연	월	본문	彩畵中圓盆	彩畵有趺小圓盆	黑漆中圓盆	黃漆掛硯	彩畵八寸匳鏡	赤銅中藥罐	朱竿烟器	彩畵大層匣	彩畵八寸匳鏡	朱竿烟器	粹鑞中淸皿	彩畵匳鏡	赤銅累參盥盤	紋紙	출전
					箇	箇	箇	備	面	箇	握	備	面	握	箇	面	部	片	
				具報」南宮此不縷布請宜」轉達不腆別錄」勿却多幸不宣」															
계					10	10	10	1	1	10	60	1	1	30	10	2	1	1,300	

주 1: 」 표시는 줄 바꿈을 나타냄.

주 2: 연번 1은 '漂人書契'(《표인영래등록》), '漂民書'(《동문휘고》)임.
연번 2는 '別修書契'(《표인영래등록》), '漂物書'(《동문휘고》)임.

주 3: '예조' 발신은 日本國對馬州太守拾遺平 義方 奉書이며, 수신은 朝鮮國禮曹大人 閣下임.
'동래'와 '부산' 발신은 日本國對馬州太守拾遺平 義方 啓書이며, 수신은 朝鮮國東萊釜山兩令公 閣下임.
'별폭'은 각각 東萊府使公別幅과 釜山令公別幅임.

자료 : 《漂人領來謄錄》 四(서울대학교 규장각한국학연구원 영인본, 1993)
《同文彙考》 三(국사편찬위원회 영인본, 1978)
《兩國復書謄謄》 四十五(일본 국립국회도서관 소장)

〈표 9-8〉에 따르면 표류민 송환 사절이 일본에서 가져온 외교선물(별폭)은 종류로 보면 모두 14종이었다. 그 가운데 표류민 송환 서계의 별폭(漂人書契別幅)은 예조참의 3종(彩畫奩鏡 2面, 赤銅累參盥 1部, 紋紙 600片), 동래부사 3종(黑漆中圓盆 10箇, 黃漆掛硯 1備, 紋紙 400片), 부산첨사 2종(彩畫有趺小圓盆 10箇, 紋紙 300片)이었다. 그런데 표류물 송환 서계의 별폭(別修書契別幅)은 예조참의 4종(彩畫中圓盆 1個, 彩畫八寸奩鏡 1面, 赤銅中藥鑵 10箇, 朱竿烟器 60握), 동래부사 3종(彩畫大層匣 1備, 彩畫八寸奩鏡 1面, 朱漆煙器 20握), 부산첨사 2종(朱漆煙器 10握, 粹鑞中淸皿 10個)이었다. 예조참의에게 전달한 외교선물의 경우 표류민 송환 서계(별폭) 3종보다 표류물 송환 서계(별폭) 4종이 오히려 종류가 하나 더 많다. 외교선물의 값어치는 표류민 송환 서계(별폭) 쪽이 더 클 것으로 짐작은 되지만(이를 확인할 사료는 아직 미발견), 표류물 송환 서계(별폭)의 외교선물 종류가 표류민의 그것보다 더 많다는 점은 위의 표를 통해 확인되었다. 이는 특이하다고 말할 수 있는 점인데, 앞으로 더 많은 사례분석을 통해서 그것의 의미를 더욱 명확하게 밝혀야 하는 과제가 남아 있다.

(2) 표류민 송환 사절에 대한 조선 측의 회례(回禮)

가. 외교문서: 회답서계(回答書契)와 회답별폭(回答別幅)

조선 측 기록인 《변례집요》 1705년 기사에 이와 관련한 내용이 적혀 있다. 그 전문을 아래에 소개하고자 한다.[328]

> 동래부사 황일하 때 제주 표류민을 데리고 온 차왜 등성행이 봉진압물 1인과 반종 6인을 거느리고 서계를 지참하여 (대마도에서) 나왔다. 그런데 반종 3인을 더 데리고 온 것은 (선례에 어긋나는) 규정 위반에(規外) 해당하는 것이어서, (동래부사가) 이를 꾸짖었다. 그랬더니 차왜가 대답하기를, "이것을 가지고 서로 다투게 되면 일이 어떻게 될지 염려되어 전례대로 줄이겠다."고 하였다. 관수왜(館守倭)가 다시 서계(書契) 1장을 내놓으면서 하는 말이, "<u>제주에서 진상하는 감귤(柑子)과 전복과 장계판(狀啓板), 그리고 표민(漂民)이 일시에 도래(到來)한 것은 보통 때 있었던 일로 볼 수가 없었기에, 서계를 별도로 작성하여(別修書契) 표민을 데려오는 사신 편에 보냈다.</u>"는 것이었다. 여기에서 말하는 서계와 제주의 장계 등은 봉하여 (서울로) 올려보냈다. 그렇지만 감귤과 전복 같은 물건은 썩고 상하여 쓸모가 없으니 감히 올려보내지 않고 동래부에 그대로 보존해 놓겠다고 아뢰었다. 이에 대하여 (동래부에) 회답을 내려보낸 것은 없다(無回下). 차왜에 대해서는 향접위관(鄕接慰官)으로 접대하였다. (밑줄—인용자)

위의 인용문에서는 두 가지 점에 주목할 필요가 있다. 첫째는 표류민 37명을 데리고 온 이른바 표인영래차왜 등성행(藤成幸) 즉 하야카와 하치로베

---

328) 府使黃一夏時 濟州漂民領來差倭藤成幸 封進押物一人·伴從六名 持書契出來 而伴從加率三名 係是規外 責諭則差倭答曰 以此抗爭 事涉如何 依例減去云云 館守倭 又出一張書契而言曰 濟州進上柑子·全鰒槓及狀啓板·漂民 一時到來 不可尋常視之 別修書契 付送此便云云 同書契及濟州狀啓等 監封上送 而柑橘全鰒等物段 腐傷無用 不不不敢上送 持留本府事 啓【無回下 ○差倭 以鄕官接對】.《邊例集要》(권3 漂差 附漂民 順付 刷還) 을유(1705) 윤4월; 영인본은 《邊例集要》 上, 국사편찬위원회, 1984 再版, 탐구당, 123쪽.

에(早川八郎兵衛)가 거느린 반종(伴從)의 인원수를 일본 측이 선례(규정)와 달리 6명으로 늘려온 것에 대하여, 동래부가 선례(근거)를 제시하여 종래대로 3명으로 다시 줄인 점이다.

둘째는 위의 인용문 가운데 밑줄 부분에 언급되어 있듯이, 왜관의 책임자인 관수가 표류민 37명을 송환한 것에 대한 서계와 별개로, 제주 진상품(감귤, 전복)과 제주목사 장계를 적어 놓았던 판자(狀啓板)와 관련하여, 별수서계(別修書契)란 명목으로 서계를 한 장 추가로 작성하여 동래부사에게 제출한 점이다.

《변례집요》에는 더 이상 이에 관한 언급이 없는 것으로 볼 때, 조선 측이 이른바 별수서계 즉 (표류민과 별개의) 표류물 송환 서계를 일본 측의 요청대로 받아들였던 것이 아닐까? 그렇다면 표류민 송환 사절이 가져온 외교문서와 외교선물에 대하여 조선 측의 회답은 어떠하였을까? 이에 대해서는 조선 측 기록(《표인영래등록》)에 근거하여 정리한 것을 〈표 9-9〉로 제시하였다.

먼저 표류민 송환에 대한 답례(漂人別幅回禮)는 전례와 다르지 않았다. 국사편찬위원회에는 예조의 회답서계(DS 2626)와 회답별폭(DS 2628)이 모두 소장되어 있는데, 다만 문서번호를 따로따로 부여하여 별개의 문서처럼 취급한 점에 유의해야 한다. 즉 인삼(1근), 호피(1장), 표피(1장), 백면주(5필), 백저포(5필), 흑마포(3필), 백목면(10필), 화석(3장), 네 장 붙인 기름종이(2부), 황모필(30병), 진묵(30홀)을 예조에서 회답별폭으로 지급하였다. 그리고 동래부사와 부산첨사의 회답별폭은 동일하였는데, 각각 백면주(3필), 백저포(3필), 흑마포(2필), 백목면(5필), 황모필(20병), 진묵(20홀)이었다. 그런데 조선 측의 회답별폭의 내용을 살펴보면, 품목과 수량 모두 전례에서 전혀 벗어나지 않았다. 그리고 화석과 기름종이와 진묵은 경상도에서 마련하여 지급하고, 나머지는 예조에서 갖추어서 동래부로 내려보냈는데, 이것도 이전과 모두 동일하였다.

다음으로 표류물 송환에 대한 답례(別修別幅回禮)를 살펴보면 조선이(예조, 동래, 부산) 일본 측(대마도주)에 회답하는 품목은 대체로 전례와 비슷한 것으로 보인다. 예조참의 회답별폭은 호피(1장), 백면주(5필), 백저포(5필), 백목면(10필), 화석(3장), 네 장 붙인 기름종이(2부), 황모필(20병), 진묵(20홀)이었다(국사편찬위원회 원본 DS 2625).[329] 동래부사와 부산첨사의 회답별폭 내용은 서로 일치하였는데, 각각 백저포(2필), 흑마포(1필), 백목면(3필), 황모필(10병), 진묵(10홀)이었다.[330] 그리고 화석과 기름종이와 진묵은 경상도에서 마련하여 지급하고, 나머지는 예조에서 갖추어서 동래부로 내려보낸 것도 이전과 동일하였다.

〈표 9-9〉 표인영래차왜에 대한 조선 측의 회답(漂人別幅回禮, 別修別幅回禮)

연번	구분	연	월	본문	人參	虎皮	豹皮	白綿紬	白苧布	黑麻布	白木綿	花席	四張付油芚	黃毛筆	眞墨	출전
					觔	張	張	匹	匹	匹	匹	張	部	柄	笏	
1 A-1	예조	을유	5	<馬+風>風無恙」緘訊鄭重憑審」興居珍迪慰浣良多弊邦漂氓獲蒙」拯活非惟渠輩之啣感」朝廷亦甚嘉歎仍念邊民漂風前後非一而每」加援護輒卽」津遣」隣好之誼久而益篤欣謝之極無以爲喩」佳貺謹領薄具回敬統希」崇亮肅此不宣」												DS 2626 【兩國】

329) 이 서계별폭과 유사한 사례로는 국사편찬위원회 소장 원본 서계(DS 1951)를 들 수 있다. 이것은 기사년 1689년 6월 예조참의(安如石) 회답서계의 별폭이다. 서계의 본문은 다음과 같다. 便至承」書憑審」興居慰沃倍品虛船漂到」遠路附還鄰好益篤感謝何已」嘉貺幷已」啓納非儀略申回敬惟冀」崇亮不宣」 그런데 이와 관련된 동래부사와 부산첨사 회답서계는 국사편찬위원회에 소장되어 있지 않다.

330) 부산첨사 회답별폭의 내용(白綿紬 3필, 白苧布 3필, 白木綿 5필)이 이와 다르기는 하지만, 空船 송환에 대한 부산첨사 회답서계의 사례로는 국사편찬위원회 소장 원본 서계(DS 1990)를 들 수 있다. 이것은 기사년 1689년 10월 부산첨사(尹恒美) 회답서계의 별폭이다. 서계의 본문은 다음과 같다. 槎便蒙」訊仍審」興居迪吉欣慰已深矧」來价倘非」玆空船附送」厚意何已及此多少謝意想在南宮回帖玆不蕑縷」厚貺多謝非儀幸領不宣」 그런데 이와 관련된 예조참의 회답서계와 동래부사 회답서계는 국사편찬위원회에 소장되어 있지 않다.

연번	구분	연	월	본문	人參	虎皮	豹皮	白綿紬	白苧布	黑麻布	白木綿	花席	四張付油芚	黃毛筆	眞墨	출전
					觔	張	張	匹	匹	匹	匹	張	部	柄	笏	
1 A-2	예조	을유	5		1	1	1	5	5	3	10	3	2	30	30	DS 2628 【兩國】
1 B	동래	을유	6	耑价」惠札副以」佳貺慰謝交至漂船不有」貴國拯濟安得生還古土多少謝意想在南宮覆貼玆」不煩贅仍將薄品略申回儀不宣」				3	3	2	5			20	20	【漂人】 【兩國】
1 C	부산	을유	6	書杠具悉」啓居冲裕良用欣慰漂船」護送尤切感聳別幅多謝菲品侑緘草此不宣」				3	3	2	5			20	20	【漂人】 【兩國】
2 A	예조	을유	5	續翫」耑書良慰遠溯兩種漂物」至勤拯還」交誼之篤」誠信之深於此益可見也感歎旣極欣謝無已別幅尤荷」盛意不腆略表回敬不宣」		1		5	5		10	3	2	20	20	DS 2625 【漂人】
2 B	동래	을유	6	遜奉」華翰兼受」惠貺慰感交極漂物」隣誼益篤南宮回帖想悉謝意略呈土宜」莞納惟幸」肅此不宣」					2	1	3			10	10	【兩國】
2 C	부산	을유	6	委价帶」書備諳」珍毖慰沃良多」送還漂物謹卽」啓納該部自有謝覆」惠貺多感薄具回敬不宣」					2	1	3			10	10	【兩國】

주 1 : 」 표시는 줄바꿈을 나타냄.

주 2 : 연번 1은 漂民護送之答書幷別幅(早川八郞兵衛歸國), 연번 2는 送還漂物之答書幷別幅(同使帶歸)이며, 《양국왕복서등》의 구분에 따른 것임.

주 3 : '예조' 발신은 朝鮮國禮曹參議韓聖佑 奉復이며, 수신은 日本國對馬州太守拾遺平公 閣下임.
'동래' 발신은 朝鮮國東萊府使黃一夏 奉復이며, 수신은 日本國對馬州太守拾遺平公 閣下임.
'부산' 발신은 朝鮮國釜山僉使李相頊 奉復이며, 수신은 日本國對馬州太守拾遺平公 閣下임.

자료 : 국사편찬위원회 원본 서계 DS 2625부터 DS 2628까지.
《同文彙考》 三(국사편찬위원회 영인본, 1978)
《漂人領來謄錄》 四(서울대학교 규장각한국학연구원 영인본, 1993)
《兩國往復書謄》 四十五(일본 국립국회도서관 소장)

나. 연석(연회)

조선 측은 전례에 따라 제주 표류민 송환 사절(差倭 藤成幸) 등에게 두 차례 연석(연회)을 베풀어주었다. 이때 외교선물로 준 예단(禮單)의 종류와 수량은 〈표 9-10〉과 같다. 즉 차왜(정관)에게 각각 백면주(3필), 백저포(3필), 흑마포(2필), 백목면(5필), 화석(2장), 네 장 붙인 기름종이(2부), 황모필(20병), 진묵(20홀)이 지급되었다. 압물(봉진) 1인에게도 각각 백면주(2필), 백저포(2필), 백목면(3필)이 지급되었다. 그리고 반종(시봉) 3인에게도 한 사람당 각각 백면주(1필), 백저포(1필), 백목면(2필)씩을 지급한 것도 전례와 동일하였다.

〈표 9-10〉 표인영래차왜에 대한 兩度宴 禮單(下船宴, 上船宴 각각 동일)

연번	구분	인원(명)	종류(종)	人參	虎皮	豹皮	白綿紬	白苧布	黑麻布	白木綿	花席	四張付油芚	黃毛筆	眞墨	비고
				觔	張	張	匹	匹	匹	匹	張	部	柄	笏	
1	差倭(正官)	1	8				3	3	2	5	2	2	20	20	
2	押物(封進)	1	3				2	2		3					
3	伴從(侍奉)	3	3				1	1		2					각인

자료 : 《漂人領來謄錄》 四(서울대학교 규장각한국학연구원 영인본, 1993)

(3) 조선의 회례 이후 양국의 조치와 대응

가. 조선의 조치

제주 표류민 송환 사절이 일본에서 지참하여 가져온 서계와 감귤에 대하여 조선 측이 어떻게 조치했는지는 《표인영래등록》이 자세하다. 그 줄거리를 아래에 소개하고자 한다.[331]

1705년 5월 12일 등성행(藤成幸; 早川八郎兵衛)과 그 일행이 전례대로 진상 숙배(進上肅拜後)를 마쳤다. 그러자 조선 측이 이들에게 관례대로 하선연(下舡宴)을 베풀어주었다. 그 뒤 일본 사절이 가져온 서계 4통과 별폭 6통(〈표 9-8〉 참조), 그리고 제주목사 장계 1통은 예조로 올려보내졌다.[332]

---

331) 《漂人領來謄錄》 四, 310~312쪽.

332) 일본 해안으로 흘러 들어갔던 제주목사의 장계를 예조에 보고한 문서가 《漂人領來謄錄》에 〈拯得濟州牧狀啓傳書〉라는 제목으로 소개되어 있다.

一 濟州牧使狀啓傳書 濟州牧使 宋廷奎 康熙四十三年 十一月二十五日 成貼狀啓 本州所封 柚子進上 及柑橘進上 自初運 至十六運 與冬至陳賀 箋文方物 今秋冬等 褒貶文書 并以依例次々 監封分載 輕快舡 候風浦口 而逆風連吹 不得開舡 以齒過限之由 旣已馳啟 爲白有在果 今月十八日 風勢似順 是白去乙 進上所載 沙工奴伊金 舡隻 纔及中洋 尾木帆竹折傷 不能制舡

그렇지만 일본 사절이 위의 문서와 함께 가져온 감귤과 전복에 대해서는 올려보내지 않고 동래부 차원에서 처치한 것으로 보인다. 그 이유는 두 품목 모두 부패했기 때문이었다. 제주 진상 감귤과 전복 등을 담아 온 상자를 열어 보았더니, 감귤은 모두 썩어버려 색이 검게 변했고 악취가 풍겼다고 한다. 전복도 모두 썩어서 쓸모가 없게 되었기에, 동래부 자체적으로 폐기 처분하는 것이 어떤지를 여쭙는 내용으로 동래부사(黃一夏)가 장계를 올렸는데, 이에 대하여 1705년 5월 21일 우승지(許墀)가 동래부사의 건의를 승인한 것으로 보인다. 이것은 앞에서 소개한 《변례집요》의 내용과도 일치한다. 이로써 일본 사절이 가져온 제주 진상 감귤과 전복은 모두 폐기되었다고 보아도 좋을 것 같다.

조선 측이 개최한 마지막 공식 연회(연석)가 상선연(上船宴)이었다. 이에 대해서도 《표인영래등록》에 기록이 보인다.[333] 1705년 7월 12일 작성한 동래부사의 장계에 따르면, 7월 8일 접위관으로 울산부사(朴斗世)가 참석한 가운데 표류민 송환 사절(차왜 藤成幸과 員役 등)에게 전례에 따라서 상선연을 베풀어주었다고 한다. 이때도 하선연 때와 마찬가지로 외교선물이 일본 측 인사들에게 지급되었음은 앞에서 서술한 바와 같다(〈표 9-10〉 참조).

그렇다면 위와 같은 공식 외교 절차가 종료된 뒤 조선 내부적으로는 어떤 조처가 내려졌을까? 먼저 표류민에 대해서 말하자면, 먼 바다로 항해하는 것을 전부터 금지해 왔는데도 이런 일이 발생하고 말았지만, 이번 표류민의 건은 어선(漁船)과 차이가 있으므로 다른 기준을 적용해야 한다고 보아서, 표류민들에 대한 처벌은 이루어지지 않았던 것으로 짐작된다. 그렇지만 이들이 당초 배를 띄웠을 때 먼바다로 항해하지 못하도록 미리 타이르

艱以還泊本島 爲白有去乙 同進上卽爲卸下奉審後替載完固舡 仍爲 候風 爲白乎於 十七八運及十九二十運 進上段置 亦爲 監封一樣 俟風 爲白乎矣 當此 深冬海惡 順風難得 莫重 節果進上 每々 遲滯過限 或失次落後 極爲惶恐 緣由 幷以馳啟事(《漂人領來謄錄》四, 308~309쪽).

333) 《漂人領來謄錄》四, 313쪽.

고 경계했어야 하는데도 그렇게 하지 못했다는 이유를 들어서 지방관(제주목사)에 대해서는 수사(修司)에게 명하여 추고(推考)를 하는 선에서 책임을 물었던 것이 아닌가 판단된다.[334] 이 부분은 선행연구 결과와 차이가 없다.

나. 일본의 대응

〈표 9-4〉에서 본 것처럼 1705년 7월 8일 상선연 개최를 마지막으로 조선 측 기록에는 더 이상의 언급이 없다. 그런데 일본 측 기록을 보면 그 뒤로도 11월 2일까지 이 사건과 관련된 기록이 남아 있다. 지면 관계상 여기에서 이를 모두 거론할 수는 없지만, 8월 23일과 9월 10일, 그리고 10월 15일에 주고받은 3건의 서장(書狀)에 대하여 아래에 그 줄거리만 소개하고자 한다.

첫 번째 서장(書狀)은 8월 23일 당시 왜관 관수였던 오가와 마타자부로(小川又三郞)가 보낸 것인데, 이 문서의 발신자가 관수이고 수신자는 대마도 본국의 책임자로 추정된다. 그 요지는 다음과 같다.

표류물 서계에 대한 회답별폭이(〈표 9-9〉의 음영 부분 참조) 과거 일본에서 빈 배(虛船, 空船)를 보내왔을 때의 회답별폭보다도 값어치가 낮게 보이므로 도저히 이대로는 별폭을 받아갈 수 없다고 왜관의 관수가 조선 측에(훈도, 별차) 항의하였다는 내용이다. 특별히 이번 표류물은 조선의 국왕에게 헌상하는 물건으로 보였기 때문에, 일본에서도 각별히 신경을 써서 외교선물(별폭)을 마련했건만(〈표 9-8〉의 음영 부분 참조, 이에 대해서는 전술함), 일반 백성들이 타고 다녔던 허선(공선)을 송환했을 때의 회답별폭보다도 그 수준이 오히려 떨어지기 때문에, 틀림없이 대마도 본국에서도 이를 이상하게 생각할 것이라고 관수는 주장했다. 그러면서 동래부사에게

334) 凡舡隻之不得遠出曾有禁令是白乎乃 今此漂人段與漁舡似有差別是白乎矣 當初放舡之時不能申飭致有此弊 當該濟州牧使令修司推考何如〉康熙四十四年 閏四月十四日 同副承旨 臣 金相稷次知 啟依允〉(《漂人領來謄錄》 四, 301쪽).

이 사실을 보고하여 별폭의 품목을 바꾸든지, 아니면 특별한 사정이 있어서 회답별폭을 가볍게 처리한 것이라면 그 사유를 자세히 문서로 적어주든지, 둘 중 하나를 검토해 달라고 요청하였다. 그러자 훈도와 별차가 동래부사에게 가서 이를 보고했다고 한다. 그때 동래부사가 말하기로는 별폭에 대하여 (관수가) 말한 것이 옳다고 인정했다는 점을 관수에게 전달하였다. 그런데 이미 (표류민 송환 사절의) 체류 기한이 끝나가는 상황이라서, 서울에 이 사실을 아뢰더라도 시일이 지체되어 (표류민 송환 사절의) 귀국 일자에 맞출 수가 없으니, 과거의 허선(공선) 수준으로 격을 맞추어서 회답별폭의 품목을 추가하면 어떻겠느냐고 훈도와 별차가 제안했다는 내용이다.[335)]

두 번째 서장(書狀)은 9월 10일 작성된 것인데, 앞의 경우와 반대로 오가와 마타자부로(小川又三郎)[336)]에게 보낸 문서이다. 그런데 이보다 사흘 전인

---

335) 小川又三郎方より八月廿三日六番之書狀ニ

平戶西濱江漂着之漂民護送之御使は日數相滿候付　今度歸國申付候八郎兵衛ニ順附被仰付候　平戶流寄物之御返簡別副(원문은 別副이나 別幅의 誤記로 판단됨—인용자 주, 이하 같음)訓導別差持參仕候処ニ別副之品虛船被送返候別副よりも軽ク相見申候ニ付八郎兵衛訓別江申達候ハ、此分にてハ難請取候、惣躰虛船ニ而も此度之流物ニ而も流寄候物を被送候は同前之事ニ候処ニ輕重有之候段不得其意候、殊更此度之流物ハ國王江獻上物と相見へ候故、日本ニ而も被入御念候處ニ、百姓之乗り放し候虛船之送返候別副よりも軽ク相見候而は必定國元ニ而不審可有之と存候間、此趣東萊へ被申達別副之品直り候か、又は別段之訳も有之候而輕ク被成たる事ニ候ハヽ 其子細御書付候而御渡し被成候か、此両様之内相究可被申候、兎角此別副ニ而は難受取候と申候所ニ、其後訓別八郎兵衛方へ参り東萊ニ申候ハ別副之儀被仰聞候趣承屆御尤ニ存候、尤都表へ可申登候得共最早御滯留之間も無之候得ハ都表へ申登せ候而は段々及延引候、前々もケ様之急成ル義ハ爰元ニ而改其以後都へ為申登候儀も有之故、虛船之ニ格直シ候而其品相添進候由ニ而虛船格ニ改り参り申候、依之右之訳八郎兵衛方より如何可仕哉之旨申聞候付、成程了簡之通り虛ニ船之格ニは可有之事と存候、此方より之別副は虛船之格ニ而候。弥其分ニ而受取候様ニと申聞為請取候由、申來ル。

右宝永弐年八月廿九日日帳

(《分類紀事大綱》 十五, 〈柑橘漂到一件〉, 일본 국립국회도서관 소장).

336) 1705년 9월 7일 小川又三郎가 俵五郎左衛門와 관수 임무를 교대하고, 인판(印判)과 일장(日帳)을 심임 관수에게 인계하였음이(館守御役交代仕候付、御印判幷代々日帳等、小川又三被致持參候ニ付、請取之) (관수) 매일기를 통해 확인된다(《(館守) 毎日記》 宝永 2년(1705) 9월 7일).

9월 7일 이미 신임 관수와 임무 교대를 완료한 뒤라서 오가와 마타자부로는 전임 관수 즉 고관수(古館守)로 불렸다. 이 문서의 줄거리는 다음과 같다.

앞부분의 내용은 첫 번째 서장(8월 23일)과 동일하다. 표류물 서계의 회답별폭이 과거 허선(虛船)을 보냈을 때의 별폭보다도 값어치가 낮으니 그대로는 받을 수 없다는 점, 과거의 허선(虛船) 수준으로 격을 맞추어서 회답별폭의 품목을 추가한 것으로 받아내야 한다는 전임 관수(고관수)의 제안에 대하여, 대마도 본국의 회신이 이 문서를 통해서 왜관에 전달된 것이다. 즉 표류민 송환 사절(早川八郎兵衛)의 귀국이 임박한 시점이라 시간을 더 끌 수도 없는 노릇이어서, 마침 조선으로 건너가게 되어 있는 다노모(頼母)에게 위의 건에 대하여 말하였더니, 그도 역시 같은 생각이라고 대답했다고 한다. 그러면서 (早川八郎兵衛가 대마도로 가져간) 표류민 회답서계 별폭(漂民御返簡別幅)과 표류물 회답서계 별폭(漂物御返簡別幅) 도합 6통을 이정암(以酊庵)의 검토와 확인을 거쳤는데, 특별한 것이 없다고 하기에, 전례대로 에도 쪽으로(江戸表) 보낼 것이라는 내용으로 끝을 맺었다.337)

---

337) 一 今度早川八郎兵衛江順附ニ而被差渡候平戸漂物之御返簡別幅訓導別差持參候處、別幅之品虛船被送返候別幅より茂輕相見江候付、八郎兵衛訓別江申達候ハ此分ニ而ハ難受取候、惣躰虛船ニ而茂此度之漂物ニ而茂流寄候物を被差返候ハ同前之事候處、輕重有之候段不得其意候由ニ而委細申論候處、其後訓別八郎兵衛方江参り申聞候ハ東萊被申候ハ別幅之儀被仰聞候趣承屆御尤存候、尤都表江可申登候得共、最早御逗留之間茂無之候得ハ都表江申登せ候而は段々及延引候、前々茂ケ様之急成ル儀ハ東萊ニ而改其後都江為申登候儀も有之候故、虛船之格ニ直シ候而其品相添進候由ニ而虛船格ニ改参り候由、依之右之訳八郎兵衛方より御手前方へ申屆候付、虛船格ニ候ハヽ弥其分ニ而受取候様ニ被致差圖被為受取候由承屆候、尤右之儀ニ付而ハ段々折渡りたる儀有之候へ共事長キ儀ニ候、追付御手前歸國被仕事ニ候間、其節委細可被申聞候、折節頼母渡海ニ付右一件之趣被申達候處頼母了簡之通被承尤々ニ存候、此儀も歸國之節可被申聞由委細紙面之趣逐一承屆候、右漂民御返簡別幅并漂物御返簡別幅ともに都合六箱八郎兵衛ニ相渡被差越相達候、依之以酊庵へも書面懸御目候處、無別條由被仰聞候付例之通近々江戸表へ差越申筈ニ候。

右宝永弐年九月十日小川又三郎へ申遣ス

(《分類紀事大綱》 十五, 〈柑橘漂到一件〉, 일본 국립국회도서관 소장).

앞의 〈표 9-4〉에서 보았듯이 표류민 송환 사절(早川八郎兵衛)의 상선연이 7월 8일 거행되었으니(연번 18 참조) 이어서 그들이 대마도로 귀국하였을 것으로 보인다. 그런데 같은 날 참판사(杉村頼母)가 왜관에 도착한 것을 놓고 보면(연번 19 참조), 표류민 송환 사절(早川八郎兵衛)이 조선을 떠나기 전에 왜관에서 두 사람이 만났을 가능성이 높다고 생각한다.

세 번째 서장(書狀)은 10월 15일 작성된 것인데, 이것은 (참판사) 스기무라 다노모(杉村頼母)가 왜관에 체류 중일 때 대마도 본국으로 보낸 문서이다(앞의 〈표 9-4〉 연번 31에서 보듯이 스기무라 다노모는 11월 2일 귀국하는 배에 승선함).

앞부분은 첫 번째(8월 23일)와 두 번째(9월 10일) 서장 내용과 거의 비슷하다. 새로 추가된 부분은 훈도와 별차가 회답서계의 별폭에 품목을 추가하여 표류민 송환 사절(早川八郎兵衛) 쪽으로 가지고 갔다고 한 점이다. 위의 회답서계의 별폭을 일본 측에서 살펴보았더니, 과연 (별폭을) 긁어낸 부분(削り候所)이 보였다고 했다. (조선 측의) 회답서계를 막부(公儀)로 올려 보내야 하는데, 위와 같이 긁어낸 부분이 선명하면 곤란하므로, 보기 흉하지 않게 하여서 이번에 에도 쪽으로(江戸表) 상신(上申) 해야 하므로, 에도 쪽에서 이 점을 검토하여 위의 별폭을 막부에 보고하기 어렵다고 한다면 어떻게든지 지시를 내려 주기 바란다는 것이 핵심 내용이다.338)

338) 一 漂民護送之御使者早川八郎兵衛便に順附被成候漂物御返簡ニ相添候別幅物之品殊外輕微ニ有之候付、虚船被送返候例ニハ可罷成事と存、訓別江八郎兵衛申掛候ハ都へ被申登候而被改候様ニと申達候處ニ、段々論談之上ニ而訓別承引仕罷歸、其後別幅を削候て品々員数を虚船之格ニ書直シ持參候而、東釜江右之段申入候處ニ、兩人被申候ハ被仰聞之趣御尤ニ存候、都へ註進可仕儀ニ候へとも、最早逗留之日數差迫り候、ケ様之節は於爰元書直候事済候而、追而都江は註進仕儀茂御座候故右之通ニ仕候由、被申候との儀にて、訓導別差別幅ニ相增候品をも相添、八郎兵衛方へ持參段々断申入候付、右之一件ニ付而、貴殿思召寄御座候は、被仰聞候様ニと一々又三郎申達候故、思召寄委ク被仰達候趣八郎兵衛江御返簡相渡シ、帰国申付候様子別幅へ相增候品、訓別方江預ケ置候次第等委細被仰聞候趣逐一令承知御尤ニ存候、又三郎儀も令歸府具ニ申聞承届候、右之御返簡別幅八郎兵衛到着時分於爰元致披見候節、成程削り候所見當り

그런데 위에 소개한 3건의 서장(書狀) 내용은 조선 쪽 사료를 확보하여 더 추구(追究) 해 나갈 필요가 있다. 일본 측 다른 자료를 발굴하여 위에 소개한 내용을 재검증하는 일도 앞으로 해결할 과제이다. 그렇기는 하지만 표류민 송환과 별개로 표류물까지 송환하여 경제적 이득을 얻으려고 했던 대마도 측의 대응 전략에 대해서는 표류민 순부 제도의 전개 과정이라고 하는 큰 틀 속에서 충분히 학술적으로 검토해 볼 만한 가치가 있다고 생각한다.

지금까지 분석 결과를 통해서 근대 이전 동아시아 지역에서 바닷길을 이용하여 펼쳐졌던 외교의 한 단면을 살펴볼 수 있었다. 해상에서 뜻하지 않게 발생하는 표류는 조선과 일본 쌍방에 모두 해당되었다. 그런데 한반도와 일본열도 주변의 해류와 바람(특히 강한 북서풍) 때문인지, 조선인이 일본 쪽으로 표류한 것이 그 반대의 경우보다 압도적으로 더 많았다.

특히 1704년과 1705년에 걸친 제주 사람과 제주 진상품의 일본 표류에 대한 사례 분석을 통해서 다음과 같은 사실을 확인할 수 있었다. 이 사건은 본디 한 건의 해난사고였던 것을 표류민(漂流民)과 표류물(漂流物)로 각각 나누어서 두 건으로 처리하고 말았는데, 그것이 일본(대마도) 측의 전략이기도 했다. 조선 정부 입장에서 보면 조선인 37명을 일본 측이 구조하여 전원 송환해 준 것에 대하여 전례대로 외교 절차에 따라 대응(書契別幅, 茶禮, 宴享, 支供) 해왔는데, 일본(대마도) 측은 거기에 표류물 송환 문제를 추가하고, 그에 따른 편익(benefit) 증대의 기회로 이를 활용하고자 하였다. 일본(대마도) 측에서 그렇게 할 수 있게 빌미를 제공한 것은 제주 사람들의

申候、被仰聞候通、此御返答之儀公儀江被差上御事ニ御座候得は、右削り候所明ニ相見へ候而は難被指三事ニ御座候故、何茂見分之上苦ケル間鋪と相談相極り候付、今度江戸表へ差上申候、右之訳平田直右衛門殿方へ曲ニ申越候、自然江戸表ニ而御吟味之上右之別幅ニ而公儀江難被差上候ハヽ 如何様とも御差図可申參候間、其節ハ否可申進候。

右宝永弐年 十月十五日 杉村頼母申遣ス。

(《分類紀事大綱》 十五, 〈柑橘漂到一件〉, 일본 국립국회도서관 소장).

출신지 위장이라고 하는 오랜 관습 때문이었다.

만일 조선인 37명(제주 36, 서울 1)이 일본 규슈(九州) 히라도(平戶) 섬과 오지카(小値賀) 섬 바닷가로 흘러 들어간 표류물(감귤과 전복 등을 담은 상자와 제주목사 장계 등)을 본인들의 선적물이라고 인정했더라면, 이 둘은 틀림없이 동일 건의 표류민 송환으로 처리되었을 수도 있었다고 생각한다. 그런데 실제로는 그렇게 되지 못했다.

일본(대마도) 측은 여러 차례 조사한 결과를 바탕으로 표류물이 조선 국왕에게 진상하는 공물(貢物)임을 확인한 다음에, 그것을 표류민 송환과 별도의 사안으로 처리하였다. 그것은 명분론으로는 조선 정부와 외교 관계를 맺은 일본 막부의 정책을 충실하게 이행한다는 것이었다. 그런데 대마도가 그 대신에 실질적으로 얻어내고자 했던 것은 다름 아닌 표류민 송환에 따른 편익의 증대와 관련된 것이었다. 당초 조선 측이 전달한 회답별폭의 내용이 그 이전에 일본으로 떠밀려온 빈 배(虛船, 空船)를 보냈을 때 받았던 회답별폭보다도 수준이 떨어진다는 이유를 내세워 별폭 내용물의 수정(추가)을 강력하게 요구하였고 그것을 끝내 관철시킨 것으로 볼 수 있다. 이 사례에서 보듯이 해난구조 제도의 성립과 발전의 이면에는 외교적 측면만이 아닌 경제적인 요인도 강하게 영향을 미쳤다고 볼 수 있다.

여기에 한 가지 더 추가한다면 표류민 송환을 둘러싼 물품의 교환을 통해서 조선과 일본의 이질적인 문화가 접촉할 수 있는 공간이 더 넓어졌다는 점을 지적하고 싶다. 조선 측의 별폭에는 인삼(人蔘)부터 진묵(眞墨)에 이르기까지 물품의 종류와 수량에서 작은 차이는 발견되지만 큰 틀에서 보면 시간의 흐름에 따른 변화가 그다지 크지 않았던 것 같다. 그런데 이와 반대로 일본 측의 별폭 내용을 살펴보면 시기에 따라 다양한 물품이 등장하였음을 확인할 수 있었다.

제2절 표류민에게 지급한 구호 물품

Ⅰ. 일본이 조선 표류민에게 지급한 물품(1736-37년)

경상도 어선이 대마도 와니우라(鰐浦)로 표류했다가 부산으로 돌아왔던 사례를 먼저 살펴보기로 하자. 시기는 1736년 10월부터 1737년 윤11월까지이다. 그리고 대상은 현재 부산광역시(사상구, 사하구)에 해당하는 동래 사천면(沙川面) 사람 18명이다. 이들은 왜관의 일본인에게 공급할 반찬거리와 어물을 확보하고자 어선 2척에 승선하여 조업 중에 표류하였다. 1척은 감천리(甘川里) 해부(海夫) 전원석(田元石) 등 10명이 탄 배였다(〈표 9-11〉의 연번 1~10번 참조). 다른 1척은 구초량리(舊草梁里)에 사는 호조 소속의 선주 전일남(田日男) 등 8명이 동승한 배였다(〈표 9-11〉의 연번 11~18번 참조).

〈표 9-11〉 동래 사천면 감천리와 구초량리 표류민의 성명과 신원(1736년)

연번	《공의피앙상》		《표인영래등록》				《(관수) 매일기》			
							귀국일			
							1736년	1737년		
	나이	성명	성명	직역	신분	人質	12.21.	3.4.	3.6.	출신지
1	35	田(デン)オンセキ	田元石	沙工	私奴		○			감천
2	64	姜(カグ)クアニ	姜九安		良人	○			○	
3	51	金(キン)ゾフキ	金次弘		良人	○			○	
4	45	金イルセキ	金日石		良人		○			
5	35	秋(チュ)センバリ	秋先發	格軍	良人		○			
6	30	金ザンセキ	金贊石		私奴		○			
7	30	田トリトギ	田斗里同		私奴		○			
8	22	金ハンゴニ	金漢傑		良人		○			
9	28	田オルボギ	田月奉		私奴		○			
10	20	申(シン)タイセキ	辛太石		良人		○			

연번	《공의피앙상》		《표인영래등록》				《(관수) 매일기》			
	나이	성명	성명	직역	신분	人質	귀국일 1736년 12.21.	귀국일 1737년 3.4.	귀국일 1737년 3.6.	출신지
11	28	田イルナミ	田日男	沙工	私奴			○		
12	52	朴ノラキ	朴老郎		私奴			○		
13	61	李クムザニ	李今贊		良人			○		
14	37	朴スギ	朴承伊	格軍	私奴			○		구초량
15	27	張カイサニ	張介山		私奴			○		
16	28	尹ソセニ	尹士先		良人			○		
17	30	金ムイビリ	金武必		良人	○			○	
18	18	李ザンゲギ	李贊丁		私奴			○		

주 : 1. 귀국일은 왜관 도착 기준임.
2. 인질(人質)은 일본 배에 탑승한 표류민[執質漂民]을 가리킴.
자료 : 《표인영래등록(漂人領來謄錄)》 제18책(서울대학교 규장각한국학연구원 소장)
《공의피앙상(公儀被仰上)》13(일본 慶應義塾大學 소장)
《(관수) 매일기((館守) 每日記)》(일본 국립국회도서관 소장)

동래 사천면 감천리 사람 10명과 구초량리 사람 8명은 1736년 10월 4일 새벽 구초량 앞바다에서 출발하였다. 그들은 거제(巨濟) 외양으로 가서 조업 중이었다. 그런데 10월 5일 밤 돌풍이 불어 그들이 탄 배가 표류하였다. 바다에서 하루를 보내고 나서 10월 6일 밤 그들은 대마도 와니우라[鰐浦]에 닿았다. 그들이 현지 일본인을 만난 것은 다음날 10월 7일 아침이었다. 10월 8일 와니우라를 출발한 그들은 동월 11일 후츄(府中)에 도착하였다. 대마도 측에서 이들을 조사한 것은 10월 12일이었다. 그때 작성된 조서(調書)가 대마도종가문서에 남아 있다.[339)]

대마도 인근에서 구조된 조선인들에 대해서는 나가사키(長崎)로 이송하지 않고 곧바로 대마도에서 조선으로 귀국시키도록 하는 협약이 양국 사이

339) 〈朝鮮漂流人口上書〉《公儀被仰上》13(일본 慶應義塾大學 소장).

에 체결되어 있었다.[340] 그래서 이때 구조된 18명 전원이 동년 12월 21일 대마도를 출발하였다. 그런데 갑자기 광풍(狂風)을 만나게 되어 조선으로 돌아오던 배가 각기 표류하여 흩어지고 말았다.[341]

이들이 부산으로 돌아오는 모습은 《(관수) 매일기》를 통해서 확인할 수 있다. 즉 1736년 12월 21일 일본 배 9척과 조선 표류민이 탄 배 2척이 대마도에서 바다를 건너 부산으로 돌아오다가 역풍을 만나 다시 표류하게 되었다. 그 가운데 일본 배 1척은 남천(南川)으로 불시착했다. 다행스럽게도 감천 사람들이 승선한 배 1척은 당일 왜관에 도착했다. 나머지 배는 어디로 갔는지 알 수 없다고 했다. 동년 12월 23일에는 조선 역관들이 감천 표민 8명을 인계받았다고 적은 확인서를 작성하여 왜관의 일대관(一代官)에게 전달하였다.[342] 본디 감천 사람이 10명이었는데, 그 가운데 8명만 이때 부산에 도착한 셈이다.

---

340) 1682년부터는 조선 측의 요구를 수용하여 표류민 송환 방법이 변경되었다. 즉 대마도에 표착한 조선인에 대해서는 그들을 나가사키로 보내지 않고 대마도주[쓰시마번주]가 조선으로 해마다 파견하는 세견선(歲遣船)에 붙여서 표류민을 송환하는 표류겸대(漂流兼帶) 또는 표민순부(漂民順付) 방법이 채택되었다. 대마도 이외 지역으로 표류한 조선인은 나가사키[長崎]를 거쳐서, 그리고 에조[蝦夷] 지역으로 표류한 조선인은 에도[江戶]를 거쳐서 대마도로 보내졌다. 그 뒤에는 대마도에서 사자(使者)를 세워서 조선으로 송환하였다[漂差倭, 漂差使]. 이와 관련하여 양국이 교환한 외교문서와 함께, 표류민의 출신지, 인원수, 직업, 표류 경위, 종파(宗派) 등을 조사한 문서를 대마도가 막부(幕府)에 제출하여 보고하였다(이훈, 《조선후기 표류민과 한일관계》, 국학자료원, 2000, 120~121쪽·149쪽).

341) 《兩國往復書謄》 78(일본 국립국회도서관 소장).

342) 覺

一 甘川居漂民八名依數領率出去事

丙辰十二月卄三日

別差

假訓導

一代官尊公

《(館守) 每日記》 元文 1년(1736) 12월 23일(일본 국립국회도서관 소장).

1737년 3월이 되어서야 전체 18명 중 나머지 10명에 대한 인계 사실을 적은 확인서가 작성되었다. 하나는 3월 4일 작성된 것인데 구초량 7명에 대한 것이다.[343] 이렇게 해서 전체 18명 중 15명이 부산으로 돌아왔지만, 아직도 3명이 돌아오지 못하고 있었다. 다른 하나는 이틀 뒤인 3월 6일 작성된 것이다. 이것은 일본 배에 승선했던 3명에 대한 것이다.[344] 이 가운데 2명은 감천 사람이었으며[姜九安, 金次弘], 1명은 구초량 사람이었다(金武必). 1736년 10월 5일 거제 외양에서 표류했던 18명이 대마도 와니우라에 표도(漂到)했다가 동년 12월 21일 송환 도중 다시 표류했었다. 그런 까닭에 세 차례에 걸쳐, 즉 1736년 12월 21일, 1737년 3월 4일과 6일 동래 사천면 출신 표류민들이 부산으로 되돌아왔다.[345]

이처럼 감천과 구초량 사람 18명 전원이 무사히 귀국하였다. 이들은 짧

343) 覺

一 漂民七名詳細領去事

丁巳三月初四日

訓導金僉正

別差玄僉正

一代官尊公

《(館守) 每日記》 元文 2년(1737) 3월 4일(일본 국립국회도서관 소장)

344) 覺

一 漂民三名依數領去事

丁巳三月初六日

訓導金僉正

別差玄僉正

一代官尊公

《(館守) 每日記》 元文 2년(1737) 3월 6일(일본 국립국회도서관 소장)

345) 조선 역관이 외교문서인 서계(書契)를 다시 작성해 줄 것을 일본 측에 요구했다. 서계에는 일본 배에 승선한 조선 표류민이 4명으로 적혀 있었는데 실제로는 3명이어서 인원수가 달랐기 때문이었다. 이른바 서계의 개찬(改撰) 문제를 둘러싸고 두 나라 외교 실무자 사이에서 마찰이 있었다. 조선 측의 요청대로 개찬 서계가 교환된 뒤인 1737년 윤11월에 이르러 이 문제가 마무리되었다.

게는 74일간, 길게는 148일간 일본에 체류하다 들아온 셈이다.[346] 그렇다면 이들이 표류하기 전에 바다에서 어떤 일을 했을까? 그리고 표류한 뒤에는 일본 측이 이들을 어떻게 취급하였을까?

일본 측이 조선 표류민의 선구라든가 소지품을 조사한 기록을 살펴보면 가장 첫 번째로 적혀 있는 것이 선박에 관한 것이다. 예를 들면 감천 사람들의 경우 배 1척과 함께 그 배의 규격이 길이 6심 반(약 11.7미터), 너비 1심 반(약 2.7미터)이었다고 적었다(1尋=6尺≒1.8미터). 그런데 구초량 사람들의 경우는 배에 관한 기록이 보이지 않는다. 그 이유는 구초량 사람들이 탔던 배가 파손되었기 때문이었다.

〈표 9-12〉 동래 사천면 감천리와 구초량리 표류민의 선구(船具)와 물건(1736년)

연번	품명	단위	수량	
			감천 사람 물건[347]	구초량 사람 물건[348]
1	배[船]	艘	1	
			길이[長] 6심반(尋半), 너비[横] 1심반(尋半)[349]	
2	그물[網]	帖	8	2
3	낚시도구[釣道具]	通	9	13
4	도끼[斧]	挺	1	1
5	대나무 엮은 것[箣]		1	1
6	생선포 간식거리[蚫おこし]		1	1
7	남비 솥[鍋]		2	1
8	놋쇠 밥그릇[かねの飯椀]		8	7
9	물고기 바구니[魚籠]			3
10	숟가락[匙]	本		10

자료 : 《공의피앙상(公儀被仰上)》 13(일본 慶應義塾大學 소장).

346) 전원석 등 감천 사람 8명의 일본 체류 기간은 74일간이었다(1736.10.7.~2.21.). 전일남 등 구초량 사람 7명은 146일간이었으며(1736.10.7.~1737.3.4.), 일본 배에 타고 귀국했던 감천 사람 강구안(姜九安) 김차홍(金次弘)과 구초량 사람 김무필(金武必)은 148일간이었다(1736.10.7.~1737.3.6.).

감천과 초량 사람들이 소지했던 도구와 물건을 적은 기록을 통해서 이들의 출항 목적을 짐작할 수 있는데, 그물과 낚시도구가 그 증거가 될 수 있다. 예를 들면 그물은 감천 사람들이 8첩, 구초량 사람들이 2첩을 가지고 있었다. 구초량 사람들이 소지했던 물고기 바구니 8개도 이들이 고기를 잡으러 바다로 나갔음을 짐작하게 한다. 그 밖에 밥솥과 밥그릇, 숟가락 등은 이들이 배 위에서 식사를 해결하였음을 말해준다. 이들이 생선포를 준비해 갔던 것던 것도 흥미롭다(〈표 9-12〉 참조).

감천과 초량 사람들이 일본에 체류 중일 때 그들에게 여러 가지 물품이 지급되었다. 귀국 후 동래부가 그들을 조사하는 과정에서 그들이 일본에서 어떤 물건을 받았는지가 문제가 되었다. 〈표 9-13〉은 동래부의 취초(取招) 때 감천과 초량 사람들이 1736년 10월 11일 대마도 후츄[府中]에 도착하고 나서 받았다고 진술한 물품을 열거한 것이다. 그런데 1736년 12월 24일 감천 사람들의 진술과 1737년 3월 5일 구초량 사람들의 진술이 일부 차이를 보이는 것도 있지만 대체로 비슷하다. 예를 들면 입을 옷과 밥솥, 밥상, 밥통, 물통 등 각종 취사도구가 표류민들에게 지급되었다. 그것뿐이 아니었다. 술과 담배가 조선 표류민에게 개인별로 지급된 점도 눈에 띈다.

---

347) 원문에는 처음에 검정 글씨로 구초량(舊草梁)으로 쓴 것이 나중에 붉은 글씨로 감천(甘川)으로 수정되어 있다. 이 글에서는 수정된 것에 따랐다.

348) 원문에는 검정 글씨로 감천지자하물(甘川之者荷物)로 썼다가 감천(甘川)을 붉은 글씨로 표시하여 구초량(舊草梁)으로 고쳐서 구초량지자하물(舊草梁之者荷物)로 수정되어 있다. 이 글에서는 수정된 것에 따랐다.

349) 배는 감천(甘川) 사람이 탄 곳만 기록이 있다. 구초량(舊草梁) 사람이 탔던 배는 파선(破船)되었기 때문이다.

〈표 9-13〉 동래 사천면 감천리와 구초량리 표류민에게 일본 측이 지급한 물품(1736~37년)

연번	품명	단위	수량	
			자료 1	자료 2
1	술 [酒]	每名	사람마다	사람마다
2	옷 [木綿襦衣具帶]	領	각 1	각 1
3	담배 [枝三草]	匣	각 10	각 10
4	단목 (丹木)	斤	각 2[350]	각 2
5	밥솥 [食鼎]	坐	중간 것, 작은 것 각 1	중간 것, 작은 것 총 2
6	작은 밥상 [小盤]	立	각 1	
7	중간 크기 꽃무늬 대접 [花中鉢]	立	3	
8	사기 접시 [沙貼匙]	立	각 1	각 1
9	중간 크기 사기 대접 [沙中鉢]	立	각 1	각 1
10	물통 [水桶]	坐	1[351]	1
11	밥통 [食桶]	坐	1	1
12	거적 [草芚]	番	30	30

주 : 자료 1은 1736년 12월 24일 감천리 전원석(田元石) 등에 대한 취초(取招) 때 진술 내용에 따름.
자료 2는 1737년 3월 5일 구초량리 전일남(田日男) 등에 대한 취초(取招) 때 진술 내용에 따름.
자료 : 《표인영래등록(漂人領來謄錄)》 제18책(서울대학교 규장각한국학연구원 소장)

이와 함께 조선 표류민들에게 준 물품을 적은 일본 측 기록에 대해서도 살펴볼 필요가 있다. 그래서 앞의 감천과 구초량 표류민보다 약 100년 뒤에 있었던 경상도 기장(機張) 표류민의 사례를 통해서 비교 분석하고자 한다. 여기에서 소개하는 기장 어민 8명은 1834년 12월 21일 고기잡이를 나섰다가 바다에서 강한 서풍을 만나 표류하여 12월 23일 대마도[府內浦]에 닿은 사람들이었다. 약 한 달 뒤가 되자 이들의 표류 사실이 대마도에서 왜

350) 《漂人領來謄錄》 원문에는 목단(木丹)으로 적혀 있는데, 이것은 단목(丹木)을 잘못 적은 것으로 보인다. 단목(丹木)은 소목(蘇木)으로도 불렸는데 옷감을 물들이는 데 쓰이는 염료(染料)로 사용되었다. 조선시대에는 이것이 일본을 통해서 수입되고 있었다.

351) 《漂人領來謄錄》 원문에는 수통일좌(水桶一坐)가 연이어 두 번 기재되어 있는데, 두 번째는 식통일좌(食桶一坐)의 오기(誤記)로 짐작된다.

관으로 전달되었고, 그것이 다시 조선 역관에게도 알려졌다. 1835년 1월 28일 관수(館守)가 조선 역관을 왜관으로 불러서 경상도 사람들이 대마도로 표류한 3건에 대하여 정보를 제공하였음이 기록으로 확인된다. 즉 기장 사람 8명의 표류[府內浦]와 기장 사람 11명의 표류[鰐浦], 그리고 창원(昌原) 사람 4명의 표류[豊浦] 가 그것이다.[352] 그로부터 약 석 달이 지난 뒤인 5월 4일에는 기장 표류민 8명이 왜관에 도착했다. 이튿날인 5월 5일에는 3건의 표류와 관련하여, 훈도와 별차가 표류민을 인계받았다는 확인서를 작성하여 관수에게 제출하였다.[353]

〈표 9-14〉 경상도 기장 표류민에게 일본 측이 지급한 물품
(1834.12.23.~1835.4.21. 후츄(府中) 체류 118일간)

(작성: 1835년 5월 25일 大石直右衛門)

연번	품명	수량	내역
1	쌀 [白米]	9石 4斗 4升	조선인 8인×118일간(12.23.~4.21.)×1升
2	은 (銀)	141匁 6分	동 8인×118일간×1分 5厘
3	잘게 썬 담배 [刻多葉粉]	1貫 888匁	동 8인×118일간×2匁
4	된장 [味噌]	30貫 208匁	동 8인×118일간×32匁
5	소금 [塩]	2斗 8升 32勺	동 8인×118일간×3匁
6	땔나무 [薪]	11疋 3メ 2合 8勺	동 8인×118일간×1合 2匁
7	땔나무 [同]	3疋 2メ 1合 6勺	밤에 불을 피울 땔감 67일 밤 (12.23.~2.30.)×4合 8勺
8	어유 (魚油)	4升 7合 2勺	118일 밤(12.23.~4.21.)×4分
9	부목등심 (付木燈心)		

352) 《(館守) 毎日記》天保 6년(1835) 1월 28일(일본 국립국회도서관 소장)

353) 覺

一 景[원문대로 표기함]尙道昌原漂民四名屍軆一柩機張順付漂民八名同縣順付漂民十一名送使領來故依例逢授率去之事

乙未五月初五日 訓導聖五李僉知

別差穉晦李主簿

館司尊公

《(館守) 毎日記》天保 6년(1835) 5월 5일(일본 국립국회도서관 소장)

연번	품명	수량	내역
10	숯 [炭]	5貫 200匁	환자 1인에게 13일간(12.30.~1.12.)×400匁
11	숯 [同]	2貫 800匁	환자 1인에게 7일간(1.28.~2.5.)×400匁
12	숯 [同]	2貫 400匁	환자 1인에게 6일간(2.4.~2.9.)×400匁
13	은 (銀)	1匁 5分	단 생강(生薑) 비용
14	은 [同]	1匁 5分	단 표민 도착 날 밤 등(燈) 비용
15	은 [同]	3匁	단 임시가옥 빌린 비용

주 : 도량형은 일본 단위임.
자료 : 《조선표민입절회불시입목장(朝鮮漂民入切賄不時入目帳)》(국사편찬위원회 대마도종가문서 DK 4154)

경상도 기장 표류민 8명이 대마도[府內浦]에 닿은 1834년 12월 23일부터 후츄[府中]를 떠난 1835년 4월 21일까지 118일 동안 이들에게 각종 물건이 제공되었다. 예를 들면 표류민 1인에 대하여 쌀이 1일 1되씩[일본 도량형] 지급되었다. 그리고 담배가 1인 1일 2문(匁)씩 주어졌는데, 이것은 앞의 〈표 9-13〉에서 감천과 구초량 사람들이 1인당 담배 10갑(匣)을 받았다고 진술한 것과 비교되는 내용으로 주목된다. 그 외에 된장과 소금 등에 대해서도 1인 1일 지급량이 정해져 있었다. 이처럼 일본 측이 조선 표류민들을 접대하는 데 소요된 물품과 그에 따른 비용을 계산하여 체계적으로 관리하고 있었음이 대마도종가문서 등을 통해서 확인되었다.

Ⅱ. 조선이 일본 표류민에게 지급한 물품(1831~32년)

표류민 송환 업무에서 가장 중요한 것은 표류민을 인계(引繼)하고 인수(引受)하는 일이었다. 이에 관해서는 왜관의 기록물 중에서 《(관수) 매일기》와 《(일대관) 매일기》가 자세하다. 이를 활용하여 1831년 한 해 동안의 사례를 소개하면 아래와 같다.

〈표 9-15〉에서 보듯이 1831년 2월부터 12월까지 10건의 조선 표류민 송

환 기사가 왜관 기록에 남아 있다. 생환자는 61명 시신은 2구였다. 출신 지역은 전라도(부안 8명, 해남 6명, 강진 6명, 제주 9명)와 경상도(동래 1명, 울산 25명, 장기 6명)였다. 2월과 7월의 송환은 일본 측이 별도로 표류민 송환 사절을 세우지 않고 연례송사 편에 함께 보냈는데, 이것을 가리켜 순부(順附) 송환이라고 불렀다. 나머지 8건은 모두 표류민 호송사가 각각 송환해 왔다. 9월에 3건, 10월 3건, 12월 2건이었다.

〈표 9-15〉 왜관기록에 보이는 표류민 송환 기사(1831년)

연번	구분	월	일	출신	생환(명)	시신(구)	형태	조선 역관이 작성한 각서의 본문	출전
1	조선	2	6	부안	8		순부	전라도 부안현 표민 8명을 순부(順附)하여 데리고 왔기에, 전례대로 인계받아 데리고 감	DK 1335
2	조선	7	14	해남	6		순부	전라도 해남 표민 6명을 보내왔기에, 전례대로 인계받아 데리고 감	DK 1337
3	조선	9	15	강진	1	1	송사	전라도 강진 표민 1명과 시체 1구를 사신을 보내 데리고 왔기에, 전례대로 인계받아 데리고 감	
4	조선	9	24	동래	1		송사	경상도 동래 인질 표민[執質漂民] 1명을 송사가 데리고 왔기에, 선례대로 인계받아 데리고 감	
5	조선	9	25	장기	6	1	송사	경상도 장기 표민 6명과 시체 1구를 송사가 데리고 왔기에, 인계받아 데리고 감	
6	조선	10	3	울산	10		송사	경상도 울산 표민 10명을 송사가 데리고 왔기에, 전례대로 인계받아 데리고 감	DK 1338
7	조선	10	11	울산	8		송사	경상도 울산 표민 8명을 송사가 데리고 왔기에, 전례대로 인계받아 데리고 감	
8	조선	10	15	울산	7		송사	경상도 울산 표민 7명을 송사가 데리고 왔기에, 전례대로 인계받아 데리고 감	
9	일본	11	30					일본 표민[和漂民] 관련하여 오인통사(五人通詞) 인력이 모자라서 후쿠야마 야고로[福山彌五郎]를 근무시키라고 서간을 보내 지시하였다고 전달함	
10	일본	12	5					다대포에 정박한 일본 표민[和漂民]을 태우고 감 시선[番船] 명신환(明神丸)과 탄호환(灘好丸)이 오늘 우암포로 돌아왔음	
11	일본	12	6					명신환(明神丸), 탄호환(灘好丸), 비선(飛船) 승조원에게 일본 동전(和錢) 100문(匁)씩 지급하라는 지시가 있었음. 상세한 것은 일본 표민[和漂民] 기록에 적음	

연번	구분	월	일	출신	생환(명)	시신(구)	형태	조선 역관이 작성한 각서의 본문	출전
12	조선	12	18	제주	9		송사	전라도 제주 표민 9명을 송사가 데리고 왔기에, 전례대로 인계받아 데리고 감	
13	조선	12	23	강진	5		송사	전라도 강진 표민 5명을 송사가 데리고 왔기에, 전례대로 인계받아 데리고 감	
계					61	2			

주 : 1. '조선'은 일본으로 표류한 조선인이며, 음영 부분의 '일본'은 조선에 표류한 일본인을 가리킴.
2. 조선 역관의 각서 작성자는 훈도(訓導)와 별차(別差)임.
3. 景尙道의 景은 일본 막부 쇼군[將軍]의 피휘(避諱)로 쓰인 경우임.

자료 : 《(관수) 매일기((館守) 每日記)》(일본 국립국회도서관 소장).
《일대관매일기(一代官每日記)》(국사편찬위원회 대마도종가문서 DK 1335, 1337,1338)

〈표 9-15〉의 음영 부분은 조선으로 표류해 온 일본인의 송환과 관련된 내용이다. 이를 왜관기록에서는 화표민(和漂民)으로 표기하여 조선인 표류민과 구별하였다.354) 1831년 11월 30일 기사는 일본인 표류민과 관련된 일을 맡은 오인통사가 업무가 과중하여 왜관 측에서 인력을 보충하고 있음을 말해준다. 12월 5일에는 다대포에 정박해 있던 일본인 표류민을 우암포까지 이송하는 데 두 척의 일본 배가 동원되었음이 확인된다. 이튿날인 12월 6일에는 일본인 표류민 이송에 동원된 인부들에게 일본 동전으로 100문씩 수당이 지급되었다고 적혀 있다. 이상 3건의 기사로 미루어 보면 이때 일본 표류민의 인원수가 꽤 많았을 것으로 짐작되지만, 이 자료만 가지고는 더 이상 자세한 것을 알기는 어렵다.

이때의 일본인 표류민 송환에 대하여 막부(幕府)에 보고된 내용 등을 담은 《공의피앙상(公儀被仰上)》 자료를 살펴보면 더욱 상세한 내용을 파악할 수가 있다.355) 이 자료에 따르면 일본인 표류민은 선두(船頭) 진우에몬(仁右

354) 왜관기록에서 표민(漂民)으로 적은 것은 대부분 조선인 표류민이며, 화표민(和漂民)으로 표기된 것은 일본인 표류민을 가리킨다.

355) 《公儀被仰上》 27(일본 慶應義塾大學 소장) 임진(1832년) 6월 21일, 정월 21일, 4월 24일 쓰시마(對州) 도착(예조참의 서계 등), 나가사키 부교쇼(長崎奉行所)에 사자를 붙여서 위 서한과 여러 문서를 보냈으며, 그 뒤 막부 노중(老中) 아오키[青木] 등에

衛門) 등 23명이었다. 그들은 일본 사쓰마(薩摩州) 소령(所領)의 오스미(大隅州) 다카야마(高山縣) 하미우라(波見浦) 사람들이 영주의 지시로 사쓰마의 관할 지역이었던 오시마(大嶋)로 가서 그곳의 연공(年貢)을 받아오다가 표류한 것이다. 그래서 그들의 배 안에는 사탕(砂糖) 2,700통, 대자리(筵) 1,500속, 파초피(芭蕉皮) 12,000근, 진면(眞綿) 18포(包), 산귀래 18포, 해인초 9포 등이 실려 있었다.

이들 외에도 사쓰마의 가고시마 사람 25명이 동승하고 있었다. 이들은 그 전에 오시마로 가 있었는데, 이때 가고시마로 되돌아오려다가 표류했다. 이들의 소지품은 의복, 서물(書物), 잡구(雜具), 대자리(筵) 250속, 파초포(芭蕉布) 100필, 진면 100포, 해인초 80포, 산귀래 50포 등이었다.

이렇게 48명을 태운 배가 1831년 7월 24일 오시마[356]에서 배를 띄웠다. 그런데 26일 동풍이 강하게 불고 27일부터는 강한 북동풍과 높은 파도 때문에 그 배가 바다에서 표류하기 시작했다. 7월 29일 아침 섬을 발견하고 구사일생으로 배를 댄 곳이 전라도 제주목 정의현 위미포(爲美浦)였다. 그 배가 다시 위미포에서 배를 띄운 것은 10월 19일이었는데, 바람이 좋지 않아 되돌아왔다가 22일 다시 출선하였다.[357] 그 배가 11월 20일 다대포로 이송되었으며(제주 위미포→다대포), 다대포에서 우암포로 온 것은 12월 5일이었다(다대포→우암포).

조선 정부가 일본 표류민에게 지급한 물품 목록의 사본이 《공의피앙상

게 보고함.

356) 여기에서 말하는 오시마는 아마미오시마(奄美大島)를 말한다. 문순득이 표류한 곳이기도 하다.

357) 일본으로 돌아가서 1832년 4월 25일 진우에몬(仁右衛門)을 대표자로 하여 작성된 진술서에는 10월 19일 배에 타자마자 발선(發船)하였으나 바람이 좋지 않아 원래 장소로 되돌아갔다가 22일 출선(出船)하여 다대포(多大浦)로 가서 쓰시마 관계자들을 만나 조사를 받았다고 한다. 일본 자료에서도 쓰시마가 막부에 보고한 자료와 표류민의 진술서 사이에 약간 차이가 나는 부분이 있음에 유의할 필요가 있다.

(公儀被仰上)》에 실려 있다.[358] 그 가운데 1832년 4월 10일 훈도 영수(永秀) 한주부(韓主簿)와 별차 치연(穉衍) 김주부(金主簿)가 작성한 확인서의 내용을 정리한 것이 〈표 9-16〉이다. 이것은 일본 표류민 48명이 제주 위미포 표도(漂到) 일자인 1831년 7월 29일 저녁때부터 다대포 이송(移送) 일자인 동년 11월 25일 저녁때까지 총 114일 반의 일공(日供)에 해당한다.

〈표 9-16〉 제주 위미포 체류와 다대포 이동 시까지 일본 표류민에게 지급한 물품 (1831.7.29. 저녁~동년 11.25. 저녁)

연번	품명				수량	비고
	(조선 이름)		(일본 이름)			
1	쌀	[料米]	料米	[료마이]	366석 6말	
2	대구	[大口魚]	鱈	[다라]	2,7482마리	
3	명태	(明太)	明太	[멘타이]	16,373마리 반	
4	참기름	[眞油]	胡麻油	[고마아부라]	52말 9되 6홉	
5	백합젓	[白蛤鹽]	塩蛤	[시오하마구리]	184말 1되 1홉 6석	
6	미역	[甘藿]	和布	[와카메]	14,623냥 9전 4푼	미역 무게[甘藿重]
7	간장	[甘醬]	醤油	[쇼유]	274말 8되	
8	소금	[塩]	塩	[시오]	184말 1되 1홉 6석	

주 : 일본 표류민 48명에게 제주 위미포 체류(1831.7.29. 저녁때[夕時])부터 다대포 도착(동년 11.25. 저녁때[夕時])까지 일수 114일 반에 해당하는 일공(日供)으로 지급

자료 : 《공의피앙상(公儀被仰上)》 27(일본 慶應義塾大學 소장)

1832년 4월 11일 임시 훈도인 가훈도(假訓導) 한주부(韓主簿)와 별차(別差) 김주부(金主簿)가 작성한 확인증의 내용을 정리한 것이 〈표 9-17〉이다. 이것은 일본 표류민 48명이 다대포와 우암포에서 체류했던 1831년 11월 26일 아침때부터 이듬해 4월 11일 아침때까지 총 133일 반의 일공(日供)에 해당한다.

358) 조선국에서 표인에게 준 물건 목록의 사본[從朝鮮國漂人江之贈物目錄寫]이라는 제목으로 《公儀被仰上》 27(일본 慶應義塾大學 소장)에 실려 있다.

〈표 9-17〉 다대포와 우암포에서 체류 시 일본 표류민에게 지급한 잡물
(1831.11.26. 아침~1832.4.11. 아침)

연번	품명 (조선 이름)		품명 (일본 이름)		수량	비고
1	쌀	[料米]	料米	[료마이]	427석 3말	
2	대구	[大口魚]	鱈	[다라]	3,202마리	
3	명태	(明太)	明太	[멘타이]	19,070마리 반	
4	참기름	[眞油]	胡麻油	[고마아부라]	62말 8홉	
5	백합젓	[白蛤鹽]	塩蛤	[시오하마구리]	214말 6되 6홉 8석	
6	미역	[甘藿]	和布	[와카메]	17,050냥 6전 2푼	미역 무게[甘藿重]
7	간장	[甘醬]	醬油	[쇼유]	318말 4되	
8	소금	[塩]	塩	[시오]	214말 6되 6홉 8석	

주 : 일본 표류민 48명에게 다대포부터(1831.11.26. 아침때[朝時]) 우암포까지(1832.4.11. 아침때[朝時]) 일수 133일 반에 해당하는 일공(日供)으로 지급
자료 : 《공의피앙상(公儀被仰上)》 27(일본 慶應義塾大學 소장)

왜관의 관수(館守)는 1832년 4월 10일 이들 일본인 표류민을 태운 선박에 상선(上船)을 지시했다.359) 그리고 위의 표에서 조선 측의 잡물 지급이 4월 11일 아침까지로 되어 있는 것을 놓고 볼 때, 이들이 4월 11일 부산을 떠났던 것으로 짐작된다.

지금까지 살펴보았듯이 조선에 체류 중이던 일본인 표류민에게 아침과 저녁 식사용으로, 즉 1일 2식 기준으로 식재료가 지급되었는데 그 종류가 8가지였다. 쌀과 참기름과 간장을 포함하여 어물과 해조류 등(대구, 명태, 백합젓, 미역, 소금)을 조선 정부가 일본인들에게 지급하였음이 확인되었다. 이 밖에도 조선 정부가 일본 표류민 48명에게 옷감 1필(疋)과 식량 1석(石)씩 계산하여, 정목(正木) 48필과 도해량미(渡海粮米) 48석을 임진년 4월 지급하였다. 이 밖에도 가훈도 한주부와 별차 김주부가 임진년 4월에 청주

359) 《(館守) 每日記》 天保 3년(1832) 4월 10일 기사에, “오늘[4.10.] 일본 표류민의 상선(上船) 지시가 있었다(今日 和漂民 上船申渡)”고 한 것을 보면, 4월 11일 일본 표류민을 태운 배가 일본으로 떠났다고 판단된다.

1병과 떡 1그릇, 대구[大口魚] 10마리, 곶감 2첩을 지급했다는 확인서가 《공의피앙상(公儀被仰上)》에 실려 있다. 이것은 바다를 건너 일본으로 돌아가는 표류민 호송사에게 위로의 의미로 조선 역관들이 전달한 것이다. 일본 표류민에게 지급한 이러한 물품은 모두 전례에 따른 것이다.[360]

그런데 조선으로 표류해 온 일본인들이 귀국 후에 다시 대마도에 가서 조사를 받았다. 4월 24일 대마도 이즈하라에 도착한 그들이 조사받고 나서 25일 두 통의 진술서가 작성되었는데, 그것이 《공의피앙상(公儀被仰)》에 남아 있다. 한 통은 사쓰마(薩摩州) 관할 아래 있었던 오스미[大隅州] 다카야마[高山縣] 하미우라[波見浦] 사람 23명을 대표하여 선두(船頭) 진우에몬(仁右衛門)이 작성한 것이다. 다른 한 통은 그들의 배에 편승했던 사쓰마의 가고시마 사람 25명을 대표하여 나가이 쵸베에[永井長兵衞]가 작성자로 되어 있다. 진우에몬(仁右衛門)이 작성자로 되어 있는 진술서를 보면, 그들에 대한 신문(訊問) 내용을 알 수 있다.

1. 도항증에 대하여 물었다. 이에 대하여 증서[切手] 넣어둔 상자를 유실(流失)하였고, 수찰(手札)은 밖에 두었는데, 수찰 19매 외에 지찰(紙札) 1매를 제출한다고 답했다.
1. 표류할 때 함께 항해했던 배는 없었는지 물었다. 이에 대하여 함께 온 배는 한 척도 없다고 답했다.
1. 선적물에 대해서 물었다. 이에 대해서는 별지로 제출하였다.[361]
1. 무기, 돈[金銀錢] 같은 것을 싣고 있는 것은 아닌지 물었다. 동승자와 편승자 중에서 무기와 금전을 소지한 것에 대해서는 별지와 같이 답변하였다.[362]

360) 이보다 약 10년 전인 1822년 제주로 표류해 온 일본인과 유구인에게 조선 측이 지급했던 물품에 대해서는 정성일, 《전라도와 일본—조선시대 해난사고 분석》, 경인문화사, 2013, 295-302쪽 참조.

361) 《公儀被仰上》에는 표인의 물건을 적은 문서[漂人荷物書付]라는 제목으로 일본 표류민의 선적물이 기록되어 있다.

1. 조선인과 어떤 물건이든지 장사를 한 것은 아닌지, 또는 무엇이든지 전달한 물건은 없는지 물었다. 이에 대하여 그런 일이 없다고 답했다.
1. 조선인과 진문(眞文, 한문)을 주고받았는지 물었다. 이에 대하여 그런 일은 없다고 답했다.
1. 종교와 성명, 나이를 물었다. 이에 대하여 48명 중 23명은 동승자라고 답했으며, 25명은 편승자인데 생환 21명 사망 4명이었다고 답했다.

일본 표류민 48명은 오스미 사람 동승자 23명, 가고시마 사람 편승자 25명, 이렇게 두 집단으로 구분되어 있었다. 조선 측이 식재료와 옷감 등을 지급한 것이 48명분이었으니, 사망자 4명은 조선에서 일본 대마도로 돌아간 뒤에 발생한 것으로 짐작된다. 다만 그들의 사망 시기와 장소에 대한 언급이 없어서 더 이상 자세한 것은 확인하기 어렵다.

지금까지 살펴본 것처럼 부산은 조선과 일본의 표류민들이 본국 송환 직전 또는 직후에 거쳐 가거나 체류하였던 곳이었다. 이를 계기로 전라도, 충청도, 강원도 등 조선의 여러 지역 주민들이 부산을 직접 체험할 기회가 주어졌다. 그것은 일본인도 마찬가지였다. 전라도로 표류했든 충청도로 표류했든 일본인 표류민들은 부산을 직접 목격할 수 있는 경험을 가졌다. 그런가 하면 부산지역은 표류민 송환을 둘러싸고 양국 정부의 실무 책임자들이 접촉하고 협상하는 외교 현장이었다. 이러한 접촉은 의식주를 포함한 유형 또는 무형의 문화가 교차하는 기회를 낳기도 하였다. 지역 간 또는 국가 간 교류가 매우 제한적이었던 근대 이전의 시기에 이러한 기회는 표류민 개인은 물론이거니와 지역이나 국가의 측면에서도 꽤 중요한 의미를 차지했다.

362) 위와 같음.

제10장 주문을 통한 물품 교환

제1절 조선과 일본의 주문품 개관

Ⅰ. 주문품 관련 대마도종가문서

조선후기(일본의 에도시대) 대일교류, 즉 조선시대 한일교류의 역사를 연구할 때, 이른바 대마도종가문서(對馬島宗家文書)[363]를 이용하기도 한다. 이 자료는 한국과 일본에 분산 소장되어 있다.[364]

여기에서는 대마도종가문서를 바탕으로 하여 조선후기 대일교류의 단면을 물품 이동 측면에서 살펴보려고 한다. 그런데 양국 간 물품 이동에는 몇 가지 범주가 있다. 이윤 추구를 목적으로 하는 경제적 교환(貿易)이 있는가 하면,[365] 선린우호 관계의 유지와 증진을 목적으로 하는 외교적 교환(別幅,

---

363) '대마도(일본에서는 對馬藩으로 부름)'가 생산 또는 보존한 문서 명칭에 들어 있는 '종가(宗家)'란 다름 아닌 대마도주 성씨(姓氏)인 '소[宗] 씨' 가문을 가리킨다(대마도주가 '소[宗]'라는 성을 하사받기 전에는 '고레무네[惟宗]'를 칭했음).

364) '대마도종가문서'의 일본 내 소장 기관인 게이오대학(慶應義塾大学) 도서관은 '宗家記錄', 국립국회도서관(國立國會圖書館)은 '宗家文書', 도쿄대학 사료편찬소(東京大学史料編纂所)는 '宗家史料', 쓰시마박물관(前 対馬歴史民俗資料館)은 '宗家文庫史料'라는 명칭을 사용하고 있다. 이들 자료의 명칭에 대해서는 다음을 참조. 田代和生, 《改訂《対馬宗家文書》について〉, 《(マイクロフイルム板 對馬宗家文書 第Ⅲ期) 倭館(館守) 毎日記·裁判記錄》 別册【下】(田代和生 監修, 일본 ゆまに書房), 2006, 9~11쪽.

365) 이윤 추구를 목적으로 하는 대표적인 사례가 개시(開市)와 조시(朝市)이다. 개시란 조선 정부(동래부사)와 일본 정부(대마도주)가 특별히 허락한 어용상인(御用商人), 특허상인(特許商人)이 정해진 날짜와 장소에서 교역(交易)하는 것을 말한다. 그리

禮物)이 있다.366) 여기에 외교 실무자 개인 간의 호혜와 친선을 목적으로 하는 선물 교환(音物)367) 등을 추가할 수 있다.

그런데 이 글에서 다루고자 하는 '주문품(注文品)'은 위의 어디에도 속하지 않는다. 주문품에 대해서는 한국368)과 일본369)에서 선행 연구가 있다. 그런데 여기에서 소개하는 자료는 아직 학계에 소개된 바 없다(《分類事考》

고 조시는 왜관(倭館)의 수문(守門) 앞에서 아침마다 생선과 채소 등을 거래하는 것을 가리킨다.

366) 조선과 일본의 사신(使臣)이 지참하는 외교문서(外交文書), 즉 국서(國書)와 서계(書契)에 딸린 별폭(別幅)의 교환을 통해서 이루어지는 물품의 이동이 여기에 해당한다.

367) 외교 사행(外交使行)에 참가한 자, 또는 그와 관련된 업무를 담당한 자가 상대방의 호의를 얻을 목적으로 개인 차원에서 비공식적으로(외교 의례로 정해진 것이 아닌데도) 선물을 주고받는 경우가 있는데, 대마도종가문서에서는 이것에 대하여 음물(音物)이라는 용어를 써서 기록하였다.

368) 한국에서는 구청(求請)과 구무(求貿)에 관한 연구가 있다. 구청과 구무의 용어에 대해서는 다음을 참조. 김동철, 〈국역 왜인구청등록(Ⅰ) 해제〉, 《國譯 倭人求請謄錄(Ⅰ)》(부산사료총서 11), 부산광역시사편찬위원회, 2004, 16~17쪽. 그리고 구청과 구무에 관해서는 이승민 등의 연구가 있다. 이승민, 〈조선시대 종이의 생산과 외교적 활용〉, 《한일관계사연구》 83, 2024; 이승민, 〈조선후기 求貿를 통한 동물류 교역의 실태와 의미〉, 《역사와교육》 35, 2022; 이승민, 〈17세기 求貿의 교역량 변화와 그 의미〉, 《동국사학》 71, 2021; 《조선후기 求貿를 통해서 본 조· 일간 물품 교역의 현황과 특징〉, 《동국사학》 67, 2019; 이승민, 〈조선후기 대마도와의 말[馬] 교역과 그 의미〉, 《사학연구》 107, 2012; 이승민, 〈조선후기 대마도 求貿의 개념과 실태〉, 《한일관계사연구》 36, 2010; 김경미, 〈17~18세기 일본의 조선 약재 구청〉, 《대구사학》 119, 2015; 김경미, 〈17~18세기 대일외교·교역과 매〉, 《역사와 세계》 34, 2008; 이유리, 〈『왜인구청등록』에 나타난 조선 서적의 일본 전래〉, 《서지학보》 37, 2011; 하여주, 〈조선후기 대일관계 속의 皮物〉, 《한일관계사연구》 49, 2014.

369) 일본사 분야에서는 김나영 등의 헌상 의례(獻上儀禮)에 관한 연구가 있다. 김나영, 《일본 근세 번주(藩主)의 장례와 가신의 추도 규제—사가번(佐賀藩) 사례를 중심으로〉, 《역사학연구》 67, 2017; 東 昇, 〈伊予大洲藩主の狩､御鷹野場と生業〉, 《鷹·鷹場·環境研究》 4, 2020;越坂裕太, 〈近世前期における献上と大名家格秩序 : 宗家の「十万石以上格」創出に注目して〉, 《日本歴史》 856, 日本歴史学会, 2019; 丸山大輝, 〈対馬宗家による朝鮮鷹の輸送と献上—享保期の鷹狩再興と地域社会の視点から—〉, 《長崎県対馬歴史研究センター所報》 2, 長崎県対馬歴史研究センター, 2022.

중 〈御註文物之事 外向共〉). 그래서 이 자료에 대해서는 본격적으로 분석된 바가 없으며, 이와 관련된 다른 대마도종가문서를 함께 활용한 실증 연구도 찾기 힘들다.

아래에서 사용하는 '주문'은 일본 측 사료에 나오는 용어를 그대로 쓴 것임을 미리 밝혀 둔다. 이것은 조선 측 사료에 나오는 구청(求請), 청구(請求), 구무(求貿)와 비슷하다. 그런데 양측의 용어 사용에서는 약간의 차이점도 발견된다. 예를 들면 구청(또는 구무)이 일본인이 간절히 요구해서 조선 측이 그에 대응한 것이라는 의미가 담긴 용어이다.[370] 그래서인지 구청(구무) 관련 조선 측 사료에서는 일본이 조선에 요구한 것에 대해서는 기록이 양적으로나 질적으로 풍부하다. 그와 반대로 조선이 일본에 요구(요청)한 것에 대해서는 기록이 누락되거나, 설령 기록이 있다 하더라도 대부분 기술 내용이 소략하다.

여기에 비한다면 대마도종가문서의 주문품 관련 기록은 조선과 일본 중 어느 한쪽이 상대방에게 요구(또는 요청)한 사실 위주로 쌍방의 주문 내역이 작성되어 있다. 아래에서는 양측의 주문품에 관하여 기록한 대마도종가문서에 대하여 소개하고자 한다.

이 글에서 다루는 자료는 현재 일본 국립국회도서관이 홈페이지를 통해 원문 서비스를 제공하고 있는 《분류사고》 인데, 그 가운데 열 번째에 해당하는 자료이다(《分類事考》 10). 이 자료에는 네 가지 내용이 담겨 있다.[371] 그 중 세 번째에 해당하는 것이 〈어주문물지사(御註文物之事) 외향공(外向共)〉이다. 자료의 소제목에 들어 있는 외향(外向)이란 '바깥쪽'을 뜻하는 일본어 '소토무키'를 한자(漢字)로 적은 것이다. '바깥쪽도 함께(外向共)'라고

370) 김동철, 앞의 논문(2004), 16쪽.

371) 《分類事考》 拾(일본 國立國會圖書館 分類事考 WA 1-6-31)의 표지에는 이 자료의 내용을 의미하는 4가지 소제목이 적혀 있다(① 御法事, ② 御印幷以酊庵印鑑, ③ 御註文物之事 外向共, ④ 御主向筋之事).

적은 것은 "안쪽과 바깥쪽을 모두 기록" 하였다는 의미이다. 여기에서 '바깥쪽'은 곧 조선(朝鮮)을 가리키며, 이것은 '안쪽'(일본)의 상대어이다. 당시 왜관의 일본인들이 작성한 기록에서는 이와 같은 용어가 자주 등장한다. 다시 말해서 〈어주문물지사 외향공〉은 "조선과 일본이 서로 주문한 내용을 적은 것"이라고 이해해도 좋을 것 같다.

이 자료와 관련성이 깊은 대마도종가문서로서는 《(관수) 매일기》와 《분류기사대강(分類紀事大綱)》 29[372] 등을 들 수 있다. 먼저 《(관수) 매일기》에 대한 소개는 기존의 연구 성과가 있으므로,[373] 여기에서는 그것을 인용하는 것으로 대신하고자 한다.

《분류기사대강》의 편찬 배경과 사료적 특징 등에 대해서는 이훈(李薰)이 2005년 국사편찬위원회가 처음 간행한 책자에 자세하게 소개해 놓았다.[374] 대마도는 1634년부터 1838년까지 7회에 걸쳐서 조선과 일본 사이의 통교(通交) 내용을 항목별로 분류하여 《분류기사대강》을 간행하였다. 이 원본 자료 가운데 제1기에 편찬된 자료는 모두 일본 국립국회도서관이, 그리고 제2기부터 제7기까지 편찬된 자료는 대부분 국사편찬위원회가 소장하고

372) 《分類紀事大綱》 29(823-30-26)의 원문 표지에는 '제26책'으로 표기되어 있으나, 분책(分册) 등의 사유로 말미암아 현재 일본 국립국회도서관의 문서 관리번호는 29번으로 되어 있다. 이 자료는 5가지 소주제에 해당하는 내용을 담고 있다(① 朝鮮より所望物集書, ② 朝鮮え御誂物御調物集書, ③ 朝鮮人不時進上物集書, ④ 朝鮮人え不時被下物集書, ⑤ 譯官御物拜借一件). 이 글의 주제와 가장 관련이 깊은 것은 자료 ①과 ②이다. 이 가운데 김강일은 자료 ①을 활용하여 조선이 일본에 주문한 물품을 '求請物品'으로 규정하여 분석을 시도한 바 있다(김강일, 〈倭館을 통해서 본 조선후기 對日 求請物品—『朝鮮より所望物集書』를 중심으로—〉, 《일본역사연구》 34, 일본사학회, 2011).

373) 田代和生·古典籍資料室, 《參考書誌研究 第76號》(國立國會圖書館所藏『宗家文書』目錄), 일본 國立國會圖書館移用者サービス部, 2015; 정성일, 〈왜관 『(관수) 매일기』의 학술적 가치〉, 《열상고전연구》 63, 2018. 《分類事考》에 대해서는 정성일(2018)의 14~16쪽 참조.

374) 이훈, 〈해제〉, 《分類紀事大綱》 I (對馬島宗家文書資料集 1), 국사편찬위원회, 2005, vii~xxiii쪽.

있다(일부 자료는 對馬博物館 쓰시마연구센터가 소장). 그리고 국사편찬위원회 소장 《분류기사대강》에 대해서는 이미 책자로 간행을 완료하였으며, 현재는 국사편찬위원회가 홈페이지를 통해서 원문 서비스를 제공하고 있다(일본의 타 기관 소장 자료는 대상에서 제외).

아래에서는 조선과 일본이 서로 주문했던 내용이 어떤 자료에 어떻게 기록되어 있는지를 소개하고자 한다. 특히 《분류사고》를 비롯한 대마도종가 문서의 기록을 중심으로 몇 가지 주문품의 사례를 함께 제시하였다.

Ⅱ. 주문품 관련 기사의 비교(1686~1836년)

〈어주문물지사(御註文物之事) 외향공(外向共)〉(《분류사고 10》)에 기록된 주문자는 조선 측과 일본 측으로 나뉜다.[375] 이 자료에는 1686년부터 1836년까지 총 151년 동안의 주문 내역이 목록 형식으로 기록되어 있다. 그것을 좀 더 알기 쉽게 나타내고자 주문 기록의 건수를 국별(조선, 일본)과 연도별로 비교하였다. 〈그림 10-1〉에서 보듯이 먼저 주문이 이루어진 방향을 살펴보면, 조선이 일본 쪽에 주문한 건수보다는 일본이 조선 쪽으로 주문한 건수가 압도적으로 많았다. 그리고 옅은 색으로 표시한 그래프는 조선 측이 주문한 것을, 그리고 짙은 색 그래프는 일본 측의 주문 기록이 남아 있는 건수를 표시한 것이다. 연간 최대치는 일본 측이 1793년 27건, 조선

375) 이 자료에서는 주문에 해당하는 한자(漢字)를 '주문(注文)'과 '주문(註文)'을 섞어서 사용하였다. '주(注)'와 '주(註)'가 서로 다른 뜻의 한자이기는 하지만, '주문(注文)'이든 '주문(註文)'이든 일본어(日本語)의 음(音)이 '쥬몬(ちゅうもん)'으로 같기에 이 자료에서는 이 둘이 같은 意味로 혼용된 듯하다. 그런데 조물(誂物)과 조물(調物)의 경우는 약간 차이가 있어 보인다. 즉 조물(誂物)은 '주문을 요청할' 경우에, 그리고 조물(調物)은 '주문한 것이 조달되었을' 경우에 각각 사용하였다. 물론 이것 역시 이 자료에서는 혼용된 사례가 많다.

측이 1735년 4건으로 밝혀졌다.

조선과 일본의 주문이 특정 시기에 집중되었는지를 확인해 보고자 〈그림 10-2〉를 제시하였다. 주문 관련 기사를 월별로 비교한 자료를 살펴보면, 양국의 주문에 계절적 요인이 작용하였음을 쉽게 알 수 있다. 즉 월간 30건이 넘었던 경우는 11월(38건), 10월(35건), 1월(33건)이었으며, 12월(27건)과 2월(28건)도 30건에 육박했다. 이것은 주문 기록이 10월부터 이듬해 2월 사이에 집중되었음을 말해 준다. 이와 달리 월간 15건에 미달했던 경우는 3월(14건), 4월(16건), 5월(14건)이었으며, 이 시기의 주문 기록이 상대적으로 적었다(〈표 10-1〉 참조).

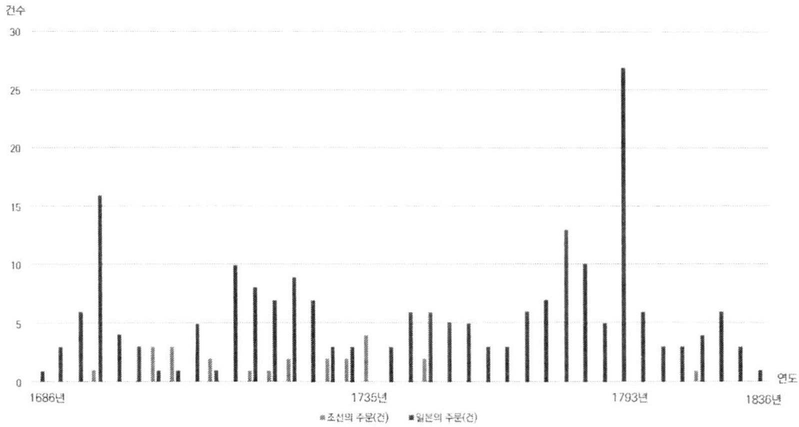

〈그림 10-1〉 주문 기록의 연도별 및 국별 비교(1686~1836년)
자료 : 〈御誂文物之事 外向共〉, 《分類事考》 10(일본 國立國會圖書館 소장)

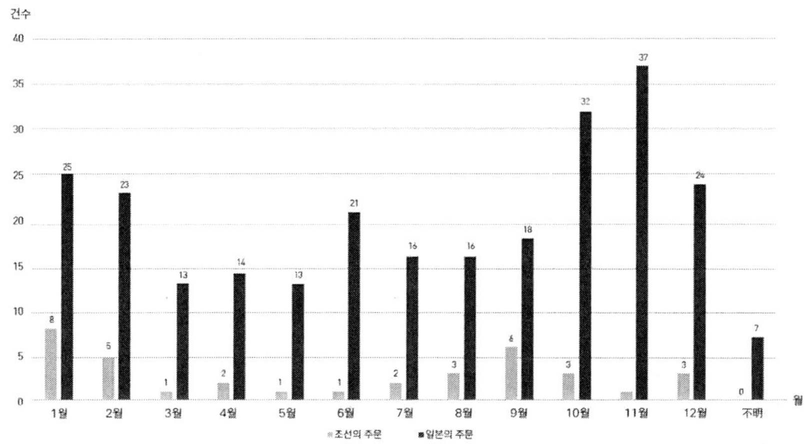

〈그림 10-2〉 주문 기록의 월별 및 국별 비교(1686~1836년)

자료 : 〈御註文物之事 外向共〉, 《分類事考》 10(일본 國立國會圖書館 소장)

〈표 10-1〉 조·일 간 주문품 기사의 월별 추이(1686~1836년)

월	조선 누적 건수	일본 누적 건수	계(건)
1	8	25	33
2	5	23	28
3	1	13	14
4	2	14	16
5	1	13	14
6	1	21	22
7	2	16	18
8	3	16	19
9	6	18	24
10	3	32	35
11	1	37	38
12	3	24	27
不明	0	7	7
계	36	259	295

주 1 : 숫자는 주문품 관련 기사의 건수임

주 2 : '不明'은 월일 기록이 없는 경우임.

자료 : 〈御註文物之事 外向共〉, 《分類事考》 10(일본 國立國會圖書館 소장)

〈어주문물지사(御註文物之事) 외향공(外向共)〉 기록 내용을 살펴보면, 조선과 일본이 각각 언제 어떤 물품을 상대국에 주문했었는지를 확인할 수 있다. 양국의 다양한 주문품 유형을 크게 넷으로 나누었다(① 동물, ② 식물, ③ 서적 또는 서화, ④ 기타 잡화). 그리고 양국이 주문했던 시기를 4기로 구분하였다(① 1686~1700년, ② 1701~1750년, ③ 1751~1800년, ④ 1801~1836년). 유형과 시기를 각각 넷으로 구분한 것은 전체적인 흐름을 개괄적으로 파악하기 위함이다. 이렇게 해서 조선과 일본의 주문품을 유형별·시기별로 정리하여 표로 각각 제시하였다.

〈표 10-2〉 조선과 일본의 주문품 관련 기사의 비교(1686~1836년)

(단위: 건)

구분	기간	동물	식물	서적·서화	기타	계
조선이 일본 측에 주문	1686~1700	0	0	0	1	1
	1701~1750	1	9	5	15	30
	1751~1800	0	2	0	0	2
	1801~1836	2	0	0	1	3
	계	3	11	5	17	36
일본이 조선 측에 주문	1686~1700	18	3	11	3	35
	1701~1750	47	18	13	0	78
	1751~1800	95	4	12	8	119
	1801~1836	17	1	7	2	27
	계	177	26	43	13	259

주 : 숫자는 위 자료에 기재된 기사의 건수를 나타낸 것임.
자료 : 〈御註文物之事 外向共〉, 《分類事考》 10(일본 國立國會圖書館 소장)

〈표 10-2〉에 따르면, 조선이 일본 측에 주문한 물품은 시기적으로는 1701~1750년에 집중되었다(총 36건 중 30건, 전체의 83.3%). 그리고 조선이 주문한 물품 중에서는 식물(11건)과 기타 잡화(17건)의 비중이 높았고, 동물(3건)이나 서적·서화(5건)의 비중은 상대적으로 낮았다.

그런데 일본이 조선 측에 주문한 물품은 1751~1800년에 집중되었다.

1686~1700년에 35건이었다가 그것이 1701~1750년에는 78건으로 증가하였으며, 1751~1800년에 최고치에 도달하였지만(총 259건 중 119건, 전체의 45.9%), 1801~1838년에는 27건으로 이전 시기에 비하여 대폭 감소했다.

주문품을 유형별로 살펴보면, 일본 측은 조선의 매(鷹)를 비롯한 동물을 가장 많이 주문하였다(총 259건 중 177건, 전체의 68.3%). 그 뒤를 이은 것은 43건을 차지한 조선의 서적(서화)이었다. 이에 반해서 일본 측이 조선의 식물(26건)이나 기타 잡화(13건)를 주문한 건수는 조선의 동물이나 서적(서화)에 비하여 상대적으로 적었다.

요컨대 《분류사고》의 자료를 통해서 1686년부터 1836년까지 총 295건의 주문품 관련 기사를 확인할 수 있었다. 이것을 먼저 국별(조선, 일본)로 나누고, 주문의 시기와 주문품의 유형을 기준으로 구분한 뒤, 각 기사의 연월일을 표기하여 〈부표〉로 제시하였다. 조선-일본 간 물품의 이동에 대하여, 다시 말해서 상품(무역품)에도 들어가지 않고, 외교선물(예물)에도 포함되지 않은, '특별한 주문품'의 교환에 대하여 장기적으로 분석하고자 할 때, 이 표가 기초 자료가 될 수 있다고 생각한다.

제2절 주문품의 유형별 사례

Ⅰ. 식물

1. 조선이 일본 측에 주문한 물품

일본이 조선 측에 인삼을 비롯한 약재 등 조선산 식물을 주문한 사실에 대해서는 이미 널리 알려져 있다. 그런데 그것과 반대로 조선이 일본 측에 주문한 식물에 대해서는 기존 연구를 찾아보기 어렵다. 아래에서는 대마도 종가문서중에서 이와 관련된 사료를 제시하였다. 즉 1701년 조선이 제례용(祭禮用) 과일을 일본에 주문한 일이 있었다.

먼저 《분류사고》 1701년 9월 27일 기사를 보면, "왕후 제례용으로 쓸 '구넨보'(久年母)와 밀감(蜜柑), 여지(茘枝 레이시) 등을 조선 측이 요청한 일"이 있었다고 한다.[376] 이 사건은 〈부표 10-1〉 연번 6의 9건 중에서 ① 久年母/蜜柑/茘枝(17010927 國用)에 해당한다. 위에서 보듯이 이 짤막한 기사를 통해서, 조선이 일본 측에 '구넨보(久年母)'라 불리는 식물을 비롯하여,[377] 밀감(蜜柑)[378]과 여지(茘枝)[379] 등을 주문하였음을 알 수 있다. 세

376) 王后祭禮用久年母蜜柑茘枝之事(《分類事考》 10, 〈御註文物之事 外向共〉, 元祿 14년(1701) 9월 27일, 일본 국립국회도서관 소장)

377) 한국학진흥사업성과포털에서는 이에 대하여 신유한(申維翰)의 《해유록(海游錄)》을 인용하여, "크기가 주먹만 한 것을 구년모(九年母)라 하였는데, 구년모라 불리는 어느 노파가 처음 심었기 때문에 지은 이름이라고 하였다. 또 구년모는 크기가 크며, 껍질째 씹어도 신선함과 향기가 입안에 가득 찼다."고 표현하였다는 설명을 달아 놓았다. 그런데 일본어 '구넨보'의 사전적 정의는 다음과 같다. "귤과의 상록(常綠) 소고목(小高木)이다. 인도차이나가 원산이다. 오래전 중국을 거쳐 일본열도에 전해져서 재배되었다. 줄기는 높이 3~5m까지 자란다. 귤과 비슷한 모양인데 그보다 약간 크다. 길이가 10㎝ 정도 되는 타원형 잎이 어긋나게 자란다. 초여름에는 가지 끝에 향기를 풍기는 흰색 오판화(五弁花)가 핀다. 열매는 지름 6㎝ 정도의 구형(球形)이며, 가을에 익으면 주황색으로 변한다. 껍질은 두껍고 씨앗이 많지만 단맛이 있어 생으로 먹는다. 한자명으로는 귤(橘)이다. 이것을 향주(香橙)로 적는 것은 잘못이며, 향귤(香橘)이 옳다.(《精選版 日本国語大辞典》)

378) 밀감(蜜柑)은 식물 운향과의 상록 활엽 관목이다. 높이는 3미터 정도이며 잎은 달걀 모양이고 톱니가 없다. 첫여름에 흰 꽃이 총상(總狀) 화서로 잎겨드랑이에서 피고 열매는 장과(漿果)로 첫겨울에 누런빛을 띤 붉은색으로 익는다. 과실은 '밀감'이라 하여 식용하고 껍질은 '귤피'라 하여 향료, 진피(陳皮) 대신으로 쓴다. 인가 부근에 심으며 한국의 제주도, 일본, 인도에 분포한다. 학명은 Citrus nobilis이다.

379) 여지(茘支, 茘枝)는 무환자나뭇과에 속한 상록 교목이다. 잎은 어긋나고 깃꼴 겹잎이며, 꽃은 잡성화로 연한 황록색의 양성화, 단성화가 피며, 열매는 둥글고 돌기가 있다. 주로 중국 남부 원산으로 과수로 재배한다. 키는 10~15미터이다. 학명은

가지 모두 과수(果樹)의 열매(과일)를 가리킨다. 이것을 '왕후의 제례용'으로 쓰고자 조선 측이 일본에 주문한 것이라고 한다.

《(관수) 매일기》를 통해서도 이때의 일을 확인할 수 있다. 1701년 9월 27일 기사부터 살펴보기로 하다. 이날 가별차(假別差) 정판사(鄭判事)가 왜관으로 들어와서 관수 측에 다음과 같이 말하였다. "왕후 서거(后逝去)에[380] 곧이어 제사(祭)가 예정되어 있는데, 그때 '구넨보'(久年母), 밀감(蜜柑), 여지(茘枝), 용안(龍眼)을 제례(祭禮) 용도로 (마련하지) 않으면 안 되므로, 비선(飛船)을 대마도(對州)로 보내서라도 조속히 구하여(取寄) 주기 바란다."고 했다. 그러자 당시 관수였던 시마오 하치자에몬(嶋雄八左衛門)이 (정판사에게) "일대관(一代官) 요시무라 쥬고로(吉村忠五郎)에게 가서 얘기하라"고 답변을 했다. 그래서 곧장 정판사가 일대관 쪽으로 가서 위의 내용으로 전달했다고 한다.

그 뒤 (일대관이 정판사에게) 답변을 어떻게 했는지를 통사(通詞) 모로오카 스케자에몬(諸岡助左衛門)을 시켜서 (요시무라) 쥬고로가 (관수에게) 보고를 해주어서 (관수가) 자세하게 알게 되었다. 그런데 밀감(蜜柑)과 구넨보(久年母)는 (대마도에) 재고가 있을 수 있겠으나, 용안(龍眼)에 대해서는 대마도(對州)에 재고가 없을 수도 있으니, 그것도 신속하게 전달할 것이라고 (정판사에게) 답변하도록 (관수가) 지시를 하였다.[381]

Litchi chinensis이다.

380) "축시(丑時)에 왕비 민씨(閔氏)가 창경궁(昌慶宮)의 경춘전(景春殿)에서 승하(昇遐)하였다."고 《숙종실록》(1701년 8월 14일)에 적혀 있는 중전 인현왕후(仁顯王后)의 승하 소식이 왜관에 공식적으로 전해진 것은 6일 뒤인 8월 20일이었다. 이날 훈도(訓導)와 별차(別差)가 통사(通事)를 왜관 안으로 들여보내, '중전 신사년 8월 14일 승하'(中殿辛巳八月十四日 昇遐)라 쓴 문서와 함께 이 사실을 관수에게 알렸다(《(館守) 每日記》 元祿 14년(1701) 8월 20일(일본 국립국회도서관 소장).

381) 今日假別差鄭判事致入館申聞候は 后逝去追付祭■候 其節久年母蜜柑茘枝(?)龍眼祭禮■不申候而難叶儀ニ御座候間 飛船を以對州へ被仰越早々御取寄被下候樣ニと申聞■一代官吉村忠五郎へ申談候樣ニと返答仕候處 則鄭判事一代官へ參右之趣申達候由 依之返答如何可仕之旨

위의 내용과 관련하여 (대마도에) 비선(飛船)을 따로 보내기는 어려운 상황이었다. 그런데 마침 근일(近日)에 일특송사(一特送使) 첨관이 (대마도로) 귀국하게 되어 있으니, 그 선편에 대관방(代官方)에서 위의 내용을 (대마도 본국에) 전달하도록 하라고, 이것 역시 (요시무라) 쥬고로에게 (관수가) 지시를 하였다.[382]

《분류기사》와 작성일이 동일한 《(관수) 매일기》 1701년 9월 27일 기사에는 조선 측이 왕후 제례용으로 일본에 과일을 주문한 정황이 좀 더 자세하게 기술되어 있다. 다만 《분류기사》에는 '구넨보' 등 3종이, 《(관수) 매일기》에는 용안을 추가하여 4종이 적혀 있는 점이 다르다.

조선 역관을 통해서 왕실 제례용 과일을 비선을 보내서라도 급히 구해달라는 요청을 받은 관수(嶋雄八左衛門)는 다음과 같이 조선 역관에게 답변했다. 즉 비선을 이용하는 것보다는 조만간 대마도로 귀국하게 되어 있는 일특송사(一特送使) 선박을 이용하여 대마도 본국에 알리겠다고 했다. 그러면서 조선이 요청한 물품 중 용안(龍眼)에 대해서는 대마도에 재고가 남아 있을지 걱정이 된다는 점도 함께 조선 측에 전달했다. 이와 같은 사실이 1701년 9월 말 시점의 《(관수) 매일기》를 통해서 확인된다는 점에 주목할 필요가 있다.

《(관수) 매일기》(1701년 11월 28일) 기사를 통해서, 위의 일특송사 선박이 언제 대마도로 돌아갔는지를 확인할 수 있다. 일특송사 일행이 타고 갈 2척의 배가 귀국 준비를 마치고 부산에서 출발한 것은 10월 5일이었다.[383]

通詞諸岡助左衛門を以忠五郎方より申聞候付　委細承屆候　併蜜柑久年母は　■有合可申■龍眼之儀■對州へ有合可申も難計候　夫共ニ急便ニ可申越由返答被仕候樣ニと申遣.（■은 원본 상태 불량）

《(館守) 毎日記》 元祿 14년(1701) 9월 27일(일본 국립국회도서관 소장)

382) 右同斷ニ付　飛船差渡候ニは及申間敷候間　近日一特送使僉官中歸國ニ付　此便ニ御代官方より　右之趣被申越候樣ニと是又忠五郎方へ申遣.

《(館守) 毎日記》 元祿 14년(1701) 9월 27일(일본 국립국회도서관 소장)

그런데 일특송사 일행을 태운 그 배가 바다를 건너서 대마도 북쪽 끝 와니우라(鰐浦) 근처에 이르렀을 때, 2척 모두 역풍(逆風)을 만나게 되었다. 그래서 (선박 출입을 관리하던) 관소(關所)에 닿지 못한 채 바람에 밀려 떠내려가고 말았다. 제1호선(大福丸)은 시모노세키(下関; 현 山口県下関市—인용자주)까지, 제2호선(三吉丸)은 지노시마(地嶋; 현 福岡県宗像市—인용자주)까지 각각 표류했다. 그 배가 대마도(府中)에 귀착(歸着)을 한 때는 제1호선은 11월 3일, 제2호선은 10월 26일이었다고 한다.[384)]

따라서 1701년 9월 27일 기사에 나오는 '왕후 제례용 과일의 주문' 사실이 10월 말(또는 11월 초)에 가서야 대마도에 보고되었을 것으로 추정된다. 다만 당시 사정에 대해서는 위의 《(관수) 매일기》 기사만으로는 확인하기 어렵다. 그래서 다음에 소개하는 《분류기사대강》 자료에서 그 실마리를 찾아보려고 한다.

《분류기사대강》 29(1701년 11월 5일)에는 대마도에서 관수(嶋雄八左衛門)에게 보낸 서장(書狀)이 실려 있다. 그 줄거리는 다음과 같다.

훈도와 별차가 왜관으로 들어와서, "지난번에(1701년 8월 14일—인용자주) 서거(逝去)하신 왕후(后) 제례(祭禮) 때 쓸 여지(荔支), 용안(龍眼), 밀감(蜜柑), '구넨보'(久年母)를 마련하지 않으면 안 되기에 (이를) 조달하고자 하니, 부디 비선(飛船)이라도 (대마도에) 급히 보내서, 위의 4종을 구해주도록 해달라."고 말한 것을 다시 거론하였다. 그러면서 그것에 대하여 (관수가) "이번에 (귀국하는) 일특송사(一特送使) 편으로 대관방(代官方)이 감정소(勘定所)에 알렸다"는 사실을 자세히 말해 주어서 (대마도에서도 이를) 알

383) 《(館守) 毎日記》 元祿 14년(1701) 10월 3일, 동 4일, 동 5일(일본 국립국회도서관 소장)

384) 右者先月五日一特送使歸國之刻、貳号船三吉丸便ニ … (중략) … 鰐浦迄差越候處ニ一特送使僉官中乘船逆風ニ逢御關所へも難乘取 壹号船は下関貳号船は地嶋へ漂着仕 貳号船は先月廿六日壹号船ハ去ル三日御國へ歸着之由 … (후략) …. (《(館守) 毎日記》 元祿 14년(1701) 11월 28일(일본 국립국회도서관 소장)

게 되었다고 하면서, “곧장 감정소에서 신속하게 조달하도록 할 것이니, (위의 4종이) 조달되는 대로 빠르게 (왜관으로) 보낼 것이다.”고 회신하는 내용이었다. 그러면서 “위는 겐로쿠(元祿) 14년(1701년—인용자주) 11월 5일, 시마오 하치자에몬(嶋雄八左衛門) 쪽으로 보냄”이라고 끝을 맺고 있다.385)

위에 인용한 서장(書狀)은 대마도에서 왜관의 관수(嶋雄八左衛門)에게 보낸 문서이다. 문서 작성일이 11월 5일이라는 ‘시점’을 생각해 보면, 이것은 일특송사 선박이 모두 대마도로 돌아간(제1호선 11월 3일, 제2호선 10월 26일) 뒤의 일이다. 다만 11월 5일까지는 조선이 요청한 제수용(祭需用) 과일이 아직 왜관에 도착하지는 않았던 것으로 보인다.386)

그렇다면 조선 정부가 일본에 ‘구넨보’(久年母) 또는 용안(龍眼) 등을 주문하기 시작한 것이 언제부터였을까? 그것이 언제까지 지속되었던 것일까? 이 문제는 앞으로 더 연구해야 할 과제이다. 여기에서는 1년 전인 1700년의 사례를 언급하는 것으로 그치고자 한다.

먼저 〈조선에서 소망한 물품 기록 모음〉이라는 제목의 자료에 들어 있는 1700년의 기사 2건을 참고할 필요가 있다.387) 이 가운데 동년 10월 11일

---

385) 一 訓導別差入館仕り 先比逝去被致后祭禮之節茘支龍眼蜜柑久年母備不申候而難叶義ニ候間相調申度候 何とそ飛船を以成りとも急便ニ被仰越 右之四色御取寄被下候様ニ申候ニ付 今度一特送使便ニ御代官方より御勘定所へ申越候由 委細被申越承届 則御勘定所へ早々相調候様ニ申度候間 相調急便ニ差越可申候.

右 元祿十四年 十一月五日 嶋雄八左衛門方へ申遣ス

(〈朝鮮より所望物集書〉, 《分類紀事大綱》 29, 일본 국립국회도서관 소장)

386) 숙종의 중전 인현왕후의 승하를 가리켜 《(관수) 매일기》에서는 ‘서울의 왕후 서거’(都后逝去)라고 표현하였는데, 이를 조문하기 위한 조례사(弔禮使)가 일본(대마도)에서 바다를 건너와 왜관에 도착한 것이 1702년 2월 13일이었다(《(館守) 每日記》 元祿 15년(1702) 2월 13일(일본 국립국회도서관 소장)). 따라서 전년도 9월 27일 조선 역관이 왜관으로 들어가 관수에게 요청했던 ‘구넨보’ 등 4종을 이때의 조례사 일행이 지참하고 왔을 가능성도 있다고 생각한다.

387) 〈朝鮮より所望物集書〉, 《分類紀事大綱》 29, 일본 국립국회도서관 소장.

서장(書狀)은 당시 재판(裁判)이었던 히라타 쇼자에몬(平田所左衛門)이 보낸 것으로 보인다. 동년 11월 13일 서장은 그와 반대로 히라타 쇼자에몬에 전달된 것이다.

주요 내용을 살펴보면 동래부사가 재판에게 밀감(蜜柑)과 '구넨보'(久年母)를 주문하였고, 이때의 명목은 '조선 국왕의 약용(藥用)'으로 쓰기 위함이라고 하였다(10월 11일). 동래부사의 요청이 왜관의 관수를 거쳐서 대마도에 전달되었다. 그 뒤 해당 물품을 선적한 배가 바다를 건너와 왜관에 도착했다(10월 14일).[388] 이튿날(10월 15일) 조선의 두 역관(훈도, 별차)이 왜관으로 들어가 주문품을 전달받아 이를 동래부사에게 보고했을 것으로 보인다. 그 뒤 "동래부사가 감사의 인사를 재판에게 보냈음"이 확인된다. 이것을 놓고 볼 때 대마도에서 비선을 통해 급히 조달한 밀감과 '구넨보'가 동래부사에게 실제로 전달되었음이 확실하다고 판단된다.

다만 이때 일본 측이 조선 역관에게 언급했던 내용과 그 표현 방법에 대하여 주목할 필요가 있다. "전임 대마도주(대마번주)가 동래부사에게 약용으로 쓸 소고기를 요청했을 때, '조선 정부의 도살 금지 정책'을 이유를 들어서 (대마도의 요구를) 거절했던" 전년도(1699년) 사례를 일본 측이 일부러 지적한 점이 주목된다. 즉 동래부사가 조선 국왕의 약용으로 쓸 물품을 요청했을 때 일본 측이 신속하게 그것을 조달해준 1700년 사례와 그 전년도 조선 측이 대마도의 요청을 거절했던 사례를 의도적으로 대비시킨 것은 매우 흥미로운 대목이다.[389]

---

388) 右飛船便ニ先頃東萊より裁判平田所左衛門方迄被申聞候久年母蜜柑被差渡(《(館守) 毎日記》元祿 13년(1700) 10월 14일, 일본 국립국회도서관 소장)

389) 이보다 30년 뒤인 1730년에도 조선 정부가 '구넨보(久年母)'와 용안육(龍眼肉)을 주문하였다(<부표> 중 조선 항목 연번 6의 ④ 久年母.龍眼肉(17300929 國用) 참조). 이때는 대비(大妃) 제례용(祭禮用)으로 구넨보(久年母) 800개, 용안(龍眼) 6근을 조달해 줄 것을 동래부사의 지시를 받은 두 역관(훈도, 별차)이 왜관 측에(古館守) 주문하였다. 이에 대마도에서는 비선(飛船)을 띄워서 조선 측의 주문(요청)에 따

2. 일본이 조선 측에 주문한 물품

일본에서 조선의 인삼에 대한 수요가 높았음은 잘 알려진 사실이다. 1609년 조선에 온 일본 사신이 인삼 등의 무역을 요청한 것에서도 이를 잘 알 수 있다.[390] 인삼은 고가품이어서 구매력이 높은 권력자나 고위층에서 더 많이 소비하였다. 게다가 당시 인삼은 자연에서 채취하는 산삼(山蔘)이어서 공급량이 제한되어 있었다. 따라서 인삼 무역을 요구하는 주체는 주로 대마도주나 막부 관료 등 권력자들이었다.

예를 들면 예조에서 펴낸《변례집요》임신(1632년) 11월 기사에 일본이 '어용약재(御用藥材) 38종의 무역을' 요청했다는 기사가 보인다.[391] 이때의 어용(御用)은 아마도 대마도주를 가리키는 것으로 판단된다. 그런데 같은 자료의 기축(1649년) 8월 기사에서는 "도주(島主)가 극상인삼(極上人蔘) 100근을 구무(求貿)했다"고 적혀 있다.[392] 갑진(1664년) 9월에도 도주가 절실하게 쓸 곳이 있어서 상품인삼(上品人蔘) 30근을 긴급하게 무역해 줄 것을 요청했다고 한다.[393] 여기에서는 '(대마)도주'와 '극상인삼' 또는 '상품인

랐다. 9월 20일 두 역관에게 '구넨보(久年母) 800개, 용안(龍眼) 6근'을 전달하였으며, 그 뒤 동래부사가 감사의 인사를 왜관 측에 전했다(《(館守) 每日記》享保 15년(1730) 9월 5일, 동 20일, 동 26일, 동 29일(일본 국립국회도서관 소장);《分類紀事大綱》I,《分類紀事大綱〉四, 大妃薨去之事, 享保 15년(1730) 9월 4일, 동 5일, 동 14일, 동 23일(국사편찬위원회, 2005);《分類紀事大綱〉四(大妃薨去之事)의 국사편찬위원회 원본 자료의 등록번호는 DK 4523.

390) 기유년(1609) 6월 객사(客使) 평경직(平景直)이 우황(牛黃) 4냥을 요구하였으며, 현소(玄蘇) 등이 거래를 요청한 것 중에 인삼 13근과 청심원(淸心元) 39환 등 여러 물품이 들어 있었다. 이에 조선 정부는 차관(差官)으로 최인건(崔仁健)을 보내 대응하였다고 한다.《邊例集要》(권 12 求貿), 서울대학교 규장각한국학연구원 소장(奎貴2089-v. 1-18);《邊例集要》下(한국사료총서 제16), 국사편찬위원회, 1984, 202쪽.

391)《邊例集要》(권 12 求貿);《邊例集要》下, 204쪽.

392)《邊例集要》(권 12 求貿);《邊例集要》下, 213쪽.

393)《邊例集要》(권 12 求貿);《邊例集要》下, 223쪽.

삼'을 뚜렷하게 밝히고 있어서, 일본 측에서 인삼을 구하는 주체가 누구인지, 어떤 인삼을 원했는지가 명확하게 드러난다.

《변례집요》 임자(1672년) 8월 기사에서는 처음으로 '강호(江戶)'라는 두 글자가 인삼과 함께 등장하여 주목된다. 즉 도주가 체송봉행(替送奉行)을[394] 하러 에도(江戶)로 가게 되었는데, (막부 쇼군에게) 문안(問安) 때 세폐(歲幣)로 쓸 인삼이 필요하다고 하면서, 극품인삼(極品人蔘) 200근의 무역을 요청했다. 이에 대하여 조선 정부는 200근 중 70근만 허락했다고 한다.[395]

위에 제시한 극품인삼 또는 상품인삼은 어떤 의미를 지니는 것일까? 왜 대마도는 조선 정부에 최고급 품질의 인삼을 요청했던 것일까? 여기에서는 극품인삼(상품인삼)이 시장에서 상인을 통해 확보할 수 있는 '일반인삼'과 대칭되는 개념으로 사용되었다고 생각한다. 그동안 대마도가 막부에 인삼을 헌상하면서 '상고(商賈)의 피집삼(被執蔘)'을 보내왔는데, 그때마다 인삼의 품질을 염려했다고 한다. 그래서 이번에는 인삼 가격이 높고 낮음을 따지지 말고 극품인삼 200근을 특별히 허락해 달라는 것이 대마도의 요청이었다.[396]

1686년 12월에도 대마도주는 최고급 품질의 인삼 50근을 요청하면서, 조선으로 '사서(私書)'를 보내왔다. 삼로(蔘路) 즉 인삼의 유통이 끊겨 대마도가 어려움을 겪고 있으니, 이를 허락해 달라는 것이었다. 이에 대하여 조선 정부는 "인삼의 채취를 금지하고 있는 마당에 인삼의 무역을 허락한다는 것은 사리에 맞지 않으며, 인삼 50근을 모을 길도 없다."는 이유를 들어서 대마도주의 요청을 들어주지 않았다(防塞).[397] 1694년 7월에도 대마도주

---

394) 여기에서 말하는 체송봉행(替送奉行)은 일본의 참근교대(參勤交代)를 가리키는 것으로 보임.

395) 《邊例集要》(권 12 求貿); 《邊例集要》 下, 227쪽.

396) 壬子八月 府使李夏時 … 島主替送奉行於江戶 以爲過歲問安 以歲幣所用人蔘 以商賈被執蔘貿送 每患不好 今番段 不計價之高下 極品人蔘二百斤 拔例許貿云云是白乎所 … 回啓 求貿之數如是浩多 二百斤內七十斤 令該曹措備下送. 《邊例集要》(권 12 求貿); 《邊例集要》 下, 227쪽.

가 '사서(私書)'를 보내 관백(關白)의 명령이라고 하면서 극품인삼(極品人蔘) 50근을 구무(求貿)한 사실이 있었다. 이에 대하여 동래부사는 "관백의 명이라는 이유를 내세워서 별도로 구무(求貿)를 할 수는 없다"고 하면서, (극품인삼이 아닌) '상고인삼(商賈人蔘)'으로 무역을 허락하여 들여보낼 것이라고 장계(狀啓)를 올린 바 있다.[398]

위의 사례에서 주목되는 것은 두 가지이다. 하나는 인삼의 품질에 관한 것이다. 대마도가 확보하고자 했던 것은 시장에서 상인들이 조달하는 인삼(商賈人蔘)이 아니었다. 이때까지만 하더라도 품질이 보통 수준인 인삼에 대해서는 대마도가 조선 정부에 특별히 요청하지 않더라도 충분히 조달이 가능했던 것으로 짐작된다. 대마도 입장에서 보았을 때 가장 중요한 문제는 최고급 품질의 인삼(極品人蔘)을 확보하는 것이었다. 두 번째는 인삼의 조달 방식에 관한 것이다. 대마도는 최고급 품질의 인삼을 조선 정부의 특별 허가를 통해서 추진하려 했다. 대마도주의 사서(私書)를 보내온다든가, 강호(江戶) 또는 관백(關白)을 들먹인다든가 하는 방식이 최고급 품질의 인삼을 확보하기 위한 전략이었던 셈이다. 그런데 이때까지만 하더라도 대마도의 기대만큼 그것이 원활하지 못했던 것으로 보인다.

그런데 1715년에 오면 새로운 변화가 나타났다. 첫째, 서계(書契)가 등장하였다. 이것은 그 전의 대마도주 사서(私書)를 대신하여 제시된 방식이다. 대마도주가 인삼의 유통과 관련하여 서계를 보낸 것은 1688년에도 있었다.[399] 둘째, 관백(關白)의 병(病)을 사유로 제시하였다. 이것은 전례가 없는

---

397) 《邊例集要》(권 12 求貿); 《邊例集要》 下, 234-235쪽.

398) 甲戌(1694) 七月 府使韓命相時 館守言內 因關白命令 極品人蔘五十斤求貿事 島中私書出來 請速廣覓下送云云 卽今通蔘之時 稱以關白之命 別爲求貿不可 故以商賈人蔘 許貿入送事 據理責諭 緣由啓 無回下. 《邊例集要》(권12 求貿); 《邊例集要》 下, 239쪽.

399) 元祿 2년(1689) 기사년 4월 작성된 '(대마도주가) 예조참의(원문은 禮曹大人)에게 보내는 인삼에 관한 것을 고하는 서계와 별폭(遣禮曹大人告人蔘事書幷別幅)'과 '(대마도주가) 동래부사와 부산첨사에게 보내는 서계와 별폭' 등 2통을 古賀兵右衛門이

일이었다.

《변례집요》 을미(1715년) 10월 기사를 보면, 대마도주가 인삼 30근을 구무(求貿)하는 서계를 보내왔다고 적혀 있다. 이때 관수(館守)가 말하기를, "상고(商賈)가 매매하는 인삼은 오로지 근냥 즉 무게를 중시하기에 품질이 좋지 않아서, 약용(藥用)으로 쓰기에는 적합하지 않다."고 했다. 그러면서 "극품 인삼(極品人蔘)의 무역을 허락해 주면, 그것을 에도(江戶)로 가지고 가려고 한다."고 말했다고 한다. 이에 대하여 동래부사는 정해진 날에 열리는 개시(開市)를 통해서 값을 주고 동래상인(원문은 商賈)과 거래하면 될 일이라고 하면서, 서계(書契)를 물리치고 베껴 적은 등본(謄本)을 올려보냈음을 장계(狀啓)한 일이 있었다. 그러자 동년 11월에는 관수가 이제는 관백이 병이 있어서(關白有病) 어쩔 수 없이 인삼 무역의 허용을 요청한다고 말했다. 관백의 질병 치료용으로 인삼 무역을 허락하는 것은 교린(交隣)의 의리를 해치는 것은 아니지만, 서계는 훗날의 폐단을 막기 위해서 받아들이지 말 것을 아뢰었다. 이에 대하여 조선 정부는 대마도가 요청한 인삼 30근 중에서 20근을 특별히 허무(許貿)하되, 서계는 올려보낼 필요가 없다고(書契不必上送) 지시를 내렸다.[400]

가지고 와서 조선 측에 전달하였다. 이에 대하여 기사년(1689) 8월 작성된 '예조의 답서'와 동년 9년 작성된 '동래부사의 답서' '부산첨사의 답서' 등 3통을 古賀兵右衛門이 가지고 돌아갔다. 인삼의 유통이 부진하여 대마도가 어려움을 겪고 있으니, 성신(誠信)의 길을 굳건히 할 수 있게 전례대로 유무상통(有無相通)이 되도록 해달라는 대마도주의 요청에 대하여, 조선 정부서는 선린(善隣)의 의리를 생각하여 인삼이 있을 때는 허용하였지만 지금은 인삼이 끊겨 허용할 수 없다고 거부한 바 있다. 《兩國往復書謄》 12(일본 국립국회도서관 소장)

그런데 대마도가 작성한 사무역(私貿易) 장부에 따르면(1684-1710년), 조선의 인삼 수출량(일본의 수입량)이 1686년(3,265근), 1687년(710근), 1688년(1,033근), 1689년(727근), 1690년(696근), 1691년(3,639근) 등으로 변동의 폭이 컸지만, 그렇다고 해서 인삼 수출량(수입량)이 전무(全無)였던 해는 이 기간에는 없었다. 정성일, 《조선후기 대일무역》, 신서원, 2000, 395쪽.

400) 《邊例集要》(권12 求貿); 《邊例集要》 下, 246쪽.

그런데 1716년과 1718년에도 인삼과 관련된 서계(以人蔘事書契) 문제로 양측이 의견 대립을 하였다. 《변례집요》 무술(1718년) 정월 기사에 따르면, "만송원송사(萬松院送使) 연석(宴席)이 끝난 뒤, 재판왜(裁判倭)가 동래부사(趙榮福)에게 면담을 신청하기에 부득이 허락하여 만났다."고 되어 있다. 그런데 그 자리에서 일본의 재판이 "(前)관백의 말이 있어서 인삼을 구무(求貿)하였는데, (조선이) 인삼 무역은 허락하면서도(許給蔘), 이와 관련된 회답서계를 허락하지 않는다(不許答書)."고 따지면서, 언성을 높이고 안색을 바꾸어 거칠게 행동하기에, 동래부사가 엄하게 꾸짖으며 훈도와 별차를 시켜서 끌어내게 하였다. 그러자 재판이 훈도(訓導)의 수염(鬚子)을 손으로 붙잡고 마치 싸우듯 한 일이 있어서, 이에 급히 보고를 하였다는(馳達) 기록이 보인다.401)

《(관수) 매일기》에는 만송원송사 출연석(出宴席)이 1718년 1월 16일에 있었다고 적혀 있다. 그런데 이날 연석이 '순조롭게' 잘 마무리가 되었다고 첨관들이 관수 쪽으로 가서 보고하였다고만 적혀 있다.402) 정말로 관수가 이날의 소란에 대하여 보고를 받지 않아 모르고 있었는지는 의심의 여지가 있다.

《왜인구청등록》 무술(1718) 2월 28일 기사에는 더 자세한 기록이 남아 있다. ㉠ "지난번 전(前) 관백(關白)의 병으로 인삼 무역을 요구하였으나, 조정(朝廷)에서는 단지 인삼만 지급할 것을 허락하고, 답서를 허락하지 않았다." ㉡ "임역(任譯)이 인삼과 관련한 서계(書契)를 묘당에 잇달아 보고하였으나, 시행한다는 허락을 받지 못하였다." ㉢ "재판왜가 연청(宴廳)에서 손으로 훈도의 염자(冉子)를 잡아 싸우는 것 같았다."고 적었다.403) 이것은

---

401) 《邊例集要》(권12 求貿); 《邊例集要》 下, 248쪽.

402) 右宴席首尾克相調候由御僉官中罷出被相届ル. 《(館守) 每日記》 享保 3년(1718) 1월 16일.

403) 《倭人求請謄錄》 제8책 무술(1718) 2월 28일(《국역 왜인구청등록(Ⅴ)》, 부산광역시사편찬위원회, 2008, 229쪽).

앞에서 살펴본 《변례집요》의 내용과 일치한다. 그런데 이때 공작미의 미수(未收) 문제, 표류 선박(虛船)의 문제 등이 인삼 문제와 함께 얽혀 있었기에, 조선 정부가 단호한 입장을 견지할 수밖에 없었다고 한다. “인삼 무역의 요구는 오로지 관백의 병을 위해서이므로 인삼은 즉시 지급하도록 허락하였으나, 서계는 답장할 필요가 없다고 이미 임금의 명령(筵教)이 있어서 당초부터 물리쳤는데도, 회답서계를 받아 가려고 왜관에 3년이나 머물고 있으면서, 더구나 괴이하고 독한 형색으로 해괴하고 이상한 행동을 한 것은 엄하게 꾸짖고 타일러야 한다.”는 조선 정부의 입장은 변함이 없었다.[404]

위에서 1715년 무렵 인삼 무역을 둘러싼 움직임을 조선 기록을 중심으로 살펴보았다. 아래에서는 최고급 품질의 인삼을 확보하기 위한 일본의 전략과 그에 대한 조선의 대응을 일본 기록을 바탕으로 소개하고자 한다.

《분류사고》(1715년 9월 24일)를 보면, 일본 막부의 쇼군(公義)이 인삼을 요청한 사실이 적혀 있다. “공의(公義)가 (건강이) 평소 같지 않아서 서한(書翰)을 보내서 인삼(人蔘)을 소망하였는데, (보내온 인삼의) 품질이 나빠서 반환하여 (그것을) 넘겨준 일(持渡)”이 있었다고 한다.[405] 이 사건은 〈부표 10-1〉 연번 6의 9건 중에서 ① 人蔘(17150924 公義)에 해당한다.

이보다 열흘 전인 1715년 9월 14일 작성된 서장(書狀)이 대마도에서 왜관 쪽으로 보내졌다. 《분류기사대강》에 실려 있는 서장의 내용을 간추리면 아래와 같다(원문은 국사편찬위원회 한국사데이터베이스를 통해서도 검색 가능).

‘쇼군(公義)의 환후(不例)’를 이유로 내세워서 최고급 인삼을 조선에 주문하라는 지시를 담은 서장(9월 14일 작성)이 왜관에 전달된 것은 열흘 뒤인 9월 24일로 추정된다.[406] 관수에게 전달된 지시 사항은 크게 세 단락으로

---

404) 《倭人求請謄錄》 제8책 무술(1718) 2월 28일(《국역 왜인구청등록(V)》, 230쪽)

405) 公義御不例ニ付御書翰を以人蔘被成御所望候處悪品ニ付被差返持渡之事(《分類事考》 10, 〈御註文物之事 外向共〉, 正德 5년(1715) 9월 24일, 일본 국립국회도서관 소장)

구분해 볼 수 있다.[407]

첫째, 지금까지 있었던 인삼 조달과 성격이 다르다는 점을 힘주어 말하면서, ㉠ 인삼의 품질, ㉡ 동래부사에게 보낸 외교문서, ㉢ 조선 역관(훈도, 별차)과 실무 협상 등을 거론하고 있다. 즉 대마도주가 이전에도 최고급 인삼 중에 골라서 쇼군 환후 문안 용도로 헌상한 적이 있었는데, 근년 인삼 품질이 나빠져서 걱정이 많이 되었기에, 동래부사에게 서한(서계—인용자)을 보내 '최고급(極品) 인삼 30근'을 부탁하려는 것이니, 양역(훈도, 별차)에게도 이 사실을 알려서, 아무튼 신속하게 인삼을 조달하라고 관수에게 지시하는 내용이다.

둘째, 환후 중인 쇼군의 치료용으로 쓸 인삼이라는 점을 거듭 강조하면서, ㉠ 쇼군의 환후를 다른 나라(조선)에 알려서는 안 되었기에, 동래부사 앞으로 보내는 서한(서계)에 명시적 표현 대신에 '공용(公用)'이라는 문구를 넣었으니, ㉡ 이번 인삼 요청이 쇼군의 환후와 관련된 것임을 관수(貴殿)가 구두로 조선 역관(양역)에게 상세하게 설명해도 상관이 없겠으며, ㉢ 이를 신속하게 처리해 주도록 양역에게도 말하라고 하면서, 인삼이 조달된 뒤에는 대마도에서 조선 측에 신속하게 답례하겠다는 내용이다.

셋째, 조선에서 조달하는 인삼 가격을 결제하는 실무적인 방식을 언급하는 동시에, 이번 인삼 조달이 양국 간 성신(誠信)의 정신과 연결되어 있음을 강조하는 거시적인 전략을 제시하였다. 즉 ㉠ 서한(서계)을 보내서 인삼을 요청하니, 성신(誠信)을 생각해서라도 보내주도록 할 것이며, ㉡ 인삼을 대은(代銀) 방식으로 조달하려고 할 때, 일본 은화의 국내 유통 금지 정책

406) 1715년 9월 14일 작성된 서장(書狀)과 관련된 내용이 《(관수) 매일기》 9월 24일 기사에 실려 있다. 이것은 이 서장이 비선(飛船)을 통해서 대마도에서 왜관까지 열흘도 걸리지 않을 정도로 짧은 기간에 전달되었음을 말해 준다. 《(館守) 每日記》 正德 5년(1715) 9월 24일.

407) 《分類紀事大綱》 I(대마도종가문서 자료집 1, 국사편찬위원회, 2005, 16-17쪽); 《分類紀事大綱》 一, 〈獻上人參御求被成候事〉 正德 5년(1715) 9월 14일.

에 저촉될 수도 있겠지만, 이번에는 쇼군 환후 때문에 공용으로 요청한 것이니, 대은(代銀) 방식으로 조달해도 무방할 것으로 전망하면서, ㉢ 조선 역관들이 중간에서 지연시킬 수도 있으니, 결제 방식은 어느 쪽으로 하든 인삼을 신속하게 조달하도록 협의하라고 관수에게 지시한 내용이다.

그런데 조선 정부는 두 가지 중 하나만 들어주는 결정을 하였다. 《변례집요》 을미(1715년) 10월 기사에서 보았듯이, 대마도주가 요청한 인삼 30근 중 20근을 특별히 허무(許貿)하되, 서계는 올려보낼 필요가 없다고(書契不必上送) 지시를 내린 바 있었다. 이 결정이 왜관의 관수를 통해서 대마도에도 전달이 되었을 터이다. 그렇다면 대마도 측의 반응은 어떠했을까? 1715년 11월 17일 작성된 서장이 관수에게 전달되었는데, 이 서장 속에서 일본 측의 생각을 엿볼 수 있기에 아래에 전문을 소개하고자 한다.[408]

〈사료 10-1〉

최동지(崔同知)[409]가 귀하(관수—인용자)에게 말한 취지를 잘 알아들었는데, 예상 밖의 답변이므로 신속하게 최동지를 불러들여서 전달해야 할 것입니다. 이번 인삼에 관한 일은 쇼군(殿下)이 급히 필요한 것이어서 서한(書翰)을 통해서 말했던 것이었습니다. 그런데 이것은 있을 수 없는 답변입니다. 비선(飛船)을 통해서 이번에는 쇼군(公義)의 급용(急用)이어서 부득이 위와 같이 소망을 하셨던 것입니다. 평소라면 상고(商賈)한테서 조달한 인삼 중에 골라서 공용(公用)으로 전달하였기에 헌상 인삼을 끝내 소망하시

---

408) 《分類紀事大綱》 I(대마도종가문서 자료집 1, 국사편찬위원회, 2005, 16-17쪽); 《分類紀事大綱》 一 〈獻上人參御求被成候事〉 正德 5년(1715) 11월 17일.

409) 1715년 11월 17일 시점의 최동지(崔同知)는 당시 훈도(訓導)를 맡았던 최억(崔檍)으로 추정된다(《倭人求請謄錄》 을미(1715) 1월 9일; 《국역 왜인구청(V)》(부산사료총서 15), 부산광역시사편찬위원회, 2008, 207쪽; 《典客司謄錄》 을미(1715) 6월 17일; 《국역 전객사등록(I)》(부산사료총서 16), 부산광역시사편찬위원회, 2009, 140쪽). 한국학중앙연구원의 한국역대인물 종합정보시스템에 따르면, 최억(崔檍)은 을묘년(1675) 증광시(增廣試) 역과(倭學)에 입격한 것으로 나와 있다.

지 않았을 것이지만, 이번 헌상 인삼 중에 (무게를 늘리기 위하여—인용자) 끼워 넣은 것 같은 것이 있어서, 최상품(極品)을 헌상하라고 말씀을 하셨기에, 어떻게든 인삼을 골라서 헌상하고자 했던 것입니다. 선례가 없는 것은 이쪽에서도 잘 알고 있습니다. 그렇지만 성신(誠信)을 생각해서 보내주신다면, 그러한 상황은 어떻게든 차단하여, 긴급하게 어용(御用)을 전달하지 않으면 안 되었습니다. 그런데 그럴 생각도 없고, 오로지 선례에만 집착하여 조정하지 않고, 그런 나머지 서한(書翰)도 수령하지 않은 것은 그 의미를 이해할 수 없습니다. 서간(書簡)에 관한 것은 어찌 된 일인지 답변을 듣지 않으면 안 되겠는데, (막부에서) 공용(公用)으로 쓸 인삼에 대한 (조선 측의) 답변이 무례(不埒)하고, 특히 서한(書翰)을 받지 않은 것은 그러한 예법(禮式)을 고금(古今)에서 들어보지 못하였습니다. (이웃나라와 사귄) 인교(隣交)가 100여 년이 되었는데, 그와 같은 무례한(不埒) 일이 없을 것이라고 말하기 어려우니, 그것에 대응하여 협의하지 않으면 안 되는 것은 이치로 보면 당연한 것입니다. 그러므로 일의 경중(輕重)과 완급(緩急)을 논하지 않고, 예외라고만 말할 수 있을지? 이전에 조선이 유황(硫黃)을 소망(所望)한 적이 있었는데, 전례가 없는 일이었지만, 성신(誠信)을 다하여 만 근(萬斤)이나 되는 많은 양인데도 (조선으로) 보냈으며, 특히 유황(硫黃)은 군용(軍用)으로 가장 중요한 물품이어서, 외국(外國)으로 보내는 것이 성신(誠信)의 지극(至極)함이 없이는 하기 어려운 일입니다. 조선(朝鮮)은 중국(中國)의 번신(藩臣)이면서도, 흑각(角), 유황(硫黃), 군기(軍器), 병서(兵書) 같은 것은 중국(中國)에서 조달하는 것조차 소망하는 대로는 허용되지 않는데도, 일본(日本)에서는 성신(誠信)을 다해서 보냈습니다. 게다가 인삼(人參)이라고 하는 것은 겨우 약용(藥用)으로 쓰는 물품인데, 군용(軍用)의 유황(硫黃)하고는 크게 차이가 있습니다. 특히 이번 인삼은 긴급하게 필요로 하는 급용(急用)이고, (요구하는 수량이) 겨우 30근이기에, 그것을 준비하기가 어렵다고 말할 수는 없는 일입니다. 그런데도 어떻게든 선례에 어긋난다고 논리를 내세우는 것은 도무지 그 뜻을 헤아리기 어렵습니다【밑줄 A—인용자】. 그렇지만 그와 같이 대책 없는 일은 조정(朝廷)이나 동래(東萊)에서 제시하기는 어렵습니다. 틀림없이 역관(譯官)들이 중간에서 간계(奸計)를 꾸며서 허위(虛僞)로 말했을 수 있습니다. 특히 그러한 일을 계문(啓聞) 하지 않았습

> 니다. 이전에는 각별하게 계문(啓聞)만 하면 모든 것을 조정(朝廷)에서 처리하게 되었는데, 도리가 아닌(非道) 방식으로 일을 처리하여 성신(誠信)을 엷게 만드는 것은 있을 수 없는 일입니다. 그런데 최동지(崔同知)가 계문(啓聞)이 있었다고 주장하는(申分) 것도 의심스럽게 생각이 됩니다【밑줄 B—인용자】. 쇼군(殿下)의 환후(不例)가 점점 쾌차하는(快然) 것은 차차 도래할 일입니다만, 지금 당장 인삼을 매번 헌상하라고 에도(江戶)에서 지시가 내려오고 있으니, 전례(前例)의 유무(有無)에 관한 일, 서한(書翰) 증답(贈答)에 관한 내역은 앞으로 어떻게든 (조선에) 전달해야 할 것이므로, 우선 급용(急用)의 인삼(人參)을 소망하는 근수(斤數)대로 전해주지 않는다면, 양국의 성신(誠信)이 바로서기 어렵습니다. 더욱이 서한(書翰)에 관한 것은 어떤 것이 되었든 수용(受用)을 하지 않을 까닭이 있을 수 없는 바, (동래부사가) 개인적으로(私方) 대마도(對州)에 반환하는 것은 결코 있을 수 없습니다【밑줄 C—인용자】. 이것 또한 동래(東萊)에 전달하도록 하는 것을 역관(譯官)을 불러서 엄하게 말하여 명백하게 동래(東萊)에서 (조정으로) 계문(啓聞)하도록 하여야 한다는 내용으로 대마도(對州)에서 지시가 왔다고 자세하게 양역(兩譯)에게 말하라고 관수(館守)에게 전함(申遣).
>
> 위는 11월 17일 날짜임.

〈사료 10-1〉의 서장(書狀)은 관수에게 지시한 내용이어서, 직접 조선 측에 이렇게 표현한 것은 아닐 수도 있다. 그렇지만 이것은 대마도의 본심을 알 수 있게 한다는 점에서 주목할 가치가 충분하다. 먼저 주의할 것은 1715년 10월 시점에서 조선 정부가 내린 결정, 즉 ㉠ 인삼은 대마도주가 요청한 30근 중 20근을 허락하지만, ㉡ 서계는 정식으로 받지도 않고 회답서계를 써주지도 않겠다는 결정이, 언제 왜관을 거쳐서 대마도에 전달되었는가 하는 점이다. 동년 11월 17일 시점에서 작성된 위의 서장 내용을 보건대, 이 서장은 아마도 조선 정부의 결정이 대마도에 전달되기 전에 만들어진 것이 아닌가 짐작된다.

【밑줄 A】에서 유황(硫黃) 10,000근과 인삼(人蔘) 30근을 대비시키면서, 일본은 성신(誠信)을 다했건만, 조선은 그렇지 않다고 의심하는 동시에 불만을 가지고 있었음을 살필 수 있다. 【밑줄 B】에서는 조선 역관 최동지(崔檍으로 추정)에 대한 대마도의 불신이 묻어나 있다. 그런데 사실은 앞의 조선 기록에서 보았듯이, 최동지가 동래부사를 통해서 조선 정부에 계문(啓聞)을 하였음이 확인되었다. 대마도 입장에서는 조선이 성신(誠信)을 소홀히 하고 있다고 볼 수도 있었겠지만, 대마도가 요구하는 것을 사실대로 조선 정부에 보고한 것에 대해서는 오해가 있었다고 말할 수 있다. 마지막으로 【밑줄 C】에서는 대마도주가 요청한 최고급(極品) 인삼 30근을 조달해 주느냐 여부를 가지고 성신(誠信)의 지표로 삼으려 하는 점이 눈에 띈다. 결과적으로 조선 정부는 30근 중 20근을 지급함으로써 성신의 실천 의지를 나름대로 표현했다고 볼 수 있다. 그런데 대마도주가 동래부사 앞으로 보냈던 서계에 대한 회답서계를 받아내려고 3년 넘게 왜관에서 체류시켰으나, 끝내 조선 정부는 그것을 들어주지 않은 것으로 판단된다. 외교(外交)에서 선례(先例)가 중요함을 여기에서 다시 한번 확인하게 된다.

Ⅱ. 동물

1. 조선이 일본 측에 주문한 물품

일본이 조선 측에 말(馬)을 구청(求請)한 것은 전에도 여러 차례 있었다. 예를 들면 《변례집요》에 "1627년 12월 일본에서 배가 건너와서 '관백(關白)이 조달을 요청하는(求貿) 양마(良馬)를 구해 달라고 했다."는 기사가 보인다.[410] 그 밖에도 《왜인구청등록》의 1644년 기사가 이를 잘 말해 준다. "양마(良馬)를 구해달라고 일본 측이 간절히 요청한 것이 한두 번이 아니었다."고 한다. 말을 구해준 대가(代價)는 공목(公木)에서 공제하는 방식을 활용하였다. 즉 조선이 공무역에서 일본의 수출품에 대한 값으로 지급하게 되어 있었던 공목에서 말값을 공제하였다. "양마에 대해서는 호조에 명하여 전례대로 조치하기로" 조선 정부가 결정을 내린 것을 보면,[411] 이때도 조선 말이 일본으로 건너갔던 것으로 판단된다. 그런데 조선이 구해준 말에 대하여 일본 측이 결제하는 방식은 크게 3가지였다. 공무역에서 ① 공목(公木) 또는 ②공작미(公作米)을 차감하는 방법, 그리고 ③ 조선에서 말을 먼저 받아간 일본 측이 나중에 할부(割賦)로 지불을 하는 이른바 피집(被執) 등이 그것이다.[412]

그런데 이것과 반대로 일본 말(日本馬)을 조선 '조정(朝廷)'이 구하려고 했던 사실이 일본 기록에 있다(일본 기록에서 '朝廷'으로 기재). 여기에서 소개하는 것은 1812~13년 사례이다. 〈어주문물지사(御註文物之事) 외향공(外向共)〉에 "조선 조정에서 일본산 말(日本馬)을 주문했다"는 기사가 2건이 나온다(〈부표 10-1〉 연번 4).[413] 이에 관한 구체적인 기록이 〈일본산 말을 조선이 소망한 일(日本馬朝鮮より所望之一件)〉이라는 제목으로 국사편찬위원회 소장 《분류기사대강(分類紀事大綱)》에 두 건이 보인다.[414]

---

410) 《邊例集要》(권12 求貿)에 "丙寅(1626년) 12월, 府使 柳大華 때 倭船이 와서 '關白이 求貿하는 良馬를 貿易해 줄 것을' 독촉하였다"는 기사가 보인다. 《邊例集要》 下(한국사료총서 제16), 국사편찬위원회, 1984, 203쪽.

411) 《倭人求請謄錄》, 서울대학교 규장각한국학원구원 소장(奎12955-v.1-8) 갑신(1644) 6월 12일. 良馬段 渠等切求 自前非止一再 同價乙公木除出 優數給與 … 良馬事段 令戶曹依前例處地何知. 《국역 왜인구청등록(Ⅰ)》(부산사료총서 11), 부산광역시사편찬위원회, 2004, 124쪽, 286-287쪽.

412) 조선의 말(朝鮮馬) 교역에 대해서는 이승민, 〈조선후기 對馬島와의 말[馬] 교역과 그 의미〉, 《사학연구》 107, 한국사학회, 2012 참조.

413) 《分類事考》 10, 일본 국립국회도서관 소장.

414) 국사편찬위원회가 탈초하여 간행한 《分類紀事大綱》 Ⅶ(대마도종가문서 자료집 8, 국사편찬위원회, 2021, 304-309쪽)에는 1812년(文化 9) 자료가, 《分類紀事大綱》 Ⅸ(대마도종가문서 자료집 10, 국사편찬위원회, 2022, 7-22쪽)에는 文化 10년(1813)

첫 번째는 1812년 11월에 있었던 일이다. 이는 《(관수) 매일기》 1812년 11월 3일 기사를 통해서 확인할 수 있다. "그제(11.1.) 도착한 (조선) 조정(朝廷)에서 간절히 희망했던(懇望) 일본 말(日本馬)을 오늘(11.3.) 임관(任官)에게 전달하려고 하니, '왜관으로 들어오게 하라'고 통사(通詞)를 시켜서 조선 측에 전달하였다."고 되어 있다. 그러자 곧이어 가별차(假別差)가 왜관으로 들어왔다고 소통사(小通事)가 관수 측이 알렸다고 한다.[415]

바로 그날(11.3.) 가별차(假別差)가 관수 쪽으로 갔다. 그러자 관수가 조선 역관에게, "지난번 조정(朝廷)에서 간절히 소망했던(원문은 懇望으로 기록—인용자) 일본 말(日本馬) 2필 중에서 1필은 머나먼 해륙(海陸)의 길을 지나오느라 병이 들어서(病馬) 보내지 못했다."고 설명했다. 그 자리에서 대마도가 사자(使者)로 파견한 스야마(陶山草右衛門)와 가별차가 서로 인사를 나누고 서한(書翰)을 전달했다. 그 뒤 조선 역관에게 인계하는 실무 절차를 밟았을 것으로 보인다.[416]

이튿날 11월 4일 관수는 이와 관련하여 일본 측 관계자를 포상(褒賞)하였다. 먼저 말 전문가 두 사람(御厩 幸右衛門, 飼口 伊兵衛)에게는 각각 일본 동전(鳥目) 300문(文)씩이 지급되었다. 이들은 이번에 (조선) 조정에 보낼 말과 함께 조선으로 건너온 사람들이다. 두 사람 모두 말 다루는 기술이 뛰어나 배 안에서 오랫동안 머물며 바다를 건너는 동안에도 말이 조금도 두려움을 느끼지 않도록 잘 다루었다. 그 공로가 인정되어 이처럼 상을 주게 되었다고 한다. 그리고 조선 조정으로 보낼 말을 왜관으로 운송한 사람들

자료가 각각 수록되어 있다. 두 가지 모두 원자료는 《分類紀事大綱》 五에 해당한다. 현재 국사편찬위원회 홈페이지(한국사데이터베이스)를 통해서 원문 자료를 검색할 수 있다.

415) 一昨日令着之朝廷より懇望之日本馬今日任官江可相渡後間入館せしめ候様通詞を以相達候處無程假別差入館之段小通事を以相届ル. 《(館守) 毎日記》 文化 9년(1812) 11월 3일.

416) 先般朝廷より御懇望之日本馬貳疋之內壹疋ハ遙々之海陸ニ而病馬ト相成難差送 … 御使陶山草右衛門出座相應挨拶之上御書翰相渡 … . 《(館守) 毎日記》 文化 9년(1812) 11월 3일.

에게도 상이 내려졌다. 조선에서 받은 쌀(公作米)을 실어 나르던 배(御手船春日丸)에 그 말을 실었던 것인데,[417] 그 배의 승조원들(乘組中)에게는 일본 동전(鳥目) 1관문(貫文)이 배당되었다. 그리고 그 배 동승자(同船添 辨吉)에게도 동전 500문이 지급되었다고 한다.[418]

위의 기사를 통해서 1812년 11월 1일 왜관에 일본 말이 도착했고, 그 말을 11월 3일 관수가 조선 역관에게 전달하였음이 확인된다. 그런데 이보다 8개월 전에 이미 '일본 말(日本馬) 2필(匹)' 조달과 관련한 논의가 있었다. 즉 대마도에서 왜관의 관수(田中所左衛門) 쪽으로 발송한 서장(書狀)이 있는데(작성일 1812년 3월 10일), 그 서장에서 "경천(敬天) 현지사(玄知事)가 조정(朝廷)의 소망(所望)이라고 하면서 '일본 말(日本馬) 2필(匹)'의 조달을 요청한 것"을 두고 대마도와 왜관 사이에서 논의가 있었다.[419] 이것을 보면 조선이 일본 측에 일본 말의 조달을 요청한 시기는 1812년 3월 10일 이전이었을 것으로 추정된다.

두 번째는 1813년 1월에 있었던 일이다. 이는 《(관수) 매일기》 1813년 1월 18일 기사를 통해서 확인할 수 있다.[420] 말을 일본에서 구해서 조선으로 가져오기까지 비용이 많이 소요된다는 현실적인 문제를 들어서, '나머지 1필의 말을 조달하기 곤란하다.'는 대마도의 결정이 왜관의 관수를 통해서 조선 역관에게 전달되었다. 아마도 이것이 동래부사 등에게 보고가 되었을 것으로 짐작되지만, 이에 관한 직접적인 사료는 확인되지 않는다.

---

417) 1812년 10월 27일 순풍(順風)이 불어서 사스나 포구(佐須奈浦)에서 출범(出帆)을 했는데, 다시 풍세(風勢)가 바뀌고 말았다. 그들은 어쩔 수 없이 지세포(知世浦)에서 5~6리(里) 떨어진 곳에 배를 댔다. 다음날(10.28.) 서풍(西風)이 불어 왜관을 향해 출발했으나, 서쪽에서 불어오는 돌풍(西穴風) 때문에 며칠을 더 바다에서 보냈다고 한다. 《(館守) 每日記》 文化 9년(1812) 11월 3일.

418) 《(館守) 每日記》 文化 9년(1812) 11월 4일.

419) 《分類紀事大綱》 五, 〈日本馬貳匹朝廷より所望之一件〉(文化 9 임신년 3월 10일); 《分類紀事大綱》 Ⅶ(대마도종가문서 자료집 10, 국사편찬위원회, 2021, 304쪽)

420) 《(館守) 每日記》 文化 10년(1813) 1월 18일.

그런데 〈사료 10-2〉에서 보는 것처럼, 나머지 1필의 말은 더 이상 조달을 하지 않기로 양측이 합의한 것이 아닐까 생각된다.

〈사료 10-2〉

확인서(覺)

요청한 2필의 말 중에서 1필은 이미 출송(出送)했는데, 이것은 (이웃 나라와 사귀어 친한) 정의(情誼)가 두터운 것이니 깊이 감사하며, (이로 말미암아) 귀주(대마도)의 폐해가 극심할 것으로 생각되므로, 아직 보내지 않은 1필은 잠시 내버려 두어, 이로써 서로 거행하는 데서 오는 번잡함을 제거한다면 천만다행이겠습니다.

계유(1813) 1월 15일

수당상(首堂上) 경천(敬天) 현지사(玄知事) (인)

훈도(訓導) 옥여(玉汝) 변첨지(卞僉知) (인)[421]

조선 역관이 1월 15일 작성해 준 위의 확인서와 함께, 대마도로 보고할 서장(書狀)을 관수가 1월 21일 작성하였다. 이것을 대마도로 보내는 것은 조선에서 대마도로 쌀을 실어 나르는 선박(御手船 壽全丸)을 활용하였다. 즉 이 선편(船便)으로 "(조선) 조정에서 간절히 희망하였던 일본 말의 조달을 사정이 생겨서 중단하기로 했다."는 보고가 전달되었다.[422] 그 뒤로는 일

421) 覺

一、向請二匹馬中一匹、旣已出送、則鄰儀彌篤、感荷良深、貴州之弊、想必極矣、未出送一匹、姑爲置之、以除彼此擧行之煩冗、千萬幸甚、

癸酉正月十五日

首堂上敬天玄知事印

訓導 玉汝卞僉知印

《分類紀事大綱》五, 〈日本馬朝廷より所望之一件〉(文化 10 계유년 정월 21일); 《分類紀事大綱》 IX(대마도종가문서 자료집 10, 국사편찬위원회, 2022, 9쪽); 《(館守) 每日記》 文化 10년(1813) 1월 18일.

422)
- 御手船壽全丸船頭打井九八 水夫共拾一人乘御買米其外御物送狀之通積之 …
- 右便 左之通 申上渡ス

본 기록에서도 일본 말(日本馬)을 조선 측이 구하려고 했다는 기록이 잘 보이지 않는다. 위에서 살펴본 1812~13년 사례는 조선 정부가 일본산 말을 대마도를 통해서 조달하고자 했던 보기 드문 일이었다.

2. 일본이 조선 측에 주문한 물품

〈어주문물지사(御註文物之事) 외향공(外向共)〉에 따르면 일본이 조선 측에 조달을 요청한 동물 중에서는 매[鷹]가 압도적으로 많았다. 〈부표 10-2〉에서 보듯이 처음에는 조선의 말[馬]에 대한 주문이 상대적으로 많았으나, 18세기 이후 매가 차지하는 비중이 크게 늘었다. 예를 들어 1751~1800년에는 동물 관련 기사가 95건에 이를 정도였는데, 그 가운데 대부분이 매에 관한 기사였다. 아래에서는 대마도종가문서 중에서도 송골매(白松鶻, 松鶻, 松鶻鷹子 등)와 관련된 자료를 몇 가지 소개하고자 한다.

〈사료 10-3〉

"백송골(白松鶻)에 관한 일, (백송골을) 잘못 보내온 것을 덧붙임."423)

위는 매의 일종인 백송골(白松鶻)에 대하여 적은 《분류사고》 1725년 기사이다. 그리고 일본이 주문한 것과 다른 종류(품질)의 매가 왜관에 도착할 때는 일본 측이 그것을 점검한 뒤 퇴짜를 놓아서 돌려보내는 점퇴(點退)가 이루어진 적도 있었는데, '(점퇴에 대해서도) 여기에 덧붙였다'고 되어 있다. 그런데 이 짤막한 기사만으로는 당시 사정을 정확히 파악하기가 어렵

- 朝廷より懇望之日本馬事情有之及斷候事
- 右ニ付白水●●委細申含中歸國申達候事(●은 판독 불명)

《(館守) 每日記》 文化 10년(1813) 1월 21일.

423) 白松鶻之事 附間違之事(《分類事考》 10, 〈御註文物之事 外向共〉, 享保 10년(1725) 5월 19일, 10월 5일, 일본 국립국회도서관 소장)

다. 그래서 해당 연월일의 《(관수) 매일기》를 살펴보아야 한다. 아래에 관련 기사 2건을 제시하였다.

〈사료 10-4〉

"지난번에 문의했던 백송골(白松鶻)이라는 매(鷹)를 드디어 조달한 것 같은데, 다만 (왜관으로 그것을) 가져오게 하여 (매의 품질을) 점검한 다음에, 혹시라도 '백송골이 아닌 것으로 판명이 되면, 여비(路銀)로 300문(匁) 정도를 내려주고 매(鷹)는 되돌려 보내라'는 내용의 지시를 받았기에, 스즈키 쇼자에몬(鈴木庄左衛門)과 히로마쓰 시게스케(廣松茂助)를 불러내서 위의 취지를 전달하였다. 그런데 시게스케(茂助) 쪽에서도 일찍부터 친하게 지내던 (조선인) 상인이 있었기에 그쪽에도 얘기해서 (백송골 매를) 구해서 가져오라고 부탁을 해 놓았다.[424]

위의 《(관수) 매일기》 기사를 살펴보면, 일본 측이 조선에서 백송골(白松鶻)이라는 매(鷹)를 구해가기 위해서 두 가지 경로를 이용하였음을 알 수 있다. 하나는 왜관을 출입했던 조선 역관의 인맥을 이용하는 것이고, 다른 하나는 왜관을 드나들었던 조선 상인에게 부탁하는 것이다. 두 가지 방법 모두 조선인 조력자를 동원해야 했다. 그 어느 쪽이든 매가 있는 먼 곳까지 왕래할 때 들어가는 여비(旅費)를 일본 측이 지원하지 않으면 안 되었다. 그래서 1725년 5월 19일 시점에서는 그 여비를 '300문(文)' 정도로 추산했던 것으로 보인다. 다만 이 기사만 가지고는 이때의 화폐가 은화(銀貨)인지 아니면 동전(銅錢)인지 알 수가 없는 등 여전히 명확하지 못한 부분이 있다. 그래서 아래 기사를 제시하였다.

424) 先頃相伺候白松鶻之義弥相調之様ニ、尤取寄見分之上ニ而、若白松鶻ニ而無之候ハヽ路銀參百匁程被成下、鷹は可被差返之旨、被仰下候ニ付鈴木庄左衛門幷廣松茂助召寄、右之趣申渡ス。尤茂助方よりも早々親付之商人へ申談取寄候様ニ申渡ス。(《(館守) 毎日記》 享保 10년(1725) 5월 19일(일본 국립국회도서관 소장)

〈사료 10-5〉

"지난번에 백송골(白松鶻)이라는 매(鷹)를 구하고자 조선인 1인을 별대관(別代官) 마치데다이(町手代)[425] 히로마쓰 시게스케(廣松茂助) 쪽에서 고용하여 강원도로 보낼 때 들어가는 여비(路銀)를 시게스케(茂助)가 미리 대조해 보고(見合) 지급하라는 내용의 지시를 스기무라 우네메(杉村采女) 님께서 내리셨기에, 시게스케(茂介) 쪽에서 알아보았는데(承合), 왕복 여비로 예상되는 금액을 확인하여, 별지의 아래와 같은 내용으로 (관수가) 대관 쪽으로 문서를 보내 전달하였다.

확인서(覺)

1. 은(銀) 150목(目)

위는 지난번에 백송골(白松鶻)이라는 매(鷹)를 구하고자 히로마쓰 시게스케(廣松茂助) 쪽에서 강원도에 사람을 보냈는데 그 여비를 알아보아서 지급하도록 하라고 스기무라 우네메(杉村采女) 쪽에서 지시가 있었기에, 아래와 같이 시게스케(茂助)에게 전달하기 바랍니다. 이상.

10월 5일 관수 (보냄)

대관방(에게)[426]

위의 자료는 약 5달 뒤인 1725년 10월 5일《(관수) 매일기》 기사이다. 이것은 이날 관수(館守)가 대관방(代官方)에게 지시한 내용을 적은 문서를 통

---

425) 데다이(手代)는 일본 에도(江戸)시대 중기 이후부터 지역 사정에 밝은 하쿠쇼(百姓)나 죠닝(町人) 가운데서 선발된 중간층 역인(役人)을 말한다.

426) 先頃白松鶻爲求用朝鮮人壹人別御代官町手代廣松茂助方より相雇江原道へ差越候路銀茂介方より見合相渡候様ニ可申渡候旨、杉村采女殿より被仰下候故、茂介方承合候處、往來之路銀積りを以申聞候付、別紙左之通御代官方へ以書付申渡ス。

覺

一 銀百五拾目

右ハ先頃白松鶻爲求用廣松茂介方より江原道へ人遣イいたし往來路銀見合相渡候様ニ杉村采女方より就御差圖右之通り茂助へ可被相渡候、以上。

十月五日 館守

御代官方

(《(館守) 每日記》 享保 10년(1725) 10월 5일, 일본 국립국회도서관 소장)

해서 당시 백송골(白松鶻)이라는 매(鷹)를 구하는 데 쓴 비용을(특히 여비) 좀 더 구체적으로 보여준다. 일본 측이 백송골을 손에 넣으려고 왜관에서 멀리 떨어진 강원도까지 보낼 조선인을 물색했다는 점, 그리고 그때 소요되는 왕복 여비를 히로마쓰 시게스케(廣松茂助)라는 일본 측 담당자가 '(일본) 은(銀) 150목(目)'으로 추산했다는 점 등이 주목된다.

이처럼 〈어주문물지사 외향공〉에 목록 형식으로 짧게 기록된 기사는 조선과 일본 사이에서 있었던 주문의 내용과 그 시기를 알려주는 실마리가 되고 있다. 따라서 이것을 잘 활용한다면 《(관수) 매일기》 등 다른 종류의 대마도종가문서에서 필요한 정보를 찾고자 할 때 크게 도움이 될 수 있다.

한편 일본의 주문품에 대하여 기록한 조선 측 사료(史料) 중에서는 《왜인구청등록(倭人求請謄錄)》(서울대학교 규장각한국학연구원 소장)이 가장 잘 알려져 있다. 부산광역시가 지원하여 이 자료를 번역한 《국역 왜인구청등록》(Ⅰ~Ⅴ)이 이미 간행되었으며, 많은 연구자가 이것을 실증 분석의 자료로 활용해 오고 있다. 그런데 위에서 소개한 1725년의 백송골(白松鶻) 조달에 관한 내용이 《왜인구청등록》에서는 발견되지 않는다.[427] 조선 측 자료인 《변례집요(邊例集要)》(서울대학교 규장각한국학연구원 소장)에서도 이와 동일 시기의 내용을 찾을 수 없기는 마찬가지이다. 이처럼 조선 측 기록에는 전혀 보이지 않는 내용이 대마도종가문서에 기록으로 남아 있는 사례가 있다. 그러므로 일본 측 자료에 대해서도 더 많은 관심과 주의를 기울일 필

427) 《왜인구청등록(倭人求請謄錄)》에서 '송골(松鶻)'이라는 낱말이 기록된 사례는 1720~24년 사이에 몇 건이 확인될 뿐이다(① 1720년 5월 15일, ② 동년 8월 4일, ③ 1721년 윤 6월 10일, ④ 동년 12월 5일, ⑤ 1723년 9월 16일, ⑥ 동년 9월 9일, ⑦ 1724년 4월 1일). 그런데 《왜인구청등록》은 1724년 4월 1일 기사("관백이 해동청과 송골, 새매 등이 본이 조선에서 나는 물건이 아니라고 분부하여 다시는 무역을 요구하지 않는다는 서신이 왔다"는 동래부사의 장계를 수록)를 마지막으로 기록이 끝난다(《국역 왜인구청등록(Ⅴ)》, 부산광역시사편찬위원회, 2008, 265쪽, 470쪽).

요가 있다. 만일 그렇게 한다면 물품 교환을 둘러싼 조선후기 대일교류사(對日交流史)의 실체적 진실이 더욱 뚜렷해지고, 조선시대 한일관계사(韓日關係史)의 역동성과 다양성이 한층 선명해질 것으로 전망된다.

〈부표 10-1〉《분류사고》에 보이는 조선의 주문품 관련 기사(1686~1836년)

연번	국별	시기	주문품 분류	기사(건)	품명(기사 연월일, 주문자 또는 용도)
1	조선	1686~1700	동물		
2	조선	1701~1750	동물	1	①雛(17310918 國老 卞僉知)
3	조선	1751~1800	동물		
4	조선	1801~1836	동물	2	①日本馬(18121103, 18130118 朝廷)
5	조선	1686~1700	식물		
6	조선	1701~1750	식물	9	①久年母/蜜柑/茘枝(17010927 國用), ②西國米(17140125 國王; 17140220, 17140228 國王), ③耳麓(17240206 東萊), ④久年母/龍眼肉(17300929 國用), ⑤草木(17350221 國用), ⑥草花(17360214 兩譯), ⑦黃連(17490814 訓導)
7	조선	1751~1800	식물	2	①胡椒/丹木/朱(17510121, 17510122 不明)
8	조선	1801~1836	식물		
9	조선	1686~1700	서적 서화		
10	조선	1701~1750	서적 서화	5	①醫書(17210128 良醫), ②六壬論經(17220421 東萊), ③書物(17310608 東萊; 17351216 東萊用), ④四書易經(17350313 國用)
11	조선	1751~1800	서적 서화		
12	조선	1801~1836	서적 서화		
13	조선	1686~1700	기타	1	①時計(16910120 朝鮮公義)
14	조선	1701~1750	기타	15	①時計(17071216, 17080130, 17081216 國用), ②空青(17170814, 17170912 國王),

연번	국별	시기	주문품 분류	기사 (건)	품명(기사 연월일, 주문자 또는 용도)
					③空青/磁石(17171004, 17180513 國王), ④水火鏡(17190729, 17200102 國王), ⑤赤水玄珠(17210908 不明), ⑥小間物(17251025 國用), ⑦延銅(17270814, 17270905 國用), ⑧銅(17300719 國用), ⑨角銅(17350415 國用)
15	조선	1751~1800	기타		
16	조선	1801~1836	기타	1	①불명(18081010 訓導)
소계				36	

〈부표 10-2〉《분류사고》에 보이는 일본의 주문품 관련 기사 (1686~1836년)

연번	국별	시기	주문품 분류	기사 (건)	품명(기사 연월일, 주문자 또는 용도)
1	일본	1686~1700	동물	18	①馬(16900503, 16900711, 16900907 御調; 16901008, 16901110 御; 16910202 御誂), ②駁馬(16910208, 16910419 御誂, 16980104 御調), ③駒(16911011, 1691(월일 불명), 16920415, 16920419, 16920506 御調), ④鶴(16911004, 16911105, 16911118, 16920221 불명)
2	일본	1701~1750	동물	47	①馬(17040222, 17040223 御調; 17161130 御獻上; 17230814, 17230827 公義; 17231227 御註文; 1724윤0414, 17240611 御; 17241018, 1724(월일 불명) 公義), ②駁(17230717, 1723(월일 불명 다수) 公義), ③獺馬(17251008 公義), ④猪(17141003 御用), ⑤馬/鷹(17231106 公義), ⑥鶯鳥(17110519, 17110620 불명; 17281118, 17290124, 1729윤0929, 17300127 御用), ⑦黃鳥(17481103, 17490422, 17500527, 17500721 毛利周防守), ⑧黃鷹(17170523 御獻上), ⑨鷹(17191208, 17191213 御獻上, 17231202 御註文, 17240721 御獻上, 1748윤1011, 17481222 松平陸奧守), ⑩鷹(海東青)(17191208 御獻上),

연번	국별	시기	주문품 분류	기사 (건)	품명(기사 연월일, 주문자 또는 용도)
					⑪鷹(海東青/鶻)(17210730 公義), ⑫白松鶻(17250519, 17251005 불명), ⑬蜎鼠牝牡/海東青/黃芩(17230717 公義), ⑭虎頭骨/半弓/握皮(17260313 公義), ⑮赤龍牛/牛毛(17260410 公義), ⑯鴛鴦/蜎鼠/黃柏(1727윤0111, 17270308, 17270603, 17270606 公義), ⑰鶻之羽(17301117 御軍用), ⑱海狗(17310918 公義), ⑲溫■■/海狗腎(17311206, 17311220 公義)
3	일본	1751~1800	동물	95	①黃鳥(1751윤0629, 17510704 有馬中務大輔; 17580620 御隱居樣; 17630627 御前御用; 17661004 小笠原左京太夫), ②活鯉(17511029 御前御用), ③鶴(17511203, 17520114, 17610214, 17800207 御獻上), ④鷹(17520402, 17520905, 175201202 細川越中守; 1754윤0213, 17560303, 17561203 松平筑前守; 1756윤1103 御, 17561203, 17561206 御用; 17570126 御; 17570122, 17570126 御所望; 17640722 御大名方; 17641203 御註文; 17641218 御; 17650113, 17650117 松平陸奥守, 伊達遠江守; 17661113, 17661203 御註文; 17820612 有馬中務大輔; 17820913, 17821107 御注文; 17821108, 17821119 倉掛安右衛門; 17850329, 17850408 불명; 17851103, 17851110 御注文; 17921126, 17921128 公義; 17921129, 17921202, 17930128 御獻上; 17930329 辰右衛門;17930129, 17930206, 17930223, 17930305, 17930306, 17930307, 17930309 獻上御用; 17930611, 17930810, 17930908, 17931003, 17931011 御注文; 17931107 불명; 17930802, 17930923, 17931022, 17931023, 17931024, 17931104, 17931106, 17931117 御; 17950805 松平阿波守; 17950908, 17950927, 17951005, 17951014 御註文; 17951029 御), ⑤黃鷹(17941103, 17941118 松平阿波守), ⑥鷹/餌鳥(17521206 御), ⑦鶴鶻(17610215 御獻上), ⑧鷹/筆(17660401 御用), ⑨鵯鵖(17690924 石谷備後守), ⑩馬/杖(17730726 御用), ⑪鶉(17740324 御前御用),

연번	국별	시기	주문품 분류	기사 (건)	품명(기사 연월일, 주문자 또는 용도)
					⑫鷹(鷹師)(17820910, 17820914, 17821018, 17821023, 17821108, 17821110 倉掛安右衛門; 17850807(동일 기록 2건), 17851118, 17851119, 17851122 石田甚五兵衛; 17921127 公義, 17930111 御獻上), ⑬鷹(餌打方)(17931025 御), ⑭鷹(餌鳥, 漕船)(17931027 御), ⑮鷹(漕船)(17931028 御)
4	일본	1801~1836	동물	17	①青羊肝(18020525 御註文; 18030207 以酊庵), ②鷹(18060116, 18061016, 18071104, 18080125, 18080126, 18080128, 18080201, 18170120, 18170221, 18170329 御註文; 18340601 筑前様), ③黃鷹(18170326 御註文), ④虎皮, 豹皮(18360802 公義), ⑤黃鳥(18190517 불명; 18310623 松平周防守)
5	일본	1686~1700	식물	3	①藥種(阿仙藥)(1691(월일 불명) 불명), ②藥種(三奈)(1691(월일 불명) 불명), ③木香(1691(월일 불명) 불명)
6	일본	1701~1750	식물	18	①人蔘(17150924 公義), ②棟參(17190627, 17190717 御所望), ③藥材(17230802, 17250108 公義; 17330417, 17330603 御用; 17501014 불명; 17501221 阿比留太郎八), ④藥材(酸棗仁)(17240116 公義), ⑤樺木皮(弓握卷)(17250806, 17250828 불명), ⑥麻黃/범(花?)耳茶(草?)(17270212, 17270721 公義), ⑦藥材(玄胡索實狼毒)(17271104, 17280202 불명), ⑧▲▲木(17280926 御用), ⑨草花(17300914 御用)
7	일본	1751~1800	식물	4	①藥材(17510123 불명; 17510610 御用), ②生活人參(17650211 御隱居様; 176500316 불명)
8	일본	1801~1836	식물	1	①人參(18170417 御獻上)
9	일본	1686~1700	서적 서화	11	①書物(16681121, 16870105, 16870122, 16870401 御註文; 16901225, 16910512, 16910514, 1691윤0818 殿様), ②茶臺手本(16961010 公義), ③繪(16980702, 16980711 御誂)
10	일본	1701~1750	서적 서화	13	①繪(17230107 御註文), ②手本用 眞文(17240219, 17240617 御註文), ③醫書(牛馬療治)(17251026 公義), ④醫書(醫林撮要)(17270920 불명),

연번	국별	시기	주문품 분류	기사 (건)	품명(기사 연월일, 주문자 또는 용도)
					⑤冠服繪圖/鴛鴦(17270815 불명), ⑥書畵(筆跡)(17280627 以酊庵), ⑦書物(17280718 불명; 17280827 公義), ⑧書付(17281013 불명), ⑨書籍(17360423 丹羽正伯), ⑩繪字(17501009, 17501201 京都 外山左兵衛様)
11	일본	1751~1800	서적 서화	12	①繪(17650120 御用), ②書畵(17660219 御用; 17661203 御國; 17980418, 17981108 以酊庵), ③書物(17680602 松田李庵老; 17851002 石田甚五兵衛; 17960219 御注文), ④地理之書(17960626 御注文), ⑤詩作書物(朴德源)(17961107 以酊庵), ⑥墨跡(17970218 戸田采女), ⑦朝鮮板 前漢書(18000908 御注文)
12	일본	1801~1836	서적 서화	7	①紙(扇地紙)/朝鮮人書認(18030212 以酊庵), ②朝鮮板 前漢書(18061016 御註文), ③退溪文集(18310621, 18310906 九條様), ④名筆之書(18330826, 18331212 御奥), ⑤鷹(18340504 筑前様)
13	일본	1686~1700	기타	3	①佩玉(16910811 御用), ②白술(목??)(1691년(월일 불명) 불명), ③水晶玉(16940620 公義)
14	일본	1701~1750	기타	0	
15	일본	1751~1800	기타	8	①筆(17650509 御用; 17661216 松平右京太夫; 17670611 松平周防), ②鞍(17770307 御用), ③品品(????)(17770707 細川越中守), ④願之品(???)(17821110 倉掛安右衛門), ⑤受取物(???)(17821116 倉掛安右衛門), ⑥色紙(17970502 戸田采女)
16	일본	1801~1836	기타	2	①色石(18170713 御註文), ②赤土(18251022 御國)
소계				259	
합계				295	※ 조선 36건과 일본 259건의 합계임

연번	국별	시기	주문품 분류	기사 (건)	품명(기사 연월일, 주문자 또는 용도)

주 1 : 公義는 幕府(주로 將軍)가 요청한 것을 의미함. 단 朝鮮公義는 朝鮮國王을 의미함.
2 : 御注文과 御註文이 혼용되고 있는데, 원문에 기재된 대로 표기함.
3 : 御誂와 御調가 혼용되고 있는데, 원문에 기재된 대로 표기함.
4 : 御는 御鷹 또는 御馬 등과 같이 물품 앞에 붙어 있는 경우임.
5 : 御献上 또는 御用 등은 원문에 기재된 대로 표기함.
자료 : 〈御註文物之事 外向共〉, 《分類事考》 10(일본 國立國會圖書館 소장)

종장

이 책에서는 조선과 일본의 교역(또는 교환) 물품(物品)을 핵심어로 하여 조선후기(朝鮮後期) 한일관계(韓日關係)를 살펴보았다. 1600~1870년대 물품 교환 중에서 기존에 연구가 부족했던 1800년대 이후 시기에 집중하였다. 전근대(前近代)에서 근대(近代)로 넘어가는 이행기(移行期)의 변화를 알기 위해서는 1800~70년대의 실상을 체계적으로 분석해야 하기 때문이다. 이 책을 통해서 확인된 사실을 중심으로 그 결과를 간추리면 다음과 같다.

서장에서는 물품 교환의 형태와 이념에 이어서 시대별·유형별 특징을 서술하였다. 시장에서 거래되는 상품(商品)과 외교 현장에서 교환되는 외교 선물(外交膳物)의 개념을 비교한 뒤, 조선과 일본이 공유하고 있었던 성신교린(誠信交隣)과 유무상통(有無相通)의 정신을 사례를 들어 소개하였다.

무역(貿易)을 통한 물품 교환의 시대별 특징과 관련해서는 19세기 초반에 이르기까지 공무역(公貿易) 제도의 변화 과정을 개괄하였다. 첫째, 공작미(公作米)에 대해서 보면, 1651년 목면(공목) 300동(1동=50필)을 쌀(공작미) 12,000석(石)으로 바꾸어 주었는데, 1660년에는 100동을 더 추가하여 공목 400동 대신에 공작미 16,000석을 지급하는 것으로 바뀌었다. 이때까지는 교환 비율이 '공목 1필(疋) = 공작미 12두(斗)'로 변함이 없었다. 그런데 1811년 신미 통신(辛未通信)의 사전 교섭 과정에서 조선 정부는 공작미의 교환 비율을 조선에 유리하게 공목 1필당 공작미 12두에서 10두로 2두를 낮추었다. 그래서 1812년부터는 조선이 공목 400동을 쌀(공작미) 13,333석 5두로 대신 지급해 주기 시작하였다.

둘째, 조선 정부가 예단(禮單)으로 주는 인삼, 즉 예단삼의 품질을 바꾸려는 환품(換品) 문제도 또 하나의 쟁점이었다. 예단삼은 평년이라면 1년에 30~100근 정도가 필요했다. 만일 통신사가 일본에 가게 되면, 이보다 더 많은 예단삼을 마련해야만 했다. 조선은 1811년 신미 통신 이후 인삼을 재배삼(栽培蔘)인 가삼(家蔘)으로 변경하고자 했으나, 일본은 평안도 강계(江界) 지역에서 나는 자연삼(自然蔘)을 고집했다. 예단삼 문제가 최종 타결된 것은 20년이 더 지난 1832년 1월이었다. 정기적인 연례송사(年例送使) 예단삼(연간 32근 8냥) 중에서 ㉠ 11근은 현물 인삼 즉 현삼(現蔘)으로, ㉡ 11근은 상은(上銀)으로, ㉢ 나머지 10근 8냥은 동전으로(代錢) 각각 입송하기로 약정하였다. 그리고 부정기적인 차왜(差倭)의 예단삼은 동전으로 대신 지급하기로 약정했다. 예단삼의 첫 번째 환품(개품) 사례로 1832년 6월 22일 1순(巡) 표차사(漂差使) 예단삼 1근을 조선의 상평통보(常平通寶) 620냥으로 대신 변통하여 입송하였다(일본 단위로 錢 62貫文).

셋째, 물소뿔(흑각, 수우각)의 환품(換品)을 둘러싼 외교 협상도 1832년에 와서야 타결을 보았다. 처음에는 일본이 흑각(수우각) 297통을 가져왔는데 흑각의 크기가 작다는 이유로 나중에는 그것이 400통으로 정해졌다. 이것을 조선이 목면(공목) 17동 41필로 결제해 주었다(흑각 297통×공목 3필=공목 891필, 즉 17동 41필). 흑각이 조선에서 군기(軍器) 제조용으로 긴요하게 쓰이던 물품이었는데, 일본이 나가사키 무역[長崎貿易]을 통해서 이를 조달하는 과정에서 흑각의 유통이 원활하지 못해 외교 마찰이 자주 일어났다. 일본이 공무역 흑각(400통)을 미납하게 되면, 조선은 공작미와 공목의 지급을 미루는 전략으로 대응하였다. 1820년대까지도 일본이 흑각을 규정량만큼 제때 조선으로 가져오지 않아서 미수가 쌓이고 있었다. 여러 차례 교섭 끝에 1832년부터 일본이 공무역에서 가져오던 흑각 400통을 구리로 대신하여 숙동(熟銅) 3천 근으로 납부하기로 하는 약정이 체결되었다. 이 약정에 근거하여 1832년 10월 18일(조선 윤9.18.) 처음으로 일본이 흑각을 구리로 대신 납부하였다.

외교(外交)를 통한 물품 교환의 유형별 특징과 관련해서는 외교선물의 위계성(位階性)과 다양성(多樣性)을 사례 중심으로 서술하였다. 조선도 일본도 외교선물을 주는 쪽과 받는 쪽의 정치적 위상(位相)이나 위계(位階)에 따라 다소(多少)의 차등(差等)이 있었는데, 1651년 11월 조선으로 쇼군[將軍]의 사망 소식을 전달하고자 건너왔던 관백고부차왜(關白告訃差倭)의 사례에서도 그것을 확인할 수 있었다. 그때 조선 정부가 평가했던 일본 사절의 외교선물 가치를 살펴보면, 예조참판(禮曹參判)에게 보내온 것은 은(銀)을 기준으로 18냥 5전이었다. 이것은 예조참의(禮曹參議) 외교선물의 가치(14냥)보다 4냥 5전이 더 많은 금액이다. 동래부사(12냥 5전), 부산첨사(11냥 5전)의 순서로 외교선물에서 차등이 있었음을 확인할 수 있다.

조선과 일본이 주고받았던 외교선물의 가치가 균형을 이루도록 양국 모두 노력하였다. 숙종(肅宗) 즉위를 축하하려고 일본 사절이 1675년 5월 10일 부산에 도착하였는데, 약 한 달 뒤인 윤5월 김근행(金謹行)의 조사 결과를 보고받은 조선 정부가 내렸던 다음의 결정을 통해서 외교선물의 가치를 조정하고자 했던 사실을 확인할 수 있다. 즉 "조선의 회례(回禮) 물건이 은을 기준으로(代銀) 90냥 정도 더 많으니(조선 470냥, 일본 380냥), 조선의 회례 물건에서 백면주와 백저포를 각각 10필씩, 그리고 백목면을 50필 줄여서" 균형을 맞추려고 하였다. 이처럼 당시 조선과 일본 사이의 외교에서는 상호주의와 비례의 원칙이 암묵적으로 관철되고 있었다. 그리고 표류민을 송환해 오는 차왜의 외교선물에서도 위계성, 비례성과 함께 다양성이 엿보인다. 신분제도가 엄연히 존재했던 당시로서는 관인(官人)이거나 품관(品官)을 지닌 사람들이 일반 주민들보다는 표류민 송환 과정에서 우대(優待)받기도 하였다.

제1부(조·일 간 무역을 통한 교역)는 5개 장으로 나누어 분석하였다. 제1장(무역의 절차와 의례)에서는 시간과 장소의 문제부터 서술을 시작하였다. 무역이나 외교와 관련하여 가장 먼저 거론하게 되는 시간 문제를 살펴보면, 조선과 일본이 비슷하면서도 모두가 같지는 않았다. 예를 들어 양국이 사용한 역법(曆法)도 크게 다르지 않았지만, 그렇다고 그것이 완전히 일

치한 것도 아니었다. 그래서 개시(開市) 날짜를 잡을 때도, 그리고 다례(茶禮)나 봉진연(封進宴) 등 의례(儀禮)의 일자(日字)를 정할 때도 양국의 역법(曆法)을 서로 확인해야 했다.

무역이나 외교에서는 장소마다 상징성과 실용성 측면에서 의미를 지녔기 때문에 주의가 필요했다. 예를 들어 조선 국왕을 상징하는 전패(殿牌)가 모셔진 초량객사(草梁客舍)에서는 일본 사절이 그 전패 앞에서 숙배(肅拜)를 올리는 의례(儀禮)가 있었다. 연회를 베푸는 연향대청(宴享大廳), 무역품을 교환하는 개시대청(開市大廳) 등도 각기 고유한 의미와 특징을 지닌 장소였다.

당시 무역은 그것이 공무역(公貿易)이든 사무역(私貿易)이든 외교의례(外交儀禮)와 밀접 불가분의 관계에 있었다. 예를 들어 공무역 간품(看品)과 사무역 개시(開市) 때 물품 교환만 이루어졌던 것은 아니었다. 그래서 양국이 주고받았던 물품의 종류와 수량뿐만 아니라, 상대방에게 제공한 요리(料理), 의례 절차 등 다양한 측면에서 왜관(倭館)의 일기를 바탕으로 실증적으로 분석하였다. 그 결과 일본 측이 개시 때 제공하였던 요리의 종류와 내용물이 대상자에 따라서 차이가 있었음이 확인되었다. 예를 들면 조선 역관과 상인에게는 밥 외에 국 한 가지와 반찬 세 가지가 제공되는 이른바 1즙 3채가 원칙이었다(단 初市는 2즙 5채 또는 2즙 7채). 그런데 그들을 수행한 종자(從者)에게는 1즙 1채가 기본이었다.

제2장(무역 상인과 역관)에서는 17~19세기 대일(對日) 무역 상인 가운데 도중(都中)으로 불린 집단에 대하여 살펴보았다. 그들은 동래부(東萊府)의 허가를 받아 왜관(倭館)을 출입하였다. 일대관(一代官)과 관수(館守)의 《매일기(每日記)》 등에 기록된 그들의 활동을 추적한 결과, 1830~40년대에 활동한 정자범(鄭子範)이라는 인물을 포착할 수 있었다. ㉠ 정자범의 아버지 정윤중(鄭允中) 역시 동래상고(東萊商賈)인 점, ㉡ 정자범은 전주와 한양, 부산을 오가면서 소가죽[牛皮] 등 무역품을 조달하여 왜관에 판매한 점, ㉢

정자범이 전임 왜학역관(倭學譯官)이 풀지 못한 공무역(公貿易) 미지급(미수) 문제의 해결에도 기여한 점 등이 여기에서 처음으로 밝혀졌다.

조선시대 대일(對日) 외교에서 왜학역관(倭學譯官) 또는 왜어역관(倭語譯官)으로 불린 역관들도 중요한 역할을 맡았다. 이들은 통역(通譯)에 머물지 않고 통상(通商)과 함께 외교 실무도 겸하였다. 그런데 지금까지 연구에서는 언제 누가 어떤 일을 했는지가 분명하게 드러나지 않았다. 그래서 한양에서 동래부(東萊府)로 파견되어 와서 일본인과 교섭을 벌였던 조선 역관들의 신원을 밝혀내고자 하였다. 그 결과 ㉠ 미재(美哉) 지사(정2품) 현학로(玄學魯), ㉡ 중남(仲南) 동지(종2품) 이한기(李漢紀), ㉢ 치연(稺衍) 첨지(정3품) 김시경(金蓍敬), ㉣ 성시(聖始) 첨지(정3품) 김계운(金繼運), ㉤ 군혜(君惠) 주부(종6품) 한기순(韓琦淳)등 역관들이 공목(公木), 공작미(公作米), 예단삼(禮單蔘) 등과 관련된 공무역(公貿易) 활동을 어떻게 전개하였는지 구체적으로 밝혀냈다.

제3장(왜관의 일기로 본 조·일 간 무역)에서는 왜관에서 펼쳐졌던 조선과 일본의 무역 실적에 관하여 분석하였다. 시기는 셋으로(1720년대, 1840년대, 1860년대) 나누었다. 자료는 왜관에서 작성된 일기(日記)를 활용하였다.

첫째, 1720년대와 관련해서는 공무역(公貿易)과 사무역(私貿易)을 모두 포괄하였다. 공무역은 공작미(公作米)와 간품(看品)을, 사무역은 개시(開市)를 주로 다루었다. 공무역과 사무역을 같은 시기의 동일 자료에 근거하여 분석한 점이 기존 연구와 다른 차별성이다. 둘째, 1840년대와 관련해서는 공무역 결제수단의 분석에 집중하였다. 일본의 공무역 수출품에 대하여 조선은 공목(公木)으로 결제해 주었다. 17세기 중엽 이후 그 일부를 쌀(公作米)로 주기 시작했다. 18세기 중엽~19세기 초에는 인삼이, 19세기 초반 이후는 은(上銀)과 동전(大錢)이 공무역 결제수단으로 각각 활용된 사실을 밝혀냈다. 셋째, 1860년대와 관련해서는 공목과 공작미의 미수(미지급) 문제를 다루었다. 조선이 왜관으로 입송한 공목과 공작미의 수량이 얼마나 되었는지, 이를 둘러싼 여러 문제를 풀기 위해서 조선의 역관(譯官)과 일본의 대관(代官)이 각각 어떻게 대응하였는지를 실증하였다.

제4장(조선 역관을 통한 대마도의 진상(봉진) 물품 조달)에서는 1750년 7월부터 1751년 5월 사이에 있었던 일특송사(一特送使)의 외교선물 조달 문제를 다루었다. 연례송사의 하나인 특송사(特送使)가 조선으로 가져오는 물품 속에 후추[胡椒]와 단목(丹木), 명반(明礬), 일본 주홍[大和眞朱]과 각종 공예품 등이 포함되어야 했다. 그런데 경오조(1750년) 일특송사가 조선에 전달해야 할 진상(봉진) 물품 중에서 3가지 품목(후추, 단목, 일본 주홍)이 제때 조달되지 못해서 왜관 측이 곤경에 처하였다. 왜관의 관수는 조선 역관에게 도움을 구하기로 했고, '경보(敬甫) 황첨정(黃僉正)'이라는 조선 역관이 왜관 측의 요청에 호응했다. 이것은 전례가 없는 일이었다. 이에 관한 연구가 기존에는 없었는데, 여기에서 처음으로 이 문제를 추적하였다. '경보(敬甫) 황첨정(黃僉正)'을 별차(別差) 황하성(黃夏成)으로 추정할 수 있는 단서를 찾아낸 것도 성과의 하나이다.

제5장(조선의 기근과 대마도를 통한 일본 쌀의 수입 시도)에서는 조선 정부가 일본에서 쌀을 수입하려고 했던 초유(初有)의 사건을 분석하였다. 1810년대 초반 심각한 기근에 시달리고 있던 조선은 일본에서 쌀을 수입하여 기근 문제에 대처하려고 시도하였다. 이것은 전례가 없는 일이었다. 조선의 기근은 국내뿐 아니라 왜관(倭館)에도 영향을 미쳤다.

1815년 4월 조선 정부는 연례송사(年例送使)의 파견 정지를 왜관 측에 요청했다. 동년 6월에는 예조참의 이헌기(李憲琦) 명의로 대마도주에게 서계(書契)를 보내 일본 측에 쌀 5만 석의 매도(賣渡)를 요청하였다. 연례송사의 정지 요청 서계와 함께(대마도종가문서 DS 7026), 일본쌀 매도 요청 서계의 원본이 현재 국사편찬위원회에 소장되어 있다(대마도종가문서 DS 7024). 이 서계가 관수에게 전달된 것은 1815년 6월 23일이었으며, 대마도 본국에서는 6월 29일 이 서계를 에도[江戶]로 보냈다.

즉 조선 정부가 일본쌀 5만 석을 요청한다는 내용을 예조참의(禮曹參議) 명의로 작성한 서계(書契) 등과 함께 이 사실을 대마번(對馬藩)이 막부(幕府)에 보고하였다. 1815년 8월에도 대마번이 재차 문서를 보내서 막부의 노쥬(老中)를 상대로 설명을 하였다. 그 뒤 예조참의에게 회신할 일본의 회답서계(回答書契) 초안이 작성되었고, 그것을 대마번이 막부 측에 제출하여 승인을 받았다. 최종적으로 1815년 11월 18일 막부 측의 결정이 내려졌는데, 막부가 조선의 요구를 수용하지 않기로 했다. 이렇게 해서 대마번의 막부 교섭이 실패로 끝나기는 하였지만, 막부는 대마도의 식량 위기를 고려하여 1815년 7월 쌀 10,000석을 대마도에 지원하기로 하였다. 이때의 일을 계기로 대마도는 조선 정부와 우호적인 관계를 강화해 나갈 명분을 얻었다고 말할 수 있다.

제2부(조·일 간 외교를 통한 교역)도 5개 장으로 나누어 고찰하였다. 제6장(통신사(通信使)의 일본 방문과 고구마의 조선 전래)에서는 통신사 정사(正使) 조엄(趙曮)의 '고구마 종자' 도입 문제를 분석하였다. 조엄 스스로가 평가했듯이, 고구마 종자를 대마도에서 구해서 조선으로 가져온 것은 고려말 문익점이 목화씨를 들여온 것에 견줄 만큼이나, 조선에 획기적인 변화를 가져온 대사건이었다. 1763~64년 상황을 대마도종가문서(對馬島宗家文書)를 바탕으로 추적한 결과 두 가지 사실이 더욱 분명해졌다.

첫째, 고구마가 첫 번째로 부산에 도착한 시기를 1763년 11월 3일 이후로 추정할 수 있게 되었다. 기존 연구에서는 이를 통신사 일행의 대마도 사스나[佐須奈] 체류 기간으로(1763년 10월 6일~10일) 간주해 왔다. 그런데 《(관수) 매일기》를 활용한 이 연구에서는 그것을 사스나 비선(飛船)이 부산에 입항한 1763년 11월 3일로 보았다. 즉 이날 "통신사 삼사(三使)가 보낸 서장(書狀) 3개와 고구마[孝孝芋] 2포대[俵]가 조선의 훈도와 별차에게 전달된" 사실을 처음으로 밝혀냈다.

둘째, 1764년 6월 14일 통신사 정사 조엄이 대마도에서 만났던 제주(濟州) 표류민에 대하여 기존 연구에서는 그들이 나가사키(長崎)로 이송되었다고 간주하는 등 일부 오류가 있었다. 조선의 《전객사일기》와 일본의 《표민피앙상장(漂民被仰上帳)》을 비교 분석한 이 책에서 기존 연구의 오류를 바로잡고 새로운 사실을 밝혀냈다. 즉 제주 사람 11명이(남 7, 여 4) 전복 등을 채취하고자 어등포(魚登浦)를 출발하여 우도(牛島)로 이동하던 중에 대마도 견평포(見平浦)로 표류하여 그곳에서 구조되었다. 나가사키가 아닌 대마도 후츄[府中]로 이송되어 조사받고 체류하던 그들이 조엄을 만났다. 그때 조엄이 만난 임부(妊婦)가 대마도 체류 중 아들을 낳아 총 12명이 무사히 귀국한 사실 등을 구체적으로 규명하였다. 이는 조선시대 고구마 재배사(栽培史)와 관련되는 점이기에 크게 주목된다.

제7장(통신사(通信使)의 일본 방문과 물품 교환)에서는 통신사의 일본 방문 때 이루어졌던 물품 교환에 대하여 두 가지로 나누어서 고찰하였다. 첫째는 통신사가 국서(國書) 교환이라고 하는 사명(使命)을 띠고 조선과 일본을 왕복하는 동안 외교 무대의 전면(前面)에서 펼쳐진 것이다. 1811년 통신사행 때 조선이 일본으로, 일본이 조선으로 각각 보냈던 예물의 종류와 수량을 검토하였다. 조선 측 공예단(公禮單)과 사예단(私禮單)을 조선과 일본 기록을 각각 비교하여 살펴보았다. 그리고 이에 대한 일본 측의 공예단과 사예단에 대해서도 조선과 일본 기록을 각각 대조하여 분석하였다. 이와 함께 막부 쇼군[幕府將軍] 등이 통신사 정사와 부사 등에게 보낸 은의 분배 내역도 확인하였다(정사와 부사 1,560매=6,708냥, 상관과 차관 등 500매=2,150냥, 중관과 하관 920매=3,956냥). 이 가운데 정사와 부사 몫으로 받은 6,708냥에서 4천 냥은 조선 정부가 공무역에서 대마도 측에 지불해야 하는 공목(公木) 100동(=5천 필)의 대금으로 공제하였고, 2천 냥은 호조 등에서 차용한 은을 상환하는 데 충당하였으며, 나머지는 원역(員役) 등에게 분배하였다. 그리고 상관, 차관, 중관, 하관 몫으로 받은 것은 모두 원역 등

에게 나누어 주었다.

둘째는 외교 무대 뒤에서 불법적으로 사적 매매와 관련된 이루어지는 것이었다. 조선도 일본도 양국 사람들이 사사롭게 물품을 사고파는 것은 엄격하게 금지하였다. 그런데도 은밀하게 물품 거래가 이루어졌는데, 이 책에서 그 흔적을 찾아내서 제시하였다. 즉 1811년 5월 10일 구사바 하이센[草場珮川]이 입수한 '조선 물건' 42종의 가격표를 통해서 당시 상황을 짐작할 수 있게 되었다(人蔘, 虎皮, 豹皮 등 포함). 게다가 동년 5월 14일 통신사 상관(上官) 3인이 문초하고 있는 장면을 묘사한 문건을 통해서, 통신사의 일본 방문 때 사적 매매가 실재(實在)하였을 것으로 추정하였다.

제8장(일본 조문사절과 축하사절의 조선 방문과 물품 교환)에서는 철종(哲宗)의 승하(昇遐)를 조문하는 일본사절과 고종(高宗)의 즉위(卽位)를 축하하는 일본사절의 외교선물에 관하여 각각 살펴보았다. 일본의 조선 국왕 조문사절(弔慰差倭, 弔慰使)은 1649년부터 1864년까지, 그리고 축하사절(陳賀差倭, 陳賀使)은 1650년부터 1864년까지 각각 10회에 걸쳐 조선을 방문하였다. 이 가운데 이 책에서는 맨 마지막 사례를 중심으로 살펴보았다.

일본의 조문사절이나 축하사절이 조선 체류 기간에 서계(書契)와 별폭(別幅)을 교환하는 데 그치지 않고, 외교 관계자들끼리 개인 차원에서 선물을 주고받기도 하였다. 개인 차원의 외교선물 교환은 별폭과 비교해 볼 때 종류의 다양함이 훨씬 두드러졌다.

일본의 축하사절이 가져오는 외교선물 속에 들어 있었던 가다랑어(일본어로 가쓰오 또는 가쓰오부시)는 조선에 없던 물품이었다. 그런데도 그것이 궁중에서는 산모의 산후조리(産後調理)에 쓰이고 있었으며, 심지어 경상도 지역의 장시(場市)에서도 거래된 사례가 있었다. 이런 것을 보면 일본에서 외교선물로 들어온 가쓰오부시가 조선 사회에서 선물용으로 중요시되었음을 알 수 있다. 일본산 주홍(朱紅)을 가리키는 대화진주(大和眞朱)도 일본의 축하사절이 가져오는 외교선물 속에 들어 있었다. 조선 왕실에서 왕과 왕비일 경우 붉은 칠을 하고, 왕세자 이하일 경우는 검은 칠을 사용하였는데, 일본산 주홍이 품질이 뛰어나 중국에서 수입한 당주홍(唐朱紅)보다 값이 2~3배 더 비쌀 정도로 조선 사회에서 귀중하게 다루어졌다. 그 밖에도 조선 왕실의 제수용(祭需用)으로 쓰인 용안(龍眼)이라는 과일이라든가, 자명종(自鳴鐘)이라는 이름의 시계(時計) 등이 일본 축하사절의 외교선물 속에 들어 있었던 점도 눈여겨볼 대목이다. 이 밖에 일본에서 온 조문사절이 가져오는 부물(賻物)에 대해서도 앞으로 본격적인 연구가 필요함은 더 말할 나위가 없다.

제9장(표류민 송환과 물품 교환)에서는 표류민의 송환 과정에서 어떤 물품이 지급되고 교환되었는지 살펴보았다. 조선과 일본은 상대국의 표류민을 구조하여 송환하기까지 구호 물품을 지급하였다. 일본이 조선 표류민에게 지급한 구호 물품의 사례로는 경상도 동래 사천면(현 부산광역시 사상구와 시하구 일대) 감천리와 구초량리 주민 18명(1736~37년), 그리고 경상도 기장 표류민 8명(1834~35년)에 대하여 검토하였다. 그 결과 이들에게는 ㉠ 술[酒], ㉡ 옷, ㉢ 담배[枝三草], ㉣ 단목(丹木), ㉤ 밥솥[食鼎], ㉥ 밥상[小盤], ㉦ 대접[鉢], ㉧ 접시[貼匙], ㉨ 물통[水桶], ㉩ 밥통[食桶], ㉪ 된장[味噌], ㉫ 소금[塩], ㉬ 땔감[薪], ㉭ 어유(魚油) 등을 일본 측에서 지급하였음이 확인되었다. 이와 반대로 조선이 일본 표류민에게 지급한 구호 물품의 사례로는 제주 위미포로 표류해 온 일본인 48명(1831~32년)을 살펴보았다. 이를 통해서 이들에게는 ㉠ 쌀[料米], ㉡ 대구[大口魚], ㉢ 명태(明太), ㉣ 참기름[眞油], ㉤ 백합젓[白蛤鹽], ㉥ 미역[甘藿], ㉦ 간장[甘醬], ㉧ 소금[塩] 등을 조선 측에서 제공해 준 사실이 밝혀졌다.

제10장(주문을 통한 물품 교환)에서는 외교 경로를 통하기는 하되, 때로는 값을 주고받기도 하는 물품 교환에 대하여 고찰하였다. 이러한 형태의 물품 교환을 가리켜 조선 기록에서는 구무(求貿) 또는 구청(求請)으로 표기하였으며, 일본 기록에서는 주문(注文 또는 註文)으로 적기도 하였다. 다양

한 물품의 주문 내역을 담은 대마도종가문서(對馬島宗家文書)를 활용하여, 조선이 1701년에 왕실의 제수(祭需) 물품으로 일본에 '구넨보'(久年母), 용안(龍眼), 밀감(蜜柑) 등 과일을 주문한 사실을 처음으로 밝혀냈다. 이와 달리 일본 측이 주문한 것 중에서는 조선의 송골매(白松鶻, 松鶻, 松鶻鷹子) 등 매(鷹)가 가장 많았다는 사실을 확인하였다.

이 책이 기존 연구서와 다른 차별성을 요약하면 다음과 같다. 기존 연구에서는 1800년대 이후 시기에 대한 분석이 상대적으로 소홀하였는데, 이 책은 분석 시기를 1860년대까지로 확장하였다. 그리고 분석 자료도 조선 기록뿐만 아니라, 대마도종가문서(對馬島宗家文書) 등 일본 기록까지 함께 활용하였다. 그 결과 기존 연구에서는 다루지 않았던 새로운 사실을 밝혀낼 수 있었다.

예를 들면 ㉠ 1701년 조선 왕실의 제례용(祭禮用)으로 일본에서 구넨보[久年母]라든가 용안(龍眼), 밀감(蜜柑) 등 과일을 주문하여 조달한 점, ㉡ 1750~51년 연례송사(年例送使)의 하나인 일특송사(一特送使)가 가져오게 되어 있었던 외교선물 중 후추[胡椒]와 단목(丹木), 주홍(朱紅) 등을 일본 측이 조선 역관을 통해서 한양에서 왜관으로 조달해 오게 한 점, ㉢ 1811년 신미 통신(辛未通信) 때 대마도에서 공식적인 외교선물 교환과 별도로 외교무대의 뒤에서 은밀하게 거래되었던 '조선 물건[韓物]' 42종의 가격표가 존재하였던 점, ㉣ 1815년 심한 기근으로 식량난을 겪고 있었을 때 조선 정부가 일본에서 쌀 5만 석(石)을 구매하려고 시도하였던 점, ㉤ 1864년 한 해 동안 공작미(公作米) 미지급(미수) 관련한 문제로 조선의 역관이 왜관에서 체류하며 밤샘한 것이 103회, 그리고 왜관의 일본인들이 조선 역관의 임소(任所)로 와서 철야를 한 것이 106회나 되었던 점 등은 일본 기록을 활용한 덕분에 규명할 수 있었던 내용이었다.

앞으로는 외교와 경제 외에 문화(文化) 측면에서 물품 교환(物品交換)의 문제에 접근해 보고자 한다. 예를 들면 '조선 국왕(朝鮮國王)과 대마도주(對

馬島主)'를 주제로 삼아 왕실의 각종 의례(儀禮)에서 사용된 물품이 일본을 통해서 조달되는 실상을 더욱 구체적으로 분석할 필요가 있다. 다양한 학문 분야와 연결된 융복합적(融複合的) 분석을 통해서, 일본에서 들여온 물품이 조선 사회에서 어떻게 쓰이고 있었는지가 분명하게 드러난다면, 당시 조선과 일본 사이의 외교와 무역이 갖는 역사적 의의가 더욱 입체적으로 규명될 수 있다. 이를 통해 조선시대(朝鮮時代) 한일관계사(韓日關係史)를 재구성하는 일은 향후 연구 과제이다.

참고문헌

제1장 무역의 절차와 의례

1. 사료

《萬機要覽》《通文館志》《增正交隣志》
《국역 증정교린지》(김건서 저, 하우봉 홍성덕 역), 민족문화추진회, 1998.
《국역 통문관지》 1(김지남 김경문 편저, 김구진·이현숙 역), 1998, 세종대왕기념사업회.
《(館守) 毎日記》(1864년 1~3월), 일본 國立國會圖書館, WA 1-6-8.
《(館守) 毎日記》(1864년 4~6월), 일본 國立國會圖書館, WA 1-6-8.
《(館守) 毎日記》(1868년 1~2월), 일본 國立國會圖書館, WA 1-6-34.
《(館守) 毎日記》(1869년 1~2월), 일본 國立國會圖書館, WA 1-6-34.
《(館守) 毎日記》(1870년 1~3월), 일본 國立國會圖書館, WA 1-6-34.
《分類事考》 18, 일본 國立國會圖書館, WA 1-6-31.
《(一代官) 毎日記》(1729년 윤9월), 국사편찬위원회 대마도종가문서 DK 5132.
《(一代官) 毎日記》(1739.6-1740.12), 국사편찬위원회 대마도종가문서 DK 1179.
《(一代官) 毎日記》(1864년 1~3월), 일본 長崎縣立對馬博物館 宗家文庫 日記類 Dc 13.
《(一代官) 毎日記》(1865년 1~3월), 일본 長崎縣立對馬博物館 宗家文庫 日記類 Dc 17.
《(一代官) 毎日記》(1865년 4~윤5월), 일본 長崎縣立對馬博物館 宗家文庫 日記類 Dc 18.
《(一代官) 毎日記》(1865년 6~7월), 일본 長崎縣立對馬博物館 宗家文庫 日記類 Dc 19)
《裁判記錄》 1(1705년), 일본 國立國會圖書館, WA 1-6-14.
《朝鮮御代官記錄》(1705년 1~7월), 국사편찬위원회 대마도종가문서 DK 5109.
《朝鮮御代官記錄》(1705년 8~12월), 국사편찬위원회 대마도종가문서 DK 5110.
《朝鮮御代官記錄》(1729년) 국사편찬위원회 대마도종가문서 DK 5131.
《對馬島宗家文書記錄類目錄集》, 1991, 국사편찬위원회.
《對馬歷史民俗資料館宗家文庫 日記類 目錄集》, 1978, 일본 長崎縣嚴原町教育委員會.

《書誌參考硏究》 제76호, 國立國會圖書館所藏〈宗家文書〉目錄(田代和生·古典籍資料室), 일본 국립국회도서관 이용자서비스부, 2015.3.

2. 저서

김성준·권나영·김진경·정인학, 《자연주의 산후조리》, 시공사, 2015.
다시로 가즈이(田代和生) 지음, 정성일 옮김, 《왜관》, 논형, 2005.
부산광역시 중구청, 《우리의 삶터 중구, 부산을 담다》 부산 중구지 증보판 상, 2018.
정성일, 《朝鮮後期 對日貿易》, 신서원, 2000.
《한국해양사》 Ⅳ(조선시대), 한국해양재단, 2025.
한일관계사학회, 《역주 교린제성》, 국학자료원, 2001.
한일문화교류기금, 《韓半島의 日本人, 日本列島의 韓國人》, 경인문화사, 2023.
雨森芳洲 저, 田代和生 校注, 《交隣提醒》(東洋文庫 852), 일본 平凡社, 2014.
田代和生, 《倭館—鎖国時代の日本人町—》, 文春新書, 2002.
田代和生, 《新·倭館—鎖国時代の日本人町—》, ゆまに書房, 2011.
高正晴子, 《朝鮮通信使の饗応》, 明石書店, 2001.

3. 논문

김동철, 〈동래부는 초량왜관을 어떻게 통제하였는가〉, 《새띠벌의 메아리》 겨울호 vol.16, 초량왜관연구회, 2020.
김문기, 〈청어, 대구, 명태 : 소빙기(Little Ice Age)와 한류성어류의 박물학〉, 《2013년 제4회 전국해양문화학자대회 자료집》 1, 목포대학교 도서문 화연구원, (사)여수지역사회연구소, 국립해양문화재연구소, (사)장보고 기념사업회, 2013.
김문기, 〈온난화와 청어—천·해·인의 관점에서〉, 《역사와 경계》 90, 부산경남사학회, 2014.
김문기, 〈소빙기의 盛饌 : 근세 동아시아의 청어어업〉, 《역사와 경계》 96, 부산경남사학회, 2015.
김상보, 〈조선통신사를 통해서 본 한국과 일본의 음식문화〉, 《문화전통 논집》 12, 경성대학교 한국학연구소, 2004.

김상보·장철수, 〈조선 통신사를 포함한 한·일 관계에서의 음식문화 교류—1. 朝鮮前期 한·일 관계에서의 교역물품과 일본사신 접대—〉, 《한국식생활문화학회지》 13-4, 1998.
김상보·장철수, 〈조선 통신사를 포함한 한·일 관계에서의 음식문화 교류—2. 朝鮮中期 한·일 관계에서의 교역물품과 일본사신 접대—〉, 《한국식생활문화학회지》 13-4, 1998.
김상보·장철수, 〈조선 통신사를 포함한 한·일 관계에서의 음식문화 교류—3. 朝鮮通信使 파견과 일본의 조선통신사 접대—〉, 《한국식생활문 화학회지》 13-5, 1998.
양흥숙, 〈17세기 두모포왜관의 경관과 변화〉, 《지역과 역사》 15, 부경역사연구소, 2004.
윤유숙, 〈연중행사와 의식으로 본 근세 왜관〉, 《일본연구》 15, 고려대학교 일본연구소, 2011.
정성일, 〈왜관의 연료 조달을 둘러싼 조선과 일본의 마찰(1609~1876)〉, 《한일관계사연구》 66, 한일관계사학회, 2019.
정성일, 〈부산 倭館의 對馬島 사람들〉, 《韓半島의 日本人, 日本列島의 韓國人》(한일문화교류기금 편), 경인문화사, 2019.
森晋一郎, 〈近世後期対馬藩日朝貿易の展開—安永年間の私貿易を中心として—〉, 《史學》 56-3, 일본 慶應義塾大學 三田史學會, 1986.

제2장 무역 상인과 역관

1. 사료

《朝鮮王朝實錄》《譯科榜目》《譯官上言謄錄》《邊例集要》《增正交隣志》《漂人領來謄錄》
《典客司謄錄》《倭人求請謄錄》《公作米謄錄》《通信使謄錄》《東萊府啓錄》
《通文館志》《국역 통문관지》 1(김구진·이현숙 옮김, 세종대왕기념사업회, 1998)
《增正交隣志》《국역 증정교린지》(김건서 저, 하우봉·홍성덕 옮김, 민족문화추진회 1998)
《(一代官) 每日記》 嘉永 3년(1850), 국사편찬위원회 대마도종가문서 DK 1420.

《(一代官) 每日記》文久 3년(1863), 일본 長崎縣立對馬博物館 宗家文庫 日記類 Dc 12.
《(一代官) 每日記》文化 14년(1817), 일본 長崎縣立對馬博物館 宗家文庫 日記類 Dc 9.
《(一代官) 每日記》元治 2년(1865), 일본 長崎縣立對馬博物館 宗家文庫 日記類 Dc 17.
《(一代官) 每日記》天保 10년(1839), 국사편찬위원회 대마도종가문서 DK 1369.
《(一代官) 每日記》天保 11년(1840), 국사편찬위원회 대마도종가문서 DK 1379.
《(一代官) 每日記》天保 12년(1841), 국사편찬위원회 대마도종가문서 DK 1382.
《(一代官) 每日記》天保 3년(1832), 국사편찬위원회 대마도종가문서 DK 1341.
《(一代官) 每日記》天保 4년(1833), 국사편찬위원회 대마도종가문서 DK 1344.
《(一代官) 每日記》天保 4년(1833), 국사편찬위원회 대마도종가문서 DK 1347.
《(一代官) 每日記》天保 9년(1838), 국사편찬위원회 대마도종가문서 DK 1354.
《(一代官) 每日記》天保 9년(1838), 국사편찬위원회 대마도종가문서 DK 1365.
《(一代官) 每日記》弘化 3년(1846), 국사편찬위원회 대마도종가문서 DK 1401.
《(一代官) 每日記》弘化 3년(1846), 국사편찬위원회 대마도종가문서 DK 1402.
《(一代官) 每日記》弘化 3년(1846), 국사편찬위원회 대마도종가문서 DK 1403.
《(館守) 每日記》(일본 국립국회도서관 소장)
《舊事編集》(일본 국립국회도서관 소장)
《當時公貿易幷朝鮮御商賣御利潤銀凡考之積帳》(1844~45년), 일본 국립국회도서관 소장 宗家記錄 24, WA 1-6-40.
《分類事考》(일본 국립국회도서관 소장)
《御商賣御利潤等覺書―貞享元甲子年より正德元辛卯年迄御商賣御利潤幷御銀鐵物渡幷御代物朝鮮より出高積立之覺書―》, 일본 國立國會圖書館 소장 宗家記錄 27, WA 1-6-40.
《朝鮮御代官記錄》(국사편찬위원회 소장 ; 일본 長崎縣立對馬博物館 소장)
《惣目錄》(일본 국립국회도서관 소장)
田代和生 감수,《マイクロフイルム版 對馬宗家文書第Ⅲ期 倭館(館守) 每日記·裁判記錄 別冊 上·中·下》, 일본 ゆまに書房, 2005-2006.
田代和生·古典籍資料室,《參考書誌硏究 第76號 - 國立國會圖書館所藏〈宗家文書〉目錄》, 일본 國立國會圖書館利用者サービス部, 2015.
長崎縣嚴原町敎育委員會,《歷史民俗資料館宗家文庫日記類目錄集》, 1978.

2. 저서

김동철·김영록·배석만·양홍숙, 《동래상인과 부산》(2024 부산학연구총서), 부산연구원 부산학연구센터, 2024.
김양수 외, 《조선후기 외교의 주인공들》, 백산자료원, 2008.
다시로 가즈이 지음, 정성일 옮김, 《왜관》, 논형, 2005.
이성무·최진옥·김희복 편, 《朝鮮時代雜科合格者總攬—잡과방목의 전산화—》(고전자료총서 90-5), 한국정신문화연구원, 1990.
이현주, 《역관상언등록 연구—17세기 조선 외교사를 담당한 역관들의 생생한 기록—》, 글항아리, 2017.
정광, 《조선시대의 외국어교육》, 김영사, 2014.
정광·윤세영, 《司譯院 譯學書 册板硏究》, 고려대출판부, 1998.
정성일, 《朝鮮後期 對日貿易》, 신서원, 2000.
허경진, 《조선의 르네상스인 중인》, 랜덤하우스, 2008.
허경진, 《조선의 중인들 - 정조의 르네상스를 만든 건 사대부가 아니라 중인이었다》, RHK, 2015.
허지은, 《왜관의 조선어통사와 정보유통》, 경인문화사, 2012.
山本進, 《大清帝國と朝鮮経済—開發·貨幣·信用》, 일본 九州大學出版會, 2014.
尹裕淑, 《近世日朝通交と倭館》, 일본 岩田書院, 2011.
田代和生, 《近世日朝通交貿易史の研究》, 일본 創文社, 1981.
田代和生, 《倭館 - 鎖國時代の日本人町 - 》, 일본 文春新書, 2002.
田代和生, 《日朝交易と對馬藩》, 일본 創文社, 2007.
田代和生, 《新·倭館 - 鎖國時代の日本人町 - 》, 일본 ゆまに書房, 2011.
田代和生 校注, 《交隣提醒》, 일본 講談社, 2014.
田代和生 編著, 《通譯酬酢》, 일본 ゆまに書房, 2017.

3. 논문

강신항, 〈韓·日 兩國 譯官에 대한 비교연구〉, 《인문과학연구》 23, 성균관대학교 인문과학연구소, 1993.
김강일, 〈조선후기 왜관의 운영실태〉, 《초량왜관—교린의 시선으로 허하다—》(부산박물관 학술연구총서 제54집), 부산박물관, 2017.

김동철, 〈17~19세기 東萊府 小通事의 編制와 對日活動〉, 《지역과 역사》 17, 부경역사연구소, 2005.
김동철, 〈19세기 후반 동래상인의 존재와 활동—都中 洪在昇, 朴時奭, 李埴의 사례—〉, 《지역과 역사》 38, 부경역사연구소, 2016.
김동철, 〈왜관 무역과 동래상인〉, 《초량왜관—교린의 시선으로 허하다—》(부산박물관 학술연구총서 제54집), 부산박물관, 2017.
김동철, 〈조선후기 왜관 개시무역 상인의 구성과 활동〉, 《역사와 세계》 46, 2014.
김서란, 〈朝鮮後期 通信使隨行 倭學譯官 硏究〉, 《白山學報》 71, 백산학회, 2005.
김양수, 〈【나의 역사 연구】 조선시대의 譯官 등 中人活動을 찾아서〉, 《歷史와 實學》 39, 역사실학회, 2009.
김양수, 〈朝鮮開港前後 中人의 政治外交—譯官 卞元圭 등의 동북아 및 美國과의 활동을 중심으로—〉, 《實學思想硏究》 12(朴尙煥博士停年紀念號), 무악실학회, 1999.
김양수, 〈조선전환기의 中人 집안활동—玄德潤·玄采·玄楯 등 川寧玄氏 譯官家系을 중심으로—〉, 《東方學志》 102, 연세대학교 국학연구원, 1998.
김양수, 〈朝鮮後期 譯官家門의 硏究; 卞應星·卞承業 등 密陽卞氏家系를 中心으로〉, 《孫寶基博士 停年紀念 韓國史學論叢》, 지식산업사, 1988.
김양수, 〈조선후기 譯官의 중개무역과 倭館維持費〉, 《歷史와 實學》 32(大湖 李隆助교수 停年紀念號), 한국실학회, 2007.
김양수, 〈조선후기 역관집안의 연구—玄德潤·玄采 등 川寧玄氏 家系을 중심으로—〉, 《人文科學論集》 19, 청주대학교 인문과학연구원, 1999.
김양수, 〈조선후기 倭語譯官 - ≪譯科榜目≫의 분석을 중심으로〉, 《歷史와 實學》 37, 역사실학회, 2008.
김양수, 〈朝鮮後期 中人집안의 活動硏究; 張炫과 張禧嬪 등 仁同張氏 譯官家系를 중심으로〉, 《실학사상연구》 1, 무악실학회, 1990.
김현영, 〈조선후기 中人의 家系와 經歷; 譯官 川寧玄氏家 古文書의 分析〉, 《한국문화》 8, 서울대학교 한국문화연구소, 1987.
박소은, 〈17·18세기 戶曹의 倭館收稅策 변화〉, 《조선시대사학보》 14, 朝鮮時代史學會, 2000.
박화진, 〈관수일기에 나타난 왜관 생활〉, 《초량왜관—교린의 시선으로 허하다—》(부산박물관 학술연구총서 제54집), 부산박물관, 2017.

백옥경, 〈譯官 金顯門의 日本認識 : 1711년 사행록《東槎錄》을 중심으로〉,《韓國思想史學》 29, 韓國思想史學會, 2007.

백옥경, 〈역관(譯官) 김지남의 일본 체험과 일본 인식 :《동사일록(東槎日錄)》을 중심으로〉,《한국문화연구》 10, 이화여자대학교 한국문화연구원. 2006.

신세완, 〈18~19세기 義州府 小通事의 존재양상과 활동〉,《지역과 역사》 41, 부경역사연구소., 2017.

양흥숙, 〈17~18세기 譯官의 對日貿易〉,《지역과 역사》 5, 부산경남역사연구소, 1999.

양흥숙, 〈부산포왜관, 절영도왜관 그리고 두모포왜관〉,《초량왜관—교린의 시선으로 허하다—》(부산박물관 학술연구총서 제54집), 부산박물관, 2017.

양흥숙, 〈조선후기 동래 지역과 지역민 동향—왜관 교류를 중심으로—〉, 부산대학교 대학원 사학과 문학박사학위논문, 2009.

양흥숙·김동철·조강희·김경미, 〈對馬島 易地通信과 譯官, 그 '의례적' 관계와 '은밀한' 교류의 간극〉〉,《韓日關係史硏究》 50, 한일관계사학회, 2015.

윤유숙, 〈왜관의 창건과 수리〉,《초량왜관—교린의 시선으로 허하다—》(부산박물관 학술연구총서 제54집), 부산박물관, 2017.

이상규, 〈17-18世紀 東萊府에 파견된 倭學譯官의 機能〉, 한국학중앙연구원 韓國學大學院 역사학과 석사학위논문, 1998.

이상규, 〈17세기 전반 왜학역관 康遇聖의 활동〉,《한일관계사연구》 24, 한일관계사학회, 2006.

이상규, 〈17세기 전반의 朝日關係 전개와 倭學譯官 제도의 변화〉,《조선시대사학보》 62, 조선시대사학회, 2012.

이상규, 〈17세기 초중반 왜학역관 洪喜男의 활동—통신사 파견시 수행역관 활동을 중심으로—〉,《한일관계사연구》 26, 한일관계사학회, 2007.

이상규, 〈역관 洪舜明의 경력과 저작《倭語類解》〉,《조선시대의 사상과 문화》, 집문당, 2003.

이상규, 〈역관가계 형성의 사례 검토〉,《한국계보연구》 2, 2011.

이상규, 〈인조대 전반 問慰行 연구〉,《한일관계사연구》 35, 한일관계사학회, 2010.

이상규, 〈조선후기 川寧玄氏家의 譯官活動〉,《한일관계사연구》 20, 한일관계사학회, 2004.

이상규, 〈17세기 倭學譯官 연구〉, 한국학중앙연구원 한국학대학원 역사학과 박사학위논문, 2010.

장순순, 〈초량 왜관의 성립과 운영〉, 《초량왜관—교린의 시선으로 허하다—》(부산박물관 학술연구총서 제54집), 부산박물관, 2017.

정성일, 〈1860년대 대일무역과 公木·公作米〉, 《한일관계사연구》 54, 한일관계사학회, 2016.

정성일, 〈19세기 대일공무역 결제수단의 변경과 금납화—1841년의 사례를 중심으로—〉, 《한일관계사연구》 45, 한일관계사학회, 2013.

정성일, 〈19세기 중엽 조선 역관의 무역 활동〉, 《한일관계사연구》 60, 한일관계사학회, 2018.

정성일, 〈동래상인 정자범(鄭子範)의 대일무역 활동—1833년과 1846년의 사례—〉, 《민족문화연구》 69, 고려대학교 민족문화연구원, 2015.

정성일, 〈왜관 《관수일기》의 학술적 가치〉, 《열상고전연구》 63, 열상고전연구회, 2018.

정성일, 〈倭館 開市 때 제공된 日本料理 기록의 비교(1705년, 1864년)〉, 《한일관계사연구》 52, 한일관계사학회, 2015.

정성일, 〈왜관의 일기로 본 조·일 간 무역(1721-23년)〉, 《한일관계사연구》 58, 한일관계사학회, 2017.

최차호, 〈조선 후기 왜학역관 현덕윤 연구〉, 《조선통신사연구》 18, 조선통신사학회, 2014.

허지은, 〈조선후기 왜관에서의 倭學譯官의 정보수집〉, 《일본역사연구》 36, 일본사학회, 2012.

홍성덕, 〈朝鮮後期 對日外交使行과 倭學譯官〉, 《통신사·왜관과 한일관계》(한일관계사연구논집 편찬위원회), 경인문화사, 2005.

李元植, 〈朝鮮通信使に隨行した倭學譯官について—捷解新語の成立時期に關する確証を中心に—〉, 《朝鮮學報》 111, 일본 朝鮮學會, 1984.

岸田文隆, 〈倭学訳官崔(伯玉)のハングル書簡よりみた易地行聘交渉〉, 《韓国朝鮮文化研究》 16, 일본 東京大学大学院 人文社会系研究科 韓国朝鮮文化研究室., 2017.

長正統, 〈日鮮關係における記錄の時代〉, 《東洋學報》 50-4, 1968.

長正統, 〈倭學譯官書簡よりみた易地行聘交涉〉, 《史淵》 115, 일본 九州大學 文學部, 1978.

田代和生, 〈対馬藩の朝鮮輸出銅調達について—幕府の銅統制と日鮮銅貿易の衰退

—〉,《朝鮮学報》(通号 66), 朝鮮學會, 1973.
田代和生,〈幕末期日朝私貿易と倭館貿易商人—輸入四品目の取引を中心に—〉,《德川社會からの展 —發展·構造·國際關係—》(速水融 編, 同文館出版), 1989.
森晉一郎,〈近世後期對馬藩日朝貿易の展開—安永年間の私貿易を中心として—〉,《史學》56-3, 慶應大学文学部 三田史学会, 1986.

제3장 왜관의 일기로 본 무역 실태

1. 사료

《朝鮮王朝實錄》《備邊司謄錄》《承政院日記》《邊例集要》《春官志》《通文館志》《增正交隣志》
《국역 증정교린지》(김건서 저, 하우봉·홍성덕 역, 민족문화추진회, 1998)
《국역 통문관지》 I (김지남·김경문 저, 김구진·이현숙 역, 세종대왕기념사업회, 1998)
《東萊府啓錄》 상(부산시사편찬위원회, 1964)
《東萊府啓錄》 하(부산직할시사편찬위원회, 1994)
《邊例集要》 상(국사편찬위원회, 1971)
《漂人領來謄錄》 V (규장각 자료총서 금호시리즈 대외관계편, 서울대학교 규장각 한국학연구소, 1993)
《日本所在韓國古文書—脫草本—》, 국사편찬위원회, 韓國史料叢書 제46 상, 2002.
《日本所在韓國古文書—影印本—》, 국사편찬위원회, 韓國史料叢書 제46 하, 2002.
李成茂·崔珍玉·金喜福 편,《朝鮮時代雜科合格者總攬—雜科榜目의 電算化—》(古典資料叢書 90-5), 한국정신문화연구원(한국학중앙연구원), 1990.
〈新年條起立之事〉,《分類紀事大綱》 17, 국사편찬위원회 대마도종가문서 DK 4588.
《(一代官) 每日記》(1773.5-1775.5), 국사편찬위원회 대마도종가문서 DK 1234.
《(一代官) 每日記》(1784.8-1785.12), 국사편찬위원회 대마도종가문서 DK 1250.
《(一代官) 每日記》(1841년), 국사편찬위원회 대마도종가문서 DK 1382, 1386.
《(一代官) 每日記》(1842년 1~3월), 국사편찬위원회 대마도종가문서 DK 1388.
《(一代官) 每日記》(1862년 윤8~12월), 국사편찬위원회 대마도종가문서 DK 1440.
《(一代官) 每日記》(1863년 1~5월), 국사편찬위원회 대마도종가문서 DK 1441.

《(一代官) 每日記》(1863년 6~10월), 국사편찬위원회 대마도종가문서 DK 1445.
《朝鮮御代官記錄》 享保 8년(1723) 1~12월, 국사편찬위원회 대마도종가문서 DK 5134.
《朝鮮御代官記錄》(1705년 1~7월), 국사편찬위원회 대마도종가문서 DK 5109.
《朝鮮御代官記錄》(1705년 8~12월), 국사편찬위원회 대마도종가문서 DK 5110.
《朝鮮御代官記錄》(1721년 4~12월), 국사편찬위원회 대마도종가문서 DK 5119.
《朝鮮御代官記錄》(1722.12-1723.12), 국사편찬위원회 대마도종가문서 DK 5121.
《朝鮮御代官記錄》(1722년 1~12월), 국사편찬위원회 대마도종가문서 DK 5120.
《宗家文庫 一紙物》(No.1200-22-60부터 No.1200- 22-62까지), 長崎縣立對馬博物館.
《(館守) 每日記》(1855년), 일본 國立國會圖書館.
《(館守) 每日記》(1864년 1~3월), 일본 國立國會圖書館 WA 1-6-8.
《(館守) 每日記》(1864년 4~6월), 일본 國立國會圖書館 WA 1-6-8.
《(館守) 每日記》(1864년 7~8월), 일본 國立國會圖書館 WA 1-6-34.
《(館守) 每日記》(1864년 9월), 일본 國立國會圖書館 WA 1-6-34.
《(館守) 每日記》(1864년 10월), 일본 國立國會圖書館 WA 1-6-34.
《(館守) 每日記》(1864년 11~12월), 일본 國立國會圖書館 WA 1-6-34.
《(一代官) 每日記》(1815.8~1816.6), 일본 長崎縣立對馬博物館 宗家文庫 日記類 Dc 5.
《(一代官) 每日記》(1816년 7~12월), 일본 長崎縣立對馬博物館 宗家文庫 日記類 Dc 7.
《(一代官) 每日記》(1817년 1~6월), 일본 長崎縣立對馬博物館 宗家文庫 日記類 Dc 8.
《(一代官) 每日記》(1817년 7~12월), 일본 長崎縣立對馬博物館 宗家文庫 日記類 Dc 9.
《(一代官) 每日記》(1818년 1~6월), 일본 長崎縣立對馬博物館 宗家文庫 日記類 Dc 10.
《(一代官) 每日記》(1863년 10~12월), 일본 長崎縣立對馬博物館 宗家文庫 日記類 Dc 12.
《(一代官) 每日記》(1864년 1~3월), 일본 長崎縣立對馬博物館 宗家文庫 日記類 Dc 13.
《(一代官) 每日記》(1864년 4~6월), 일본 長崎縣立對馬博物館 宗家文庫 日記類 Dc 14.
《(一代官) 每日記》(1864년 7~9월), 일본 長崎縣立對馬博物館 宗家文庫 日記類 Dc 15.
《(一代官) 每日記》(1864년 10~12월), 일본 長崎縣立對馬博物館 宗家文庫 日記類 Dc 16.

《(一代官) 毎日記》(1865년 1~3월), 일본 長崎縣立對馬博物館 宗家文庫 日記類 Dc 17.
《(一代官) 毎日記》(1865년 4월~윤5월), 일본 長崎縣立對馬博物館 宗家文庫 日記類 Dc 18.
《(一代官) 毎日記》(1865년 6~7월), 일본 長崎縣立對馬博物館 宗家文庫 日記類 Dc 19.
《朝鮮方記錄》(倭館より公作米の報告), 일본 長崎縣立對馬博物館 宗家文庫 記錄類 Ⅲ, 朝鮮關係 B 21.
《享保元丙申年七月 貞享元甲子年より正徳元辛卯年迄 御商賣御利潤幷御銀鐵物渡幷御代物朝鮮より出高積立之覺書》(일본 國立國會圖書館 宗家記錄[27]).
《對馬島宗家文書記錄類目錄集》, 국사편찬위원회, 1991.
《對馬歷史民俗資料館 宗家文庫 日記類目錄集》, 일본 長崎縣嚴原町教育委員會, 1978.
《對馬宗家文庫史料一紙物目錄》(1) (2) (3)(長崎縣文化財調査報告書 第200集), 長崎縣教育委員會, 2009.
《對韓政策關係雜纂 朝鮮事務書》 5(明治 5년 10월~11월, 外務省記錄 1.1.2.3-1).
田代和生·古典籍資料室, 《參考書誌硏究》 第76號—國立國會圖書館所藏《宗家文書》目錄—, 일본 國立國會圖書館利用者サービス部, 2015.
田代和生 감수,《マイクロフイルム版対馬宗家文書 第Ⅲ期 倭館(館守) 毎日記·裁判記錄別册 上·中·下》, ゆまに書房, 2005-2006.

2. 저서

김동철·김영록·배석만·양흥숙,《동래상인과 부산》(2024 부산학연구총서), 부산연구원 부산학연구센터, 2024.
김병하,《이조 전기 대일 무역 성격 연구》, 한국문화원, 1969.
다시로 가즈이 지음, 정성일 옮김,《왜관—조선은 왜 일본사람들을 가두었을까?—》, 논형, 2005.
이성무·최진옥·김희복 편,《朝鮮時代雜科合格者總攬—雜科榜目의 電算化—》(고전자료총서 90-5), 한국정신문화연구원, 1990.
정성일,《朝鮮後期 對日貿易》, 신서원, 2000.
內務省地理局,《三正綜覽》, 일본 帝國出版社, 1932.
內田正男,《日本曆日原典》, 일본 雄山閣出版, 1975.

田代和生,《近世日朝通交貿易史の硏究》, 일본 創文社, 1981.

田代和生,《倭館 - 鎖国時代の日本人町 - 》, 일본 文春新書, 2002.

田代和生,《日朝交易と対馬藩》, 일본 創文社, 2007.

田代和生,《新·倭館 - 鎖国時代の日本人町 - 》, 일본 ゆまに書房, 2011.

中村榮孝,《日鮮關係史の硏究》下, 일본 吉川弘文館, 1970.

3. 논문

김경란,〈조선후기 동래부의 공작미(公作米) 운영실태와 그 성격〉,《역사와 현실》72, 한국역사연구회, 2009.

김동철,〈17·18세기 대일 공무역에서의 공작미 문제〉,《항도부산》10, 부산직할시사편찬위원회, 1993.

김동철,〈조선후기 왜관 개시무역과 동래상인〉,《민족문화》21, 민족문화추진회, 1998.

김동철,〈조선후기 왜관 개시무역과 被執蔘〉,《한국민족문화》13, 부산대학교 한국민족문화연구소, 1999.

김영록,〈조선후기 대일공무역과 公木〉,《한일관계사연구》42, 한일관계사학회, 2012.

양흥숙,〈조선후기 왜관 통제책과 동래 지역민의 대응〉,《역사와 세계》37, 효원사학회, 2010.

정성일,〈1872-75년 조·일 무역 통계〉,《한일관계사연구》46, 한일관계사학회, 2013.

정성일,〈19세기 대일공무역 결제수단의 변경과 금납화 - 1841년의 사례를 중심으로 - 〉,《한일관계사연구》45, 한일관계사학회, 2013.

정성일,〈倭館 開市 때 제공된 日本料理 기록의 비교(1705년, 1864년)〉,《한일관계사연구》52, 한일관계사학회, 2015.

정성일,〈1860년대 對日貿易과 公木·公作米〉,《한일관계사연구》54, 한일관계사학회, 2016.

森晉一郎,〈近世後期對馬藩日朝貿易の展開 - 安永年間の私貿易を中心として - 〉《史學》56-3, 慶應大学三田史学会, 1986.

長正統,〈日鮮関係における記録の時代〉,《東洋学報》50-4, 1968.

田代和生,〈倭館における朝鮮錢の使用〉,《マイクロフイルム版 對馬宗家文書 第

Ⅲ期倭館(館守) 每日記 裁判記錄 別冊》中, 일본 株式會社 ゆまに書房, 2005.

제4장 조선 역관을 통한 대마도의 진상(봉진) 물품 조달

1. 사료

《萬機要覽》《增正交隣志》《通文館志》
《同文彙考》(국사편찬위원회 영인본, 1978)
《倭人求請謄錄》(서울대학교 규장각한국학연구원 소장 奎12955-v.1-8)
《典客司別謄錄》(서울대학교 규장각한국학연구원 소장 奎12961-v.1-8)
《국역 왜인구청등록(Ⅴ)》(부산사료총서 15), 부산광역시사편찬위원회, 2008.
《국역 전객사별등록(Ⅳ)》(부산사료총서 19), 부산광역시사편찬위원회, 2012.
《국역 통문관지》 1(외교사 고전국역 1), 세종대왕기념사업회, 1998.
《(館守) 每日記》(일본 국립국회도서관 소장)
《一特送使記錄》(국사편찬위원회 대마도종가문서 DK 2155)
《僉官記》(국사편찬위원회 대마도종가문서 DK 6563)
李成茂·崔珍玉·金喜福, 《朝鮮時代 雜科合格者 總覽—雜科榜目의 電算化》(고전자료총서 90-6), 한국정신문화연구원(현 한국학중앙연구원), 1990.
雨森芳洲 저, 한일관계사학회 역, 《譯註 交隣提醒》, 국학자료원, 2001.
雨森芳洲 저, 田代和生 校注, 《交隣提醒》(東洋文庫 852), 일본 平凡社, 2014.

2. 저서

부산광역시 중구청, 《우리의 삶터 중구, 부산을 담다》 부산 중구지 증보판 상, 2018.
부산박물관, 《초량왜관—교린(交隣)의 시선으로 허(許)하다— 》, 2017.
심민정, 《조선후기 일본사신 왕래와 접대》, 경인문화사, 2022.
정성일, 《朝鮮後期 對日貿易》, 신서원, 2000.
한일문화교류기금 편, 《韓半島의 日本人, 日本列島의 韓國人》(경인한일관계연구총서 86), 경인문화사, 2023.
中村榮孝, 《日鮮關係史の研究》 下, 일본 吉川弘文館, 1970.

田代和生,《近世日朝通交貿易史の研究》, 일본 創文社, 1981.

3. 논문

김미라, 〈조선 후기 왜주홍(倭朱紅)의 수입과 활용〉,《석당논총》85, 2023.
정성일, 〈일본 사신의 조선 국왕 즉위 축하와 가쓰오부시[鰹節]—1864년 고종 즉위 축하 사절을 중심으로—〉,《조선통신사연구》34, 조선통신사학회, 2022.
정성일, 〈부산 왜관(釜山倭館)에 살았던 대마도(對馬島) 사람들〉,《韓半島의 日本人, 日本列島의 韓國人》(경인한일관계연구총서 86), 한일문화교류기금 편, 경인문화사, 2023.
정성일, 〈일본 사절의 조선 국왕 조문과 대마도주의 별폭—1864년 철종 승하 조문 사절을 중심으로—〉,《한일관계사연구》83, 한일관계사학회, 2024.
정성일, 〈조선과 일본의 외교선물 교환—1864년 일본의 조문사절과 축하사절 사례〉,《한일관계사연구》86, 한일관계사학회, 2024.

제5장 조선의 기근과 일본쌀 수입 시도

1. 사료

《朝鮮王朝實錄》《通文館志》《增正交隣志》《邊例集要》
〈書契〉(국사편찬위원회 대마도종가관계문서 DS 7026)
《(館守) 每日記》(일본 국립국회도서관 소장)
《兩國往復書謄》139(일본 국립국회도서관 소장)
《朝鮮國饑饉ニ付米五萬石買取度段從禮曹叅議以書簡懇請在之候公義江御拜借御願書被差出候記錄》(국사편찬위원회 대마도종가문서 DK 6584)
《朝鮮國饑饉ニ付買米懇請之書簡公義江被差上候處右來簡面之內麤略之所在之御沙汰之品ニ依御差控御伺被成候始終之記錄》(국사편찬위원회 대마도종가문서 DK 3903)
《分類紀事大綱》13(국사편찬위원회 대마도종가문서 DK 4579)
《分類紀事大綱》15(국사편찬위원회 대마도종가문서 DK 4581)
《分類紀事大綱》Ⅹ(대마도종가문서 자료집 11, 국사편찬위원회, 2023)

2. 저서

김대길, 《조선후기 牛禁 酒禁 松禁 연구》, 경인문화사, 2006.
孫承喆, 《朝鮮時代 韓日關係史硏究》, 지성의샘, 1994.
吳浩成, 《朝鮮時代의 米穀流通시스템》, 국학자료원 2007.
이훈, 《외교문서로 본 조선과 일본의 의사소통》(경인한일관계 연구총서 46), 경인문화사, 2011.
鄭成一, 《朝鮮後期 對日貿易》, 신서원, 2000.
田代和生, 《日朝交易と對馬藩》, 創文社, 2007.

3. 논문

김동철, 〈17·18世紀 對日 公貿易에서의 公作米 문제》, 《항도부산》 10, 부산직할시사편찬위원회, 1993.
김동철, 〈17~19세기 東萊府 小通事의 編制와 對日活動〉, 《지역과 역사》 17, 부경역사연구소, 2005.
김성우, 〈17세기의 위기와 숙종대 사회상〉, 《역사와 현실》 25, 한국역사연구회, 1997.
김용규, 〈숙종연간 淸米輸入에 관한 연구〉, 고려대학교 교육대학원 역사교육과 석사학위논문, 1999.
金昊鍾, 〈17세기 賑恤廳과 賑恤政策에 관한 연구〉, 《國史館論叢》 57, 國史編纂委員會, 1994.
柳永博, 〈明宗 三年의 漢城 士族 飢饉에 對하여—近代 朝鮮王朝의 社會政策 硏究의 하나—〉, 《향토서울》 25, 서울특별시사편찬위원회, 1965.
柳在春, 〈朝鮮後期朝 朝·日 國書 硏究〉, 《한일관계사연구》 창간호, 한일관계사학회, 1993.
李旭, 〈19세기 서울의 미곡 유통구조와 쌀 폭동》, 《東方學志》 136, 延世大學校國學硏究院, 2006.
민덕기, 〈조선후기 對日 通信使行이 기대한 반대급부-일본에서 받은 私禮單의 처리와 관련하여-〉, 《韓日關係史硏究》 24, 한일관계사학회, 2006.
朴榮圭, 〈朝鮮朝 顯宗 庚申年間의 饑饉에 對하여〉, 《향토서울》 19, 서울특별시사편찬위원회, 1963.

배재홍, 〈18세기 말 정조연간 강원도 삼척지방 이상기후와 농업〉, 《大丘史學》 75, 大丘史學合, 2004.

孫承喆, 〈明·淸交替期 對日外交文書의 年號와 干支〉, 《大東文化硏究》 32, 成均館大學校大東文化硏究院, 1997.

신재경, 〈《증정교린지》에 반영된 공작미제도의 제정 및 폐지 년대와 그 수량〉, 《력사과학》, 1996.

양흥숙, 〈17~18 세기 譯官의 對日貿易〉, 《지역과 역사》 5, 부산경남역사연구소, 1999.

吳星, 〈朝鮮後期 米穀商人에 대한 一硏究〉, 《세종대 논문집》 (인문·사회분야 편) 12, 세종대학교, 1985.

이승민, 〈조선후기 대일무역상의 폐해와 己巳約條(1809)의 체결〉, 《한일관계사연구》 22, 한일관계사학회, 2005.

이훈, 〈朝鮮後期 對日外交文書; 통교재개 이후 書契式의 정착을 중심으로〉, 《고문서연구》 4, 한국고문서학회, 1993.

이훈, 〈조선후기 違式書契를 통해서 본 朝·日交涉의 특질; 조선측 書契를 중심으로〉, 《한일관계사연구》 창간호, 한일관계사연구회 1993.

이훈, 〈18세기 중엽 일본 표선에 대한 雜物(五日種)지급과 조·일 교섭 왜곡-대마번의 왜관 도해선을 중심으로-〉, 《한일관계사연구》 9, 한일관계사연구회, 1998.

張舜順, 〈朝鮮後期 日本의 書契 違式實態와 朝鮮의 對應; 《邊例集要》를 중심으로〉, 《한일관계사연구》 창간호, 한일관계사학회 1993.

全成昊, 〈18世紀 米價推移와 米價政策에 관한 연구〉, 《史學硏究》 52, 韓國史學會, 1996.

鄭演植, 〈조선후기의 主食에 관한 試論〉, 《인문논총》 4, 서울여자대학교 인문과학연구소, 1997.

鄭亨芝, 〈조선시대 기근과 구황식물〉, 《산업기술연구소보》 10, 오산대 산업기술연구소, 2004.

정형지, 〈조선시대 기근과 정부의 대책〉, 《梨花史學硏究》 30, 梨花史學硏究合, 2003.

趙珖, 〈19世紀 民亂의 社會的背景〉, 《19世紀 韓國傳統社會의 變貌와 民衆意識》, 고려대학교 민족문화연구소 1982.

차인배, 〈18~19세기 주금정책(酒禁政策) 추이와 주금형률(酒禁刑律) 제정〉, 《법사학연구》 65, 한국법사학회, 2022.

河宇鳳, 〈壬辰倭亂 以後의 釜山과 日本關係〉, 《항도부산》 9, 부산직할시사편찬위원회, 1992.
米谷均, 〈近世初期日朝關係における外交文書の僞造と改竄〉, 《早稲田大學文學研究科紀要》 41-4, 일본 早稲田大學文學研究科, 1996.

제6장 통신사의 일본 방문과 고구마의 조선 전래

1. 사료

〈書契〉(국사편찬위원회 대마도종가관계문서 DS 4961)
《各司謄錄》(《典客司日記》 3, 〈典客司日記〉 第15, 국사편찬위원회)
《同文彙考》 三(국사편찬위원회 영인본, 1978)
《邊例集要》(서울대학교 규장각한국학연구원 소장)
《邊例集要》 上(한국사료총서 제16; 국사편찬위원회, 탐구당, 1984)
《乘槎錄》(고려대학교 도서관)
《日觀記》(국사편찬위원회)
《日本錄》(고려대학교 도서관)
《典客司日記》(서울대학교 규장각한국학연구원 奎13052-15)
《海槎日記》(국립중앙도서관 소장)
《부사산 비파호를 날 듯이 건너(日本錄)》(성대중 지음, 이혜순 감수, 홍학희 옮김, 소명출판, 2006)
《붓끝으로 부사산 바람을 가르다(日觀記)》(남옥 지음, 이혜순 감수, 김보경 옮김, 소명출판, 2006)
《조선 후기 지식인, 일본과 만나다(乘槎錄)》(원중거 지음, 이혜순 감수, 김경숙 옮김, 2006, 소명출판)
《조제곡해사일기》 제3권(영호 조엄 원저, 김성찬 역주, 원주시 문화예술과, 2016)
《증보산림경제》(유중림 지음, 윤숙자 엮음, 2005, 지구문화사)
《(館守) 每日記》(일본 國立國會圖書館 소장)
《漂民被仰上》(長崎縣立對馬博物館 쓰시마역사연구센터 宗家文庫 기록류 M35)
田代和生 감수, 일본 国立国会図書館所蔵 対馬宗家文書 第Ⅲ期《倭館(館守) 毎日記·裁判記録 別册 上·中·下》 일본 ゆまに書房, 2005~2006.

田代和生·古典籍資料室, 《参考書誌研究》 제76호(国立国会図書館所蔵〈宗家文書〉目録), 2015.

2. 저서

김영진·이은웅, 《조선시대 농업과학기술사》, 서울대학교출판부, 2000.
원주시, 《조엄연구논총》(원주학술총서 제1권), 원주시, 2004.
이훈, 《조선후기 표류민과 한일관계》, 국학자료원, 2000.
정성일, 《朝鮮後期 對日貿易》 신서원, 2000.
정성일, 《전라도와 일본—조선시대 해난사고 분석》, 경인문화사, 2013.
長郷三重子, 《対馬の近世—長郷嘉壽著作集》, 일본 昭和堂, 2012.
池内敏, 《近世日本と朝鮮漂流民》, 일본 臨川書店, 1998.

3. 논문

김덕진·변광석·이훈·정성일·池内敏, 〈通信使 禮單을 통해서 본 朝日外交의 특징과 그 변화〉, 《韓日關係史硏究》 26, 한일관계사학회, 2007.
김재승, 〈고구마의 조선 전래〉, 《동서사학》 8, 한국동서사학회, 2001.
김재승, 〈조엄의 고구마 전파와 재배법 연구자〉, 《조엄연구논총》(원주학술총서 제1권), 원주시, 2004.
김재승, 〈조엄의 고구마 전파와 재배법 연구자〉, 《조엄 생애와 고구마 전래》(원주학술총서 제20권), 원주시 문화예술과, 2016.
김종덕, 〈고구마의 어원과 품성에 대한 문헌연구〉, 《농업사연구》 10-1, 한국농업사학회, 2011.
노성환, 〈조선통신사와 고구마의 전래〉, 《동북아문화연구》 23, 동북아시아문화학회, 2010.
노성환, 〈동아시아의 고구마 전래자와 현창문화〉, 《동북아문화연구》 43, 동북아시아문화학회, 2015.
손진태, 〈甘藷傳播考—공로자 조엄·이광려·강계현·강필리·김장순·선종한·서유구 등—〉, 《진단학보》 13, 진단학회, 1941.
손진태, 〈고구마와 감자 전래설〉, 《內鮮文化의 交流》, 조선일보사 출판부, 1941.
손진태, 〈감저전파고〉, 《손진태선생전집 2》, 태학사, 1981.

양홍숙, 〈조선 후기 대일교류와 영도의 공간적 특성〉, 《조엄 생애와 고구마 전래》, 원주시 문화예술과, 2016.

염정섭, 〈조선시대 구황정책과 구황작물로서의 고구마〉, 《조엄연구논총》(원주학술총서 제1권), 원주시, 2004.

염정섭, 〈조선 후기 고구마의 도입과 재배법의 정리 과정〉, 《한국사연구》 134, 2006.

오수경, 〈조선후기 이용후생학의 전개와 《감저보》의 편찬〉, 《안동문화》 16, 안동대학교 부설 안동문화연구소, 1995.

오수경, 〈일실된 《姜氏甘藷譜》에 대하여—자료 소개 및 그 실학사적 의의—〉, 《한국실학연구》 26, 한국실학회, 2013.

오인택, 〈조선후기의 고구마 전래와 정착 과정〉, 《역사와 경계》 97, 부산경남사학회, 2015.

오인택, 〈조선 후기 동래부의 고구마 전래 과정과 정착 경로〉, 《조엄 생애와 고구마 전래》(원주학술총서 제20권), 원주시 문화예술과, 2016.

정성일, 〈조엄(趙曮)과 일본 표류 제주인을 통한 제주 지역의 고구마 전래〉, 《조선통신사연구》 23, 조선통신사학회, 2017.

정성일, 〈통신사외교 속 조선경제의 득실: 1763-64년 통신사 조엄이 '고구마'의 길을 열다〉, 《우호와 평화의 사절, 통신사》(조선시대 통신사 특별전 연계 국제학술대회 발표자료집), 서울역사박물관, 2025.

정형지, 〈조선후기 농서를 통해 본 고구마 재배기술〉, 《이화사학연구》 33, 이화사학연구소, 2006.

차철욱, 〈영도 일산배기마을 사람들의 조내기고구마 생산경험과 기억의 재구성〉, 《한국민족문화》 57, 부산대학교 한국민족문화연구소, 2015.

松田甲, 〈朝鮮の甘藷に就いて〉, 《日鮮史話》 第5編, 조선총독부, 1929.

長郷嘉壽, 〈九 孝行芋の導入と農書の配布〉, 《対馬の近世—長郷嘉壽著作集》(長郷三重子), 일본 昭和堂, 2012.

제7장 통신사의 일본 방문과 물품 교환

1. 사료

《增正交隣志》, 한국학문헌연구소 편, 아세아문화사 영인본, 1974.

《國譯 增正交隣志》, 김건서 지음, 하우봉·홍성덕 옮김, 민족문화추진회, 1998.

《辛未通信日錄》, 金履喬, 通文館 영인본, 1980.

《國譯 辛未通信日錄》 天·地·人, 김이교 저, 김용흠·원재린·김정신 역, 공주시·충청남도역사문화연구원, 2022.

《東槎錄》, 柳相弼, 《국역 해행총재》(속편) X, 민족문화추진회, 1977.

《邊例集要》(한국사료총서 제16), 국사편찬위원회 영인본, 1984.

《通信使謄錄》(규장각자료총서 금호시리즈 대외관계편), 서울대학교 규장각한국학연구원 영인본, 1991.

《國譯 通信使謄錄(Ⅴ)》 (부산사료총서 24), 국역 정경주·유영옥, 감수 이원균, 해제 김동철, 부산광역시사편찬위원회, 2017.

《國譯 通信使謄錄(Ⅷ)》(부산사료총서 27), 부산광역시사편찬위원회, 2020.

《津島日記》 上, 草場珮川, 《影印本 津島日記》 上, 西日本文化協會, 1978.

《쓰시마일기(津島日記)》(국립해양박물관 번역총서 2), 국립해양박물관 엮음, 민속원, 2017.

《文化信使記錄 朝鮮王より之別幅幷兩使自分獻上物諸役人樣への音物仕立方箱臺寸法等之覺》(국사편찬위원회 대마도종가문서 DK 1042)

《文化信使記錄 朝鮮王江之御返物之品々塗模様等御仕立方之覺 聘使以下被下物共》(국사편찬위원회 대마도종가문서 DK 1043).

2. 저서

국립해양박물관 엮음, 《통신사 선단의 항로와 항해》(국립해양박물관 학술총서 2), 2017.

국사편찬위원회 편, 《역사 속 외교 선물과 명품의 세계》(한국문화사 12), 두산동아, 2007.

다보하시 기요시 지음, 김종학 옮김, 《근세 한일관계의 연구》 下, 일조각, 2016.

다시로 가즈이 지음, 정성일 옮김, 《왜관—조선은 왜 일본 사람을 가두었을까》,

논형, 2005.
손승철,《조선시대 한일관계사연구》, 지성의 샘, 1994.
이원식,《조선통신사》, 민음사, 1991.
이현종,《조선전기 대일교섭사연구》, 한국연구원, 1964.
조규익·정영문 엮음,《조선통신사 사행록 연구총서》 11, 학고방, 2008.
한일관계사연구논집 편찬위원회,《통신사·왜관과 한일관계》, 경인문화사, 2005.
한일문화교류기금,《조선통신사 기록물의 'UNESCO 세계기록 문화유산' 등재》, 경인문화사, 2018.
國史大辭典編集委員會,《國史大辭典》 8, 吉川弘文館, 1987.
三宅英利,《近世日鮮關係史の研究》, 文獻出版, 1986.
三上隆三,《江戸の貨幣物語》, 東洋經濟新報社, 1997.
辛基秀,《朝鮮通信使の往來》, 勞働經濟社, 1993.
辛基秀,《朝鮮通信使—人の往来·文化の交流》, 明石書店, 1999.
李進熙,《李朝の通信使—江戸時代の日本と朝鮮》, 講談社, 1976.
李進熙·姜在彦,《日朝交流史》, 有斐閣, 1995.
田代和生,《倭館—鎖国時代の日本人町》, 文春新書 281, 文藝春秋, 2002.
田保僑潔,〈別編第一 朝鮮國通信使易地行聘考〉(《近代日鮮關係の研究》 下, 朝鮮總督府 中樞院, 1940(文化資料調査會 復刊, 1964).
朝日新聞社,《朝日 日本歷史人物事典》上, 1994.
仲尾宏,《朝鮮通信使の軌跡》, 明石書店, 1982.
仲尾宏,《朝鮮通信使と德川幕府》, 明石書店, 1997.
仲尾宏,《朝鮮通信使と壬辰倭亂》, 明石書店, 2000.
中村榮孝,《日本と朝鮮》, 至文堂, 1969.
中村榮孝,《日鮮關係史の研究》 下, 吉川弘文館, 1969.

3. 논문

김덕진,〈1811년 통신사 사행비와 호조의 부담〉,《역사와 경계》 55, 부산경남사학회, 2005(조규익·정영문 엮음,《조선통신사 사행록 연구총서》 8, 학고방, 2008, 33-72쪽에 재수록).
김덕진,〈조선 역관의 '書契僞造' 사건과 1811년 通信使〉,《한국민족문화》 60, 부산대학교 한국민족문화연구소, 2016.
김동철, 〈《국역 통신사등록》(V) 해제〉, 《국역 통신사등록(V)》 (부산사료총서 제24집), 부산광역시사편찬위원회, 2017.
김종욱, 〈朝鮮後期通信使點描〉, 《국회도서관보》 9·10, 국회도서관, 1973.
민덕기, 〈조선후기 대일 통신사행이 기대한 반대급부—일본에서 받은 私禮單의 처리와 관련하여—〉, 《한일관계사연구》 24, 한일관계사학회, 2006.
민덕기, 〈조선후기 회고와 전망〉, 《한일관계사연구의 회고와 전망》, 국학자료원, 2002.
변광석, 〈1811년 통신사 파견과 경상도의 재정 부담〉, 《역사와 경계》 55, 부산경남사학회, 2005(조규익·정영문 엮음, 《조선통신사 사행록 연구총서》 11, 학고방, 2008, 229-282쪽에 재수록).
손승철, 〈조선시대 통신사연구의 회고와 전망〉, 《한일관계사연구》 16, 한일관계사학회, 2002.
양흥숙, 〈《국역 통신사등록(Ⅷ) 해제》〉, 《國譯 通信使謄錄(Ⅷ)》(부산사료총서 27), 부산광역시사편찬위원회, 2020, 1-164쪽.
양흥숙, 〈조선후기 通信使를 수행한 譯官의 구성과 역할—掌務官과 乾粮官을 중심으로—〉, 《한일관계사연구》 36, 한일관계사학회, 2010.
양흥숙·김동철·조강희·김경미, 〈對馬島 易地通信과 譯官, 그 '의례적' 관계와 '은밀한' 교류의 간극〉, 《한일관계사연구》 50, 한일관계사학회, 2015.
이원식, 〈순조 11년 辛未日本通信使差遣에 대하여—對馬島易地聘禮를 중심으로—〉, 《사학연구》 23, 한국사학회, 1973.
이준걸, 〈日本派遣 朝鮮通信使의 歷程〉, 《도서관》 28-2, 국립중앙도서관, 1973.
이훈, 〈1811년 조선 통신사 접대와 대마번의 재정〉, 《역사와 경계》 55, 부산경남사학회, 2005.
이훈, 〈비용으로 본 교린의례〉, 《한일관계사연구》 38, 한일관계사학회, 2011.
장순순, 〈조선시대 통신사 연구의 현황과 과제〉, 《통신사·왜관과 한일관계》, 경인문화사, 2005.
장순순, 〈조선후기 통신사행의 제술관에 대한 일고찰〉, 《전북사학》 13, 1990.
정성일 〈역지빙례 실시 전후 대일무역의 동향(1809~1812년)〉, 《경제사학》 15, 한국경제사학회, 1991(조규익·정영문 엮음, 《조선통신사 사행록 연구총서》 11, 학고방, 2008, 283-319쪽에 재수록).

정성일, 〈대마도 역지빙례에 참가한 통신사 일행에 대하여〉, 《호남문화연구》 20, 전남대학교 호남문화연구소, 1992(조규익·정영문 엮음, 《조선통신사 사행록 연구총서》 5, 학고방, 2008, 251-287쪽에 재수록).

정성일, 〈제1장 외교 선물과 사회 풍속〉, 《역사 속 외교 선물과 명품의 세계》(한국문화사 12, 국사편찬위원회 편), 두산동아, 2007.

정성일, 〈외교기록에 대하여〉, 《조선통신사 기록물의 'UNESCO 세계기록 문화유산' 등재》(한일문화교류기금, 경인문화사), 2018.

정성일, 〈조선 외교의 핵심은 국서와 예단이었다〉, 《조선통신사》(향토와 문화 89), DBG대구은행, 2018.

정성일, 〈통신사를 통해 본 물적 교류-신미 통신사(1811년)의 예물 교환을 중심으로-〉, 《항도부산》 36, 부산광역시사편찬위원회, 2018.

정성일, 〈通信使船 船員의 船商生活과 治療〉, 《한일관계사연구》 62, 한일관계사학회, 2018.

정성일, 〈제17장 조선 통신사〉, 《동아시아사 입문》(동북아역사재단 연구총서 114), 동북아역사재단, 2020.

정성일, 〈외교 무대 뒤의 은밀한 물품 거래—1811년 조선, 일본, 쓰시마—〉, 《동아시아고대학》 65, 동아시아고대학회, 2022.

조 광, 〈통신사에 관한 한국학계의 연구성과와 쟁점사항〉, 《통신사·왜관과 한일관계》, 경인문화사, 2005(조규익·정영문 엮음, 《조선통신사 사행록 연구총서》 8, 학고방, 2008, 289-319쪽에 재수록).

하우봉, 〈새로 발견된 일본사행록들—《해행총재》의 보충과 관련하여—〉, 《역사학보》 112, 1986.

하우봉, 〈통신사등록의 사료적 성격〉, 《한국문화》 12, 1991.

長正統, 〈倭學譯官書簡よりみた易地行聘交涉〉, 《史淵》 115, 九州史学会, 1978.

田代和生, 〈朝鮮通信使行列繪卷の研究 - 正德元年1711の繪卷仕立てを中心に〉, 《朝鮮學報》 137, 朝鮮學會, 1990.

田保橋潔, 〈別編第一 朝鮮國通信使易地行聘考〉(《近代日鮮關係の研究》 下, 朝鮮總督府 中樞院, 1940(文化資料調查會 復刊, 1964).

池內敏, 〈일본의 조선통신사 접대와 도쿠가와 바쿠후의 재정 -道中人馬役을 중심으로-〉, 《역사와 경계》 55, 부산경남사학회, 2005.

제8장 일본 조문사절과 축하사절의 조선 방문과 물품 교환

1. 사료

《同文彙考》 二(국사편찬위원회 영인본, 1978)
《同文彙考》 四(국사편찬위원회 영인본, 1978)
《邊例集要》(서울대학교 규장각한국학연구원 奎貴2089-v.1-18)
《邊例集要》(국사편찬위원회, 1984)
《신편 국역 예조 전객사 변례집요》, 민족문화추진회, 한국학술정보, 2006.
《吊慰差倭謄錄》(서울대학교 규장각한국학연구원 奎12899)
《陳賀差倭謄錄》(서울대학교 규장각한국학연구원 奎12910)
《국역 증정교린지》, 김건서 저, 하우봉·홍성덕 역, 민족문화추진회, 1998.
《국역 통문관지》 1, 세종대왕기념사업회, 1998.
《日觀記 春》, 국사편찬위원회 소장 B16HD 6 v.1.
《和國志》, 이우성 편, 서울아세아문화사 영인본, 1990.
《乘槎錄》, 元重擧 지음, 고려대학교 도서관 육당문고 소장.
남옥 지음, 이혜순 감수, 김보경 옮김, 《붓끝으로 부사산 바람을 가르다—일관기—》, 소명출판, 2006.
원중거 지음, 이혜순 감수, 김경숙 옮김, 《조선후기 지식인, 일본과 만나다—승사록—》, 소명출판, 2006.
원중거 지음, 이혜순 감수, 박재금 옮김, 《와신상담의 마음으로 일본을 기록하다—화국지—》, 소명출판, 2006.
《(館守) 每日記》(1691년 1~6월), 일본 國立國會圖書館 소장.
《(館守) 每日記》(1701년 7~9월), 일본 國立國會圖書館 소장.
《(館守) 每日記》(1730년 8~9월), 일본 國立國會圖書館 소장.
《(館守) 每日記》(1751년 1~2월), 일본 國立國會圖書館 소장.
《(館守) 每日記》(1864년 4~6월), 일본 國立國會圖書館 소장.
《(館守) 每日記》(1864년 7월), 일본 國立國會圖書館 소장.
《(館守) 每日記》(1864년 11~12월), 일본 國立國會圖書館 소장.
《(館守) 每日記》(1865년 1~2월), 일본 國立國會圖書館 소장.
《(館守) 每日記》(1865년 3~4월), 일본 國立國會圖書館 소장.
《兩國往復書謄》 19, 60, 134, 170, 188(일본 國立國會圖書館 소장)

《本邦朝鮮往復書》(국사편찬위원회 대마도종가문서 DK 2928, 2929, 2938)
《分類紀事大綱》 四(국사편찬위원회 대마도종가문서 DK 4523)
《分類紀事大綱 》 I(국사편찬위원회, 2005)
《(御內用御內密綴)》(국사편찬위원회 대마도종가문서 DK 4016)
〈御註文之事 外向共〉, 《分類事考》 10, 일본 國立國會圖書館.
《弔禮使記錄》(1864년), 국사편찬위원회 대마도종가문서 DK 3554.
《陳賀大差記錄》(1864년), 국사편찬위원회 대마도종가문서 DK 3541.
《陳賀大差記錄》(1864년), 국사편찬위원회 대마도종가문서 DK 3547.
〈朝鮮より所望物集書〉, 《分類紀事大綱》 29, 일본 國立國會圖書館.
京都大學文學部 國語學國文學硏究室 편, 《異本 隣語大方·交隣須知》, 〈隣語大方〉, 京都大學國語學會, 1969.

2. 저서

강명관, 《조선에 온 서양 물건들》, 휴머니스트, 2017.
국사편찬위원회 편, 《한국문화사—역사 속 외교선물과 명품의 세계—》 12, 탐구당, 2007.
김강일, 《조선후기 왜관의 운영실태 연구》, 경인문화사, 2020.
김성준 역주, 《평역 산실청총규》, 민속원, 2015.
김성준 외, 《자연주의 산후조리》, 시공사, 2015.
다시로 가즈이 지음, 정성일 옮김, 《왜관—조선은 왜 일본사람들을 가두었을까?—》, 논형, 2005.
부산광역시 중구, 《우리의 삶터 중구, 부산을 담다》(부산 중구지 증보판 상), 2018.
심민정, 《조선후기 일본사신 왕래와 접대》, 경인문화사, 2022.
이훈, 《외교문서로 본 조선과 일본의 의사소통》, 경인문화사, 2011.
이훈, 《조선의 통신사외교와 동아시아》, 경인문화사, 2020.
정성일, 《조선후기 대일무역》, 신서원, 2000.
김동철·김영록·배석만·양홍숙, 《동래상인과 부산》, 부산연구원 부산학연구센터, 2024.
渡辺実, 《日本食生活史》, 吉川弘文館, 2007.
日本風俗史學會, 《日本風俗史事典》, 弘文堂, 1996.

田代和生, 《倭館—鎖国時代の日本人町—》(文春新書 281), 文藝春秋, 2002.
田代和生, 《新·倭館—鎖国時代の日本人町—》(ゆまに学芸選書 ULULA2), ゆまに書房, 2011.
池内敏, 《絶海の碩學—近世日朝外交史研究—》, 名古屋大学出版會, 2017.
池内敏, 《德川幕府朝鮮外交史研究序說》, 清文堂, 2024.

3. 논문

김미라, 〈조선후기 왜주홍의 수입과 활용〉, 《석당논총》 85, 동아대학교 석당학술원, 2023.
정성일, 〈역사 속 외교선물과 명품의 세계를 내면서〉, 《한국문화사》 12, 국사편찬위원회, 2007.
정성일, 〈일본 사신의 조선 국왕 즉위 축하와 가쓰오부시[鰹節]—1864년 고종 즉위 축하사절을 중심으로—〉, 《조선통신사연구》 34, 조선통신사학회, 2022.
정성일, 〈일본 사절의 조선 국왕 조문과 대마도주의 별폭—1864년 철종 승하 조문사절을 중심으로—〉, 《한일관계사연구》 83, 2023.
정성일, 〈부산 왜관에 살았던 대마도 사람들〉(한일문화교류기금 편, 《한반도의 일본인, 일본열도의 한국인》, 경인문화사), 2023.

제9장 표류민 송환과 물품 교환

1. 사료

《조선왕조실록》
《국역 증정교린지》(김건서 저, 하우봉·홍성덕 역, 민족문화추진회, 1998)
《同文彙考》 三(국사편찬위원회 영인본, 1978)
《邊例集要》 上(국사편찬위원회, 탐구당, 1984)
《增正交隣志》
《春官通考》
《(국역)청장관전서》 1~7, 이덕무 지음, 민족문화추진회, 1979~1981.
《漂人領來謄錄》 四(규장각 자료총서 금호시리즈 대외관계편, 서울대학교 규장각 한국학연구원, 1993)

〈書契〉(국사편찬위원회 소장 원본 서계 DS 1951, 1990, 2625, 2626, 2627, 2628)
《(館守) 每日記》, 일본 國立國會圖書館 소장.
《公義被仰上》 三(일본 慶應義塾大學 三田미디어센터 소장 對馬宗家文書 콜렉션)
《兩國往復書謄》 45(일본 國立國會圖書館 소장)
《分類紀事大綱》 十五(일본 國立國會圖書館 소장 문서번호로는 분류기사대강 17)
《異國船朝鮮地且御國西目へ就漂泊始終記錄》(국사편찬위원회 대마도종가문서 DK 2850)
《(一代官) 每日記》(국사편찬위원회 대마도종가문서 DK 1335, 1337,1338)
《裁判記錄》(일본 국립국회도서관 소장)
《漂民順附陰式例》(국사편찬위원회 대마도종가문서 DK 2794)
《漂民被仰上》(일본 對馬博物館 宗家文庫 記錄類 朝鮮關係 E 1)
《근세 한일관계 사료집 II 사쿠마 진파치 보고서(佐久間甚八 報告書)·죽도문담(竹島文談)》(동북아역사 자료총서 45, 윤유숙 편, 동북아역사재단, 2018)

2. 저서

김강식 외, 《동아시아의 표류》, 해양수산부, 2019.
김재승, 《근대한영해양교류사》, 인제대학교 출판부, 1977.
박천홍, 《악령이 출몰하던 조선의 바다》, 현실문화연구, 2008.
이윤석, 《월간중앙》 SEPTEMBER 2024.
이훈, 《조선후기 표류민과 한일관계》, 국학자료원, 2000.
정성일, 《전라도와 일본-조선시대 해난사고 분석》, 경인문화사, 2013.
池內敏, 《朝鮮漂流民と近世日本》, 臨川書店, 1998.
한상복, 《해양학에서 본 한국학》, 해조사, 1988.

3. 논문

박찬식, 〈19세기 제주 지역 진상의 실태〉, 《탐라문화》 16, 1996.
이욱, 〈18세기 제주의 진상제(進上制)와 상품유통〉, 《한국사연구》 186, 한국사연구회, 2019.
이원택, 〈(사료해제) 1849년 울릉도의 이양선에 관한 홍해군의 첩보 및 영좌병영의 장계에 대한 해제 및 번역〉, 《영토해양연구》 21, 동북아역사재단, 2021.

이학수·정문수, 〈영국 범선의 용당포 표착 사건〉, 《해양도시문화교섭학》 20, 2019.
장윤희, 〈조선후기 제주도 진상에 관한 연구〉, 제주대학교 대학원 석사학위논문, 2008.
전상욱, 〈18세기 전반 물선진상 관련 자료 분석—진상별단등록을 중심으로—〉, 《문화재》 47-4, 국립문화유산연구원, 2014.
정미정, 〈조선시대 제주과원 설치와 감귤진상에 관한 연구〉, 제주대학교 대학원 석사학위논문, 2006.
정성일, 〈상평통보를 소지한 조선의 표류민과 대마도(1693~1862)〉, 《한일관계사연구》 101, 한일관계사학회, 2016.
정성일, 〈한·일 간 표류민 송환과 해난구조의 법제화(1860~1960년대)〉, 《한일관계사연구》 75, 한일관계사학회, 2022.
정성일, 〈18세기 초 일본의 조선 표류민 송환과 제주 감귤〉, 《도서문화》 64, 2024.
최주희, 〈대동법 시행기 進上制의 정비와 영조대 초반『進上別單謄錄』의 작성〉, 《한국사학보》 86, 고려사학회, 2022.
長森美信, 〈朝鮮後期済州の進上物資調達と海上輸送〉, 《史泉》 93, 2001.

제10장 주문을 통한 물품 교환

1. 사료

《국역 왜인구청등록(Ⅴ)》, 부산광역시사편찬위원회, 2008.
《(館守) 毎日記》 (일본 國立國會圖書館 소장)
《分類紀事大綱》 四(국사편찬위원회 대마도종가문서 DK 4523)
《分類紀事大綱》 Ⅰ(국사편찬위원회, 2005)
《分類紀事大綱》 29(일본 國立國會圖書館 소장)
《分類事考》 10(일본 國立國會圖書館 소장)
田代和生·古典籍資料室, 《參考書誌硏究 第76號》(國立國會圖書館所藏「宗家文書」目錄), 일본 國立國會圖書館移用者サービス部, 2015.

2. 저서

강명관, 《조선에 온 서양 물건들》, 휴머니스트, 2017.
국사편찬위원회 편, 《한국문화사》 12(역사 속 외교선물과 명품의 세계), 탐구당, 2007.
김강일, 《조선후기 왜관의 운영실태 연구》, 경인문화사, 2020.
김동철·김영록·배석만·양홍숙, 《동래상인과 부산》, 부산연구원 부산학연구센터, 2024.
다시로 가즈이 지음, 정성일 옮김, 《왜관—조선은 왜 일본사람들을 가두었을까?—》, 논형, 2005.
심민정, 《조선후기 일본사신 왕래와 접대》, 경인문화사, 2022.
이훈, 《조선후기 표류민과 한일관계》, 국학자료원, 2000.
정성일, 《조선후기 대일무역》, 신서원, 2000.
정성일, 《전라도와 일본-조선시대 해난사고 분석》, 경인문화사, 2013.

3. 논문

김경미, 〈17~18세기 대일외교·교역과 매〉, 《역사와 세계》 34, 2008.
김경미, 〈17~18세기 일본의 조선 약재 구청〉, 《대구사학》 119, 2015.
김나영, 〈일본 근세 번주(藩主)의 장례와 가신의 추도 규제—사가번(佐賀藩) 사례를 중심으로〉, 《역사학연구》 67, 2017.
김동철, 〈국역 왜인구청등록(Ⅰ) 해제〉, 《國譯 倭人求請謄錄(Ⅰ)》(부산사료총서 11), 부산광역시사편찬위원회, 2004.
이승민, 〈조선후기 대마도 求貿의 개념과 실태〉, 《한일관계사연구》 36, 2010.
이승민, 〈조선후기 대마도와의 말[馬] 교역과 그 의미〉, 《사학연구》 107, 2012.
이승민, 〈조선후기 求貿를 통해서 본 조·일간 물품교역의 현황과 특징〉, 《동국사학》 67, 2019.
이승민, 〈17세기 求貿의 교역량 변화와 그 의미〉, 《동국사학》 71, 2021.
이승민, 〈조선후기 求貿를 통한 동물류 교역의 실태와 의미〉, 《역사와교육》 35, 2022.
이승민, 〈조선후기 求貿를 통한 물품교역의 폐단과 조선의 대응〉, 《西江人文論叢》 65, 2022.

이승민, 〈조선후기 먹[墨]의 제작과 일본과의 교역〉, 《동국사학》 75, 2022.
이승민, 〈조선후기 조선의 對日 醫員 파견과 대마도의 조선 醫員 파견 요청〉, 《한일관계사연구》 75, 2022.
이승민, 〈조선시대 종이의 생산과 외교적 활용〉, 《한일관계사연구》 83, 2024.
이유리, 〈《왜인구청등록》에 나타난 조선 서적의 일본 전래〉, 《서지학보》 37, 2011.
이유리, 〈17세기 일본 간행 조선본 《근사록집해(近思錄集解)》 연구〉, 《한국학》 44-1(통권 162), 2021.
이훈, 〈해제〉, 《分類紀事大綱》 I (對馬島宗家文書資料集 1), 국사편찬위원회, 2005.
정성일, 〈왜관 《관수일기》의 학술적 가치〉, 《열상고전연구》 63, 2018.
정성일, 〈왜관의 연료 조달을 둘러싼 조선과 일본의 마찰(1609~1876)〉, 《한일관계사연구》 66, 2019.
하여주, 〈조선후기 대일관계 속의 皮物〉, 《한일관계사연구》 49, 2014.
岡崎寛德, 〈文久期の献上統制と馬·鷹―津軽家を事例として〉, 《大倉山論集》 45, 大倉精神文化研究所, 2000.
髙橋聖子, 〈大名家の献上品にみる幕藩関係 : 家督御礼を中心に〉, 《聖心女子大学大学院論集》 36, 聖心女子大学大学院, 2014.
東 昇, 〈日本近世における産物記録と土産·名物·時献上〉, 《洛北史学》 12, 2010.
東 昇, 〈伊予大洲藩主の狩、御鷹野場と生業〉, 《鷹·鷹場·環境研究》 4, 2020.
森田喜久男, 〈日本古代の王權と鷹狩〉, 《鷹·鷹場·環境研究》, 2018.
越坂裕太, 〈近世前期における献上と大名家格秩序 : 宗家の「十万石以上格」創出に注目して〉, 《日本歴史》 856, 日本歴史学会, 2019.
越坂裕太, 〈長門萩毛利家における隼献上の位置 : 幕藩関係における《内献上〉の構造化〉, 《鷹·鷹場·環境研究》 4, 2020.
越坂裕太, 〈第10章 《御鷹〉の献上·下賜〉 (福田千鶴 編, 《鷹狩の日本史》, 勉誠出版, 2021).
越坂裕太, 〈甲斐柳沢家の巣鷹献上 : 御用鷹としてのハイタカの献上事例に着目して〉, 《鷹·鷹場·環境研究》 5, 2021.
田代和生, 〈改訂 《対馬宗家文書》について〉, 《(マイクロフイルム板 對馬宗家文書 第Ⅲ期) 倭館(館守) 毎日記·裁判記錄》 別册【下】(田代和生 監修, 일본 ゆまに書房), 2006.
丸山大輝, 〈近世初期における鷹の調教と鶴取 : 池内吉長の鷹術〉を中心に, 《鷹·

鷹場·環境研究》3, 2019.

丸山大輝, 〈対馬宗家による朝鮮鷹の輸送と献上—享保期の鷹狩再興と地域社会の視点から—〉, 《長崎県対馬歴史研究センター所報》2, 長崎県対馬歴史研究センター, 2022.

정성일(鄭成一, Chung Sung-il)

전남 무안 출생(1961년)
전남대학교 경영대학(1980~84년)
일본 사가대학(佐賀大学) 경제학부(1989~90년)
경제학박사(전남대학교 대학원 경제학과, 1991년)
국사편찬위원회 사료연구위원(1991~96년)
일본 게이오대학(慶應大学) 방문교수(2002~03년)
영국 옥스퍼드대학교 울프슨칼리지 방문교수(2013년)
한일관계사학회 회장(2013~14년)
한국경제사학회 회장(2018~19년)
광주여자대학교 교수(1996~현재), 부총장(2024~현재)

저서 《조선후기 대일무역》(신서원, 2000)
《전라도와 일본—조선시대 해난사고 분석—》(경인문화사, 2013)
역서 《왜관》(田代和生 지음, 논형, 2005)
《해국병담》(林子平 지음, 소명출판, 2024) 등 논저 다수

조선후기 물품 교환과 한일관계

2025년 10월 24일 초판 인쇄
2025년 10월 31일 초판 발행

지 은 이 정성일
발 행 인 한정희
발 행 처 경인문화사
편 집 부 김지선 한주연 김한별 정효민
표지디자인 양은경
마 케 팅 하재일 유인순
출판신고 제406-1973-000003호
주 소 파주시 회동길 445-1 경인빌딩 B동 4층
대표전화 031-955-9300 팩 스 031-955-9310
홈페이지 http://www.kyunginp.co.kr
이 메 일 kyungin@kyunginp.co.kr

ISBN 978-89-499-6895-7 93910
값 52,000원